[제3판]

새로운 정치학의 이해

김재영 · 김창희 · 손병선 · 신기현

삼우사

제3판을 내면서

올해가 2010년이니 경술국치(1910년 8월 22일)로 나라를 빼앗긴지 꼭 100년의 세월이 흘렀다. 그 동안 망국의 폐허를 딛고 일어나 해방과 건국, 전쟁과 혁명, 근대화와 민주화 등 나라를 유지・발전하는 과정에서 많은 사람들이 피와 땀을 흘렸다. 일제 강점기에 징병이나 징용, 정신대에 끌려갔던 사람들은 이제 80대 노인이 되었거나 세상을 떠났고, 해방둥이가 벌써 60대 후반의 나이에 들어섰다.

앞으로 우리 사회를 이끌어갈 사람은 1988년 서울올림픽 이후에 태어나, 2천년대 경제대국이 된 한국에서 성장한 G세대 젊은이들이다. G세대란 이른바 글로벌 마인드(global mind)를 가진 미래지향적 태도를 가진 사람들이며, 오늘의 대학생이 이에 속한다. 이번에 이들 G세대 대학생들을 위한 정치학 강의에 맞추어 제3판을 내놓았다. G세대 학생들은 첫째, 우리나라, 우리 겨레, 우리 것에 대한 강한 긍지와 자부심을 갖고 있다. 우리나라는 세계 10위권의 경제대국으로 성장하였고, 유엔 사무총장의 나라이며, G20 의장국의 나라가 되었다. 우리는 이에 걸맞는 능력과 시민의식을 제고해야 한다.

둘째, 지금 우리의 멋과 맛, 기술은 세계에 진출하여 각광을 받고 있으며 옛날처럼 '남의 도움을 받는 나라'가 아니고, 이제 '남을 도와주는 나라'로 활동하고 있다. 앞으로 우리 젊은이들은 필시 글로벌 시대의 주역이 될 글로벌 마인드를 가지고 국제무대에 나가 활약할 것이며, 이를 위한 설득력 있는 논리체계를 갖고 있어야 한다.

셋째, 세계는 지금 창조와 상상력을 바탕으로 하는 거대한 제4의 물결이 밀려오는 시대를 맞고 있다고 한다. IT산업, 창조산업 등의 발달은 여러 부문에서 기존의 문화 및 생활형태를 바꾸는데 박차를 가하고 있다. 그럼에도 현재 우리가 안고 있는 국내의 정치갈등이나 남북문제, 특히 기후변화와 환경문제와 같은 난제들이 미구에 쉽게 해결되리라는 전망은 불투명하다. 하지만 G세대들의 역할은 앞으로 크게 달라지리라고 본다.

제3판을 내면서 '여러 변화의 흐름에 맞추어 내놓았음'을 강조한 것은, 특히 '제10장 국제정치론'의 전면적인 수정과 보완을 뜻하는 것이다. 지난 2000년, 처음이 책을 출판한 이후 개정판으로 제2판을 출간했지만, 국제정치 부문은 전혀 손을 대지 못하고 10년이 지났다. 이번에 이 부분을 개정, 보강하여 정치적 탐구의 폭을 더욱 넓히고 이 책 전체의 실용적 가치를 높이고자 하였다. 우선 전통의 국제정치 이론 후에 대두한 현대국제정치의 주요 이론들, 즉 신현실주의이론, 신자유주의이론, 구성주의이론을 설명하고, 국제정치권력 분야의 세력균형이론 외에 세력전이 이론과 패권이론을 제시하였다. 미국의 패권문제도 여기에 포함된다. 또한, '국제기구' 편에서 국제연합의 구성을 수정・보완하고 유엔활동의 변화 등을 다루었다. 마지막으로 탈냉전시대에 접어든 국제정치의 흐름과 21세기 국제정치 쟁점들을 간략하게 요약하고 소개하였다.

제1장 정치학 도입 부문에서도 대폭적인 개정을 하였다. '우리의 생활 속에 정치가 어떻게 작용하고 있는가?'의 문제를 제기하고, 인간의 본성에 대하여 좀 더 심도 있게 다양한 관점에서 사색코자 하였다. 제2장 '한국의 현대정치사' 부분에서는 정권교체에 따른 과거 정부를 평가하고 새 정부가 추구하는 가치와 정책에 대하여 설명하였다. 제4장 '정치문화' 부문에서는 한국인의 정치의식이 어떻게 바뀌어 가고 있는가를, 지속과 변화의 측면에서 조명하여 보완하였다. 제6장은 그동안 선거가 몇 차례 치러졌기 때문에 이와 관련된 자료들을 부분적으로 보강하였다. 제9장의 환경정치 부분은 환경에 관한 세계정상회의 등 국제회의 부분과 인구, 단체 등의 각종 수치들을 최근의 자료로 보강하였다.

이 책이 10년 이상 대학생들의 교재와 연구자들의 참고자료로 활용되고 있다는 것에 대하여 자부심을 가지면서도, 한편으로는 과연 얼마나 충실한 연구를 반영하였느냐 하는 부끄러움도 느낀다. 연구의 여력이 남아 있는 한 끊임없이 새로운 시각을 접목하고 보완하여, "새로운 정치학의 이해"라는 제목에 걸맞는 정치학 책이 되도록 저자들 다함께 노력할 것이다. 이 책의 개정은 주로 김창희 교수께서 주관하여 진행하였다. 김창희 교수님의 노고에 감사드리고, 제3판을 출판해 주신 도서출판 삼우사 조병철 사장께 거듭 감사를 드린다.

2010년 1월

대표저자 김 재 영

제2판을 내면서

2003년 계미년의 새해가 밝았다.

한국의 정치적 상황은 그 동안 총선, 지방선거, 대선 등의 선거와 월드컵 대회를 치르면서 엄청난 변화를 겪었다. 월드컵 대회를 통하여 국민들은 '대한민국'을 다시 찾았고, 스스로의 저력에 놀랐다. 2002년 12월 19일의 대통령 선거에서 우리는 한국 선거사상 획기적인 변화의 계기를 이루었으며, 그 중에서도 특히 젊은 세대들의 적극적인 정치에 대한 관심과 시민단체, 인터넷을 통한 네티즌들의 역할은 주목할 만한 현상이었다. 이런 상황에서 우리가 선호하고 있는 정치개혁의 화두도 다차원적인 맥락에서 종합적으로 규명해 보아야 한다는 것은 당연한 일이다. 특히, 다음과 같은 정치상황의 전개와 변화는 '정치현상을 지배하는 보편적인 인과관계를 발견하려는 학문'인 정치학에서 보다 관심을 갖고 조명해야 한다.

첫째, 최근 돌발적인 정치적 사태의 흐름 혹은 정치문화의 단절현상 등은 전통적인 정치사회화의 접근방법에 대한 반성과 새로운 변수들의 개발・연구를 요구한다. 특히, 가정에서의 부모와 학교, 교사 등 기존의 안정적인 사회화 매체들에 대한 틀로써는 오늘날 급변하고 있는 네티즌 문화의 역동성 및 성인사회화(adult socialization) 과정을 이해하는데 있어 한계가 있다. 정치사회화 연구도 체제유지 및 존속을 위한 것도 중요하지만, 나아가 미래사회를 위한 변화의 동인으로도 활용되어야 함이 강조되고 있다.

둘째, 현재 우리의 정치사회에서 가장 주목되는 변화의 부분은, 그 동안 정치적 무관심층 혹은 소극적인 참여자로 소외되었던 젊은 세대들이 인터넷을 매개로 강력한 정치적 영향력을 행사하기 시작했다는 사실이다. 컴퓨터, 휴대폰 등 통신매체가 보편화되면서 이 새로운 문명의 이기에 익숙한 20・30대들은 인터넷이 그들 세대 고유의 수단임을 자부하고 심지어 2030이 5060과 구별되는 유행 용어로 등장하고 있는 현실이다.

정치권에서도 이러한 인터넷을 민의수렴의 수단으로 활용할 방안을 강구하고 있으며, 현재 장관 추천후보 방식이 실행중에 있다. 네티즌 문화가 정치사회화의 중요요인으로 등장하고 혹은 정치, 사회 등 주요 분야의 정책결정에 영향력을 행사함에 따라 이에 대한 부작용도 적지 않으리라 예상된다. 그러나 민주정치 과정에서 시민들이 가장 이상적인 것으로 추구하고 있는 직접민주정치의 실현이 바로 전자민주주의 발달에 의하여 가까워질 수 있다는 희망을 갖게 된 것이다.

셋째, 네티즌 문화·전자민주주의와 관련해서 중요한 정치세력으로 성장해 온 시민단체(NGO)는 풀뿌리 민주주의, 열린 정치 실현의 새로운 수단으로 후진정치의 질곡에서 정당이 그 역할을 제대로 수행하지 못하고 있는 현실에서 더욱 돋보이고 있다. 하지만 시민단체의 세력이 비대해지면 과연 그 힘이 본연의 역할을 수행할 수 있을지 의문이며 식자들은 시민단체의 친당파성과 친권력적 행태를 우려하고 있다. 시민단체의 장점이라 할 수 있는 청렴성, 개방성, 전문성, 비권력성 등 다각적 접근으로 이에 관한 분석과 검토가 필요하다.

넷째, 전자민주주의의 창달과 시민단체·시민운동의 활성화로 대의민주주의의 약점을 보완하는 일이 필수적이겠지만, 오히려 이들이 의회를 대치하는 본말이 전도되는 현상도 크게 경계해야 한다. 따라서 정치개혁은 정당과 정치자금, 선거제도가 중심이 되어야 하고, 그 중에서도 특히 투명한 정치자금의 관리와 법제화가 선거에서 엄격하게 집행되어야 한다.

정당선거와 더불어 풀뿌리 민주주의 실현은 지방분권화에 의하여 더욱 확실히 정착될 수 있다. 그 동안 지방자치제 실시과정에서 거듭된 시행착오로 이를 둘러싼 부작용도 많았지만 이를 극복하고 중앙과 지방간 균형발전을 도모하는 것은 앞으로 우리들의 과제이다.

물론 여기에서 제기하고 있는 내용들은 제4·5·6·7장에서 다루어지고 있다. 다만, 최근 이슈화되고 있는 몇 가지 부분에 초점을 두어 수정·보완이 필요하다고 판단하여 부득이 제2판을 내게 되었다. 제4장에서는 정치사회화 매체를 강화하였고, 제5장의 NGO에 관한 부분을 전면 수정하였다. 제6장에서는 최근의 선거결과를 첨부하고 지방분권 문제를 보강하였고, 제7장의 인터넷 부분을 수정·보완하였다.

그 동안 『새로운 정치학의 이해』에 대하여 질책과 애정을 보내 주신 여러분에게 감사를 드리고, 제2판을 출판해 주신 삼우사 조병철 사장에게도 심심한 사의를 표한다.

2003년 1월

김 재 영

책을 내면서

새 천년이 밝았다.

세계 각국에서는 초대형 스크린에 비치는 레이져 쇼와 휘황찬란한 불꽃놀이, 노래와 춤, 타종 등 다채로운 행사로 새 천년을 맞았다. 이웃나라 중국의 홍콩에서도 300m짜리 용 모양의 초대형 비단초롱을 내걸고 용춤과 불꽃축제로 새 즈믄해를 맞았다 한다. 앞으로 세계를 이끌어 갈 새 천년의 용은 바로 동쪽 대륙에서 나와야 한다는 것을 상징해 주는 행사일 것이다.

사실 팍스 아메리카나(*Pax Americana*) 시대의 거대한 빛과 그림자는 아직도 사회과학 분야의 지배적인 패러다임으로 영향력을 미치고 있다해도 과언이 아니다. 하지만 이미 1970년대부터 제3세계 모델이 한참 유행해 왔고, 1990년대에 와서는 이른바 '후기 공산주의' 연구가 새로운 연구과제로 등장하고 있다. 새 천년대는 세계화, 지식정보화, 지방화 등 변화의 정도가 더욱 근본적으로 이루어지리라 예상되며, 이에 따라 정치학의 대상과 범위도 크게 달라져야 한다고 본다.

이 책은 저자가 기왕에 내놓았던 『현대정치학』을 전면 개편하였으며, 새로운 필진이 공동집필하여 수정・보완하였다. 이 책에서 특히 정치학의 새로운 범위로 중요하게 다룬 대목은 다음 몇 가지 분야이다.

첫째, 환경정치와 정책 분야이다. 21세기 지구촌에 주어진 최대의 과제는 분명 환경문제 해결이며 이를 통한 쾌적한 삶의 조건을 확보하는 우리의 노력일 것이다. 이는 이제 일부 기술적 전문가나 관련 공무원의 업무 차원을 넘어서서 전 국민의 관심사로 확대되고 있으며, 학문의 다차원적 접근에 의한 학제간 연구가 절실히 요구되고 있다.

둘째, 지방자치와 시민운동 분야이다. "생각은 세계적으로 행동은 지방적으로"(Think globally, Act locally)라는 구호가 상징하듯이 우리들의 생각을 실천하는 것은 결국 지방수준에서 혹은 시민운동 차원에서 비롯된다. 지방자치가 실시되고 시민사회 수준이 향상되면서 지방자치단체, NGO, 기타 시민세력의 영향력도 더욱 증대되고 있다. 이들 분야는 국회, 정부, 정당 등 기존의 제도들과 달리 새로운 관심영역으로 활발한 논의가 필요하다.

셋째, 전자민주주의 분야이다. 성급한 미래학자들은 앞으로 정보체제가 확립될 경우, 종래 다수결에 기반을 둔 대중민주주의나 대표자를 통한 대의민주주의 대신 소수세력의 다양성이 존중되는 모자이크 민주주의, 혹은 이른바 네티즌에 의한 직접민주주의가 등장한다고 예고하고 있다. 이들 예측에 많은 문제점이 있는 것은 분명하지만, 현재 정보통신기술은 경이적인 속도로 발전하고 있으며 이에 따라 정부와 관리의 결정방식, 정치인의 행태, 일반국민과 시민단체들의 참여형태가 크게 달라지고 있는 것도 사실이다. 이러한 변화의 긍정적 측면은 반드시 그에 못지 않은 역기능적 부작용을 수반하기 마련이며, 이에 대비하여 이른바 사이버정치에 관한 연구가 충분히 이루어져야 한다.

끝으로, 한국 현대정치사에 관한 조명이다. 앞에서 열거한 정치학의 새로운 관심분야는 우리가 이를 우리의 정치적 특성과 환경에 걸맞게 제대로 수용하고 고쳐 나갈 때 순기능할 수 있는 것이다. 그 동안 우리 정치가 걸어온 역사를 짚어보고 그에 대한 흐름을 평가하면서 새로운 방향을 모색하려는 노력이 필요하다.

이 책은 이상의 취지로 정치학에 관심을 갖고 있는 모든 분을 위하여 집필하였다. 특히 대학의 교양과목 교재로서, 각종 수험준비를 위한 참고서로서 그리고 각급 선거에 참여할 정치 지망생들의 지침서로서 유용하도록 구성하였다. 끝으로 이 책을 흔쾌히 출판해 주신 조병철 사장과 편집부 여러분께 심심한 감사를 드린다.

2000년 1월

김 재 영

차　　례

제1장　정치와 정치학

제2장　정치사상의 흐름과 현대 한국정치사

제3장 정치권력과 정치적 리더십

제4장 정치의식, 정치문화, 정치사회화

제5장 정당과 이익집단-NGO

제6장 정치제도와 의회 · 선거 · 지방정치

제7장 정보화와 전자민주주의

제8장 사회변동과 정치발전

제9장 환경정치와 환경정책

제10장 국제정치론

제1장

정치와 정치학

제1절 인간의 정치생활과 정치개념

제2절 정치학의 연구방법과 이론

제1절 인간의 정치생활과 정치개념

1. 정치화시대

항간에 회자하던 속담으로 "까마귀 싸우는 곳에 백로야 가지 마라"란 말이 있다. 이는 전통시대 벼슬아치들의 추악한 권력 다툼에 끼어들지 않겠다는 선비들의 고고한 꿈이었다. 하지만 오늘날 민주화시대에 살고 있는 시민들은 이제 정치를 떠나서 살아갈 수 없는 상황이 되었다. 정치생활은 선택할 수 있는 부문이 아니고 생활 그 자체이다. 한마디로 우리는 지금 정치화시대에 살고 있는 것이다.

시민들은 누구나 정치에 관심을 갖고 선거에 참여해야 하고, 우리의 생활에 관련된 모든 일이 순조롭게 이루어지도록 요구하고 비판해야 한다. 정치는 맑은 공기를 호흡하고 깨끗한 물을 마시는 일에서부터 집 앞 쓰레기를 수거하고 교통수단을 이용하는 일, 그리고 천재지변과 외부세력의 침범을 막아내는 일 등 우리 생활과 관련되지 않는 일이 없다. 세계정세를 보면 금융위기, 핵확산방지 문제, 테러문제, 기후변화협약 등 여러 가지 어려운 문제에 직면해 있다. 이럴 때일수록 국민들은 시민의식을 갖고 정치에 대응해야 하며, 위기를 발전의 동력으로 삼아 도약할 수 있는 정치력을 발휘해야 한다.

인간은 정치와 더불어 살아갈 수밖에 없다. 정치를 떠난 고립무원의 세계에서는 사람이 사람 구실을 할 수 없고, 인간으로서 삶의 의미가 없다. 고대 그리스의 유명한 철학자인 아리스토텔레스(Aristotle)는 이런 맥락에서 '인간은 사회적 동물'이라는 말을 내놓았던 것이다.

과연 인간의 본바탕은 무엇이며, 우리는 어떤 모습으로 살아가고 있는 것일까? 이런 고민과 관련하여 다음에서 인간의 본성에 관한 이야기를 좀 더 자세하게 해보자.

2. 인간 본성의 다면성

사람은 만물의 영장이라고 한다. 사람은 말과 글을 배우고 예절과 도덕·윤리를 익혀서, 서로 사랑하며 더불어 살아가고 있기 때문이다. 만일, 사람이 사람으로 태어나서 사람 구실을 하지 못하면 정말 안타까운 일이다. '얼굴 모양은 사람 꼴을 하고 있으면서 마음은 짐승과 같은 사람'을 두고 '인면수심(人面獸心)'이라고 한다.

이런 현상과 관련하여 세상에 신화가 생기고 종교가 발달하였다. 우리나라 고대사에 나오는 단군신화에서 신(神; 환웅천황)은 우리가 사는 세상을, '신도 부러워하는 살기 좋은 세상'이라 하였다. 신의 아들 단군왕검은, '사람을 널리 이롭게 하는 홍익인간(弘益人間)의 정신과 이치로 가르치고 다스리는 재세이화(在世理化)의 이념'으로 나라를 통치하였다.[1] 인도에서 발생한 불교에서 부처님은 이 세상을 '고통의 바다'로 보고 사람들로 하여금 욕망과 노여움, 어리석음 등의 집착에서 벗어나기 위하여 '깨달음의 진리'를 가르쳤다.

서양의 철학자 플라톤(Plato)이 쓴 『국가론』에 나오는 '동굴의 비유'를 보면, 인간을 '암흑의 세계에 속박되어 있는 무지한 존재'[2]로 묘사하고 있다. 그의 제자 아리스토텔레스는 앞서 소개한 바와 같이 인간을 '사회적 동물'[3]이라 하여 좀더 적극적인 의견을 내놓았다. 중세의 교부철학자인 성 아우구스티누스(St. Augustinus)는 그의 『신국론』에서, "인간은 그 선조인 아담과 이브가 죄를 범하여 원죄를 입고 태어났으며, 그 죄는 오직 예수님께 귀의해야만 구원 받을 수 있다"[4]고 하였다.

동양의 성자인 공자는 그의 『논어』에서 사람을 군자와 소인으로 구분하고 군자의 도리를 규정하였다.[5] 공자와 맹자, 주자 등의 중국 유학자들은 인간의 성(性)을 선(善)과 악(惡)으로 구분하였다. 주자학의 근본이념인 이(理)의 차별논리는 태극을 음(陰)과 양(陽)의 원리에 맞추어, 이를 남자와 여자, 위와 아래, 적자와 서자, 양반과 상인, 군자와 소인, 중화와 오랑캐 등으로 나누어 선악(善惡)에 대비하였다. 그래서 우리네 양반들은 남자와 윗사람, 지위와 신분, 출세와 관직, 그리고 중국 등 큰 나라를 섬기는 사대사상에 젖어 있었다.

세상을 살다 보면, 물론 착한 사람도 많고 악한 사람도 있다. 때로는 착한 사람도 실수를 하고 악한 사람도 선행을 한다. 혹자는 '나는 하늘 아래 땅 위에 한 점 부끄럼도 없이 당당하게 살았다'고 하고 또 '나는 결코 후회한 일이 없다'고 뻐

---

1) 김재영, 『한국사상의 맥』, 이담 Books, 2009, 40-44쪽.

2) L. C. McDonald, *Western Political Theory*, New York: H. B. Jovanovich, Inc., 1968, pp.22-23.

3) *Ibid.*, pp.44-60.

4) Marcus Dos. trans. *City of God*, New York; Harcout Brace Jovanovich, Inc., 1968.

5) 계명원, 『논어』, 삼중당, 1985.

기는 사람들이 흔히 있다. 하지만 "열길 물속은 알아도 한 길 사람 속은 아무도 모른다"는 말이 있듯이 인간의 일은 그 누구도 정확하게 확언할 수 있는 일이 아니다. 하여튼 인간을 어떤 시각으로 볼 것인가 하는 문제는 정치사상 및 제도의 운용과 깊은 관계가 있다.

동양에서는 인간이 선하다는 전제하에서 그간 절대권력을 허용했던 관행이 이어져 왔다. 반면 서양의 경우, 인간을 이기적이고 사악하다는 시각에서 끊임없이 권력을 제한, 통제하는 사상과 제도가 발달하였다.[6] 16세기초 서구 정치학의 선구자로 불렸던 마키아벨리(Machiavelli)는 그의 『군주론』에서, 우선 "모든 인간은 사악하다"고 규정하였다. 이들을 지배하는 군주는 '선한 군주'와 '사악한 군주' 등 여러 범주로 분류할 수 있는데, 대개 나라가 위기에 처했을 때는, '여우의 지혜와 사자의 사나움을 겸비한 능력을 가진 군주'가 필요하다고 하였다.[7] 그 뒤 홉스(Thomas Hobbes)도 인간을 이기적인 존재로 보고 이에 따른 '주권론과 사회계약론'을 내 놓았다.

서구 정치에서 인간과 역사에 대한 시각과 처방은 서로 다르지만 이를 대개 다음 네 유형으로 분류한 이론이 있다.[8]

첫째, 인간과 역사에 대하여 모두 비관적인 입장이다. 이는 소크라테스 이전(Pre-Socrates) 학자와 소피스트(Sophists)들의 주장이다. 당시 선동정치와 중우정치(衆愚政治)로 쇠약해진 아테네는 결국 펠로폰네스전쟁(Peloponnesian War, 431-404 BC)에 의하여 스파르타에 패망하였다. 이때에 소피스트들은, "인간은 만물의 척도이다. 인간이 자신들의 이익을 추구하는 것이 오히려 타당한 목적이다. 인간은 본래 이기적이며 이는 고칠 수 없는 본성이다"라고 하면서 자신들의 출세적 웅변이나 수사학, 회의주의, 상대주의적 자만에 빠져 있었다.[9] 조국 아테네의 위기에 봉착하여, 소크라테스는 "너 자신을 알라", "악법도 법이다"라는 유명한 말을 남기고 독배를 마셨으며 그 제자인 플라톤은 '동굴의 비유'를 내놓게 된 것이다.

둘째, 인간의 본성에 대하여 낙관적이지만 역사에 비관적인 입장이다. 이는 아리스토텔레스의 주장으로 대표된다. 그에 의하면 "인간은 원래 사회적이고 상호

6) Wuteh Yao, "Aristotle and Mencius," Ross Pitzgerald, ed., *Comparing Political Thinkers*, New York: Pergamon Press, 1980, p.45.
7) L. C. McDonald, *op. cit.*, pp.189-218.
8) Roser D. Masters, "Hobbes and Locke," Ross Pitzgerald, ed., *op. cit.*, pp.118-119.
9) L. C. McDonald, *op. cit.*, p.74.

협력하지만 역사를 개선하는 것은 어렵다"고 하였다. 아리스토텔레스 역시 그가 이상적인 정부형태로 주장했던 도시국가들의 멸망을 지켜봐야 했던 학자이다. 그의 제자 알렉산더 대왕(Alexander, 356-323 BC)은 그리스와 마케도니아 병사들을 이끌고 페르시아제국을 멸망시킨 뒤 중앙아시아와 아프리카, 인도 서북부까지 진출하여 세계 사상 처음으로 유럽, 아시아, 아프리카 3대륙에 걸친 대제국을 건설하였다.

셋째, 인간의 본성에 대하여는 회의적이지만 역사는 낙관적으로 보는 입장이다. 홉스와 로크(John Locke), 그들을 추종하는 학자들이다. 특히 홉스는 "인간은 이기적이며 평등하므로 자연상태에서 만인대 만인의 투쟁을 피할 수 없다"고 하였다. 이들은 "인민은 사회계약에 의하여 자연권을 위임, 양도하였으므로 군주가 합법적인 권리를 행사할 수 있다"고 하였다.

넷째, 인간과 정치에 대하여 모두 낙관적인 입장이다. 마르크스(K. Marx)도 위의 분류에 해당된다 하겠다. 인간은 상호 협력할 수 있는 존재이며 자연적 필요에 대한 과학적 지배로 역사의 진보를 가져올 수 있다는 것이다.

이상의 분류는 너무 자의적이며 편의적이라는 비판을 받고 있다. 실제 학자들의 주장을 자세히 살펴보면 보다 복잡하고 다양하여 그것이 어느 한 유형에 일치한다고 볼 수 없다. 사람과 권력의 행태를 파악하기도 어려운 일이고, 끊임없이 분출하는 갈등을 극복하는 일도 결코 낙관할 수 없는 일이다. 다만, 사회구성원들은 서로 갈등하고 대립하면서도 거시적인 안목에서 이들 상충하는 이익을 조화・해결해 나가려 한다.

3. 정치사회의 담론

인간은 아무리 고고하다 해도 깊은 산중 외딴 섬에 홀로 담을 치고 살 수 없다. 사람들 속에서 태어나 사람들과 더불어 살아가는 것이 인간의 조건이며 가장 아름다운 삶이다. 인간이 이욕(利慾)을 챙기고 이에 집착하는 것은 인간이 가장 활발하게 활동하고 있음의 징표이다. 또한 인간이 살아있는 한, 죄와 허물에서 해방될 수 없으며 인간은 항상 이를 후회하고 반성하는 것이 인간의 참모습일 수 있다.

인간은 누구나 행복한 삶을 누리기를 원하고 있으며 고래로부터 선각자들은 이를 위하여 보다 완전한 사회의 실현을 추구하여 왔다. 플라톤이 지향했던 '이데아'의 이념과 철인왕의 정치, 동양정치에서 요·순왕도 이런 차원에서 나온 것이라 볼 수 있다.

인간은 동물도 아니고 신도 아닌 중간적 존재이다. 동물처럼 단순하지도 않고 신처럼 완전하지도 못하다. 인간이 사는 곳에는 인간이 필요로 하는 물질이 있고, 자연의 변화에 따라 이를 이용해서 살아갈 수 있는 조건들이 주어져 있다. 하지만 인간의 욕망은 한이 없다. 이 세상 모든 것을 더 많이 차지하고 더 오래 차지하려 각축하며 살고 있다.

중세에 와서 오랜 암흑시대를 극복하려는 인간들의 노력은 신을 숭배하고 절대자에 복종하여 스스로 위기를 극복하고자 하였다. 그러나 14-15세기에 들어서서 유럽사회는 오랫동안 권위를 유지해 왔던 봉건체제가 붕괴되고, 이와 함께 교회 중심의 기독교문화도 쇠퇴했다. 봉건귀족과 교회세력이 도시의 시민계급에 의하여 대체되었다. 영국의 청교도혁명(1642-1660)이 일어나 영국인 모두가 '만인의 투쟁상태'에 돌입해 있을 때, 홉스는 사회계약론을 내놓았다. 그에 의하면 "인간은 이기적이고, 능력이 거의 평등한 존재다. 하지만 사람들은 이성적이다. 그러므로 '만인이 투쟁하는' 자연상태를 벗어나기 위하여 사회계약을 체결하여 절대자에게 그들의 권리를 양도한다"라고 하였다. 사회가 어느 정도 안정된 상황에서 명예혁명(1688)의 이념을 제공한 로크는 홉스와 달랐다. 그가 살고 있던 당시 사회적 조건에 영향을 받아 그는 '자연상태'를 평화와 선의, 상호원조 및 종족보전이 이루어지는 상태로 보았다. 그가 생각하고 있는 이성이란 "인간은 자유롭고 평등하기 때문에 다른 사람을 파멸시키거나 해칠 권리가 없으며, 다른 사람들의 재산을 약탈하지 않는 것"으로 보고 국왕의 권리를 헌법으로 제한하는 입헌군주제에 동의하자고 주장하였다.

프랑스혁명(1789-1799)의 사상적 기반을 제시했다고 볼 수 있는 루소(Jean J. Rousseau)는 "자연상태에서 인간은 유복하였지만 사회가 이러한 인간의 권리를 빼앗고 비참하게 만들었다"고 하였다. 루소의 사회계약은 "인민의 동의에 의하여 일반의사에게 전권을 위임한다"고 하여 도시국가적 직접민주주의의 정치이상을 내놓았다.

영국의 청교도혁명과 프랑스 대혁명을 거친 후 유럽의 민주주의는 자유와 평등을 기본이념으로 삼았다. 자유의 이념으로는 밀(John Stuart Mill)의 자유론, 벤담

(Jeremy Bentham)의 공리주의, 그린(Thomas H. Green)의 이상주의 그리고 최근 신자유주의 이론이 있다. 평등의 이념으로는 고전적 사회주의, 마르크스와 레닌의 사회주의, 네오마르크스주의 이론을 대표적으로 꼽을 수 있다.

두 차례의 세계대전을 겪은 강대국들은 전쟁보다 근대화 혹은 경제발전에 국력을 기울여 그동안 미증유의 풍요를 성취해 왔다. 하지만 이에 따라 야기된 여러 문제들로 세계는 또 다른 위기에 직면하고 있다. 특히 교통・통신・정보산업의 발전으로 지구촌이 글로벌화되면서 한 국가에서 일어난 문제는 다른 국가에 파급되어 세계가 끊임없는 갈등을 겪고 있다.

인간의 불안정성과 복잡성에서 유래되는 인간과 인간의 대립・경합・투쟁을 적절하게 해결하여 사회통합을 이룸으로써 통일적인 질서를 형성・유지해 가는 것이 정치라고 한다면, 근원적으로 인간성 자체 속에 정치발생의 기반이 있다고 하겠다. 요즈음 우리가 가장 바람직한 체제로 받아들이고 있는 민주정치는 선거에 의한 대의제도이다. 하지만 의사결정기관인 대통령이나 국회의원 외에 여야의 각 정당, 각 분야의 시민단체, 언론기관들이 있으며, 기타 이익단체들에 의한 요구가 폭발하여 시위, 파업으로 정치가 마비될 때가 흔히 있다. 또한 날로 심각해지고 있는 환경오염과 국제유가 인상, 테러와의 전쟁, 식량파동 등 위기가 우리의 생명과 안위, 재산을 위협하고 있다. 인간들의 다양한 욕구의 폭증과 갈등의 조정, 내외 위기의 극복, 국민화합 등 정치가 풀어야 할 숙제는 어렵고도 험난하다. 과연 정치란 무엇이며, 어떤 정치를 어느 자세로 어떻게 실행하는 것이 정치의 길일까?

4. 정치개념의 다의성과 분류

(1) 개념정의 필요성

우리가 흔히 '정치'라는 말을 사용할 때 이에 관한 명확한 개념 정의를 내리기란 쉽지 않다. 또 어떤 정치적 이슈를 논의할 때에도 여기에 참가한 사람들이 먼저 '정치적'인 것에 관하여 하나의 공통된 정의를 내리고 토론을 시작하는 것도 아니다. 그러나 적어도 이들 사이에는 '정치' 혹은 '정치적'인 것에 관하여 어떤 상식적인 이해가 공통으로 전제되고 있음은 사실이다.

다만 정치학을 배우고 앞으로 이 분야를 전공하려고 하는 사람들은 정치에 관한 이러한 상식적인 이해에 만족하지 않을 것이며 보다 명확한 개념정의를 필요로 하고 있음이 분명하다. 다시 말하여 정치에 관한 학문적 지식을 쌓고 이를 발전시켜 나가기 위하여는 적어도 그 동안 학자들이 공통으로 규정해 왔던 정치의 일반적인 개념이 무엇이며, 그것이 현실적으로 어떤 의미가 있는 것인지를 규명하고자 할 것이다. 그럼에도 과연 정치 및 정치적인 것에 관한 공통된 개념 규정이 필요한 것이냐 하는 논의는 아직도 계속되고 있다.

가령, 샤츠슈나이더(E. E. Shattschneider) 같은 학자는 "어떤 정의가 반드시 필수적인 것은 아니라고 하는 학자들의 생각은 어딘가 이상하다"고 지적하면서, 다른 한편으로는 "정치에 관한 명확한 정의를 꾀하는 것은 시간낭비"라고 하는 엇갈린 주장을 하고 있다.[10] 또 "정치학은 그 내용에 있어서 명확한 개념을 가지고 있지 않다"든가[11] "2년 동안 미국 대학에서 강의를 하면서 정치학이 무엇인가를 나에게 정확하게 말해 준 사람은 찾아볼 수 없었다"는 스티븐스(M. Stephens) 등 영국 사학자의 지적도 주목할 만하다. 결국 이들 주장을 종합하여 보면 오늘날의 정치현상이 매우 복잡하고 다양하여 그만큼 개념 파악도 명확하게 규정하기 어려운 사정을 말하여 주고 있음을 알 수 있다.[12]

(2) 정치개념의 다의성

서구의 역사에서 정치의 범주는 대개 국가와 정부에서 출발하여, 신의 섭리, 법과 질서, 합법적 권위, 권력의 행사, 개인 계급 등 다양한 요인 들을 준거의 틀로 접근하였다. 근대에 들어와서 정치학자들은 국가개념보다는 정치체계 혹은 정치구성체나 정치과정 등의 개념으로 정치의 지평을 넓히고 있다.

전통적으로 정치사상가들은 정치를 국가와 법률 및 정부와 같은 것으로 보았다. 그리고 철학을 정치와 연관시켜 논의하여, 플라톤(Plato)은 정치를 '영혼의 최고선(最高善)을 행하는 것'이라 하였다. 절대자인 하나님에게 모든 것을 중세에는 지상국보다는 정신적 왕국의 중요성을 찬양하였다. 근대에 들어 현실적인 국가를 정치의 중요대상으로 강조하게 되었다. 마키아벨리(Niccolo Machiavelli)는 국가의 생존 강화라는 목적을 위해서는 권력이 법이나 도덕·윤리의 상위에 존재한다는 정치관을 내놓았다. 그는 국가의 개념을 새로이 정립한 근대정치학의 선구자로 평가

10) Alan C. Isaak, *Scope and Methods of Political Science*, Ill.: The Dorsey Press, 1981, p.15.

11) Albert Somit and Joseph Tannenhaus, *The Development of Political Science: From Burges to Behavioralism*, Boston: Allyn & Bacon, 1967, p.15.

12) *Ibid.*

하고 있다.

서구의 전통 속에서도 국가를 중심으로 한 정치의 개념은 일정하지 않은데, 그들의 자유주의적 정치관은 결국 국가와 개인간의 관계를 중심으로 형성되었다고 볼 수 있다. 서구에서는 정치를 국가나 정부 등과 동일시하는 입장에 있으면서도 결국은 개인의 권익보장이나 최선의 행복을 그 목적으로 하고 있으며, 그것은 무엇보다도 입헌주의 및 합법적인 정부의 운용과 관련된 것이었다.

급진주의적 관점에서 정치의 본질을 규명하려고 한 사람은 마르크스(K. Marx)였다. 그는 유물변증법을 역사에 적용한 유물사관을 토대로 정치를 이해하려 하였다. 그는 유토피아를 실현하는 방법으로 계급투쟁으로서의 정치를 인식했던 것이다. 마르크스와는 달리 베버(Max Weber)는 정치 혹은 정치적인 것을 조직체의 활동과 관련시켜 규정하려고 하였다. 그는 정치의 본질적인 요소는 한 영토 내에서 그것을 행사하는 물리적인 힘인 권력의 행사로 간주하였다. 베버가 정치를 권력의 행사나 분배에 관련시켜 규정한 것은 정치에 대한 개념을 좀 더 현실적으로 이해한 것이다.

정치를 보다 더 경험적으로 분석했던 학자는 미국의 라스웰(H. D. Lasswell)이다. 그는 저서[13] 『정치: 누가, 무엇을, 언제, 어떻게, 왜』를 통하여 정치가 무엇인지를 구체적으로 규명하려 하였다. 그 후 또 다른 경향으로 정치를 체계와 관련시켜 인식하는 학자들이 등장하였고 대표적으로 들 수 있는 학자는 이스턴(D. Easton)이다. 이는 뒤에서 자세하게 설명한다.

정치는 갈등과 통합의 양면에서 볼 수 있다. 정치에는 지배집단과 피지배집단이 있으며, 지배집단이 정치권력을 자신들의 이익을 보호하는 수단으로 활용할 때 피지배집단은 불이익을 받게 된다. 여기에서 지배집단과 피지배집단의 갈등이 조성되지 않을 수 없다. 다른 한편 정치는 사회질서 유지와 개인의 통합 등 일반선(一般善)을 추구하는 통합적인 면이 있다.

(3) 정치개념의 분류

1) 국가현상설

국가현상설은 정치를 국가 특유의 현상이라고 보고, 정치란 국가의사의 결정

---

13) Harold D. Lasswell, *Politics: Who Gets, What, When, How?*, New York: McGraw-Hill Book Company, 1936.

및 그 행사를 둘러싼 제 활동이라고 한다. 즉 이들에 있어서 국가는 정치의 출발점이자 종착점이 된다. 사실 사람들은 자신이 태어난 국가를 조국으로 섬기고 살아가고 있으며 평생 국가의 테두리를 벗어나기 어렵다. 국가는 태어나면서부터 자신의 운명을 결정짓는 가장 중요한 정치요소로서, 국가에 대한 충성은 국민으로서 지고의 책무이기도 하다. 이런 관점에서 국가학파들은 국가의 활동과 작용을 정치라고 본다.

국가현상설의 논리는 인간생활이 영위되는 곳에는 질서가 유지되어야 하고, 이렇게 되지 않으면 평온하게 살아갈 수 없다는 것이다. 질서의 유지를 위해서는 법의 운영 없이는 불가능하며, 법은 강제력을 수반해야 하는데 그 물리적 강제력을 국가가 독점하고 있다는 것이다. 이같이 정치권력 또는 주권이 국가에 귀속되어 있기 때문에, 이를 일원적 국가론 또는 일원주의라 부른다.

이와 같이 정치현상을 국가현상과 동일시하고 있는 국가현상설은 다음과 같은 몇 가지 결함이 있다.

첫째로, 국가개념만으로는 모든 정치현상의 보편적인 특질을 설명할 수 없고, 또 반대로 정치의 국가현상설을 인정한다 해도 가령 행정기능과 같은 국가현상의 모든 분야까지 통틀어 정치로 볼 수 있느냐 하는 의문이 생긴다. 국가현상설은 우선 국가가 형성되기 이전의 정치현상을 설명할 수 없고 국가가 아닌 다른 집단의 연구를 소홀히 하기 쉽다.

둘째로, 국가현상설은 국가라는 정식적 정치제도나 법과 같은 공식적 측면의 연구에 초점을 맞춤으로써 정치현상의 동태성을 제대로 설명하지 못하고 있다. 이스턴(David Easton)이 지적한 바와 같이 제도 이면의 인간의 복잡한 활동을 간과하고,[14] 또 정부기구 내에서도 구성원들의 수많은 비공식적 활동이 이루어지고 있음을 도외시하기 쉽다.

셋째로, 국가개념은 근대사에 있어서 주권확립이나 정치통합의 상징으로서 하나의 신화적 성격을 띠고 있으며, 경험적 연구의 과학적 분석수단으로는 될 수 없다는 것이다.

2) 집단현상설

이상의 비판에서 알 수 있는 바와 같이 정치를 국가개념에 한정시켜 논한다

14) David Easton, *The Political System*, New York: Alfred A. Knopf, 1960, p.113.

면 결국 정치의 개념 범위가 너무 편협해지게 된다. 그리하여 정치를 단지 국가 특유의 현상으로 국한시키지 않고, 일반 사회집단의 정치활동도 여기에 포함시켜야 한다는 집단현상설이 제기되었다. 이들에 의하면 정치란 널리 사회집단 혹은 여타의 공동의 단체들이 그들 공동의 사무를 수행하는 과정에서도 나타나는 현상이라고 한다.

정치는 국가의 특유한 현상이 아니라 사회 내의 집단현상이며 국가는 다른 일반집단과 다를 바가 없다고 주장하기 때문에, 이를 다원적 국가론 또는 다원주의라고 부른다. 다원주의에 의하면 아무리 국가가 지배적이고 강력하다 할지라도, 국가는 항상 사회에 존재하는 많은 결사체들 중의 하나이며 또한 그의 권한 행사는 항상 제한을 받아 왔다는 것이다.

집단현상설은 집단의 내부에 정치가 있다고 보는 집단 내부현상설과, 집단과 집단 사이에 정치가 존재한다고 보는 집단 상호관계설이 있다. 또한 집단 상호관계설을 집단 대립투쟁설과 집단 이익조정과정설로 나누어, 전자에 마르크스의 계급이론과 권력엘리트론, 후자에 집단이론 정치과정론을 포함시켜 설명하기도 한다.[15]

집단현상설에서 국가는 다른 사회단체와는 다르며, 국가 이외의 모든 사회단체들을 통제 · 지배할 수 있는 특수한 존재임을 간과하고 있다. 또한 인간의 사회적 활동 또는 행위에 관한 연구도 중요하지만, 그러한 행위적 정치현상도 실질적으로는 국가와 정부에 밀접한 관계를 가지고 있다는 점도 부인할 수 없다.

3) 권력현상설

정치를 국가 혹은 정부와 동일시하거나, 국가와 집단을 동등한 입장에서 보려는 외에, 이를 지배-피지배의 관계로 파악하려는 입장이 있다. 정치를 권력지배현상으로 보는 권력현상설은 정치란 주로 권력 · 권위 · 갈등과 같은 것이며, 다시 말하여 권력의 획득 · 유지 · 확대와 이를 행사하는 과정에 있어서 경쟁 · 협조 · 대립 등 모든 인간활동을 의미한다고 한다. 이를 실력설이라고 부르기도 한다.

그러나 정치란 단순히 권력이나 갈등으로 보기에는 비판의 여지가 많다. 무엇보다도 정치의 개념을 명확하게 규정하려는 학자들에게 있어서 위의 경우 혼돈을 가져오게 된다. 지배와 복종의 관계는 정치에만 나타나는 독특한 현상이 아니고

---

15) 이정식 외, 『정치학』, 대왕사, 1993, 41-50쪽.

모든 공사(公私)조직을 막론하고 위계질서가 있기 때문에 상하관계, 명령・복종관계 등이 발견된다. 따라서 모든 지배와 피지배관계를 정치로 볼 수 없다.[16)]

이상의 논의에서 살펴볼 때 국가현상설・집단현상설・권력현상설 등은 정치에 관한 어느 일면만을 강조하고 있으며, 정치가 다루어야 할 광범한 분야를 포괄하지 못하고 있음을 알 수 있다.

5. 정치의 개념정의

정치라고 하는 것은 무엇보다도 인간에 의하여 이루어지는 현상이며, 인간의 사회적・실천적 활동에 하나의 방향을 이루어 가는 것이라고 말할 수 있다. 그러므로 정치의 문제는 인간의 행동차원을 결코 소홀히 할 수 없다. 그리고 현실적으로 인간의 행동은 그 주체의 사회형태 및 주체 상호의 관계 등과 밀접한 관련을 맺으며 이루어지는 것이다. 따라서 국가와 같은 사회의 기본조직을 중심으로 정치의 특수성을 이해하려는 태도나 이들 사회조직 혹은 인간의 상호관계를 중요시하려는 입장 등은 서로 모순된 것은 아니다. 이렇게 볼 때 이들을 모두 수용하여 인간의 정치생활을 포괄한 적실성 있는 정치의 개념 구성이 필요하다.

이와 같이 정치를 이해하는 시각은 다양하다. 그러므로 어느 한 입장을 가지고 정치에 대한 정의를 일반화하는 것은 문제가 있다. 여기에서는 이스턴의 정의를 중심으로 정리해 본다. 이스턴의 정치에 관한 개념정의는 서구학자들 간에 가장 널리 알려져 있다. 이스턴은 정치를 "사회를 위한 제 가치의 권위적 배분"(the authoritative allocation of values for a society)이라고 정의하고 있다.[17)] 가치의 권위적 배분은 "누가 무엇을 언제 어떻게 얻느냐?"(Who Gets, What, When and How?)하는 것과 관련이 있다. 이 중 중요한 개념은 사회・가치・권위・배분이다.

첫째, 사회란 개인과 집단이 인간공동체를 형성하여 질서를 유지하는 가운데 공존과 공생을 모색하는 장이라고 할 수 있다. "사회를 위하여"라는 의미는 궁극적으로 사회를 구성하고 있는 인간을 위하는 것이라고 이해할 수 있으며, 사익을 목적으로 하는 것이 아니라 공익을 위한다는 의미가 내포되어 있다. 정치는 소수 권

---

16) 홍득표, 『정치과정론』, 학문사, 1999, 24쪽.

17) David Easton, *op. cit.*, p.129.

력엘리트의 이익을 위해서 존재하는 것이 아니라 사회를 구성하고 있는 "공동체 전체를 위하여" 필요한 것이다.[18]

둘째, 가치란 인간의 욕구나 기대를 충족시켜 줄 수 있는 부, 재화, 자원과 같은 물질적인 것과 권력, 존경, 명예와 같이 비물질적인 것이 있다. 많은 사람들이 추구하는 가치는 희소하고 제한적이기 때문에 경쟁과 경합의 대상이 된다. 가치가 풍부하고 독점의 가능성이 적으면 시장원리에 따라 분배할 수 있지만, 희소한 가치는 경합성이 있기 때문에 정치적 원리나 정치적 선택에 의하여 배분되어야 한다.

셋째, 이미 일정한 한계가 정해진 제 가치를 무한정으로 차지하고자 원하는 사람들의 욕구를 어느 정도 제한하면서 이를 대부분의 사람들이 받아들일 수 있는 합리적인 결정으로 배분하지 않으면 안된다. 그러면 누가 배분할 것인가? 정치에 있어서 가치배분은 국가, 정부 혹은 통치체 등의 합법적이고 공식적인 권위에 있다. 권위는 정치권력[19]의 한 유형이라고 볼 수 있으며, 정당성을 기초로 해야 한다. 이는 배분 결과에 대한 경합자들의 수용에 필요한 구속요인이다. 가치배분이 정당성을 유지하려면 그 결정이 어떤 권위 있는 기구의 타당한 절차에 의하여 이루어져야 한다. 오늘날 정치에 있어서 가치의 배분권은 국가, 정부, 혹은 통치체 등의 합법적이고 공식적인 권위에 있다.

그러나 권위의 근원을 위한 제도적 기구는 보다 다양한 형태를 취할 수 있다. 가령 왕조시대에는 세습에 의하여 왕위를 차지한 자가 대신들의 의견을 물어 결정을 내렸고, 아프리카 종족사회에서는 부족의 장들이 모여 그들의 권위로 정책을 실시하였다. 이런 경우 어떤 공식적인 기구나 그에 따른 절차가 있는 것은 아니지만 그런대로 그 사회에 통용되고 있는 가치의 배분은 권위를 유지하고 있다. 따라서 그곳에서도 정치체계는 존재하고 있으며 정치가 행하여지고 있다고 보는 것이다.

넷째, 배분이란 희소한 가치를 평화적으로 공정하게 나누어 주는 것이다. 배분을 통하여 배분과 관련하여 발생하는 갈등과 경쟁의 조정과 통제가 가능하다.

18) 홍득표, 앞의 책, 25-26쪽.

19) 베버는 권력이란 "일정한 사회관계에 있는 하나의 행위자가 저항을 무릅쓰고 자기 자신의 의지를 수행할 수 있는 위치에 있게 될 개연성"이라 하고, 오건스키(A. F. K. Organski)는 "자기 목적에 상대방의 행동이 따르도록 영향을 미치는 능력"이라 하였다.

가치의 배분활동은 국가의 공공정책 결정을 의미하며 국가에 의한 공공선택이라고 할 수 있다. 가치의 권위적인 배분활동을 다른 말로 “정치권력을 행사하여 공공정책을 결정하는 활동”이라고 할 수도 있다.[20]

이와 같이 이스턴은 끊임없는 위기와 갈등 속에서 정치체계가 어떻게 계속 유지되는가를 이해하고자 했으며, 정치체계의 활동과정에 연구의 초점을 두고 있다. 다시 말해 이스턴에게 있어서 정치는 ‘사회구성원의 요구를 구속력 있는 가치배분인 정책으로 전환시키는 과정’이라고 볼 수 있다.

앞서 지적한 바와 같이 권위적 배분이 행하여지는 정치란 위로부터 아래로 이루어지는 지배·통제뿐 아니라, 이에 저항하는 일반대중이나 정권획득을 위해 투쟁하는 야당, 군대, 기타 저항하는 집단들의 아래로부터의 운동도 중요한 정치세력으로 파악해야 한다. 이 점에서 마르크스주의자들은 가치의 배분이 지배계급에게 독점되어 있다고 주장하고, 또한 그람시(A. Gramsci)도 이른바 헤게모니의 논리[21]에 의하여 자본주의 사회의 모순을 공격하고 있음을 주목할 필요가 있다. 즉 자본가 계급의 이익이 바로 국가의 일반적 이익을 대표하고 있음은 부당한 것이며, 따라서 재산 소유자들에 의하여 정치적 권력이 독점되어 있는 사회에서 가치의 배분은 시정되어야 한다고 주장하고 있다.

정치란 이와 같이 '가치의 배분'이라는 문제와 관련되며, 이에 관하여 사회의 제 세력간의 대립·투쟁에 의하여 그 근본적인 개혁을 쟁취해야 한다는 주장과, 혹은 타협·조정에 의한 질서와 통합을 강조하여 안정을 더 중요시하는 입장이 있다. 결국 정치는 이들 양면을 모두 소홀히 할 수 없는 이중적 성격을 가지고 있음을 알 수 있게 된다.

이상의 몇 가지 특징들을 종합하여 볼 때, 정치란 보다 광범하게 정의하여 ‘사회에 있어서 가치의 분배와 이에 관련된 권력 및 영향력을 둘러싼 제 관계와 현상’이라고 말할 수 있겠다.

---

20) 홍득표, 앞의 책, 27쪽.

21) 이에 관하여는 Joseph V. Femia, *Gramsci's Political Thought*, London: Oxford University Press, 1981 참조.

제2절 정치학의 연구방법과 이론

1. 정치현상의 연구와 정치학

현대사회에서 인간이 살아가는 길은 정말 복잡하고 다양하다. 그러면서도 사람들은 항상 평화스럽고 행복하게 살기를 소망하고 이를 위하여 끊임없이 노력하고 있다. 우리는 의식주와 같은 기본적인 생존권에 관한 문제의 해결은 물론이고, 나아가 인간이 인간답게 대접받으며 살아갈 수 있도록 하는, 이른바 생활권이 보장되기를 바라고 있다. 이러한 일들은 어떤 형태든 모두 정치와 깊은 관련을 갖고 있다. 그러므로 정치적 조직체가 무엇을 위해 존재하고 있으며, 어떻게 운영되어야 가장 좋은 사회생활을 영위할 수 있느냐를 생각하고 해답을 모색하려는 데서 정치학이 필요하다.

따라서 우리가 정치를 공부한다고 할 때 먼저 우리가 살고 있는 세계에 대한 다양한 지식을 갖고 있어야 한다. 그런데 사람들은 대개 자기 자신이 알고 있는 것이 가장 옳은 것이라는 믿음을 갖고 살고 있다. 그리고 우리가 이미 알고 있는 지식만으로 이 세상을 살아간다고 해서 큰 불편이 있는 것도 아니다. 그러나 사회의 여러 현상을 관류하고 있는 어떤 본질적인 흐름을 파악하려고 할 때 우리가 알고 있는 것이 얼마나 엉성한 것인가를 새삼 깨닫게 된다. 어느 면에서 보면 내가 알고 있는 조그만 지식의 일부로도 충분히 이해할 수 있으리라 믿었던 일들이 어떤 정치적 사태가 발생할 때마다 유명한 학자들의 지혜를 모두 다 모아도 풀리지 않는 수수께끼들이 연거푸 생긴다. 우리는 이 현묘한 세상이치를 깨닫고 그것이 영위되는 과정을 설명하기 위하여 전 생애를 학문에 바치고도 오히려 객관적인 공감을 얻지 못하고 독단주의자라는 비난을 받고 살다간 수많은 학자들의 주장을 관조하는 겸허한 학문적 태도를 가지는 것이 필요하다.

서양은 역사적으로 신앙과 신념이 정치를 압도했던 중세 암흑시대와 관념철학이 지배했던 계몽주의 시대를 경험했다. 그런데 정치에 깊숙이 간여했던 교황들은 철저히 부패하여 세속군주에게 통치권을 빼앗겼고, 현실을 도외시했던 관념론은 실증주의에 그 권위를 물려 주었다. 물론 현실정치는 실증적 방법에 의해서도 규명되기 어려운 여러 가지 복잡한 '검은 상자'를 가지고 있다. 그뿐 아니라 우선 외형적으로 나타난 정치현상만을 분석하기에도 우리는 고도로 세련된 연구기법이 필요하고 이를 위한 다양한 변수의 추출이 있어야 한다. 그만큼 사회현상의 체계적 분석이란 어렵고 또 말하자면 뜬구름 잡기와도 같다.

그런데 우리 사회에는 아직도 전통의 신념이나 규범에 집착하여 앞서 말한 바와 같이 당위적 명제만을 강조하거나 급격히 변동하고 있는 구체적인 현실을 도외시하는 사람들이 있다. 어떤 사람들은 세상에 흔히 회자되고 있는 구호나 단순한 이데올로기적 주장을 아무 의미 없이 되풀이하여 외치기만 한다. 그리고 그 분야에 대한 협소한 지식만을 가지고 세상을 바라보려는 오류를 범할 때가 많다. 말하자면 그들이 내세우고 있는 주장에 대한 집착이 너무 강하기 때문에 다른 사람들의 의견이나 주장을 도외시해 버리는 교조주의자가 되기 쉽다. 이러한 사람들은 대개 그들이 살아가고 있는 구체적인 현실을 왜곡하고 현실을 올바로 파악하지 못하는 경우가 많다. 따라서 위에서 살펴본 정치현상들을 보다 보편적이고 객관성 있는 방법으로 이를 체계화하여 설명할 수 있는 이론이 필요하다.

우리가 살고 있는 이 세상의 어떤 것이든 한 현상을 설명하기 위해서는 이론이 있어야 하고, 그 이론은 어느 정도 예측 가능한 법칙이 있어 이를 논리적으로 규명해야 한다. 한마디로 정치현상을 설명하는 정치학(정치과학, Political Science)은 정치현상을 지배하는 보편적인 인과관계를 발견하려는 학문이어야 한다.[22] 그런데 정치현상을 법칙적으로 파악한다든가 과학적으로 인식한다고 할 때 과연 정치현상 그 자체가 법칙적으로 전개되고 있는가 하는 의문이 제기된다. 무릇 법칙이란 자연법칙과 같이 인간의 의사와는 무관하게 사물의 제 현상 속에 내재하여 전개되는 일정한 인과관계를 말하는데, 여기에 인간의 의사가 매개될 때 그 법칙의 객관성은 심각한 도전을 받게 된다.

물론, 인간사회의 흐름을 거시적으로 생각한다면 그곳에 법칙적인 유형이 있어 인간의 의사로도 어쩔 수 없는 변화 같은 것을 발견할 수 있다고 주장한다. 반면, 그러한 법칙도 결국 인간의 가치판단에 의한 것이기 때문에 객관적일 수 없다는 비판도 있다.

이러한 제 논의에도 불구하고 사람들은 그들이 행하고 있는 학문연구가 기왕이면 과학적이기를 바란다. 그리하여 현상의 설명이 체계적이고 논리적으로 일관

---

22) 이갑윤, "정치학의 과학화와 통계적 방법," 『한국정치학회보』, 제21집 2호, 한국정치학회, 1987, 192쪽.

성이 있으며 예측성이 있는 이론들을 내놓고자 한다. 이러한 예측성 있는 이론은 다른 사람들에게 공감을 주고 문제해결의 실마리가 될 수 있다.

그런데 사실 지금까지 사회과학을 과학적으로 연구한다고 생각하는 학자들의 대부분이 자연과학의 논리구조를 사회과학에 그대로 옮겨도 타당하다고 생각하는 일원론에 사로잡혀 있었던 것이 사실이다.[23] 특히 이른바 논리실증주의자들은 논리구조와 가치구조를 별개의 것이라고 보고 정신과 주관적 가치를 배제한 몰가치적 연구가 과학성을 높이는 것이라고 생각해 왔다. 그후 이러한 편협된 주장은 차츰 여러 방면의 도전에 직면하였으나 오늘날에도 과학에서의 가치와 사실, 주관성과 객관성에 관한 논쟁은 아직 명쾌한 답을 얻지 못하고 있는 실정이다.

그동안 민주화니 정치발전이니 혹은 세계화니 하는 주장을 보면 우리나라 정치수준이 마치 상당한 수준에 이르고 있는 것처럼 생각되고 있다. 그러나 우리는 아직도 우리의 정치현상을 설명하고 예측할 수 있는 우리 나름의 정치이론을 서구의 수준만큼 발전시키지 못하고 있다는 반성이 있다.

우리나라에서 과학으로서의 정치학의 역사는 1960년대에 미국에서 수학한 학자들로부터 시작되었으나, 연구논문들의 주된 관심이나 분석수준을 볼 때 아직 그 뿌리를 내렸다고 볼 수는 없다. 사상이나 제도가 아닌 행태를 연구하는 논문들도 대부분 그들의 주장은 단편적인 사건과 직관에 의존하고 있고, 사용되는 개념도 경험적이라기보다는 관념적·추상적인 것이 많다.[24]

결국, 정치란 것이 항상 그 나라 사회의 정치현상을 이해하고 또 예측할 수 있는 이론과 상호작용한다고 할 때, 우리나라에 있어서 정치학체계의 확립은 우리의 정치수준을 가늠해 주는 가장 중요한 과제라 생각한다.[25]

2. 정치학의 연구방법

어느 학문을 막론하고 독자적인 학문으로 성립되기 위해서는 그 대상과 방법에 대한 연구가 필요하다. 정치학도 2500년의 긴 역사를 가졌기 때문에, 정치현상

23) 김광웅, "한국정치학에서 '과학적 연구'의 의미," 『한국정치학회보』, 제21집 2호, 한국정치학회, 1987, 74쪽.

24) 이갑윤, 앞의 글, 67쪽.

25) 1990년대에 출판된 우리나라 정치학 각 분야의 방법론에 관한 저서로는 김계수 외, 『한국정치연구의 대상과 방법』, 한울, 1993, 119-136쪽.

에 대한 연구방법도 특정 시기나 장소, 학자에 따라 다양하다. 우리가 연구대상으로 삼아 관심을 기울이고 있는 정치학에 대한 지적 탐구는 이미 기원전까지 거슬러 올라갈 수 있다.

동양에서는 이미 춘추시대에 공자(552-479 BC)와 같은 위대한 성현이 나타났고, 서양에서도 고대 그리스 시대에 소크라테스, 플라톤, 아리스토텔레스 등 정치철학자가 있었다. 이들은 이상국가론 정치론을 제창하였다. 고대 그리스의 정치학이 주지주의와 합리주의를 밑바탕으로 한데 비해, 중세 정치학은 기독교의 영향을 받았다. 중세 이후 마키아벨리, 홉스, 루소 등으로 이어지는 정치철학자가 등장하면서 정치학은 중대한 전환점을 맞기도 하였다. 그러나 이때까지의 정치학은 주로 인간의 본질을 철학 및 규범론적 관점에서 추구하였다.

오늘날 우리가 말하는 정치학은 다른 사회과학과 마찬가지로 19세기에 이르러 도덕철학(moral philosophy)에서 발전해 온 것이다.[26] 스미스(Barbara L. Smith) 등에 의하면 정치철학에서 제도적 분석이 발전된 것은 19세기 후반기였고, 20세기 초에 일어난 다양한 지적 운동이 정치학에 있어서 행태주의를 등장시켰다는 것이다. 그리고 그후 후기행태주의(post behavioralism)라는 새로운 경향이 나타났다.

[그림 1-1] 정치학의 발달과정

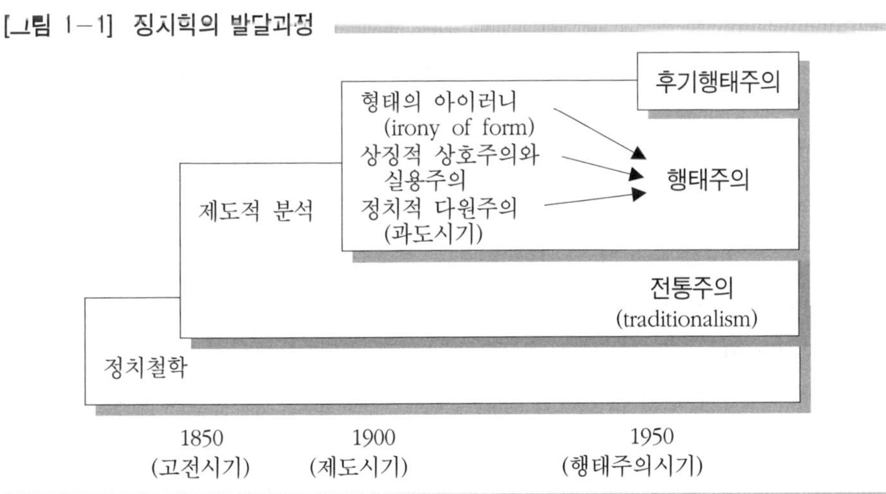

출처 : Barbara Leich Smith et al., *Political Research Methods: Foundations and Techniques*, Boston: Houghton-Mifflin Co., 1976, p.3.

---

26) Barbara Leich Smith et al., *Political Research Methods Foundations and Techniques*, Boston: Houghton Mifflin Co., 1976, pp.2-28.

물론 이러한 변화추세가 정치학의 계속적인 발전단계라고 일반화해서 말할 수 있는 것은 아니며, 아직도 정치・사회철학이나 제도분석을 중요시하는 정치학자들이 많이 있다. 다만, 근래에 와서 이들 정치철학자나 제도분석의 입장을 강조하는 사람들을 전통주의자로 분류하여 행태주의에 속한 사람들과 구별하여 취급하고 있음을 주목할 필요가 있다.

스미스 등에 의하면 정치학의 발달과정을 크게 네 단계로 나누고 있는데, 이를 도표로 표시한 것을 인용하면 앞의 [그림 1-1]과 같다.

(1) 고전시기(1850년까지)

이 시대의 정치학은 국가란 무엇이며 왜 필요한가, 자유는 왜 소중하고 어떻게 얻어지는가 등 거창하고 근원적인 질문에 대한 해답을 구하고자 했다. 이 시대의 정치학은 철학, 윤리학, 역사학 등과 그 문제의식이나 방법론에 있어서 분화되지 않은 상태에 있었다.

이 시기에 행하여진 정치의 연구는 주로 규범적인 성향을 띠었으며, 방법에 있어서는 연역적이었다. 즉 전형적으로 연역적 추리를 사용해서 일반적인 전제에서 출발하여 보다 구체적인 결론에 이르는 설명을 하고 있다. 예컨대, 홉스나 로크의 저작은 이러한 연역적 추리를 강조하고 있는 대표적인 작품들이다. 홉스와 로크는 물론 그들이 주장한 사회계약의 내용이나 타당한 정부형태, 정치적 의무의 일반적인 성격에 관하여 서로 다른 결론에 도달하고 있다. 이들은 당초 인간의 본성에 관한 일반적인 전제를 내세우고 그로부터 직접적인 추론에 의하여 결론을 내린 것이다.

이 고전시대에 있어서 정치학 연구는 정치상 당위적인 것이나 표준을 설정하는 문제에 관심을 가지고 있었으며 인간성, 가치의 정당화, 의무와 자유의 조화 등을 중요시하였다.

한편, 16세기 초기에 있어서 마키아벨리는 때때로 근대 정치적 탐구의 아버지로 간주되고 있다. 그것은 그가 현존의 정부형태나 정치제도의 실제 운영을 설명하고자 했기 때문이다. 정치에 대한 그의 논의는 극히 실용적이었고, 정치에 관한 분석은 경험과 관찰을 중요시한 경험적 방법에 의존하였다.

마키아벨리는 플로렌스의 정치제도와 과정을 분석하고 이에 따라 메디치(Medici)가를 위해 그들이 권력을 최대화할 수 있는 조언을 제공하였다. 그러나 그의 경험적 접근방법은 당시에 있어서 예외였다. 즉 이 시기에 많은 학자들은 대개 유토피아적 국가나 기존의 가치관의 정당화에 관심을 갖고 있었으므로 현존의 정부 운영을 다루는 일은 극히 드물었다.

가치의 정당화에 대한 학자들의 관심은 당시에 있어서 철학적·종교적 전통이 지배적이던 지적 풍토에서 보아 놀라운 일은 아니다. 그후 자연과학의 발달과 갈릴레이(Galilei), 뉴턴(Isaac Newton) 등 학자들의 연구성과에 따라 지식의 통합적 연구에 분열이 생기고 학문탐구는 자연철학과 도덕철학으로 나누어졌다.

(2) 법률·제도시기(1850-1900)

근대 정치학은 대체로 1850년에서 1900년 초로 어림잡는데, 이 시기의 학문 연구는 정치제도 및 법 체제의 기원·역할·구조들을 서술하는데 치중하여 일명 법률·제도주의 시기로 지칭한다. 유럽에서 종전에 성행하였던 역사주의가 각 분야에서 많은 비판의 대상이 되자 정치학 연구에 있어서도 법률학적 및 제도론적 접근방법이 압도적인 비중을 차지하게 되었다. 그 원인을 살펴보면 우선 19세기 말엽에 여러 민족국가들이 성문헌법을 제각기 채택하여 근대입법국가를 지향하였고, 그 헌법은 한 사회의 통치기구의 성격을 규정해 주고 나아가서 통치과정의 한계와 기타 정치제도를 지시해 주고 있는 관계로 국가통치의 법률 및 제도적 측면에 연구의 초점을 돌리게 된 것이라 하겠다.

1880년 미국의 컬럼비아 대학교(Columbia University) 대학원에서 정치학 강의가 하나의 독립된 교과목으로 설정되었는데, 이 시기에 정치학은 철학으로부터 독자적인 학문으로 출발하게 된다. 이에 따라 점차로 사회과학 각 분야의 경계가 분명해지게 된다. 그리고 정치학의 범위·방법·목적에 있어서도 근본적인 변화가 일어난다. 이때의 연구는 주로 기술적인 것이었고, 일반적으로 기존의 정치제도와 과정을 기술하는 데 관심을 두었다.

이처럼 정치학이 하나의 독립된 학문으로, 이른바 정치현상을 독특한 대상으로 삼게 된 제도학파는 첫째로 법제도의 권한을 소유한 구체적인 조직으로서 국가를 중요시하고, 둘째로 국가의 법적·제도적 규칙을 정치의 독립변수로 보는 근본적인 가정이 전제되어 있다.[27] 다시 말하여 인간의 본성이란 어느 사회에서나 비

27) 한배호, 『정치학방법론』, 법문사, 1979, 61쪽.

슷한 것이므로 이를 일정한 상수(constant)로 간주하고, 정치제도가 인간의 행태에 영향을 미치는 적극적인 요인으로 중요시된다. 그리하여 연구의 중점을 합법적으로 구성된 정부에 두고, 그 자료의 근거로는 정부의 공식문서나 이의 해설을 중요시한다.

(3) 과도시기

이 시기에 정치학은 접근방법이나 그 자료의 활용에 있어서 큰 전환기를 맞게 된다. 이러한 방법상의 변화는 과거의 방법이 부적절했던 것과, 자연과학의 방법을 사회과학에 적용시키려는 믿음에서 초래된 것으로 믿어진다. 정치학에 있어서 '과학적 혁명'은 그 발전과정에 있어서 하나의 이례적인 것이며, 기왕에 기대되었던 규칙이나 발견 및 방법으로부터 이탈한 것이므로 그 동안의 이론과 방법에 대한 중요한 위협으로 인식되고 있다. 그러나 새로운 방법의 소개는 비록 이례적이라지만 정치학 연구의 변화에 중요한 역할을 담당했으며, 다음 몇 가지 입장에서 행태주의에 대한 길을 열게 되었다.

이러한 변화가 결실을 맺기에는 1940년대 이후까지 기다려야 했지만 1920년대와 1930년대를 중요한 시기로 보고 있다. 이때의 중요한 학자들로는 미국의 메리엄(Charles E. Merriam)과 캐틀린(E. George Catlin), 먼로(Willion Bennett Munro) 등을 들 수 있다.

첫째로, 제도적 형태의 아이러니에 의한 인간행위의 중시이다.

앞에서도 간단히 언급한 바와 같이 전통적・제도적 방법에서는 인간성을 하나의 상수로 볼 뿐, 경험적 탐구의 대상으로 중요시하지 않았다. 20세기에 들어서서 많은 사회학자들은 이러한 (인간을 상수로 보는) 전제와 제도적 형태만 가지고 정치적 행태나 과정을 어느 정도 적절하게 기술하고 설명할 수 있는지 의문을 제기하기 시작했다. 말하자면 제도적 접근방법으로는 정치현상에 대한 설명력이 부족하고, 따라서 사회과학은 규범적 전제와 경험적 기술을 명백히 구별해야 한다고 주장하였다. 그 중 대표적인 학자로 파레토(Vilfredo Pareto), 모스카(Gaetano Mosca), 미헬스(Robert Michels) 등을 들 수 있다.[28]

둘째로, 상징적 상호주의와 실용주의의 영향을 들 수 있다.

---

28) Robert Michels, *Political Parties*, New York: Macmillan Co., 1962; Gaetano Mosca, *The Ruling Class*, New York: McGraw-Hill Co., 1939.

상징적 상호주의나 실용주의자들도 정치학 연구에 있어서 제도주의적 방법으로부터 탈피하는 데 있어서 많은 영향을 미쳤다. 여기에 관여한 학자들은 듀이(John Dewey), 제임스(William James), 미드(G. H. Mead) 등이다.[29]

상징적 상호주의는 1930년대에 영향력을 가지고 있었던 심리학에 있어서 실험을 중시하는 지적 운동의 하나였다. 이들은, 인간본성은 이미 태어나면서부터 결정된 상수이며 고정된 것으로 보려는 기존의 개인심리학의 입장에 반대한다. 인간은 원래 사회적 존재로서 주로 다른 사람과의 상호작용을 하면서 살아간다. 인간의 본성을 이런 입장에서 본다면 정치적 행태는 개인이 갖는 지각·이미지 및 그 역할을 중심으로 다른 사람과의 상호작용에 의하여 이루어지는 것으로 파악해야 한다.

실용주의적 논리란 결국 가정과 과정을 중요시한다. 미국의 정치철학에서 실용주의 운동은 다음 세 개의 목표의 달성을 지향하고 있다. 즉 첫째로 실용주의자들은 정치적 행동의 실제적 결과와 그에 주어진 이데올로기적 정당화를 분리시키는 분석방법을 원하고 있고, 둘째로 실용주의자들은 공공의 활동을 평가하는 기준을 개발하고자 한다. 그리고 셋째로 그들은 사회적 제 집단과 구조에 미친 정치적 활동의 영향을 추구하는 기술적 정치학의 발달을 도모하고자 하였다.

실용주의자들의 이러한 노력은 결국 그들의 기능적인 정향(定向)과 행동결과의 강조를 통하여 정치학에 가장 큰 영향을 미쳤는데, 다른 모든 사회과학에도 계속적인 관련을 보여 주었다. 그것은 예를 들어 파슨스(T. Parsons)나 머턴(R. Merton)의 저작에도 나타나 있다.[30]

셋째로는, 정치적 민주주의의 영향에 의한 다원주의의 확산을 들 수 있다.

전통적으로 정치학의 범위는 국가의 개념에 의하여 규정되었고, 국가와 다른 사회제도를 구별하는 주요 요소는 최고·독립적 지위에 있는 주권이었다. 그러나 이러한 주권 개념만을 가지고는 국가의 발전과정이나 현존의 정치체제 및 정치적 세력들의 분배문제를 설명하지 못하였고, 특히 정권의 변동이나 사회적 집단의 융

29) 이들의 대표적 저작은 다음과 같다. John Dewey, *Democracy and Education*, New York: Macmillan Co., 1961; *Reconstruction in Philosophy*, New York: New American Library, 1952. William James, *A Pluralistic Universe*, New York: Longmans, Green & Co., 1920. G. H. Mead, *Symbolic Interaction: A Reader in Social Psychology*, Boston: Allyn and Bacon, Inc., 1967.

30) Talcott Parsons, *The Structure of Social Action*, New York: McGraw-Hill, 1937; Robert Merton, *Social Theory and Social Structure*, New York: The Free Press, 1957.

성과 쇠퇴의 원인을 파악하는 데 큰 도움이 되지 못하였다. 벤틀리(Arthur F. Bentley),[31] 훅(Sidney Hook), 듀이 등을 포함한 정치적 다원주의자들은 사실상 정치적 권력이 다원적인 것이기 때문에 전통주의자들의 단일적 개념은 적절치 않다고 보았다. 사람들의 충성심도 다원적이며, 영향력의 분포나 수・종류는 시대에 따라 다르다. 권력은 정당성이 있어야 하고, 정당・이익집단 기타 모든 집단은 권력의 행사에 있어서 구성원의 동의가 있어야 한다.

(4) 행태주의 시기

1) 행태주의 태동: 시카고학파의 과학적 정치학

행태주의는 정치의 실태를 생생하게 파악하고 정책결정에 이바지할 수 있는 새로운 지식을 얻으려는 실천적 요구에서 나온 새로운 접근방법이라고 볼 수 있다. 메리엄은 1924년에 그의 저서 『정치의 새 국면』에서 정치심리분석의 길을 모색하였는데,[32] 그 때에 이미 제2차 세계대전 이후에 일어날 정치학의 발전방향을 예상하였다고 볼 수 있다. 메리엄은 정치의 연구에 관련된 모델로 특히 심리학과 통계학에 관심을 가지고 있었으며, 학생들에게 전통적인 근거자료를 보충하는 방법으로 도서관을 활용하는 것보다는 현지에 나가서 실제로 정치를 관찰하고 사례들을 수집할 것을 강조하였다. 그는 정치학에 과학적 방법을 도입할 것을 강조하였으면서도 아직 크게 실적을 남기지 못한 채 세상을 떠났지만, 많은 유명한 제자들을 길러냈다. 라스웰(Harold D. Lasswell), 키(V. O. Key), 트루먼(David B. Truman), 사이먼(Herbert Simon), 알몬드(Gabriel Almond)와 같은 행태주의자들이 그들 스승의 영향을 받아 정치학 연구방법의 발달에 크게 기여하였다.

이들 학파가 행태주의 접근법의 발달에 미친 영향은 다음과 같이 정리할 수 있다. 첫째, 정치적 이념과 제도로부터 개인과 집단행위에로 강조점을 전환하고, 둘째, 규범적인 것으로부터 과학적 패러다임을 옹호하고, 셋째, 행태적 정치학을 개인의 태도・신념・의견・선호의 분배와 사회적 학습의 모형 등의 두 가지를 탐구한 점이다.

---

31) Arthur F. Bentley, *The Process of Government*, Cambridge: Belknap Press, 1967.

32) Charles E. Merriam, *New Aspects of Politics*, Chicago: Chicago University Press, 1924.

2) 행태주의의 본격화

20세기 초에 태동하여 제2차 세계대전 이후 본격화된 행태주의는 오늘날 정치학 연구의 주류를 형성하고 있다. 구체적으로 행태주의가 대두된 것은 미국 정치학자들에 의한 제2차 세계대전중의 경험이며 사회과학위원회(Social Science Research Council: SSRC)의 역할이라 하겠다. 즉 그들은 제도와 현실의 모순을 실감하고 정치상황에서 사람들의 행태—입법가, 행정가, 주민 등—에 초점을 두어 연구를 추진해 나가려 한 것이다. 여기서 말하는 행태주의(behavioralism)는 심리학자인 왓슨(J. B. Watson)에서 비롯된 행동주의(behaviorism)와 구별된다. 후자는 충동, 동기, 방어, 태도 등 정신적 현상을 배제한 자극-반응의 심리구조에 의존하고 있음에 반하여, 전자는 인식, 감정, 평가과정 등 인간의 행동에 깊은 관련이 있다. 정치적 행태에서 '행태'(behavior)란 직접·간접으로 관찰할 수 있는 인간의 행동뿐 아니라 정치적 동일체감, 요구와 기대, 정치적 신념, 가치, 목표체계를 유발하는 행위의 제요인과 관련된다.[33]

1950년대 행태주의 분석의 가장 중요한 특징은 이론화의 추구라고 볼 수 있다. 이스턴을 중심으로 한 체계분석은 체계모델을 수립하여 거시적 분석의 가능성을 시사하였다. 또한 벤틀리가 시작하여 트루먼이 정리한 집단적 연구는 집단이 개인행태의 태도나 성향의 원천이 된다는 점을 인정하게 되었고, 의사결정모델, 커뮤니케이션모델, 권력의 역할과 분석 등은 정치행태론의 이론화를 촉진하였다. 이러한 이론화의 경향에 따라 그 분석의 대상도 정치적 태도와 매스미디어를 중심으로 한 여론분석, 투표행위나 정치참여에 관한 연구가 중심이 되었다.

이스턴은 1950년대의 이론적 행태주의의 제 논쟁점을 정리하여 「행태주의의 현대적 의미」라는 논문을 내놓았다 여기에서 그는 행태주의의 기본가정과 목적을 다음 여덟 항목으로 요약하고 있다.[34]

① 규칙성이 있어야 한다. 행태주의는 설명적이고 예측적 가치를 가지고 있는 이론 혹은 통칙(generalization)으로 표현할 수 있어야 한다. 이는 정치학이 궁극적으로 설명과 예측이 가능한 하나의 과학이 될 수 있음을 시사한다. 정치학도 예측과 설명이 가능한 과학이 될 수 있으므로, 정치학자들은 정치행태의 규칙성과 이

---

33) Henz Eulau, "Segments of Political Science: Most Susceptible to Behavioristic Treatment," James C. Charlesworth, *Contemporary Political Analysis*, New York: The Free Press, 1967, p.35.

34) David Easton, "The Current Meaning of Behavioralism," Charlesworth, *op. cit.*, pp.16-17.

것에 관련된 변수들에 대한 끊임없는 탐구에 종사해야 한다.[35]

② 입증되어야 한다. 이러한 통칙의 타당성은 원칙적으로 그에 관련된 행동에 적용해서 검증되어야 한다. 행태주의자들은 지식이 확실한 근거를 갖기 위해서는 경험적으로 검증된 명제들로써 이루어져야 한다고 보며, 모든 증거는 관찰에 기초를 두어야 한다고 생각한다. 그래서 정치학은 실제 관찰 가능한 현상과 관련을 맺어야 한다는 것이다.

③ 정치적 행태를 관찰・기록・분석할 수 있는 기교(technique)가 있어야 한다. 즉, 자료를 수집하고 해석하는 어떤 것이라도 좋은 것이 아니라, 관찰・기록・분석을 위한 엄밀한 방법이 발견될 수 있도록 상세하게 논의되고 확인할 필요가 있다.

④ 수집한 자료를 처리하고 그 결과의 해설을 정확하게 하기 위한 측정 및 계량화(quantification)가 필요하다. 행태주의적 방법의 특징 중의 하나는 정치의 현실이나 정치적 행태 및 태도 등은 측정될 수 있고 분류될 수 있으며, 계량화되고 나아가 비교될 수 있다고 믿는 것이다. 정치적 자료의 계량화는 정치분석에 있어 수학적・통계적 방법에 대한 의존을 더욱 증대시키고 있다.

⑤ 윤리적 평가(가치)와 경험적 설명(사실)을 구별해야 한다. 행태주의자들은 가치와 사실은 별개로 또는 혼합하여 연구할 수는 있으나, 가치와 사실이 혼합되어서는 안된다. 가치의 진위에 관한 문제는 과학적으로 입증될 수 없으므로 정통적인 연구범위를 초월한다고 한다. 즉, 과학적 탐구는 객관성을 유지하기 위하여 가치의 개입을 배제한다.

⑥ 연구(조사)는 체계적(systematic)이어야 한다. 이론과 조사가 일관성 있고 질서 있는 지식체계를 갖추어 서로 밀접한 관련을 가져야 한다. 그러므로 이론에 인도되지 않는 연구(조사)는 무익하고, 자료에 기초하지 않은 이론은 쓸모가 없다는 것이다. 이들 연구는 이상적으로 말하자면 조작할 수 있는 가설, 즉 경험적 자료를 써서 검증될 수 있는 가설을 산출하는 조심성 있게 개발된 이론적 공식에 기초를 두어야 한다.

⑦ 행태주의는 순수과학이다. 지식의 응용은 과학적 탐구의 일부이며 동시에 이론적 이해의 일부분이다. 즉, 응용과학을 위해서는 그 기초를 공고히 해주는 순

35) 김우태, 『정치학원론』, 형설출판사, 1997, 87쪽.

수한 지식이 요구된다는 것이다. 그러므로 특정 사회문제 해결에 적용될 수 없다고 해도 그 자체로써 만족한다. 순수한 연구를 위해서는 응용연구와 특정 집단에만 이바지하는 장사속의 연구를 절대해서는 안되며, 특수층에 고용된 개량적이고 실용적인 연구에 종사해서는 안된다고 그들은 주장한다.[36]

⑧ 사회과학의 상호관련성을 인정하는 통합성(integration)을 들고 있다. 즉, 정치학이 타 영역의 여러 가지 발견을 무시하면, 정치학의 유효성을 약화시키고 보편성을 손상시키게 된다. 그러므로 행태주의자들은 스스로의 개별 영역에 한정하여 자신을 구속하지 않고 다른 학문의 방법과 이론, 발견 등을 통합하고 활용하는 학문간 공동연구가 이루어져야 한다.

유라우(Henz Eulau)는 정치학의 행태주의적 연구에 관하여 적어도 다음과 같은 네 분야에 있어서 공통된 견해를 가지고 있다고 말하고 있다.

첫째로, 행태주의 대부분의 연구는 개인의 정치적 행태를 분석의 기본단위로 삼는다. 물론 소집단이나 조직공동체・엘리트・대중운동과 국가도 연구의 초점이 될 수 있으며, 정치적 제 사태나 구조・기능과정 및 그 상호관계를 분석의 범위에 포함할 때도 있다. 그리고 개인의 행태에 중점을 둔다 해도 제도의 실재를 부정하는 것이 아니라, 다만 제도가 그 속에 담고 있는 인간을 떠나서는 존재할 수 없음을 말한다. 그러므로 제도와 인간은 상호보완적이며, 또 그 행태가 발생하는 환경도 중요시한다.

둘째로, 분석수준으로서 행태주의는 학문 상호적 초점(interdisciplinary focus)을 갖고 있다. 인간은 정치적 동물이라고 하지만 그것은 단지 부분적인 사실에 불과하다. 그리고 정치적 행태의 연구가 정치적 맥락에 있어서 사람들의 행동・태도・선호・기대에 관심을 두고 있다 해도 이러한 정치에 있어서 행동이 기본적으로 사회학이나 인류학 등과 맥락이 다를 이유가 없다. 비록 사적 집단에 있어서 참여나 운영상의 타협이 비정치적이라 해도 정치적으로 연관이 있으며, 제도 상호의 맥락에서 보아 행동상의 유사성이 있다. 따라서 사회과학의 여러 분야 사이에는 본질적인 통합이 필요하며, 범학문적 연구에 의하여 보다 많은 연구성과를 거둘 수 있다고 본다.

셋째로, 행태주의는 이론과 조사의 상호의존성을 강조한다. 정치행태의 연구

36) 위의 책, 90쪽.

는 그것이 아무리 현실적이며 확실한 것이라도 이를 서술하는 데 만족해서는 안된다. 사람들의 정치적 행동의 원인은 무엇이며, 그 결과로 정치과정이나 체제기능에 어떠한 영향을 미치고 있는지 규명해야 한다. 여기에는 많은 설명방식이 있겠지만 무엇보다도 이에 대한 이론화 작업이 필요하다. 경험적인 제 사실이란 지적인 연구활동을 통해서 그것을 진실이라고 받아들이도록 논증하지 못한다면 그것은 무의미한 자료에 불과하다. 말하자면 이론과 자료의 밀접한 상호작용이 필요하며, 이들은 서로가 제한을 가하여 비교적 적절한 이론적 명제를 유지할 수 있게 되는 것이다.

넷째로, 행태주의는 무엇보다도 연구기법에 있어서 혁명이라고 볼 수 있다. 실증될 수 있는 가설의 설정, 조작적 정의의 활용, 신빙성 있는 자료처리의 기법 등 과학적 방법에 의한 정치현상 분석의 노력은 행태주의가 이룩한 큰 공헌이다.

이들의 주장을 중심으로 행태주의를 정리해 보면, '정치생활의 경험을 토대로 하여 고유한 법칙적 지식을 발전시키고, 정치적 현실을 어떤 창조적인 목적적 가치규범과 관련시켜 경험법칙과 규범지식의 합리적이고 적합한 체계적 관계를 이론화'한 것이다.

행태주의자들은 행태적 방법이 과학적인 탐구와 예측의 분야에서 많은 공헌을 하였음을 인정하고 있다. 그러나 과학적 예측(prediction)은 예보(forecasting)와 혼동되어서는 안된다. 정치학자의 이른바 '과학적 예측'은 '가정적'(if then) 명제를 넘어설 수 없다. 또 과학적인 설명과 예측이 유일한 것이 아닐 수도 있으며, 행태주의적 접근에 의하여 파악되지 않는 것들도 많다고 비판하고 있다.

(5) 후기행태주의 시기

후기행태주의는 이미 1950년대에 제기되어 행태주의에 대한 깊은 불만을 토론하기 시작하였다. 라스웰은 그의 『정책정향』이라는 논문에서[37] "방법론에 대한 논의는 끝났다"고 선언하고 있는데, 후에 달(Robert A. Dahl)도 같은 견해를 표시하였다.[38] 라스웰은 위 논문에서 정치학이 이제는 방향을 바꾸어 '방법을 적용·개

37) Harold D. Lasswell, "The Policy Orientation," D. Lerner and Harold D. Lasswell, eds., *The Policy Science: Recent Developments in Scope and Method*, Stanford: Stanford University Press, 1951.

38) Robert A. Dahl, "The Behavioral Approach in Political Science: Epitaph for a Monument to a Successful Protest," *American Political Science Review* 55, December 1961, pp.763-772.

발할 중요한 문제의 선택'에 관심을 두어야 하고, 그 문제의 선택은 무엇보다도 목적가치와 관련된 것이어야 한다고 주장하였다. 그는 구체적으로 미국 정치학의 경우 '민주주의의 실천을 개선하는 데 필요한 지식을 제공하는 방향으로' 진전해야 한다고 보았다. 정치학의 방법은 아무리 객관적이라 해도 결국 그것이 발달되고 적용되는 인간적인 것의 맥락에서 분리될 수 없는 것이다. 따라서 정치학은 인간의 필요와 공공정책에 직접으로 관련된 근본적인 문제를 규명할 필요가 있다. 라스웰의 이러한 정책지향적 연구는 1960년대 중반까지는 일반적 관심을 불러일으키지 못했는데, 그 동안 몇 가지 중요한 사건이 발생하였다. 즉 미국사회에서 일어난 중요 사태들—민권운동, 도시폭동, 정치적 지도자의 암살, 환경오염, 월남전 반전운동 등—은 정치학자들로 하여금 연구의 적실성, 방법의 타당성, 학자들의 일반적 책임의식 등 기본적 문제에 관하여 자기반성을 일으켰다.

이스턴은 정치학이 그 동안 이러한 제 위기와 이례적 사건들을 제대로 다루지 못했던 점을 자인하고, 이에 따라 대두한 일련의 행태주의에 대한 비판이론을 '정치학 연구의 새로운 혁명으로서 후기행태주의'라고 말하였다. 후기행태주의는 전통적 방법으로의 복귀나 반동적(reactionary)이라 볼 수 없고, 오히려 미래지향적이며 정치학의 대상범위와 목적에 관련된 관심의 변화를 의미한다. 후기행태주의는 과학적 방법을 부인하지 않으며, 다만 그들이 목표에 미치지 못했음을 지적하고 있을 뿐이다.

후기행태주의는 적실성(relevance)과 행동(action)을 주요 요소로 내세우고 있는데, 이스턴이 내놓은 적실성의 신조(credo of relevance)는 다음과 같이 요약할 수 있다.[39]

첫째, 내용이 기법에 우선해야 한다. 조사방법의 세련화보다는 현대의 긴급한 사회문제를 다루는 데 적절하고 의미 있는 것이 중요하다. 무의미하게 정확한 것보다는 차라리 모호한 것이 낫다.

둘째, 행태주의가 전적으로 사실의 기술과 분석에 얽매여 사실을 보다 폭넓은 맥락에서 다루는 것을 방해한다. 즉 행태주의는 경험적 보수주의 이데올로기가 숨겨져 있으며 변화를 도외시하고 있다.

셋째, 지나친 행태주의 연구는 현실로부터 이반되고 있다. 이 연구의 핵심은

---

39) David Easton, *op. cit.*, pp.325-327.

추상과 분석이며, 이는 냉엄한 정치의 현실을 은폐하고 있다. 후기행태주의는 위기에 처해 있는 인간들의 생생한 요구에 부응하도록 도움을 주어야 한다.

넷째, 가치에 대한 연구와 이의 건설적인 발전은 정치학 연구의 불가결의 부분이다. 사회과학은 가치중립적일 수 없으며 또 그런 일이 없다. 우리는 지식의 한계를 이해하기 위하여 그것이 나타내는 가치전제를 의식해야 하고, 또한 그러한 지식을 활용할 대안을 찾아 내야 한다.

다섯째, 정치학자는 지식인의 책무가 있다. 역사적으로 지식인의 역할은 인간의 문명적 가치를 보호하는 것이며, 이를 결할 때 학자는 단순한 기술자가 되어 버린다.

여섯째, 안다는 것은 행동에 대한 책임을 지는 것이며, 행동한다는 것은 사회를 재구성하는 데 참여하는 것이다. 학자는 지식인으로서 그의 지식을 활용해야 할 특별한 의무가 있다.

일곱째, 지식인이 지식활용의 의무를 다하기 위해서는 그들로 구성된 학회와 대학 자체도 이에 참여해야 하며, 따라서 직업의 정치화가 불가피하고 또한 바람직하다.

후기행태주의의 위와 같은 비판은 직업윤리와 가치, 과학과 사회의 관계, 연구의 자유, 정부와 학술단체간의 관계 등 많은 어려운 문제를 제기하고 있다. 그러나 이들이 당면한 과제는 새로운 과학의 문제가 아니라 과학을 위한 적절한 현대적인 전략의 문제이다. 이 시대가 요구하고 있는 것은 사회가 학자들이 가지고 있는 지식을 현대의 간절한 문제에 적용하는 데 도움을 주는 일이다. 즉 기본적인 이해나 순수이론 추구와 더불어 우리의 관심사를 시대의 요구에 부응하는 보다 적실성 있는 연구의 활용을 위해 재편성·조정하자는 것이다.

행태주의가 지금까지 지배적 접근법으로 계속되어 온 것은 사실이나, 이에 반하여 역사주의가 다시 고개를 들기 시작하였다. 정치학에 있어서 실증주의(행태주의의 인식론적 근거는 원래 실증주의와 궁극적으로는 영국의 경험주의에서 찾을 수 있다)와 역사주의는 전통적 정치철학에 대항하는 경우에 하나의 유사점을 갖는다. 방법론상으로 역사주의는 인식론의 테두리 안에서 보아 모든 인간의 지식은 본질적으로 시간과 장소에 따라 상대적이라는 견해를 의미한다.[40] 전통적 정치철학의 목표가 선과 질서에 관한 지식을 얻는 것이라고 한다면 실증주의는 가치판단이

40) 김광웅, 『사회과학연구방법론』, 박영사, 1976, 34쪽.

경험적으로 입증될 수 없다는 주장을 하고, 역사주의는 가치가 자연 속에 어떤 근거가 있는 것이 아니라 다분히 개인적이거나 사회적 창조물이라고 주장한다.[41] 또 행태주의에 대한 보완으로 현상학적 접근법이 있다. 이 방법이 지니는 장점은 행태주의 입장이 다루지 못하는 관념·감정·동기와 같은 심리학적 요인을 행위문제와 연결시키고 의미해석의 활동에 따라 해결할 수 있다는 점이다.[42] 그러나 현상학에 있어서 행태의 주관이 외면에 보이는 규칙성을 통하여 알려지는 것이라는 점을 부인 못한다면 여기에도 한계는 있다. 다시 말해 현상학적 접근법의 기본원리는 남의 경험·의식·동기 등에 나를 투영하여 인식하고 여기에 의미를 붙인 것이며, 이 과정은 간주관적(intersubjective)인 것으로 객관성이 있고 정형화되어 있다는 것인데, 과연 사회체계로부터 벗어난 순수한 관찰자의 입장이 가능한가는 의문이다.

3. 정치학의 이론

근래에 와서 정치학 연구는 그 일반적 추세로 경험적 이론이 주종을 이루고 있다고 보겠지만 아직도 이에 관한 논쟁이 그치지 않고 있음은 앞에서 지적한 바와 같다. 이 책에서는 다만 정치학의 경험적 이론들을 몇 개의 주요한 묶음으로 나누어 설명하고자 한다. 그런데 이러한 접근방법에서 우리가 주목해야 할 점으로 다음 세 가지가 지적되고 있다. 즉 첫째로 기본적인 개념의 틀을 이해함으로써 정치현상의 어떤 측면이 중요한 특징으로 다루어지는가를 알아보는 일이고, 둘째로 현상에 관한 엄밀한 연역·귀납·실증이 가능한 이론의 틀을 개발할 수 있는가? 그리고 적실성 있는 모형과 가설을 도출해 나가는 데 필요한 지침이 될 수 있는가 하는 문제, 셋째로 연구의 전략과 절차상의 규칙 및 정치현상의 부분적인 설명에 관한 것들이다.[43]

이러한 몇 가지 점에 유의하면서 여기에서는 아이삭(Alan C. Isaak)의 7개의 분류를 중심으로 접근방법을 설명하겠다.

---

41) 위의 책, 36쪽.
42) 위의 책, 39쪽.
43) 강신택, 『사회과학연구의 논리』, 박영사, 1981, 204-205쪽.

(1) 개인주의·심리주의적 접근법

정치현상에 관한 기본적인 초점은 그것이 인간의 행동으로 구성되고 있거나 그로부터 결과한다는 사실이다. 혹시 철학적 입장에 있는 학자들이 어떤 주장을 한다 해도 정치의 기본적 요소는 인간이라는 개인주의를 부정할 수 없다. 집단을 중요시하거나 정치적 제도에 초점을 두는 연구도 따지고 보면 개인을 떠나서는 무의미하다. 정치학자들의 분석수준이 미시적이든 거시적이든, 그리고 개개의 정치적 행동자나 대규모의 국민국가이든 상관없이 그들은 특정 형태의 인간의 행동에 관심을 두어야 한다. 따라서 우리는 먼저 인간의 특성에 직접 관련을 갖고, 그 개념에 초점을 둔 접근법을 중요시한다.

개인주의적인 접근법은 두 개의 일반적인 범주로 나눌 수 있는데, 그 중 하나는 태도·의견·성격 등의 요인을 포함한 비의도적인 심리적 특성을 중요시하는 입장이다. 이 비의도적(nonintentional) 혹은 성향적(dispositional) 접근법은 학습이론(learning theory)과 성격이론(personality theory)이 대표적이다. 나머지 입장인 의도적 이론(intentional theory)과 게임이론(game theory)에 관하여는 다음 항목에서 설명한다.

정치현상을 파악하기 위하여 인간성에 관한 연구가 중요하다는 것은 아리스토텔레스, 홉스 등 정치사상가들이 인정하고 있는 바이나, 인간성을 파악하는 입장은 학자들에 따라 상당한 차이가 있다. 19세기 철학자들은 인간을 합리적이라고 보았고, 쇼펜하우어(Arthur Schopenhauer)나 니체(Friedrich Wilhelm Nietzsche)는 비합리적이라고 주장하였다. 프로이트(Sigmund Freud)는 인간이 단지 진화된 동물에 불과하다고 보았다. 정치분석에서 합리주의를 거부하는 인간의 무의식적 태도를 강조한 것은 『정치에 있어서 인간의 본성』을 저술한 월라스(Graham Wallas)였다.[44] 이 책은 정치학의 과학적 연구에 커다란 자극제가 되었으며 정치현상의 성향적 접근법의 기초가 되었다.

성향이론의 제 가정은 심리적 학습이론(psychological learning theory)의 용어들에 의하여 보다 이론적으로 설명되고 있다. 따라서 학습이론에 있어서 성향은 보통 사회화이론(socialization theory)으로 다루는 경우가 많다. 정치사회화 이론은 다음에서 다룬다.

---

44) Graham Wallas, *Human Nature in Politics*, London: Constable, 1908.

정치행동을 설명하는 데 있어 이에 선행하는 심리적 성향으로 성격의 측면을 이해할 필요가 있다. 성격은 개인의 행동에서 관찰할 수 있는 비교적 지속적인 속성으로, 개인의 행동을 결정하는 데 있어서 중요한 구실을 한다. 성격결정에는 ① 중요인물의 심리적 조건과 같은 단일사례분석과 ② 전통지배형, 권위주의자 등 정치행위자들의 사례를 유형분석(typological analysis)하는 경우, 그리고 ③ 국민성의 연구와 같은 집성분석 등이 있다.[45]

또 성격과 비슷한 개념으로 태도(attitude), 의견, 신념, 가치 등의 개념구조가 정치분석에서 널리 쓰이고 있다. 즉 투표행태, 정치문화, 정치적 충원, 정치적 엘리트의 비교연구, 정치발전 등의 연구에서 이들 개념이 대개 혼동되어 사용되고 있는데, 의견은 태도의 주관적 표현이며 의견·신념·태도·가치관의 순으로 가면서 더 포괄적인 것으로 생각하는 것이 보통이다.[46]

(2) 의도적 접근법

전통적으로 다수의 정치사상가들은 정치현상을 주로 인간의 의도(intention)에 의하여 설명할 수 있는 것으로 보았다. 정치분석에 있어서 의도적인 접근법은 정책결정이론과 게임이론에 의하여 대표적으로 설명할 수 있다. 정책결정이론은 정치분석의 기본적 단위로 정책을 결정하는 행위자, 즉 정책결정자에 초점을 둔다. 가령 선거 때 특정 정당의 입후보자에게 투표를 결정하는 행위자인 유권자나, 어떤 법안의 통과에 찬부를 결정하는 행위자인 국회의원, 그리고 정책수립에 참여한 행정관리가 문제화된 안을 선택할 때 그 관리가 행위자가 될 수 있다. 이와 같이 특정의 사태에 있어 이를 다루기 위한 구체적 목적 또는 과제를 맡은 결정작성자를 파악한 다음에는 이들이 어떤 상황하에서, 왜 그와 같은 결정을 하게 되었는가를 설명해야 한다. 그리하여 스나이더(Richard C. Snyder)는 그 개념적 요체로 기능의 영역, 의사소통과 정보, 동기 등을 중요시하고 있다.[47]

한편, 게임이론은 정치에 대한 합리주의 모델 중 가장 발달된 것인데, 게임상황에서 행위자 혹은 결정작성자는 최소의 희생으로 최대의 이득을 얻으려고 노력

---

45) 강신택, 앞의 책, 216-217쪽.

46) 위의 책, 212쪽.

47) Richard C. Snyder, "Decision-making Approach to the Study of Political Phenomena," Roland Young, ed., *Approach to the Study of Politics*, Ill.: Northwestern University Press, 1958, pp.3-38.

한다고 본다. 셸링(Thomas Schelling)의 정의에 의하면 게임이론은 '참여자가 서로 다른 사람의 선택에 관하여 가질 수 있는 합리적이고 일관성 있는 기대에 관한 형식적 연구'이다.[48] 게임이론은 갈등상황을 분석하고 있다는 의미에서 정치학 연구에 연관되고 있으며, 정책결정자가 어떤 특정의 상황에서 최선의 전략을 세우기 위하여 이 이론을 원용한다. 게임이론은 그 행위자(players)의 수와 게임의 지불대가의 종류에 따라 여러 개의 모델이 있다. 예를 들어, 2인 제로섬 게임은 가장 소박한 형태이며 두 사람의 경쟁자가 전부 아니면 전무의 승부를 가지고 전략을 세우는 경우이다. 이에 관하여는 국제정치편에서 후술한다.

(3) 역할이론

정치행태란 항상 정치적 역할의 수행에서 이루어진 행동이다.[49] 정치학자들이 정치적 행동을 단지 개인이나 집단의 개개 성원의 범위에서만 파악한다면 정치현상에 관한 충분한 설명을 할 수 없다. 따라서 역할이론은 개인의 심리적 특성을 중심으로 하는 분석보다 좀더 거시화된 분석으로서 사회적 맥락에서 정치현상을 설명코자 한다.

역할이론의 장점은 정치적 활동을 사회적 맥락 속에 넣는 것이다. 역할이론의 개념적 틀은 다른 사람의 행위에 의존하고 또 그것에 반응하는 행위자로서 개인을 보려는 것이다. 그러므로 제도는 상호연관된 역할의 집합으로 볼 수 있다. 이런 점에서 앞에서 설명한 개인주의적 접근과 후술할 집단이론의 중간에 있다고 할 수 있다.

(4) 집단이론

정치학의 연구에 있어서 대부분의 접근방법은 다른 학문분야로부터 정치학자들이 원용해 온 것이다. 체계이론과 기능분석은 주로 사회학이나 인류학의 산물이고, 게임이론은 경제학자와 수학자에 의해 개발된 것이며, 학습이론은 심리학자로부터 배운 것이다. 그런데 집단이론은 정치학 고유의 접근방법이다. 1908년 벤틀리로부터 비롯된 집단이론은 거의 전적으로 정치학자들에 의하여 응용·개발된 것으로서, 이에 관하여 최근 정치학 방법의 분석에 관한 저자들은 다음과 같이 말

48) Thomas Schelling, *The Strategy of Conflict*, New York: Oxford University Press, 1960.
49) Heinz Eulau, *The Behavioral Persuasion in Politics*, New York: Random House, 1963, p.40.

하고 있다. 즉 "집단에 대한 강조는 우리를 정치학의 중심부에 바로 갖다 놓았다"[50]고 한다.

벤틀리는 정치학 연구의 초점을 집단에 두어야 한다는 것을 강조하면서 집단활동이 바로 정치라고까지 말하였다. 즉 집단만 제대로 설명하면 모든 것을 설명할 수 있으며 정치학 연구는 바로 집단에 근거를 두지 않으면 안된다는 입장이다.

이에 반하여 집단행태가 정치학 연구의 중심인 것은 사실이지만 정치집단에 관한 기술이 모든 정치를 기술하는 것과 같은 것은 아니라는 입장이 있다. 트루먼의 다음과 같은 말은 벤틀리와 비슷하면서도 그보다는 어느 정도 온건한 변화를 시사하고 있다. 즉 "정부를 운영하는 과정에 있어서 행위는 집단을 떠나서는 제대로 파악하기 어렵다. 특히 어느 때나 간단없이 활동하는 조직집단이나 잠재적 집단[51]들도 마찬가지라 볼 수 있다."

이와 같이 정치적 활동은 궁극적으로 집단행태에 관한 사실을 가지고 설명하고 있지만, 모든 정치적 행태가 바로 집단행태라는 등식은 성립할 수 없다는 것이다. 트루먼은 정치에 있어서 개인의 중요성도 인정하면서 이를 단지 집단적 맥락에서 파악해야 한다는 입장이다. 말하자면 개인은 단지 집단의 구성원에 불과한 것이 아니고 여러 개의 집단에 복수적으로 가입·탈퇴하는 유동적 존재이다.

트루먼이 내놓고 있는 이 복수적 구성원(overlapping membership)이 개념에는 몇 가지 전제가 있다. 즉 대다수 사람들은 복수적 멤버십을 가지고 있으며, 이들이 정치에 교차압력효과를 가져오거나 때로는 상호보강작용을 통하여 갈등완화에 기여하게 된다는 점이다.

그러나 실제로는 가장 조직화된 사회라고 평가되고 있는 노르웨이의 경우도 전 인구의 3분의 2가 하나의 조직체에 가입하는 정도이고, 이에 따라 복수 가입자들은 갈등완화보다는 오히려 과격투쟁을 가중시켜 갈등을 촉진시키는 결과를 가져오고 있는 현실이다.[52]

이상 간략히 집단적 접근방법을 살펴보았는데, 이 방법은 정치현상을 다루는데 있어서 압력단체 등 보다 적절한 개념을 제시하고 있으며, 그 개념적 도구들이

---

50) Robert T. Golembiewski et al., *A Methodological Primer for Political Scientists*, Chicago: Rand McNally, 1968, p.121.

51) 여기서 잠재적 집단이란 '정치활동에 직접 관련하지 않고서도 정치에 영향을 미치는 집단'이란 뜻으로 해석하고 있다. 한배호, 『비교정치론』, 법문사, 1983, 104쪽.

52) 위의 책, 112-113쪽.

어느 정도 세련되어 있다는 장점을 가지고 있다. 그러나 이 이론가들은 대부분 그 개념적 도구의 설명에 더 많은 관심을 쏟을 뿐, 그 도구를 실제로 사용하여 문제규명에 기여하는 연구를 시도하지는 못하고 있는 실정이라고 비판받고 있다.[53]

(5) 체계이론과 기능분석

사회과학에서 많이 원용되고 있는 방법 중 최근 체계이론과 기능분석의 두 이론이 많이 다루어지고 있다. 그런데 사실상 후자는 전자에서 분파된 것이기 때문에 이들을 같은 방법의 차원에서 다룰 수 있다. 즉 기본적으로 기능분석이란 체계의 존재를 전제로 한다.

사회과학의 모든 접근방법과 마찬가지로 체계이론도 하나의 상식적인 근거를 갖고 있다. 즉 사회현상은 전체의 부분들이며 사물의 존재는 어디에든 적실성이 있어야 한다는 전제에서 이 이론은 출발한다. 이에 따라 정치현상이란 것도 그것을 체계 전체의 부분으로 간주하여 분석하게 된다. 정치학 연구에서 체계이론을 최초에 사용했던 카플란(Morton Kaplan)도 과학적 정치학이란 단지 정치에 관한 자료가 행동의 체계로 다루어질 때 비로소 발달할 수 있다고 하였다.[54] 이 체계이론의 상식적인 근거는 고대에까지 소급해서 찾을 수 있다. 플라톤과 아리스토텔레스는 폴리스(polis)를 상호연관성을 가진 여러 요소로 구성된 정치체계로 보았고, 홉스도 체계란 일정한 사람들이 그들의 이익과 사업으로 얽혀 있는 것이라 말한 바 있다.

오늘날 체계이론으로 정향된 미국의 이른바 '새로운 정치학'은 이스턴, 알몬드, 도이치(Karl W. Deutsch)에 의하여 대표된다. 이들은 사회의 정치적 하위체계를 그 체계의 사회적 환경에 대하여 자주적인 것으로 보고 체계 자체의 유지를 고려하여 자율적으로 기능하고 있는 것으로 이해하였다.

일반적으로 체계 어프로치를 취하는 논자들은 정치현상을 파악할 수 있는 요소를 중요시한다. 모든 정치체계는 식별할 수 있는 다수의 구성요소들을 가지고 있다. 이를 보통 변수라고 하며 현상파악이란 제 변수와 변수간의 상호관계, 그리고 체계의 범위를 말해 주는 경계체계의 특성으로 간주한다.

---

53) 위의 책, 97쪽.

54) Morton Kaplan, *System and Process in International Politics*, New York: John Wiley & Sons, 1957, p.4.

또 체계론자들은 체계와 환경 사이 또는 체계와 체계 사이의 연결을 위한 도식으로 투입-산출(input-output) 모델을 활용하고 있다. 투입에는 체계에 대한 요구와 지지가 포함되고 산출에는 정책결정과정의 여러 측면이 포함된다. 또 산출이 투입에 영향을 미치는 현상을 피드백(feedback)이라 하며, 이는 또한 정책결정 혹은 산출에 영향을 미치기도 한다.

따라서 체계이론에는 두 개의 기본적 문제가 제기되고 있다. 그 첫째는 투입-산출의 상호관계에 관한 것으로 체계가 이들 관계를 어떻게 다루느냐 이고, 둘째는 체계가 환경에 대응하는 일로 어떤 종류의 체계행태가 체계존속을 가져오며 또 파괴를 가져오느냐 하는 것이다.

기능분석은 정치체계가 시간이 흐름에 따라 어떻게 생존하는가 하는 문제, 즉 체계유지를 주로 다룬 접근법이다. 그러므로 기능분석의 중요한 목적은 사회적 항목(구조 혹은 과정)이 그것이 발생하는 체계의 존속에 미치는 기여, 즉 특수한 한계 내에서 체계를 유지시키는 항목의 역할을 결정하는 데 있다.[55]

(6) 커뮤니케이션이론

정치체계가 수행하는 모든 기능은 그것의 투입에서 산출에 이르기까지 커뮤니케이션의 역할을 결코 도외시할 수 없다. 커뮤니케이션은 정치체계의 전체 속에서 일정한 기능을 담당하고 있으며 다른 기능들의 수행에 깊은 연관성을 가지고 있음이 분명하다.

이와 같은 커뮤니케이션에 관한 이론이 정치학에 도입되면서 학자들의 관심은 주로 여론·선전·정책결정·정치사회화·정치문화 등에 있어 커뮤니케이션 문제를 중요시하게 되었고, 정치통제·정치발전 및 국제관계의 연구에서도 환영을 받았다.[56] 특히 지난 20년 동안 커뮤니케이션이 정치이론의 발전에 큰 공을 세웠다고 한다면, 그것은 사이버네틱스(cybernetics) 이론을 정치학으로 수출한 것이라고 볼 수 있다. 사이버네틱스는 모든 종류의 조직에 있어서 커뮤니케이션과 컨트롤에 대한 체계적인 연구이다. 그것은 도이치의 표현을 빌린다면 "관심의 초점이 충동에서 조종으로, 본능에서 결정·규제 및 제어체계로의 이전을 의미한다"라고 한다.[57]

---

55) James A. Bill and Robert L. Hardgrave, Jr., 김기우 역, 『비교정치이론』, 박영사, 1983, 294쪽.
56) 최명, 『비교정치학서설』, 법문사, 1980, 188쪽.

정치체계의 행태를 기술하고 설명하는 데 커뮤니케이션을 중요시하고 있는 것은 인간이 그들의 환경을 통제하는데 커뮤니케이션이 핵심을 이룬다고 보기 때문이다. 정치과정에 있어서 투입과 산출이 순환을 원활하게 진행시키고 있는 체계의 효율성은 먼저 환경으로부터의 메시지를 정확하게 분석하는 일이며, 다음으로 정책에 대한 반응으로 나타난 메시지를 효과적으로 전달하는 능력이라고 볼 수 있다.

따라서 이 어프로치는 무엇보다도 커뮤니케이션과 결정작성에 연관된 여러 가지 정보의 흐름과 그것의 동태적인 문제에 연구의 초점을 두고 있으며, 또한 정보의 흐름 자체가 곧 분석의 기본적인 단위가 되어야 한다는 것이다.[58] 정치체계는 그것이 지향하는 목표에 따라 그 환경이 어떻게 변하는가 하는 정보를 받는다. 환경은 체계에 압력을 가하게 되는데, 이것을 부하(load)라고 한다. 그리하여 환경의 부하를 받는 체계는 정보를 접수하여 그것을 해석하고 어떻게 반응할 것인가를 결정한다.

도이치의 이 어프로치는 사이버네틱스와 기타의 비정치적 분야에서 빌려온 여러 가지 개념이 혼란을 야기시킬 수 있다는 위험 때문에 큰 결함을 갖고 있다.[59] 뿐만 아니라 이 어프로치가 지나치게 결정론적이라든가, 혹은 정치적 변동·발전의 영향 등을 설명할 수 없고, 나아가 인간행위를 기계공학적인 관점에서 단순히 기계적으로 파악·이론화하려는 결함을 갖고 있다는 비판을 받고 있다.[60] 다만 우리는 도이치가 기도했던 것은 처음부터 엘리트의 행동, 사회화, 혁명 또는 정치발전 등에 관한 일반이론의 수립이 아니었다는 사실을 간과하지 말아야 한다.[61]

4. 현대 정치학연구의 새로운 방향

이상에서 살펴본 바와 같이, 정치학은 주로 비교정치학 분야를 중심으로 하여 다양한 분석방법의 개발, 연구범위의 확대 및 이론화의 측면에 있어서 혁신적인

---

57) Karl W. Deutsch, *The Nerves of Government*, New York: The Free Press, 1963, p.76.

58) Oran R. Young, *Systems of Political Science*, New Jersey: Prentice-Hall, 1969, 진덕규 역, 『정치학이론체계』, 법문사, 1980, 98쪽.

59) 최명, 앞의 책, 193쪽.

60) 진덕규 역, 앞의 책, 115쪽.

61) 최명, 앞의 책, 193쪽.

진보를 거두었다고 볼 수 있다. 지금까지 논의된 제 접근방법들도 전통적인 방법에서 도외시했던 새로운 분야들에 관심을 집중시켜 정치학연구에 하나의 혁명적 변화를 가져왔다고 해도 과언이 아니다.

그러나 이들 접근방법은 오늘날 급격하게 변화하고 있는 정치적 현실, 특히 제3세계의 실제 정치를 체계화하고 이들을 이론적으로 분석하기 위한 도구로서는 기대에 미치지 못하고 있다는 비판을 받고 있다. 비교정치학의 매개변수는 정확한 개념규정을 하지 못하고 있으며 그 방법론 역시 신랄한 비판을 받고 있다. 모든 학자들이 동의할 수 있는 하나의 통합적 이론체계를 개발하지 못하고 있으며, 연구자들도 명확한 초점을 찾지 못하고 있다.[62] 따라서 그 동안 일반적으로 말하여 온 것처럼 비교정치학이 정치학 분야 내에서 주도적인 분야이며, 비교정치학이 곧 정치학이라는 주장은 이제 좀처럼 나오지 못하고 있는 형편이다.

1945년에서 1955년까지 이른바 '미국의 시대'로 '미국 지배의 평화'(Pax Americana)가 군대와 외교의 분야에서뿐 아니라 사회과학에서도 행하여졌다. 그런데 1960년대 후반과 1970년대를 통하여 미국의 힘과 국제적 위치가 쇠퇴함에 따라 미국 모델도 크게 변화를 겪게 되었고, 미국 학자들이 주종을 이루었던 비교정치학과 발전주의적 패러다임도 역시 거센 도전에 부딪치게 되었다.[63]

사실 그 동안의 발전에 관한 연구들이 대개 미국과 서구의 경험들에 기준을 둔 것이었다 함은 말할 필요도 없다. 아시아, 아프리카, 라틴아메리카 등 개발도상국가 출신의 구미 유학생들이 비록 그들 자국에 대한 경험을 바탕으로 연구를 진행시켜 왔다고는 하지만, 그것은 대개 구미의 모델이 개발도상국의 어느 특정 부문에만 제한적인 타당성을 갖고 있음에 불과한 경우가 많았다고 본다. 가령 개발도상국가에 관한 연구에서 그들 정치적 제도나 기능이 '역기능적'이라는 결과가 나왔을 때, 과연 그것이 개발도상국가의 실제적인 정치운용이나 토착적인 동태성을 고려한 결론인지, 그렇지 않으면 주로 서구에서 확립해 놓은 기준에서 볼 때 그렇다는 것인지 분명치 않다.

1970년대 초반에 일어난 발전주의 모델에 관한 비판은 지적인 측면뿐 아니라 사회・정치적 측면에서도 행하여졌다. 지적인 면에서 발전론적 시각은 편파적・

62) Howard J. Wiarda, *New Directions of Comparative Politics*, London: Westview Press, 1985, preface. 이후 본 내용은 위의 책의 중요 부분을 요약・소개했다.

63) *Ibid.*, p.203.

자국중심적이며 보편성이 부족하다. 또 이론적인 명확성도 없고 계급갈등, 계급의식, 국가시장, 경제적 세력관계와 국가간 종속관계 등을 도외시하고 있다. 발전주의 이론은 개발도상국가들에 관한 편견이나 고정관념에서 헤어나지 못하고 있는데, 이러한 생각들은 개발도상국가의 역사상 전해 내려온 전통적인 제도들에 대하여 철저히 파괴적이었다. 가령 그 동안 전통사회의 윤리적 기반을 유지해 왔던 가족적 유대나 집단협동, 상하적 권위관계에 대한 존중 등은 그들 사회의 맥락에서 보면 충분히 체제에 순기능할 수 있는 제도적 관례였다고 본다.

구미에서 발전한 패러다임이란 결국 제3세계에서 가능한 대안적인 발전패턴의 가능성을 부정하고 그들을 자신들의 영향하에 묶어 두려는 하나의 제국주의적 학문태도란 비판을 받고 있는 것이다. 서구의 발전모델이 제3세계의 상황과 조건에 부적절하다는 위와 같은 비판은 이에 대한 새로운 대안을 모색하는 단계에 이르렀다. 그 동안 구미에서 발달한 패러다임이란 결국 서구의 민주화 경험이나 발전모델을 기초로 제3세계 신생국들의 체제변화를 예측하고자 했던 것이나, 제3세계의 상황과 조건에 부적절하며 하나의 제국주의적 학문태도란 비판을 받았다. 이에 대한 대안적 이론으로 1970년대에 종속이론, 조합주의나 정치체제론이 등장하였다.

그리고 1980년대에 각광을 받은 민주정치이행론은 제3세계나 남부유럽국가들이 겪은 그간의 경험을 토대로 기존의 발전론적 시각을 재평가하고 심화시키려는 노력을 반영한 것이었다.[64] 민주정치이행론은 1970년대 중반부터 남부유럽을 시작으로 중남미와 아시아 지역의 독재국가들에서 진행된 체제변동을 분석한 것으로 권위주의적 독재체제의 민주화 과정의 분석에 시사하는 바 크다.[65] 이는 1990년대에 '민주주의 이행에 대한 이론적 고찰의 틀'을 마련하는 연구로 이어져, '완성된 민주주의 이행'(completed democratic transition)과 '공고화된 민주주의'(consolidated democracies)에 대한 논의가 활발해지고 있다.[66]

1990년대에는 서구와 제3세계의 민주화 경험에 이어 구사회주의 국가들에서 진행되고 있는 민주개혁에 대한 연구도 계속 이어질 중요한 분야이다. 즉, 군사적

64) 이인성, "비교정치발전론과 사회주의체제의 민주화과정," 『한국정치학회보』, 제27집 2호(하), 한국정치학회, 1993, 211쪽.

65) 위의 글.

66) Juan J. Linz and Alfred Stepan, *Problems of Democratic Transition and Consolidation: Southern Europe, South America, and Post-Communist Europe*, Johns Hopkins University Press, 1996.

으로 바르샤바조약기구와 경제적으로 코메콘(COMECON: Council for Mutual Economic Assistance)에 산하에 속해 있던 모든 나라들에 대한 연구를 전부 망라하여 '후기공산주의 연구'라 칭하는데, 이들 국가들에 대한 공통성과 다양성 그리고 향후 개혁방향에 대한 분야도 정치학의 새로운 연구과제이다.

특히, 2000년대에 정치학에서 집중적으로 논의되고 연구되어야 할 분야는 소위 전자민주주의와 환경정치학이다. 뉴미디어 또는 멀티미디어를 기술적 기초로 한 정보사회에 적응하는 정치의 모습은, 앞으로 정치학에서 새로이 다루어져야 할 중요한 분야임에 틀림없다. 또한 21세기에 환경문제는 국가의 생존과 직결된 문제가 될 것이다. 이는 환경파괴가 우리 사회와 경제, 국민건강에 심각한 폐해를 끼친다는 사실뿐만이 아니다. 이제 선진공업국에서는 환경문제가 단순한 과학・기술상의 과제로만 취급되지 않고 세계정치의 중심과제들인 남북관계의 장래, 세계무역화 그리고 동서관계와 국가안전보장 등과 마찬가지의 비중으로 대두되기 때문이다. 그러므로 환경정치 내지는 국제환경정치에 대한 연구는 이미 상당부분 이루어져 있고, 앞으로 계속 연구되어야 할 분야이다.

한국정치학계에서도 그 동안 각 분야별 연구방법, 문제점들을 다각도로 분석・검토하고 한국정치학 연구가 나아가야 할 방향 모색 등 많은 노력이 행하여지고 있다. 특히 한국정치 연구분야의 상당한 부분을 차지하고 있는 경험분석의 경우 그 동안 서구에서 사용했던 패러다임들을 단순 차용하거나 반복 답습했다는 비판을 받은 바 있지만 "일단 뿌리를 내렸다"고 평가되고 있으며, 이에 대한 문제점들을 극복하는 데 다양한 반성이 제기되고 있다.[67] 그리고 앞에서 서술한 방향으로 연구들이 활발하게 진행되고 있다.

67) 김웅진, "한국정치연구의 방법론적 재조명," 김계수 외, 앞의 책, 119-137쪽.

제 2 장

정치사상의 흐름과 현대 한국정치사

제1절 도시국가와 정치사상
제2절 헬레니즘과 로마의 정치사상
제3절 중세의 정치제도와 사상
제4절 절대주의와 군주국가론
제5절 근대 자유주의의 제 이론
제6절 민주주의
제7절 사회주의
제8절 마르크스와 베버의 비교
제9절 한국의 현대정치사

이 장에서는 유럽에서 발달한 정치사상을 편의상 시대별로 구분하여 고대 그리스의 도시국가이론으로부터 시작하여 현대 사회주의 이론과 베버의 이론에 이르기까지 간단히 설명하여 정치학 이해에 도움을 주고자 한다. 그리고 여기에 덧붙여 현대 한국정치사도 개관해 본다.

제1절 도시국가와 정치사상

1. 도시국가의 상황과 정치제도

고대 그리스인들은 항상 전제군주제하에 얽매여 있었던 오리엔트인들과는 달리 자유로운 시민으로 구성된 공동체국가, 즉 폴리스를 형성·유지해 왔으며, 그것은 바로 유럽의 역사요 국가형태의 원형을 마련했다고 자부하고 있다. 한마디로 폴리스(Polis)의 설립·발달은 동서양의 역사를 갈라 놓은 분기점을 이루었다고 볼 수 있다.

폴리스가 구체적으로 언제, 누구에 의해, 어떻게 세워졌는가에 대해서는 아직도 정확하게 이야기할 수 없지만, 대개 기원전 800년경 에게해 주변 각지에 많은 소국가들이 분립하고 있었던 데서 비롯되었다고 본다.[1] 당시 이웃 지역은 산과 바다로 이루어진 자연방벽에 의하여 서로 분리되어 있는 분지들로, 교통이 불편하고 민족적 통일국가를 이룰 형편이 아니었다. 이들은 아테네(Athens) 등 3-4개 도시국가를 제외하고는 수만명을 넘지 않은 작은 규모로 그 하나 하나가 독립국가의 구실을 하고 있었는데, 그 수는 식민지까지 합하여 약 1천개 이상이라고 추측되고 있다. 폴리스는 대체로 그 성원들이 스스로를 방어하려는 군사적 목적에서 결속된 하나의 전사공동체로서 시작되었다. 원래 그 성원은 독립적인 토지소유자들로, 그들은 자신의 힘으로 생활을 꾸려 나갈 수 있는 자유민들이었다. 인구가 증가함에 따라 일부 주민들은 식민활동에 종사하여 모국과 비슷한 식민도시를 건설하고 그들과 교역을 증대해 갔다.

1) 민석홍·나종일, 『서양문화사』, 서울대학교 출판부, 1992, 34쪽.

폴리스 초기에는 대체로 왕정의 형태를 취하고 있었음에도 불구하고 실제로는 귀족정과 다를 바가 없었고, 기원전 7세기에는 귀족정의 형태마저도 거의 사라졌다. 팔랑크스(Phalanx) 집단훈련제도의 도입으로 폴리스 구성원의 평등한 지위가 단결심 및 자유로운 존재를 인식하게 되면서 여러 폴리스가 귀족정에서 민주정으로 발전할 기반을 이루었는데, 아테네와 스파르타는 민주정과 귀족정의 대표적인 존재로 손꼽히고 있다.

아테네의 민주정치는 솔론(Solon), 피시스트라투스(Pisistratus)를 거쳐 클레이스테네스(Kleisthenes) 시대에 성립되었다고 볼 수 있다. 솔론은 정치・사회제도의 개혁을 단행하여 전 시민을 재산의 소유액에 따라 제1계급, 기사계급, 농민계급, 노동자계급의 4계급으로 나누고 400인 협의회를 창설하였는데, 부유한 평민도 귀족과 동등한 참정권이 인정되었다. 다만 여기서 말하는 시민의 개념 속에는 외국인, 노예와 그 가족들은 제외되었다.[2] 이때의 정치를 부인(富人)정치 혹은 금권정치(timocracy)라 하고, 그 뒤 피시스트라투스가 평민과 결탁하여 행한 정치를 보통 참주정치(僭主政治, tyranny)라 부른다. 클레이스테네스는 시민단을 개편[3]하고 500인 평의회[4]를 창설하는 등 주요 개혁을 단행하였으며, 그 외에 도편추방법을 제정한 바 있다.[5]

클레이스테네스는 참주의 출현을 방지하기 위하여 만들어졌던 반참주법 대신 도편추방법을 제정하였으며, 이 법은 반참주법보다 훨씬 관대한 편이었다. 추방대상은 당사자에 국한하고 10년간의 기한부 추방이며(종전에는 씨족을 포함하였으며, 시민권을 박탈하여 법률상 보호까지 완전히 박탈하였다) 재산은 보유하도록 허용하였다. 그리고 투표방법은 총회(민회)에서 토론 없이 거수표결로 하고 6,000표를 의결

2) 아테네의 인구는 약 30만명(시민 3만명) 정도로 추산되고 있는데, 그 중 3분의 1이 노예인 듯하다고 한다. 그러나 인구는 시대별로 약간 차이가 있어 BC 432년경에 가장 많았고, BC 360년경에는 17-25만명으로 된 기록이 있다. 당시 외국인과 노예의 수는 거의 반 이상을 넘은 것으로 추산되고 있다. George H. Sabine and Thomas L. Thorson, *A History of Political Theory*, Ill.: Dryden Press, 1973, pp.19-20; 양병우, 『아테네 민주정치사』, 서울대학교 출판부, 1-2쪽 참조.

3) 시민단 개편의 기초단위는 데모스(demos 혹은 demes)였다. 데모스는 오늘날의 구・교구(parish) 혹은 읍・면(township)에 해당되는 것으로, 4개의 혈족부족 대신 10개의 지연부족을 바탕으로 만들어진 약 100여개의 지역행정 단위이다.

4) 데모스의 가장 중요한 기능은 중앙정부를 이끌어갈 각종 기구에 충당되는 후보자를 내놓는 일인데, 그것은 선거와 추첨의 결합으로 이루어졌다. 즉 전 시민이 참석하는 총회(ecclesia assembly)에 대하여 일종의 상설 정무기관으로 500인 평의회(the council of five hundred)가 선거에 의하여 구성된 것이다.

5) 도편추방법(陶片追放法, Ostrakismos)의 제정에 관하여는 양병우, 위의 책, 28-44쪽 참조.

정수로 하였다.[6] 그리고 아테네의 법관은 데모스(Demos)에서 매년 선출한 6,000명의 배심원 명부에서 지명되었는데, 이들은 특정 법원이나 사건에 따라 추첨으로 배치되었다. 그 외에 아테네에는 추첨제도에 의하지 않으면서 타 기관보다 독립성이 강한 기관으로 10인의 장군단이 있었다. 이들은 직접선거에 의하여 선출되고 계속 재선될 자격이 주어졌으며, 대외활동뿐 아니라 국내에서도 평의회와 총회에 막강한 영향력을 행사하였다. 페리클레스는 장군이면서 위대한 정치지도자로 유명한데, 그의 위치는 오늘날 수상 이상이었다.[7]

스파르타에는 두 사람의 왕과 1년 임기로 선출된 5명의 행정관(ephors)이 있고, 이들 7명을 포함하여 30명으로 구성된 원로원(gerousia)이 있었다. 행정상의 실권은 행정관에 있고 입법권(법안의 제안권, 재판권 등)은 원로원에 있었지만 최종적인 결정권(법안의 표결권과 공직자 선출권 등)은 30세 이상의 남자들로 구성된 민회(apella)가 가지고 있었다.

2. 정치사상

(1) 플라톤의 정치사상

아테네 공공생활에 관한 위대한 정치철학의 시대는 이테네가 스파르타의 정치투쟁에서 몰락한 데 뒤이어 왔다. BC 404년 펠로폰네소스 전쟁에서 패한 후, 아테네의 과두주의자들이 스파르타의 장군과 손을 잡고 '30인 참주정치'를 단행하면서 민주주의자들을 탄압하였는데, 다시 들어선 민주정(스파르타가 아테네의 민주정치를 허락함)이 소크라테스(Socrates, 470-399 BC)를 처형했을 때 플라톤(Plato, 427-347 BC)은 28세의 청년이었다.

아테네 귀족출신인 플라톤은 그의 은사인 소크라테스의 사상을 이어받아 쇠퇴해 가고 있는 조국을 재건하고자 정의국가론을 내놓았다. 그는 서양사상사에 있어 도덕적 이상주의 체계를 확립한 최초의 철학자로, '선의 이데아'(Idea)[8]가 오감(五感)세계를 지배하는 최고의 이데아라고 규정하였다. 그리고 이러한 이상론에 입

6) 위의 책, 36-37쪽.
7) Sabine and Thorson, *op. cit.*, p.23.
8) 그가 말하는 선의 이데아는 감성적 사물의 전형이요 감성적인 개체에 실현되어야 할 이상이다. 우리가 지각하는 사물들로 된 감각계는 가변적이요 일시적이며 불완전하지만, 이데아는 불변적이고 영원한 것이며 완전한 세계로 의미와 가치가 유감없이 충만하여 있다.

각하여 그가 이상으로 하는 국가가 실현되기를 바랐던, 형이상학적이면서도 정치공학적인 입장을 가지고 있었다.

그의 『국가론』도 이런 이데아론에 입각하여 논술하고 있는데, 그 제7권에 유명한 '동굴의 비유'가 나온다. 이는 현실계와 이상계와의 관계를 비유적으로 말한 것으로, 이른바 이원론적 세계관을 바탕으로 이데아계를 현실계에 실현코자 한 것이다.[9]

그의 『국가론』을 보면 인간의 영혼에 세 부분[10]이 있듯이 국가라는 정신적 조직체에도 세 계급이 있다. 즉 금의 인물로 된 통치계급, 은의 인물로 된 군인계급, 철의 인물로 된 생산계급이 그것이다. 그리고 통치계급은 모든 욕심을 버리고 이상국가의 구현에 몰두해야 하기 때문에 사유재산뿐 아니라 처자도 가지지 말아야 된다고 하여 지배계급의 공산주의와 처자공유론을 주장하였다.

그의 국가론은 위와 같은 계급론과, 지혜의 덕을 갖춘 철인이 통치해야 한다는 철인왕, 그리고 국가 전체를 위한 보편성, 국가성원의 높은 도덕적 수준 등 너무 이상적이어서 개인의 이익과 행복, 사적이고 현실적인 인간생활과 너무 거리가 멀다는 비판을 받고 있다.

사실 플라톤 자신도 그의 만년의 저작이었던 『정치가론』과 『법률론』에서 많은 현실적인 주장을 내놓은 바 있다. 즉 『법률론』에 나타난 국가는 『공화국론』의 이상국가가 아니고, 법률이 최고이고 통치자나 피치자 모두가 한가지로 복종하는 정부에 초점을 두었다.[11] 그리고 그의 『정치가론』에서는 현실국가만을 다루고(이상국가론을 배제하고) 민주정치를 보다 호의적 위치에 두었던 것이다. 즉 그는 철인왕이 지배하는 이상국가 혹은 순수한 군주정은 신성하고 너무 완전무결하여 인간이 모방할 수는 있지만 획득할 수 없는 '하늘나라에 고정된 모형'으로 규정하고 있다. 분명히 플라톤은 차선의 국가에 관하여 군주정과 민주정의 혼합형태를 의도하고 있었던 것이다.[12]

---

9) 최재희, 『서양윤리사상사』, 서울대학교 출판부, 1992, 45쪽.

10) 첫째, 머리에 위치하는 합리적 심성으로, 반성·통찰·추리 등이다. 둘째, 가슴에 위치하는 정신적 심성으로, 대담·혈기·명예욕·수치심 등이 있다. 셋째, 가슴의 횡경막 아래에 위치한 식욕적 물욕이 있다.

11) Sabine and Thorson, *op. cit.*, p.77.

12) *Ibid.*, p.82.

(2) 아리스토텔레스의 정치사상

플라톤이 정열적이었음에 반하여 아리스토텔레스(Aristotle, 384-322 BC)는 냉철했다. 전자가 하늘 위를 지시한 사람이라면 후자는 눈 아래 대지를 내려보고 걸어가는 격의 대조적인 차이가 있다. 아리스토텔레스는 플라톤처럼 귀족도 아테네 사람도 아니었지만, 18세에 아테네로 가 플라톤 밑에서 20년간 사사를 받았으며, 그곳에서 그리스의 선진학문을 닦았다. 플라톤이 죽은 뒤 그는 "스승을 사랑해야 하나 진리를 더 사랑한다"고 하면서 독자적인 길을 걸었다. 그는 마케도니아의 젊은 왕자 알렉산더(Alexander)의 교사였으며, 그의 부친도 한때 마케도니아 궁정의 주치의였다.

플라톤은 현상계를 초월하여 이데아계가 존재한다고 하였는 데 반하여, 아리스토텔레스는 현상 안에 이데아가 내재한다고 하였다. 아리스토텔레스의 이상은 그 자체가 플라톤의 이상과 마찬가지로 연역적인 것이었고, 그것은 플라톤 이론의 결점에 대한 변증법적 분석에 의하여 이루어졌다. 그러나 이를 실제 정부에 적용할 때 목표와 현실간의 차이는 플라톤의 경우가 훨씬 심각하였다. 아리스토텔레스는 상식과 연륜의 지혜를 중히 여겼고, 정치학을 윤리학과 구별되는 조사연구대상으로 규정하였다.

그는 선한 인간의 덕성과 실제 시민의 덕성을 논의하고 이 양자가 일치하지 않는 점을 문제로 다루었다. 그는 158개 국가의 헌법을 조사·연구하였으며, 그가 추구하는 학문의 범위는 플라톤보다 훨씬 보편성을 띠었다. 즉 정치학은 이상적 정부형태뿐만 아니라 현실적인 것도 다루어야 하고 정치가의 조직 및 통치기술도 가르쳐야 한다고 하였다. 따라서 새로운 정치학은 경험적·서술적이면서 어느 면에서는 어떤 윤리적 목적으로부터도 독립되어야 한다는 입장이다.[13] 플라톤과 아리스토텔레스 사이의 본질적 차이는 이상국가를 언급하고 있는 『정치학』의 모든 부분에 명백히 나타나 있다.[14] 즉 아리스토텔레스가 이상국가라고 한 것은 항상 플라톤의 차선국가(second-best state)였다. 그가 공산주의를 거부한 것을 보면 플라톤의 이상국가는 하나의 이상으로서도 받아들이지 않고 있음을 알 수 있다. 그의 이상은 언제나 입헌적인 것이었으며 결코 전제적 지배는 아니었다. 또 철인왕의 개명적 전제주의도 배척하였다. 아리스토텔레스는 처음부터 아무리 최선의 국가라

13) *Ibid.*, pp.95-97.
14) *Ibid.*, p.99.

도 법률이 최종적 주권이 되어야 하며, 사람이 주권자가 되어서는 안된다는 플라톤의 현실적 차선의 입장에서 출발하였다.

아리스토텔레스에 의하면, 법률이란 아무리 착한 사람이라 해도 성취할 수 없는 비인격적 특성을 갖고 있기 때문에 성군도 이를 배제할 수는 없다.[15] 그리고 법률은 '욕망에 의하여 영향을 받지 않는 이성'이며, 플라톤이 마치 정치를 환자의 치료를 목적으로 한 의술에 비유했던 것은 잘못이라고 하였다.[16]

국가의 주요 목적으로서 윤리적인 목표를 설정했다는 점에서 아리스토텔레스의 정치적 이상은 플라톤의 것과 일치한다. 국가의 진정한 목표는 시민의 도덕심 함양을 포함해야 한다. 왜냐하면 국가란 사람들이 가능한 최선의 생활을 누리기 위하여 존재하며, 생활하는 결사(association)여야 하기 때문이다. 그에 의하면 국가만이 자족할 수 있는 집단이라 확신하고 있으며, 그것은 국가만이 최고형태의 도덕적 발달을 성취시킬 수 있는 모든 조건을 제공할 수 있다는 뜻에 근거를 두고 있다.

국가규모에 대한 그의 견해는 플라톤처럼 도시국가와 작고 친밀한 집단에 그 이상을 두고 있다. 말하자면 국가생활이 바로 시민의 사회생활이고 가족, 종교 및 친밀한 사적 교분에 관한 이해관계가 서로 얽혀 있는 소집단 사회를 그는 선호하고 있는 것이다.

그는 발생학적으로는 가정과 촌락 등 집단의 유기적 성장으로 국가가 성립되었다고 보고 있으나, 목적론적으로는 국가를 최고의 존재로 보고 국가만이 완전한 시민생활을 영위하는 데 필요한 존재라고 보았다. 그가 바라고 있는 최선의 정부형태는 군주제나 귀족정치가 제대로 실시되는 것이지만, 일반적인 환경 아래서는 큰 부자도 빈자도 없고 중간계급이 권력의 균형을 장악하고 있는 상황이 최선이라고 하였다.[17] 중류계급(middle-class)의 사람들은 그들의 이웃을 평등한 존재로 대하고 거기에서 우정이 싹트게 되는데, 중요한 것은 '공동체가 우정에 의존한다'는 점이다.[18]

---

15) *Ibid.*, p.100.

16) 플라톤은 정치를 의술에 비유하여 훌륭한 의사, 즉 정치가의 의술을 일반대중의 판단보다 중요시하였다. Lee C. McDonald, *Western Political Theory*, New York: Harcout Brace Jovanovich, Inc., 1968, pp.21-22.

17) 김계수, 『구미정치사상사』, 일조각, 1983, 33쪽.

18) McDonald, *op. cit.*, p.62.

제2절 헬레니즘과 로마의 정치사상

1. 헬레니즘 문화와 로마의 정치제도

정치철학에 관한 이론의 역사에서 BC 322년 아리스토텔레스의 죽음은 한 시대의 종언을 고하는 것이었으며, 그보다 1년 전에 죽은 그의 제자 알렉산더 대왕(Alexander the Great, 356-323 BC)의 생애는 정치와 유럽문명사에 있어 새로운 시대를 알리는 것이었다.

폴리스 혹은 자치적 도시국가의 한 부분이요 정치적 동물로서 간주되었던 인간은 이제 아리스토텔레스의 죽음과 함께 그 역할이 바뀌어, 알렉산더 시대에 들어서서 인간은 하나의 독립된 개인으로 출발한다. 그리스인들의 생활의 중심이며 사상적 지주를 이루었던 폴리스가 무너지자 개개인으로 흩어진 그들은 폴리스를 초월한 세계시민이 된 것이다. 따라서 이들의 관심은 애국심이나 국가·민족적 감정보다는 개인의 행복을 추구하는 독자적인 존재가치로 향하고 있다.

그리스인들은 결국 로마제국에 예속되었지만 그들의 문화는 헬레니즘 시대에 와서 세계직으로 확대되어, 헬레니즘 사상은 후에 나타난 기독교 신앙과 함께 서구문화의 2대 근간을 이루었다.[19]

고대문화는 첫째, 순수한 그리스적 문화의 시대로 아테네 이전의 시대와 아테네 문화의 시대(정치가 페리클레스가 선정을 베풀었던 BC 450년에서 그리스가 멸망한 BC 322년), 둘째, 헬레니즘 문화의 시대(BC 322년에서 로마제국의 초기 BC 1세기까지), 셋째, 헬레니스틱한 로마문화(BC 1세기에서 플로티노스가 죽은 AD 270년까지)로 분류할 수 있는데,[20] 알렉산더와 그 뒤를 이은 다리우스 3세(Darius III, 재위 336-330 BC)는 아시아·아프리카에 진출하여 3대륙에 걸친 대제국을 건설, 동서문화의 융합을 꾀하였다. 그리하여 그리스 문명이 널리 오리엔트 세계에 전파되어 헬레니즘 문화가 발달한 것이다. 다시 말하여 헬레니즘 문화는 사실상 알렉산더와 그를 따른 그리스인들에 의하여 오리엔트 세계에 전파된 그리스풍 문화라고 말할 수 있다. 그리고 로마제국이 안정과 번영을 누리게 되면서, 특히 스토아철학이 그들 성

19) 최재희, 앞의 책, 67쪽.
20) 위의 책, 66-67쪽.

미에 알맞아 지식인층에 널리 퍼져 나갔다.

서양역사에서 그리스인 다음의 제2주자는 로마인이라 볼 수 있는 바, 로마의 역사도 그리스만큼이나 길다. 로물루스(Romulus)의 건국설화는 기원전 753년까지 거슬러 올라가고 있으나, 실제로는 BC 6세기경에 조그만 폴리스로 활약하기 시작하여 이탈리아 반도의 통일을 이룬 해는 BC 275년이었다. 로마도 그리스의 여러 폴리스와 마찬가지로 처음에 군대의 주축을 이룬 것은 기마를 갖춘 귀족이었으며, 이들이 정치의 실질적인 권한을 장악하고 있었다.

로마는 3차에 걸친 포에니전쟁(1차 264-241 BC, 2차 218-201 BC, 3차 149-146 BC)을 통하여 지중해를 장악하고, 그 뒤 시저(Caesar, 100-44 BC) 피살후 옥타비아누스(Octavianus, 63 BC-AD 14) 통치 때부터 약 200년 동안 이른바 로마의 평화(Pax Romana)를 이루게 된다. 그 동안에는 네로(Nero, 재위 54-68)와 같은 폭군이 나오기도 했지만, 네르바(Nerva, 재위 96-98)에서 마르쿠스 아우렐리우스(Marcus Aurelius, 재위 161-180)에 이르는 5현제가 나오기도 했다.

당초 왕정시대에는 3개의 부족(tribus)과 10개의 형제족(Curia), 그리고 다시 10개의 씨족(Gens)으로 나누어졌고, 이들을 기반으로 왕과 원로원, 쿠리아회(Comitia Curiata)라는 제도가 있었다. 왕은 선거에 의하여 선출되어 제사, 군대 및 사법의 최고권을 장악하였으며, 각 씨족의 지도자로서 구성된 원로원이 왕을 보좌하였다. 그리고 씨족의 성년남자로 구성된 쿠리아회에서 중대국사를 의결하였는데, 여기에 참여하는 자격은 시민권을 가진 귀족이었으며, 평민(plebs)이나 피보호인(clients)은 제외되었다.[21)]

BC 6세기에 이르러 로마인들은 건국초 지배세력이었던 에트루리아인(Etrurians) 국왕을 몰아내고 공화정치를 실시하였다. 그 중 원로원은 가장 권위 있는 입법기관으로 초기에는 300명, 후기에는 600명(한때는 900명)의 종신회원으로 구성되었고, 처음에는 귀족만 취임했으나 BC 3세기부터는 집정관 등의 정무관(고급관료)을 지낸 자가 선발되었다. 쿠리아회는 귀족·평민 두 신분의 전 시민에 의하여 구성되는 켄트리아회(Comitia Centuriata, 병사회)와 평민만으로 구성되는 평민회가 있었던바, 초기에는 전자가 중요하였고,[22)] 사실상 귀족들이 실권을 장악하고 있어 귀족정치의 성격을 벗어나지 못하였다. 종래의 국왕 대신 1년 임기의 집정관(consul)

21) 조좌호, 『세계문화사』, 박영사, 1988, 93-94쪽.
22) 정인흥 외 편, 『정치학대사전』, 박영사, 1975, 502쪽.

2명이 선출되어 국정을 담당하였으며, 국가 비상시에는 1인통령(dictator)을 임명하여 전권을 맡겼다.

입법기관으로 앞서 설명한 바와 같이 원로원과 쿠리아회가 있었는데, 이들은 모두 귀족에 의하여 장악되고 있어 사실상으로는 원로원이 집정관과 쿠리아회를 지배해 왔다고 해도 과언이 아니었다.

이러한 귀족중심의 정치체제는 그후 상공업의 발달로 경제력을 가진 평민의 수가 증대하고, 또한 거듭된 전쟁에서 농민들의 병력충원으로 그들의 적극적인 협력이 요구되면서 결국 평민들의 주장을 외면할 수 없는 상황에 이르렀다. 이에 따라 점차 평민들의 참여가 보장되는 법률의 개정과 제도의 개편이 이루어졌다.[23]

2. 에피쿠로스학파와 스토아학파

에피쿠로스(Epicouros, 342-270 BC)는 데모크리토스(Democritos)의 원자론에 따라 세계의 현상을 모두 원자들의 이합집산에 불과하다고 주장하고, 무녀인 자기 어머니가 믿었던 주술뿐 아니라 신의 통치설도 미신이라고 하였다. 그는 쾌락을 추구하고 고통을 피하는 인간의 경험적 본성을 중요시하여 첫째, 전체적인 쾌락의 양을 지속시키기 위하여 대소간의 고통은 참아야 하고, 둘째, 이를 판단하기 위하여 이성의 올바른 통찰이 필요하다. 그리고 셋째로 정신적인 쾌락이 육체적인 것보다 낫다고 보았다.[24] 그는 국가·사회보다 개인이익의 보호가 중요하며 정치적인 생활은 이상적인 생활에 필요한 정신의 안정과 양립하기 어렵다는 비정치적인 입장을 보였다. 결국 이 학설의 실제적인 의미는 개인의 안정과 평화를 보전하는 어떤 형태의 정치적 권력에도 복종해야 한다는 것이었다. 그러나 국가는 개인을 위한 수단에 불과하고 개인은 될수록 국가생활에서 초연하여 우정으로 인한 행복을 누릴 것을 내세웠다.

스토아학파도[25] 에피쿠로스학파의 주장처럼 개인의 자족과 행복을 중요시하

---

23) 켄트리아회의의 귀족위주의 투표방식을 개편하였으며, 평민들의 성문법 요구가 받아들여져 최초의 성문법인 12동판법이 제정되었다.

24) 최재희, 앞의 책, 75-76쪽.

25) 스토아학파는 그 주창자 Zenon과 Kleanthes(제논의 제자), 제2기학자 Panaitios(180-110 BC), Poseidonios(135-50 BC), 제3기 세네카(Seneca, BC 4-AD 65?, 네로의 스승), Epiktetos(60-138, 노예출신), 안토니우스황제(A. Antonius, 121-180) 등으로 이어져 로마역사에서 약 500년 동안 지속되었다.

였지만 신의 섭리에 대한 강한 믿음과 자연의 완전성, 진정한 도덕적 질서에 대한 확신을 가지고 있었다. 스토아학파의 기본개념은 자연, 이성, 신이다.

스토아철학에서 주장하는 자연주의는 사실상 이성주의이다. "사실상 진정한 법, 즉 올바른 이성이 존재하고 있다. 이는 자연에 일치하고, 모든 인간에게 적용되며 영원불변하다"[26]고 했듯이 키케로(Cicero, 106-43 BC)는 보편적 자연법이 존재하고 있으며, 이는 인간의 이성적·사회적 본성에서 유래한다고 보았다. 이런 입장에서 보면 그는 아리스토텔레스와는 달리 모든 인간은 이 영원한 법의 관점에서 볼 때 평등하며, 또한 노예라 할지라도 살아 있는 도구가 아니라 '생계를 위해 고용된 임금생활자'에 가까운 것이다.[27]

도시국가라는 소규모 자치적 공동체에서 정치적 동물로서의 인간은 이제 아리스토텔레스의 죽음과 함께 끝나고 다시 알렉산더가 건설한 하나의 보편세계의 개인으로 출발하게 되었다. 도시국가에서의 도덕적 친밀성과 범사회적 사회의 자율적 개인간의 간격을 자각한 헬레니즘시대의 철학자들은 도시국가의 한계를 극복하고 세계보편적 이상에 상응하는 이론을 내놓았다. 아리스토텔레스가 주장한 합법적 권위는 자율적으로 복종하는 평등한 시민끼리의 관계로 규모가 작고 엄격히 선발된 시민집단 내에 국한시키고 있다. 그러나 헬레니즘시대의 평등은 모든 사람, 심지어 노예, 외국귀화인, 야만인까지도 포함시키고 있다. 그러므로 이 시대의 평등은 지식·인격·재산의 불평등을 무시하고 하느님의 눈으로 보아 인간의 영혼이란 모두 평등하다는 어느 정도의 신비적인 뜻을 갖고 있었다.

스토아철학은 신의 섭리의 엄연한 권능에 대하여 강한 신뢰를 갖고 있었으며, 그들의 본질적인 교리는 자연의 일체성·완전성 혹은 진정한 도덕적 질서에 대한 종교적 확신에 있었다. 각 국가나 도시의 상이한 법체계는 기본적으로 자연법 혹은 보편법이라는 어떤 공통적인 획일성을 갖고 있는 것으로 여겨졌고, 이것은 로고스 또는 순수이성에서부터 나온 것으로 생각하였다. 이러한 이성은 처음에는 플라톤처럼 오직 심오한 철학자만이 소유할 수 있을 뿐이라고 여겨졌으나, 스토아학파는 이를 인간의 본질적 적성으로 모든 인간관계에 보편화하였다.

스토아철학의 도덕적 근본원리란 자연에 따른 생활, 즉 개인의 엄격한 훈련을 통한 자족적 금욕에 의하여 행복을 누릴 수 있다는 것이다. 스토아학파의 자연법

26) Sabine and Thorson, *op. cit.*, pp.161-162.
27) *Ibid.*, pp.162-164.

은 키케로를 통해 로마의 법률가들과 나아가 기독교 교부들에게 전승되었으며, 근세유럽의 정치사상에 중대한 영향을 미쳤다.28)

제3절 중세의 정치제도와 사상

중세의 철학은 신학이 주류를 이루었으며 아우구스티누스(St. Augustinus, 354-430)의 교부철학과 아퀴나스(Thomas Aquinas, 1225-1274)의 스콜라철학(Schola philosophy)이 대표적인 것으로 손꼽히고 있다.

정치사적으로 중세시대는 기독교가 공인된 313년부터 동로마제국이 터키에게 멸망한 1453년까지 약 1,000년 동안을 지칭하고 있는데, 그 동안 유럽은 게르만인의 민족이동으로 암흑시대를 겪었고, 봉건제가 확립되어 신분제에 입각한 봉건사회가 이루어졌다. 그리고 가톨릭 교회는 프랑크왕국의 지지를 받아 점차 그 세력이 확장되어 봉건제도와 더불어 유럽을 지지한 양대 지주가 되었다.

1. 봉건제도와 가톨릭

(1) 중세의 봉건제도

서로마제국은 게르만족의 침입으로 결국 멸망하고(476년) 유럽사회는 암흑시대(dark age)를 맞게 된다. 481년에 건국한 프랑크왕국은 800년 로마 법황(法皇) 레오 3세(재위 795-816)로부터 황제관을 받아 양측의 제휴가 그 절정을 이루게 되었고, 유럽의 봉건사회는 왕국이 융성한 10세기에 본격화되었다.

중세유럽의 봉건제도는 군사적으로 주종제, 정치적으로 지방분권제, 사회・경제적으로 장원제 혹은 농노제를 두드러진 특징으로 하고 있으며, 이들 특성을 좀

28) 키케로의 자연법 개념을 몇 가지로 요약하면 다음과 같다. 첫째로, 보편적인 자연법이 존재하고 있으며, 이는 이 세상이 신의 섭리에 의하여 통치되고 있다는 사실과 신에 가까워지려고 노력하는 인간의 이성적 내지는 사회적 본성으로부터 생겨난다. 둘째로, 이러한 영구법이라는 입장에서 보아 모든 인간은 평등하다는 주장을 키케로는 가장 명확하게 주장하고 있다. 셋째로, 국가는 하나의 법인체(a corporate body)이며, 그 성원권(membership)은 모든 시민의 공동소유이다. 결국 인민의 복지는 통치에 우선하고 인민으로부터 연유하는 권위는 오직 법률에 근거하며, 또한 도덕적 근거에 의해서만 정당화될 수 있다는 키케로의 통치원리는 그후 여러 세기 동안 정치철학상 하나의 상식으로 존속하게 되었다.

더 상세히 설명하면 다음과 같다.

첫째, 주군과 봉신(혹은 가신)간의 주종적 종속관계는 봉건제도의 핵심을 이루었다. 유럽은 4세기 말부터 약 6백여년 동안 내부의 분열과 외부의 침입으로 혼란과 무질서 상태가 계속되었으니, 이런 상황에서 사회의 질서를 유지하고 개인생활의 안전을 보장하는 것이 가장 중요한 일이었다.

여기에 무력을 갖춘 자들은 일종의 사적인 도당을 이루어 그들의 세력을 확장하였으며, 그 두목을 주군(lord)이라 하고 이에 추종하는 자를 봉신(vassal)이라 했다. 이들 사이에 주종의 관계가 이루어지는데, 봉신은 자신의 안전과 생계를 위하여 유력자에게 몸을 위탁하고 그 대신 그에게 일정한 정치적・군사적 봉사를 하게 된다. 봉신은 그 대가로 으레 토지를 하사받고 이를 은대지(恩貸地, beneficium)라고 했다.[29] 이러한 봉건적 주종의 관계는 봉신이 충성과 존경의 예식을 주군에게 바치고 주군은 그에게 수봉(investiture)의 절차를 베풀었다. 이러한 관계는 단순한 신분이나 도의상의 관계가 아니라 봉건법에 명문화된 쌍무적인 계약관계이다. 따라서 어느 한편이 계약을 위반하여 부조나 봉사의 의무를 소홀히 하면 계약이 파기되어 주군보다 상급의 봉건군주에게 소송을 제기할 수도 있었다. 당초 이들은 모두 무사들로 평등한 관계에서 성립된 군사적인 것이었다.

둘째, 봉건제도는 지방분권적인 통치제도였다는 점이다. 앞에서 설명한 바와 같이 사적인 군사조직이었던 주종의 관계는 비록 국왕을 정점으로 한 피라미드 형태로 전국적인 편제를 이루었다고는 하지만 왕, 대귀족, 중・소제후, 하급기사로 연결된 엄격한 상명하복의 관계는 아니었다. 봉건귀족은 국왕을 원조하지 않을 수도 있고 두 사람 이상의 주군을 섬기는 경우도 있었으며, 또한 국왕 자신이 하나의 봉건영주에 불과하였다. 대토지소유자인 귀족과 교회는 자기 영내의 주민에 대하여는 독자적인 징세권과 재판권을 행사하였고, 이러한 영주의 배타적인 영지 안의 권한에 대하여는 국왕도 개입할 수 없는, 이른바 불입권(immunity, immunitas, 불입제도)이 승인되고 있었다. 말하자면 종래 국왕이 행사해 오던 치안유지, 징세, 재판 등의 권한을 이들 영주가 행사하였던 것이다.

셋째, 봉건제도는 앞서 설명한 바와 같이 사회・경제적 차원에서 보면 장원제 혹은 농노제에 그 기반을 두고 있다. 장원(manor)은 중심부에 영주나 장원관리인(bailiff)이 거주하는 영주관(manor house)이 있고, 따로 농민이 거주하는 부락과 교

29) 민석홍・나종일, 앞의 책, 82쪽.

회가 있다. 영주관 혹은 장원청은 점차 다른 거주지역과 격리되어 주위에 못을 파고 성곽을 이루었다. 장원의 경지는 영주직영지와 농민보유지가 있었으며, 국왕 및 대제후는 수백, 수천의 장원을 소유하였고, 그 밑에 수개의 촌락을 소유하는 소제후도 있었다. 기사 중에는 한 개의 장원밖에 소유하지 못하고 직접 부하를 양성하는 능력이 없는 자도 있었다. 농노는 토지를 잃고 유력자에 예속하여 생계를 유지하는 사람들로 노역지대 외에 각종 무거운 부담을 가진 자를 말하지만, 고대의 노예와는 달리 독립된 일가를 이루고 어느 정도 소득을 올리며 자신의 생계를 꾸려나갈 수 있는 장원제도의 보호를 받고 있었다.[30]

(2) 중세에서의 가톨릭

스토아주의자들과 마찬가지로 기독교 이론가나 교부들도 자연법, 신의에 의한 세계정부, 신 앞에 모든 인간의 평등, 그리고 법률과 정부에 복종함으로써 정의를 실현하는 일 등을 낙관적으로 기대하고 있었다.

그러나 그들의 관심은 주로 종교적인 것이었다. 즉 기독교는 구원의 교리이며 철학이나 정치이론은 아니었다. 예수가 로마의 권력에 반대한다고 바리새인들이 모함을 했을 때 다음과 같은 유명한 말을 남겼다. 즉 "가이사의 것은 가이사에게, 그리고 하나님의 것은 하나님께 돌려라"[31]였다. 예수는 확실히 천국에 있는 정신적 왕국의 주재자였다.

서로마제국이 멸망한 후에 486년 프랑크족의 왕 클로비스(Clovis)는 이 땅을 점령하여 프랑크왕국의 기반을 세웠다. 프랑크족은 일찍부터 로마 가톨릭의 정통파를 받아들임으로써 융합을 꾀할 수 있었다. 프랑크왕국의 역사가 유럽의 역사상 중요한 자리를 차지하는 것은 그들이 로마 가톨릭 교회와 제휴하여 서로마제국을 부흥시킴으로써 서유럽사회에 새로운 질서를 마련했기 때문이다.[32] 프랑크왕국의 찰스(Charles, 재위 771-814)가 800년에 로마교황 레오 3세에 의하여 서로마제국의 황제관을 받게 된 것은 양측의 제휴에 있어 절정을 상징하는 사건이었다.[33] 프랑

30) 조좌호, 앞의 책, 184쪽.

31) 마태복음 22장 21절, 마가복음 12장 17절, 누가복음 20장 25절.

32) 민석홍・나종일, 앞의 책, 73쪽.

33) 찰스는 남쪽으로는 이탈리아를 침공하여 롬바르드왕국을 멸하였으며, 동쪽으로는 바이에른과 오스트리아를 정복하고 색슨족을 공략하여 엘베강 이서지방을 프랑크왕국의 판도에 넣었다. 또한 서쪽으로는 에스파니아 땅에 진격하여 피레네산맥 너머에 에스파니아 변경령을 설치하는 등 8세기 말까지 중부유럽 일대에 거대한 왕국을 이룩하였다. 이리하여 로마교황 레오 3세는 찰스에게 로마황

크왕국은 찰스 사후, 이탈리아・동프랑크・서프랑크로 3분되어 오늘날 프랑스・독일・이탈리아의 기원을 이루었다.[34]

중세를 유지하는 정신적 지주는 가톨릭교였다. 가톨릭은 9세기경 독일과 영국, 11세기 경에는 폴란드, 헝가리를 비롯한 북유럽까지 전파되었다. 이러는 동안 각 지방의 주교와 수도원은 왕과 귀족들로부터 토지를 기증받아 광대한 영지를 지배하는 봉건영주가 되었다. 이들 교회의 영지가 서유럽 전체의 1/4을 차지할 정도였다.

교회의 세력이 외면적으로 확대되고 그 세속권력이 증대됨과 동시에 서유럽 중심의 교회들이 타락의 양상을 보였다. 그리고 교황과 황제간에는 성직의 서임권(敍任權)을 둘러싼 싸움이 있었고, 이것이 카노사(Canossa)의 굴욕이다. 성속(聖俗)의 싸움은 그 후에도 계속되었고, 그 결과 프랑크왕국 이래의 속권우월의 전통이 사라지고 교권이 우세한 면을 보이기도 했다.

교회는 신의 대리자로서 봉건제후들의 전쟁에도 간섭하였고, 모든 세속적인 일에도 교회의 재판은 최고의 권위였다. 그러므로 가톨릭의 교회조직은 전 유럽에 걸쳐서 통일된 단 하나의 권위체계였다. 종교적인 동시에 정치조직인 가톨릭은 교회지역 또는 민족단위로 구분되는 정치체제를 초월하여 초민족적 세계관을 확립하였다. 중세의 가톨릭은 당연히 하나님의 뜻에 복종한다 하여 소위 두 개의 칼(two sword; 양검론), 두 왕국(속권과 신권), 두 법률(제국과 법황)간의 대립・투쟁을 지속시켰다.

2. 교부철학과 스콜라철학

교부철학은 기독교 교의를 조직화한 교부들의 이론으로 8세기에 이르기까지 유행하였다. 이는 다시 콘스탄티누스대제의 니케아 종교회의(Nicaea, 325)를 계기로 전・후기로 나눌 수 있는데, 후기에 나타난 아우구스티누스는 '교부 중의 교부'라는 칭호를 받을 정도로 유명하다.[35] 그는 인간의 자유의지를 부정한다. 인간은 아담의 자손들이며 아담이 자유의지를 악용한 까닭에 그 죄로 인하여 신벌을 받게

제의 관을 씌워 주었다. 위의 책, 75-76쪽.

34) 최재희, 앞의 책, 87쪽.

35) 최재희, 위의 책, 91쪽.

되었다. 인간은 스스로의 능력으로 구제될 수 없고 도시국가(polis나 civitas)는 그 자체가 목적이 될 수 없다. 오직 예수 그리스도를 통한 하나님의 은총에 의지하여 살아가지 않을 수 없으며 구원을 받는 방법은 교회에 의거해야 한다. 그것은 교회가 하나님의 나라를 표출한 것이라고 보았기 때문이다. 모든 참된 신자들은 사회적으로 하나의 통합된 교회라는 실체에 전적으로 의존하고 있으며, 하나님의 은총은 바로 이러한 교회를 통하여 역사할 수 있다.[36] 이런 이유로 그는 교회의 출현이 바로 역사의 전환점이라 보았고 이를 계기로 선의 권력과 악의 권력 사이의 투쟁에 있어서 새로운 시대가 전개되리라 기대하였다.

이 세상은 육신의 표준에 따라 살아가는 나라와 정신의 표준에 따라 살아가는 나라가 있으며, 그것은 자기 자신과 신에 대한 사랑, 즉 두 개의 모순된 사랑에서 연유한다. 전자는 지상의 국가에서 보상을 받고 후자는 하늘나라의 구원을 기다린다. 지상의 국가는 인간이 바라는 소망을 결코 충족시켜 줄 수 없다. 지상에 존재하는 가족, 우정, 사회, 철학 등 그 어느 것도 인간이 당면한 제 조건에서 불행과 고통, 불안, 초조를 극복할 수 없다. 비록 신체적인 건강이나 우정 등 잠정적인 평화를 누린다 해도 그것은 신의 은총에 의한 것이고, 하늘과 땅 두 나라의 성원으로서 공존할 때 누릴 수 있는 것이다. 그러나 사회의 질서를 유지하기 위하여 정치적 지배는 필요한 것이며, 그것은 인간의 원죄에 의하여 발생한 무질서를 다스리기 위한 것이다.

아우구스티누스는 지상의 세계에서 진정한 정의는 실현될 수 없고 오직 하나님의 나라에서 가능하다고 보았다. 그러나 진정으로 신을 신앙하는 사람들에 의하여 확립된 권위라면 그 나라가 어떤 관습, 법률, 정치제도를 가졌든간에 이에 복종할 것을 요구하였다. 그는 정치적 공동체를 규정함에 있어서 초월적 가치를 언급하지 않고 이런 수정된 입장에서 인민이란 '그들이 사랑하는 대상에 관하여 공통의 합의로 뭉쳐진 다중의 합리적 존재들의 결사'라고 정의하였다.[37] 우리는 그의 이러한 개념 규정에서 윤리적 중립성을 발견하고 대립된 두 나라(지상국과 천국)가 공존할 수 있음을 간파할 수 있다.[38] 한마디로 아우구스티누스는 정치적으로 중립적인 태도를 취하거나 정치에 무관심했으며, 그가 염두에 두고 있었던 관심사는 오로지

36) Sabine and Thorson, *op. cit.*, p.185.

37) *City of God*, II 21, p.75; Damien Grace, "Augustine and Hobbes," Ross Fitzgerald, eds., *Comparing Political Thinkers*, New York: Pergamon Press, Ltd., 1980, pp.62-63에서 인용.

38) *Ibid.*

신의 구원이요, 신으로 향하는 국가, 신의 사랑에 근거를 둔 국가였다. 현실국가는 교회의 협력자여야 하며, 진실한 평화와 질서는 신국(神國)에서만 가능하다고 그는 믿고 있었다.

스콜라철학은 초기(9-12세기), 중기(13세기), 말기(14-15세기)로 분류할 수 있는 바, 토마스 아퀴나스는 모든 스콜라 철학자 중 가장 유명하다. 그는 플라톤의 '선의 이데아', 아리스토텔레스의 '정치학' 등 그리스의 학문과 아우구스티누스의 교부철학을 조화시켜 모든 것을 포괄한 기독교적 형이상학의 체계를 확립하고자 했다. "이 세상의 모든 사물들은 그것의 형상과 질료(質料)와의 결합관계에 의해서 자연계의 최하급에서 단계적으로 발전하여 인류의 생활로 되고, 인류의 생활은 다시 천사를 지나서 최상급의 하나님(순수형상)에 달한다"는 식의 아리스토텔레스적 철학의 입장을 지니고 있었다.[39]

신학은 과학과 철학을 기초로 한 완성된 학문체계이며, 결코 그 계속성을 파괴하는 것은 아니다. 그리고 신앙은 이성의 성취요, 이들이 공동으로 지성의 전당을 구축한다. 다시 말하여 신앙과 이성은 항상 같은 목적을 가지고 있으며 상호보완적인 관계이다.[40]

아퀴나스의 정치적 확신에 대한 기본적인 입장은 정부의 필요성, 정부형태, 통치자의 동기와 정당성, 통치권의 본질과 의무에 관한 것들이다. 그의 정치사상의 특징으로 6가지의 교의를 열거할 수 있다.[41] 여기서 특히 중요한 것은 인간의 사회성과 정부형태에 관한 그의 설명이다. 그는 '인간은 정치적 동물'이라는 아리스토텔레스의 주장을 그대로 받아들이고 있다. 사람은 실제생활에서 생존을 유지하고 또 생각하고 판단하고 선택하며 살아가기 위하여는 집단을 이루어 생활해야 하기 때문이다.

신의 뜻은 인간들이 타고난 지식, 즉 우주의 원리를 터득할 수 있는 힘을 그들의 행복을 위하여 활용할 수 있도록 하는 것이다. 개인들의 이성으로는 이러한 행복에 이를 수 없고 정치집단의 도움이 필요하다. 정치집단은 그 목적을 수행하

39) 최재희, 앞의 책, 98쪽.
40) Sabine and Thorson, *op. cit.*, p.236.
41) ① 인간은 본래 사회적이다. ② 국가는 자연적인 제도이다. ③ 모든 사물 중에서 단일의 통치원리가 있고(단결이 다양성에 앞선다) 정치적 측면에서 그로부터 다른 원리가 나온다. ④ 군주정이 최선의 정부형태이다. ⑤ 정부 고유의 목표는 모든 사람들이 도덕적인 삶을 누리는 것이다. ⑥ 정신적인 것이 세속적인 것에 우선하므로 교회가 국가보다 우월하다. McDonald, *op. cit.*, p.133.

기 위하여 지도되어야 하고 이를 규제할 원리가 있어야 한다. 여기에는 오로지 공중의 복리를 위하여 일할 지도자가 필요하며 그러한 통치자는 신의 통제를 받아야 한다.

아퀴나스는 아리스토텔레스의 6가지 정부형태에 관하여 논의하면서 그 중 군주국가를 선호하였다. 만일 다수가 통치하는 경우가 있다면 이들 사이에 의견이 분열되고 결속이라는 기본목표가 파괴되기 때문에 국민의 결속과 평화라는 차원에서 군주국가는 인간사회에서 가장 바람직한 정부형태라고 보았다.

그는 폭군정치보다 민주주의 정치가 더 견딜 만하다고 하였다. 민주주의는 비록 타락한 형태라 해도 그 정도가 약하고 또 그 타락성이 분산되기 때문이다. 그러나 분열이란 단결과 비교하면 사악한 것이다. 비록 폭군이라 해도 일단 정권을 장악하면 평화와 질서를 유지할 수 있고 사람들은 이에 복종하지 않을 수 없다. 말하자면 군주가 다소 폭군의 성향이 있다 해도 다수지배의 분열과 무정부상태에 빠지는 파국은 막아야 된다는 뜻이다.

제4절 절대주의와 군주국가론

1. 정치적 상황

14-15세기에 들어서서 유럽사회는 오랫동안 권위를 유지해 왔던 봉건체제가 붕괴되고 이와 함께 교회 중심의 기독교 문화도 쇠퇴하게 되었다. 봉건귀족과 교회의 세력이 도시의 시민계급에 의해서 대체되면서 새로운 근대문화가 싹트기 시작하였다. 그것은 종교개혁과 르네상스 등 2대사건을 계기로 크게 진전되었으며, 이를 요약·설명하면 다음과 같다.

(1) 종교개혁

가톨릭교회는 점차 그 교세가 확장됨에 따라 초기의 구세적 경건성이 퇴색하고 날로 생명력을 상실하고 있었다. 영국의 오컴(William Occam, 1299-1349), 위클리프(John Wycliffe, 1320-1384) 등 신학자들은 교황과 교회의 타락을 공격하고 신앙의 개혁을 주장하였으며, 이들의 주장은 후의 종교개혁에 큰 영향을 미쳤다.

르네상스 교황으로 자처한 레오 10세(재위 1513-1521)는 사치비를 얻기 위하여 교회직을 새로 만들어 팔고, 면죄부·조세에 의하여 막대한 수입을 거두었으며, 돈이 필요할 때면 교황청 성기(聖器), 사도상마저 저당잡힐 정도였다.

제국의 사교·수도원장들도 대부분 귀족출신으로 성직을 망각하고 사치와 쾌락에 빠져 신자들의 불만을 살 정도로 부패하였다. 하급의 승려는 가난하여 성직사례만으로는 생활할 수 없어 너절한 내직에 손을 대어 민중의 경멸을 샀다.[42] 여기에 교황의 착취와 탄압, 면죄부 판매 등 부패가 극심했던 독일에서 루터(Martin Luther, 1483-1546)의 종교개혁운동이 일어나고, 이에 자극을 받아 각 국가에 이 운동이 확대되었다.

(2) 르네상스

르네상스는 상업자본이 가장 일찍 발달한 이탈리아를 중심으로 일어나 점차 전 유럽에 확대되어 갔다. 르네상스는 그 동안 잠재되어 있던 고대 그리스, 로마의 문화적 전통을 되살려 교회와 신 중심의 문화를 벗어나 새로운 인간중심의 문화를 창조했던 휴머니즘운동이다.

지금까지 신의 영광을 위하여만 존재한다는 중세적 이념에 충실했던 인간들은 이제 인간 독자의 가치와 존엄을 자각하고 교황과 황제 대신 그들 민족국가를 이루어 갈 세속군주에게 충성을 바치게 되었다. 인간들은 신의 구원에 의존하던 중세적 종교관을 떠나 자연을 그 자체로서 접근하고 이에 능동적으로 대처하여 자연을 정복하겠다는 적극성을 발휘한 것이다.

이러한 르네상스운동은 이탈리아에서 가장 활발하게 전개되었다. 이탈리아는 이미 13세기 이전에 봉건제도가 해체되고 도시가 번영하여 점차 근대국가적 요소를 갖추어 가고 있었다. 도시의 상인들은 15세기말 상공업의 중심이 대서양으로 옮길 때까지 지중해 무역의 패권을 장악하고 새로운 사회와 문화의 형성에 있어서도 주도적 역할을 맡고 있었다.

그러나 도시국가들(북부의 베네치아와 피렌체 두 공화국, 밀라노국 교황령, 남부의 나폴리왕국 등)은 통일된 민족국가를 형성하지 못하고 서로 대립·갈등하면서 주변의 프랑스, 스페인, 독일 등 외세의 침략과 간섭을 불러들이고 있었다. 이런 상황에서 거의 모든 도시국가들에서 공화정 정치체제가 몰락하고 전제적 지배체제가

42) 조좌호, 앞의 책, 310쪽.

나타났는데, 이에 대응한 군주통치의 이론이 등장하게 되었다.

2. 마키아벨리의 군주론

마키아벨리(Niccolo Machiavelli, 1469-1527)의 가장 중요한 정치적 저술은 『군주론』과 『로마사』(티투스 리비의 로마사에 관한 논고)[43]이며, 이들은 대개 1513년 작으로 알려져 있다. 『로마사』의 서문에서 마키아벨리는 그의 목적을 '새로운 방법의 발견'이라고 말했고, 그의 저작은 '새로운 바다, 미지의 대륙'을 탐구하는 것이라고 비유해서 말했다.[44] 그의 접근방법은 투키디데스(Thoukydides, 471-400 BC)[45]의 역사적인 방법과 비슷하다. 투키디데스는 그의 저술내용을 냉혹한 역사법칙의 기술에 한정시키고 있음에 반하여, 마키아벨리는 이러한 법칙이 인간의 목표를 성취하기 위하여 이용될 수 있는 방법을 강구하였다. 그의 접근방법은 기술적(descriptic)이라기보다는 규정적(prescriptive)이다. 그러나 이 규정적이라는 말은 아주 기술적(technical)이고 비도덕적이기 때문에 플라톤과 아리스토텔레스의 방법과는 판이하게 다르다. 이때부터 정치학은 일정한 목적을 위하여 사용되는 권력의 성공적인 조작을 위한 수단이 되었고, 이러한 방법의 행사는 정당성보다는 효율성에 바탕을 두고 있었다.[46]

마키아벨리 정치이론의 출발점은 인간의 본성에 관한 아우구스티누스적 견해이다. 즉 사람들이 입으로는 아무리 경건한 말을 한다해도 그들이 사실로 바라고 있고, 따라서 그들의 행태를 결정하는 유일한 기준은 지상국(earthly city)의 가치, 즉 권력, 영광, 물질적 행복 등이다. 인간은 은혜를 배신하고 변덕스럽고 부정직하며 위험을 회피하고 자기이익의 추구에만 급급하다. 모든 사람은 사악하며 항상 기회만 주어지면 악을 저지를 소지를 갖고 있다. 마키아벨리는 아우구스티누스의 이러한 인간관과 의견을 같이하면서도 이에 좌절하지 않고 이를 극복하려는 방법

43) 리비(Titus Livy)는 로마의 역사에 관하여 45권을 저작하였는데, 마키아벨리는 그가 관심을 가지고 있었던 공화국에 관한 처음 10권에만 언급하고 있다.

44) William Bluhm, *Theories of the Political System*, New Jersey: Prentice-Hall, Inc., Englewood Cliffs, 1971, p.247.

45) 투키디데스는 『펠로폰네소스 전쟁사』를 저작하였고, 그 책에서 사료를 분석하면서 과거의 역사적 사실을 중요시하고, 이를 바탕으로 장래를 내다보는 '교훈적・실용적 역사가'의 선구자로 알려져 있다.

46) Bluhm, *op. cit.*, p.247.

을 강구하려고 했던 것이다.

사회에 있어서 권력의 분배와 행사는 모든 다른 가치의 분배에 영향을 미치는 것이므로 마키아벨리가 문제삼고 싶은 것은 이러한 제 가치(세속적 의미의 물량적 가치)를 충분히 생산하고 이를 안전하게 유지시키는 정부의 체계를 발견하자는 것이다. 이러한 맥락에서 마키아벨리는 종교에 대하여 회의적이었다.

그는 일반적으로 종교에 대하여 과소평가했을 뿐 아니라, 특히 기독교가 이탈리아를 분열시키고 군대의 기율을 해이시켰다고 비난하였다.[47] 정치는 그 자체가 하나의 목적이며 그것은 마키아벨리 정치학의 두드러진 특징이다. 그는 정부의 기능, 국가가 부강해질 수 있는 수단, 국가가 그들의 세력을 확장할 수 있는 정책, 그리고 국가의 쇠퇴와 전복을 초래하게 되는 실책 등에 모든 관심을 기울여 기술하였다.[48] 정치적 · 군사적 방책은 거의 유일한 그의 관심사이며 정치적 편의에 영향을 미치는 것을 제외하고는 이를 정치적 · 군사적인 것과 종교적 · 도덕적 · 사회적인 고려를 분리하여 논의했다. 정치의 목적은 정치권력 자체의 보존 · 증대에 있으며, 그의 정치판단의 기준은 이러한 권력의 보존 및 확장에 있었다.[49]

마키아벨리는 공화주의를 열망했다는 학자들의 주장이 있다. 예를 들어 그는 인민이 군주보다 더 현명하고 일관성이 있다고 하였다. 법률에 의하여 통치되고 법이 통하는 사회의 인민들은 안전하고 신중하며 감사할 줄 안다. 또 인민의 실수는 말로 충분히 고칠 수 있는데, 군주의 잘못은 단지 폭력에 의해서만 치료될 수 있다고 하였다. 그는 고대 로마와 당시 스위스에 있어서 시민적 도덕성을 몹시 찬양하였으며, 이러한 도덕성은 가족의 순결, 사생활의 자주성과 경건함, 생활양식의 간결, 검소성, 공무수행에 있어서 충실성과 신뢰에 기인한다고 믿었다.

이탈리아에 있어서 그가 문제시하고 있는 것은 부패한 사회에서 하나의 국가를 건설하는 일이며, 이와 같은 이탈리아의 여건하에서는 절대군주제 외에는 어떤 효과적인 정부도 가능하지 않을 것이라고 확신하였다. 다시 말하여 인간이 살아가는 방식은 인간이 당연히 따라야 할 도리와는 너무나 다르며, 부패한 인민들은 독재자의 씨를 말린다 해도 계속 독재자를 필요로 하게 된다. 그리고 교회는 이탈리아의 안전과 통일을 위해서 아무런 역할을 하지 못하고 있다. 따라서 이탈리

47) McDonald, *op. cit.*, p.194.
48) Sabine and Thorson, *op. cit.*, p.318.
49) *Ibid.*

아의 평화와 통일을 위해서는 현실적인 통치능력을 갖춘 절대군주가 필요하다는 것이다.

그가 진정으로 열망했던 정부는 하나의 팽창된 도시국가(city-state), 즉 동맹국의 지지를 획득하고 유지할 장기적 안목을 가진 정책을 추구하는 로마와 같은 도시국가이다. 그러나 그의 국가개념 속에는 민족국가적 시민사회의 확립이라는 차원의 국가관이 아직 떠오르지 않았다는 비판이 있다.50)

제5절 근대 자유주의의 제 이론

근대적 의미의 자유민주주의가 구체적으로 성숙을 본 것은 19세기에 이른 이후라고 볼 수 있다. 그러나 민주주의의 올바른 이해를 위해서는 그 이전의 사상의 발달과정을 이해해야 할 필요가 있다. 그리고 이러한 사상이 주장되고 제도화되기까지는 항상 그에 관련된 구체적인 사회·경제적 조건과 배경이 있었음을 간과할 수 없다.

이들 제 사상의 발달단계는 편의상 고대의 도시국가이론, 중세의 자연법이론, 근대의 사회계약이론, 공리주의 이론과 자유주의 이론을 들 수 있는데, 근세 이전의 사상은 이미 설명하였다.

1. 홉스·로크·루소의 사회계약론

(1) 사회계약론의 사회적 배경

사회계약론은 자연법사상에 기초를 둔 17-18세기 시민혁명기의 사회·정치이론으로, 국가나 정부 등 권력의 기원을 인민의 동의에서 구하고 권력설정의 목적을 개인의 권리와 자유 및 재산수호에 두고 있다는 데 두드러진 특징이 있다. 이 이론은 물론 그리스 철학이나 중세의 종교관념 가운데도 나타나 있지만, 특히 근대에 들어와서 왕권신수설에 대한 시민계급의 이론적 무기로서 신흥 시민계급의 적극적인 사회진출에 중요한 동인을 제공하였다.

---

50) *Ibid.*, p.328.

사회계약론의 대표적인 학자로는 영국의 홉스(Thomas Hobbes, 1588-1679), 로크(John Locke, 1632-1704)와 프랑스의 루소(Jean J. Rousseau, 1712-1778) 등을 들 수 있는바, 이들은 각기 영국의 청교도혁명(1642-1660), 명예혁명(1688), 그리고 프랑스 혁명(1789-1799)과 깊은 관련을 갖고 있다.

영국의 내란이 시작되기 1세기도 훨씬 전에 이탈리아의 마키아벨리는 유럽정치가 민족적으로나 개인적으로 주로 무력과 이기심에 의존하고 있음을 아주 잔인할 정도로 명확하게 지적하고 강력한 군주를 찬양한 바 있다. 그후 약 50년이 지난 프랑스에서 종교전쟁이 치열했을 때, 보댕(Jean Bodin, 1530-1596)은 법률을 제정하는 주권이 국가의 현저한 특성으로 간주되어야 할 필요성을 강조하였다. 그리고 영국내란이 막 시작될 무렵 그로티우스(Hugo Grotius, 1583-1645)는 스토아학파나 키케로의 자연법 개념을 상기시켜, 이는 근본적으로 이성적이며 인간의 도덕성에 내재한 것이라 했다.

이 모든 유럽사상들의 특성들은 홉스의 일련의 저작(1640-1651년 사이) 속에 합류되고 교차되었다. 홉스는 그의 저서들을 당초 절대정부를 지지하기 위해 썼고, 군주제가 가장 안정되고 질서 있는 정체라고 믿었다. 그러나 홉스의 원리들은 적어도 그가 반박하려고 했던 혁명주의자들의 주장에 배치된 만큼이나 그가 지지하고자 했던 스튜어트 왕조에 대하여도 반대되는 것이었다. 그리고 그의 원리는 왕당파나 의회주의자들에 상반되는 이상으로 양자에 반대되는 것이었다.

청교도혁명을 겪고 난 영국인들은 그후 누구도 크롬웰(Cromwell) 공화정의 쓰라린 경험을 되풀이하기를 원하지 않았다. 상류계급은 내란의 공포를 뼈에 사무치게 느꼈으며, 그로부터 다시는 내란을 겪지 않으려고 노력했다. 또한 크롬웰의 군사독재는 영국 민중들의 마음 속에 독재의 두려움을 크게 새겨 주었다.

군주의 전제정치는 민중의 힘에 의해 폐지될 수 있다는 중세 이래의 관념은 영국혁명에 의하여 부활되었고, 이에 따라 확립된 원리란 간단히 말하여 군주국이 의회에 의하여 통제되어야 한다는 것이었다. 로크의 이론은 바로 이 원리들을 정립했다고 볼 수 있으며, 그의 온건한 이론은 영국에서 실제로 명예혁명에 의하여 성취되었다.

한편, 루이 14세 시대를 절정기로 했던 프랑스 절대주의 구체제의 정치와 사회는 한결같이 특권계급(귀족, 승려 등)의 봉건적 토지소유와 수공업적 동업조합을 기초로 해서 근대적 자본주의 경제의 발달을 방해하고 있었다.

이러한 구제도에 대하여 일찍부터 시민층(제3계급)은 계몽주의에 입각하여 사상적 비판을 가하고 있었다. 가령, 데카르트(René Descartes, 1596-1650)나 볼테르(François M. A. de Voltaire, 1694-1778) 같은 계몽적 합리주의자들은 프랑스의 절대주의적 군주신권설을 주장한 보쉬에(J. B. Bossuet, 1627-1704)의 스콜라주의를 비판하고 이른바 권위, 전통, 위계적 신분제도, 세습제의 정신 대신에 이성의 원리를 강조하였다. 특히 영국의 혁명과 미국의 독립혁명으로부터 깊은 영향을 받은 프랑스 시민들의 현상타파 기세는 높았고, 이러한 상황에서 루이 15세의 실정은 루소의 사회계약론에 더욱 큰 의미를 부각시켰다.

(2) 사회계약론의 내용

종교개혁을 일으켜 신의 절대적인 권위에 도전했던 서양인들은 우선 군주의 힘을 빌려 이를 성취하고자 했다. 이른바 속권우월론에서 절대군주이론이 대두되었다.

그러나 절대군주들의 도움으로 어느 정도 성장한 시민계급은 다시 군주의 권위에 도전하여 자연권에 근거한 합리주의 원리를 내놓았고 그 대표적 이론이 사회계약론이었다. 사회계약론자인 홉스, 로크, 루소는 각기 그 내용에 있어서는 차이가 있지만 국가권력의 기초를 피치자의 동의에 두고 있는 근본적인 입장은 같았다. 사회계약론은 본래 자연상태에서 자유평등한 제 개인이 자연권을 보다 잘 수호하기 위하여 이성의 법인 자연법에 따라 주체적으로 국가나 정치사회를 조직·구성했다는 근대 합리주의의 입장에 선다.

대표적인 세 사상가의 내용을 간단히 요약하면 다음과 같다.

1) 홉 스

홉스는 무엇보다도 인간을 욕심덩어리로 보았다. 인류의 보편적 성향의 하나로, 죽음에 의해서만 비로소 끝나는 권력에 대한 항구적이고 지속적인 욕망을 든다. 그런데 자연상태에서 인간은 평등하다. 자연상태에서 인간은 육체적·정신적으로 힘의 차이가 별로 크지 않다. 그 결과 개개인은 자기 자신의 안전을 확보하기 위하여 생활상 좋은 것은 가능한 한 많이 획득하려고 하기 때문에 그들은 서로 적이 된다. 즉 자연상태에서 인간은 만인의 만인에 대한 투쟁상태이다. 따라서 인간 상호의 자연적 관계는 경쟁, 불신과 우월감이 있을 뿐이다. 만일 인간이 그들을 두려워하는 공동의 우월자가 없다면 인간생활은 고독하고 가난하고 더럽고 야수적이며 단명으로 끝이 난다. 자연상태에서는 정과 사(邪), 정의와 부정의에 관한 구별도 없고 힘만이 권리를 결정하며 사유재산도 존재할 수 없다.

이와 같은 자연상태에서 정치상태로 옮겨가기 위해서 홉스는 자연권과 자연법을 구별하고 있다. 자연권은 각자가 자기의 생존보존을 위하여 자신의 힘을 행사하는 자유이다. 여기서 자유란 인간의 의지대로 행하지 못하도록 하는 외적 장애물의 결여를 의미한다. 즉 자연권에 의하여 사람들은 어떤 욕망을 충족시킬 권리를 갖고 있고, 그 욕망의 으뜸인 생명보전을 위하여 이성이 생각해 낸 일단의 원칙이 자연법(自然法)이다. 그러므로 자연권은 허용적인 것이고, 자연법은 위임적이고 제한적인 것이다.

자연법은 제1, 제2, 제3자연법으로 나누어 설명할 수 있다.

제1자연법: 인간의 이성은 끝없는 투쟁상태로부터 도피하여 평화를 추구하는데, 이는 인간의 천부의 권리로서 자연의 기본법칙인 것이다.

제2자연법: 모든 인간은 공통의 동의에 의하여 그들의 자연권을 포기할 것을 계약해야 한다. 계약이란 권리의 상호포기 또는 양도이다. 일단 인간이 타인에게 그의 어떤 권리를 포기 또는 양도하면 양도한 권리를 소유한 타인에게 간섭하지 말아야 한다.

제3자연법: 이는 계약의 이행을 말하는 것으로, 계약을 불이행하는 것은 부정의이며 정의란 바로 계약의무를 지키는 일이다.

홉스는 이와 같은 사회계약에 의하여 거대한 리바이어던(Leviathan)이라는 국가를 성립시킨다. 인민들은 계약체결후 그들의 의사와 판단을 주권자에게 양도하고 그들이 가지고 있었던 강력한 공격권과 자치권을 포기하여 하나의 국가, 즉 리바이어던을 이루게 된다.

국가는 하나의 단일체로 결합된 개별적인 신민들의 권력으로 구성되었기 때문에 다만 인간의 필요성에 의하여 인공적으로 만들어진 것에 불과하다. 이와 같이 홉스의 주권이론은 국가를 그 구성부분인 인간으로 분해하여 인간의 본성을 탐구하는데서부터 출발하였다는 데 의의가 있다. 그리하여 국가주권은 수평적인 사회계약을 매개로 하여 수직적인 지배관계로 정립되어 주권자로서의 개인 또는 합의체의 권력의 불가론적·불가분적 절대성을 갖는 것으로 연역했던 것이다.

2) 로 크

로크는 홉스와 마찬가지로 일생을 독신으로 지냈으나 보다 평화로운 환경에서 자랐기 때문에 홉스에 비하여 인간을 훨씬 선하게 보았다.

그의 자연상태는 홉스처럼 투쟁상태나 방종의 상태가 아니라 평화, 선의, 상호원조 및 종족보존의 상태이다. 즉 자연상태는 그것을 지배하는 자연법을 갖고 있다. 이 자연법은 인간이성에 의하여 나타난다. 인간이성은 인간이 자유롭고 평등하기 때문에 타인을 파멸하거나 해칠 권리가 없으며, 또한 타인의 재산을 약탈할 수 없음을 알려 준다.

인간의 자연적 권리, 즉 자연권은 생명・자유・재산이다. 특히 그는 재산을 보다 상세하게 다루었으며, 그에게 있어 재산권은 가장 전형적이고 중요한 권리로 부각되었다. 그러나 자연상태는 낙원이 아니기 때문에 자연법 위반자가 생기게 마련이고 이를 해석・판단・처벌할 사람이 필요하다. 즉 실정법이 결여되어 있고 재판관이나 그 판결의 집행자가 없기 때문에 사람들은 이를 재결하는 권한을 가진 공통적 우월자의 존재를 요구한다.

로크는 자연상태의 개념을 전사회적이라기보다는 전정치적 관념으로 파악하였고, 자연법이 지배하는 평화와 이성의 개념으로 사용하였으며, 그의 사회계약은 하나의 정치단체, 즉 국가가 성립되는 일이다. 다시 말하여 그는 국가와 사회를 구별하여 먼저 공동사회가 성립하고 2차적으로 국가가 성립한다고 하였다.

그는 정치권력의 행사기관인 국가와 정부의 구별에는 불분명하며 다만 입법권을 최고의 정치권력으로 보았다. 그리고 입법권, 즉 법률제정권의 소재에 따라 정체를 군주제, 과두제, 민주제로 구별하였다. 그 중 그가 최상의 것으로 보고 있는 정부형태는 입법권이 전 시민의 수중에 있는 민주제였다. 그리고 입법권・집행권・외교권의 권력분립이론은 몽테스키외의 3권분립이론의 선구가 되었고, 이는 오늘날까지 민주주의의 원리로 채택되고 있다.

3) 루 소

홉스와 스피노자(Baruch Spinoza)가 인간을 악하게 본 데 대하여 그로티우스와 로크는 인간을 선한 존재로 보았다.

루소는 양측의 어느 편에도 속하지 않고 있으나 인간은 자연상태에서 그저 단순하고 만족스러운 존재로 보았다. 그는 『사회계약론』의 서두에서 "사람은 자유로이 태어났지만 도처에서 쇠사슬로 묶여 있다"는 유명한 말을 남기고 있다. 즉 자연적인 평등과 심적으로 평화롭고 행복한 상태에 있는 인간들에게 과학과 기술의 진보, 사유재산의 성립과 분업의 발달은 사회적 불평등을 낳게 했다. 그리하여 자유롭고 평등한 자연상태가 일단 소멸되면 인류는 전쟁이나 계속적인 불안상태에 빠지고, 이러한 상태에서 벗어나기 위하여 시민사회로 진입하게 된다.

이와 같이 사회계약은 자연상태를 유지할 수 없게 된 사람들이 각기 그들의 인격・재산의 방위와 자유・독립의 보장을 목적으로 한다. 또한 루소는 사회의 질서를 높이 평가하여 질서는 다른 모든 권리의 기초가 되는 신성한 권리라 했다. 사회는 본능을 정의로 대체시키고 인간의 행동에 대하여 이전에는 결여되었던 도덕성을 부여한다. 그러므로 사회를 떠나서는 행복을 판별해 볼 만한 어떤 가치척도도 존재하지 않을 것이라고 했다. 결국 인간은 공동체 내에서 최초로 시민적 자유를 획득하는데, 그것은 도덕적 권리로서 고립된 동물도 가질 수 있는 자연적 자유는 아니라고 했다.

루소는 "우리들은 각각 자기 자신과 그의 모든 힘을 공동으로 일반의사의 최고지도하에 두고 그 대상으로 각인은 전체의 불가분적인 부분으로서 구성원의 자격을 얻는다. 각 구성원은 모든 공동적인 힘에 의하여 인명과 재산을 방어하고 전체와 결합하면서도 각자가 그 사회를 통해 오직 자신에게만 복종하고 전과 동일하게 여전히 자유로울 수 있는 결합형식을 발견하는 것"이라 하였다. 즉 각 성원은 자기 자신을 완전히 전체에 양도하는 까닭에 모든 성원에 대한 조건은 평등하며 따라서 누구도 다른 사람에게 불리한 조건을 주지 않는다는 주장이다.

이와 같은 취지에서 일반의사는 언제나 정당함을 루소는 되풀이하여 강조하고 있다. 일반의사는 사회적 선(善)을 대변하고 그 자체가 정의의 기준이기 때문에 그것은 자명한 진리이다. 정의롭지 않은 것은 일반의사가 아닐 뿐이다.

루소는 그의 일반의사론에서 정부의 중요성을 의도적으로 크게 약화시켰다. 주권은 법인체로서 인민에게만 귀속되며 정부는 인민의 의사가 명하는 바에 따라 철회될 수도 수정될 수도 있는 위임된 권한만을 가진 일종의 대리자에 불과하다. 정부는 하나의 위원회와 같은 지위만을 갖고 있는 것이다.

루소는 이러한 입장에서 어떤 형태의 대의정부도 제외해야 한다고 생각하였다. 그것은 인민의 주권이기 때문에 대표될 수 없는 것이었다. 따라서 유일한 정부란 실제로 시민회의(town meeting)에 참석할 수 있는 직접민주주의였다.

루소는 말하자면 도시국가적 정치형태를 찬양하였으며 인민주권이론에 대한 하나의 환상을 가지고 있었다. 그러나 비록 인민에게 권력이 있다해도 하나의 법인체가 이를 적절히 표시・집행하리라고 기대할 수 없으며, 또한 공동체가 고도화되면 더욱 그 대변자들이 권위를 행사하게 되고 잘 조직된 소수자가 일반의사를 대행하는 거의 완벽한 기구를 발전시키리라는 것을 그는 간과했던 것이다.

(3) 사회계약론의 비판

자연법 체계에 대한 비판은 18세기 영국의 흄(David Hume)을 비롯해서 버크(Edmund Burke)나 벤담 등을 대표적으로 손꼽을 수 있다. 흄은 정치적 복종과 계약상의 의무를 구별하여 어떤 정부도 실제로 그 신민에게 동의를 요청하고 있는 것은 아니라고 했다. 사회구성원의 공동이익이란 본질상 어떤 약속이나 합리적 관계가 아니라 경험상 인간의 필요에 이바지되어 온 관행이나 제 규칙 같은 것으로, 이는 대체로 인간의 성향이나 이익에 부합하는 안정된 사회생활을 유지시키고 있다. 그리고 정권탈취와 구별되는 정당성 있는 정부란 것도 그 합법적 권위가 단순한 힘과 구별되는 일련의 관행・규칙 등에 의존하는 것이라고 주장한다.

버크도 흄과 같이 정치사회에 있어서 관행을 중요시했다. 즉 그는 "우리의 헌법이란 규범적인 것이다. 그것은 그 유일한 권위가 태고적부터 존속되어 왔다는데 있다"고 하여 혁명 등에 의한 급진적 변혁의 논리를 반대하고 역사의 점진적 개혁을 옹호하는 보수주의적 이론을 옹호하였다.

벤담(Jeremy Bentham) 또한 흄의 영향을 받아 정치의 근본은 계약이 아니라 인간의 필요에 의한 것으로, 인간의 욕구가 만족되는 것만이 유일하게 정치적 정당성의 기준이 된다고 하였다. 즉 옳고 그릇됨의 가치의 기준이란 '최대다수의 최대행복'이라는 공리의 원칙에 의해서만 수립될 수 있는 것이라고 한다. 벤담의 이론에 관하여는 뒤에서 설명한다.

2. 영국의 자유주의 이론

이른바 혁명기에 있어서 자연권에 관한 철학과 19세기의 자유주의 사이에는 그 기질이나 정신에 있어서 큰 차이가 있다. 자연권 철학은 본질적으로 하나의 혁명적 신조였고 여기에 기본권이 침해되는 경우 타협을 거부한다.

프랑스혁명은 혁명에 대한 반동을 계속 야기시켰고, 영국에서는 의회를 통한 점진적 개혁이 지지되었다. 당시 학자들은 이러한 반동의 원인을 철학과 인간의 권리에 대한 과열성에 귀착시키는 경향이 있었다. 영국에서 자유주의가 부르주아의 계급적 권력을 정치의 장에 끌어들인 것은 1832년 선거법 개정 때부터였다.

벤담의 사상은 이 선거법 개정을 전후하여 영국사회의 제 제도개혁에 괄목할 만한 영향을 미쳤으며, 1830-1870년대에 이른바 '벤담주의 시대'를 열었다. 그러나 그후의 사회·경제적 조건의 변화에 적응하고 시민의 정치적·시민적 자유의 보장을 더욱 확실하게 하기 위하여 자유주의는 부득이 수정되어야 했다. 밀(John Stuart Mill)과 그린(Thomas H. Green)은 이 시대의 대표적인 학자이다. 다음에서 이들 세 학자들의 이론을 간단히 요약해 보겠다.

(1) 벤담의 공리주의 이론

벤담의 이론은 어느 면에서 보면 가히 혁명적이었다. 공리주의는 자연권이나 사회계약론을 거부할 뿐만 아니라 버크식 보수주의 내지 전통주의에 대해서도 반대한다.

공리주의는 국가를 신비로운 사회적 유기체로 보지 않으며, 그것을 자연권 수호의 인위적 단체로도 보지 않는다. 국가란 국민 일반의 복지증진의 필요에서 존재하고 이는 국가정책의 기본목표이다. 그의 입법원리는 바로 이러한 국민의 '최대다수의 최대행복'이며, 법률이 이러한 목적을 달성할 수 없을 때에는 반드시 변경되어야 한다. 행복에 관한 최선의 판정자는 사회구성원인 각 개인이다. 사회 전체의 행복이란 사회구성원의 행복을 합계한 것에 불과하다.

이러한 공리의 원리에 입각해 보면 민주주의란 최대다수의 최대행복을 자의적 선택의 원리에 따라 추구하는 최선의 정치형태이다. 그리고 최선의 정치는 최소의 정치이다. 정부란 그 자체가 하나의 커다란 해악이라고 보며, 정부의 권력행사가 용인되는 것은 다만 그것을 사용해서 보다 더 큰 해악을 제거할 수 있는 경우로 제한시켰다.

그는 인간의 본성이 원래 이기적이라 보았다. 따라서 정부가 일부 소수자의 수중에 장악되어 있다면 그것은 소수자의 이익을 위해 사용될 수밖에 없다. 그런데 정치의 정당한 목적은 최대다수의 최대행복에 있으므로 이를 실현하기 위하여는 부단히 현실사회의 모순을 시정해야 한다. 당시 아직도 사회에 잔존하고 있었던 귀족과 토지소유계급의 전근대적 과두체제를 청산하고 산업혁명이 가져온 도·농의 불균형과 노·자의 대립 등 제 문제를 입법활동이나 의회개혁을 통하여 해결하고자 했다.

이와 같은 벤담의 공리주의적 개혁사상은 그의 후계자들로 하여금 과격한 마르크스적 혁명논리에 의하지 않고 사회적 변화를 극복하고자 했던 전통을 남기게 하였다.

(2) 밀의 자유론

밀의 공리주의의 특성은 그의 이상주의적 도덕성에 나타나 있다. 밀의 입장에서 볼 때 "만일 압정(押釘)과 시가 사람들에게 똑같은 쾌락을 주게 된다면 압정도 시만큼이나 좋은 것"이라고 말한 벤담의 유명한 말은 단순히 통속적인 넌센스에 불과하다. 반면에 "만족하는 바보보다는 불만족스러운 소크라테스가 되는 것이 훨씬 좋다"는 밀의 말은 정상적인 도덕적 반응을 나타낸 것이며 분명히 쾌락주의는 아니다.

밀의 자유주의 정치사상에 대한 가장 특징적이고 지속적인 기여는 그의 『자유론』(1859)에 나타나 있는데, 이 책의 주장은 공리주의 문헌에 결정적으로 새로운 계기를 마련해 주었다.

대개 밀의 자유주의 철학의 공헌은 다음 네 가지로 요약할 수 있다.

첫째, 도덕성의 원리에 대한 강조이다. 밀은 쾌락과 고통 등 감각적인 관점에서 벗어나 어떤 바람직한 인간성이나 덕의 소유로써 형성된 선(善)의 관점으로 주의를 전환시켰다. 밀의 윤리학의 핵심이 되는 도덕적 이념은 진정한 의미에서 인간에 대한 존중이다. 그는 인간의 가치를 형이상학적인 독단으로서가 아니라 자유사회의 실제조건 속에서 이루어져야 할 그 무엇으로 생각했으며, 인간이란 도덕적 책임에 상응하는 존엄성의 견지에서 보아야 한다고 말했다.

둘째, 밀의 자유주의는 정치적·사회적 자유 그 자체를 선(善)으로 받아들였는데, 그것은 자유가 책임 있는 인간에게 가장 적절한 조건이라고 생각한 때문이다. 그리하여 선한 사회는 자유를 허용할 뿐 아니라 자유롭고 만족스러운 생활양식을 위한 기회를 개방해야 한다고 하였다.

밀의 자유론은 단순히 정치적인 억압으로부터의 구제나 정치조직의 변화에 대한 호소가 아니고, 진정으로 관용하고 서로 다른 시각차이를 중히 여기며, 의견일치의 양을 제한하고, 발견의 근원으로서 새로운 이념을 환영하는 여론에 대한 호소였다. 그의 주장은 국가가 아니라 사회에 대한 것이었으며, 그가 두려워했던 자유에 대한 위협은 정부가 아니라 비관습적인 것을 관용하지 못하고 서로 다른 견해를 가진 소수자를 의심하고 그들을 억압・통제하기 위하여 수의 힘을 이용하는 다수의 힘이었다. 자유정치는 대의제나 선거법의 개정보다도 자유사회의 존재가 뒷받침되어야 함을 강조하였다.

셋째, 자유란 개인적인 선일 뿐만 아니라 사회적인 선이다. 강제에 의해서 어떤 의견을 침묵시키는 것은 그 의견을 갖고 있는 사람에 대해서 폭력을 행사하는 것이며, 또한 의견에 대한 자유로운 조사와 비판으로부터 얻을 수 있는 사회적 이득을 빼앗는 것이라고 주장하였다. 결국 밀이 자유를 가장 아끼는 가장 큰 이유는 그것이 개인적 독자성과 창의성을 존중하는 데 있다. 이와 같은 과정에 의해서 개인의 권리는 공공의 유용성과 밀접히 연관되며, 이러한 사회에서는 사상연구의 자유, 토론의 자유 그리고 자기규제적인 도덕적 판단과 행위에 대한 자유가 중요하다고 하였다.

끝으로 밀은 자유주의 사회에서 국가기능의 적극성을 강조하였다.[51] 이는 초기 자유주의자들이 주장한 소극적 자유로부터의 이탈을 의미한다. 즉 입법이란 나쁜 것이고 따라서 입법은 될 수 있는 대로 억제하거나 최소한으로 유지해야 한다는 입장을 벗어나, 입법은 오히려 기회를 만들고 증가시키며 평등화의 수단일 수 있다고 보았다. 결국 그의 자유론의 목적은 국민들의 도덕과 지성의 개발에 의하여 사회복지를 보장하는 것이었다. 그런데 밀의 이론체계는 18세기적 자연주의와 19세기 이상주의의 쌍방을 선택함에 있어서 모순을 가져왔고, 여기에 영국사상계의 새 인물로 그린의 이상주의가 등장한다.

(3) 그린의 이상주의

자유주의 이론에 대한 수정은 옥스포드 이상주의자들에 의해서 1880년 이후 20년 동안에 이루어졌는데, 그 대표적인 학자로 그린(T. H. Green)을 꼽는다. 옥스포드 이상주의는 영국의 경험주의적 전통의 밖에서 특히 칸트 이후의 독일사상으로부터 지적 영향을 받았다.

---

51) 밀의 자유의 적극적 의미에 관하여는 이홍구, “적극적 자유와 소극적 자유,” 『한국정치학회보』, 제3집, 1969, 213-221쪽 참조.

그러나 이른바 신헤겔주의자로 불리는 이들 이상주의자들은 헤겔이나 마르크스처럼 변증법을 논리적 분석의 정확한 도구로 생각하지 않았고, 그들의 정치이론에 있어서 헤겔의 권위주의적인 경향도 받아들이지 않았다. 미국의 듀이의 실용주의는 이상주의에서 발전하였지만, 자유주의를 받아들이면서도 자유주의의 형이상학적 요소는 거부했다는 데 다른 점이 있다.

그린을 중심으로 한 이들 이상주의자들의 근본적인 철학문제는 인간성의 본질과 사회적인 공동체의 본질, 그리고 이들간의 관계에 관한 것이었다. 다시 말하여, 인간성의 구조와 그 인간이 처해 있는 사회적인 환경이라는 문화구조와의 상호의존성이었다.

이와 같이 그린은 윤리학의 근본원리인 개인과 그 개인이 구성원으로 있는 사회적인 공동체가 이루고 있는 상호의존성에 관하여 '자아, 즉 사회적 자아'라 하였다. 그가 생각한 이상적인 형태는 다음과 같다. 즉 우선 사회적 성원들이 도덕적으로 평등한 존재로 만나며 상호존경하고 모든 사람이 자유롭게 스스로 생각하고 행동한다. 그리고 그들의 사고와 행동이 완전한 도덕적 책임감에 의하여 지도되고 통제되어야 한다.

그린은 이와 같이 그의 정치적 자유주의의 기초를 자아 혹은 인격의 형이상학적 본질에 연유하는 도덕적 자유에 두고 있었다. 그리고 그는 국가의 적극적 역할을 솔직히 받아들이고 있다. 가령, 일반복지 혹은 적극적인 자유에 기여되는 경우 국가는 적극적인 기관으로서 이용되어야 한다. 이와 같이 적극적 자유는 국가안에서만 구현될 수 있으므로 개인은 그의 자유를 위하여 국가에 복종하고 법을 준수해야 한다는 결론이 따르게 된다.

당시 영국에서 사실상 버크의 영향을 받았던 디즈레일리(Benjamin Disraeli)의 보수주의는 급격한 사회변동에 대한 안정 및 안전의 보호자로 자처하였으며, 그 변동의 주요 원인은 전형적인 자유주의적 정책으로서 무역 및 산업의 확대에 있었다. 그린이 자유주의에 수정을 가했던 것은 바로 이 안정과 안전이 일반복지의 주요 요소이며 자유에 대한 필요조건이라는 주장에 부분적으로 원인이 있었다.

그린은 사회적 선(善)의지를 갖고 있는 모든 사람이 의거할 수 있는 광범한 도덕강령을 정하고자 했던 것이며, 이는 어느 정도 성공하였다고 평가되고 있다. 그후 그의 이론은 보즌킷(Bernard Bosanquet), 홉하우스(Leonard T. Hobhouse) 등 새로운 자유주의자들에게 영향을 미쳤다.

제6절 민주주의

1. 민주주의의 개념

오늘날 우리나라를 포함한 이 지구상의 모든 국가에서 민주주의는 하나의 정치적 공통분모로 중요시되고 있다. 그러나 민주주의에 관한 개념정의는 사람마다 다를 수 있으며, 또한 나라에 따라 서로 다른 형태의 민주주의를 주장하고 있다.[52]

사실 민주주의처럼 다양한 의미의 내용을 가지고 정치에 영향을 미쳐온 말도 드물 것이다. 이 같은 민주주의에 관한 의미상의 분쟁은 끊임없이 계속될 것으로 예상된다. 근래의 민주주의에 관한 연구는 어떤 추상적 관념이나 기본원리보다는 실제 정치에 있어서 경험적 사실의 분석에 초점을 두는 경향이 있다.

민주주의를 보다 광범위하게 정의하여 심지어는 공산주의 국가들도 자신들의 국가를 민주주의로 자처하고 있으며, 나라마다 자국의 민주주의가 가장 바람직한 것으로 뽐내고 있다. 뿐만 아니라, 아직 민주주의 정부가 발족된 지 얼마 되지 않은 신생 민주제 국가들에서도 마치 민주주의가 실행되고 있는 것처럼 이를 합리화하고 혹은 이에 저항하는 세력들과의 대립으로 정치적 불안이 야기되고 있다. 그리고 의회주의의 오랜 전통을 가지고 있는 자유민주주의 국가 중에는 근래에 와서 사회민주주의 혹은 민주사회주의를 표방하고 노동대중이나 무산자들의 복지에 더욱 많은 관심을 가지고 국가가 직접 개입하는 경우가 있다.

그렇다면 과연 민주주의는 구체적으로 어떤 방식으로 정의되고 있으며, 앞에 언급한 몇 가지 형태의 민주주의의 기본적 특성은 무엇인지, 역사와 문화 및 민족에 따라 서로 다른 특징을 가지고 있는 공통점을 일정의 유형으로 묶어 분류하여 설명하겠다. 이에 관하여 우선 학자들은 규범적·경험적·절충적·이데올로기적 개념으로 설명하고 있다.

(1) 규범적 개념

규범적 입장에서 민주주의를 논한 대표적 학자로는 로크, 루소, 밀, 제퍼슨

---

52) 가령, 인도네시아의 교도민주주의나 중국의 신민주주의 이론 등 민주주의라는 말 앞에 특수한 형용사를 첨가하여 특정 민주주의를 표방한다.

(Tomas Jefferson) 등 고전적 정치이론가들을 들 수 있다. 이들은 민주주의의 개념을 '자유', '정의', '자연적 불가양의 천부적 인권', '일반의사' 등 일련의 관념적 규범이나 이상에 기초를 두고 파악하고 있으나, 정치의 실제 현실에 대한 체계적 고려를 결여하고 있음이 특징이다. 다시 말하여 우리가 흔히 말하는 '인민을 위한, 인민에 의한, 인민의 정치'도 그러한 정치를 이상으로 한다든가 그렇게 되기를 바란다는 소망에 불과하다. 실제 정치를 담당하고 있는 것은 '인민에 의하여 선출된 소수자에 의한 정치'인 것이다.

이에 대하여 루소는 "다수자가 통치하고 소수자가 통치되는 것과 같은 일은 원래 자연의 질서에 위배되는 일이다. 인민이 공공의 사무를 처리하기 위하여 계속 모여 있어야 한다는 것은 생각할 수도 없는 일이다"라고 지적하고 있다.53)

그리고 루소 자신이 내세웠던 자유, 평등, 자연법, 자연권, 사회계약, 일반의사 등의 개념도 사실 실제 정치생활에서 쉽게 입증할 수 없는 애매한 의미를 내포하고 있다. 가령 우리가 자유와 평등이라고 할 때 그 범위, 정도 등이 막연하다. 설사 그 뜻이 분명하다 해도 모든 사람이 자유롭다는 것은 필시 평등해야 하고, 또한 모든 사람이 평등하다면 그것은 결과적으로 어느 정도 상당한 자유의 제한이 있어야 가능한 것이기 때문에 이들은 서로 모순된 의미를 갖고 있는 것이다.

이와 같이 민주주의의 규범적 개념은 실제상의 경험적 현실과는 큰 차이가 있다. 따라서 이에 미치지 못한 정치현실에 대하여 환멸을 느끼고 저항하거나 이를 악용, 정치도구화할 우려가 있으며, 이는 바람직한 현상이라 볼 수 없다.

요컨대, 규범적 민주주의는 인간이 대개 어느 정도 합리적이고 도덕적이며 자치적 능력이 있으리라는 낙관적인 기대에서 인간성에 대한 무한한 믿음을 전제로 하고 있다. 그리하여 민주주의가 지향하고 있는 근본원리를 설정하고 언젠가는 실현될 민주주의의 장래에 대한 행동방향을 제시해 주고 있다는 데 그 의의가 있다.

(2) 경험적 개념

20세기에 들어와서 규범적 민주주의는 엘리트 이론가나 행태주의자(behaviorist)들에 의해 크게 도전을 받게 되었다. 경험적 민주주의는 정치체계의 제도・형태・구조와 이를 실제로 작동케 하는 인간들의 행태(behavior)의 민주주의화를 중요시하고 있는 입장이다. 이러한 입장의 대표적인 학자는 더빈(E. F. M. Durbin),

53) Jean J. Rousseau, 이태일 역, 『사회계약론』, 범우사, 1975, 100쪽.

슘페터(Joseph A. Schumpeter), 달(Robert A. Dahl), 립셋(Seymour M. Lipset) 등을 들 수 있다.

더빈은 민주주의에 관한 개념 규정을 보다 명백히 할 필요가 있음을 강조하고, 어떤 완전한 사회의 구상이나 유토피아는 관심 밖의 일로 도외시하고 있다. 그는 제한된 개념, 즉 정치적 관습, 정치적 결정을 행하는 방식, 실현 가능한 현실성 있는 사회상황에 관심을 쏟고 있다. 민주주의를 현실적으로 가능케 하는 관습・제도의 특성으로는 ① 책임 있는 정부와 ② 합법적 반대의 존재, ③ 민주주의의 존재와 그 지속성을 보장하는 진정한 조건으로서 헌정(憲政)의 테두리 안에서 정권장악을 위해 서로 경쟁하는 정당간의 상호관용이라고 주장한다.54)

슘페터는 '인민에 의한 지배'가 민주주의의 정의로서 충분한 정확성을 가지지 못하고 있음을 지적하고, 공공선・공공의사・일반의사・인민의 의사와 같은 개념의 애매함을 비판하였다. 민주주의란 '선거인의 투표를 보다 많이 획득하여 정권을 장악하려는 집권경쟁체제'로 보고 있다.55)

달은 민주주의를 '일반시민이 지배층에 대하여 비교적 높은 통제력을 행사할 수 있는 절차'라고 정의하고, 자연법・불가양의 자연권 등 윤리적 명제에 바탕을 둔 고전적 민주주의 관념보다는 사실상 선거에 있어서 경쟁과 참여, 다수결 등에 입각한 다두정치(polyarchy)에 초점을 두었다.56)

립셋도 앞에서 열거한 학자들과 비슷한 정의를 내리고 있다. 즉 민주주의는 '통치관리를 교체시킬 수 있는 정규적 헌법상의 기회가 마련된 정치체계이며, 최대다수의 주민들이 정치직에 나선 사람들 가운데서 그들을 선택할 수 있는 권리를 행사함에 의해 정부의 주요 결정에 영향력을 미치는 사회적 메커니즘'이라 하였다.57)

민주주의는 하나의 역사적 발전과정에서 파악할 수 있는 인간의 제도와 문화 및 관행과 깊이 관련되고 있으며 끊임없는 개혁을 위한 의지와 노력이 필요하다. 따라서 우리는 민주주의가 지향해야 할 바람직한 목표와 이상이 무엇인가를 우선

54) E. F. M. Durbin, *The Politics of Democratic Socialism*, London: Routledge & Kegan Paul, Ltd., 1954, pp.235-243.

55) Joseph Alois Schumpeter, *Capitalism, Socialism, and Democracy*, New York: Haper & Row, Pub., Inc., 1950, pp.269-283.

56) Robert A. Dahl, *A Preface to Democracy*, Chicago: Chicago University Press, 1956, pp.71-74.

57) Seymour M. Lipset, *Political Man: The Social Bases of Politics*, New York: Doubleday & Co., Inc., 1960, p.27.

설정할 필요가 있다. 그리하여 인간이 교육·계몽되고 점차 이를 성취해 나감에 따라 가치와 보람을 느끼는 당위적인 면도 중요한 의미가 있다고 보겠다. 이런 뜻에서 규범적·경험적 개념은 상호보완적인 의의가 있다.

(3) 절충적 개념

민주주의의 규범적 개념을 너무 강조하거나, 반대로 경험적 입장에 집착하는 것도 바람직하지 못할 뿐만 아니라, 실제상으로도 이를 엄격하게 구분하기 어렵다. 즉 규범과 사실, 이상과 현실, 목적과 수단 등은 상호작용하므로 이를 절충·융합하는 것이 타당하다는 논리이다. 이에 관한 대표적 학자는 린제이(A. D. Lindsay), 바커(Ernest Barker), 듀이(John Dewey), 매카이버(R. M. MacIver) 등으로, 이들은 대체로 고전적 이상주의 민주정치관으로부터 현대 경험적 민주정치관으로 넘어오는 중간단계에 있는 학자들이다.

린제이는 고전적 민주주의를 비판하여 이른바 인민의 의사(the will of the people)나 인민의 소리(the voice of the people)라고 하는 것은 한낱 신화에 불과하다고 했다. 그는 '민주적 토의과정에 의한 의사결정'을 중요시했던 선구적 학자로, 민주적으로 되기 위한 가장 좋은 방법은 토론을 통해서 제각기 편협성을 지양하고 공동의 활동원칙을 발견하는 것이라고 하였다.[58]

바커도 린제이와 마찬가지로 토론에 의한 정치를 중요시하였다. 즉 서로 대립되는 사상이 토론에 의하여 타협·조절될 수 있다고 하였다.[59]

듀이는 개인의 에너지를 최대한 발휘할 수 있는 사회적 조건으로서 민주주의의 이상을 실현하기 위한 방법을 모색코자 하였다. 과학적 경험 속에 있는 '지성'과 일상경험 속의 '정서'를 어떻게 결합시켜 이상을 실현할 것인가라는 문제를 가지고 이른바 공동체(community)이론을 내놓았다. 듀이는 공동생활로서의 민주주의를 강조하여 "민주주의는 공동생활 그 자체의 이념이다. 모든 함축성을 지닌 공동생활에 대한 명확한 인식이 바로 민주주의의 이념을 이루고 있는 것이다. 공동생활과 동떨어진 박애·자유·평등은 희망 없는 추상에 불과하다"고 하였다.[60]

끝으로, 보다 최근의 절충적 민주주의 이론을 주장한 학자로 사르토리(Gio-

58) Lindsay, "민주주의의 본질적 요소," 이극찬 편, 『민주주의』, 종로서적, 1985, 85-86쪽.
59) Barker, "토론에 의한 정치의 기본조건," 위의 책, 161쪽.
60) John Dewey, *The Public and Its Problems*, New York: Henry Holt & Co., 1927, p.15, p.149.

vanni Sartori)와 다운스(Anthony Downs)를 대표로 손꼽을 수 있는데, 전자는 민주주의를 자유민주주의 개념 설명에, 그리고 후자는 인간의 이기와 합리성을 바탕으로 한 경제이론에 중점을 두어 서술하고 있다.

이 외에 민주주의를 이데올로기적으로 규정하는 경우도 있다. 앞에서 설명한 민주주의 이념으로 인민주권, 자연권, 일반의사란 개념들을 열거하였는데, 이들도 따지고 보면 이데올로기적 성격을 띠고 있다고 말할 수 있다. 이데올로기란 일면 정치의 경험적 현상과는 거리가 먼 일련의 가치를 규정하고 있으면서 또 다른 일면에서는 이들 가치를 실현하기 위한 구체적 행동유형을 추구하고 있다. 다시 말하여 이데올로기는 유토피아적 요인을 갖고 있으면서 어느 정도 이상적인 미래의 사태를 기대하고 있다.

이와 같이 이데올로기의 허구성이나 신화적인 요인을 강조한 학자로는 마르크스(Karl Marx), 만하임(Karl Mannheim), 라스웰(Harold D. Lasswell) 등을 들 수 있다. 윌리엄스(Benard Williams), 매클로스키(Herbert MaClosky), 바부(Zevedei Barbu)는 민주주의도 하나의 정치적 이데올로기로 보았다.

2. 민주주의의 기본이념

서구사회에서 민주주의는 원래 '인민에 의한 정치'를 그 본질로 삼아 왔고, 그 지배형태로서는 국민주권・자유・평등・사회정의 등의 원칙을 포함하고 있었다.

근대민주주의는 역사상 많은 사상가들의 상호 복합적인 주장을 바탕으로 체계가 형성되어 왔다고 볼 수 있다. 물론 강조의 주안점은 서로 다른 역사와 문화 및 민족에 따라 상당한 차이가 있을 수 있다. 다만 이 책에서는 민주주의의 가장 기본적인 원리 및 이념으로서 공통적인 것으로 자유・평등・박애만을 들어 설명한다.

(1) 자 유

1) 자유의 의미

유럽제국에서 사용하고 있는 자유는 영어의 freedom 및 liberty 두 개의 표현에 의하여 대표된다. 어원적으로 freedom의 free는 고대 영어의 freon(사랑하는 것)에서 유래하며 friend(친구: 도움이 되는 것)와 연관성을 가지고 있다. 이에 대하여

liberty는 노예해방을 가리키는 라틴어의 법률용어에서 유래하며, 저울・정의 등과 관련이 있다. 즉 liberty는 한편으로는 해방・독립 등의 자주성을 나타냄과 동시에 다른 한편으로는 공명・정대 등의 사회적 성격을 띠고 있다.

이러한 어원을 바탕으로 우리가 파악하는 자유의 현대적 관념은 첫째, 개인으로서 인간의 기본적 속성에 대한 철학적 의미의 freedom과 둘째, 공민(국가공동체의 법적 구성원)으로서의 시민적인 권리에 대한 근대적 자유라는 2대 지주에 의해 지탱되고 있다.

자유(freedom)는 인간의 본성에 바탕하고 있는 근본적이고 추상적인 개념으로, 원래 소극적 상태인 '국가로부터의 자유'(freedom from the state)를 의미함에 그쳤다. 그러나 이러한 추상적 규정만으로 자유는 실질적 의미를 갖지 못하고, 구체적인 상황에서의 실존적인 노력을 통해서 비로소 자유의 적극적인 의미부여가 가능하다. 즉 liberty의 관념이 함축하는 적극적인 상태인 '국가로의 자유'(freedom to the state)가 바로 인간의 자기실현의 태세인 것이다.

자유는 소극적으로는 외부로부터의 구속을 받지 않는 상태, 타율적인 강제에서 벗어나 있는 상태일 뿐만 아니라, 적극적으로 어떤 목적을 선택・실현해 나가는 행동정향이며 자기실현의 창조적 능력인 것이다.

2) 내적 자유와 사회적 자유

밀(1806-1873)은 자유를 정의하여 "우리들이 다른 사람들로부터 그 행복을 빼앗으려고 하지 않는 한, 그리고 다른 사람들이 행복하게 되려고 하는 일을 방해하지 않는 한, 우리들 자신의 행복을 찾아나갈 수 있는 것"이라 하였고, "인간은 사람을 강요하여 타인의 이익이 되도록 생활하는 것보다 오히려 각인에게 그들 자신의 이익이 되도록 생활케 하는 편이 더욱 얻는 바가 크다"고 하였다.

위와 같은 밀의 자유에 대한 개념에서 타인의 행복, 즉 넓은 의미에서 사회적 자유와 구별되는 것은 개인의 내적 자유이다. 인간은 자신의 의사를 자신이 결정하고 싶은 욕구를 가지고 있다. 그리하여 인간이 자기 자신을 지배하고 자신이 자유로이 선택한 원리에 의해 스스로 규제될 때 이른바 내적・정신적 자유가 있는 것이다.

인간에게 주어진 이 고귀한 자유에 대한 가치는 누구나 제멋대로 행동할 수 있는 것이 아니며, 여기에는 극히 세련된 판단력과 고도의 자제를 필요로 한다. 사리사욕을 탐하거나 본능적인 감정에 사로잡혀서도 안되고, 맹목적으로 타인의 판단에 추종하는 것도 자유가 아니다. 이른바 이성적 판단이나 합리적 자기지배라는 무거운 짐을 지탱하지 못하고 자기의 자유를 포기하거나 자기 이외의 권위에 자신을 의지하려 할 때 그것은 자유로부터의 도피이다. 인간이 만일 이러한 유혹에 굴복하여 자신의 자유를 상실하면 자기 자신도 역시 잃게 되기 때문이다.[61] 그러므로 내적 자유, 이성에 따른 자기지배의 원리는 모든 자유의 근저를 이룬다고 볼 수 있다.

그러나 아무리 내면적이고 양심적인 자유라 할지라도 사회의 보편적인 도덕법칙과 연관됨으로써 단순한 주관의 한계를 넘어설 때가 있다. 즉 비록 참된 자기라 해도 이를 절대화하거나 주관적인 것을 객관적인 것으로 혼돈하는 등의 착각을 범해서는 안된다. 결국 인간의 참된 내면적 자유는 어디까지나 올바른 인간관계의 수립에 의한 사회적 자유와 결부될 때 그 의미가 부여될 수 있는 것이다.

인간은 모든 구속으로부터 해방되어 자유롭게 되기를 원하지만 그것은 사회라는 틀 안에서만 가능하며, 이러한 자유는 서로 평등하게 확보되지 않으면 안된다. 그리고 만일 어떤 개인이나 계급의 자유를 위해서 다수의 다른 사람들의 자유의 침해를 허용한다면 그것은 자유가 아니라 특권이 될 것이며, 자유를 무제한 방치해 두었을 때 그것은 흔히 무정부적 사회의 혼란과 무질서를 초래하기 마련이다. 따라서 민주주의가 허용하는 자유에는 그에 따른 제한이 필요하다. 이러한 제한 가운데서 가장 중요한 것으로는 다른 사람의 자유를 자신의 자유와 똑같이 존중하는 평등의식이고 자유에 필연적으로 부수하는 책임의식이라 하겠다. 여기에 사회적 자유는 모든 사람이 예외없이 복종하는 법이 있기 때문에 성립할 수 있는 것이다.

사회적 자유를 강조한 홉하우스(Leonard T. Hobhouse, 1864-1929)는 다음과 같이 지적하고 있다. 즉 "자유는 개인의 권리라기보다는 사회에 필수불가결한 것이다. 자유는 범죄나 오류를 그대로 방임해 두는 권리가 아니라 범죄자, 오류자, 무식자를 정당한 사람, 건실한 사람이 될 수 있는 자로 대우하려는 명령이다. 자유는 이성적 방법의 적용이요, 이성과 창조와 사회적 감정 등의 호소에 대한 문호의 개방이다. 그리고 이러한 호소에 대한 응답을 통과하는 일 이외에 사회의 확실한 진보는 없다"고 하였다.[62]

61) Erich Fromm, *Escape from Freedom*, New York: Holt Rinehart & Winston, 1941 참조.

3) 소극적 자유와 적극적 자유

대체로 19세기까지의 유럽사회는 자유방임의 원리가 지배한 시대였다. 이 시대에 있어서 통용된 자유의 원리는 '개인의 자유를 최대한으로 실현시키기 위하여 정부의 간섭을 최소로 축소하는 것이 가장 바람직한 정치'였다. 그리고 '시민적 자유는 정부의 자의적 행위에 기인하는 어떠한 침범에 대해서도 보호되어야 하며, 따라서 국가의 기능은 외적의 방지, 치안의 확보, 개인의 사유재산이나 자유에 대한 침해의 제거 등 필요한 최소한의 임무수행에 그치는 이른바 강제상태로부터의 자유,' 즉 소극적 자유가 지배하였다.

그후 자본주의의 발달로 중류계급은 사회・경제적 지배계급으로 부상하였고, 이들이 정치권력을 장악함에 따라 국가권력으로부터의 자유에서 국가에의 자유를 요구하게 되었다. 국가에의 자유란 개인의 자유의 국가권력에 대한 관계가 적극적임을 의미하는 것이며, 국가기능의 개인의 자유에 대한 적극적인 것을 의미하는 것은 아니었다. 그것은 부르주아가 장악한 국가권력을 통해 자본주의적 생산과정을 보장하고 반자본주의적 공격으로부터의 방위에 불과한 것이었다.

그러나 선거법의 개정으로 노동계급이 정치체계에 들어옴에 따라 이들은 다시 경제적 자유를 요구하였고, 이에 대한 해답으로 사회주의가 아닌 자유주의에 대한 수정이 바로 국가에 의한 자유(freedom by the state)의 개념이다. 정부의 목표는 개인의 자유를 최대한 증진시키는 데 있고, 따라서 정부는 그 활동이 명확히 국민의 자유(시민의 자유와 구별된)를 증진시킬 때만 정당하게 활동할 권리를 가지는 것이다.

(2) 평 등

1) 평등의 의미

평등은 근대 정치사상 특히 민주주의 정치사상에 있어서 자유와 더불어 핵심을 이루는 이념이다. 평등의 개념도 자유와 마찬가지로 역사적 변화를 거쳐왔으며, 역사와 문화와 민족에 따라 그 내용을 달리하였다.

평등사상은 고대 로마시대에 있어서 하나의 이념으로 나타났는데, 그것은 제종족의 혼합과 국가기반의 확대, 기독교의 대두 등을 배경으로 하였다. 이른바 신

62) Leonard T. Hobhouse, 최재희 역, 『자유주의』, 삼성문화재단, 1981, 130-131쪽.

앞에서는 모든 인간이 하나의 보잘것없는 죄인이라는 인간의 내재적 평등사상은 루터(Martin Luther)의 이론이나 그 뒤의 민주주의적 평등이념에 크게 영향을 미쳤다.

그후 근대적 의미에 있어서 평등이념은 18세기의 계몽주의에서 확립되었다. 당시의 계몽사상가들은 자연법이론에 따라 모든 인간의 자연적 평등, 보편적・인간적 평등에서 출발하여 정치적・법률적 평등권의 요구로 귀착되었다. 즉 자의적인 봉건적 특권이나 신분의 불평등, 혈연적 가계의 우월, 제 특권의 세습, 가장제, 절대적 군주제의 타파 등을 주장하였다. 이들 근대민주주의에 있어서 평등이념은 법률상의 평등으로, 이는 법률 앞에서 기회의 균등을 말하며, 과거의 봉건제적 특권을 배제하고 능력만 있으면 누구나 이를 충분히 발휘할 수 있다는 소극적 의미를 가지고 있음에 불과하였다.

그러나 법률상의 평등은 사실상 시민계급과 같은 유산계층의 발전만을 가능케 하는 데 의미가 있었으며, 그렇지 못한 계층은 여전히 사회・경제적 불평등을 감수해야만 했다. 그리하여 노동자계급을 중심으로 한 평등화의 추진은 우선 보통선거제의 채택으로 결실을 본 셈이다. 물론 정치적 평등의 올바른 실현을 위해서는 사회・경제적 평등과의 조화가 이루어져야 하며, 여기에 자유와 평등의 이율배반적 모순이 있다.

인간이 자신의 능력으로 최선의 노력을 다할 수 있는 기회를 인간에게 보장하는 제도는 최고의 정치적 선이며, 이에 자유와 평등이 충돌할 때에는 당연히 자유가 우선한다. 그러나 사자의 자유는 사슴에게는 죽음이다. 이와 같은 관점에서 보면 평등은 자유에 대립되는 개념이라고 할 수 있지만, 그보다도 평등은 자유에 대한 특정의 해석에 대비되는 개념으로 의의가 있다. 가령 자유는 시민적・정치적 권리의 최소한의 요구이며 경제적 약자가 경제적 강자에게 이용당하지 않는 보장이라고 해석할 때 대규모의 평등은 오히려 자유에 필요한 것이다. 만인이 동일한 기능을 수행하거나 같은 정도의 권력을 휘두른다는 의미에서가 아니다. 만인이 권력의 남용에 대하여 평등하게 보호받고, 그 권력이 일반적인 이익을 위해 사용되도록 요구하는 주장을 다같이 평등하게 할 수 있다는 의미에서 자유는 사실상 평등과 상호보완적이다.

2) 후천적 불평등과 소외

오늘날의 정치체제에 있어서 국민의 자유로운 참여와 평등을 저해하고 국민사이의 대립을 조장하는 주된 요인은 계급주의의 심화현상이다. 한때 인간은 전통적인 위계제도만 제거되면 평등화가 쉽게 이루어질 수 있으리라고 믿었다.

그러나 실제로는 사회가 근대화되면서 오히려 불평등을 조장하는 새로운 계기가 이루어졌고, 이른바 후천적 불평등에 대한 소외감은 더욱 깊어갔다. 현대생활의 대중화·조직화·복잡화로 새로운 형태의 특권 및 차별이 발생하고, 그리하여 이들 사이의 사회적 불평등은 더욱 심각한 소외를 초래하였다. 이미 타고난 선천적 불평등은 그것이 신체적인 조건이든 신분상의 불이익이든 인간의 숙명으로 받아들이고 체념할 수밖에 없다. 그러나 이제 전통적인 불평등의 제약이 해체되고 누구나 능력만 있으면 남과 같이 평등하게 살아갈 수 있는 현대사회에서 후천적 불평등은 참을 수 없는 고통이다.

인간은 대개 한 가지 사실이 동등하면 그 기준에 따라 다른 분야의 능력에 있어서도 동등한 것으로 믿는 경향이 있다. 예를 들어, 학교 때 같은 수준의 점수를 받은 학생들 간에는 여타의 다른 분야의 능력에 있어서도 같은 것으로 여기고, 만일 이들 중 어떤 사람이 자신의 지위보다 높은 경우 이에 대한 깊은 소외감을 갖게 된다. 특히 급격한 변화를 겪고 있는 시기에 있어서 새로이 형성되는 계층간의 소외감은 크다.

그리고 대개의 신생후진국가의 경우 우선 부의 공평한 분배보다는 생산성의 증대에 더 많은 중점을 두고 있다. 즉 조그만 빵을 어떻게 공평하게 나누느냐 하는 것보다 우선 빵의 양을 증대시켜 각자 나누어 가질 몫을 키워 나가는 일이 시급하다는 논리를 펴고 있다. 그러나 생산성의 증대보다도 더 어려운 일이 '소득의 공평한 분배'이며 사회의 제 세력간의 격차를 줄이는 것이 사회정의의 실현이라고 하겠다. 이러한 문제를 놓고 계급주의가 배양될 소지가 생긴다.

3) 계급주의의 문제

계급주의자들은 정치를 '일정한 계급의 사회에 대한 계급적 지배와 이를 실현키 위한 활동 및 투쟁'으로 보고, 계급투쟁·계급혁명·계급독재 등을 주장한다. 그리하여 착취계급인 자본가계급과 피착취계급인 프롤레타리아계급 사이의 투쟁은 절대적인 것이라 한다. 역사는 계급투쟁의 역사이고, 국가는 자본가계급에 대한 무산계급의 무자비한 독재를 실시해야 한다고 주장한다.

그러나 그 동안 우리 사회가 급격한 사회변동으로 유동성이 크게 증대되었고,

또한 최근 다원주의 사회를 지향하고 있는 상황에서 계급주의 역사관 역시 자본주의 사회가 안고 있는 만큼이나 많은 문제점을 갖고 있다. 이에 대한 비판은 여기서 자세히 논할 필요도 없이 그 동안 계급평등을 주장했던 공산주의 사회가 그 자체 내의 모순으로 인하여 붕괴된 사실에서 분명하다.

모든 사람이 동등하게 부를 누려야 한다는 사회주의 사상은 한때 많은 지식인들의 공감을 얻기도 하였지만, 결국 인간의 성취욕구와 능력을 동일한 제도의 틀 속에 묶어 둔다는 것은 사회의 실천과정에서 불가능하며, 자칫 부자유스럽고 또한 다같이 가난뱅이가 되는 결과를 가져올 우려가 있다.

한편, 자유주의 체제도 비록 능력 있는 자의 경쟁을 선호한다고 해도 이로부터 소외된 자, 즉 극빈자·노약자 등을 위하여 최소한의 생활보장을 해 주고 있으며, 이들을 위한 광범한 사회보장제도를 마련하고 있다. 또한 이들에게는 언젠가 경쟁에서 이길 수 있는 기회가 항상 개방되어 있기 때문에 자유주의 체제는 개인을 위해서나 사회성원 전체를 위해서도 가장 바람직한 대안이라 생각한다.

(3) 박 애

박애정신, 즉 인간에 대한 사랑은 자유와 평등의 이념에 생기를 불어넣고 일상의 생활에서 민주주의를 실현시키는 내면적인 힘의 근원이라 볼 수 있다. 그리고 그것은 무엇보다도 인간 상호의 사랑과 존경심에 의하여 뒷받침될 때 더욱 친숙하게 느껴지는 것이라 하겠다.

박애정신도 다른 이념과 마찬가지로 역사적 발전과정에서 수행되어 온 인류의 해결과제로서, 그것은 문화와 민족에 따라 서로 다른 가치내용을 함축하고 있다. 동양에서는 인(仁)의 원리를 중심으로 한 인간관계의 기본이념으로 표현되었고, 서양에서는 성경에서 이른바 이웃사랑이 그 기본이라 하였다. 우리는 홍익인간의 건국이념을 바탕으로 널리 인간을 사랑하는 뜨거운 인류애를 발전시켜 왔으며, 이는 우리의 민족적 자랑이라 아니할 수 없다.

우리가 살아감에 있어서 언제나 염두에 두어야 할 일은 다른 사람의 존재에 관한 것이다. 자신의 존재는 항상 타인과의 관계에서 존재의의가 있는 것이며 그에 의하여 뒷받침되고 있다. 박애정신은 이러한 관계를 중히 여기고 이를 보다 확실한 것으로 만들려는 관심의 표시이다.[63)]

63) 이극찬, 『민주주의와 한국정치』, 법문사, 1985, 51쪽.

박애정신은 편의상 자신에 대한 사랑, 타인에 대한 관계, 그리고 인간에 대한 사랑으로 나누어 설명할 수 있다.

첫째, 개인은 존엄한 존재로, 개인의 권리는 신성한 것이며 개인으로서 인격은 그 어떤 다른 사람의 욕구나 평가의 대상이 될 수 없는 독자적 가치를 갖고 있다.

둘째, 이토록 제각기 주체성을 내세우는 사람들이 서로 대립하면서도, 동시에 '우리'라는 감정(we-feeling)을 가지고 상호 교감한다. 이와 같은 인간 상호의 관계를 통해서 타인을 의식하고 자제하며 타인을 이해하고 존중하는 풍토를 조성하게 된다.

셋째, 민주주의는 인간들이 그들의 평화와 행복을 위해 지상에 창건한 인간의 규범이라 볼 수 있다. 인간은 인간 이하일 수도 인간 이상일 수도 없다. 인간은 어디까지나 만물의 영장으로서 동물과 구별되나 또한 완전무결한 신도 아닌 인간 고유의 가치와 존엄을 갖고 있다. 모든 인간들은 인격자로서 개인의 존엄성을 인정해야 하며, 이는 또한 서로 인간적 유한성을 공유하고 있음을 승인하는 것이기도 하다. 이와 같은 인간관계의 확립은 바로 사회적 선이요, 도덕이요, 정의라고 볼 수 있다.

제7절 사회주의

근대적 형태의 사회주의 이론이나 대중의 노동조직은 대체로 19세기 초부터 나타났다고 하지만, 역사상 다른 모든 사상과 마찬가지로 사회주의의 기원도 고대 그리스 시대에까지 소급하여 생각할 수 있다.

사회주의에 대한 가장 오래된 고전적 주장으로서는 플라톤의 이상국가(지배계급의 공산주의와 처자공유론)를 위시하여, 중세 기독교의 공산주의 사상을 들 수 있다. 근대에 와서 이러한 주장은 모어(Thomas More)의 사회주의 설계를 위시하여 다시 나타나기 시작했고, 구체적으로는 영·불의 혁명을 계기로 발달했다고 본다. 다음에서 이들 선구자와 초기이론가들의 주장을 알아보자.

1. 근대 사회주의의 대두

(1) 모어의 유토피아론

중세의 봉건사회가 붕괴되고 종교혁명, 과학의 발달, 자아의 발견 등 새로운 인간적 희망이 싹트기 시작하면서 나타난 휴머니즘 운동은 하나님의 메시아보다도 한걸음 실현 가능한, 인간이 직접 만들어 낸 인간의 유토피아였다.

모어는 그의 저서인 『유토피아』(1516)에서 포르투갈의 탐험가 히틀로디(Raphael Hythloday)의 입을 통하여 산업혁명 초기의 영국의 모순된 사회현실을 신랄하게 비판하고 있다. 『사회생활의 최선의 상태에 대하여 그리고 유토피아라고 불리는 새로운 섬에 대해서 유익하고 즐거운 저작』이라는 긴 제목의 이 저서는 이른바 최소의 법률로 만사가 잘 운영되고 덕이 존중되는 나라, 모든 사람이 모든 것을 풍부히 갖고 있는 나라라는 새로운 섬을 구상하고 있다.

그는 소유가 개인의 것이요, 돈이 만물의 척도인 곳에서는 옳은 정부와 국가의 번영이 불가능하다고 생각하였다. 따라서 화폐가 없는 경제, 모든 것이 공공의 소유이고 꼭 필요한 것만을 집중적으로 생산함으로써 불필요한 노동을 배제할 수 있는 이상사회를 구상하였다. 그의 『유토피아』 제2권을 보면 사유재산제의 폐지, 모든 재산의 국가소유, 노동력의 국가관리, 생산품의 공동분배 등 사회주의적 요소가 상당히 많이 나타나 있다.

이러한 모어의 사회주의적 내용은 플라톤의 영향을 받은 것이라고 볼 수 있으나, 플라톤처럼 계급이 분화되어 있지 않고 전체 인민을 포괄하고 있다는 데 차이가 있다.

하나의 완전무결한 이상사회를 상정한 학자는 플라톤이나 모어 이외에 이탈리아의 지도자인 캄파넬라(Tommaso Campanella)를 들 수 있다. 그는 80편 이상의 저작을 냈는데, 그 중 『태양의 도시』(1623)라는 유토피아 소설은 역시 플라톤의 국가론을 모방한 것으로서 인간해방을 부르짖고 있다. 거기에 묘사되고 있는 이상정치는 교황이나 교인이 통치하는 일종의 공산주의적 국가로 공동소유를 내용으로 하고 있다.

(2) 영·불의 혁명과 사회주의 선구자들의 주장

근대적 사회주의를 논함에 있어서 우리는 영국의 청교도혁명과 프랑스 대혁명을 간과할 수 없고, 이들 두 혁명에 깊은 연관성을 가지고 있는 수평파와 폭력혁명론을 도외시할 수 없다. 이들 시민혁명은 대개 처음에는 반봉건적 투쟁으로, 온건파 중류계급에 의하여 주도되는 것이 보통이었다. 그러나 일단 혁명의 기운이 과열되면 혁명의 선두에서 혁명의 구호를 외치며 행동대의 역할을 담당했던 무산자계급으로 구성된 비교적 급진적인 집단들에 의하여 도전을 받기 마련이다.

영국에서 혁명적 대격변기의 종국에 신비적인 농지개혁가 윈스턴리(Gerad Winstanley)의 출현과 프랑스혁명의 마지막 단계에 일어난 바뵈프(F. N. Gracchus Babeuf)의 전투적 공산주의 혁명론이 바로 그 좋은 예라고 할 수 있다.[64] 물론 이들은 시대적으로 100년 이상의 차이가 있고 서로 다른 사회상황을 가지고 있으나, 그들이 구상한 사회의 이상을 바로 실천에 옮기겠다는 행동적 인간이라는 점에서는 서로 공통점이 있다.

윈스턴리는『신의 날의 여명』(1648)에서 사유재산을 공격하여 그 폐습을 주장하였다. 사유재산은 인간의 탐욕에 의하여 발생하였고 결국 인간의 불평등과 억압을 가져올 것이므로 제거되어야 한다. 그는 정의의 공동체를 건설하기 위하여 빈민들이 직접 앞장서야 한다고 생각했고, 이른바 디거즈(Diggers)라 하여 이들을 이끌고 땅파는 개간사업에 착수했다. 그리고 저작에서 토지의 공유제, 임금노동제 폐지를 주장하고 디거즈의 노동을 높이 평가하였다. 그의 공유지에 대한 공동경작제의 실험은 영국의 기병대에 의하여 무산되고 말았으며, 그후 약 200년을 거치는 동안 그의 영향을 받은 학자는 별로 나타나지 않았다. 다만 그의 사상의 일부는 벨러스(John Bellers)의 산업대학(The College of Industry, 1696)에서, 그리고 영국 사회주의의 원조인 오언(Robert Owen)에 의하여 연결되었다고 볼 수 있다.[65]

프랑스혁명은 국가를 시민사회와 구분지었고 정치권력의 영역을 경제적 제관계의 영역과 분명히 구별했다는 데 의미가 있다. 그리고 이러한 정치권력의 탈취를 중심으로 사회개혁을 이에 매개하려는 혁명적 공산주의 분파로서 바로 바뵈프를 들 수 있다.[66]

프랑스혁명 이전 혹은 근대 이전의 사회주의, 공산주의는 예리한 현실비판의 정신으로 이루어진 것이지만 근본적으로는 모어와 같이 지식인의 몽상에 불과했

---

64) Norman Mackenzie, 양호민 역,『사회주의』, 탐구당, 1980, 23쪽.
65) 위의 책, 22쪽.
66) 平田淸明,『社會思想史』, 東京: 靑林書院新社, 1979, 244쪽.

다. 또한 계몽기에 있어서 모렐리(Abbe Morelly)나 마블리(Gabriel B. Mabley)의 사상도 도덕철학의 성격을 가지고 있으며, 혁명에 의한 정치권력의 탈취로써 이를 실현하겠다는 이론은 아니었다.

바뵈프의 이론은 인간공동체의 이상을 국가권력의 탈취라는 프랑스혁명 고유의 방법을 그대로 연장하여, 이로써 사유재산의 부정에 의한 실질적 평등을 실현코자 한 것이다. 그의 사상은 폭력혁명론과 평등자 선언이라는 두 가지 주장으로 요약할 수 있다.[67]

그러나 그의 이러한 평등원리는 농업을 중심으로 한 공동생산의 체계로 파악했음에 불과했고, 공업이나 상업에 있어서도 후술할 생시몽의 '산업' 개념과 같이 새로운 사회적 생산력의 방향을 적극적으로 파악한 것은 아니었다. 그후 역사는 새로 형성된 부르주아 사회의 수호신으로 나폴레옹을 선정하였고, 그는 사유재산의 해방을 도모함으로써 그의 대혁명의 임무를 수행코자 하였다. 결국 프랑스에서 바뵈프 등의 폭력혁명론은 사회주의의 고아로서 소외되고 말았으며, 다만 20세기에 들어서서 러시아의 레닌(V. I. Lenin)에 의하여 또다시 그 면목이 드러나게 되었다.

2. 초기 사회주의자들의 이론

사회주의란 용어를 사용하기 시작한 것은 1832년 프랑스의 『글로브』(*Globe*)지에서였으며, 거기에서 생시몽(Saint Simon)의 제자들을 지칭하여 'Socialistes'라고 표현했다. 그러나 이보다 6년 전에 이미 런던의 『코퍼러티브』(*Cooperative*)지에 'Socialist'란 말이 나타났으며, 그후 오언의 제자들이 이를 계속하여 사용했다고 한다.[68]

사회주의 이론은 대체로 프랑스 대혁명으로부터 파리 코뮨에 이르는 동안 프

67) 첫째로, 바뵈프는 테르미도르반동 이전 좌익운동의 중심인물로서, 그는 폭력만이 사회개혁의 유일한 수단이라고 보았다. 혁명은 생산력의 발전의 결과 일어나는 것이 아니고 특권자의 평민에 대한 그리고 부자의 빈자에 대한 지배와 억압에 대항해서, 그 중압에 시달린 인민이 그의 궁핍과 비참을 발단으로 나설 때 생기는 일이라 하였다. 둘째로, 그의 평등원리는 사유재산을 부정하여 공산주의를 실현하려는 것으로, 법 앞의 평등이 아니라 사실상의 동등이며 이는 천부의 권리라 했다. 그의 평등은 주로 소비와 분배에 관한 것으로, 각 부분의 생산물은 개인의 소유가 아니므로 공동창고에 넣어 그 수익물을 평등분배하자고 했다.

68) Daniel Bell, "Socialism," *International Encyclopedia of the Social Sciences*, Vol. 14, New York: Macmillan Co. & The Free Press, 1968, p.506.

랑스를 중심으로 하여 전개되었으며, 바뵈프의 권력탈취 개념과 생시몽의 산업주의 이론에서 그 시발점을 볼 수 있다. 생시몽의 사회주의 이론은 그후 영국과 프랑스에서 거의 같은 무렵에 나타났던 오언, 푸리에의 공동체이론과 함께 소위 '공상적 사회주의'라는 비판을 받은 바 있다. 그들은 현재에 대한 비판 결여와 사회장래상의 불확정으로 자기입장의 설정을 다만 환상적으로 감지하였기 때문에 '장래 사회에 대한 환상적 묘사'라는 비난을 받았던 것이다.[69]

초기 사회주의 이론가로는 이들 세 사상가 이외에도 앙팡땅(Barthélemy Prosper Enfantin), 까베(Étienne Cabet), 블랑(Louis Blanc), 바이틀링(Wilhelm Weitling) 등을 열거할 수 있으나, 여기서는 초기 3대 사상가로서 생시몽 · 오언 · 푸리에만을 대표적 인물로 설명한다.

(1) 생시몽의 산업사회

프랑스 대혁명의 과정에서 인류의 보편적 해방을 이념으로 한 자들은 대체로 세 유파로 분류될 수 있다. 그 첫째는 전술한 바와 같이 바뵈프 등을 중심으로 한 권력탈취론자들이고, 둘째로는 이러한 권력탈취의 방법에 직접 호소함이 없이 시민사회에 있어서 산업공동체의 실현에 중점을 두고 사회주의를 실현하려는 자들, 셋째로는 국가권력 자체를 전적으로 부정하려는 프루동(Pierre Joseph Proudhon) 등의 무정부주의론자들이다.

상기한 둘째 유파에 속하는 산업주의 이론의 대표적인 학자는 생시몽과 푸리에(F. M. C. Fourier)이다. 생시몽은 우연히도 바뵈프와 동향(북 Picardy주), 동년배(1860년 10월과 11월)의 인물이었다. 근대 사회주의의 시조라 볼 수 있는 이들의 이 우연의 일치에 의하여 나타난 운명과 사상의 대조성은 앞으로의 사회주의 역사의 흐름에 큰 분기점을 이루어 놓았다고 해도 과언이 아니다.

생시몽은 세계의 원리가 되어야 할 새로운 사회관계를 생산력의 차원에 역점을 두고 이를 '산업사회'라 했다. 그는 프랑스혁명이 상징한 새로운 사회의 흐름이나 역사의 전개를 단지 법이나 정치의 형태 및 권력형태의 차이로 보지 않고 산업이라는 물질적 생산력, 노동이나 욕구충족의 관계의 발전으로 보았다.[70]

그는 사회과정에 있어서 역사를 지배하는 법칙의 발견, 즉 과학의 확립에 그

69) 황성모, 『현대사회사상사』, 민조사, 1964, 176쪽.
70) 平田清明, 앞의 책, 259쪽.

의 초기 학문적 노력을 집중하였던 것이다. 그의 후기의 노력은 이러한 과학적 지식과 사회적 추이를 토대로 한 새로운 이상사회의 실현에 있었다. 따라서 과학과 공동선 혹은 산업사회의 실현이라는 생시몽의 과제는 정신적·경제적 측면에서의 이원적 역사관으로 요약할 수 있다.

먼저, 생시몽의 정신적 역사관을 보면 그는 인류의 지식이 신학적 단계에서 형이상학적 단계와 실증주의적 단계의 3단계 과정을 거쳐서 발전한다고 하였다. 그는 새로운 종교적 운동[71]으로 서로가 형제처럼 행동하고 가난한 계급의 운명을 가능한 한 속히 개선할 수 있는 산업사회의 실현을 지향하였다. 생시몽의 산업사회는 결국 재산을 중심으로 한 것이고, 이를 실현할 임무를 담당한 것은 생시몽의 소위 '산업계급'이었다. 따라서 그의 경제사관은 재산이 그 중요 명제이며 산업계급에 의한 일종의 계급투쟁사관이었다.

사회생활의 진실은 정치생활이 아니라 경제생활에 있으며 경제생활에는 2대 계급이 분열되어 있다고 주장하였다. 즉 생산적 노동자와 비생산적 향락자, 피착취자와 착취자, 산업계급과 비산업계급 등으로 나눌 수 있으며, 그 중 산업계급이 제1계급이며 가장 중요한 계급이라 하였다. 그의 산업계급은 방대한 범위에 걸쳐 있고, 전 국민의 25분의 24를 점하고 있는 형편이므로 물리적·재정적 노력이나 지식 등에 있어 이들은 절대로 우세하다.

산업주의 사회의 기본원리로 그는 평등을 중요시하였다. 산업조직은 완전한 평등원리 위에 세워질 수 있는 것으로 문벌의 권리와 기타 일체의 특권에 반대한다. 그러나 그의 평등은 능력에 따른 평등이었다. 바뵈프가 말한 소위 사실상의 평등은 무차별적인 동등이며 이는 악평등이라 비난하고, 인간의 자연적 불평등, 사실상의 능력에 따른 불평등을 명백히 하였다. 그러므로 그의 인식에 있어서 능력에 따른 평등은 우수한 자가 상위에 서는 것을 당연한 논리로 받아들이고 있다. 그가 구상하고 있는 미래사회는 지식이 지배하고 있는 실증주의 사회이기 때문에 폭력은 유해하며 불필요하다. 그는 폭력적 수단보다는 설득에 의한 합법적 방법으로 유럽에 있어서 제 위기를 극복할 수 있으리라 믿었던 것이다.

---

71) 일반적 지식은 이미 실증적·과학적 단계에 들어갔는데 기독교가 지식의 진보에 뒤따르지 못하면 혼란을 초래하기 쉽다. 그러므로 이러한 혼란을 조정하여 사회에 조화로운 평화를 가져올 수 있는 새로운 종교가 요구되며, 이 종교가 바로 생시몽주의자에 의하여 주도될 수 있는 현세종교로서 New Christ교라 하였다.

(2) 푸리에의 산업공동체 이론

전술한 바와 같이 생시몽이 국왕을 중심으로 한 일국 전체의 산업조직화를 주장한 데 대하여, 푸리에는 이와 대조적으로 1,620인을 정원으로 한 팔랑쥬(Phalange) 공동체의 건설을 주장하였다.

생시몽은 산업조직이 발전하면 궁극에 가서 정치권력이 소멸할 것이라 예고하고 있으며, 그 출발점으로 산업자는 일국의 정치권력의 주인이라는 것을 주장하고 있다. 푸리에는 철두철미하게 국가권력에 등을 돌려 처음부터 국가권력이 없는 소단위의 공동사회를 자주적으로 건설할 것을 주장하였다. 그는 생시몽과 같이 산업이 초래한 거대한 생산력을 인정하고는 있으나, 그 해결책은 생시몽이 말한 산업자의 정치지배가 아니라 1,620인의 자율적 산업공동체의 건설이라 하였다.

푸리에의 이론은 대개 그의 역사관, 문명사회의 비판 및 공동체이론으로 요약할 수 있다. 먼저 그의 역사관을 보면 인류가 자유・평등을 누리며 행복하게 살았던 전원시대로부터 몽매시대, 가장시대, 야만시대, 문명시대[72]를 거쳐 머지않아 인간생활이 완전히 보장되는 조화시대가 도래한다고 하였다.

푸리에는 인간의 정서적 혹은 합리적 특성을 정교하게 분석하고 사회공동체 성원의 이성과 정의감에 호소함으로써 변화가 이루어지리라 믿었던 것이다. 그리하여 사회의 폐습을 바로잡고 조화로운 사회생활을 도모하기 위해 소집단을 중심으로 하여 설계되는 사회질서의 가능성을 설파하였던 것이다. 이러한 집단 내에는 인간감정에 기초한 인력의 적절한 결합으로 노동애호, 낭비 및 혼란제거 등 상호관계가 원활하게 유지・발전할 수 있으리라 기대하였다.

그는 인간감정을 셋으로 분류하여, 첫째는 개인적 부와 건강으로 만족할 수 있는 오관(五官), 둘째는 우정・애정・명예・가족애 등 소집단생활에서 만족할 수 있는 네 개의 집단감정, 그리고 셋째는 계획・변화・통합 등 전 인류의 결합으로 비로소 만족할 수 있는 보다 높은 차원의 세 가지 분류감정이라 하였다.[73] 이러한

72) 문명시대는 개인과의 분리나 투쟁의 시대이고 상업이 그것을 촉진한다. 중개인의 암약, 물가의 폭등, 위선, 권모술수, 치부와 극빈, 경쟁 등 약육강식의 이법에 의한 무정부적 상업지배, 자본의 집중에 의한 대주식, 해상권의 독점 등 자유는 이른바 무정부와 독점으로 변한다. 이러한 문명사회에서 개인주의는 특히 상업에 있어서 악폐의 정점에 달한다. 상인은 사회의 부의 약탈자요, 사기한의 일단이요, 사회의 피를 빨아먹는 기생충이라고까지 비난하였다. 결국 푸리에를 포함한 초기 사회주의자들은 가난이 사회악의 주요한 원인이고 그 가난의 근원은 사유재산에 있다고 생각하였다.

73) 波多野鼎, 『社會思想史』, 東京: 新潮社, 1959, 39-44쪽.

다양한 인간의 감정에 기초한 사회적 질서로 장래 설계될 사회는 노동과 자본, 재능의 상호관계의 적절한 비율로 보아야 하고 소규모집단의 이상적 공동체를 팔랑쥬라 호칭하였다. 팔랑쥬는 그의 이상사회의 단위로서 일종의 협동조합이며 농업에 기초한 생산・소비의 자급자족 공동체이다. 이는 800인 혹은 그 배수의 조합원으로 구성된 일정지역의 일정건물을 가진 일종의 지역단체이다.[74] 이와 같이 조합원이 공동주택으로 필요한 일체의 설비가 완비된 곳을 푸리에는 '사회적 궁전'이라고 불렀다. 이곳에서 공동의 가계, 공동의 주택을 가지고 공동생활을 하는 것이 그의 이상사회의 제1표어였다. 또한 이곳은 전체적 이익과 개인적 이익이 조화되고 자본과 노동의 조화가 가능하다는 것이 이상사회의 제2표어였으며, 그러므로 노동은 즐거운 것이라는 것이 제3표어였다.

이와 같이 그의 팔랑쥬는 우애 이외에 아무 유대도 없는 자생적 연합이며 이러한 상호부조의 본능에 근거하여 국가권력의 소멸을 가져오리라고 한 점은 프루동의 무정부주의와 상통한다. 그러나 그는 힘들고 위험한 중요 직업은 높은 보수가 요구되며, 다양한 집단간의 경쟁에 의한 능률의 제고를 주장하여 무조건적인 평등론을 반대하고 근대 산업기술의 모든 장점을 시인하고 있다.[75]

그의 사상은 기발・난해하고 이론적 비약이 심하여 이해하기 어렵다는 비난을 받고 있다. 그러나 그는 초기 사회주의자 중에 가장 주장이 뚜렷했고, 특히 그의 공동체이론이나 프롤레타리아의 노동권, 소유권이론은 마르크스에 상당한 영향을 미쳤다고 평가되고 있다.

(3) 오언의 협동촌 실험

19세기 전반의 영국의 사회주의 사상은 이론상 혹은 실제 행동면에 있어서 한 사람의 위대한 인격자인 오언에 의하여 대표된다고 말할 수 있다. 그는 푸리에보다 1년 먼저 태어나 그와 동일한 생애를 보냈다. 푸리에는 포목상인의 아들로 태어나 가난뱅이가 되었는 데 반하여, 그는 마구상의 아들로 태어나 포목상의 점원에서 시작해서 부자가 되었다. 이들은 다같이 당시 서구사회를 휩쓸었던 산업 및 상업제도의 악폐를 직접 경험하였으며 서구의 자유주의 정치에 대한 실망을 금

74) 약 5,000에이커 정도의 지역에 하나의 큰 건물이나 건물집단을 짓고 그들은 자유로운 사랑과 보통의 가족관계를 누리고 살 수 있다고 하였다.

75) Harry W. Laidler, *History of Socialism*, New York: Thomas Y. Cowell, Co., 1968; 전석린, 『사회주의, 공산주의』, 선명문화사, 1972, 131쪽에서 재인용.

치 못하였다.

푸리에는 자기의 계획을 재정적으로 도와 줄 부자를 10년 동안이나 헛되이 기다렸지만, 오언은 그가 직접 돈을 벌어 실제로 그가 의도한 이상사회를 건설한 바 있다. 또한 그는 마르크스나 레닌처럼 망명객이나 혁명이론가는 아니었다. 그는 그의 공업경영의 경험을 바탕으로 자신이 처한 사회의 여러 가지 악조건을 교육을 통하여 점진적으로 극복코자 했던 합리주의적 교육가・박애주의자였다. 요컨대 빈곤과 문맹을 퇴치하는 일은 전 인류를 행복하게 하는 2대 필수조건이라 했다.[76]

그의 이상은 초기에 있어서 온정주의와 박애사상, 후기의 사회주의 사상으로 요약할 수 있다. 여기에는 시종일관한 근본사상이 있으며 그 속에는 다음과 같은 세 개의 사상이 착종하여 구성되고 있다. 즉 그것은 공리주의적 윤리사상, 계몽철학사상과 유물론적 사상이다.

오언은 벤담(Jeremy Bentham)의 공리주의를 거부하지 않으며, 인간이 그 행동에 있어서 목전의 자기이익에 의해 지배받을 것이라는 이론을 인정하고 있다. 그러나 벤담은 최대다수가 행복을 누리는 사회적 선의 원동력을 개인의 이기심에 두고 있는 데 대하여 오언은 사회적 수단, 즉 사회적 계획안에 더 많은 관심을 두고 있다. 오막살이에서든 궁전에서든, 개인생활의 진행을 개인주의적으로 하면 그 경우 취해질 수 있는 가능한 어떠한 조치에 의해서도 행복은 결코 오지 않을 것이다.[77] 제조업과 자유방임경제의 도입은 노동자의 운명을 개선한 것이 아니라 오히려 봉건적 상태에까지 악화시켜 놓았다고 비판한다.[78]

그의 주요 관심은 '사회적 사랑, 사회적 수단에 의한 전반적 복지의 달성'에 있었고, 이를 위한 사회적 계획안에서 그는 교육을 가장 중요한 것으로 본 것이다. 그는 1810년대의 경제공황기에도 그의 노동자들에게 놀라울 정도의 임금을 지불하였고, 주택・상점・위생시설에까지도 관심을 두었다. 그뿐 아니라 학교를 세워 노동소년의 교육을 위해 막대한 돈을 투자했고, 이와 같은 그의 사회개혁에 관한 실험은 많은 학자・정치가・귀족들에게까지도 큰 주목을 끌게 되었다.

그는 하나의 성공적인 박애적 실업가로부터 협동조합주의자・사회주의자가

76) 波多野鼎, 앞의 책, 58-59쪽.
77) Bronowski and Mazlish, 차하순 역, 『서구의 지적 전통』, 홍성사, 1980, 563쪽.
78) 위의 책, 562쪽.

되었고 이를 직접 실험에 착수하게 된 것이다. 그의 실험은 1824-25년 미국 인디애나주에서 구입한 약 2-3만 에이커의 토지에다 뉴 하모니촌(New Harmony)을 건설함으로써 시도되었다. 그러나 그 곳 이주자들은 여러 인종이 뒤섞인 자들로 교육이 가능한 어린이가 아니었고, 근면하고 하고자 하는 마음이 많은 사람들이 아니었기 때문에 결국 실패하고 말았다.

그러나 오언은 그의 사회적 실험의 실패에 따라 1835년 이후에 이르러서는 전적으로 '신도덕의 선전자'로서 당시 영국 노동자계급의 자주적 자각운동에 정력을 쏟았다. 여기에는 대체로 세 가지 형태의 운동이 있는데, 소비조합운동·노동조합운동·정치운동(chartist movement)이 그것이다.[79] 인류애에 불타고 도덕적 색채가 농후한 그의 협동조합적 사회주의 사상은 여러 우수한 후계자에게 전해졌으며, 오늘날 영국 사회주의의 전통이 되었다고 볼 수 있다.

(4) 요 약

이상에서 대강 살펴본 바와 같이 초기 사회주의자로 대표되는 생시몽, 오언, 푸리에는 각기 서로 다른 입장에서 마르크스의 사회주의에 영향을 미쳤다. 그들은 자본주의 경제의 모순과 권력의 부패, 인간의 타락 등 산업혁명이 가져온 문명사회의 병폐를 해부하고 개인주의 사회의 문제점을 해결하고자 노력을 다하였다. 그리고 시민혁명으로 달성한 정치적인 자유, 선거권 및 사유재산제 대신에 적어도 민중들의 최저생활이 보장된 경제적 자유를 중요시하고 이를 위한 방안을 강구하였다.

생시몽은 산업계급에 의한 산업주의 사회의 실현을, 그리고 푸리에는 1,620인에 의한 소집단 이론을 내놓았고, 오언은 이를 직접 실험에 옮긴 바 있다. 이들은 마르크스, 엥겔스와는 달리 모두 자국 내에 머물러 있으면서 계몽과 설득에 의한 개혁의 가능성을 낙관하였다는 데에 혁명론자들의 주장과 큰 차이가 있다. 무지와 빈곤으로부터 대중을 해방시키는 길은 투쟁과 혁명이 아니라 계몽과 교육, 지식체계의 확립 및 도덕·윤리의 강력한 실천에 바탕하는 것이라고 믿었다. 특히 오언은 그의 계획안을 실현하기 위하여 통치자들에게 호소하고 청원함으로써 우선 국가관료의 힘에 의한 개혁이 필요하다는 것을 절감했다. 바로 이러한 입장에서 보아 이들 초기 사회주의자들의 이론은 후일 사회민주주의가 공산주의와 분리·대

79) 波多野鼎, 앞의 책, 69쪽.

립된 이데올로기로서 확립되는 데 깊은 연관이 있다.

3. 마르크스의 이론

사회주의는 19세기 초엽부터 생산수단의 공유라는 말로 널리 통용된 것은 오언, 생시몽 등에 의해서이다. 이는 생산수단의 사유에 반대하고 산업이 공공소유로 공공의 통제하에 놓여짐으로써, 개인의 이윤마련의 목적에서가 아니라 공공사회의 필요에 따라 운영되어 사적 이익에 대신하는 사회봉사의 의미를 지닌 것이다.

마르크스는 초기의 사회주의 사상가들은 이성과 휴머니티에 호소하여 사회주의사회를 이루려는 공상론자에 불과하다 하였다. 마르크스는 그들의 공상적 요소를 제거하고 그의 사적 유물론과 잉여가치설을 기초로 하여 종래의 사회주의 사상을 비판적으로 흡수함으로써 독자적인 이론을 수립하였는데, 소위 이를 과학적 사회주의라 부른다. 따라서 마르크스주의는 그 밑바닥에 흐르는 3개의 사상적 조류, 즉 독일의 고전철학, 영국의 고전경제학, 프랑스의 공상적 사회주의로 이루어져 있다.

(1) 생애와 배경

마르크스는 1818년 프러시아 라인지방의 트리어(Trier)에서 유태인 집안의 8남매 중 장남으로 태어났다. 그의 아버지는 꽤 벌이가 좋은 변호사로, 유태교에서 루터교 신자가 된 계몽주의에 젖은 자유주의자였다. 그는 그의 아들 역시 법조계에 투신하기를 바랐고, 이에 따라 마르크스는 고등학교를 졸업한 뒤 1835년 본(Bonn) 대학에서 법률공부를 시작했다.

그는 원래 예술과 시를 좋아했으나 베를린(Berlin) 대학으로 옮기면서 헤겔(Hegel) 좌파들과 교분을 가지면서 급진주의 성향을 갖게 되었고, 학자의 길로 들어서서 예나(Jena) 대학에서 철학박사 학위를 받았다. 그는 그의 급진적인 의식 때문에 본대학에서 임용을 거부당하고 대신 언론계에 발을 들여 놓게 되었다.

1843년 프러시아 정부의 검열제가 강화되면서 그는 파리로 떠났는데, 그 곳에서 주로 영국의 고전경제학을 공부하였고 유명한 『경제철학수고』(1844)를 집필하였다. 그 곳에서 엥겔스(Fredrich Engels, 1820-1895)와 역사적인 해후를 하였고, 1845년 다시 프러시아의 압력에 의한 프랑스 정부의 요구로 브뤼셀(Brussel)로 떠나 『독일 이데올로기』(1846)를 집필하였다.

1847년 봄 마르크스는 엥겔스와 함께 런던에 있는 한 비밀결사인 '공산주의 동맹'에 가입하였다. 그들은 그해 11월 런던에서 개최된 이 동맹의 제2차대회에서 『공산당선언』을 기초하여 1848년 2월 혁명과 때를 같이하여 출판하였다. 1848년 프랑스 2월혁명의 발발과 동시에 마르크스는 브뤼셀에서 노동자들을 조직화한 혐의로 벨기에 정부로부터 국외추방을 당하였다. 독일의 3월혁명후 4월 초에는 독일의 쾰른으로 잠입하여, 쾰른시에서 『신라인신문』을 창간, 편집장이 되어 사회주의 혁명운동을 고취하는 동시에 『임노동과 자본』을 별쇄로써 발표하였다. 그러나 이 신문은 반혁명세력의 부활과 함께 프러시아 정부의 탄압을 받아 1849년 5월 19일호를 마지막으로 정간되었으며, 마르크스는 추방되어 파리로 이주하였다. 파리에서 마르크스는 국외로 추방되어 런던에 도착한 후, 그곳에서 죽을 때까지 살았다.

런던으로 이주한 후에는 오로지 사회주의 경제학의 저술에 몰두하였으나, 가정생활은 매우 곤궁하였다. 그는 엥겔스의 원조와 『뉴욕 트리뷴』지에 기고하여 생계를 유지하였다. 그는 곤궁한 생활 속에서 망명가 집단으로부터 이탈하여 수십년 동안 런던 도서관에 다니면서 저작활동에 전념하였다.

1859년 마르크스는 『경제학 비판』을 발간하여 변증법적 유물론과 사적 유물론을 경제학에 적용하였다. 한편 자본주의의 성장과 함께 노동운동도 고조되어, 1864년 9월 28일에는 런던에서 국제노동자협회, 즉 제1인터내셔날이 창립되었다. 마르크스는 이 조직의 중심인물이 되어 창립사와 규약을 기초하였다. 그리하여 그는 소위 마르크스주의자 이외의 영국의 자유주의적 노동조합주의자, 독일의 라살레(Ferdinand Lassalle)의 국가사회주의자, 프루동 및 바쿠닌과 같은 무정부주의자 등 각종의 입장에 서는 자들을 참가시켜서 이들 분파와의 공동투쟁전술을 형성하였다.

1867년 마르크스는 경제학 분야에서 일생의 대저 『자본론』 1권을 발간하였다. 그는 자본론의 완성을 위해 연구를 계속하였으나, 생전에 간행되지 못하고 결국 2, 3권을 미완성의 원고로서 엥겔스에게 물려주게 되었다. 그는 다년간의 망명생활의 곤란과 과로로 인하여 건강을 해치게 되었고, 1874년경부터 만성기관지염의 악화로 병마에 시달렸으며, 1883년 3월 14일 일생을 마쳤다.

(2) 마르크스주의

크게 보아 마르크스의 이론은 접근방법에 있어서 유물변증법 및 유물사관, 경제에 있어서 노동가치설에 입각한 잉여가치론, 그리고 정치에 있어서 계급투쟁론 및 프롤레타리아 독재론 등으로 요약할 수 있다.

1) 유물변증법 및 유물사관

유물론 및 유물변증법은 마르크스 이론의 기둥이다. 마르크스는 헤겔의 변증법을 유물변증법으로 전이시켰다. 마르크스와 엥겔스는 헤겔이 지니고 있는 관념론적 결함과 포이에르바흐(Ludwig A. Feuerbach)의 유물론[80]이 내포하고 있는 형이상학적·기계론적 성격을 근본적으로 비판함으로써 그들의 변증법적 유물론을 정립하였다. 마르크스와 엥겔스에 의하면 변증법이란 인간사회 및 사고의 일반적인 운동 또는 발전의 법칙이다.

엥겔스는 자연변증법의 수고에서 ① 양의 질로의 전화, ② 대립물의 통일 투쟁의 법칙, ③ 부정의 부정의 법칙을 주장하였다. 유물변증법을 유물론과 변증법이 결합된 것으로 볼 때, 물질의 변증법적 운동을 자연계뿐만 아니라 인간사회까지도 확대시켜야 한다는 것이 유물변증법적 관점이라 볼 수 있다.

이러한 유물변증법을 인간사회에 적용한 역사관을 유물사관이라고 하며, 이를 좀더 부연해서 설명하면 다음과 같다. 즉 ① 모든 사회는 경제적 토대(하부구조)가 상부구조를 결정함으로써 경제적 시민사회가 정치적 국가를 규정 또는 제약한다. ② 역사발전의 원동력은 사회적 진화상의 어떤 시점에서 생기는 생산력(노동과 생산수단)이다. 그리고 이 두 가지의 결합된 양식이 생산양식이다. 또한 생산에 있어 맺어지는 관계가 생산관계이다. ③ 사회적 현실이 의식을 결정한다. 즉 인간의 사상이나 이데올로기는 그 사회의 소유관계에 기초한 계급관계를 대변하는 허위의식에 불과하다.

결국 생산양식은 경제구조를 결정지으며 경제제도는 상부구조를 결정한다고 보는 것이 마르크스의 유물사관의 관점이다. 시간이 경과함에 따라 생산력의 발전은 스스로 성장을 구속하는 기존의 생산관계와 모순·갈등을 일으키게 된다. 그러

80) 포이에르바흐는 유물론은 헤겔의 관념론에 대한 비판에서 시작한다. 그는 『헤겔철학의 비판』에서 우리가 철학을 시작한다는 것은 추상적인 개념으로서가 아니라, 우리의 실제의 경험이 주어진 것에서 시작해야 한다고 주장했다. 철학은 현재의 인간, 경험하고 있는 인간으로부터 시작해야 한다는 것이 그의 유물론이다.

나 생산관계나 제도의 기초가 되는 것은 생산력이므로 갈등은 결국 생산력에 유리하게 해소되면서 낡은 경제구조는 무너지고, 상부구조의 전체도 완만하게 또는 급격하게 붕괴된다. 이른바 사회혁명이 시작되어 낡은 생산관계는 폐지되고 발달된 새로운 생산력에 적응하는 새로운 생산관계가 수립된다.[81] 마르크스는 생산양식을 기준으로 하여 인류사회의 발전을 ① 원시공산제, ② 고대 노예제, ③ 봉건제, ④ 자본주의제, ⑤ 공산주의제의 5단계로 구분하였다.

2) 마르크스의 경제이론

마르크스의 경제이론은 노동가치설에 근거를 두며, 자본가의 잉여가치 착취로 인한 모순을 지적하고 있다. 잉여가치는 노동력이 생산과정에서 생산한 총 가치로부터 임금에 상당하는 가치를 뺀 나머지 부분의 잉여노동가치를 말한다. 그는 자본가들이 노동자들에게 지불하는 임금 이상으로 생산되는 양으로부터 이익을 얻는다고 믿었다.

마르크스는 생산과정에서 가치증식을 표준으로 자본을 불변자본(constant capital)과 가변자본(variable capital)으로 분류하였다. 불변자본이란 생산수단 즉 원료나 보조원료나 보조재료 또는 노동수단으로 전화되는 자본부분(기계) 등과 같이 생산과정에서 가치가 변화하지 않는 자본부분이다. 가변자본이란 노동력으로 전화된 부분(노동력 구입에 사용되는 자본)으로 가치상의 변동이 일어나는 자본부분이다. 그러므로 자본의 동일한 구성부분이 가치증식과정의 입장에서는 불변자본과 가변자본으로 구별된다.[82]

마르크스는 불변자본(C)의 총자본에 대한 비율, 바꾸어 말하면 총자본(C+V)에 있어서의 불변자본의 구성비율을 자본의 유기적 구성도라 불렀다. 상대적 잉여가치는 분업과 협업 및 기계화를 통하여 생산력을 증대시킴으로써 가능하다. 따라서 자본의 유기적 구성도는 생산과정에 있어서 기계화의 발달정도, 즉 생산력의 발전도를 나타내는 지표이다.

자본주의 사회의 자유경쟁체제에서 경쟁에 승리하기 위하여는 생산비를 낮춤으로써 이윤을 획득하는 방법을 택할 것이다. 생산비를 낮추기 위해서는 노동자의 임금인하 방법에는 한계가 있으므로 대규모의 능률적인 기계설비를 택하지 않을

---

81) 이환구, 『정치사회사상사』, 형설출판사, 398쪽.
82) 칼 마르크스 지음, 김영민 역, 『자본 I -1』, 이론과 실천, 1987, 248쪽.

수 없다. 가변자본을 희생으로 한 불변자본의 끊임없는 증대를 수반하며 행해진다.[83] 결국 이는 가변자본에 대한 불변자본의 비율을 높이는 것인데, 이로 인하여 자본의 유기적 구성도가 높아지면 자본가의 이윤은 점차 감소한다.

이와 같이 자본가들이 노동자 대신 기계를 쓰면서부터 이윤은 노동에서 추출되는 잉여가치로부터 얻어지는 것이므로, 그들의 이윤율을 계속 유지해 나가기 위해서는 임금을 감소시킬 수밖에 없다고 생각한 것이다.

자본주의 사회가 진행되면 소수 자본가의 수중에 자본이 몰리게 되고 대기업체의 경쟁에서 몰락한 중소기업은 프롤레타리아화하게 된다. 결국 사회는 점점 부익부 빈익빈의 현상이 첨예화되고 계급대립의 모순이 극대화하여 급기야 자본주의가 붕괴에 직면한다는 것이다.

마르크스의 노동가치설은 그것이 지니는 도덕적 · 인간적 요소를 고려한다고 해도 그 실용성 · 효용성 등에서 많은 결함이 지적되고 있다. 과연 상품의 가치가 노동에 의해서만 형성되는 것인지, 조직 · 발명 · 자본 · 기계 등의 효율적인 사용, 유통 등에서는 가치창출이 불가능한지, 또한 질이 서로 다른 노동 사이에 그 설명의 비교기준은 무엇인가라는 많은 의문이 제기된다.

3) 마르크스의 정치이론

마르크스의 정치이론은 계급투쟁설, 폭력혁명론, 프롤레타리아 계급독재론 등으로 요약할 수 있다. 그는 『공산당선언』 첫머리에 "지금까지 모든 사회의 역사는 계급투쟁의 역사"라고 적고 있다. 마르크스에 의하면 세계를 움직이는 원동력은 유물사관에 입각한 계급간의 충돌 또는 계급투쟁이라는 것이다. 계급은 양분화되었는데 생산하지 않으면서 생산수단을 소유한 소수자 계급과 생산수단을 소유하지 못한 채 생산에만 종사하는 다수자 계급이 그것이다. 이러한 노동분화는 단순한 분화가 아니라 적대적 분화인 것이다. 그러므로 계급적으로 분화된 사회는 모순대립적 사회로 계급투쟁이 불가피하다.

계급투쟁의 주 요인은 무엇인가. 그것은 생산자로서의 인간이 노동분화에 근거해 있는 사회 안에서 자신의 생활조건에 대한 반항심으로 '인간의 자기소외'에 대한 것이다.[84] 마르크스에 의하면 현재 프롤레타리아 인간은 자본가와 노동자간

83) 칼 마르크스 지음, 김영민 역, 『자본 I -3』, 이론과 실천, 1987, 712쪽.

84) 이 소외 개념은 헤겔과 포이에르바흐에 의해서 철학적 개념으로 발전되었고, 다시 마르크스에 의해서 혁명적 개념으로 발전되었다. 즉 마르크스는 인간의 상품화 현상을 자기소외로 규정하였다.

의 노동분화로 새로운 생산력을 자유로이 발전시킬 수 없는 것에 대하여 반항하게 된다. 이러한 생산자로서의 인간 반항심이 부단한 역사의 추진세력이고, 이것이 주기적으로 강도의 극에 이르러 혁명적 대변혁으로 폭발했다가 그 결과 사회적 변환과 더불어 한동안 침잠되곤 한다는 논리이다.

계급투쟁에서 기인하는 것이 폭력혁명론이다. 사회 전체는 부르주아와 프롤레타리아의 2대 계급으로 구별되며, 수적으로 우세한 프롤레타리아계급은 폭력혁명을 통하여 사회주의 사회를 건설한다. 프롤레타리아계급은 수적으로 우세함에도 불구하고 경찰, 감옥, 법정 등 자본가계급이 장악하고 있는 국가적 강제력의 수단을 갖고 있지 않기 때문에 폭력혁명을 전개해야 한다. 국가란 부르주아계급의 집행위원회에 불과하다. 국가는 이들 계급의 필요에 의하여 탄생한 계급적 산물이며, 군대·경찰·감옥 등 강제력을 행사하여 지배계급의 이익을 옹호하는 통치기구이다.

그런데 자본주의 사회에서 사회주의 사회로의 이행기에 기존의 지배세력들의 반발을 제압하기 위하여 막강한 국가권력을 독점하는 독재가 필요하며 이를 프롤레타리아독재라고 한다. 이러한 프롤레타리아독재는 자본주의를 타도하고 계급 없는 공산주의 사회로 도달하기 위한 준비기에 수립되는 잠정적인 정치형태이다.

4. 사회민주주의 이론

오늘날 우리 사회에서 사회주의라고 하면 흔히 마르크스-레닌주의(Marx-Leninism)를 지칭하는 말로 간주하는 경향이 있다. 그러나 서구의 대부분의 국가에서 사회주의는 비마르크스적 의미로 사용되고 있으며, 이들은 사회민주주의 혹은 민주사회주의를 기초로 하고 있다.

사회주의는 앞 절에서 설명한 바와 같이 프랑스의 생시몽이나 영국의 로버트 오언에 의하여 처음 주장되었고, 마르크스와 엥겔스에 의하여 체계화되었다고 볼 수 있으며, 19세기 후반에 결성된 사회민주주의 연맹은 대개 마르크스주의에 근거를 두고 있었다.

비스마르크(Otto von Bismarck)의 사회주의 진압법을 피하여 영국에 망명하고

그는 소외된 노동의 형태를 ① 자기 노동생산물로부터의 소외, ② 노동 그 자체로부터의 소외, ③ 유적(類的) 존재로부터의 소외이다.

있었던 베른슈타인(Eduard Bernstein, 1850-1932)은 엥겔스 사후 1896년에 이른바 "운동이 모든 것이다"라는 기치하에 의회를 통한 사회주의 실현의 수정주의적 이론을 내놓았던 바, 이는 영국의 페이비언 사회주의에 의하여 영향을 받았던 것이다. 그후 레닌은 소련에서 10월혁명을 성취, 제3인터내셔널(코민테른)을 결성하고 사회민주주의와 공산주의의 결별을 선언하였다. 베른슈타인에서 시작된 사회민주주의자들은 공산주의자들의 폭력추구와 프롤레타리아 독재를 반대하고 의회주의 방식을 바람직한 것으로 받아들였지만, 그들의 목표는 여전히 계급주의에 바탕을 둔 사회주의 사회의 실현에 있었다.

2차대전후 소련은 이른바 프롤레타리아 국제주의를 표방하고 그들의 세력을 동구·아시아 등에 더욱 확장하였으며, 서구의 사회민주주의도 이론 및 운동방식에 있어서 보다 높은 차원으로 재정립되어 갔다. 1951년 서독의 프랑크푸르트에서는 영국, 프랑스, 서독, 이탈리아 등 서구의 사회주의 정당 대표들이 모여 국제사회주의자회의(COMISCO)를 갖고 「민주사회주의의 목표와 임무」라는 선언을 채택, 그들의 입장을 '민주사회주의'라고 규정하였다. 이들 민주사회주의자들은 민주주의를 근본목표로 하여 인간의 존엄과 가치를 중요시하고, 공산주의뿐 아니라 종래의 사회민주주의까지도 비판하였다.

프랑크푸르트 창립대회에서 채택한 선언에 나타난 민주사회주의의 공통된 특징을 들면 다음과 같이 요약할 수 있다.

① 민주사회주의는 자유로운 가운데 민주주의적 수단에 의하여 새로운 사회를 건설코자 한다. 민주정치는 인민을 위한 인민에 의한 인민의 정치로, 인간의 사생활권, 정치적 자유, 평등·자유선거, 소수자의 권리, 독립된 사법제도 등을 중요시한다. 사회주의자는 인권을 위해 노력해 왔으며, 모든 독재정치를 반대하고 일당독재를 고수하기 위하여 계급분열을 격화·조장하는 공산주의를 배격한다.

② 민주사회주의는 공공이익이 사적 이윤에 우선하는 제도를 선호하며, 사회주의 정책의 직접적·경제적 목적은 완전고용, 보다 높은 생활수준의 향상, 사회보장 및 소득과 재산의 공평한 분배이다. 공적 소유라 하면 현존의 사기업을 국유화하는 것 외에도 새로운 공공사업을 벌이는 것, 지방의 공영기업·소비자단체·생산과 협동조합 등을 들 수 있을 것이다. 그러나 사회주의적 계획이라고 해도 생산수단 전체의 공유화를 말하는 것은 아니다. 농업이나 수공업, 소매업, 중소기업 등 중요 부문의 사적 소유는 그대로 인정한다.

③ 민주사회주의는 앞에서 말한 경제적·사회적 안전과 번영의 증진을 기반으로 하여 개인적 자유의 확대를 목적으로 한다. 개인이 자신의 노력에 따라 보수를 받을 권리를 가지고 있음을 당연한 것으로 받아들이며, 또한 훌륭히 성취된 일에 대한 긍지를 찬양한다. 그리고 이와 더불어 사회성원간의 연대감, 협동정신과 같은 노동의 다른 동기도 높이 평가한다. 민주사회주의는 사람들에게 그들의 문화적 수준을 향상시키고 인간정신의 창조적 열망을 육성하도록 모든 수단을 다할 것을 요구한다.

④ 끝으로, 민주사회주의는 국제연합헌장의 원칙이 엄격하게 이행되기를 요구하고 모든 형태의 제국주의를 반대한다. 민주사회주의는 우리 시대의 최고의 임무가 세계평화의 유지에 있음을 인정하고, 평화는 집단안전보장에 의해서 확보되며, 이는 국제적 군비축소를 위한 조건을 만들어 낸다고 믿는다.

제8절 마르크스와 베버의 비교

1. 마르크스와 베버

제5절에서 서술한 바와 같이 로크 이래로 자유주의 정치이론은 국가를 공적이고 제한적인 구조로 간주하였고, 이러한 이해를 바탕으로 입법권과 행정권의 구분과 같은 정치권력의 제도적 이론에 접목시켰다. 자유주의 이론의 가장 큰 관심은 역시 국가와 개인의 관계였다. 즉, 주권를 가진 독립적 권위체로서의 국가와 국가권위 관계를 결정할 권리를 갖는 개인간의 관계에 대한 것이었다. 이는 국가주권을 국가권력의 원천이 되는 시민주권에 연계시키는 문제였다.

자유주의이론과 자유민주주의 이론은 국가주권의 한계를 정당화시키는 한편, 국가주권 자체를 정당화시키려고 시도해 왔다. 홉스 이래로 이러한 이론들은 권력과 법, 의무와 권리를 조화시키려고 하였다. 국가는 구성원에게 안정과 번영의 기초를 제공하기 위하여 강제력을 독점해야 하지만 이것이 국가가 시민의 정치적·사회적 자유를 빼앗는 것을 정당화할 수는 없다. 이러한 딜레마를 극복할 수 있는 혁신적인 제도적 장치로서 대의민주주의를 설파한 것이 바로 자유민주주의자들이었다. 이성, 법, 선택의 자유는 시민들의 정치적 평등을 인정함으로써 가능한 것으로 생각되었다. 뿐만 아니라 평등은 시민이 자유롭게 자신의 사적인 이익을 위해 활동하는 사회적 환경을 조성한다. 그러므로 자유시장에 기초한 민주적 입헌국가의 권위와 자유를 동시에 보장한다는 주장이다.[85]

정치적 정향을 전혀 달리하는 마르크스와 엥겔스도 폭정에 대한 자유민주주의자들의 정치적 평등을 위한 투쟁이 인간해방의 역사에 큰 진전을 가져온 것을 부정하지 않는다. 그러나 자유, 평등, 정의라는 위대한 보편적 이상이 정치적으로 자유스러운 투표와 시장경제하에서 자유로운 사적 이익의 추구만으로 실현될 수 없다고 주장한다. 민주국가와 자유시장의 옹호론자들은 이 체제하에서 자유가 보장되고 불평등도 최소화할 수 있다고 주장하는데 반해, 마르크스주의자에게는 자본주의 경제는 체계적 불평등을 야기하고 그런 이유에서 진정한 자유에 큰 장애가 된다는 것이다. 즉 공식적인 정치적 평등으로는 인정되지만 계급적 불평등 때문에 그 의미가 크게 제약된다는 것이다.[86]

그러나 베버(Max Weber)가 젊었을 당시 유럽은 이미 마르크스가 살던 그러한 상황은 아니었다. 대륙의 정치적・기술적・경제적 조건은 완전히 달라졌다. 1870년 프랑스와 프러시아 간의 전쟁으로부터 제1차 세계대전이 발발할 때까지 유럽의 주요 국가들은 식민지 쟁탈에 관한 것을 제외하면 내외적으로 평화로웠다. 선진 유럽국가들의 내부적 상황은 마르크스의 혁명과 예견을 거부하는 듯하였다. 이와 같은 사실을 염두에 둘 때 자본주의 사회에서 합리주의가 전개되리라고 간파한 베버는 많은 이들에게 마르크스와 대립되는 인물로 보여졌다.[87]

베버는 이론적 측면에서 마르크스적 계급의식이란 잘못된 것이며, 변증법적 유물론에 입각한 역사 해석은 단순하고 비과학적이라고 비판하였다.[88] 프로테스탄트와 같은 종교적 가치체계가 사회변동에 영향을 미쳤다는 베버의 인식은 마르크스의 유물사관과 대조적이다. 베버는 경제적 요인에 의해 결정되는 계급개념을 좀 더 확대하여 동일한 생활기회를 공동으로 가진 사람들의 집합체로 규정한다.[89]

85) 김승현・윤홍근・정이환 공저, 『현대의 사회과학』, 박영사, 1994, 43쪽.

86) 위의 책.

87) Ronald H. Chilcote, *Theories of Comparative Politics: The Search for a Paradigm*, Boulder Colorado: Westview Press, Inc., 1981, p.99.

88) *Ibid.*

89) 베버는 마르크스의 계급이론의 업적을 인정하면서도 그것이 지나치게 단순화되어 있다고 지적하면서, 다차원적 접근의 필요성을 주장하였다. 경제적 자원, 사회적 지위, 정치적 영향력을 계층분화 요인으로 들고 있다.

베버는 마르크스주의자들이 주장하는 경제주의적 인식을 처음부터 거부하면서 인간의 행위나 사회구조를 경제결정론으로 인식하게 되면 기계적이고 단일적인 사회진화론으로 나아가게 된다고 하였다. 그러므로 베버는 사상이나 종교 또는 문화는 인간행위에 독립변수적인 기능을 행사하게 된다고 생각하였다. 전체적으로 볼 때 마르크스에 대한 베버의 언급은 직접적이라 할 수 없다.[90]

베버는 그의 개념들을 엄밀하고도 포괄적인 이론으로 종합하려 하지 않았으나, 그의 저술 전체는 한 사상체계로서 현대 사회과학에 깊이 자리잡고 있다. 베버와는 달리 마르크스는 자신의 과거 저술과 경험적 탐구 또는 축적된 통찰력을 바탕으로 점차 포괄적인 이론을 구성해 나갔다.

마르크스와 베버의 사상의 본질을 밝히는데 도움이 되는 그들의 정향(定向) 사이의 본질적 차이는 마르크스가 모든 역사시대를 관류하는 획일적 패턴을 발견하고자 한 데 있다. 베버는 유럽 자본주의를 단일문명으로서 유럽 역사의 정점으로 보았다. 이러한 의미에서 유럽사의 각 시기들은 그 규칙성보다는 특수성 때문에 더 중요하다.

2. 베버의 자본주의와 국가

(1) 자본주의 정신

베버는 서구근대사회와 전근대적 동양사회・유럽 중세사회를 비교하는데 가장 큰 설명변수는 자본주의였다. 자본주의의 특성인 합리적 조직과 경영은 역사상 다른 곳에서 존재하지 않았던 상인과 산업가들의 새로운 태도를 자본주의 정신이라고 불렀다. 자본주의 정신의 가장 중요한 원천은 프로테스탄티즘 특히 금욕적 청교도주의에 있다고 주장한다.[91] 상인과 산업가들은 이전 시대나 다른 문화에서의 부자들과는 달리 사치스러운 생활을 위해서 부를 사용하려고 하지 않았고, 자신들이 거느리는 기업을 확장시키기 위해 부를 재투자하였다. 베버는 이런 태도가 종교로부터 추출되었다고 생각하였다.[92] 프로테스탄티즘과 자본주의 대두가 서구

90) 마르크스의 대부분의 저술들은 베버 생존시에 출판되지 않았고, 이때에는 정치운동가들이 자신들을 마르크스주의자라고 주장할 만큼 논쟁의 대상이 되지도 않았다. Chilcote, *op. cit.*

91) 『프로테스탄트 윤리와 자본주의 정신』(*The Protestant Ethic and the Spirit of Capitalism*, 1905)은 베버의 유명한 저서이다.

92) 김승현・윤홍근・정이환, 앞의 책, 104쪽.

근대사회의 발전과정에서는 기능적으로나 본질적으로 잘 접합된다는 것이다.[93]

프로테스탄트의 윤리는 인간의 나태함을 경멸하였고, 향락을 금기시하였으며, 근면함을 삶의 의무로 받아들이도록 강조하였다. 또한 인간의 직업을 하나님의 소명의식으로 이해함으로써 경제적 활동에 헌신적으로 기능할 수 있게 하였다. 이러한 의식은 근대자본주의의 발전에 발맞추어 소비에 대한 제약과 자본축적의 강조 그리고 확대재생산을 위한 투자의 욕구라는 경제적 발전을 더욱 증대시킬 수 있었다. 이러한 사실, 즉 프로테스탄티즘의 윤리적 성격과 자본주의 발전의 필요성은 서로 쉽게 결합될 수 있었는데, 이것이 마침내 자본주의 성장을 가져오게 되었다 한다.[94] 베버는 중세사회의 전통적인 경제가 근대사회의 합리적인 경제로 변화하는 데에서 종교적 역할을 중요하게 생각했던 것이다. 베버의 이러한 명제는 자본주의의 합리적인 측면을 강조한다는 면에서 계몽적인 성격을 지닌다.

(2) 국가와 관료제

베버는 영토와 폭력을 근대국가의 고유한 특징으로 파악하였다. 국가에 의한 폭력행사는 정상적인 수단은 아니지만 이것은 국가의 고유한 수단이라는 것이다. 국가는 특정 영토 내에서 질서를 유지하는데, 자본주의 사회에서 질서란 재산권의 보호와 대외적으로 국민경제적 이익의 옹호를 의미한다. 국가의 제반 제도들은 궁극적으로 강제력의 독점에 기초하며 이 독점적 소유가 흔들리면 정치질서 또한 위기를 맞게 된다.[95]

그러나 베버는 여기에 덧붙여 중요하게 생각한 것은 정당성의 개념이다. 그는 한 사회에서의 지배체제는 그 정당성을 국민들이 자발적으로 인정하고 수용하게 될 때 이루어진다고 생각했다. 지배체제의 정당성을 위해서 지배자는 강압적이고 물리적인 수단과 방법을 동원하기도 하지만, 그것은 정당성의 자발적인 형성과는

---

93) 콜린스(Randall Collins)는 베버의 자본주의를 '합리화된 자본주의'라 규정하고, 여기에는 자본의 기업경영, 합리적 기술의 동원, 자유로운 노동력의 활용, 아무런 규제도 받지 않는 시장제도, 계산된 상행위 등이 내포되어 있다. 이러한 합리적 요소들은 서로 복합적인 구조를 이루는데, 프로테스탄트윤리와 합리적 자본주의 사이의 매개적 변수로서는 관료제와 시민성을 들 수 있다. 결국 당시 교회의 성격과 관료적 성격에 의해서 자본주의와 프로테스탄트는 연관될 수 있었다. 이처럼 연관된 매개변수에 의하여 프로테스탄트라는 윤리적 가치는 자본주의라는 사회제도를 가져올 수 있었다. Randall Collins, *Weberian Sociological Theory*, London: Cambridge University Press, 1986, pp.28-29; 진덕규, 앞의 책, 재인용, 144쪽.

94) 진덕규, 『현대 정치사회학 이론』, 삼영사, 1988, 140쪽.

95) 김승현・윤홍근・정이환, 앞의 책, 106쪽.

〈표 2-1〉 마르크스와 베버 사상의 본질적인 개념 내용

이론적 방향	마르크스	베 버
체계	단일적 자본주의 국가와 지배계급(국가를 통해 정치적으로 지배하는 경제계급). 상부구조(이데올로기)와 하부구조(현실). 생산력, 생산관계, 생산양식이라는 하부구조의 변화는 상부구조와 갈등과 그 변형을 낳는다.	경쟁과 권력배분을 촉진하는 물질적인 힘과 정당화된 지배로 이루어진 다원적인 국가. 합리성, 기능적 분화, 전문화는 질서, 조화, 능률을 낳는다.
문화	지배적 권위는 위계적이며 국가 그리고 지배계급과 관계되어 있다. 문화적 신념과 상징은 이데올로기와 허위의식인 상부구조의 일부로 받아들여진다. 착취와 정당화되지 못한 권위는 지배계급의 지배를 나타내는 매개변수이다.	지배적 권위는 세 이념형(전통적, 카리스마적, 합리적)과 관련된 신념과 상징에 바탕을 두고 있다. 합리적 권위의 일상화는 점증하는 사회화를 반영한다. 자발적 행위(복종)와 더불어 개인주의와 정당화된 통제는 자유의 매개변수이다.
발전	사적유물론과 변증법, 관념적이고 환상적인 개념화가 아닌 역사적 현실의 사실에 바탕을 둔 이론. 발전은 인간욕구와 관계되어 있고, 인간의 의식은 인간존재와 물질적 세계(즉 생산력과 생산의식)의 변증법적 상호작용에 기초를 두고 있다. 자본주의의 발전에 초점을 둔다.	합리화와 이념형적 유물론. 명확성에 바탕을 둔 이론. 관념과 그 사회적 영향의 체계화. 발전의 선행조건을 강조함. 자본주의 발전에 초점을 두고 있다.
계급	자본주의하의 대립적 계급으로서 부르주아와 프롤레타리아. 산업자본가와 토지소유자는 임금 노동자와 갈등. 그러나 이 거대 계급들 속에 계급분파가 존재한다. 권력은 생산수단을 통제하는 지배계급 내에 집중되어 있다.	계급과 지위집단들은 공동체 내의 권력과 이해의 분산에 영향을 주는 이념형으로 간주된다. 각 지위집단 내의 개인들의 유동성과 각 계급 내의 지위집단들의 유동성은 창의력, 성취력, 재능에 기초하고 있다. 계급의 연대보다는 분절화, 이는 종교적 신념, 종족적 충성심, 민족주의 결과로 보여진다.

출처: Ronald H. Chilcote, *op. cit.*, p.106.

거리가 먼 강제에 불과할 뿐이다.

베버는 정당성의 근원에 입각해서 국가유형을 분류하였다. 베버에 있어서 국가는 윤리적 가치를 구현하는 것을 전제로 하는 것이다. 그러므로 권력을 실제로

점유하고 있는 지배자의 정당성이 어디에서 연유되고 있는가가 그 기준이 되는 것이다. 즉, 합리적인 법제도나 기구를 바탕으로 통치하는 국가, 전통적인 가치나 상징을 바탕으로 통치하는 국가, 개인의 특수한 자질이나 인격과 정서적 상징을 중심으로 하는 지배질서, 즉 카리스마를 바탕으로 하는 국가가 그것이다. 베버는 근대국가라면 합법적 지배를 바탕으로 하는 국가여야 한다고 생각했는데, 이는 전근대적인 전통적 국가로부터 발전되었다고 규정했다.[96]

합리적・법적 권위가 가장 구체적으로 잘 들어난 것이 관료제이다. 관료제도에는 비효율적이고 낭비적이며 비합리적인 성격도 들어 있지만, 그것은 합리성과 효율성을 이루기 위해서 조직화된 제도로 시작된 것이 사실이다.[97] 베버가 관료제를 비판하면서도 그 불가피성을 지적했던 것은 그것을 현실성과 연관시켜 인식했기 때문이다. 즉, 관료제는 현실적 차원에서는 비인간적인 속성을 보여 주기도 한다. 그러나 일상적인 행정기능을 담당하는 관료들은 일정한 행정의 목표를 이루기 위하여 그들의 권위와 능력을 동원하고, 그것을 위해서 규범이나 규칙을 제정・적용시키는데 치중하게 된다. 관료제의 등장은 부분적으로는 전통의 붕괴에서 비롯되었으며, 사회를 합리적으로 발전시키려는 의도에서 시작되었다.

베버의 저술은 후일 정치학의 발전에 크게 영향을 미쳤다. 특히 다원주의 이론과 국가의 국내외적 성격을 강조하는 관점의 발달에 영향을 미쳤다. 소위 고전적 다원주의 이론은 주로 라스웰(H. D. Lasswell), 트루먼(D. B. Truman), 달(R. A. Dahl) 등에 의해 개진되었으며 1950년와 1960년대 영향력이 컸었다.[98]

제9절 한국의 현대정치사

우리나라는 그 동안 세계사적 시대의 변화에 둔감하였다. 그러나 1894년 전라도 고부 땅의 농민들에 의하여 불붙기 시작했던 갑오년의 동학혁명과 1919년 세계 약소민족들의 잠을 깨웠던 기미년의 3.1운동은 우리 민족사에 있어서 가장 중요한 사건들이었다. 불행하게도 우리의 이러한 토착적이고 자주적인 민족운동은

96) 진덕규, 『현대정치학』, 학문과 사상사, 1997, 418쪽.

97) Doyle Paul Johnson, *Sociological Theory: Classical Founder and Contemporary Perspectives*, New York: John Wiley, 1981, p.225.

98) 김승현・윤홍근・정이환, 앞의 책, 45쪽.

일제의 잔인하고 간악한 탄압에 의하여 무참히 짓밟혔고, 오히려 식민지적 질곡의 타성이 배태한 여러 가지 악습들이 이 땅에 잔존하여 정치상의 악습을 초래해 왔다. 해방후 한국의 정치와 경제는 일본 식민통치의 유산을 이어받고 있다. 한국의 정치변동에 영향을 미친 일본 식민통치의 유산은 약한 민간사회와 강한 국가의 전통, 정치사회의 미개발, 즉 정치 지도력의 미숙과 분열로 요약될 수 있다. 이러한 전통은 해방후 한국의 정치과정에 그대로 이어져, 한국의 정치는 민간사회의 미소한 정치적 영향력과 권위주의적 반공국가의 민간사회에 대한 지속적인 지배로 특징지어졌다.[99]

1. 분단과 반공이데올로기

제2차 세계대전의 가장 큰 희생양은 한민족이었다. 우리의 의지와는 아무 상관없이 국토는 양분되어, 거기에는 이념과 체제를 달리하는 두 개의 정부가 들어섰다. 남쪽의 대한민국은 북쪽의 이른바 조선민주주의인민공화국을 인정하지 않은 채 북을 포함한 한반도 전체를 자신의 영토로 여겼다. 북쪽의 조선민주주의인민공화국은 남쪽의 대한민국을 인정하지도 않고 역시 한반도 전체를 자신의 영토라고 생각했다. 즉, 정통성의 배타적 독점을 주장하는 '두 국가의 공존상태'가 도래한 것이다. 그 결과 남과 북의 상반된 대립으로 우리의 정치는 그 첫발부터가 엄청난 시련을 겪게 되었다.

남한과 북한은 서로 다른 정치체제를 형성하면서 체제가 지향하는 이데올로기도 극명한 차이를 보였다. 북한은 마르크스-레닌주의를 받아들여 체제의 이데올로기로 수용하였고, 남한은 자본주의를 바탕으로 한 자유민주주의를 체제의 이념으로 받아들였다. 어찌 보면 상술한 마르크스와 베버가 보는 국가에 대한 시각을, 한반도를 반으로 나누어 접목시켰다고 볼 수 있다.

해방이 되자 당시까지 억압되었던 정치세력들이 급격하게 분출하여 저마다 정치적 대안을 가지고 각축전을 벌였다. 다양한 정치세력들의 각축 과정을 통해 이루어진 대한민국 정부수립은 궁극적으로 우익세력이 좌익세력의 정치적 선제를 젖히고 정치권력을 장악함으로써 이루어졌다. 대한민국은 1948년에 민주공화국의 모든 외장을 갖추고 출발하였으나, 한국정치는 빌어온 제도와 상당한 괴리가 있었

99) 김영명, 『고쳐 쓴 한국 현대 정치사』, 을유문화사, 1998, 19쪽.

다. 그러므로 우리 사회의 정치·경제·사회의 상황은 미처 그 현실적 기반을 마련하지 못하고 있는 동안 좌우간의 극심한 사상갈등을 겪게 되었고, 결국 한국전쟁으로 표출되어 동족상잔이라는 민족적 수모를 겪었다.

이승만 정권은 한국전쟁을 통해 실체화된 안보위기를 반공이념으로 보편화시켰다. 그리하여 자유민주주의를 지키기 위하여 반공을 해야 한다는 논리가 반공을 위해 자유민주주의를 제약할 수밖에 없다는 논리로 전이되면서 이승만 정권에 의해 효과적으로 조작되었다.[100] 이러한 반공이데올로기는 국민의 일체감을 조성시키고 정부에 대한 국민의 지지를 수렴하는 강력한 정치적 무기였으며, 냉전의 국제정치구조 속에서 국제사회의 지지와 협조를 얻어 내는 필수불가결의 이데올로기이기도 했다.[101] 그러나 반공정치문화의 고착화 현상은 중간 내지 좌경적 노선을 걷는 정당이나 정치세력들이 한국정치의 장에 등장하는 것을 어렵게 만들었다.

민주주의 정치문화는 다원적인 정치활동을 용납하는 정치환경에서 성숙하며, 사상과 토론의 자유가 허용되는 가운데 배양되는 것이다. 그러나 반공으로 인한 획일적인 이데올로기의 강조는 이러한 운동이 정치적으로 성숙할 수 있는 여지를 완전히 제거하였다.

제1차 개헌의 결과 대통령직선제로 제2대 대통령으로 재선된 이승만은 자신의 정권연장의 목적을 달성한 후로는 독선적으로 권위주의적 정치정향을 강화하여 갔다. 소위 '사사오입'(四捨五入) 개헌으로 이승만의 3선의 길이 열렸다. 이승만 정권의 독재정치가 심화되는 가운데 1960년 3월 15일에 실시된 제4대 정·부통령 부정선거는 정권의 최후를 재촉하였다. 부정선거에 대한 항거는 대학생을 중심으로 시작되었으나 전국적인 반정부운동으로 확산되어 4.19혁명으로 이어졌다. 이승만 정권은 표면적으로는 민주주의라는 정치이데올로기를 앞세웠으나, 실제적으로는 민주보다 반공에서 그 정치적 의미와 정통성의 근거를 찾고자 했던 것이다.

2. 군부 권위주의 정권

한국전쟁 이후 남한에서는 군의 조직이 급속히 팽창하였고, 인력면에서도 정

100) 박광주, "한국의 국가이념과 현실-자유민주주의 이념과 권위주의적 현실간의 갈등-," 『한국정치학회보』, 제22집 2호, 한국정치학회, 1988, 38쪽.
101) 손봉숙, "한국의 정치문화와 반공이념," 『한국정치학회보』, 제17집, 한국정치학회, 1983, 86쪽.

예화되었다. 북한의 위협에 대처하기 위하여 추진된 군의 정예화와 조직의 팽창은 군부의 영향력을 급속하게 팽창시키는 결과를 가져왔다. 이러한 여건 속에서 자유당의 독재정치와 부정부패, 민주당의 약체 내각 등은 5.16 쿠데타를 기점으로 하여 군을 남한정치의 제1선으로 끌어들이는 직접적인 계기를 제공하였던 것이다.

정치적 의미에서 보면 5.16 군사쿠데타는 민주적 권력체제에서 중앙집권적 통제체제로의 전환을 의미하지만, 보다 넓게 보면 정치적 리더십의 복잡한 사회적 성격을 반영해 주고 있다. 즉, 군부출신의 지배엘리트들이 국가권력기구의 독점을 통하여 정치권력과 경제적 지배의 기반을 다진 독립된 정치세력으로 등장한 것이다. 한국정치에서 군부의 정치화 내지 비대화는 사회발전에 따른 함수관계로 나타났다기보다는, 한국전쟁을 통하여 급속히 팽창된 국가조직의 부산물이었다. 1963년 민정이양으로 형식적인 군정은 종식되었지만 군부의 정치지배는 계속되었다. 박정희는 5.16 군부 주체세력에 힘입어 제3공화국의 실질적인 지배자로 등장했을 뿐만 아니라, 여타 군부세력이 정부의 주요 공직을 장악하였다.

박정희 정권이 당면한 최우선 과제는 국민적 지지를 확보하는 일이었다. 즉, 법적 차원이 아니라, 실적에 의해서 정권의 정당성을 입증해야 한다는 절실한 정치적 필요성의 충족이었다. 그 실적의 목표가 경제발전이었고, 때로는 조국근대화라고도 불리는 일종의 부국강병책이었다. 군부출신의 정치엘리트들은 독자적인 권력기반이 확립되어 있었기 때문에 사회경제세력으로부터 독립된 경제발전정책을 강력히 추진해 나갔다. 1960년대 초반부터 정부의 대기업에 대한 영향력 행사는 경제적 위기나 정치적 비상사태에 직면할 때마다 직접적인 명령하달로 일관하여 왔다. 그리하여 기업은 정치엘리트의 의지에 순응적 복종을 해왔던 것이다.

경제발전은 국민으로부터 제3공화국 정통성을 얻어 내는 데 성공했고, 정부가 정치적 목적을 위하여 동원할 수 있는 자원의 폭을 크게 확대시켰다. 경제계획 5개년 계획을 추진하는 동안 높은 성장률을 기록할 수 있었고, 그와 같은 고도성장의 경험 속에서 한국인들은 성장이데올로기에 의하여 국가목표를 중심으로 어느 정도 통합이 이루어질 수 있었다. 박정희 정권은 3선개헌으로 국민들의 비난이 높았지만, '경제성장'이라는 당시 남한사회가 절실하게 요구했던 기능적 필수조건을 어느 정도 충족시켜 주었다. 박정희 정권은 경제발전을 추진하기 위해서는 정치안정을 확보할 필요가 있다는 구호를 내세우면서 모든 반정부활동을 원천적으로 봉쇄해 나갔다.

1972년 10월 17일 박정희는 대통령 특별선언의 형식으로 기존 헌법을 폐지하고 국회를 해산하면서 '유신체제'라는 고도로 강권 지향적인 정치체제를 받아들이도록 강요하였다. 과거 어느 정권과 비교해도 가장 노골적인 독재체제적인 성격을 지닌 권위주의 지배양식이 대두된 것이다. 유신체제라는 또 하나의 정변을 일으킴으로써 5.16 쿠데타 이래 유지해온 군부-관료적 권위주의 지배의 존속을 제약해 온 대통령의 제한임기제를 없애기 위한 개헌을 단행했다는 사실이다. 그리하여 대통령 직선제를 폐지하고, 정권이 쉽게 통제할 수 있는 간선제를 통해 자신의 장기집권을 보장 받겠다는 의도를 나타낸 것이다. 그리고 지금까지 실시해 온 권위주의 지배를 유신체제라는 더 한층 강화되고 보다 확고하고 안정된 권위주의 체제로 제도화해 보려는 의지를 행동으로 옮긴 것이다.[102]

유신정권은 그것이 추구하는 뚜렷한 목표로서 장기적으로는 남북통일과 단기적으로는 지속적인 고도성장을 달성하기 위해서 능률을 극대화시켜 주는 정치체제의 정착이라는 목표를 가지고 있었다. 이를 달성하기 위해서는 우리 실정에 가장 알맞는 '한국적 민주주의'가 필요했고, 한국적 민주주의 토착화의 결실이 유신체제라 하였다. 또한 유신정권은 중화학공업 육성정책에 정권의 정치생명을 걸고 있었다고 할 수 있다. 이 정책은 유신체제의 정통성을 확보하기 위한 수단으로 가시적인 경제적 성과를 추구하려는 고도의 정치적 성격을 띠고 있었다.

3. 민주화의 좌절

유신정권은 1970년대의 근대화 작업은 지금까지 개발된 근대화 의식을 국민 개인의 의식과 행동과 생활 속에서 내실화시켜 나가는 작업이 되어야 한다고 했다. 이러한 의지를 반영한 것이 바로 1972년부터 시발한 새마을운동이었다. 새마을운동은 한국적인 생산혁명운동의 일환인 농업혁명운동으로, 60년대의 공업주도적인 개발전략에서 파생한 도시 및 농촌, 공업 및 농업간의 간격을 제도적으로 기능적으로 줄이기 위한 운동이었다.[103] 농민들의 생활환경개선사업을 시발로 한 새마을운동은 후에 직장, 도시 새마을운동으로 이어졌고, 유신정권은 이를 국민정신혁명운동이라 하였다.

---

102) 한배호, 『한국정치변동론』, 박영사, 1995, 265쪽.
103) 김대환, "새마을운동의 전개," 김운태 외, 『한국정치론』, 박영사, 1977, 608쪽.

정권의 비극적 종말인 10.26 시해사건이라는 정치적 충격으로 정치권력의 공백상태가 생겨났다. 12.12 쿠데타후 군부를 장악하였을 뿐만 아니라, 정치의 실세로 등장한 신군부의 존재는 최규하의 위치를 더욱 약화시키는 결과가 되었으며, 그런 속에서 정치상황은 혼미상태로 빠져들고 말았다. 국민들의 여론은 탈 유신시대가 시대적 요청이라는 방향으로 움직이면서 1980년 봄, 민주화의 열풍은 대학가를 휩쓸기 시작했고, 민주화를 촉구하는 시위가 연일 계속되었다. 4.19 이후 학생들에 의한 최대규모의 정치적 반대운동이 전개되었고, 이에 대한 신군부 세력의 강압정책은 남한에서 한국전쟁 이후 최악의 정치적 위기로 표현되는 광주민주화운동을 야기하였다.[104] 집권에 성공한 신군부 세력은 유신체제를 사실상 계승했다. 전두환은 국가보위입법회의를 만들어 헌법을 개정하고 선거인단제를 동하여 7년 단임의 대통령에 취임했다.

집권 7년간의 정치적 불안은 심각했다. 전두환 정권은 경기를 회복하고 경제적 재도약의 발판을 마련하는 데는 어느 정도 성공하였으나, 그것들이 정치적 안정 구축에 도움이 되지는 못했다. 1980년대 초의 남한사회는 1960년대와 많이 달랐다. 사람들의 생활수준은 높아졌고, 중산층의 벽도 상당히 두터워졌다. 1960년대처럼 국민이 절대빈곤에 허덕이고 있어서 경제성장이라는 조건이 다른 무엇보다 절실히 요구되는 시기는 아니었다. 또한 1980년대에 들어 역사적 반작용으로 반공을 뒷받침해 온 효과가 희석되고, 정권유지의 수단으로써 반공이데올로기의 본질이 분명히 들어나게 되었다. 이는 반공이데올로기를 중심으로 한 지배이데올로기의 재조직화를 불가피하게 요구하게 되었다.[105]

전두환 정권이 내건 목표는 '정의로운 민주복지국가 건설'이었으나, 그의 집권과정이 정의롭지 못했기 때문에 그것을 믿으려는 국민이 얼마나 되느냐는 의문이었다. 그래서 정권의 정당화를 위해 내놓은 또 하나의 구호가 7년후 평화적 정권교체를 하겠다는 대통령단임제였다. 여하튼 그들이 내놓은 번영과 안정이라는 구호는 민주화운동세력의 계속된 시위 때문에 불안감을 갖고 있었던 일부 중산층의 불만을 정권의 지지기반으로 이용하려는 의도와 부합되었다. 그러면서 전두환 정권은 박정희 정권의 장기집권하에 누적되어 온 부정부패에 대한 일반국민들의 반

104) Bruce Cumings, *Two Koreas: On the Road to Reunification?*, New York: Foreign Policy Association, 1990, p.48.

105) 이수인, "한국정치의 지배이데올로기와 이데올로기 갈등구조," 장을병 외, 『남북한 정치의 구조와 전망』, 한울아카데미, 1994, 211-212쪽.

감을 의식하여 '정의사회 구현'이라는 구호를 내세워 부정부패를 일소하겠다는 공약을 했다. 전두환 정권은 민주복지국가를 건설하는 목표를 달성하기 위하여 필연적으로 등장할 수밖에 없었던 정권이요, 부정부패를 일소하는 과감한 사회정화를 전개해 나간다는 것이었다. '삼청교육대'는 사회정화를 위해 내세운 대표적인 본보기였다.

이러한 상황의 전개는 일면 국민들 사이에 내재화되면서 전두환 정권을 선호하는 경향도 나타났고, 다른 면에서는 적개심과 반감으로 나타났다. 이는 국민들 사이에 정치적 선호를 놓고 극단적인 차이를 보이며 심각한 분열상태에 놓이게 되었다. 군부권위주의 정권을 지지하거나 그것을 야당이나 재야보다 선호하는 국민과 그 정권을 반대할 뿐만 아니라 그것에 대해 강한 적대심 또한 반감을 갖는 국민으로 양극화되어 나타났다. 그리하여 1980년대의 한국의 정치문화는 정권을 놓고 찬성과 반대라는 선명한 선호패턴을 나타내는 균열구조를 갖게 되었을 뿐 아니라, 정권세력과 반대세력이 날카롭게 대립하는 양극화된 불안정한 정치문화로 변해갔다.[106]

4. 과도기와 민주주의

1980년대 후반 한국의 정치사회는 친 군사정권과 도전세력 사이의 정치적 균열과 영호남의 지역갈등이라는 두 개의 균열차원에 의한 분열만이 아니라, 또 다른 차원의 균열에 의해서 분열되어 있었다. 즉, 그 동안의 군사정권의 성장정책과 자본주의 경제체제 아래서 부를 취득한 성장지배연합과 경제성장 과정에서 낙후되어 상대적 박탈감에 빠져 있었던 저소득층 사이의 균열도 있었다.[107] 기업체를 중심으로 그 동안 잠재해 있던 노사간의 갈등이 첨예하게 대립되어 나타났다. 특히 1987년 제 시민세력이 합세한 6.10민주항쟁은 민주화운동의 분수령이 되어 6.29선언을 가져왔다.

6.29선언은 민주정치로의 이행과정의 시발점이 되었다. 이는 대통령의 간선제를 직선제로, 정치활동 규제의 완화 등 정치적 개방선언을 의미하였기 때문이다. 6.29선언 이후 6공화국 출범을 위한 선거국면에의 돌입은 정치적 기반을 달리하는

106) 한배호, 앞의 책, 419-420쪽.
107) 위의 책, 451쪽.

정당후보들을 통하여 지역주의를 전면에 부각시키기도 하였다. 이로써 해방정국 이후 계급성의 최대 고양에도 불구하고 지역갈등이 계급갈등을 상쇄하는 결과를 초래하였다. 지역갈등과 야당의 분열이 현실화되어 노태우는 약 36%의 득표율로 전두환 정권을 계승하였다. 그러나 노태우 정권의 출범 이래 실시된 13대 국회의원 선거에서 여소야대의 국회가 구성되면서 정권에 대한 큰 압박요인이 되었다.

전두환이 물러나자 민주화에 대한 국민의 목소리와 열기도 높아졌고, 특히 여소야대의 정국에서 '과거 청산'은 노태우 정부가 직면한 가장 큰 문제였다. 결국 국회청문회와 전두환의 백담사행이라는 결과로 어느 정도 전정권과의 거리를 두는 효과를 거두었다. 이는 노태우 정권이 6.29를 단행했고 그 결과 직선제 과정을 거쳐 집권했다는 점과 함께 정권의 정당성 수장의 근거로 작용하였다. 또한 여소야대라는 불리한 정국 속에서 노태우 정권은 대내적으로는 노사분규 문제해결과 2백만호 주택건설 그리고 대외적으로는 북방정책을 국정목표로 삼아 추진하였다. 특히, 구소련의 붕괴현상과 맞물린 북방정책은 동구권 국가 및 중・소와의 외교관계라는 결과를 가져왔다. 공산권의 붕괴라는 일대변혁이 몰고 온 대세에 힘입은 바 컸지만 많은 국민들이 긍정적인 평가를 내리기도 하였다. 또한 1990년 1월 정치권은 3당통합이라는 보수세력의 대연대를 구축했다. 1992년의 총선과 대선 역시 지역주의로 결판났다.

새로 탄생한 소위 문민정부는 군부의 청산이라는 전 정권과 차별화의 일환으로 문민을 내걸고, 개혁과 세계화를 모토로 하였다. 집권 초부터 한국사회가 추구해야 할 공동의 목표를 끊임없이 선포했다. "신한국창조, 국제화, 세계화, 정보화, 복지화, 역사 바로세우기, 명예혁명, 일류국가 건설, 제2의 건국" 등을 내세웠다. 초기의 개혁정책은 구호정치와 이데올로기 조성의 연속이었다고 할 수 있다. 그러나 과거 정권으로부터의 단절과 새로운 문민정부로서의 정통성 확보에 급급한 나머지 체계적이고 일관된 개혁철학이나 이론을 개발하지 못하였다.

김영삼 정부에 들어서 자치단체장 선거의 확대는 하나의 성과였다. 1995년 6월 우리나라 선거사상 최초로 광역자치단체와 기초자치단체의 장 및 지방의원을 동시 선출하는 4대 지방선거를 실시했다. 이는 민주주의제도 정착을 위한 중요한 조처였다. 또한 민주화의 덕분으로 시민사회는 이전 정권들에 비해 확실히 활성화되었다. 그동안 대중적인 항거로 나타났던 대중들의 정치참여가 보다 제도적이고 온건한 방향으로 전환되었다.

1997년 12월 18일 대통령 선거가 실시되었고, 50년만에 여야 정권교체가 이루어졌다. 이것은 지역주의의 연장의 결과라는 현실에도 불구하고, 1980년대 이후 국민들 사이에 잠재해 있던 민주화의 결실이라고 볼 수 있다. 그러나 소위 국민의 정부라는 김대중 정부가 초기에 내놓을 수 있었던 것은 모든 '국민의 고통분담'을 호소하는 일이었다. IMF관리체제하에서 출범한 김대중 정부가 해결해야 할 가장 시급한 과제는 하루 빨리 이 상태를 벗어나는 것이었다. 또 하나는 골이 더욱 깊어진 지역주의를 해소하여 국민적 통합성을 창출하는 일이었다. 결론적으로 보아 김대중 정부는 IMF관리체제를 벗어나는 데는 성공했으나, 지역갈등은 해소시키지 못하였다.

김대중 정부에서 정치개혁이 실제적으로 나타난 것은 국회의원 지역구 의석을 줄인 것 외에는 크게 눈에 띄지 않는다. 그러나 김대중 정부에 들어서 정치·사회에 대한 변화의 요구는 시민단체(NGO)의 성장으로 나타났다. 시민단체가 열린 정치 실현의 새로운 수단으로 각광을 받으면서, 정치뿐만 아니라 시민사회 영역에도 많은 변화를 가져다 주었다. 남북관계에서 김대중 정부는 햇볕정책이라 불리는 대북화해협력정책으로 북한을 대화의 장으로 끌어내고, 호혜적 공존관계로 관계설정을 할 수 있는 계기를 마련하였다. 분단 이후 양측의 정상이 처음으로 만나 현안문제를 논의하고 「6.15 남북공동선언」에 서명한 것은 분단사의 한 획을 그었다. 이후 국내에서는 대북화해협력정책이 북한에 퍼주기 정책이라는 비판도 있었으나, 분명한 것은 우리 사회가 고질적으로 앓고 있던 레드컴플렉스를 치료할 수 있는 계기를 마련했다는 점이다.

2002년 12월 19일의 제16대 대통령 선거에서 새천년민주당의 노무현 후보가 대통령으로 당선되었다. 이 선거에서 인터넷을 통한 네티즌들의 역할은 주목할 만한 현상이었고, 시민단체가 중요한 정치세력으로 등장했다.

6공화국의 네 번째 정부인 노무현 정부는 참여정부, 즉 국민들과 함께 하는 민주주의, 더불어 사는 균형발전사회, 평화와 번영의 동북아시대 등을 국정목표로 제시했다. 시민사회가 국정파트너로 자리매김하고, 386으로 불리던 젊은 세대들이 파워엘리트로 부상하였다. 2004년 3월 12일 국회에서 대통령 탄핵안이 가결되기도 하였으나, 결국 헌법재판소는 탄핵안을 기각하였다. 제17대 국회의원 선거에서 열린우리당이 다수당이 되었으나, 의회는 '4대개혁 입법논란'으로 여야간에는 정쟁이 격화되었다. 노무현 대통령의 격식을 따지거나 체면을 의식하지 않는 소탈한 모습은 권위주의 탈피로 전임 대통령과 차별성이 부각되었다.

노무현 정부가 내건 대북정책인 '평화번영정책'은 남북관계를 넘어 '동북아 전체의 공동번영'이라는 목표를 내걸었다. 5년 임기 내에 확고한 '평화체제'를 위해 무언가 결실을 맺고자 했다. 2007년에 제2차 남북정상회담을 성사시켜 '10.4공동선언'으로 이를 실현하고자 했지만, 현실성이 없는 대목도 있었다.

2007년 12월 19일 대통령 선거에서 한나라당의 이명박 후보가 제17대 대통령으로 당선되었다. 역대 선거 사상 가장 큰 530만표 차이로 당선된 이명박 대통령은 보수정권의 집권을 이끌어 내고, 경제성장에 대한 기대와 희망을 갖게 하였다. 이명박 정부가 출범하면서 실용정부라는 명칭을 내세우려 했지만 너무 보편적인 것이라, '국민의 정부', '참여정부'와 달리 대통령 실명을 공식적 정부명칭으로 정하였다. 이명박 정부의 '저탄소 녹색성장'은 온실가스와 환경오염을 줄이면서 경제를 회생・발전시킨다는 지속가능한 국가성장에 목표를 두었고, 한국형 녹색 뉴딜사업이라는 4대강사업을 핵심사업으로 4대강사업을 완료하였으나, 갖가지 문제가 야기되면서 후유증을 남겼다.

한편 '2008년 촛불집회'는 직접적인 원인이 무엇이든 간에 대선과 총선을 거치면서 보수진영이 주도적 지위를 차지하게 된 우리 사회에서 잠재되었던 이념갈등이 현재화된 것이다. 이러한 갈등은 대북정책에서도 나타났다. 이명박 정부의 대북정책은 '남북상생・공영정책'이고 정책수단은 엄격한 상호주의를 바탕으로 하였다. 대북정책은 많은 어려움을 겪었고, 남북관계는 더욱 악화되었다.

한국의 현대정치사를 돌이켜 볼 때 한국의 민주주의는 그 숱한 역경에도 불구하고 개발도상국의 모범적인 사례로 발전하였다. 국민들의 인권과 자유도 크게 신장되었다. 이런 점에서 해방후 한국의 정치사를 민주주의와 민권의 발전사로 인식하는 것은 큰 무리가 없으리라 생각한다.[108] 다만 아직까지 깊게 남아 있는 지역주의 문제와 국민의 정치의식 함양은 우리가 풀어가야 할 커다란 과제이다.

2012년 12월 19일 제18대 대통령선거에서 새누리당 박근혜 후보는 51.55%로 당선되었고, 2013년 박근혜 정부가 출범하면서 국정목표로, ① 일자리 중심의 창조경제, ② 맞춤형 고용・복지, ③ 창의교육과 문화가 있는 삶, ④ 안전과 통합의 사회, ⑤ 행복한 통일시대의 기반구축을 제시하였다. 특히 한반도 신뢰프로세스는 대북정책의 방향이면서, 통일시대의 기반구축을 위해서 주요한 수단이라 하고 있다.

108) 김영명, 앞의 책, 330쪽.

제 3 장

정치권력과 정치적 리더십

제1절 권력과 정치
제2절 정치권력의 본질
제3절 정치권력의 발동
제4절 정치권력의 정통성
제5절 정치권력에 관한 제 이론
제6절 국가에 관한 제 이론
제7절 정치적 리더십

제1절 권력과 정치

인간은 물론 동물도 아니며 신도 아니다. 인간이 동물과 다른 점은 지적인 것과 정서적인 것에서 찾을 수 있다. 그런데 보다 근본적인 차이는 바로 인간의 욕망이 무한정하다는 데에 있다.[1] 예를 들어, 구렁이(boa constrictor)는 배가 부르게 먹었을 때는 다시 식욕이 생길 때까지 잠을 잔다. 다른 동물들도 이같이 구렁이처럼 잠을 자지 않는 경우가 있다면 그것은 먹이가 불충분하거나 적의 습격을 두려워하기 때문일 것이다. 동물들이란 이와 같이 대개 자기생존과 종족번식이라는 1차적인 욕구에 의하여 움직이며 그 이상의 행동은 없다.

그런데 사람은 그렇지 않다. 먹고살기에 여념이 없어서 평생을 기계처럼 일만 하다가 죽는 사람들도 있지만 생계가 보장되었다고 해서 모든 활동을 중지하고 있는 것은 아니다. 사람들은 배가 부르면 오히려 더 많은 욕망들이 되살아나기 쉽다. 또 의식주를 해결했음에도 불구하고 무엇인가 자신의 욕망을 위해 몸을 바친 사람들도 많다. 인간의 욕망이란 정말 끝이 없으며 이 세상에 만족하고 살아가는 사람들은 아무도 없다. 사람들은 가능하다면 신이 되려고 할 것이며, 어떤 사람들은 그것이 불가능하다는 것을 느끼지도 못하고 있다.

이러한 현상은 정치권력을 장악하고 있는 사람들에게 가장 뚜렷하게 나타나고 있는 현상이라고 하지만, 어느 면에서 보면 모든 인간들에게 공통적으로 잠재된 속성일 수도 있다. 다른 사람들에게는 철저히 권력을 기피하고 있는 듯 말하면서도 내심으로 열심히 권력을 추구하고 있는 사람들을 바로 우리 주변에서도 얼마든지 찾아볼 수 있다. 요즘 흔히 "백의종군한다", "마음을 비웠다"고 공언했던 사람들이 결국 권력에 대한 집착을 버리지 못하고 식자들의 질책을 받으면서도 계속 권력투쟁의 소용돌이에서 헤어나지 못하고 있는 상황을 보면 권력의 속성이 무엇인가를 쉽게 짐작할 수 있다. 이러한 것들이 인간으로 하여금 거짓을 조작하고 독선을 키우며 타협과 협동을 어렵게 할 뿐 아니라, 때로 무질서와 폭력을 악순환적으로 유발하는 원인이 되기도 한다.

물론, 권력을 부정적으로 보고 이를 멸시하거나 철저히 거부하는 사람도 있지

1) Bertrand Russell, *Power*, London: George, Allen & Unwin, Ltd., 1938, pp.7-9.

만 이를 찬미하고 중요시하는 사람도 많다. 그러나 어떤 주장에 있든 권력은 인간의 역사와 더불어 존속해 왔고, 그것은 또한 사람과 사람 사이를 관련짓는 인간들의 가장 중요한 관심사로 발전해 왔다.

우리나라의 전통에서도 권력의 자리를 차지하고 있어야만 인간으로서 품위와 위신을 누리고 살아갈 수 있으리라 믿어 온 사람들이 많았으며, 이를 위하여 추악한 권력투쟁을 끊임없이 벌여왔다. 이러한 권력 및 권위를 중심으로 가문이 형성되고 가문은 후손들의 권위와 사회적 진출에도 크게 영향을 미친 바 있었다.

이상에서 살펴본 바와 같이 권력은 정치학에 있어서 가장 기본적인 것으로 정치권력의 본질에 관한 규명은 정치학 고유의 영역에 속한다. 사회학자는 대개 권력이 행사·기능하는 배경과 이를 둘러싼 사회적 과정을 분석하고, 심리학자는 권력을 행사하는 개인적 행태의 특징이나 동기 등을 다루고 있다. 그런데 정치학에 있어서는 권력의 본질, 권력관계 및 권력현상에 관한 보다 생생하고 역동적인 분석이 요구되고 있다.

정치학의 어느 분야이든 권력을 소홀히 다룰 수는 없다. 가령 정치사라 할지라도 권력의 형성·조직·분배·변혁 등의 역사적 추이를 해명할 필요가 있고, 국제정치는 기본적으로 국가간의 권력관계에 관하여 파악해야 한다. 라스웰(H. D. Lasswell)은 "기능적 의미에 있어서 정치란 권력의 제도를 의미한다"고 말하고, "권력의 개념은 정치학 전체에 걸친 가장 기본적인 것이며 정치과정, 즉 권력의 형성·분배·행사인 것이다. 권력의 원리가 정치사상이요 권력에 관한 과학이 (가장 좁은 의미로) 정치학이다"라고 말하였다.[2)]

우리가 정치권력을 규명하는 데 있어서 특히 유의해야 할 점은 권력현상을 실제 행태적 측면에서 동태적으로 파악하는 일이다. 종래의 정치학이 정치의 기구나 제도의 측면을 주로 다루었고, 정치권력에 있어서도 가령 주권론과 같은 특수한 이론이나 정태적 현상만을 중요시하였다. 그러나 20세기에 들어와서 제도와 실제의 간격이 생기고 정치사회가 동태화됨에 따라 권력을 보는 입장도 달라져야 했다. 세계가 두 차례의 커다란 전쟁을 치른 이후에도 또다시 전쟁, 혁명, 쿠데타, 독재 등 거대한 정치적 위기는 그칠 날이 없이 계속 발생하고 있으며, 이른바 2차 세계대전후 새로이 등장한 신생국가에서는 하나같이 민주정치의 시련을 겪고

2) Harold D. Lasswell and Abraham Kaplan, *Power and Society: A Framework for Political Inquiry*, New Haven: Yale University Press, 1951, p.745.

있다.

그 동안 어둡고 긴 세월 모진 탄압과 착취를 받으면서 조용히 잠자던 민중들이 이제 권력에 대한 한의 욕망을 일시에 불태우기 시작하였고, 여기에 정치세계에서 미처 예상 못했던 지배·권력에 대한 복잡한 양상이 노정되었다. 사람들은 권력에 대해 때로 철저한 규범적 원칙론을 고수하면서 극히 비합리적인 감정으로 대응하기도 하고, 또 전통적 가치와 근대적 가치가 엇갈린 상충된 가치를 동시에 내세우기도 한다. 이에 따라 요즘 정치학 교재에서도 권력의 실제적 측면을 중요시하고, 권력의 긍정적·부정적 측면, 권력 추종자와 반항자, 권력의 정당성, 권력 발동의 제 조건이나 변화 등을 다양하게 다루고 있다. 이 밖에도 권력의 갖가지 유형과 권력의 치부, 권력존재와 권위의 실추 등 많은 새로운 문제들이 꼬리를 물고 제기된다. 이들 권력의 본질 및 여러 가지 측면들을 알아보기로 한다.

제2절 정치권력의 본질

1. 정치권력의 다양성

우리가 일상생활에서 흔히 사용하고 있는 권력의 개념은 힘, 능력, 통제력, 영향력, 권위 등 다양한 말로 표현되고 있어 그 의미가 극히 애매하다. 다만, 우리 사회에서 권력이란 말은 대개 사회제도상의 지위와 관련해서 명령할 수 있는 자격을 지칭하는 뜻이 담겨져 있는 경우가 많다.[3]

한편, 서구의 사회과학에서 쓰는 'Power'의 개념에는 다분히 뉴턴(Isaac Newton)의 물리학적 사고가 담겨져 있다. 즉 변화에는 반드시 원인이 되는 원동력이 있다는 전제하에 그 인과관계의 인(因)에 해당하는 작용을 Power나 Force로 보는 경향이 있다.[4] 이러한 맥락에서 볼 때 권력을 가지고 있다는 말은 인과관계에서 이런 특정의 입장에 있는 관계로 보는 것이 바람직하다.

힘이란, ① 일정한 사회관계에 있는 하나의 행위자가 저항을 무릅쓰고 자기 자신의 의지를 수행할 수 있는 위치에 있게 될 개연성,[5] ② 자기 목적에 상대방의

3) 이상우, "럼멜의 권력개념," 『한국정치학회보』, 제15집, 1981, 299쪽.
4) 위의 글, 298-299쪽.

행동이 따르도록 영향을 미치는 능력,[6] ③ 다른 사람들의 마음과 행동에 대한 통제[7] 등으로 표현되고 있는 바와 같이 상대방의 태도에 어떤 변화를 가져오게 하는 면이 강조되고 있다. 이러한 힘은 결국 개인에게 영향력을 주는 방법이며 이에 관련된 조직의 형태에 따라 여러 유형이 있다. 즉, 한 개인에 있어서는 체포・구금 등의 방법으로 신체에 대하여 물리적 힘을 행사하거나, 고용기회의 제공이나 박탈 등의 보상 및 처벌 그리고 선전 기타의 방법으로 의견형성・변화에 영향을 미치는 경우가 있고,[8] 또 이들을 조직의 차원에서 군대와 경찰에 의하여 행사되는 강압적인 힘, 포상과 처벌을 통한 장려책과 억제책으로 사용하고 있는 경제적 힘, 그리고 사회여론에 영향력을 주는 것을 목표로 학교・교회・정당 등을 활용하는 경우를 들 수 있다.

그러나 권력이란 인간의 행동양식을 통제하는 능력이며 인간 그 자체를 지배하는 것은 아니기 때문에 그 어떠한 강력한 힘도 인간을 전인격적으로 완전히 장악할 수는 없다. 권력은 폭력을 사용할 때 가장 강한 것이 아니라 오히려 가장 약할 수 있으며, 권력에 저항하는 방법도 권리를 침해하는 유형만큼이나 많고 다양하다.[9] 권력의 힘으로 모든 사람의 손에 수갑을 채울 수는 없는 것이며, 법이 아무리 엄하다 해도 그것이 여론이나 대중의 감정에 의하여 지지되지 못하고 있을 때에는 전혀 힘을 쓰지 못하는 것이다. 또 인간이 소유 내지 추구하고 있는 가치는 일반적으로 복수적이기 때문에 권력관계는 중첩하여 존재할 수 있다. 예를 들어, 동일한 인간 A에 대하여 경제관계에 있어서는 B가, 교제관계에는 C가 권력을 행사할 수 있는 것이다.[10] 따라서 정치권력을 제한하기만 하면 저절로 인간의 자유가 확대된다고 생각했던 낙관주의적 자유주의자들의 실망은 바로 이러한 점을 간과했던 데 그 원인이 있었던 것이다. 따라서 우리는 권력과 물리적 강제력(폭력)의 혼동을 경계해야 한다.

권력현상은 물리적 폭력을 행사하는 인간 내지 인간집단 사이의 특유한 현상이라고만은 볼 수 없다. 말하자면 물리적 폭력은 반항하는 자에 대해 통제력을 행

5) Max Weber, *International Encyclopedia of Social Science*, 'Power' 항.

6) A. F. K. Organski, *World Politics*, 2nd ed., 1968, p.104.

7) Hans J. Morgenthau, *Politics among Nations*, New York: Alfred A. Knopf, 1967, p.26; 힘에 관한 이상의 제 정의와 기타 자세한 내용은 이상우, 앞의 글, 300쪽 참조.

8) Russel, 이성규 역, 『권력론』, 서문당, 1975.

9) Merriam, 신복룡 역, 『정치권력론』, 청아출판사, 1987, 제6장.

10) 中山政夫, 『政治權力論』, 京都: 三和書房, 1961, 99쪽.

사함에 있어서 가장 극단적인 경우에 불과하다. 물론 우리 사회에는 많은 형태의 힘과 폭력들이 난무하고 있다. 그 중에서도 국가가 가지고 있는 군대와 경찰은 권력과 권위의 상징이면서 짧은 시간 안에 즉각적이고 직접적인 지배를 확보할 수 있는 효과적인 수단이다. 이들의 힘 앞에 군중은 흩어지고 반항자들의 저항과 외침은 단호하게 저지될 수 있다. 또 감옥이나 무장경찰은 반항자의 목소리를 침묵시키는 가장 효과적인 수단이 될지도 모른다. 부드러운 유화정책이 오히려 불만을 증대시키고 무질서를 확대시켜 결국 빨리 진화되지 못한 작은 불꽃이 너무 커질 위험성이 있기 때문이다.

그러나 힘은 현대에서 가장 높은 권위의 표현으로서가 아니라 실패에 대한 최고의 고백으로 간주될 수 있다. 힘이란 너무 잔혹한 것이기에 가장 어리석은 도구이며, 폭력은 더 높은 차원의 것과 비교할 때 인간적으로나 사회적으로 가장 낮은 수준의 통제에 호소하려는 것이다. 심리학적으로 총칼은 우리 시대에 있어 지성의 상징이 아니라 초조함과 야만성과 증오에 가득한 살인충동의 상징일 뿐이다.[11]

대부분의 사회에서 힘은 여러 가지의 법규에 비해 별로 보편화되지 않고 있으며, 특별한 경우 조직의 성공은 얼마만큼의 폭력을 사용했느냐가 아니라 가급적 폭력을 피하고 그 대신에 다른 형대의 방법을 얼마나 사용했느냐에 의해서 결정된다. 정치집단의 가장 중요한 특징 중의 하나라고 흔히 단정적으로 말하는 힘의 독점은 날마다 사용하는 것이 아니라, 설득이나 화해와 같은 수단들이 실패로 끝났을 경우 최후수단으로 사용될 때 그 의미가 있는 것이다.[12]

2. 권력의 실체개념과 관계개념

정치권력에 관한 문제를 고찰하는 데 있어서 그 전제로 유의해야 할 것은 권력을 실체개념으로 보느냐 혹은 관계개념으로 보느냐 하는 두 가지 입장의 차이이다.

11) 신복룡 역, 앞의 책, 258-259쪽.
12) 위의 책, 42쪽.

(1) 권력의 실체개념

권력의 실체개념은 권력이란 사람이 다른 사람 또는 집단을 지배하기 위하여 소유하고 있는 것으로 파악한다. 다시 말하여 구체적인 권력행사의 제 형태의 배후에는 일정불변의 권력의 실체가 존재하고 있다고 보는 것이다. 이에 대하여 권력의 관계개념(혹은 기능개념)[13]은 권력관계의 구체적인 상황에 있어서 인간들의 상호관계에 중점을 둔다. 역사적으로 보면 대개 체제가 정태적인 사회에서 계층간 이동이나 사회적 유동성이 매우 한정되었던 경우에는 권력에 관한 실체적 개념이 지배적이었으며, 이데올로기적으로 정치권력의 전제성을 강조하는 입장에서 보면 더욱 그러하다. 19세기에 정치가 비교적 고정적이며 정치기구가 자동적으로 원활하게 운영되던 시대에는 실체설이 강조되었고, 국가적으로도 독일・러시아 등 대륙계의 학자들 중 이 설을 주장하는 사람이 많았다.

가령 "권력을 장악한다", "권력을 손아귀에 넣다", "권좌에 오른다"라는 말을 사용할 때 그것은 실체설에 입각한 표현이다. 이 설은 홉스에 의하여 대표되어 헤겔, 마르크스 등 다수의 지지자가 있다.

(2) 권력의 관계개념

정치권력에 의한 사회적 가치의 독점성이 상대적으로 낮고 커뮤니케이션의 제 형태가 발달되어 사회적 제 집단의 자발적 형성과 그들 사이의 복잡한 상호견제작용이 활발히 이루어지고 있는 나라와 시대에 있어서는 권력에 관한 관계설이 두드러지게 나타나고 있다. 권력의 관계개념은 권력관계에 있어서 복종의 심리적 계기나 복종자의 행동양식이 지배자에 미치는 역작용을 중요시한다. 역사적으로 이 개념은 자유민주주의의 이데올로기와 결합되어 있고 대개 로크, 밀 등의 자유주의자, 실증주의자 등 영미계통의 학자들이 선호하고 있으며 정치관계상 피치자의 동의를 중요시한다.

권력관계에서 지배자가 피지배자의 복종을 확보하기 위해서는 그들 사이에 어떤 합리적인 상호작용 관계가 맺어져야 하는데, 구체적인 권력관계를 보면 인간 내지 인간집단 상호간에 있어서 자기평가와 타인평가의 무수한 교환이 행하여지고 있음을 알 수 있다. 그리고 거기에 영향을 미치는 사회적 제 요소는 매스커뮤니케

---

13) 中山政夫, 앞의 책, 75-94쪽.

이션의 발달과 사회 제 집단간의 상호연관성 등 복잡다양하여 권력을 가진 자도 제도나 조직의 자기동일성 속에 안주할 수 없는 형편에 있게 된다. 이러한 사정은 정부와 같은 전형적인 정치권력뿐 아니라 정당, 노동조합, 기업체 등의 경우도 마찬가지이다. 그것은 사회적인 인간관계나 공공적 생활관계 등의 사회적 의미의 증대나 권력 자체의 변동도 함께 논의되어야 하기 때문이다. 이러한 상황에서 대중의 사회적 권력관계의 광범한 참여의 문제가 제기되며, 여기서 권력의 관계개념은 피치자의 동의의 요소를 강조하고 있는 것으로 실체설의 결함을 보충하고 있는 것이 장점이라 하겠다.

(3) 양 개념의 결합

위에서 고찰한 두 입장의 권력개념은 한쪽은 강제의 측면을, 그리고 다른 한쪽은 동의의 측면을 강조하고 있는 것으로 어느 한쪽만을 배타적으로 옳다고 할 수는 없다. 다만 방법론적 차원에서 보아 권력의 실체적 파악은 기구론이나 제도론에 알맞은 이론이고, 관계설은 리더십의 정치과정, 조직의 전략, 퍼스낼리티의 행동양식 등의 요목과 관련되어 의의가 있다. 전통적인 국가론은 법적 제도를 중심으로 그 기능이나 활동을 법학적 차원에서 서술하고 있으므로 실체설의 입장이 우선시된다.

반면, 지배와 피지배의 기능적 연관성과 상호제약성에 초점을 둔다든가, 대중의 행동양식을 반체제의 방향으로 전화하는 문제 등 권력과정의 동태적 측면을 고찰하면 관계설의 입장이 크게 고려되어야 한다. 가령, 마르크스주의의 권력개념이 실체적 파악의 한 전형임에도 불구하고 마르크스-레닌주의에 관한 구체적인 정치분석 가운데는 권력에 관한 관계적 파악을 전제로 한 경우가 여기저기 눈에 띄고 있음은 주목할 만한 사례이다.[14]

이렇게 볼 때, 권력의 개념은 실체설이나 관계설 중 어느 하나에 의해 완전히 설명할 수 없으며, 그것은 지배자와 피지배자가 어떤 공통목적을 달성하기 위하여 일부는 강제에 의해서, 일부는 동의에 의해서 이루어지는 상호간에 서로 결합된 인간관계[15]라는 관점에서 정의하는 것이 타당하다 하겠다.

14) 위의 책, 78-79쪽.

15) Carl J. Friedrich, *Constitutional Government and Politics*, New York: Ginn and Co., 1950, p.24.

3. 권력, 영향력, 권위

권력은 이와 유사개념으로서의 영향력(세력), 권위 등과 구별할 필요가 있다. 다음에서 권력과 관련된 이들의 개념을 차례로 살펴본다.

(1) 권력과 영향력

권력은 넓은 의미에서 영향력이라고 할 수 있을 정도로 영향력이란 개념과 관련이 깊다. 영향력이란 개인 또는 집단간의 상호관계로서 어떤 한쪽이 다른 쪽에다 미치게 하는 세력을 말한다.[16] 이에 대하여 권력은 그러한 세력의 일부이며 특히 정당성을 가진 결정력이라고 볼 수 있다. 이를테면, 어떤 법안을 성립시키는데 있어서 각종 압력단체는 세력은 갖고 있지만 권력은 갖지 못하며, 회사의 영업방침에 대하여 그 회사의 중역은 권력을 갖지만 노동조합은 세력밖에 갖지 못한다.[17]

라스웰은, 영향력을 행사한다는 것은 중력・영역・범위에 있어서 타인의 의사결정과 행동에 영향을 끼치는 것이며, 그 조건이 되는 기저가치(base value)가 중요하다고 하였다.[18] 영향력을 가진다는 것은 어떤 높은 가치나 위치를 차지하고 있음을 말하며, 가령 A란 사람이 B에 대하여 영향력을 행사할 때 A는 어떤 가치에 관하여 B보다 유리한 입장에 처해 있어야 한다.

러셀(Bertrand Russell)은 영향력 행사의 동인(動因)으로 ① 체포나 살상 등 신체에 대하여 직접적으로 물리적 힘을 행사하는 경우, ② 고용기회를 제공하거나 박탈하는 등 보상이나 처벌을 제공함에 의하여, 그리고 ③ 교육이나 선전을 통하여 의견에 영향을 미치는 등의 세 가지를 열거하고 있다. 또 길먼(Gilman)은 계서적(階序的)인 조직 내에서 통제를 성취할 수 있는 방법으로 강제, 조종, 권위, 설득의 네 가지를 들고 있는데, 이들 또한 어떤 형태이건 영향력의 행사라고 볼 수 있다.[19]

라스웰이 열거하고 있는 영향력 행사의 방법을 보면 ① 폭력, 협박 등 그것을

---

16) 이극찬, 『정치학』, 법문사, 1985, 143쪽.

17) 위의 책, 144쪽.

18) Lasswell and Kaplan, *op. cit.*, p.83.

19) Dorwin Cartwright, "Influence, Leadership, Control," Roderick Bell, ed., *Political Power*, New York: The Free Press, 1969, p.133 참조.

행사하는 사람의 육체적인 힘을 통하여, ② 회뢰(賄賂)행사 등 재물을 매개로 하여, ③ 성인이나 교사 등의 가르침을 통하여, ④ 이념주입 등 정치적 교화의 방식에 의하여, ⑤ 도덕적 권위나 명성, 애정, 우정과 관련된 존경, 사랑, 의리에 의하는 등 다양하다.[20] 그런데 영향력의 형태가 어떤 것이든 만일 그것이 정책에 대한 효과가 비교적 심한 제재에 의하여 강제되는 경우 언제나 권력형태가 된다고 하였다.

라스웰에 의하면, 가치부여는 영향력의 증가이고 가치박탈은 그것의 감소이다.[21] 영향력을 가진 자에 의하여 가해지는 가치박탈이 영향력 행사의 대상이 되는 자에게 매우 중대한 것일 경우에는 어떠한 형태의 영향력도 사실상 하나의 권력관계이다. 즉 안전이나 부에 토대를 둔 영향력의 행사는 덕성이나 존경에 토대를 둔 것이라도 권력관계를 구성할 정도의 심한 가치박탈을 포함할 가능성이 많다. 물론 그것은 사회와 문화 속에서 작용하는 가치기준에 따라 다르다. 중세 유럽에 있어서 교회는 파문이라는 제재에 의하여 강제력을 가진 권력을 행사하였는데, 그 권력은 존경・덕성・애정과 같은 가치박탈을 가져왔다. 그러나 현대의 수많은 문화에 있어서 교회는 권력 아닌 영향력만을 가졌을 뿐이라고 말한다. 말하자면 어떤 영향력의 형태는 권력형태로 전환될 수 있으나 반드시 그런 것은 아니다.

권력은 그 자체가 하나의 가치이며 정당성을 가진 결정력이므로, 그 영역에 권력을 내포하고 있는 영향력 형태는 대체로 권력형태인 것이 보통이다. 왕후는 왕에 대하여 권력 아닌 영향력만 갖고 있으나, 그 영향력의 정도에 따라서는 왕의 신하에 대한 경우처럼 권력을 행사할 수도 있다.[22]

또 여기서 유의해야 할 것은 권력과 영향력의 여러 형태는 서로 밀접한 관련을 가지고 있다는 것이다.[23] 라스웰에 의하면 영향력은 그 기저와 영역의 확대에 의하여 새로운 영향력을 획득한다고 한다. 가령, 어떤 사람이나 집단이 A라는 가치를 토대로 하여 X가치에 대하여 영향력을 행사한다고 가정하자. 그렇게 되면 A 가치뿐만 아니라 B, C가치도 어떤 유리한 위치를 차지하는 경향이 있으며, 또한 X 뿐만 아니라 Y, Z에도 영향력을 미치는 경향이 있다는 것이다.

높은 급의 위치를 차지하고 있는 사람은 경제적・정치적 권력을 행사하고 그것을 통하여 그의 부를 더욱더 늘릴 수 있게 된다. 또한 부를 통하여 그는 존경을

20) *Ibid.*, p.133.
21) Lasswell and Kaplan, *op. cit.*, pp.58-62.
22) *Ibid.*, pp.83-85.
23) *Ibid.*, pp.83-97.

얻을 수 있으며 그로써 고문과 같은 높은 지위도 얻을 수 있다. 그리고 부와 존경을 토대로 해서 그는 권력 이외의 다른 가치에도 영향을 미칠 수 있다.

그러나 권력과 영향력 사이에는 상당한 차이점이 있다. 즉 권력은 타인이 행위자의 의사를 거역할 때 강제력이나 제재력을 동원하는 것이 일반적이지만, 영향력은 제재력의 위협이나 어떤 보상의 약속 없이도 성립되는 현상이다. 따라서 행위자가 타인의 가치박탈을 위협하고 강제력을 행사할 때 영향력은 권력으로 변하는 것이다.[24]

(2) 권력과 권위

권위란 물론 권력과는 다른 개념이다. 소크라테스는 권력은 없지만 권위가 있었고, 경찰관은 권위는 없지만 권력을 가지고 있다고 말할 수 있다.

권위란 간단히 말하여 일반적으로 기대되는 정당성 있는 권력의 점유라고 말한다. 권력행사의 대상이 되는 사람들이 권위적인 것으로 인정하지 않으면서도 그것에 복종하는 권력을 라스웰은 'Naked Power'라 하였는데, 이러한 적나라한 권력은 폭력의 형태를 갖기 쉽다.[25] 이에 대하여 어떤 사람이 권위를 가졌다고 한다면 그것은 그가 실제로 권력을 가지고 있다는 뜻이 아니라, 정치규범이 그에게 권력을 배정하였기 때문에 그 규범을 고수하는 사람들이 그에게 권력을 가질 것을 기대하고 그의 권력행사를 합법적이고 정당한 것으로 본다는 것을 말한다.[26] 결국 권위란 언제나 권위를 권위로서 용납하는 사람들에 대한 관계를 포함한다.

권위라는 말은 일상생활에서도 광범위하게 사용되고 있는 말로서, 우리는 흔히 어떤 물건이나 제도 등에도 이를 적용하고 있다. 가령, 어떤 저서나 출판사가 권위가 있다든지 혹은 법의 권위, 대학의 권위 등 광범위하게 사용하고 있으며, 심지어는 운동경기 중에도 권위의 차이가 있다. 그리고 사람의 권위에 있어서도 적극적으로 설복 혹은 승복의 단계로부터 존경, 숭배, 신앙 등에 이르는 다양한 심리적 기반을 가진 권위가 있다.

권력은 사회적 지위에 관한 상·하적 대립관계(권력주체와 권력객체)에서 작용하게 되므로 권력에 의한 통일은 타율적이다. 이에 대하여 권위는 오직 가치상의

---

24) Harold D. Lasswell, *Power and Personality*, New York: Norton, 1948, p.223.
25) Lasswell and Kaplan, *op. cit.*, pp.133-141.
26) *Ibid.*, pp.133-141.

상하관계에서만 작용하게 되므로 권위에 대한 통일은 자율적이며 내면적이다.[27] 즉 권위란 지배자에 대한 국민의 자발적인 복종 혹은 동의의 요인이 되며, 그것은 국민이 지배자의 권력의 정당성을 인정하는 모태가 된다.

그러나 권위도 일종의 사회적 힘이라는 것은 사실이다. 권위는 흔히 역사나 전통 혹은 신비적인 가치를 포함한 사회적 이데올로기의 산물이기도 하다. 정치의 영역에 있어서 권위가 권력과 전혀 무관하게 존재한다고 말할 수는 없다. 권위가 전혀 없는 권력이란 존재할 수 없는 것이며, 권위의 근저에는 또한 권력적 실질이 가로놓여 있다고 보아야 할 것이다. 그리고 질서가 잘 잡힌 공동사회에서는 권력과 권위가 함께 나타나는 것이 일반적 경향이라고 본다.

4. 정치권력의 특징

정치권력은 넓은 의미로 보아 사회권력의 일종이라고 말할 수 있다. 권력은 다른 사회권력을 수렴・통합할 수 있는 힘과 아울러 최후적으로는 물리적 강제력을 행사할 힘을 가진다.

정치권력의 발생을 정치상황의 종합적인 고찰과 분석에 따라 파악했던 메리엄(Charles E. Merriam)은 ① 조직적인 정치활동의 필요를 발생시킬 만한 사회적인 집단 내의 긴장(tension), ② 사회생활에 있어서 조절과 순응을 필요로 하는 인간적 개성의 제 유형(personality types), ③ 집단 내의 여러 가지 상황들을 교묘하게 이용할 뿐 아니라, 개인들 간에 문제가 발생하였을 때 조정의 역할을 수행하는 권력에 굶주린 사람들(the power hungry), 즉 정치지도자들의 제 요인들이 상호간에 어떠한 영향을 미치는가를 고찰해야만 권력의 발생을 알 수 있고 권력의 본질적인 특징이나 과정도 발견할 수 있다. 권력이란 무엇보다도 집단의 단결력을 조장하고 집단에 대한 이익과 효용성을 느끼게 하는 힘을 갖고 있으며, 사람들의 사회적 제 관계에 있어서도 필요한 기능을 수행해야 한다고 하였다.[28]

정치권력의 특질은 물론 시대에 따라 다르게 나타날 수 있고, 특히 사회 제조직의 발달과 시민수준의 향상에 따라서 다양하게 행사되어야 한다고 기대된다. 또 정치권력에 관한 연구는 정치학자뿐만 아니라 자연과학자나 인류학자들에게도

27) 이극찬, 앞의 책, 145쪽; 原田鋼, 『政治學理論』, 東京: 朝倉書店, 1962, 92쪽.
28) 신복룡 역, 앞의 책, 36쪽.

중요한 관심의 대상이 되고 있다. 자연과학자들은 벌레, 벌, 개미, 침팬지 등과 같은 하등동물의 생활질서에서 기본적인 형태의 권력체계가 있음을 발견하고 있다. 이들의 생활 속에는 놀라울 정도로 강한 외적 질서가 지켜지고 있다. 가령 지도자, 추종자, 전사, 노예 등 여러 형태의 많은 무리들이 일정한 행동유형을 이루어 움직이고 있으며, 인간사회의 정치적 행동과 유사한 점이 많다고 한다.[29] 또 인류학자들은 권력에 관하여 문명 이전의 사회집단에서 일어나고 있는 사회과정을 관찰, 이를 가지고 좀더 성숙된 사회집단의 삶과 행태를 이해하는 데 적용하고 있다. 또 사회학자들은 사회적인 상황을 분석하고 해석하는 것은 자기들만이 할 수 있는 기술이라고 주장하고, 심리학자는 개인간의 관계는 자기들의 전문영역에 속한다고 주장하고 있다.

이와 같은 상황에서 권력의 특성은 매우 광범위하고 유동적인 것이어서 그것을 정확하게 규명하기란 쉽지 않다. 다만, 그 동안 여러 학자들이 주장하고 있는 사회 일반의 힘이나 영향력과는 다른 정치권력 특유의 몇 가지 속성만을 열거하면 다음과 같다.

매카이버(R. M. MacIver)는 정치권력의 일반성을 주장하였는데, 오직 정치권력만이 모든 공동사회의 기관이고, 그것만이 신조라든가 계급이나 인종 등에 관계없이 그 영토 안에서 생활하는 모든 사람들의 복종을 필요로 하며, 그것만이 지리적 경계를 결정할 수 있을 뿐이라고 주장하였다.[30] 한편 만하임(Karl Mannheim)과 메리엄은 통합성·강제성을 중요시하였으며, 로우야마(蠟山政道)는 일반성·잔존성·통합성·강제성의 네 가지를 들었다.[31] 여기서는 로우야마의 이 네 가지 정치권력의 특징을 살펴보고자 한다.

(1) 일반성

정치권력은 다른 사회권력에 비해서 그 행사범위가 일반적이다. 사회권력의 범위는 그 사회의 제한된 목적에 따라 규정되고 있음에 반하여, 정치권력은 정치사회 혹은 국가목적의 포괄성에 비추어 일반적 특성을 갖고 있다. 이러한 정치권력의 일반성은 국가가 지역사회의 성격을 가지고 있으며 질서유지, 국가방위 기타

29) 위의 책, 21쪽.

30) Richard M. MacIver, *The Web of Government*, New York: Macmillan Co., 1947, p.94.

31) 蠟山政道,『政治學原理』, 東京: 岩波書店, 1952, 132-133쪽.

지역주민의 생활개선 등 포괄적인 목적을 가지고 있다는 데서도 나타난다.

(2) 잔존성

정치권력의 또 다른 특성으로 잔존성을 들고 있다. 앞서 말한 대로 정치권력은 질서유지의 목적을 갖고 있다. 이러한 목적은 인간생활이 지속되고 있는 한 영원히 소멸하지 않을 것이다. 마르크스는 국가를 유산자와 무산자의 계급투쟁으로 보고 사회가 발전함에 따라 이 계급들 사이에 적개심이 공식적으로 노출된다고 주장하였다. 따라서 계급투쟁이 끝나고 오직 무산자로 구성된 단일계급의 사회가 나타났을 때, 국가가 존재할 수 있는 기회는 사라지고 국가는 소멸하게 된다는 것이다. 그러나 그의 주장과는 달리 계급혁명을 성취한 구소련과 중국은 더 거대한 권력지배가 자행되었다. 결국 사람들이 살아가고 있는 한 인간생활에 있어서 근본적인 위기현상, 자연의 재해, 기근, 질병, 범죄, 실업 등의 문제들이 꼬리를 물고 일어나 정치권력의 필요성은 항상 잔존하게 된다.

(3) 통합성

정치권력은 또한 공간적・시간적 보편성뿐만 아니라, 다른 사회권력을 수탈・수렴・통합하는 특성을 갖고 있다. 이러한 특성은 개인뿐 아니라 그가 속해 있는 사회집단을 위해서도 매우 중요하다. 국가사회 내의 질서・정의・책임・신뢰감・지도력・조절・협동 등의 필요성은 우리 사회를 위하여나 개인을 위하여 더욱 강조되고 있다. 사회통합을 위한 정치권력의 적절한 기능은 집단생활 못지않게 개인의 생활을 보다 완전하고 윤택하게 발전시키는 데 있어서도 더욱 중요하다. 이 기능은 또한 이른바 권력의 일반성 및 잔존성의 테두리 속에서 다시 사회의 제 갈등을 조절하고 균형과 안정을 유지하기 위하여 구심적 역할을 수행하는 것이다.

(4) 강제성

정치권력의 특징 중 다른 하나인 강제성 또는 제재성은 다른 사회적 힘과 비교할 때 가장 차이가 큰 본질적 특징이라 볼 수 있다. 일반적으로 정치적인 관계는 사회적인 조직에서 어느 다른 집단관계보다 고통과 형벌의 폭이 더 넓다는 사실을 우리는 공감하고 있다. 정치관계에 있어서 제재력은 사실상 법률상의 한계가 없다고 할 수 있다. 실제로 정치관계에서 관습적으로 복종하고 있는 사람들이 때로 이를 벗어나 항거할 수도 있겠으나 하여튼 제재력은 합법적으로 무제한 행사된다. 이러한 형벌에는 개인의 신체나 재산에 대한 통제, 신분제한, 기타 무수한 형태의 강제력을 내포하고 때로는 생명 자체의 손실까지를 포함한다. 권력의 조건하에서 다른 집단에 의하여 행사되는 경우도 있지만 정치기구에 비하여 보편성이 있는 것은 아니다. 포괄적 의미로서 권력이란 단지 정치적인 관계에서만 인정되며 권력을 휘두른다는 것도 일반적으로 공식적인 정치기구에 의하여 이루어진다.[32]

5. 정치권력의 조직화와 공공성

정치권력이 물리적 강제수단의 합법적 독점에 의해서 사회통합에 관계되는 여러 가지 결정을 작성하여 집행하는 것이라고 볼 때 권력의 조직화와 공공성의 문제를 생각지 않을 수 없다. 정치권력은 최종적으로 물리적 강제력이 뒷받침된 조직적인 강제력이므로 조직을 도외시하고서는 정치권력을 생각할 수 없으며, 이 또한 사회의 안녕을 위한 공공성의 문제와 관련지을 수밖에 없다.

원래 인간은 고립하여 사는 것이 아니라 타인과의 공동생활을 해야 하므로 거기에는 필연적으로 이해의 대립과 충돌, 그리고 갈등이 일어나기 마련이다. 이러한 사회구성원간의 이해의 대립·갈등·충돌을 누군가가 조정하지 않으면, 홉스가 지적한 바 있는 '만인의 만인에 대한 투쟁상태'가 출현할 것이다. 바로 그러한 혼란에서 탈피하기 위하여 권력에 의한 법과 질서유지의 필요성이 발생되고, 그 결과 권력을 가진 소수와 갖지 못한 다수간에 지배·복종관계가 형성된다.

즉, 사회의 법과 질서와 안정과 통합을 유지하고 인간이 추구하는 가치의 권위적 분배기능을 수행하기 위한 권력의 필요성이 조직화를 성립시킨 것이다. 따라서 강제력을 수반하는 정책결정과 집행을 위하여 지배-복종 도식의 권력관계가 조직화되면서 정치권력이 성립되었다.[33] 이러한 정치권력의 조직화의 결과는 정치이념에 따라 그 형태가 국가마다 다르지만, 일반적 조직화의 양상은 유사하게 나타난다.

정치권력의 치자층은 권력의 핵심(kernel)과 이것에 봉사하는 장치(apparatus)로 구성되며,[34] 이들 권력핵심과 장치는 정치권력을 조직적으로 움직이는 기관에

32) 신복룡 역, 앞의 책, 27-28쪽.
33) 이범준·신승권, 『정치학』(개정판), 박영사, 1996, 75쪽.

해당된다. 여기에서 권력의 핵심은 조직에 있어서 가장 중요한 부분으로서 권력기구의 원동기적 작용을 담당하는 능동적인 부분이다. 권력의 핵심은 시대와 나라의 정치형태가 다름에 따라 다르게 나타나며, 어디까지를 권력의 핵심으로 볼 것인가도 분명치 않다. 다만, 현대국가를 기준으로 볼 때 대통령·국무총리 및 각료 등이 이에 해당된다고 볼 수 있다. 권력의 장치는 이들 권력의 핵심을 보조하며, 그것에 봉사하는 기관이다. 이러한 권력의 장치는 전문적인 기능을 갖는 오로지 한 가지 일에만 종사하는 사람들로서 구성된다. 이것을 크게 나누면 관료제와 경찰·군대이다.[35]

이와 같이 권력의 핵심과 장치를 구분했지만 실제로 이 둘을 구분하는 것은 반드시 용이하지 않다. 왜냐하면 그것들은 결국 정치권력의 구조로서 불가분적으로 통일되어 있기 때문이다.

한편 권력의 핵심과 장치에 의하여 지배되는 피치자층은 치자에 대한 지지자층과 반항자층, 그리고 중립자층 및 무관심층으로 나누어 볼 수 있다. 지지자층은 자기가 소속하고 있는 체제하에서 생활가치추구에 만족을 느끼는 사람들일 것이고, 이에 만족을 느끼지 못하는 사람들은 반항자층을 형성할 것이다. 라스웰은 권력의 치자층을 엘리트(elite)라 부르고, 반항자층의 리더를 대항엘리트(counter-elite)라고 불렀다.[36]

어떤 정치권력 조직이는 권력의 핵심을 정점으로 한 치자층과 대항엘리트를 중심으로 한 반항자층 사이에는 중립자층과 무관심층이 존재한다. 중립자층은 다시 치자에 대한 우호적 중립자층과 적대적 중립자층이 형성될 것이지만, 그 사이의 경계는 매우 유동적이다. 그 외에 무관심자층은 치자 내지 정치권력에 대해서 적극적 지지와 충성도, 적극적 반항과 부정도 보이지 않는 사람들로 구성되며, 이들의 규모도 시대와 정치적 상황에 따라 유동적이다.

이처럼 정치권력의 치자와 피치자는 여러 조직에 참여하여 그 조직사회의 계급상황 어디엔가에 위치를 점하고, 그에 따라 이익관계를 추구하며 그에 적합한 사고 및 행동의 형태를 갖게 된다. 그러나 권력구조를 단순히 계급구성이란 견지에서만 파악하는 것은 대체로 타당하다고 볼 수 없다. 정치권력이 치안유지, 외적

34) 이극찬, 『정치학』(제6전정판), 법문사, 1999, 186쪽.
35) 위의 책, 186-187쪽.
36) Lasswell and Kaplan, *op. cit.*, p.201, p.266.

방위, 기타 공공적 기능을 수행하기 위한 조직화란 점도 부인할 수 없을 것이지만, 메리엄이 주장하는 바와 같이 정치권력이 ① 대외적 안전, ② 대내적 질서유지, ③ 정의, ④ 일반적 복지, ⑤ 자유 등[37]의 공공성만을 목표로 한다는 주장도 비현실적이다. 실제로는 정치권력의 조직화라는 견지에서 현실의 국가권력에 관하여 검토해 보면, 공공성의 명분하에서 권력조직의 확대재생산을 도모하는 경우가 많이 나타나기 때문이다.

제3절 정치권력의 발동

1. 지배-복종의 관계

정치관계의 현실적 형태는 결국 구체적인 인간관계로 환원할 수 있다. 여기에서 인간의 행동은 권력을 매개로 하여 구성된다. 이와 같이 권력을 통하여 형성된 정치관계는 사회적 통제라고 하는 집단적 인간행위에 의하여 유지된다. 다시 말하여 정치관계는 구체적으로 지배라고 하는 형태로 나타난다. 권력이 일정지역의 인간을 계속적으로 지배할 경우에 그것은 일정지역의 인간이 일정의 권력에 대하여 계속적으로 복종하는 관계가 성립하고 따라서 하나의 사회가 권력에 의하여 유지되고 있다고 말할 수 있다.

권력의 발동(구체화)은 이와 같이 지배와 그에 대응한 복종을 요구하며 강요한다. 바로 이와 같은 지배-복종의 관계를 통해서 인간들은 사회의 모든 긴장관계를 더욱 복잡하게 만들어 가고 있는 것이다. 가능하면 지배자는 피지배자들을 철저히 통제하여 그들의 이익이나 의견을 무시하고 자신들의 지배적 위치를 영구히 유지해 나가고 싶을 것이다. 이에 대하여 피지배자층에 속한 사람들은 그 지배의 예속에서 벗어나기 위하여 모든 노력을 다한다. 이러한 상황에서는 결국 약한 자의 희생 위에 강한 자의 이익이 보장될 수 있는 것이므로 여기에 필연적으로 대립・갈등이 내재하여 있다. 그 중 특히 문제되는 것은 다음 세 가지로 요약하여 지적할 수 있다.

---

37) Charles E. Merriam, *Systematic Politics*, Chicago: Chicago University Press, 1945, 2장; 김운태, 『정치학원론』, 박영사, 1998, 286쪽.

첫째, 피지배자로부터 자발적 복종과 협력을 기대하는 일이다. 만일 권력을 장악한 자가 그 지배를 유지하기 위하여 통제나 억압을 강화한다면 필연적으로 권력기구의 비대화 현상을 가져온다. 그러나 억압을 강화하면 할수록 이에 대한 반항의 강도는 더욱 커져서 결국 폭력화하고, 그것은 또다시 강한 독재와 이에 대한 폭력대결의 양극화 현상을 초래할 위험에 직면하게 된다. 또 그것이 반드시 정치적으로 폭력저항의 양상으로 표출되지 않는다 해도 기타의 여러 분야에 있어서 갈등극복의 메커니즘을 상실하고 체계발전의 에너지를 발산하지 못하게 될 것은 분명하다. 그러므로 정치상 지배-복종의 상하적인 관계는 자발적 복종과 상호협력하는 자세로 그 노력의 방향을 전환해야 한다는 과제를 갖고 있다.

둘째, 지배자가 가치를 분배하는 데 있어서 공평성 혹은 정당성을 확보하는 일이다. 인간의 역사에 있어서 사회적 가치의 분배 문제는 지배-복종을 위한 가장 중요한 변화의 동태적인 요소이다. 가진 자의 계급은 어떤 형태의 수단을 동원하든지 그들이 소유하고 있는 가치를 안정적으로 계속 보유하고 또 더욱 키워 나가고 싶어한다. 이에 대하여 그 가치의 소유로부터 소외된 자들은 여기에 분노하고 반발한다. 따라서 민주주의 사회에서는 가치의 분배에 있어서 피치자가 참여하여 치자와 상호협의를 이루는 절차가 필요하며, 따라서 이에 대하여 승복하고 자발적으로 복종하도록 하는 정당성의 기제(mechanism)가 필요하다.

셋째, 이익지향의 대립성의 문제이다. 지배라고 하는 것은 어떤 형태든 다른 한쪽의 희생 위에 이익을 누리는 것이라고 볼 수 있으며, 이는 덜 민주화된 사회에서 더욱 두드러지게 나타난다. 지배적 지위에 있는 사람들은 가능하다면 아무런 제한 없이 무제한 절대권을 행사하고 싶어한다. 말하자면 피지배자의 이익을 될수록 최소화하여 자신의 이익을 최대화하려는 대립된 이익지향의 관계에 있다. 그것은 원시사회에서의 초월적 지배나 노예에 대한 지배에서 그 적절한 예를 볼 수 있다. 그러나 부모-자녀, 교사-학생간의 관계는 일종의 지배-복종의 관계로 성립되나 양자의 이해는 동일한 방향을 지향하고 있다.

한편, 이상 세 가지 문제영역에 있어서 지배-복종의 관계도 결국은 인간의 권력욕이라는 감성의 문제로 다시 환원하여 말할 수 있다. 민주사회에서 지향하고 있는 바람직한 인간관계는 물론 인간의 존엄과 가치를 최대로 존중하는 인권사상에 바탕하고 있다. 진정 사람 위에 사람 없고, 사람 밑에 사람이 있을 수 없다. 그럼에도 불구하고 공자나 플라톤이 선한 사회의 바람직한 인간상을 가르치고 석가와 예수가 이 세상에 나와 종교를 세웠던 그날로부터 오늘날까지 인간은 역시 인간에 불과한 존재이다. 특히 우리나라에서는 상하간의 관계를 챙기는 것을 미덕으로 생각하고 있는 사람들이 많다. 그리고 말로는 이를 강력히 부정하고 있는 사람들도 역시 이를 긍정하고 있는 풍토에 적응하면서 살고 있다.

따라서 우리가 지향하는 지배-복종관계는 ① 내가 윗사람이라고 구태여 거들먹거리지 않아도 남이 윗사람으로 존경해 주고, ② 이런 사람들이 윗자리에 추대되어 가치가 정당하게 분배되어 모든 사람이 승복하는 사회, 그리하여 ③ 사람들이 모두 자신들의 이익을 다른 사람들과 공유하고 있다고 믿는 호혜평등의 관계가 유지되는 사회가 바로 우리가 지향하고 있는 민주주의 사회의 바람직한 권력관계라고 말할 수 있을 것이다.

2. 지배의 제 수단

흔히 지배의 수단으로 '엿(당근)과 채찍'이라는 말을 사용한다. 때로는 달래고 때로는 호통을 친다는 아주 유치한 이야기다. 그런데 이러한 수단은 오늘날의 사회에서도 통용된다고 말할 수 있다. 대부분의 우리나라 정치학 서적을 보면 지배의 수단으로 설득과 강제, 상징조작 등을 열거하여 설명하고 있는데, 이를 단순화하면 바로 '엿과 채찍'이라는 말과 같다.

고대의 학자들은 지배의 수단보다는 지배자의 자질에 더욱 관심을 가지고 있었다. 공자는 지도자에 적합한 군자의 자질로 부모에게 효도하고 형제간에 우애심이 깊은 수신제가(修身齊家)와 인(仁)·예(禮)·중용(中庸) 등을 내세웠고, 플라톤은 철인왕과 수호자 계급의 덕목을 강조하였다. 또 힌두교에서 제시한 왕의 자질도 좋은 가문, 신앙심, 용기, 중용 등으로 선현들이 제시한 것과 비슷하다.

근대 초기에 현실정치에 관심을 두고 지배에 대한 구체적인 안내서를 작성한 사람은 마키아벨리(N. Machiavelli)였다. 그는 『군주론』에서 권위를 유지하기 위해서는 이용할 수 있는 모든 수단을 다해야 된다는, 다시 말하여 목적이 수단을 정당화시킨다는 이론을 내놓았다. 군주는 "사랑을 받는 것보다 두렵게 여겨지는 것이 더 낫다,"[38] "결과적으로 신의보다는 계략으로 사람들을 혼란시키는 군주가 전자에

38) Niccolo Machiavelli, *The Prince and Discourse*, intro. by Max Lerner, New York: Random House, 1950, 17장.

바탕을 둔 군주보다 더 큰 일을 성취하였다,"[39] "나라를 유지하기 위해서는 신의도 저버릴 줄 알아야 한다"[40]는 등의 구절이 있다.

몽테스키외(Charles Montesquieu)는 『법의 정신』에서 권력을 유지하는 방법의 원칙으로 상대성의 원칙, 환경, 제도, 인민, 법 등을 내놓았다. 또 그는 몇 가지 유형의 정부보존 계획을 제시하였다. 즉 공화정치를 위해서는 '덕'을, 귀족정치를 위해서는 '중용'(中庸)을, 군주정치를 위해서는 '명예'를, 그리고 전제정치를 위해서는 '공포'를 강조하였다.

물론 지배자는 백과사전적 만능인은 아니다. 그러나 지배자는 어느 다른 사람보다 자신이 누리고 있는 권력의 사회적인 기초에 대해서 훨씬 잘 알고 있으며, 적어도 그러한 지식은 특별한 권력집단 내에 존재하고 있다. 권력자는 보통사람이 단지 모호하게 이해하고 있는 상황의 요소를 남보다 더 잘 알고 있기 때문에 권력을 장악한다. 그가 살고 있는 사회의 개인문제와 원리를 이해하는 데 있어서 그는 경쟁자나 신민 등보다 유리한 입장에 있다. 우두머리는 누구보다도 자신의 도시를 더 잘 알고 있고, 독재자는 자신의 나라를 더 잘 알고 있으며, 의원은 자신의 선거구민과 요인들을 더 자세히 파악하고 있다.[41]

일반적으로 학자들이 열거하고 있는 권력의 지배수단을 간단히 요약해 보면 다음과 같다.[42]

(1) 설득적 방법

1) 합리적 설득

이 방법은 정치기구의 합리성에 대한 선언, 정부백서의 발행, 정당이 발행하는 선전문서, 조사보고서 등을 통하여 상대방의 동의를 구하는 것으로서 가장 바람직하다. 그러나 이 방법의 타당한 범위는 상당히 제한되어 있다. 즉 정보의 해석이나 사실판단의 객관성 및 긍정적인 반응을 보일 수 있는 피지배자의 정치교양이나 의식수준이 있어야 하며, 정치적 무관심과 반체제적 열성자, 맹목적 지원자 등 이미 편집된 감정에 빠져 있는 층에게는 효력이 없다.

---

39) *Ibid.*, 18장.
40) *Ibid.*
41) 신복룡 역, 앞의 책, 230쪽.
42) 김운태, 『정치학원론』(제3전정판), 박영사, 1998, 301-308쪽; 이극찬, 앞의 책, 202-210쪽.

2) 전통 및 관습에 의한 설득

사람들은 미지의 변화에 대하여 막연히 불안감을 가지고 있으며 한사코 한길을 따라 열심히 걸어가고자 한다. 대개 이러한 태도는 어렸을 때부터 부모로부터 터득하며 하나의 신념체계를 형성하게 된다. 사람들은 전통사회에서는 대체로 정치에 무관심하였으나, 전통과 관습을 중요시하였기 때문에 혈연과 지연을 통하여 통치자가 국민의 복종을 쉽게 얻을 수 있었다. 그러나 현대사회에서는 전통적 관습에 대한 신념체계가 약화되어 전통적·보수적 가치체계가 동요되면서 대중 속에 아노미(anomie) 현상이 나타나 자기상실증·불안감·무력감 등의 심리적 혼란상태에 빠지게 되자, 통치자는 전통과 관습을 재편성하여 국민의 감정에 호소하는 방법을 사용하게 되었다.[43]

이처럼 정치권력은 대중에 대한 지배를 공고히 하기 위하여 상징·의식 등을 조작하여 집단적 사회화에 영향을 주며, 이는 오랜 세월에 걸쳐 지속적인 힘을 가지고 있다. 특히, 유아교육의 초기에는 결국 순응하는 방법부터 시작되는 것이기 때문에 이 방법은 가족, 학교 등 정치사회화 매체와 관련된 문제가 그 중심이 된다.

3) 가치부여에 의한 설득

토지개혁, 영농자금의 지급, 각종 요금의 인하 등 경제적 가치는 물론 인간의 명예심과 이기심에 호소하는 훈장이나 표창 등 사회적 가치의 부여는 매우 효과적인 지배수단이다. 또 현실적으로 가치를 부여하지 않아도 그것을 약속하는 것만으로도 효과를 거두는 경우가 있다. 이를테면 선거시에 있어서 봉급인상의 약속이나 감세, 기공식 등이 바로 그것이다. 가치의 부여와 그 약속 중에서 가장 중요한 것은 권력과 재산에 관한 것이며, 후자보다 전자가 모든 정치적 가치의 정점에 있다고 보겠다.

이 세상에는 권력과 특권에 굶주린 사람들이 이리떼처럼 권력을 추구하고 있으며 재물을 부모보다도 귀중하게 여기고 있는 사람들이 많다. 모든 권한이 자기 자신에게 집중되어 있다고 생각하고 권력의 분배를 정실에 따라 함부로 행하는 지배자는 나중에 그가 얼마나 나약해졌는가를 실감하게 될 것이다. 권력의 배분에 있어서 중요한 인물이 무시되었거나 적소에 적재가 보임되지 않았을 때 그 권력에

43) 이범준·신승권, 『정치학』, 박영사, 1996, 76-77쪽

서 소외된 사람들은 반란에 가담하거나 동조하는 세력을 형성하기 쉽다.

(2) 강제적 방법

권력의 강제성에 관하여 '독일 제국주의의 원흉'이란 악명이 붙었던 트라이치케(Heinrich von Treitschke)는 "국가는 예술학교가 아니며 국가가 인류의 이상적인 노력에 찬성하여 권력을 포기한다면 국가는 자신이 필수적인 존재란 사실을 부인하고 몰락하게 된다"라고 말하였다.

설득에 의하여 복종을 확보할 수 없거나 가장 짧은 시간 내에 피지배자의 행동을 일정한 방향으로 규제해야 할 긴급한 상황에서는 부득이 강제적 수단에 의존하게 된다. 특히 적극적 반항자나 적대적 중립자에 대한 지배수단으로는 물리적 강제력, 즉 폭력의 발동이 요청된다. 그러나 이 수단은 어디까지나 최후적 수단이어야 한다. 힘은 국가의 수단 중에서 외부로 향하는 가장 단순하고 가장 절박한 유형으로 인간의 신체에 비유한다면 항생제와 같은 것이다. 신체의 하찮은 부분을 치료하기 위해서 강한 항생제를 사용하는 사람들이 있다. 또 사람에 따라 이를 함부로 사용하는 경우가 많으며, 이는 결국 몸을 전반적으로 허약하게 하는 원인이 된다.

강제적 방법으로 흔히 들고 있는 내용으로는 ① 가치박탈, ② 심리적 폭력, ③ 물리적 강제력 등 세 가지 종류가 있다.

1) 가치박탈

가치박탈은 생명 · 부 · 명예 · 안전 등을 위협하는 것으로, 실제 흔히 행하여지고 있는 방법으로는 고용의 거부, 승급이나 승진의 정지, 과중한 과세, 면직, 파면 등이 있다.

2) 심리적 폭력

심리적 제재수단으로는 위협 · 공갈 · 협박 등이 있으며, 구한말 일본군대가 궁정보호라는 명분으로 완전무장을 하고 시위를 하고 돌아다닌 것도 이 수단에 속한다. 심리적 폭력은 전통적 신념체계의 붕괴에 의해 아노미적 혼란상태에 떨어진 무관심자에게 효과적인 수단이며, 이를 반복적으로 사용하는 경우 적대적 반항자에게도 상당한 성과를 거둘 수 있다.

3) 물리적 폭력

물리적 폭력에 의한 강제는 정치권력의 본질적 특징이며 '군대와 경찰과 교도소'는 정치권력의 실체라고 생각되어 왔다. 권력의 최고의 바람직한 수단이란 물론 개인이 스스로 통제받고 있다는 사실조차 전혀 모르고 있는 상태인 것이다. 적어도 한 개인이 다른 사람의 목적에 기꺼이 그리고 적극적인 선이라고 생각하면서 복종할 때에 권력은 성공을 거둘 수 있다.[44] 이것을 최고의 수준으로 끌어올린 것이 바로 조종적 권력의 업적이다. 여기에 국방과 군대라는 요인이 강력한 수단으로 등장한다.

4) 군사력

오늘날 군사력은 가장 커다란 권력의 한 부분을 차지하고 있다. 군사력은 권력의 중요한 근원들에 영향력을 행사할 뿐 아니라, 상당한 포괄성과 그 효과로 인하여 권력강화의 모든 수단에도 영향력을 행사한다. 군사력은 물리적 제재의 힘을 가지고 있을 뿐 아니라 재산(혹은 경제적 기반)과 조직을 크게 보유하고 있다. 군사력은 그것이 소유하고 이용하는 방대한 자원을 가지고 있고, 제도적으로 잘 훈련된 조직을 가지고 있으며, 또한 억압적 권력에 쉽게 접근하며 보상적 권력과 조종적 힘에 의하여 복종을 얻어 낸다.[45]

그러나 민주주의 국가들에서는 군사력이 일반 민간권력보다 하위에 있는 것이 현명하고 꼭 그래야만 한다. 그것은 법이 잘 제정되고 민주적 절차에 따라서 운영되고 있다는 전제를 필요로 한다.

이에 대하여 민간 행정가들은 오히려 더 군대적인 경향을 띠는 아이러니가 있다. 즉 그들은 복잡한 군사작전이나 무기에 대하여 매우 정통하고, 국토방위의 필요성을 군인들보다도 더욱 깊이 인식하고 있는 듯이 보이기도 한다. 결과적으로 많은 민간 행정가들이 군대 자체의 구성원들보다도 더욱 호전적이고 무기정책이나 더 많은 군비지출에 동의했던 사실을 명심할 필요가 있다.[46]

---

44) J. K. Galbraith, 박현채 역, 『권력의 해부』, 한벗, 1979, 172쪽.
45) 위의 책, 174쪽.
46) 위의 책, 179쪽.

3. 권력의 미란다와 크레덴다

지배자가 아무리 방대한 권력을 소유하고 이를 피지배자에게 행사한다 해도 사람이 동물이 아닌 이상 이를 무제한 받아들이지는 않는다. 따라서 권력은 그에 대항하는 모든 도전으로부터 그 자체를 유지해 나가기 위하여 피지배자로부터의 찬미(miranda)나 신뢰(credenda)를 받도록 어떤 상황을 조성할 필요가 있다.

메리엄은 이와 같이 신뢰와 찬미를 받을 수 있는 힘을 감정이나 감동, 열망, 도덕, 슬기로운 격언 등에 뿌리를 두거나, 보다 높은 수준의 문화집단 사이에 있는 합리화된 형태에 깊이 자리잡고 있는 것이라 하였다.[47] 즉, 인간은 강한 감정적 반응을 일으키는 동물이며 또한 끊임없이 이성을 추구하고 있기 때문에 지배자는 그들의 명령이나 지도가 통용되도록 피치자나 추종자측에 끊임없이 이성적・정서적 반응을 재생산하지 않으면 안된다. 메리엄이 설명하고 있는 미란다와 크레덴다를 요약해 보면 다음과 같다.

(1) 미란다

미란다는 정서와 동일화의 상징으로서, 찬미와 열광의 정념을 환기하여 신뢰와 충성을 획득・강화하는 기능을 대행한다.[48] 그것은 지배자측에서 볼 때 권력의 안정에 필요한 정서적 반응을 조성할 뿐 아니라, 피치자와 추종자측에도 자타의 감정적 공감과 일체감을 부여하여 상호간의 동일화를 촉진하며 사회적 연대성을 강화한다.

여러 가지의 정서적 상징은 자신도 모르게 지도집단의 이념이나 정책에 동화되며, 그 상징이 의미하는 이해・평가・동정 등에 강력한 반응을 일으키게 된다. 상징유형의 중요한 방식으로 메리엄이 열거하고 있는 것은 ① 각종 기념일과 기념기간, ② 공공광장과 기념관, ③ 특정 음악과 노래의 장려, ④ 깃발・훈장・조각과 제복에 있어서의 문양, ⑤ 일화와 역사의 미화 또는 왜곡, ⑥ 집단적 의식, ⑦ 대중적 시위이다.

첫째, 정치집단은 그 발전과 번영을 상기시키는 기념일과 기념적 기간을 설정하여 이날을 거족적으로 축하함으로써 주민의 사기와 자부심, 통합성을 북돋운다.

---

47) Charles E. Merriam, *Political Power*, New York: Collier-Macmillan, Ltd., 1964, 4장.
48) 김운태, 앞의 책, 310쪽.

둘째, 광대한 공공장소와 건물을 세워 국가의 위엄과 정치적 통일성을 상징화하고, 사람들로 하여금 심리적으로 자부심 · 위압감을 갖게 한다.

셋째, 음악과 노래는 인간이 고안한 것 중 가장 주목할 만한 리듬으로 권력집단을 찬미하는 데 기여하였다. 프랑스의 마르세예즈(Marseillaise), 미국의 성가(Star-Spangled Banner) 등은 자국영토뿐 아니라 광범위한 영역에 걸쳐 상징적 의미를 띠고 있다. 스위스 · 오스트리아 · 헝가리의 가요는 군사상태에서 성장한 전투적인 가요로서 확고한 민족적 이상을 구체화하고 있다.

넷째, 국기와 당기와 같은 것은 국가적 · 집단적 통일의 가장 중요한 상징이다. 색깔, 형태 등 교묘한 예술적 문양은 권위의 주위에 후광을 비춰 주고 권력의 찬미에 이용된다.

다섯째, 일화와 역사는 권력집단에 속해 있는 사람과 권력상황 그 자체를 위한 숭배를 일으키는 유력한 수단이다. 특히 감수성이 강한 어린이의 정치사회화 초기에 교사로부터 들은 이야기는 장기간에 걸쳐 영향을 미친다.

여섯째, 집단적 의례와 의식은 강력한 공민적 감정을 자극하는 역할을 한다. 웅대한 의식의 본질은 권력의 심리에서 숭배의 요소를 강조하는 것과 같다. 의식을 거행하는 가운데 어떤 의미에서의 만족감과 같은 것을 느낄 수도 있다. 이와 같이 가장 미묘한 방식으로 권력의 목적과 미적인 감각은 혼합되며 권력과정은 유혈과 잔인이 아닌 조화와 아름다움과 동일시된다.

일곱째, 대중시위는 집단숭배를 고안해 내는 방법들 가운데서 가장 인상적이고 효과적인 것 중의 하나이다. 대중시위는 ① 개인마다 권력에 대한 인상을 심어주고, ② 그 시위에 참여함으로써 개인에게 만족감을 준다는 이중효과를 얻게 한다. 심지어는 매우 의지가 굳은 사람도 자기가 적의를 품고 있는 거대한 시위에 빠지게 되면 그는 시위에서의 권력감각들, 이를테면 수적인 면에서의 완전한 중압, 귓전에 울리는 음량, 군중의 결속, 목적의 단일함에 대해 깊은 감명을 받는다. 거대한 군중이 마치 전 세계처럼 보이도록 만든다. 군중의 함성은 엄청난 위력을 가지고 있으며 동요자를 고무시킴과 동시에 적대자를 불안하게 만든다.

정치권력에 대한 찬미는 다양한 환경과 이질적 체제 아래에 있는 지역과 인민에 따라 무한히 다르며, 또 사회조직 및 사회관계가 커다란 변화를 겪고 있는 때에는 새로운 상징적 수단에 의한 대체를 요구하게 된다. 다시 말하여 새로운 정치질서가 대두함에 따라 새로운 제 상징이 출현해야 하며, 이 모든 것은 공동체내 신홍세력의 재산이 될 것이다.

(2) 크레덴다

권력에 대한 신뢰는 권력에 대한 찬미와 완전히 다른 것은 아니지만 다른 차원, 즉 권력의 합리화를 위한 분야에서 발견할 수 있다. 크레덴다는 지성인들로 하여금 권위의 지속에 부득이 동의하지 않을 수 없도록 하는 이유를 갖고 있다.

크레덴다의 주요한 형태로 메리엄은 다음 세 가지를 지적하고 있다. ① 정치권력은 하느님이나 신으로부터 정해지며, ② 정치권력은 전문적인 영도력을 가장 훌륭하게 표현한 것이고, ③ 정치권력은 어떤 동의의 형태를 통해 표현된 많은 사람들이나 다수의 의지이다. 이와 같은 사실은 특히 지난 3백년 동안 보통선거제, 대의제, 법적 책임제 등을 제정하고 시행하였던 민주주의를 지탱해 주고 있는 가장 중요한 크레덴다이다.49)

정치권력은 그 자체의 유지수단으로서 피치자측에게 정치권력이 합리화되고 정당화될 만한 상황을 조성하지 않으면 안된다. 이러한 상황을 조성하는 방법에는 ① 정부에 대한 존경, ② 복종, ③ 희생, ④ 합법성의 독점 등이 있다.

첫째, 통치체제에 대한 존경은 온갖 유형의 정부의 모든 체계에 기초가 되는 주요한 원칙이다. 권위의 유래가 어떻든, 즉 신이든 인간이든 그들 개인의 자격과 관계없이 통치제도에 대한 경의와 행정관에 대한 존경이 우러나야 한다. 권위를 장악하고 있는 사람들에 대한 태도와 그 앞에서 전개되는 복종의 정도 및 유형은 광범한 범위에 걸쳐 다양하게 나타난다. 군대는 경례의 형식으로 외형적 존경의 표준형태를 발전시켰으며, 그것은 눈에 보이는 제도화된 존경으로서 권위의 출현을 끊임없이 생각나게 해 준다.

둘째, 크레덴다는 권위에 대한 복종상황이다. 복종의 중요성은 인생의 초기에서부터 마지막 순간에 이르기까지 각 세대마다 주지되어야만 한다는 점은 불가피하다. 이데올로기와 상징적인 모든 체계는 자신의 주요한 교훈의 하나로서 이러한 원칙을 내포하고 있다. 즉 복종은 의무요 계약의 결과이며 모든 편의를 제공한다. 또 나아가 이는 즐거움이요 폭력에 대한 두려움이라고 설명하고 있다. 그러나 최종적인 결과로서 본다면 본질적으로 이것은 권력에 부수해서 그리고 정치행태의 주요 부분으로서 나타난다.

---

49) Merriam, *op. cit.*, pp.118-125.

셋째, 크레덴다는 집단의 일반적인 이익을 위해서라면 자신을 기꺼이 희생한다는 것을 의미한다. 이러한 규범은 단순한 순응 이상의 복종을 의미한다. 인민이나 주민들은 국가와 지역사회를 위하여 그들의 재산과 자유와 생명의 손실을 무릅쓰고라도 기꺼이 복종해야 한다. 이로써 일반적 공익을 위하여 자진 봉사하고자 하는 기분을 가지게 되며 전시의 희생정신, 평시의 공공정신, 선의, 애국심 등으로 표출된다.

우리는 과연 권력을 위해 우리 자신을 희생해야만 하는 것인가? 이러한 의문에 대한 정치적 설명은 수세기에 걸친 경험을 통하여 수없이 그리고 다양하게 전개되어 왔다. 그러나 이 시점에서 권력의 다른 모든 부류들은 정치집단들의 편을 들어 희생에 관한 요구를 강화해 왔다. 민족·계급·지역 등은 물론이고, 특히 가족과 교회는 희생이 집단생존과 발전의 본질적인 요소라는 사실을 주장하기 위해 평소보다 목소리를 더 높인다. 단체생활의 전체적인 관습은 인민들로 하여금 전체의 더 커다란 이익을 위해 자신의 명백한 이익을 포기하도록 강요한다. 이러한 관습은 거의 도망칠 수 없도록 만든 쇠사슬로 그들을 옭아맨다.

넷째, 크레덴다의 또 다른 규범은 합법성의 독점에 관한 것이다. 이러한 규범은 정부가 정치적 성격을 띤 사회적 권위의 유형에 대하여 독점권을 가지고 있는 사회에서 끊임없이 주입되는 신뢰의 항목 중의 하나이다. 이와 더불어 정부의 독점을 침해하려는 모든 다른 집단들의 시도는 타당한 방법적 절차에 의하여 처벌되리라는 교의를 수반한다.

이상의 미란다와 크레덴다는 오늘날 철저한 시민교육의 원대한 체계에서 조직적으로 개발되고 있다. 누구나 조국이 있고 그들이 소속된 정치적 집단이 있는 주민들에게 국가는 이들을 보다 완벽한 시민으로 양성하기 위하여 유년기부터 비상한 노력으로 장기간의 계획을 세우고 교육과정을 확대시키고 있다. 미란다와 크레덴다는 권력상황의 초석이라고 말할 수 있으며, 권력은 자신에게 위신을 투사하고 위신은 다시 권력을 뒷받침하는 것으로 변모하게 된다. 이데올로기와 상징주의, 그리고 완력은 결코 멀리 떨어져 있지 않으며 여러 가지 방법으로 서로를 보강한다.

권력의 신은 남의 기를 죽이고 파괴하는 방법은 물론 사랑을 차지하고 승리하는 방법도 알고 있다. 권력은 아름다운 것인 동시에 잔인하고 치욕스럽고 혐오스러운 면이 있다. 메리엄은 권력의 치부를 폭력, 사기, 위선, 부패, 특권, 경직성, 은둔성, 우유부단 등으로 열거하여 이를 자세히 설명하고 있다.50)

권력은 이처럼 긍정적인 지배방법과 부정적인 지배방법을 모두 소유하고 있다. 그러나 그것의 사용은 제한되어 있을 뿐만 아니라, 또한 그것의 사용이 '정당한 권력'으로 일반으로부터 인정 받을 때 비로소 다수자를 정당하게 지배할 수가 있다. 즉, 정치적 지배의 기초에는 치자(治者)의 정치권력에 대한 정당성의 신념이 있어야 하는 동시에, 또한 그러한 정당성에 대한 피치자의 승인과 신뢰가 있어야 한다.

제4절 정치권력의 정통성

1. 정통성의 개념

정통성이란 용어의 어원은 라틴어의 *legitimus, legitimits* 에서 비롯된 것으로, 중세에는 법률에 의하여 구성된 권력 또는 지배자란 뜻으로 사용되어 세습적인 계승의 뜻에 가까웠다.51) 그 뒤 이 말은 공동동의로 정당하게 선출된 인물에 적용되어 합헌적 지배와 합헌적 질서의 요소를 가리키는 뜻을 포함하게 되었다. 여기서 지적할 수 있는 것은 동의라는 개념이 근대정치학에서 사용하는 정통성 개념의 한 요소를 이루고 있으며, 국민의 동의가 정통적인 정부의 모든 본질을 말하는 것은 아니지만 그것을 결정하는 가장 중요한 기준의 하나라는 것이다.52)

정치권력은 처음에는 그 독자성을 인식하지 못하고 있었으며, 관습이나 종교 등 정치외적 권위로부터 점차 사회관계에 보편화되면서 피지배자의 승인에 의해 지배권을 확보하게 되었다고 볼 수 있다. 가족적 윤리를 사회적으로 확대했던 가부장제적 지배나 봉건사회에 특징적인 가산제적(家産制的) 지배 등은 관습적인 권위를 받아들이는 사고방식이 그대로 정치권력 지배의 승인으로 전화된 경우라고 볼 수 있다.

---

50) *Ibid.*, pp.136-156.

51) 정인흥 외 편, 『정치학대사전』, 박영사, 1975, 1377쪽.

52) 위의 책, 1377쪽.

중세 로마 황제의 지배와 신화에 따라 권좌를 누리고 있는 천황의 지배 그리고 왕권신수설 등에 의한 지배는 종교적 권위에 대한 순종이 바로 정치적 권위에 대한 인정으로 옮겨진 것이다. 이런 것들은 바로 정치외적 권위가 정치권력의 정당성에 그 근거를 제공한 경우이다. 하지만 정치권력은 다른 경제적·문화적 사회관계와 구별되며 그 자체의 존재이유와 기능적 원리에 입각한 정당화의 필요가 있었다.

고래에 있어서 국가권력의 존재이유는 국가의 질서유지, 정의의 실현 등에 중점을 두고 있었는데, 근세 이후에 와서는 개인의 자유보장이 그 중요한 기능으로 첨가되었다. 여기에 처음으로 정치권력의 합리적 정당성의 근거가 고려된 것이다. 그러나 한 걸음 더 나아가 이러한 지배의 현실석 능력에 초점을 두고 지배자의 인격 혹은 집단의 권위에 관심을 둘 때 카리스마적 지배의 정당성 문제가 나타난다.

근세 초기에 나타난 지식의 발달 및 이성의 주관적 우월의 원리를 천명한 정신혁명은 자아의 발견이라는 주체의 확립을 통하여 개인에 대한 통제를 풀고 그의 무한한 발전을 추구하는 자아표현을 요구하였다. 근대사회의 근본원리는 개인의 자유, 자기지배의 원리, 인민의 의사에 따른 지배이다. 이 원리는 구체적으로 대표·다수결 의회에 의한 입법, 법에 의한 지배라는 제도상의 형태에 의하여 실현되었고, 제도 자체에 대한 권위로 나타났다. 그러나 20세기 초에 들어서 무솔리니, 히틀러, 스탈린 등 독재자가 나타나 그들의 초자연적 영웅심을 과시하다가 결국 역사의 죄인으로 질타를 받고 말았다. 그렇지만 아직도 세계 곳곳에는 그와 유사한 몽상을 버리지 못한 지도자들이 여전히 남아 있다.

이와 같이 정통성의 의미는 역사와 문화, 나라와 사회에 따라 다양하게 나타나기 때문에 일률적으로 정의를 내릴 수 없다. 다만 전통적으로 권위의 정통성은 국민들 사이에 널리 알려진 표준이나 원칙에 바탕을 둔 합법성을 그 중요 요소로 하고 있음은 분명하다. 그러나 정통성은 규범적·철학적 개념이면서 동시에 경험적·심리적 개념을 포괄하고 있다. 따라서 합법성, 체제능력제도의 정착 및 도덕성과도 관련된 광범한 의미로 정통성의 개념을 해석하는 것이 더욱 필요하리라 본다. 지배적 권위의 정통성에 관하여는 베버(Max Weber)의 이념형(ideal type)이 유명하다.

2. 정통성의 유형

지배를 받아들이는 복종의 동기는 전술한 바와 같이 단순한 습관에서부터 자기이익의 추구를 중심으로 한 합리적인 타산 등 다양한 요소에 그 기반을 두고 있다. 정치권력 존립의 전제조건을 이루는 것은 결국 인간관계에 있어서 이러한 여러 가지 차이를 뛰어넘어 사회 전체로서의 일체성 있는 의사형성의 필요에 있다.

그런데 통일적 의사형성의 기초가 되는 강제력은 본래 인간이 싫어하는 것이지만, 정치권력은 이를 감수하고 그가 독점하고 있는 물리적 강제력을 일체성 확보를 위해 행사하게 된다. 그렇다면 불평불만을 늘어놓으면서도 권력적 지배를 승인하고 이를 허용하는 근거는 무엇인가. 말하자면 권력지배에 있어서 피지배자의 불평불만을 중화할 수 있는 것은 무엇인가라는 의문이 생긴다. 이에 관하여 베버는 『경제와 사회』(1922)에서 다음 세 가지 이념형을 제시하고 있다.[53]

(1) 전통적 지배형

전통적 권위는 옛날부터 통용되어 온 질서와 권력의 신성성에 대한 믿음에 기초하고 있다. 가장 원초적인 종류의 전통적 지배에 있어서 지배자들은 자신의 권위를 행사할 통로로서 전문화된 행정간부들을 가지고 있지 않았다. 많은 소규모 농촌공동체 사회에서의 권위는 부락의 연장자들이 갖고 있었다.[54] 이러한 연장자들이 전통적 지혜를 가장 많이 간직하고 있다고 일반적으로 여겨졌으며 따라서 권위를 장악할 자격을 부여 받았다.

전통적 지배의 또 다른 예는 가부장제로서, 실제로는 장자상속제적 요소를 같이하고 있는 경우가 많다. 이러한 형태는 보통 가계를 그 기초단위로 하고 있으며, 가장이 명확한 상속법규에 의한 세습적 권위를 소유한다. 가부장제 사회에서 지배자에 대한 개인적 충성의 유대에 의해 종속되는 행정간부들이 존재하는 경우 가산제(家産制)가 발전한다. 가산제는 동양의 전통적인 전제정권 그리고 중동과 중세유럽의 전제정권에 근원을 두고 있으며 궁정생활과 정부의 기능이 서로 뒤엉켜 있는 것이 특징이다.

53) Max Weber, *Economy and Society*, Vol. 3, New York: Bedminister Press, 1968, pp.61-62.
54) A. Giddens, 임영일·박노영 역, 『자본주의와 현대사회이론』, 한길사, 1982, 238쪽.

그 동안 우리 사회에서는 적장자의 법통에 따라 군왕의 세습이 이어졌고, 백성들은 이런 현실을 무비판적으로 수용하여 인물이나 당시의 현실적 권위에 대한 순종을 미덕으로 삼는 극히 비합리적인 정서적・직관적 태도를 체질화해 왔다. 이러한 전통은 현대의 파쇼체제나 권위주의 정치체제하에서 여전히 존재하고 있고, 어느 정도 민주화되어 가고 있는 사회에서도 그 예를 얼마든지 발견할 수 있다.

(2) 합법적 지배형

합법적 권위유형에서 권위를 지니는 개인은 전통의 유물로서의 규범이 아니라 목적합리성 혹은 가치합리성의 맥락 속에서 의식적으로 정립된 사회적 규범에 근거를 두고 있다. 권위에 종속된 자가 상사에게 복종하는 것은 개인적인 의존관계 때문이 아니라, 그 권위를 정의해 주는 사회적인 규범을 받아들이기 때문이다.

따라서 합법적인 권위를 장악하는 전형적인 인간, 즉 상사는 자기 자신도 사회적인 질서에 종속되어 있으며 자기의 결정권과 명령을 행사하는 데 있어 그 질서에 자기행위를 맞춘다. 합법적 권위에 복종하는 사람은 상사에 대해 어떠한 개인적 충성도 바칠 필요가 없고, 상사의 명령을 따르는 것은 권한이 명백하게 규정되는 제한된 범위 내에서만 이루어진다.[55] 이러한 지배의 유형은 이른바 '법의 지배'의 원리 밑에 근대국가에서 관료가 행하는 것과 같은 지배이다. 베버가 정의한 합법적 지배의 특징은 다음과 같다.

① 인격적으로 자유로우며 오직 객관적 직무에만 복종한다.
② 전문자격에 의해 임명되고 명확한 업무범위와 고정된 봉급, 연금을 받는다.
③ 계약에 의해 선임되며 재직연한이나 근무성적에 의해 승진한다.
④ 물적 행정수단으로부터 완전히 독립되며 엄격한 획일적인 직무규율에 복종한다.

이러한 베버의 합법적 지배는 법의 제정절차를 문제삼고 있지 않으나, 현대의 합법적 지배는 민주주의 사상과 결부되어서 민주적으로 선출된 국회가 민주적으로 제정한 법률에 따라 지배하는 것을 의미한다고 볼 수 있다. 그것은 적어도 선거가 공정히 실시되고 다수파는 진정으로 국민의 이익을 대표하고, 또 소수파는 다수결에 복종할 것을 기본신조로 한 정치제도하에서 가능한 것이다.

55) 위의 책, 239쪽.

(3) 카리스마적 지배형

이는 앞의 두 유형과는 전혀 다르다. 전통적 지배와 합법적 지배는 모두가 일상생활의 판에 박힌 듯한 업무에 관한 영속적인 행정체계이다. 카리스마적 지배의 순수형은 베버의 정의에 의하면, 즉 '카리스마(Charisma)란 개인 퍼스낼리티의 어떤 특성으로서, 이것에 관련된 개인은 특이한 존재로 간주되고 초자연적이고 초인적인 혹은 적어도 특수하게 예외적인 권력이나 성품을 부여받은 자로 대접되는 것'을 의미하는 것이다.[56] 카리스마적 지배는 다음과 같은 몇 가지 특징을 갖고 있다.

첫째, 카리스마적인 사람은 비상한 능력을 소유하고 다른 사람에게 신뢰감을 주며 때로는 보통사람들과 구별되는 초자연적인 사람인 것처럼 보인다. 중요한 것은 그러한 비상한 능력을 실제로 소유하고 있느냐가 아니라, 다른 사람들이 그에게 그러한 특징을 부여하고 있다는 사실이다.

둘째, 이러한 카리스마적 지배가 나타나는 사회적·역사적 배경은 매우 다양하다. 다만, 카리스마적 권위는 그것이 어떠한 배경에서 나온 것이든 간에 지도적 사명의 진실성에 대한 지도자 및 추종자 모두의 신념에 기초하여 정당성을 얻게 된다. 카리스마적 인물은 대개 기적을 행하거나 신의 계시를 천명함으로써 자기진실성의 증거를 제공한다.[57]

셋째, 카리스마적 지배는 영구적인 조직형태와 달리 체계적으로 조직된 정치·경제적 지원수단을 가지지 않는다. 또 일반적·고정적인 사법원칙 등을 중심으로 조직화되지도 않는다. 판결은 각각의 특정 사례에 따라 그때그때 내려지며 그것은 신의 계시처럼 인정 받는 것이다.

넷째, 카리스마적 권위는 자기주장의 범위 내에서 과거를 부정하며 그러한 의미에서 혁명적이다. 카리스마는 전형적이든 혁명적이든 간에 현존질서를 지배하는 모든 원칙들을 노도처럼 휩쓸고 나아가는 추진력과 창조력을 갖는다.

다섯째, 카리스마는 관성(routine)과 일관성을 혐오한다. 카리스마적 권위는 단지 특정 개인의 비상한 특성에 집약되어 있는 것이므로, 그 개인이 사망하거나 다른 방식으로 제거될 경우에는 매우 어려운 승계의 문제가 발생한다.

이상 베버의 세 가지 지배유형은 이른바 이상형으로서 역사상 이러한 모형의

---

56) Weber, *op. cit.*, p.241.

57) 임영일·박노영 역, 앞의 책, 243-234쪽.

순수한 형태가 나타난 것은 아니다. 경험적으로 이들 세 가지 형태가 가끔 혼합·조합된 형태로 복잡하게 얽혀서 나타나고 있는 추세를 보이고 있을 뿐이다. 일반적·역사적 경향으로 정치권력의 정당성의 근거는 초월적·비합리적인 것으로부터 내재적·합리적인 것으로 점차 이행되고 있다고 보아야 할 것이다.

3. 정치권력의 정통성에 관한 몇 가지 문제점

가장 안정적인 형태의 정치권력의 행사는 피지배자의 마음 속에서 그 지배의 행사가 정당하다고 믿게 하는 신념을 심어 주는 일이다. 인간의 행동은 다양하여 이러한 정통성에 관한 신념은 과거로부터의 관습이나 가치관으로부터 현재의 목적합리적인 타당성에 이르는 여러 동기에 의하여 이루어진다. 특히 현대사회에서는 민주주의의 제 제도가 보편적으로 실시되고 있어 합헌적·민주적 절차에 따른 국민의 동의는 정치권력의 정통성에 관한 필수적인 요소가 되고 있다.

그러나 아무리 공명정대한 선거과정을 통하여 당선된 경우라 할지라도 국민의 요구를 효율적으로 수렴·충족시키지 못할 경우 그 지지를 상실할 위험이 있으며, 따라서 정통성과 효율성은 정치적 안정을 가름하는 두 개의 큰 기둥과 같은 것이다. 이에 관하여는 립셋(Seymour M. Lipset)의 도식이 있다. 즉 그는 한 나라의 정치적 안정에 관하여 "어떠한 민주국가를 막론하고 그 나라의 안정성 여부는 경제적 발전에만 달려 있는 것이 아니라 또한 정치체제의 유효성, 즉 효율성과 정통성에도 달려 있다"[58]라고 말하면서 효율성과 정통성의 관계를 [그림 3-1]과 같은

[그림 3-1]

정통성 \ 효율성	⊕	⊖
⊕	A	B
⊖	C	D

58) Seymour M. Lipset, *Political Man-The Social Bases of Politics*, New York: Doubleday & Company, Inc., 1963.

도표로 표시했다.[59] 여기에서 A의 경우가 가장 안정적이며 D의 경우가 가장 불안한 체제이다. 정통성은 있지만 효율성이 없는 B의 경우 무능한 정치로 쉽게 무너질 가능성이 있으며, 정통성이 없고 효율성만 있는 C의 경우는 거센 국민의 저항이 일어나게 될 것이다.

효율성과 함께 제기되는 문제로 도덕성이 있다. 군주의 본분에 관하여 가장 현실적인 처방을 내놓았던 마키아벨리도 "군주가 언약을 지키며 간책을 논하지 않고 공명정대하게 산다는 것은 칭찬할 만한 일이다"[60]라고 하였다. 그리고 군주는 최소한 정권을 잃게 될 만큼 수치스러운 악덕을 피해야 하고,[61] 될 수 있는 대로 국민으로부터 경멸과 증오를 사는 일은 삼가야 한다[62]는 등 권력자의 비도덕성을 경계하고 있다. 조선시대 광해군은 대북파의 폐모론을 받아들여 모후인 인목대비를 서궁에 유폐했던 불효를 범하여 반정공신들에게 빌미를 주었다. 그리고 미국의 제37대 대통령 닉슨(Richard Nixon)은 1973년 워터게이트(Watergate) 도청사건으로 지탄을 받았고, 결국 탄핵대상이 되어 대통령직에서 물러났다.

도덕성의 문제는 과거전력으로부터 남녀관계・부패・비행 등 다양하며, 사회가 개방될수록 그리고 도덕성이 실추될수록 이에 대한 요구는 더욱 간절해지고 있다. 그 외에 사회적 타당성・적실성 등 상황조건에 대응한 권력행사의 적정성을 들 수 있다. 우리나라에서도 1997년 IMF 구제금융체제의 위기에 봉착했을 때 관련 고위관리들이 그에 적절히 대처했는가에 대한 논란이 있었다. 이에 대한 논의는 앞으로 민주정치가 발전하면서 정치권력의 정당성 문제에서 상당히 중요하게 다루어지리라고 본다.

제5절 정치권력에 관한 제 이론

오늘날 정치학자들이 내세우고 있는 정치현상에 대한 접근방법의 특징은 종래에 있어서 정치학의 주제였던 국가의 제도나 그 구조의 범위를 벗어나 기능적이고 행태적인 측면으로까지 확대・심화되고 있다는 것이다. 정치학의 중심대상은

59) *Ibid.*, p.64.
60) Machiavelli, *op. cit.*, 18장.
61) *Ibid.*, 15장.
62) *Ibid.*, 19장.

이제 국가의 일반개념에 관한 설명이나 제도의 역사적 변천을 비교하는 데 그치지 않고 정당·압력단체의 활동 및 인간관계 등 동적 현상이 더욱 중요시되고 있다.

제2차 세계대전 이후 미국에서는 국가라는 개념 대신에 정치체계란 말을 많이 사용하게 되었고, 여기에 집단·과정·행태·커뮤니케이션 등의 이론이 중요한 위치를 차지하게 되었다. 1970년대에 들어서서 월남전 격화와 더불어 신좌파운동이 전 세계에 확산되면서 정치학의 국가개념에 관한 새로운 논쟁이 제기되었다. 1990년대에 이르러서는 국가의 경계를 뛰어넘는 정치·경제문제와 환경문제 등이 국가라는 개념과 결합되어 논의되고 있다. 이 절에서는 우선 인간관계의 동적 현상으로 권력에 관하여, 특히 엘리트주의와 다원주의 논의를 중심으로 검토한다.

여기서 유의해야 할 것은 권력과 엘리트라는 개념의 혼동이다. 원래 권력을 위주로 한 어프로치는 정치체계 내의 극소수의 행위자간의 정치적 관련성을 대상으로 한다. 한편 엘리트 어프로치의 경우 거시적인 차원에서 한 정치체계 내의 권력관계의 전반적 분포양태를 취급하는 것이 특징이라 하겠다.[63] 이러한 관점에서 보면 권력이론이나 엘리트이론은 명확하게 구별될 수 있으나 대개는 혼동해서 다루고 있는 것이 보통이다.

1. 엘리트이론의 선구자들

정치학 연구에 있어서 엘리트 연구에 관한 근원은 플라톤에까지 소급할 수 있으나, 오늘날 사회과학 분야에서 엘리트이론의 선구는 20세기 초기의 세 학자, 즉 파레토(Vilfredo Pareto, 1848-1923), 모스카(Gaetano Mosca, 1858-1941), 미헬스(Robert Michels, 1876-1936)를 손꼽는다. 파레토는 『정신과 사회』, 모스카는 『지배계급』, 그리고 미헬스는 『정당론』[64]에서 정치엘리트에 관한 최초의 체계적이고 포괄적인 분석을 제시하였다. 이들에게 직접적인 영향을 미친 학자로서는 생시몽(Saint Simon, 1760-1825)과 굼플로비치(Ludwig Gumplowicz, 1838-1909) 등을 들 수 있다. 생시몽은 정치지배자 혹은 정책결정자가 될 수 있는 과학자·예술가·산업지도자 등 재능 있는 자들을 엘리트에 포함시키고, 이들을 변화시킴으로써 정치체

63) 한배호, 『비교정치론』, 법문사, 1971, 57쪽.

64) Gaetano Mosca, *The Ruling Class*, New York: McGraw-Hill Book Co., 1939; Vilfredo Pareto, *The Mind and Society*, London: Jonathan Cape, 1935; Robert Michels, *Political Parties*, Glencoe: The Free Press, 1915.

계를 개혁할 수 있다고 생각하였다. 굼플로비치는 국가를 단순히 다수에 대한 소수의 조직화된 통제로 규정하고, 정치엘리트로서는 정신적으로 우수한 능력을 가진 자에 관심을 두었다.

다음에서 3대 고전 엘리트이론가인 파레토・모스카・미헬스가 주장하고 있는 내용을 간단히 알아보기로 한다.

(1) 파레토의 통치엘리트

파레토의 엘리트 순환이론은 마키아벨리 이래 이탈리아의 전통에 뿌리박고 있는 '소수자 지배'의 관념을 계승하면서, 특히 마르크스의 계급투쟁사관에 대한 비판적 시각에서 구성된 것이다.[65] 파레토의 엘리트이론에 있어서 주요 개념은 엘리트와 비엘리트, 통치엘리트와 비통치엘리트, 잔기(residues), 파생체(derivation), 엘리트의 순환 등이다.

파레토는 우선 사람들을 엘리트와 비엘리트로 나누고 정치, 경제, 예술 등 인간활동의 모든 분야에 있어서 월등히 우세한 엘리트와 그렇지 않은 대중으로 2대별한다. 가령 학생들이 시험점수의 고하에 따라 그 우열이 나누어지듯이 사회의 여타 분야도 점수로 0점에서 10점까지 서열화한다면 최고점수를 맞은 사람에게 엘리트라는 이름을 붙일 수 있다. 물론 이러한 기준이 옳지 않다는 것을 인정하고 있으면서도 그는 이러한 논법을 통치엘리트의 개념을 설명하는 데 사용하고 있다. 통치엘리트는 정치적 지배에 직접・간접으로 상당한 역할을 담당하는 사람들이고 나머지는 비엘리트라 하였다. 즉 상층에 있는 엘리트는 통치엘리트와 비통치엘리트로 구성되고, 하층에 있는 비엘리트는 정치에 대하여 별다른 영향을 미치지 못하는 사람들이라고 보았다.[66]

그는 이러한 통치엘리트가 대중을 지배하는 데 있어서 통제와 간계를 사용한다고 주장한다. 엘리트는 대중을 지배하기 위하여 도덕적・지적 설득력뿐 아니라 물리적 통제력도 이용할 수 있다. 엘리트들은 일반적으로 한두 가지 방법을 선호하여 사용하고 있으며, 그것은 사자와 여우가 가지고 있는 잔기의 속성이다. 그는 엘리트가 몰락하는 이유는 엘리트가 적당한 시기에 적절하게 대처하지 못하는 무능력 때문이라고 본다. 파레토는 통치엘리트 중에서 폭력사용을 주저하다가 자신

65) 이극찬, 앞의 책, 192쪽.

66) T. B. Bottomore, 진덕규 역, 『엘리트와 사회』, 박영사, 1976, 1장.

의 파멸을 초래했던 역사적인 사례가 많았음을 제시하고 있다. 그는 또한 폭력과 동의의 유사한 혼합을 융합시킬 수 있는 엘리트에 관해서 논하고, 엘리트는 비논리적으로 인간행위를 이끌어 가는 배후에 있는 힘인 잔기와 이러한 감정 및 본능의 표현으로서의 잔기를 합리화시키는 파생체를 가진 사람들이라 하였다.

파레토는 통치엘리트와 대중간의 단절이 사회의 보편적 현상이라고 주장하고, 이들의 폐쇄적이고 접근 불가능성이 정치의 불안정성, 즉 혁명이나 격변의 징조가 된다고 하였다. 그리하여 그는 정치체계에서 엘리트의 위치를 유지하는 능력으로서 그들의 충분한 순환을 들고 있다. 그는 특히 잔기변화와 엘리트순환과의 관계를 강조한다. 즉 통치엘리트는 대중으로부터 활기와 잔기의 적당한 비율을 공급받음으로써 질적 체질개선을 이루어내고 그들 자신을 유지해 나갈 수 있는 힘을 얻는 것이다. 그의 이러한 엘리트 순환개념은 현대사회 권력구조의 계속성과 변화에 대한 연구과제와 관련된 하나의 중요한 관심사가 되고 있다.

(2) 모스카의 정치계급론

모스카의 정치계급론은 무엇보다도 먼저 정치엘리트의 중요성을 강조하는 것으로부터 출발하고 있다. 모스카는 정치체계에 있어서 정치계급과 비정치계급을 구별하고, 그 중 통치하는 소수자에 초점을 두어 그들에 의해 지배되는 현상을 강조하고 있다. 그에 의하면 정치계급이란 지배하는 소수자로서, 모든 정치적 기능을 수행하고 권력을 독점하며 권력이 가져다 주는 이점을 누린다. 그리고 지배를 받는 다수의 비정치적 계급은 전자에 의하여 지도되고 통제되며, 지배자들에게 생활수단과 국가의 유지에 필요한 여러 가지 수단을 제공한다.

모스카의 엘리트이론은 기본적으로 파레토와 비슷한 지배계급관을 갖고 있다. 그러나 파레토는 거의 전적으로 심리적·비합리적 변수를 가지고 엘리트를 설명하고 있는 데 반하여, 모스카는 사람들의 성격과 사회의 구조적·조직적 요인을 강조함에 있어서 보다 사회학적 입장을 강조한다.[67] 모스카에 있어서 지배계급의 힘은 조직화된 소수에게서 나온다고 본다. 이들은 지배계급의 조직성과 그들 비교적 소수의 구성원간에 쉽게 이루어진 커뮤니케이션의 이점을 가지고 있기 때문에 다수의 비조직된 피지배층이 대항조직을 갖추고 반대하는 것을 쉽게 약화시킬 수 있다는 것이다.

---

67) Martin N. Marger, *Elites and Masses*, New York: D. Van Nostrand Co., 1981, p.66.

모스카의 정치계급은 또 상위층과 하위층으로 나눌 수 있다. 전자는 정당의 수뇌들과 같은 최고 핵심적 지위에 있는 자들이고, 후자는 소위 유사엘리트라 할 수 있는 지식인, 기술자, 공무원, 기타 조직에 있어서 전문인 등으로 대중들과 보다 많은 접촉을 가지고 있는 집단들이다. 이들은 수적으로 우세할 뿐 아니라 사회에 있어서 리더십을 위한 모든 능력을 갖추고 있어서, 말하자면 앞으로 장군이 될 수 있는 군대의 하급장교단과 같은 존재이다.

모스카는 상위에 있는 사람들은 그들만의 이익을 고집하는 것이 아니라 사회의 여러 세력들에게 이익의 일부를 분배함으로써 그들을 대표하는 동질성을 갖게 한다고 생각하였다. 현대사회에서 이들 상층계급은 주로 신중간계급으로 알려진 하층계급과 손을 잡고 있을 뿐 아니라 여타의 사회적 계급과도 관련을 맺고 있다. 그러므로 민주주의 사회에서 소수의 지배자는 다수의 피지배자를 일방적으로 압제하는 것이 아니고, 오히려 이들 사이에 상호 연관적인 행위에 의해 지배-복종관계가 어느 정도 교호적으로 나타나고 있다고 보았다. 또 모스카는 어느 사회에서든 새로운 이익을 대표하는 다른 사회세력이 형성될 수 있다고 설명함으로써, 어느 정도 새로운 엘리트의 대두에 대한 가능성을 말하면서 엘리트의 유동화를 심리적인 면과 함께 사회적인 면으로도 설명하고 있다.[68] 한마디로 말하여 모스카의 엘리트이론은 중류계급을 위한 정치 이데올로기를 만들어 낸 것이라고 볼 수 있다.[69] 이 두 학자의 엘리트 모델을 도표로 표시하면 [그림 3-2]와 같다.

[그림 3-2]

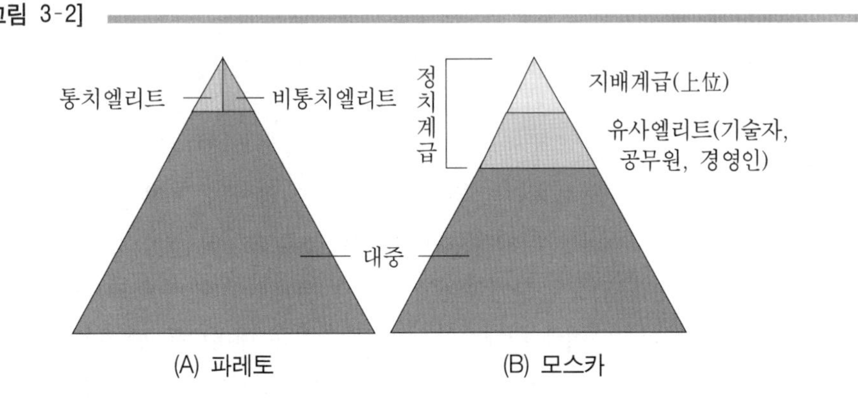

68) 진덕규 역, 앞의 책, 19쪽.

69) Geraint Parry, *Political Elites*, London: George Allen & Unwin, 1977, p.42.

(3) 미헬스의 과두제

모스카의 제자인 미헬스는 정치집단(특히 정당)을 포함해서 거대한 인간조직체는 소수가 지배하는 과두제적 경향이 불가피한 현상이라고 하는 '과두제의 철칙'(iron law of oligarchy)을 주장하였다. 민주주의 집단의 지도자들도 과두제라는 필연적인 역사과정을 회피할 수 없으며, 권력의 속성 때문에 어쩔 수 없이 부패하게 되는 경향이 있다고 했다. 그는 주로 사회조직의 차원에서 엘리트주의를 논하였으며, 앞의 두 학자에 비하여 좀더 과학적이었다.

미헬스의 연구는 정당 특히 독일 사회민주당에 초점을 두고 있지만, 그의 분석은 일반적으로 모든 종류의 공·사적 조직, 즉 정부관료조직, 법인, 노동조합, 대학, 전문기관, 각종 우호단체, 종교적 집단 등에 확대 적용될 수 있다. 간단히 말하여 그의 이론은 현대사회에 있어서 정치적 조직형태를 분석하는데 알맞은 것이라 볼 수 있다.

미헬스도 앞의 두 학자처럼 권력에 대한 열망과 인식은 인간의 고유한 심리적 특성에서 기인하는 것으로 보았다. 그러나 그는 대사회집단의 과두제적 본질을 설명함에 있어서 이러한 특성은 조직의 일반적 요소에 비해서는 부차적인 것이라고 하였다. 이에 관하여 미헬스의 다음과 같은 구절을 주목할 필요가 있다.

> 지도자들의 편에서 보아 권력에 대한 자연적 탐욕을 불러일으키게 한 상대자는 바로 대중의 무관심과 그들에 대한 지도의 필요성에 있다. 민주주의적 과두제의 발달은 이러한 인간의 본질적 특성에 의하여 촉진되고 있는 것이다. 그러나 이는 조직과 행정, 전략의 필요성에 의하여 시작된 바가 심리적 결정론에 의하여 완성된 것이다.[70)]

민주주의적 조직이라 할지라도 과두제는 그 조직의 규모나 복잡성 때문에 부득이 발생하지 않을 수 없는 것이며, 다수의 사람들이 효과적인 방식으로 한 단위체로서 결정을 내린다는 것은 불가능하다. 현실적인 대안이란 결국 관료들에게 권한을 부여하여 그들로 하여금 전체집단을 위한 결정을 내리도록 할 수밖에 없다. 이러한 권한의 대행으로 인하여 안전한 지도체계가 수립되는 것이며, 그의 말대로

70) Robert Michels, *Political Parties*, trans., by Eden and Cedar Paul, New York: The Free Press, 1962, p.205.

'조직이 있는 곳에 과두제가 있는 것'이라는 설명이 가능하다.[71]

미헬스가 제시한 또 하나의 중요한 문제는 과두지배체제의 유지에 관한 것이다. 그가 열거하고 있는 과두제 유지의 수단으로는, 첫째로 일반적 이익이라는 용어로 그들의 존재를 합리화하여 그들과 그들의 계획에 대한 지지를 증대시킨다. 둘째로 그 성원들의 충성 및 헌신과 그들의 재정적 독립을 확보함으로써 그들의 지위를 더 잘 유지할 수 있다. 셋째로 내부적 갈등을 회피하고 그들의 권력남용과 책임회피를 막는 능력이 중요하다. 넷째로 대중으로부터 새로운 개인들과 이념을 흡수하고 동화시킬 수 있는 능력이 필요한 것이다.[72]

파레토, 모스카, 미헬스 등에 의하여 형식화된 정치엘리트 이론은 정치체계에 있어서 누가 실제로 의사를 결정하고 어떻게, 그리고 왜 그들이 그렇게 하는가를 발견하려고 노력하였다는 데 장점이 있다. 이들은 가끔 광범한 역사적 비교의 원용을 통해서 그리고 전 세계에 걸쳐서 존재해 왔던 정치체계의 분석을 이용하여 그들이 제기한 의문을 해결하고자 하였지만, 이들 연구방법은 엄격한 경험적 기술을 결여하고 있다는 비판을 받고 있다. 그들은 보다 정확하고 엄격하며 세련된 방법론에 관하여는 단지 부분적으로만 성공적인 연구를 수행했을 뿐이다.[73]

그럼에도 이들이 새롭게 제시한 엘리트이론과 개념은 당시 유럽 전역에 확산되었던 노동운동의 발전과정에서 정신적·지적 에너지와 자신감을 부여해 준 마르크스의 유물론적 사회이론에 대한 대항이론으로서 큰 의의를 갖고 있었던 것이다.

2. 최근의 엘리트이론

라스웰(H. D. Lasswell)은 현대 정치학에 있어서 고전적 엘리트이론가들의 이론과 분석들을 재검토하고 재형식화하는 데 공헌이 큰 학자이다. 엘리트의 역할을 강조하는 연구는 그후 더욱 증가하였다. 그 중 대표적인 것으로는 보토모어(T. B. Bottomore), 콘하우저(William Kornhauser), 패리(Geraint Parry) 등의 연구가 있다. 엘

---

71) *Ibid.*, p.365.
72) James A. Bill and Robert L. Hardgrave, Jr., 김기우 역, 『비교정치이론』, 박영사, 1993, 217쪽.
73) 위의 책, 230쪽.

리트 연구를 미국의 정치과정에 경험적으로 적용하는 데 주도적 역할을 한 학자로는 헌터(Floyd Hunter), 밀스(C. Wright Mills)가 있고, 엘리트 연구의 국가간 비교분석으로 두드러진 학자로는 프레이(Frederick Frey), 립셋 등이 있다. 이러한 권력엘리트이론들에 대한 반박으로는 예일학파(Yale School)의 달(Robert A. Dahl), 폴스비(Nelson W. Polsby) 등에 의해 주도된 다원주의이론이 있다. 여기서는 먼저 권력엘리트이론의 쟁점을 규명하고, 다음에서 이들과 다원주의와의 논의를 살펴본다.

첫째, 엘리트이론가들은 엘리트의 범위를 광범위하게 규정하고 기능적인 차원에서 그 현실성을 긍정하고 있다. 라스웰은 엘리트에 관하여 "어떤 가치를 가장 많이 획득한 소수가 엘리트이고 그 나머지는 일반민중이다. 정치엘리트는 정치체에서의 권력소유자와 그 구성집단으로 구성된다. 이들은 일정기간 자신이 전적으로 책임을 떠맡는 지도자를 배출할 수 있는 사회적 구성체의 집단이다"[74]라고 하여 정치엘리트를 일반엘리트와 구별하고 있다. 여기서 엘리트가 전형적으로 충원되는 사회적 구성체(사회의 여러 계급을 포함한)라는 개념은 사회계급적인 개념과는 대립되는 것으로 엘리트 구성의 보편성을 나타낸다. 보토모어도 "엘리트라는 말은 일반적으로 사회에서 높은 위치를 차지하고 있는 기능적인 특히 전문적인 집단이란 의미로 사용한다"[75]고 하였다.

둘째, 엘리트 지배의 불가피성을 광범위하게 인정하는 최근의 엘리트 이론가들은 엘리트를 반드시 사회에 있어서 강력한 사람들과 동일시하지는 않는다는 입장이다.[76] 밀스도 현대의 미국이나 기타 산업국가에서 엘리트의 힘을 시인하고 있지만 그것이 절대적인 것은 아니라고 본다. 립셋 등이 분석한 국제인쇄조합의 경우도 그 동안 예상했던 바와는 달리 이들 조합의 하급직원들이 조합 내에 효과적인 양 세력체제를 유지함으로써 리더십 집단의 장기집권 현상을 막을 수 있었다는 것이다.[77]

셋째, 고전 엘리트주의자들은 엘리트가 3C효과, 즉 엘리트들의 의식(consciousness), 응집성(coherence), 모의(conspiracy: common will to action) 등으로 리더십 역할을 유지하고 있다고 주장한다.[78] 그러나 현대 엘리트이론가들은 오늘날의 복

---

74) Harold D. Lasswell, *Politics: Who Gets What, When, How*, New York: Meridian Books, Inc., 1958, p.13.

75) 진덕규 역, 앞의 책, 21쪽.

76) Marger, *op. cit.*, pp.81-82.

77) *Ibid.*, p.82.

잡한 사회상황이 이를 받아들이지 않고 있다고 주장하면서, 많은 엘리트들이 서로 다른 제도적 분야—경제·정치·교육 등—에서 나타나고 있는 현대사회에서는 앞서 말한 통합된 동질적 리더십 집단의 유지가 어렵다고 생각한다.

넷째, 엘리트와 대중과의 관계에 있어서 고전이론가는 물론 밀스와 같은 현대의 엘리트이론가 중에서도 대중의 영향력을 과소평가하는 경향이 있다. 통치엘리트는 대부분의 경우 그들이 원하는 대로 통치하며 그들 독자의 이익만을 추구한다고 한다. 또 고전 엘리트주의자들은 대중을 무능하고 자치의지가 없는 것으로 보고 있으며, 현대의 엘리트주의자들도 대중이 엘리트나 관료들의 조작대상으로 무능한 존재라고 믿고 있다. 다시 말하여 엘리트와 대중을 너무 단순한 두 계급 모델로 파악하고 있으며, 민주주의 사회에 있어서 여론이나 투표에 의한 대의정치의 기능도 무시하고 있다. 대중적 메커니즘이 정치지도자에게 조작되는 정도는 사회의 제도와 조직에 따라 차이가 클 것이며, 관료제도가 반드시 엘리트의 이익만을 위하여 기능한다고 보는 것도 무리다.

오늘날 급격한 사회변화의 소용돌이 속에서 조직의 하부구조는 점차 전문화·자율화되어 대중과 긴밀한 접촉을 유지하고 있으며, 그 동안 정태적이고 무력하다고만 생각하였던 대중도 이제 동태화·집단화되면서 거대한 사회세력으로 정치과정의 일익을 담당하고 있다. 따라서 종래의 단순한 형태로 엘리트 지배를 부동의 원리로 보았던 고전이론가들의 주장은 많은 비판의 대상이 되고 있다. 그 중에서도 특히 다원론자들의 입장에서 보면 더욱 논의의 여지가 많다고 볼 수 있다.

3. 엘리트론과 다원론의 논쟁

현대 사회과학을 특징지었던 중대한 논쟁 중의 하나는 엘리트론자와 다원론자간의 지적 대결이었다. 전자는 파레토·모스카·미헬스 등에 의하여 크게 영향을 받은 헌터·밀스 등의 실증적 연구이고, 후자는 달의 이론을 중심으로 전개된 연구이다. 다음에서 이들 논쟁을 간단히 설명한다.

먼저 엘리트론자인 헌터는 사회의 권력구조를 애틀랜타시(Georgia주의 Atlanta)의 저명인사들을 대상으로 한 명성방법(representational method)[79]에 의하여, 그리

---

78) James H. Meisel, *The Myth of Ruling Class: Gaetano Mosca and the Elite*, Ann Arbor: University of Michigan, 1958, p.48.

고 밀스는 미국의 고위집단에 있는 사람들을 중심으로 하는 지위방법(positional method)에 의하여 권력의 집중적 경향을 설명하고 있다. 이에 반하여 달은 뉴헤븐(New Haven)주의 의사결정분석에 의하여 엘리트 존재를 부정하고 다원적 다두정치(pluralistic polyarchy)를 강조하고 있다.

헌터는 저명인사록에서 정선된 정치계, 경제계, 자유기업, 지방정부관료, 문화계, 교육계 등의 지도자들 중 지역사회 내의 정책형성 과정에서 가장 영향력 있는 자는 경제계와 자유기업계의 지도자임을 발견하고, 결국 미국 권력구조의 최상부는 경제계 인사임을 밝혀 내고 있다.[80)]

밀스는 엘리트의 지위와 구성은 개인의 능력이나 심리학적 차원에서 설명할 수 있는 것이 아니고, 특정 사회의 사회・경제적 구조에 의하여 파악해야 한다고 주장한다. 그는 미국 사회를 대상으로 한 연구에서 중앙집권적 조직화가 잘된 대기업체, 정부관료 및 군부의 정상을 차지하고 있는 세 부류의 지도자를 권력엘리트라고 규정하고 있다. 그에 의하면 이들 3자는 삼위일체가 되어 오늘날 미국의 주요 정책을 요리하고 있다.

또한 밀스는 제도를 중요시하여, 현대사회에 있어서 권력은 제도화되어 있으며 사회에서 특정 제도가 핵심적 지위를 차지하고 이 제도의 최상위에 있는 자가 사회구조의 전략적 명령을 내리는 위치를 점하고 있다고 한다. 이러한 힘은 역사를 변화시키는 능력이며, 따라서 한 사람이나 집단의 힘으로 다수의 사람들의 활동방향을 바꾸어 나갈 수 있다. 예를 들어, 한국전쟁 참가나 히로시마의 원자폭탄 투하결정은 미국정부의 주요 정책결정이 극히 소수의 제도적 관직 담당자의 수중에 집중되고 있다는 전형적인 사례였다. 그리하여 밀스는 미국에 있어서 권력집중(특히 정부・경제계・군부의)을 신랄하게 비판하고 있다.

한편, 달을 위시한 다원론자들은 산업화 과정에서 다양한 집단의 대두와 이들의 분화로 권력도 계속 분산・확산되어 가고 있다고 주장한다. 이러한 다원주의는 특히 미국인의 정신 속에 더 쉽게 수용되었던 바, 그것은 초기 사회화 과정에서 터득한 미국인들의 정치권력의 이미지—인민을 위한 인민에 의한 인민의 정치, 법 앞의 평등, 권력분립의 원리 등—에 가장 잘 부합될 수 있는 것이었기 때문이다.

---

79) Floyd Hunter, *Community Power Structure*, Chapel Hill: University of North Carolina Press, 1953.

80) *Ibid.*, p.76.

달이 미국의 다원주의에 관하여 내세우고 있는 몇 가지 특징들을 간단히 소개하면 다음과 같다.81)

첫째, 정치권력은 서로 다른 여러 분야에 분산되어 있다. 미국 다원주의이론과 실천에 있어서 기본적인 요소는 권력이 단일의 중심부에 집중되어 있지 않고 여러 곳에 분할되어 있다는 사실이다. 이러한 권력의 다초점성은 사람들이 서로 경쟁・견제하여 강제력의 발동을 최소화하는 계기가 된다. 미국 정치에 있어서 두드러진 현상은 미국인들이 서로 대화・교섭하고, 협상・타협하여 엘리트간에 조정을 통한 평화적 문제해결 방식을 모색한다는 것이다.

둘째, 특정 엘리트 내에 있어서도 수많은 이슈에 관하여 엘리트간에 의견일치가 이루어지지 않고 있으며, 이들 간의 경쟁은 정치지도자의 권력이 제한되는 주요 수단이 된다. 같은 엘리트 내에 있어서도 가령 민주당과 공화당, 노동조합 지도자와 경영자 등이 있어 서로 대립・경쟁하는 경우가 많다. 그리고 민주당 내라 해도 자유파와 보수파가 있고, 노동조합 지도자들 중에는 막대한 군비지출을 지지하는 자와 이를 반대하는 자가 있다. 따라서 주요한 이슈나 목표사업에 있어서 엘리트 내의 전원 의견일치라는 것은 있을 수 없고, 언제나 모든 주요 목표를 성취시킬 수 있는 막대한 권력자원을 독점하고 있는 엘리트도 없다. 결국 어떤 이슈에 대한 지지를 얻기 위해서는 다양한 목표를 가지고 있는 서로 다른 분파의 지도자들이 연합해야 하는 것이다.

셋째, 엘리트 지배체제에 있어서 일반시민들이라 해도 정치과정에서 완전히 배제되어 있는 것은 아니다. 자발적인 결사체나 각급의 행정부에 있는 중간수준의 권력자층이 시민의 정치참여를 촉구한다. 또 비록 시민들이 직접 의사결정에 참여하지 않는다 해도 경쟁하는 정당들의 정기선거를 통해서 책임을 묻는 것으로 엘리트들에게 영향을 미칠 수 있는 것이다.82)

엘리트-다원주의의 논의에 관하여 프랑스 사회학자인 아롱(Raymond Aron)은 다음과 같이 주장하고 있다.83)

---

81) Robert A. Dahl, *Pluralist Democracy in the United States: Conflict and Consensus*, Chicago: Rand McNally, 1967, p.24.

82) Marger, *op. cit.*, p.49.

83) Raymond Aron, "Social Structure and Ruling Class," *British Journal of Sociology I*, March/June 1950, p.28.

소련형 전체주의와 서구형 민주사회의 기본적인 차이는 전자가 통합된 엘리트인 데 대하여 후자는 분할적인 엘리트라는 데 있다. 민주사회와 비민주사회의 구별은 정치적 결정에의 참여와 공공정책의 형성에 참가하는 시민의 수가 아니라 이에 관여하는 엘리트 집단의 수와 그 다양성에 있다. 권력의 분할이 존재하고 있는 한 민주적 지배의 기본적인 틀은 제자리에 있다고 보아야 한다.

4. 다원주의 논의

제2차 세계대전이 끝난 후 약 20년 동안 미국에 있어서 자유민주주의 사상의 가장 현저한 현상은 민주적 다원론이었다. 이는 민주주의에 관한 이론이며 동시에 미국의 권력분배에 관한 이론이었다. 이는 당시 미국 대기업들의 정치적 지위에 관한 개념화이며, 또한 과거 30년 동안 자유민주주의 정치학자들이 가지고 있었던 기업의 정치권력에 관한 태도의 변화이기도 하다. 즉 1950-60년대에 있어서 다원론자들은 미국사회에 있어서 권력은 고도로 분산되어 있으며, 기업도 다원적 정치체제 내에서 권력경쟁에 나선 많은 이익집단 중의 하나로 간주하고 있다. 1970년대에 와서 기업의 권력에 관하여 자유민주주의적 정치학자들 간에 두 개의 서로 다른 입장이 대립되어 있었다.[84]

월남전이 본격화되었던 이 때에 군산복합(military-industrial complex)과 이들의 역할 증대는 신좌파의 새로운 비판을 가져왔고, 기업은 이 시기에 와서 환경오염과 소비자 집단들로부터 직접적 공격의 대상이 되었다. 네이더(Ralph Nader) 같은 대기업 비판론자는 기업의 책임을 정치적 의제로까지 삼으려고 하였다. 여기에 나타난 정치학자들의 논쟁은 수정적 다원주의와 신보수주의로 요약할 수 있다. 전자는 기업의 세력이 미국 민주주의에 하나의 심각한 문제로 대두되고 있음을 경계하는 입장으로 달, 나델(Mark V. Nadel), 린드블롬(Charles Lindblom)을 들 수 있다. 후자는 미국의 정치체계는 보다 다원화되어 가고 있으며 기업의 정치적 권력은 현저히 약화되었다고 보는 입장으로 커크패트릭(Jeane Kerkpatrick), 윌더브스키(Aaron Wildavsky), 윌슨(James Q. Wilson) 등이 이에 속한다.

84) 이 내용에 관하여는 Joseph B. Lawrence, "Corporate Political Power & Liberal Democratic Theory," *Policy*, Vol. XV, No. 2, Winter 1982, pp.246-267 참조.

(1) 수정적 다원주의

원래 다원론자였던 달은 최근 대기업의 횡포를 비판하여 "대기업의 요체라고 볼 수 있는 사적인 지배가 공공의 권위를 차지하고 있다"고 비판하고, 대기업을 단지 자작농(yeoman)의 사유재산 관리나 초기 미국에 있어서 독립기업가들의 재력 확대로 보는 것은 잘못이라고 지적하고 있다.[85] 대기업은 사기업체라고 하기보다는 공공의 목적에 이바지하는 사회적 기업으로서 인간에게 권력을 행사하는 정치체계라 하였다.

나델과 린드블롬 역시 기업이 정책결정에 미치는 특권적 역할을 비판한다. 린드블롬에 의하면 자유민주주의 이론가들은 이익집단에 관한 것만을 제외하고, 대기업이 특권적 지위를 누려야 할 이유를 설명하지 못하고 있다고 한다. 오늘날 사회과학자들이 모든 이익집단들을 동등한 비교의 수준에 두고 있는 오류를 범하고 있으며, 이는 다음 두 가지 예에서 분명하다.

첫째, 사회 각 분야에서 많은 결정들이 흔히 정부가 아닌 시장체계 내의 기업 집행부에 의하여 이루어지고 있다. 자본주의 시장사회 내에 두 종류의 공무원, 즉 정부지도자와 사기업 집행부가 있으며, 후자는 노동력의 조직, 투자, 자원의 분배 등 중요한 사회적 기능을 수행하고 있는데, 이들은 모두 정부가 행한 결정은 아니면서 공공정책으로 간주된다. 만일, 기업이 수행하고 있는 이러한 중요한 기능들(조직문제나 주요 재화 및 용역의 공급 등)이 잘못된다면 사회적 무질서를 포함한 큰 불안이 조성되며 마침내는 정부의 권위를 위협하게 된다.

둘째, 기업은 이데올로기적 방어수단에 의하여 그들의 지위를 정당화하는 역할을 하고 있다. 즉 개인기업들이 바로 정상적인 민주정치의 유지와 실현을 위해 반드시 필요한 것이라는 점을 대중의 심리에 심어 줌으로써 그들의 특권적 지위를 유지하려고 한다.

이러한 차원에서 기업엘리트들은 정부엘리트의 협조를 얻어서 시민들에게 다음과 같은 것들을 주입시키거나 기본적인 이슈들을 정치적 의제에서 제외시킬 수 있다. 즉 시민들로 하여금 기업의 자율성, 이익의 배분, 기업경영에 있어서 근로자들의 제한적 권리, 기업과 정부간의 밀접한 타협 등을 도전할 수 없는 기존질서의 기본적 덕행으로 받아들이도록 유도한다.

---

85) Robert A. Dahl, *After the Revolution?: Authority in a Good Society*, New Haven: Yale University Press, 1970, p.115, pp.119-120.

(2) 신보수주의

신보수주의자들은 기업의 정치적 힘이 쇠퇴일로에 있음을 주장한다. 커크패트릭에 의하면 기업이 이른바 새로운 계급, 즉 지식엘리트들에 의하여 공격을 받고 있으며, 이들은 전통적인 미국의 가치나 제도에 대하여 반대되는 입장에서 기업과 시장체계에 반하는 정책을 발전시키는 데 중요한 역할을 수행하고 있다는 것이다. 따라서 윌더브스키 같은 학자는 국가의 관료적 권력에 맞서서 개인생활을 보호하는 다원주의의 보루로 대기업이 유지되어야 한다고 강조한다. 만일, 생산의 통제를 개인기업으로부터 정부로 옮긴다면 미국인들이 가지고 있는 사회적 다양성이 상실된다고 말한다. "현존의 다양성의 근원은 보호되어야 하며 자본주의에 대한 위협요소로부터 공격받고 있는 다른 제 요인과 마찬가지로 대기업도 보호받지 않으면 안된다"고 주장한다.[86]

그러나 여기에서 논의된 두 이론 중 어떤 하나의 이론이 전체로서의 정치체계와 현상을 모두 정확하게 설명한다고 하는 것은 불가능한 일이다. 여러 상이한 이론이 서로 다른 정책분야에 다양하게 적용될 수 있을 만큼 정치체계가 유연성과 합리성을 갖출 때 체계 스스로 발전의 동력을 갖게 되기 때문이다.

제6절 국가에 관한 제 이론

1. 국가의 본질

국가는 인류가 살아온 조직체 중 가장 중요하고 강력한 단체로 인간의 다양한 이해와 깊이 연관된 제도라고 볼 수 있다. 따라서 정치학은 국가에 관한 학문이라 해도 과언은 아니다.[87] 물론 집단생활이나 개인생활, 자유나 정의 등 모든 문제를 단순히 국가가 떠맡고 있는 것은 아니며, 정치학을 국가에 한정시키려는 것은 정치의 현실을 수축시켜버릴 우려가 있다. 정치는 국가의 범위를 벗어난 사적

86) Aaron Wildavsky, "Changing Forward Versus Changing Back," *Yale Law Journal*, Vol. 88, No. 1, November 1978, p.234.

87) Andrew Vincent, 권석원 · 서규선 역, 『국가론』, 인간사랑, 1992, 13쪽.

부분에도 관련되며, 국가보다 폭넓은 영역에도 관심을 가진다. 그러나 현대에는 정치가 국가 또는 독립국가의 열망과 별개의 것으로 존재하기란 어렵고 결국 국가는 정치에 있어서 본질적인 부분을 차지한다.[88]

한편, 국가는 풍부하고 다양한 범위를 포괄하고 있으며 학자들의 견해에도 그 범위와 방법이 일정치 않다. 국가란 이상적인 도덕생활을 실현키 위한 심신수련의 기관인가, 아니면 원죄로 인하여 타락한 인류가 권력탈취를 위하여 각축을 벌이는 싸움터와 같은 것인가. 국가는 인간의 사회관에 의해서 자연적으로 성립하였는가, 아니면 만인의 투쟁상태를 벗어나기 위하여 계약으로부터 발생하였는가. 그리고 국가는 최고도덕의 이성적 존재인가, 아니면 지배계급의 이익을 옹호하는 착취도구인가 등의 의문이 끊임없이 제기된다.

정치사상의 흐름을 보면 근대국가에 대한 이론적 구성은 당초에 극히 규범적 성격을 띠고 출발하였으며, 홉스·로크·밀 등의 국가개념에서는 당위성을 전제로 한 정치철학의 문제로 파악되었다. 그후 19세기에 들어와 정치학이 실증주의적 경험과학의 영향을 받게 되면서 국가론도 자연히 기술적(descriptive)·설명적 시각을 띠게 되었다.[89] 19세기 전까지만 해도 고전적인 정치학에서 중요한 연구대상은 국가권력의 문제, 즉 국가권력의 공적 구속력과 그 효과, 국가에 대한 공동체생활과 개인생활의 관계, 시민사회의 성격과 국가의 연관성 문제였다. 그러나 20세기 초부터 국가에 대한 관심은 그것이 사회에서 개인의 자유와 질서, 그리고 복지를 가져다주는 도구인지 아니면 소수 특권세력의 지배권의 도구로서 인간을 소외시키고 사회를 해체시켜 마침내 비히머스(behemoth: 거대한 짐승)로 변모될 것인지에 대한 논의가 활발히 전개되었다.[90]

당시 대부분 유럽국가들은 대규모 부르주아 국가체제로 인식되었고, 국가에 대한 논의는 뒤르켐(Émile Durkheim)의 분업국가론, 베버(Max Weber)의 관료제국가론, 마르크스-엥겔스(Karl Marx and Fridrich Engels)의 계급국가론 등 세 가지 인식경향으로 나누어 이루어졌다.[91]

그후 서구정치학에서 국가론은 1950년대와 1960년대 20년간의 소멸기를 거쳐 1970년대에 다시 부활하게 되었다. 그 이유를 이스턴은 ① 마르크스주의의 부활,

88) 위의 책, 15-16쪽.
89) 오명호, 『현대정치학이론』, 박영사, 1992, 360쪽.
90) 진덕규, 『현대 정치사회학이론』, 삼영사, 1988, 291쪽.
91) 위의 책, 291-307쪽.

② 전통적인 강력한 권위에 대한 향수, ③ 정치경제학에 대한 새로운 관심, ④ 정책분석운동 등에서 찾고 있다.[92] 여기서는 먼저 다원주의 입장에서 국가론을 검토하고, 그 동안 우리나라 정치학계에서 치열한 논쟁을 벌여왔던 계급주의, 특히 네오마르크시즘의 국가이론과 제3의 모델로서 조합주의, 관료적 권위주의이론 등을 설명한다.

2. 다원주의 국가론

다원주의 국가론은 앞에서 설명한 바와 같이 제2차대전후 미국 정치학계에서 유행한 이론으로, 국가권력에 대한 소극적인 입장을 반영한다. 정치권력은 한 사회 내의 특정 계급이나 엘리트에 집중된 것이 아니고 여러 집단, 파벌(factions) 등에 분산되어 있으며, 따라서 정치분석의 기본단위는 국가가 아니라 정당, 이익단체 등 집단이다.

자유주의 시장원리를 바탕으로 한 다원주의 체제하에서 국가는 일반적인 이익을 대표한다고 볼 수 없으며, 따라서 정부의 정책방향을 결정짓는 유일한 요인은 집단압력이다. 이들 다양한 집단들이 그들의 이익을 내세우고 갈등·대립하는 과정에서 국가는 단지 그 분쟁을 조정하고 해결하는 중재자이다. 그리고 집단의 차원에서 보면 국가란 그들의 이익을 달성하기 위해서 이용할 수 있는 중립적 도구에 불과하다.[93]

그러나 현실적으로 모든 집단에게 참여의 기회와 권리가 동등하게 보장된 것은 아니다. 각 단체들의 이익표명은 자유주의 시장원리에 따라 경쟁적으로 이루어지는 것을 원칙으로 하기 때문에 ① 갈등이 심화될 우려가 있고, ② 특정 집단이 정부와 이익동맹을 형성, 이익대표체제를 독과점하여 여타 군소집단의 이익이 배제될 우려가 있으며, ③ 로비활동·매수공작 등으로 정치적 부패가 만연될 우려가 있다는 한계성을 갖고 있다.[94]

다원주의 체제하에서 국가라는 용어는 흔히 정치체제(political system), 레짐

92) David Easton, "The Political System Besieged by the State," *Political Theory*, Vol. 9, No. 3, August 1981, pp.58-59.

93) 오명호, 앞의 책, 366쪽.

94) Peter Bachrach and Morton S. Baratz, "Two Faces of Power," *APSR* 56/4, 1962, pp.947-952; 김호진, 『한국정치체제론』, 박영사, 1994, 168쪽.

(regime), 정부(government) 등과 혼동되어 사용되는 경우가 있다. 그러나 국가는 정치와 행정기구를 포괄한 공공부문의 제도적 총체로서 레짐이나 정부보다는 더 근본적이고 영속적인 통치기제이기에 이들과는 분명히 다른 의미로 해석해야 할 것이다.

3. 계급주의 국가이론

계급주의 국가이론은 근본적으로 국가를 사회에 있어서 특정 계급이 다른 계급을 지배하는 도구로 간주하는 입장이다. 마르크스는 사회구성체를 토대(경제구조 또는 생산양식)와 상부구조(정치, 법률, 사회적 의식)로 나누고, 전자가 후자를 조건짓는 관계를 전제하기 때문에 상부구조로서의 국가는 경제구조를 반영하는 것으로 파악한다. 이러한 마르크스의 국가에 대한 견해는 20세기에 들어와 네오마르크스주의자들(Neo-Marxists)의 국가이론에 많은 영향을 미쳤다. 다음에서는 마르크스의 국가에 대한 견해와 그람시(A. Gramsci)의 헤게모니이론을 살펴보기로 하자.

(1) 마르크스의 국가론

마르크스의 국가관은 국가와 사회에 관한 헤겔적 관념에 근거하면서도 이에 대한 비판으로 시작되었다. 헤겔에 의하면 자연적 공동사회인 가족이 분열되어 각 개인이 자기이익을 추구하는 시민사회가 성립되며, 거기에 빈부의 차, 계급대립이 생겨 공동사회의 통일이 요구되는데 이를 가능케 하는 것이 국가이다.[95] 따라서 시민사회는 그보다 더 우월한 존재인 국가에 의해 조절되고 지배되어야 한다.

이에 반하여 마르크스와 엥겔스는 국가가 시민사회에 종속되며, 따라서 시민사회가 국가를 지배한다고 보고 있다. 그들은 또 국가는 공익을 앞세우고 개인의 자유와 재산권을 보호한다고 하지만 실제로는 자본가의 특권을 옹호하고 지배계급의 이익을 위하여 봉사한다고 비판하고 있다.[96] 마르크스는 명백히 국가를 시민사회 밑에 두고 있으며, 시민사회란 국가를 결정하고 자본주의 발전의 특정 단계에

95) 정인흥 외 편, 앞의 책, 1767쪽.

96) 국가는 시민사회에 종속적 역할을 수행하는 것에 불과하다는, 즉 근대국가의 행정부는 전체 부르주아의 관리위원회에 불과하다는 입장과 대조적으로 마르크스는 또한 국가의 자율성을 어느 정도 인정하는 대목이 있어 그의 국가에 대한 논의가 극히 애매하다는 비판도 있다. 오명호, 앞의 책, 370-371쪽.

서 물질적 생산관계와 일치하도록 국가의 조직과 목표를 규정하는 것이라 하였다.97) 마르크스는 그의 『공산당선언』에서 자본주의하에 있어서 국가를 부르주아 계급의 이익을 위한 착취기구로 보고, 자본주의 사회에서 사회주의 내지는 공산주의 사회로 발전함에 따라 국가는 필연적으로 소멸할 것이라고 하였다.

그런데 마르크스의 국가관은 전혀 상반된 양면성을 갖고 있다. 즉 인간소외의 극복에 중점을 둔 그의 국가관은 국가가 인간소외의 근원으로 등장하여 국가소멸론을 도출하며, 다른 한편 프롤레타리아 국가가 노동자의 착취를 없애고 집단적 차원에서 사회구성원의 복지를 보장하기 위한 수단으로서 이행될 때는 국가가 긍정적 특권을 갖게 된다.

그후 마르크스의 국가관은 구체적으로 구소련의 사회주의 사회에 적용되면서 많은 변모를 가져왔다. 그것은 첫째로 소련의 국가론이 초기의 국가소멸론에서 국가존재론으로 변화되었다는 것과, 둘째로 국가론이 소련의 경제·사회의 변화와 밀접히 관련되어 그 내용이 바뀌어졌다는 것이다. 즉 초기의 사회주의 건설과정에서 국가론은 권력의 소재를 논하는 국가의 성격규정에 중점을 둔 반면 후기에 올수록 국가존재론을 인정, 국가의 기능에 대한 논의로 변해 왔다. 그 구체적 내용은 국가의 계급적 성격을 따지기보다 경제관리의 효율성 제고와 사회의 요구에 대한 대응성의 증가 등에 초점을 두었다. 셋째로 제정러시아가 무너지고 새로운 정권이 들어섬에 따라 새로운 국가론이 요구되는 이데올로기적 제약성을 보여 주었는데, 결국 마르크스의 국가론은 그 출발에서부터 잘못된 전제에 기초하고 있음을 논증한 셈이다.

(2) 그람시의 헤게모니이론

이탈리아의 사회주의자이며 이탈리아 공산당의 핵심적 인물이었던 그람시는 이탈리아의 혁명적 노동운동이 실패하고 오히려 반동적인 파시즘이 다수 노동계급의 지지를 받고 부상하는 것을 지켜보아야 했다. 그람시는 이러한 경험에서 새로운 국가관과 정치이론을 발전시켰다. 즉 국가는 지배계급이 자신의 지배를 정당화·유지시키는 것뿐만 아니라, 피지배계급으로부터 능동적인 동의를 얻는 것을 가능케 만드는 이론적·실제적 행위의 총체적 복합체가 될 수 있음을 인식하였다.

97) Martin Carnoy, *The State and Political Theory*, Princeton, New Jersey: Princeton University Press, 1984, p.67.

그는 이러한 인식에 근거하여 부르주아 국가를 전복하고 사회주의를 건설하기 위한 새로운 전략으로서 네오마르크스주의적 정치이론을 발전시켰다.

그람시의 헤게모니이론은 시민사회와 국가의 개념, 헤게모니 및 급진적 변혁의 과정 등 셋으로 나뉘어 설명되고 있다.[98] 다음에서 그 구체적인 내용을 간단히 살펴보자.

1) 시민사회의 개념

그람시는 마르크스-엥겔스가 『독일 이데올로기』(1845-46)에서 자주 언급한 시민사회에서 부르주아의 '헤게모니'라는 개념을 취하여 자본주의 체제 설명의 중심적 주제로 삼았다. 그의 헤게모니는 피지배계급에 대한 부르주아적 가치와 규범의 이데올로기적 지배를 가리킨다. 그람시는 현실에 대한 유일한 부르주아적 개념을 육성하는 기능을 국가부문에 두었고, 따라서 계급의 지속을 위해 국가가 강화된 역할을 하는 것이라고 주장하였다.

마르크스와 그람시의 두 사람 모두에게 있어서 시민사회는 자본주의적 발전을 이해하는 핵심적 요소인데, 단지 전자에 있어서 시민사회는 하부구조(생산관계)인데 반하여, 후자에 있어서 시민사회는 상부구조로서 역사발전의 적극적이고 활동적인 역할을 한다. 시민사회는 이데올로기적・문화적인 관계와 정신적・지적 생활의 복합체이며, 분석의 초점이 되는 것은 하부구조가 아니라 상부구조라는 것이다. 이와 같이 그람시는 이데올로기적 상부구조가 경제적 하부구조에 대하여 가지는 우위를 강조하고 시민사회에 있어서 동의가 정치사회의 무력보다 우월하다는 것을 강조한다.

2) 헤게모니와 국가

그람시의 헤게모니 개념은 지배적인 가치문화를 구성하는 제도, 이데올로기, 관습, 행위자(지식인 등)의 복합체로 표현되는데 이는 다음 두 가지 중요한 의미를 가지고 있다. 첫째로 그것은 시민사회에서 지배계급의 한 분파가 그의 도덕적・지적 지도력을 통하여 지배계급의 다른 연합 분파에게 통제를 행사하는 과정이다. 둘째로 헤게모니는 지배계급과 피지배계급의 관계에서 지배계급의 정치적・도덕적・지적 지도력을 사용하여 그들의 세계관을 포괄적이고 보편적인 것으로 확립

98) *Ibid.*, 3장.

하고 피지배집단의 이익과 요구를 구체화하는 성공적인 시도를 내포한다.

또 글룩스만(C. Buci-Glucksmann)에 의하면, 그람시의 헤게모니는 시민사회에서 여러 지배기구들은 단지 한 계급의 팽창에 의해서만 통합될 수 있다는 것이다. 그람시는 헤게모니의 계급지배에 있어서 학교, 문화시설, 정보조직, 생활구조, 도시주의(urbanism) 등을 중요시하였다.

하여튼 그람시는 부르주아의 강압도구라는 이른바 마르크스-레닌주의적 국가개념을 초월하여 그의 헤게모니 기구를 시민사회뿐 아니라 국가에까지 확대하였다. 그람시에 있어서 국가는 지배계급의 권력 확대를 위한 1차적 도구인 동시에 또한 피지배집단을 미약하고 미조직 상태로 계속 묶어 두는 정치사회의 강제기구로 본다. 다시 말하여, 지배계급은 헤게모니를 통하여 전체사회에 있어서 지배에 대한 동의를 얻는 동시에 국가의 강압기구를 통제하는 역할을 수행한다.

3) 급진적 변혁의 과정

그람시가 서구의 자본주의 발전을 분석하는 데 관심을 가졌던 것은 1919-20년의 이탈리아의 혁명적 활동의 실패를 이해하고, 자본주의 사회의 헤게모니 지배에 대한 보다 적실성 있는 전략을 찾아 내려는 것이었다. 그람시가 문제를 제기했던 것은 ① 헤게모니 위기의 개념, ② 진지전(war of position), ③ 지식인의 역할 등 세 부분이었다.

마르크스는 노동의 착취를 강화하여 경제적 빈궁을 초래하는 자본주의 사회에서, 혁명적 정당의 역할은 국가권력에 대항할 만큼 노동계급의 의식을 끌어올리는 것을 핵심적 요소로 보고 있다. 그람시에 있어서는 이러한 노동착취의 강화는 의식향상을 위한 한 부분에 불과하고, 중요한 것은 부르주아 헤게모니를 유지·확대하려는 국가의 능력을 분해시키는 일이다. 즉 부르주아가 그들 자신의 목표를 성취하기 위해 발전시켜 온 신념체계에 위기가 초래되는 것이 중요하다.

한편, 그람시의 진지전은 새로운 프롤레타리아적인 사회개념을 만들어 내고 이에 따른 상부구조적 제도를 발전시키는 일이다. 또 정치적 진지전은 경제적 지배뿐 아니라 문화적·도덕적 주도권을 통해서 근본적인 구조적 개혁을 완수하는 일이라고 주장한다. 그리고 이러한 프롤레타리아적 상부구조의 토대를 제공해 줄 지식인들이란 노동계급 출신이며 그들과의 계속적인 관계를 유지해 나가는 사람들이라고 보았다.

그람시도 역시 마르크스처럼 한낱 탁상의 이론가임은 사실이다. 그러나 그는 마르크스와는 달리 대중들의 지적인 자질과 그들 스스로 계급 헤게모니를 만들어 낼 수 있으리라는 능력에 큰 기대를 가지고 있었다.

그람시는 모든 마르크스주의 사상가들 가운데서 부르주아적 지배에 내재한 권력의 이중적 측면을 가장 예리하게 통찰한 이론가였다.[99] 자본주의 사회에 있어서 부르주아 지배는 전통적인 마르크스주의 이론이 상정하듯이 억압적 수단에 의해서만이 아니라, 또한 피지배그룹의 동의를 통하여 이루어진다는 사실인식 위에서 그는 동의와 강제력, 정치와 경제간의 변증법적 다이내믹스를 해명하려 하였다.[100]

그람시는 볼셰비키 이론가들이나 코민테른에 의해 대표된 경제적 결정론을 근간으로 하는 조야한 변증법적 유물론을 부인하고, 마르크스가 주장한 자연과학적 정확성과 함께 역사발전 과정에 대한 예측 가능성의 논리를 거부한 것이다. 그러나 그람시 사상은 그 중심개념인 헤게모니와 진지전의 전략이 사회주의로의 이행을 직접 가능한 것으로 상정하고 있는 것인지 또는 기동전을 위한 어떤 다른 전략으로 옮겨가는 전단계인지, 그리고 반헤게모니 국가로 전치시키는 일은 어떻게 가능한 것인지 그 논지가 분명하지 않다는 비판을 받고 있다.[101]

4. 조합주의 이론

조합주의 이론(Corporatism)은 중세 가톨릭 지배사회의 길드 개념에서 연유하는 기능적 단체인 조합(corporation)에 그 구조적 근원을 두고 있다. 이것은 이탈리아의 무솔리니(Benito Mussolini)가 조합국가를 시도함으로써 발전되기 시작하였다.[102] 조합주의의 특징과 정치형태는 서구의 선진산업국가와 남미제국에서 발견되고 있고, 남미의 몇몇 나라들은 스스로 그들 국가를 코포라티스트 국가로 자처하기도 한다. 코포라티즘은 근대화나 발전이론이 지향하고 있는 합의모델이나 마르크스주의를 필두로 하는 갈등모델을 절충한 제3의 모델이라고 볼 수 있다.

99) 최장집, "그람시의 헤게모니 개념," 『한국정치학회보』, 제18집, 1984, 38쪽.
100) 위의 글, 38-39쪽.
101) 위의 글, 39쪽.
102) 김영래, "한국이익집단에 대한 국가의 통제: 조합주의적 이론을 중심으로," 최상룡 외, 『현대한국정치와 국가』, 법문사, 1987, 349쪽.

코포라티즘의 개념으로는 슈미터(P. C. Schmitter)의 정치적 정의를 대표적으로 들 수 있다. 이는 이익대표체계의 한 유형으로, 그 구성단위는 국가에 의해 승인되거나 허가받은 제한된 수의 단독적 · 강제적 · 비경쟁적 · 위계적으로 구성되고 기능적으로 분화된 조직으로 이루어진다. 이들 구성단위들은 각 단위체별로 지도자를 선출하고 요구 및 지지의 표출에 대한 통제에 순응하는 대신 각 범주 안에서 그 구성원의 이익을 대표할 독점권을 부여 받는다.[103] 슈미터는 이와 같이 조합주의를 사회에서 이익을 대표하는 제도적 장치로 보고, 사회발전에 따른 제도화의 관점에 따라 사회조합주의와 국가조합주의로 분류하고 있다. 전자는 오스트리아, 스웨덴, 노르웨이, 핀란드 등과 같은 국가에서 정당체계의 역할 저하, 입법 · 행정체계의 정체로 인한 국가의 통치력 약화에 의하여 발생하며, 이는 다원주의 요소가 가미되어 있기 때문에 자유조합주의 혹은 조합주의적 다원주의라고 한다.

이에 반하여 국가조합주의는 엄격하게 중앙관료적인 권력에 종속된 하위의 지역적 단위를 지닌 정치체계와 관련된 것으로 스페인, 포르투갈, 칠레, 멕시코, 페루 등에서 나타나고 있다고 주장한다.[104]

이러한 조합주의 개념은 사실 학자들에 따라 다의적인 개념으로 사용되고 있으나, 다수의 학자들은 조합주의를 '이익대표체계'로 정의하여 자본과 노동의 이해가 국가에 의해 매개되는 제도화된 체계로 보고 있다. 즉 조합주의는 계급적인 대립상태를 저지하기 위한 제도적인 메커니즘으로서 자본주의 사회에서 불가피하게 나타나는 계급갈등에 대한 이데올로기적 반응이면서 동시에 제도적 반응이라고 볼 수 있다.[105]

여기서 주목할 것은 3자구조(tripartism)와 조합주의의 유기체적 국가주의와의 관련성이다. 3자구조는 조합주의 정치구조의 주요한 특징이라 볼 수 있는 것으로 노동조합과 기업대표, 국가가 계서적으로 연계되는 형태를 말한다. 이들 구조는 이들 3자 사이에 길항작용이 생기는 평면적 트라이앵글(triangle)로 파악될 수 있다. 유기체적 국가주의는 이들 간의 길항작용을 해소하기 위해 국가가 도덕적 목표와 당위를 갖고서 주체적 입장에 있는 것을 전제로 한다. 주로 남미의 정치문화는 도덕적 이상주의 혹은 유기체 코포라티즘의 전통이 강한 것으로 파악되고 있는데,

103) Philippe C. Schmitter, "Still the Century of Corporatism?" in Philippe C. Schmitter and G. Lehmbruch, eds., *Trends Toward Corporatist Intermediation*, SAGE, 1979, p.13.

104) 김영래, 앞의 글, 351쪽.

105) 신정현, 『정치학』, 법문사, 1994, 200쪽.

이 조합주의의 한계는 이러한 개념 규정의 편협성 및 실천적 정열의 결여로 통치 구조면에서 취약성을 노정하고 있다고 지적된다.

5. 관료적 권위주의 국가론

이 이론은 오도넬(G. A. O'Donnell)에 의하여 제시된 것으로, 1960년대 남미에서 군부쿠데타를 통하여 나타난 권위주의 체제의 등장에 그 근거를 두고 있다. 그는 1964년 브라질의 쿠데타와 1966년 아르헨티나, 1973년 칠레, 우루과이 등에서 발생한 쿠데타의 특징적인 속성을 규명하였는데, 그후 여기에 나타난 권위주의적 특징들은 군부쿠데타를 경험한 제3세계국가들에 일반적으로 적용 가능한 것으로 학자들 간에 관심이 고조되었다. 오도넬이 지적하고 있는 관료적 권위주의의 특징은 다음과 같다.[106)]

① 이 체제의 주요 사회적 기반은 상부 자본가 계층이다.

② 이 체제의 주요한 비중을 차지하는 사람들은 억압수단의 사용과 경제기획을 전문으로 하는 군부, 공공기관의 관료, 상층자본가들이다.

③ 이 체제하에서는 그 동안 활성화되어 오던 민중부분에 대한 통제를 강화한다.

④ 민주주의 정치제도의 폐지,

⑤ 소수의 대기업체와 국가기관에 과도한 경제적 특혜를 부여하여 자본축적을 도모한다.

⑥ 생산구조의 국제화 촉진 및 탈민족화 성향을 나타낸다.

⑦ 사회문제의 탈정치화와 질서 및 경제정상화 등을 강조한다.

⑧ 민중적·계급적 이익을 대변할 통로를 차단한다.

이 이론에 대한 비판은 여러 면에서 전개되었는데, 그 중 특히 이른바 정치권력의 심화가설을 둘러싼 논쟁은 이 이론에 대한 비판의 핵심을 이룬다.[107)] 즉 이 체제는 정치권력에 대한 위협의 제거와 심화의 수행을 위하여 국제자본의 새로운 유입의 촉진 등 여러 문제점들이 있다고 지적되고 있으며, 실제 정치권력에서의

---

106) Guillermo A. O'Donnell, "Reflection on the Pattern of Change in the Bureaucratic-Authoritarian State," *Latin American Research Review*, Vol. 13, No. 1, 1973, pp.3-38.

107) 신명순, 『제3세계정치론』, 법문사, 1987, 219쪽.

심화는 경제정책의 핵심도 성장의 추진력도 아니었다고 비판한다. 정치권력의 심화는 이 체제의 추진세력이나 권력 수행자들에게조차 주요 관심사가 아니었고, 사실 어느 특정 국면에서만 추구했던 것에 불과하다고 지적하고 있다.

이 체제의 한국적 수용에 관하여 그 동안 한국 정치학자들 간에도 활발한 논의가 이루어진 바 있다. 이 체제는 5.16군사쿠데타 이후 권위주의 정부를 분석하는 데 매우 유용한 기준을 제시해 주고 있으나, 위에서 논의된 변수들을 너무 기계적으로 적용해서는 안된다는 반론 또한 만만치 않다.

제7절 정치적 리더십

1. 정치적 리더십의 개념

오늘날 일상적으로 사용되는 리더십(leadership)이란 개념은 지도자의 지위, 통솔력, 지도력 또는 지휘와 통솔 그 자체를 의미하고 있다. 리더십은 영향력의 일종이지만, 그것은 문자 그대로 지도자와 추종자와의 관계에서 보여지는 영향력이다. 그런데 그러한 양자의 영향관계의 특징은 추종자가 지도자의 지도를 자발적으로 받아들여 집단의 공동목적을 달성시키기 위하여 서로 협력하는데 있다고 볼 수 있다. 따라서 리더십은 어떤 집단이 공동으로 추구하는 목표를 달성시키기 위해서 조직적・집단적 및 자발적 노력을 동원하는 작용, 또는 사람들을 조직적으로 노력하게 하는 것과 같은 행동과 역할에 관계되는 것으로 이해된다.[108]

이러한 일반적인 리더십의 개념은 이해가 상반되는 지배자와 피지배자 사이의 실력적・강제적 관계와는 구별되며, 제도화된 지위와 권한에 입각하여 관료적 통제를 행하는 수장과도 구별된다. 즉 지도자의 개념에서 독재자를 제외시킨 정의이다. 그러나 정치현상으로서의 리더십 개념은 독재적 리더십 형태에서 민주적 리더십 형태까지 모든 형태의 리더십을 포함한다. 히틀러나 스탈린도 야만적인 독재자인 동시에 정치지도자였다. 따라서 정치적 리더십이란 대중의 지지를 얻어서 정치적 목적을 실현시켜 나가는 통치기술이며, 좁은 의미의 민주적 지도자만을 지칭

108) 김우태 외, 『정치학의 이해』, 형설출판사, 1998, 103-104쪽.

하는 것이 아니라 지배와 조작적인 대중 통치수단을 포함하는 넓은 의미의 정치가의 전반적인 기능을 의미한다.[109] 다시 말하면, 정치체계의 목표를 효과적으로 달성하기 위하여 집단구성원을 유도·조정하는 지도자의 행동, 또는 지도자와 추종자의 공동가치와 동기(욕망, 욕구, 소망, 기대 등)를 충족시키기 위하여 지도자가 유도하는 행위를 의미한다.

이에 대해 번스(J. M. Burns)는 "모든 지도자들은 실제적 혹은 잠재적 권력장악자들이지만, 그러나 모든 권력장악자들이 지도자들은 아니다"[110]라고 말했다. 번스는 권력장악이나 그의 행사와 리더십과를 구별했다. 물론 리더십이 권력의 한 측면임을 인정하지 않는 것은 아니다. 그러나 리더십은 권력과 분리된 다른 중요한 과정과도 관련되어 있다고 주장한다. 그에 의하면 권력장악자들은 직접 다른 사람들의 행태에 물리적 통제를 가하는 방법으로 그들 자신의 권력기반을 동원함으로써 영향력을 행사한다. 그리고 이때 권력장악자들은 반응자들의 목표나 동기들에 대해서는 특별한 관심을 갖지 않는다.

이에 반해, 리더십은 기본적으로 인간에 대해 행해지는 것으로 어떤 동기와 목적을 가진 사람들이 다른 사람들과의 경쟁이나 갈등을 통해 추종자들의 동기와 욕망을 제기시키고, 만족시켜 주기 위해 제도적·정치적·심리적 및 기타 다른 자원들을 동원할 때 나타난다. 지도자는 추종자들의 욕구와 동기를 충분히 파악하고 그들과 함께 공통된 목표를 추진해 나가는 데 필요한 반응행태를 유도하기 위해 그들의 생활에 어느 정도 직접 관여하는 한편, 그들과 일정한 간격을 두고 우월한 위치에서 그들을 이끌어 나갈 수 있는 지적·도덕적 또는 전략적 능력을 스스로 갖출 수 있어야 한다.[111] 루소의 말을 빌리면 이상적인 지도자는 "사람들의 모든 감정들을 잘 이해할 수 있으면서도 그들에 대한 아무런 느낌을 갖지 않으며, 충분히 알고 있으면서도 우리들의 본성과 전적으로 떨어져 있고, 그리고 우리들의 행복이 그의 관심사가 되고 있지만 그러나 그의 행복이 우리들의 행복과 독립된 우월한 지성적 존재"[112]라고 말할 수 있다.

결국 지도자는 권력을 소유하고 행사하지만 그의 역할이 추종자들과의 관계

109) 이범준·신승권, 앞의 책, 104쪽.
110) Jean M. Burns, *Leadership*, New York: Harper & Row Publishers, 1978, p.18.
111) 신정현, 앞의 책, 494-495쪽.
112) Jean J. Rousseau, *The Social Contract*, trans. and introduced by Maurice Cranston, New York: Penguin Books, 1977, p.84.

에서 수행되고, 그들의 동기나 목표를 충족시키면서 동시에 자신의 목표를 달성한다는 점에서 단순히 권력의 가치를 많이 획득한 권력장악자와는 다른 의미를 갖는다고 볼 수 있다. 더욱이 지도자가 추종자들이 요구할 수 있는 일상적인 욕구나 필요성을 충족시키는데 그치지 않고, 그러한 것들을 초월하여 공동체의 보편적인 도덕적·물질적 목표들을 실현하려고 할 때, 그의 역할이나 행태는 정치지도자의 특수한 형태로서 인식될 수 있다.[113] 따라서 정치적 리더십은 정치목적을 달성하기 위해서 국민의 자발적인 동의와 지지를 획득하고 그들에게 만족감을 부여하는 정치기술이라고 정의할 수 있을 것이다.

2. 정치적 리더의 자질

(1) 정치적 리더십의 연구경향

정치적 리더십에 관한 연구에는 '규범적인 방법'과 '서술-분석적인 방법'이 있다. 규범적인 방법은 ① 지도자는 과연 어떠한 자질을 가져야 하는가, ② 그는 어떤 사회집단에서 나와야 하며, 리더십은 얼마만큼 널리 분산되어야 하는가, ③ 지도자는 대체 어떻게 지도해야 하는가의 문제들을 주로 다룬다. 이에 대해 서술-분석적인 방법은 누가 지도해야 하는가가 아니라 실제로 누가 지도하고 있는가, 지도자들은 과연 어떻게 행동해야 하는가가 아니라 실제로 현재 어떻게 행동하고 있는가의 문제를 주로 다룬다.[114]

그런데 이러한 연구경향을 좀더 내용적으로 파고들어가 보면 대체로 기능론과 구조론의 두 영역으로 나누어서 고찰되고 있음을 알 수 있다.

먼저 기능론은 지도자의 행위가 집단에 어떠한 기능 혹은 역기능을 초래하는가의 문제, 즉 집단효과에 영향을 미치는 지도자의 기능에 중점을 두는 이론이다. 기능론의 연구접근법으로는 자질유형적 접근법(trait or type approach)과 상황적 접근법(situational approach)이 있다.[115] 전자는 리더십을 지도자 개인의 자질의 관점에서 해석하는 입장이며, 후자는 리더십을 지도자와 추종자의 상호관계로 보며 집단이 처한 상황의 성격이 지도자 선택의 결정적 요인이 된다고 해석하는 견해이

113) 신정현, 앞의 책, 495쪽.
114) 이극찬, 앞의 책, 262쪽.
115) 위의 책, 262쪽 참조.

다. 상황주의자들에 의하면 위기적 상황에는 결단력 있는 지도자가 요구되며 평화 시에는 정상적 역할수행에 능한 지도자가 필요하듯이 집단의 상황적 요구에 따라 리더십의 기능과 특성이 변한다는 주장이다.

다음으로 구조론은 지도자의 기능을 낳게 하는 조직체의 구조적인 요인과 리더십의 기능과의 관계에 대한 연구를 의미한다. 지도자란 집단적 관리체계 속에서 그 기능을 수행함으로 그 관리체계가 과연 어떤 원리원칙에 의하여 구조화되었는가에 따라서 지도자의 기능수행도 달라지게 된다. 구조론에서의 리더십은 한 집단에서의 지도자의 역할과 위치가 소속집단뿐 아니라 사회 전체의 존속 · 유지를 위하여서도 합리적으로 시행하고 있는가의 측면을 강조하는 것이다. 따라서 리더십을 비인격적인 개인으로서가 아니라 지도자가 갖추어야 할 특성 · 성격 · 집단의 기능과 상황, 구성원들의 상호작용과 인간관계 등을 종합한 사회적 단위로 해석하는 입장에 선다.[116)]

그런데 리더십의 연구에 있어서는 기능론이나 구조론 어느 하나만으로 구체적이고 현실적인 분석을 하기는 어렵다. 실제로 현실의 지도자는 대개 어떤 집단적인 관리체계 속에서 그 기능을 수행하고 있다. 그 체계가 과연 어떠한 원리 · 원칙에 의해서 구조화되어 있는가에 따라서 그 기능의 수행은 영향을 받게 된다.[117)] 따라서 리더십 연구는 단지 기능론에 대해서뿐만 아니라, 지도자 조직 그 자체를 분석대상으로 하여 이것을 기능론과 관련시키는 구조론의 영역에 대해서도 과학적인 분석이 있어야 할 것이다.

(2) 정치적 지도자의 자질

정치적 지도자는 어떠한 자질을 갖추어야 하는 것인가? 즉 지도자의 특질(traits of leadership)로서의 보편타당한 요소는 무엇인가? 예로부터 정치가론이니 위정가론이니 하여 많은 논의가 거듭되어 왔으나, 정치적 지도자의 일반적 자질을 제시한다는 것은 매우 어렵다. 왜냐하면 모든 지도자 자질의 유효성은 상황에 대해서 상대적이어서 역사적인 상황과 정치제도 등의 차이에 따라 정치가상도 달라질 수 있기 때문이다. 따라서 여기서는 리더십 연구의 대표적 학자들이 제시하는 지도자 자질을 살펴봄으로써 공통분모를 알아보고자 한다.

---

116) 김명훈, 『리더십론』, 대왕사, 1980, 37-38쪽; 이범준 · 신승권, 앞의 책, 105-106쪽.
117) 이극찬, 앞의 책, 263쪽.

동양의 지도자상은 공자의 『논어』나 『대학』 등에서 언급한 '인'(仁)에서 찾을 수 있는데, 그것은 인자하고 덕행이 높은 것을 의미한다. 또한 맹자는 지도자상으로 패도정치를 반대하고 이른바 천리(天理)에 입각한 왕도정치인 덕치(德治)를 강조하였다. 그리고 손자는 병법에서 장수가 갖추어야 할 다섯 가지 덕목으로 지식·믿음·어질음·용기·위엄을 내세웠다.[118]

한편, 서양에서의 정치적 지도자의 자질에 관한 논의는 일찌기 플라톤의 철인정치론을 비롯하여, 마키아벨리의 '사자와 여우'의 이론에서 구체적으로 이루어진 바 있으나 오늘날 리더십을 연구하는 학자들이 이를 보다 체계화하여 논의하고 있다.

메리엄은 지도자의 자질로 ① 주위에서 전개되는 여러 가지 사태를 지각할 수 있는 고도의 사회적 감수성, ② 많은 사람들과 직접 접촉할 수 있는 고도의 친근성, ③ 단체교섭에 있어서의 위대한 재능, ④ 극적인 표현능력, ⑤ 일정한 방식이나 여러 가지 정책, 이데올로기, 전략 또는 계획 등을 창안해 낼 수 있는 능력, ⑥ 고도의 용기 등[119]이 요구됨을 강조하고 있다.

그리고 베버는 정치를 직업으로 하는 정치가에게는 특별한 자질의 구비가 필요하다고 보고, 그 중요한 자질로서 정열, 책임감, 판단력의 셋을 들고 있다.[120] 이에 반해 라스웰은 정치가의 자질로 ① 일에 대한 비범한 능력, ② 업무에 대한 집중능력, ③ 체력 및 지식 등에 중점을 두어 정치가로서의 개인적 능력에 더 많은 비중을 두고 있다.[121]

그러나 서구 선진국과 같은 대중소비문화 사회에서는 정치가도 동료로서 호감을 줄 수 있는 자질이 중요시된다. 이러한 가치기준은 현대적 풍채, 도량, 정직, 신념, 정중, 인내심, 동정심, 진실성, 창안력, 야망, 쾌활성, 언변, 친밀감 등에서 기인한다고 보겠다. 라스키(Harold J. Laski)도 정치가에게는 배우와 같은 대중소비용의 특수한 인격이 요구된다고 하였다.[122]

우리나라는 역사적으로 권위주의적 왕권지배하에 있어 왔고 외국세력에 의한 반복되는 실제적 및 위협적 침략의 길목이 되어 왔으므로, 예로부터 정치가의 자

118) 권영길 역, 『兵法七書』, 해동문화사, 1963, 12쪽.
119) Merriam, *op. cit.*, 1945, pp.109-111.
120) Weber, 박봉식 역, 『직업으로서의 정치』, 박영사, 1960, 61쪽.
121) Lasswell and Kaplan, *op. cit.*, p.27.
122) 김운태, 앞의 책, 349-350쪽.

질은 권위주의적 지도력을 갖춘 기풍을 강조하였다. 그러나 근래에 산업화와 도시화가 진전되고 대중소비문화 사회로 이행되면서 정치지도자에 대한 인식이 바뀌고 있다. 또 선거에 의한 정권교체가 몇 차례 이루어지면서 서구 선진사회에서 요구하는 정치가의 자질을 강조하고 민주적이고 청렴한 대중지도자를 요구하는 경향도 강하게 나타나고 있다.

3. 리더십의 유형

정치적 리더십의 유형은 분류기준을 어떻게 설정하느냐에 따라 여러 가지로 구분될 수 있다. 여기서는 정치적 리더십을 보는 관점에 따라 정치의 동태성을 기준으로 한 유형, 지도자의 성향을 기준으로 한 유형, 그리고 현대적 정치형태를 기준으로 한 유형[123]으로 나누어 그 특성을 살펴 보고자 한다.

(1) 정치의 동태성을 기준으로 한 유형

이 분류방식은 정치의 정태적 영역과 동태적 영역의 분화를 중심으로 분류하는 것으로서 관료, 선동가, 비정식적 지도자의 세 가지 유형으로 분류한다.

1) 관료형 리더십

관료형의 지도자는 정치상황이 안정된 근대의 합리적 사회구조에서 요구되는 합리적 행정가형으로서, 애증이나 불안 같은 인간적인 감정을 억압하고 냉정과 공평의 원칙에 충실한 유형이다. 그러므로 수단으로서의 법칙을 자기목적화하는 경향, 형식지상주의, 무책임, 동조성향의 과잉, 보수주의의 기본적 성향이 나타난다. 나아가 구체적인 법률이 규정하는 기성질서를 질서 일반으로 동일시하고, 여하한 합리화된 질서도 사실은 비합리적인 여러 정치세력의 균형 위에 성립된 것이라는 것을 인정하지 않는다. 또 대중운동이나 혁명과 같은 정치의 동태적 영역에 있어서의 비합리적인 동향을 기존 법질서의 교란원인으로 인식하는 기본적 사고경향을 갖기가 쉽다.[124] 물론 관료는 이와 같이 정치기구 자체가 요청하는 인간형으로 적응 또는 왜곡되는 것이지만, 또한 본래 이러한 성격형을 보유한 자가 스스로 관료

123) 위의 책, 350-356쪽.
124) 김우태 외, 앞의 책, 105쪽.

가 되는 경우도 많다.[125]

2) 선동가형 리더십

이 유형은 라스웰이 말하는 '극화적 성격'(dramatizing character)을 가진 지도자 유형으로서, 타인에게 즉각적인 정서적 반응을 요구하며 자기현시성·도발성·의분성·경박성의 특징을 가진다. 이런 유형의 지도자는 어떤 문제든지 세밀히 따지지 않고 타인을 평가하는 데 관대하며 임기응변·신기성을 좋아한다. 그리하여 선동가는 사회변동기에 많이 나타나고, 그는 타인의 정서활동의 동향을 살피는 데 매우 민감하다.[126]

이런 유형의 리더십은 경제적 불황이나 패전 등의 혼란기에 일반대중의 심각한 욕구불만을 선동적으로 충족시키려는 의도에서 자주 등장한다.

그러나 이러한 선동적 리더십이 사회 각계각층의 불만을 모두 충족시킬 수 있는 온건한 해답을 찾아 낸다는 일은 실제로 불가능에 가깝다. 따라서 그러한 리더십은 가끔 물거품처럼 생겼다가 곧 사라져버리는 것이 되거나, 또는 나치즘의 경우에서 볼 수 있는 것과 같이 전적으로 모순된 공약을 마구 남발하면서 대외전쟁의 감행과 희생양(scape goats)의 조성 등에 그 유일한 탈출구를 찾으려고 할 것이다. 바로 이런 상황 속에서 정치적 리더는 가끔 일종의 '카리스마적인 지도자'로서 등장하게도 된다.[127]

3) 비정식적 지도자형 리더십

비정식적 지도자는 일반적으로 각종 사회집단의 내부에서 그 구성원의 의식과 행동양식을 지배할 수 있는 은밀한 세력의 소유자이다. 이들은 일상생활에서 발생하는 제1차집단, 기성의 조직화된 집단 내부에서 형성되는 비합리적인 집단, 정당 내부의 파벌, 두뇌단원(brain trust), 정치적 측근, 군 내부의 파벌, 혹은 거리의 깡패, 갱단, 반사회적 폭력단 등의 각종 보스(boss)를 포함하고 있다.[128]

특히, 정치학에서 보스라고 하면 공직의 정실거래나 그 이외의 사적 목적을 달성하기 위하여 권력을 행사하되 그 결과에 대해서 책임을 지지 않는 비정식의

---

125) 김운태, 앞의 책, 351쪽.

126) 라스웰은 행정가와 선동가의 성격을 '강박적 성격'과 '극화적 성격'으로 나누고, 관료형은 전자에 선동형은 후자에 맞는 성격적 특징을 가지고 있다고 설명하고 있다. Lasswell, *op. cit.*, 4장 참조.

127) 이극찬, 앞의 책, 278쪽.

128) Lasswell and Kaplan, *op. cit.*, pp.159-161.

지도자를 말한다. 따라서 정치보스는 그 지위나 배후적 집단을 이용함으로써 정계의 지도적 실력을 무대 배후에서 행사하고 정당정책의 결정, 후보자의 지명, 관직 임명의 추천 등에 관여하거나 또는 투표획득을 조종하는 자이며, 그의 정치적 알선역할은 법적 책임을 전제로 하지 않는 비공식적 입장에서 이루어지는 것을 원칙으로 한다. 이와 같이 보스가 그의 사적 책임과 사적 실력을 토대로 비공식적으로 권력의 획득・행사에 관여하므로 정치적 부패와의 병리적 관련하에 고려되는 경향이 많지만, 또한 그 나름대로 중요한 정치적 역할을 연출하고 있는 점도 간과해서는 안된다.[129]

정치에서 보스는 미국에 있어서의 특유한 존재는 아니지만 미국에서는 특히 주요한 역할을 연출하는 숨은 정치세력이 되어 왔다. 우리나라에서도 이러한 보스는 과거부터 많은 역할을 해 왔는데 그 대표적 예는 친인척 세력이나 지역유지들이었다. 근대사회가 되면서 기업가, 교수, 법조인, 관료, 종교지도자, 언론인 등 중간유력자층과 농촌지역의 유지 및 각종 지도급 인사들이 보스로서의 역할을 수행하고 있다. 미국이나 일본은 물론 이들 비정식 지도자의 역할은 사실상 매스컴보다도 효과가 크다는 것이 실증되고 있으며, 최근에 와서 중요한 연구대상이 되고 있다.

(2) 지도자의 성향을 기준으로 한 분류

지도자가 조직을 이끌어 가는 성격과 방법에 대한 분류는 다양하다. 하지만 이러한 성향에 따른 분류로 가장 많이 소개되고 있는 것이 레윈(K. Lewin)과 리피트(R. Lippitt)가 실험을 통하여 발견한 ① 권위형(autocratic), ② 민주형(democratic), ③ 자유방임형(laissez-faire)이라고 볼 수 있다. 이들은 이 세 가지 리더십 유형을 의사결정 방법, 활동목표, 리더의 참여 정도, 리더의 역할위치에 따라 다음 〈표〉와 같이 분류하였다. 이러한 유형 분류에서 특히 정치적 리더십에 관련되는 것은 권위형과 민주형이라고 보고, 이에 맞는 각각의 분위기를 학생들에게 조성하여 실험을 하였다.[130]

---

129) 김운태, 앞의 책, 353-354쪽; 김우태 외, 앞의 책, 106-107쪽.

130) Kurt Lewin and Ronald Lippitt, "An Experimental Approach to the Study of Autocracy and Democracy: A Preliminary Note," in A. Paul Hare, Edgar F. Borgatta and Robent F. Bales, *Small Groups: Studies in Social Interaction*, revised ed., New York: Alfred A. Knopf, 1965, pp.648-655; 이범준・신승권, 앞의 책, 111쪽; 홍득표, 『정치과정론』, 학문사, 1999, 513-514쪽.

〈표〉 레윈과 리피트의 세 가지 리더십 유형

유형	권위주의적 리더십	민주주의적 리더십	자유방임적 리더십
결정	방침은 집단외부자인 성인인 리더에 의해 결정되고 성원에게 강요된다.	방침은 필요시 리더의 도움을 받아 집단토의에 의해 선정된다.	집단이나 학생들이 좋은 대로 자유롭게 결정하게 하고 리더는 통제하지 않는다.
목표	리더에 의해 성원의 활동이 그때그때 지시되고 성원은 앞일에 대하여 잘 모른다.	목표는 지시된 여러 가지 중에서 집단이 선택한다.	활동 있을 때만 알려 줄 뿐, 일에 대해 왈가왈부하지 않는다.
리더의 참여	리더가 해야 할 일이나, 같이 일할 자 등을 정하고 불평하지 못하게 한다.	일의 분담을 리더가 암시만 하고 효과적인 방법을 성원들이 정한다.	리더는 전혀 참가하지 않는다.
리더의 위치	리더는 개인적·감정적으로 칭찬이나 비판을 한다. 그 외는 집단에서 분리되어 있다.	실제적인 일은 하지 않지만 객관적으로 비판하고 리더는 한 성원으로 활동한다.	어떤 종류의 비판도 하지 않고 일에 대하여 강요하려고도 하지 않는다.

레윈과 리피트는 이러한 실험을 한 결과 다음과 같은 결론을 얻었다.

① 권위주의 리더십에서 고도의 긴장상태가 발견되었다.

② 민주적인 분위기에서 보다 협조적인 노력이 나타났다.

③ 민주적인 분위기에서 보다 객관적인 태도의 표현이 나타났다.

④ 민주적인 분위기가 보다 건설적이었다.

⑤ 민주적인 분위기에서는 '우리'에 대한 감정이 큰 반면에, 권위주의 분위기에서는 '나'에 대한 감정이 지배적이었다.

⑥ 민주적인 분위기에서 집단구조가 보다 안정적이고 고도의 단결을 유지한 반면에, 권위적인 분위기에서는 권위에 대한 영향력이 사라지면 집단구조가 무질서해지는 경향이 발견되었다.

⑦ 권위주의 집단에서는 민주적인 집단에 비하여 조화가 부족하였다.

⑧ 민주적인 분위기에서 집단의 목표나 집단의 재산에 대한 느낌이 보다 잘 발전되었다.

⑨ 양쪽 집단에 있던 사람을 한 명씩 교체했을 때 민주적인 집단으로 온 사람에 대하여 지배적인 행태를 보이지 않았으나, 권위주의 집단으로 간 사람에 대해서는 지배적인 행태가 증가하였다.

(3) 현대적 정치형태를 기준으로 한 분류

1) 민주주의적 리더십

우선 민주주의적 리더십은 그의 정통성을 피지배자들이나 국민들의 자발적인 동의와 지지에 의존한다. 이런 리더십은 주로 일정한 투표절차를 통해 형성된다. 민주주의적 리더십은 분권화된 권력기반에서 권력행사가 이루어지며, 모든 정책들은 집단토론과 타협과정을 거쳐 결정하고 집행한다. 토론과 타협과정에서 지도자는 집단의 목표달성이나 기술적인 문제들에 대해 자신의 입장을 제시할 뿐, 최종적인 결정은 구성원들의 자발적인 선택에 의존한다.

민주주의하의 지도자는 자기의 힘을 과시하려는 권력이라든가 초월적 권위와 같은 권력성 위에 자기를 지탱하고 있는 것이 아니라, 피지도자와의 윤리적인 인격교감 관계를 그 지주로 삼고 있다. 따라서 민주적 리더는 그때 그때의 상황에 적합한 창조적인 플랜을 작성하여 이것을 능히 실행할 수 있는 능력을 가짐과 더불어 그 과정에 있어서 언제나 일반대중과 교류하며 비판을 받는 것이 필요한 것으로 된다. 또한 민주적 사회에서는 어떤 분야에서는 리더라 할지라도 다른 분야에서는 추종자로 되며, 거꾸로 어떤 분야에서의 추종자가 다른 분야에서는 리더가 되는 모양으로, 리더의 만능화・고정화는 원칙적으로 부정된다.[131] 민주적 지도자는 언제나 제도의 대표로 머무를 뿐, 독재자처럼 제도에 도전하거나 대처하는 일은 생기지 않는다.

2) 전체주의적 리더십

전체주의적 리더십은 민주적 리더십과는 전적으로 대조적인 것으로서 파시즘의 경우에서 전형적으로 보여지고 있다. 예를 들면 파시즘의 지도자는 대중의 정서와 공격성향을 극도로 교묘하게 이용했는데, 사회적 불안에 떨고 있는 일반대중에 대해서 구체적인 실현 가능성 있는 복지증진정책을 제시하는 대신에 유태인 학

131) 이극찬, 앞의 책, 279쪽.

살과 같은 희생양을 만들며 반자본주의, 반사회주의 등과 같은 상징을 내걸고 대중에게 호소함과 더불어 '피의 신화'를 만들어 대중을 선동함으로써 보호받을 수 없는 대상으로 화하게 했다.[132] 전체주의적 사회에서 지도자는 피지배자와는 종류가 다른 특권적 존재로 생각되어지며, 책임을 지지 않고 비판을 초월하며 비밀적으로 행동하며 그 지위를 고정화시킨다.

3) 권위주의적 리더십

권위주의적 리더십은 선거를 통한 국민들의 투표결과에 따라 그의 정통성을 형성하기는 하지만, 이 경우 국민들의 투표절차는 자발적이기보다는 타율적・강제적인 성격을 띠게 된다. 그리고 극단적인 경우 선거절차를 거치지 않고 폭력적 방법에 의해 나타나기도 한다. 권위주의적 리더십에서는 모든 결정을 지도자 개인이 행하며, 구성원들 간의 토론과정은 허용되지 않고 오직 지도자의 명령과 지시에만 따르도록 강요된다. 이런 리더십 형태는 지도자가 주로 개인적 수준에서 권력을 행사하거나 결정을 주도해 나가는 것을 특징으로 한다.[133]

권위주의적 리더십은 단일한 권력보유자가 일반국민으로 하여금 국가의사를 형성하는데 효과적으로 참여할 수 없도록 하는 점에서 전체주의적 리더십과 비슷하나, 사회의 다원주의 및 정태성을 전제로 하는 점에서 차이가 있다. 그러나 흔히 그 둘이 합하여 권위주의적 전체주의(authoritarian totalitarianism)로도 되므로 양자의 차이를 뚜렷이 식별하기가 어려울 때가 있다.[134]

현대에 있어서 권위주의적 리더십의 실례로는 아마 프랑스의 드골(Charles de Gaulle, 1890-1970) 체제와 우리나라 3공화국 체제를 들 수 있을 것이다. 그들 체제는 다원주의 사회이면서도 한 사람의 권위에 의존하는 정태적인 성격을 지니고 있었다. 그들은 나치즘이나 파시즘처럼 국민들을 강제적 동질화의 대상으로 삼지는 않았던 것이다.

4) 관료주의적 리더십

관료주의적 리더십은 주로 임명된 집행부의 공직자들에 의해 행해진다. 또한 조직적이고 전문적인 구조에 기초해서 행사되는 경향이 있다. 이러한 관료주의적

132) 위의 책, 279-280쪽.
133) 신정현, 앞의 책, 498쪽.
134) 김운태, 앞의 책, 355쪽.

리더십을 행사하는 집행부의 관리들은 정책결정에 있어 그들이 소속한 집단들의 이익을 실현하는데 관심을 가지며, 자유로운 토론과 타협보다는 위로부터의 명령에 따라 정책을 결정·집행해 나간다. 관료주의적 리더십은 자발성이나 창의성이 결여되어 있고, 또한 고도로 경직되어 있거나 비타협적인 성향을 갖는다.[135] 따라서 경제공황과 같은 위기현상에서 사회가 해체되어 가고 있는 상황 속에서는 부적합하게 된다. 관료형의 지도자는 안정된 호경기에는 환영을 받게 된다.

4. 현대에 있어서의 리더십의 문제

정치적 리더십의 문제로서 오늘날 보통 제기되는 것은 현대국가에 있어서의 이른바 행정부 우위의 문제이며, 이 행정부 수장의 리더십의 문제이다. 사실 현대사회에서 행정부의 우위와 리더십 문제가 제기된 것도 오늘날 정치상황 구조와 함수관계에 있다. 이런 의미에서 지도자는 말하자면 정치상황의 인격화 내지 표상화라고 볼 수 있다.[136]

산업혁명 이후 기술의 발전과 농업사회로부터 도시공업사회로의 전환은 행정기능이 확대될 수 있는 배경이 되었다. 뿐만 아니라 그러한 행정기능을 수행하기 위해 증대하는 기술적 복잡성은 정치체제 내부의 권력변동을 촉진한 것이다. 즉 행정부는 국민의 경제활동과 사회활동을 공적으로 규제하고 전문적으로 관리하게 되었으며, 이로써 입법부는 비대해진 행정부에 많은 입법권을 위임하고 그 재량권의 확대를 허용하게 되자 입법부 권위의 쇠락과 함께 행정권의 우위가 자연스럽게 이루어졌다.

오늘날의 행정부 수장들은 정치적 리더로서 입법부나 사법부의 지도자보다 훨씬 강력한 리더십을 발휘하였으며, 정보의 수집과 처리에 있어 뛰어난 능력을 보였다. 특히 위기시에 국난을 극복하면서 종래의 지도자상과는 매우 다른 면이 강조되게 되었다. 또한 대중민주주의가 보편화되면서 정치적 리더의 대중성도 또한 중시되게 되었다. 따라서 현대국가의 지도자들은 대중조종을 위한 강력한 중심적 조직을 형성하고, 때로는 대중의 합리적 판단에 호소하며, 그보다는 비합리적인 감정에 호소하기 위하여 대중의 마음을 끄는 추상적인 상징을 조작함으로써 대중

135) 신정현, 앞의 책, 499쪽.
136) 이극찬, 앞의 책, 282쪽.

을 흡수하고 있다.137)

이와 같이 지도자의 인격이나 행동양식이 대중화·상징화의 경향을 갖게 되자, 한편으로 다분히 조작된 이미지(image)에 의존하는 지도자들이 나타나게 되었다. 위대한 리더십이라고 불리는 것도 한쪽으로는 연출에 의해서 만들어진 이미지에 지나지 않는 경우가 현대 대중사회에서는 더욱 많아지게 된 것이다. 이렇게 이미지에 의해 상징화된 지도자는 엘리트순환에 대한 장애물로 등장하고 일반대중과 정치적 리더와의 순환을 단절시키는 또다른 조건도 끊임없이 비대해 가고 있다. 특히 직업정치가의 경우에는 ① 정치에의 진출기회와 정치정보의 독점, ② 정치조직 전반에 걸쳐 진행되는 관료기구화에 따르는 과두적 집권성, ③ 정치적 위신의 신분화에 의한 폐쇄적인 서클의 형성138)을 통해 정치지도권의 확대재생산과 독점을 도모하고 있다.

현대 대중민주사회에서는 이러한 정치지도자의 이미지 재생산을 통한 독점을 예방하고 일반대중과 정치적 리더의 민주적 순환이 가능하게 될 수 있는 제도적 보장이 요구된다. 그것의 실현을 위해 ① 제도와 조직내 민주화를 통한 리더의 선택권 보장(자유선거의 보장), ② 정치적 리더의 임기한정의 보장, ③ 언론자유에 입각한 정치적 리더에 대한 비판의 자유 보장 등이 철저히 지켜져야 할 것이다.

137) 김운태, 앞의 책, 358-359쪽.
138) 이극찬, 앞의 책, 285쪽.

제 4 장

정치의식, 정치문화, 정치사회화

제1절 정치의식

1. 정치의식의 개념

정치의식이란 무엇인가? 이에 대하여 학자들의 정의는 대개 비슷하다. 즉 정치의식이란 '정치에 대한 사람들의 태도·사고방식 및 행동양식'[1] 혹은 "일반적으로 어떤 정치적 사상과 특정한 정치문제에 대하여 사람들이 가지게 되는 인식·평가·태도를 총칭한다"[2]라고 서술하고 있다. 이들을 종합하면 정치의식이란 "정치 혹은 정치적으로 관련된 일에 대한 사람들의 인식, 사고방식 및 태도, 행동양식 등을 널리 포함한다"고 말할 수 있다.

여기서 문제되는 것은 '정치'와 '의식'에 대한 개념규정이다. 이는 물론 좁은 의미로 보느냐 또는 넓은 의미로 보느냐 등에 따라 다르게 정의된다고 보아야 할 것이다.

첫째로, 정치를 좁은 의미로 본다면 정치의식이란 보통 정치기구나 정치과정에 초점을 두고 흔히 정당의식, 정치참여 및 정치체계 담당자에 대한 태도 등을 중요시하게 된다. 그러나 넓은 의미의 정치의식은 우리의 생활태도 전체와 관련을 맺게 될 것이므로 정치의 범위도 반드시 정치제도나 그 과정에 직접적으로 관련될 필요는 없다. 인간의 정치생활이란 그들이 상호 집단적 유대를 맺고 공동생활을 영위함에 있어서 필연적으로 그 사회의 환경과 상호작용한다. 다시 말하여, 사람이 이 세상에 태어나서 성장·학습하는 과정에서 그들이 갖는 사고와 가치·태도·행동유형은 모두 그 사회의 문화적 환경 속에서 이루어지며, 따라서 인간은 사회적·역사적 존재로서의 정치적 태도, 즉 넓은 의미의 정치의식을 형성하게 된다.

특히 정치제도가 사회에 있어 대립과 갈등, 분열과 통합 등 역동적인 사회현상을 제대로 수렴·반영하지 못하고 정치과정이 파행적으로 이루어지고 있는 제3세계의 정치상황에서는 정치를 더욱 넓은 범위에서 보지 않으면 안된다. 따라서 정치의식의 의미를 정의하기 위한 정치개념도 정치와 정치적으로 관련된 일로 그 범위를 확대하여 해석하는 것이 우리의 현 상황에서 타당하다고 여겨진다.

---

1) 김운태, 『정치학원론』, 박영사, 1998, 235-236쪽.
2) 이극찬, 『정치학』, 법문사, 1999, 287-288쪽.

[그림 4-1] 개인의 정치의식

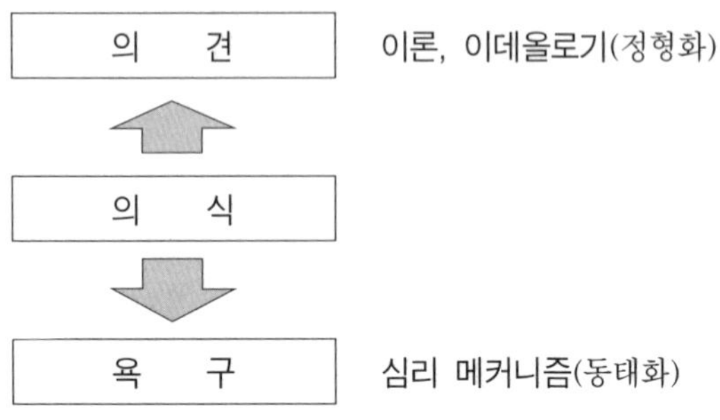

둘째로, 정치의식에서 의식이란 보통 정치적 정향과 비슷한 말로, 정치체계에 대한 인식・감정・평가의 세 범위로 나누어 설명하는 경우가 있다.[3] 또한 정치의식을 좁은 의미로 보아 정치적 의견이나 이론, 이데올로기의 측면만을 중요시하는 경우와, 이를 더욱 넓은 범위로 확대하여 자아의 자율성, 가치의식 및 심층에 있는 무의식의 측면까지도 강조하는 입장이 있다.[4] 그런데 신분적 공동체의 관습이나 종교 등 전통적 규제로부터 개인의식의 해방은 한편으로 개인의 정치에 있어서 자주성 확립의 전제가 되고, 다른 한편으로는 정치의 개인에 대한 조작을 가능케 하였다.

정치에 있어서 여론 내지 이데올로기의 중요성이 증대된 것도 바로 이러한 조건에서 비롯된 것이라 볼 수 있다. 따라서 개인의 정치의식은 [그림 4-1]에서 볼 수 있는 바와 같이 하한에는 욕구 내지는 심리 메커니즘을, 상한에는 개인의 의견 내지 이론, 이데올로기를 포함한 중층구조를 가지고 있다고 주장한다.[5]

그렇다면 이와 같은 정치의식은 어떻게 형성되는 것인가? 그리고 어떻게 고정 혹은 변화하는가 등의 여러 가지 의문이 제기된다. 사람은 이미 태어날 때부터 부모로부터 물려받은 유전적 인자에 의하여 어느 정도 그 성격이나 태도가 결정된다는 생물학적인 입장이 있는가 하면, 그보다도 사람의 성장환경을 중요시하여 그가 소속하고 있는 사회 혹은 문화가 그의 정치적 태도의 형성・변화에 크게 영향

3) 위의 책, 288쪽.
4) 岡村忠夫・票原彬, "政治意識の 形成と 動態," 岩永健吉郎 編, 『政治學硏究入門』, 東京: 東京大學出版會, 1974, 124쪽.
5) 松下圭一, 『現代政治學』, 東京: 東京大學出版會, 1972, 134-135쪽.

을 미친다는 주장이 있다. 그 외에 성별, 연령, 소득, 교육정도, 지위, 직업 등 이른바 인구통계학적 제 요소와의 관련성 혹은 각국별·시대별 차이 등에 관한 비교연구 등에 초점을 맞춘 정치의식에 관한 연구는 광범위한 분야에 걸쳐 행하여지고 있다.

정치의식의 형성은 단순히 인간들의 직접적 경험이나 관찰의 소산에 의한 것이라기보다는, 오히려 그 반대로 이미 어떤 의식을 가지고 사물을 경험하는 경우도 있어서 정치의식이 형성되는 기반에 대한 정확한 기준을 제시하기는 어렵다. 그러나 인간의 정치의식이 형성되는 직접적인 계기는 인간이 일정한 정치제도와 권력적 통제에 의해서 자신의 생활에 커다란 영향을 받게 되는 것과 많은 관련이 있다고 볼 수 있다. 즉 그것은 정치제도와 권력적 통제의 선악이 곧 인간생활의 행·불행을 좌우할 수 있다는 사실에서도 발견할 수 있는 것이다. 특히 여러 가지 정치적 규제에 관해서 가치판단이 내려지는 것은 정치적 규제의 본질상, 그것이 사회성원들의 생활에 있어서의 기본적인 이해와 조건 등에 비슷하게 관계되기 때문이다.[6]

따라서 정치의식은 일반적으로 동일한 집단과 계급과 계층에서 공통적으로 성립되는 경향이 있다. 또한 연령층과 학력과 성을 같이 하는 사람들의 범위 내에서도 대체로 비슷한 정치의식이 보여지는 경향이 있다.

2. 정치의식의 유형

인간의 의식형태를 몇 개의 범위로 축소시켜 유형화하는 일은 극히 애매하고 아마도 불가능한 헛수고에 그칠 수 있다. 그러나 이를 몇 가지 범위로 그 기준을 세우고 대체적인 경향을 파악하는 노력은 정치의식을 좀더 정확하게 이해하는 데 필요하다.

그 동안 정치의식의 유형을 다루었던 대표적인 저작으로는 아이젠크(H. J. Eysenck)의 『정치의 심리학』[7]과 리스먼(David Riesman)의 『고독한 군중』,[8] 프롬(Erich Fromm)의 『인간 그 자신』[9] 등을 들 수 있다. 아이젠크는 일반심리학의 입

---

6) 이극찬, 앞의 책, 288쪽.
7) H. J. Eysenck, *The Psychology of Politics*, London: Routledge & Kegan Paul, Ltd., 1954.
8) David Riesman, *The Lonely Crowd*, New Haven: Yale University Press, 1950.
9) Erich Fromm, *Man for Himself*, New York: Holt Rinehart and Winston, 1964.

장에서, 리스먼은 역사적 문화양식 그리고 프롬은 인간의 사회적 성격과 관련하여 정치의식을 분류하고 있다.

(1) 아이젠크의 성격구조

1) T·R인자의 조합

정치의식의 분석에 있어서 아이젠크는 R인자(Radicalism-Conservatism)와 T인자(Tough mindness-Tender mindness)[10]라고 하는 두 개의 척도를 사용하고 있다. 즉 교차하는 십자선의 종축과 횡축에 두 개의 인자를 놓고 급진주의-보수주의, 사회주의-자유주의를 설명하고 있다. 이를 도표로 표시하면 [그림 4-2]와 같다.

여기서 R인자는 급진-보수주의의 척도로, 이는 보통 정치 이데올로기 및 정당 등에서 사용되고 있는 바, 이 선상에서 공산주의는 급진주의의 가장 좌측에, 사회주의는 그로부터 약간 중앙에 가까운 쪽에 위치하고 있으며, 자유주의는 중앙의 더욱 가까운 곳에, 그리고 보수주의는 중앙으로부터 우측에, 파시스트는 가장 우측에 있다. 이러한 R인자는 종축의 T인자와는 전혀 다르다. 아이젠크는 T인자에 있어서 유순한 마음과 경직된 마음의 특징을 각기 다음 [그림 4-3]과 같이 이분법적으로 분류·설명하고 있다.[11]

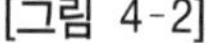
[그림 4-2]

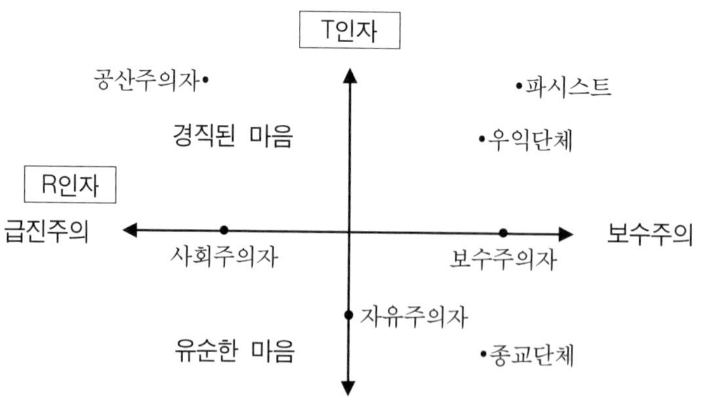

10) 이는 원래 William James가 내놓은 개념으로, 아이젠크가 차용한 것임. Eysenck, *op. cit.*, p.130.
11) *Ibid.*, p.131.

[그림 4-3]

유순한 마음	경직된 마음
합리주의(원칙주의)	경험주의(사실주의)
지성적(知性的)	감각적
이상적	물질적
낙관적	비관적
종교적	비종교적
자유의지적	운명주의적
일원적(一元的)	다원적
독단적(獨斷的)	회의적(懷疑的)

아이젠크는 이들을 실질적-이론적인 것으로 양대분하여, 경직된 마음은 실질적·물질적·외향적인 사람들이 가지고 있는 성격으로, 힘(군대 등)이나 조작(과학자 등)에 의하여 문제를 해결하는 마음이라고 수상한다.[12] 유순한 마음을 가진 사람들의 의견이나 태도는 윤리·도덕적이고 초자아적·이타주의적인 가치 등에 영향을 받는데 대하여, 경직된 마음은 현실주의적·세속적·이기적인 가치에의 집착에서 나온다. 공산주의자와 파시스트는 경직된 마음의 최상에 있는 자로서, 전자는 급진주의적인 이데올로기를 그리고 후자는 보수주의 이데올로기를 유지하고 있다. 사회주의자와 보수주의자는 종선의 중앙에 위치하고 있으며, 이들은 유별나게 경직되었거나 유순한 마음을 가진 자도 아니다. 자유주의자는 급진주의자와 보수주의자의 중간에 있으며 가장 유순한 마음을 가진 사람이다.

종래의 심리학에 있어서는 경직된 마음을 외향적 성격에 그리고 유순한 마음을 내향적 성격에 관련시키고 있는 경향이 있었다. 그의 T인자는 아도르노(Theodore Adorno)가 파시즘의 척도를 가지고 고찰한 권위주의 척도와 극히 유사한 것으로, 이른바 권위주의-민주주의 척도나 다름없다.

여기서 주목해야 할 것은 이데올로기적으로 보수주의로부터 급진주의 혹은

12) *Ibid.*, p.119.

그 반대적 전환은 비교적 용이하게 이루어지지만, 경직된 마음이 유순해진다거나 유순한 마음이 경직되는 등의 변화는 인간의 성격형성의 과정에서 보아 극히 어렵다는 사실이다.

2) 이데올로기와 성격

아이젠크는 40개 항목의 사회적 태도조사에서 정치적 이데올로기를 구별하는 데 있어서 한쪽 집단은 급진주의 그리고 다른 쪽은 보수주의로 분류하였다. 그가 1950년대 영국인의 태도조사에서 얻은 결론은 [그림 4-4]의 설명으로 요약할 수 있다.[13] 그의 계층구조에 관한 이론을 보면 이데올로기란 태도들을 통합한 상위개념으로, 의견・태도・이데올로기의 일관된 체계를 이루고 있다.

① **특수의견의 수준**[14]: 이는 맨 밑의 수준에 있는 것으로, 이 수준에서 사람들의 의견은 상호관련성을 갖고 있지 않으며, 이러한 의견을 가지고 있는 사람에게 어떤 특징이 있다고 볼 수도 없다. 만일 서로 다른 환경하에서 같은 질문이나 비슷한 질문을 하였을 때에도 그 대답은 달라질 수 있으며, 따라서 일관성이나 재생산성이 없는 의견이다. 이렇듯 순전히 일시적 의견으로 아무런 가치나 중요성도

[그림 4-4]

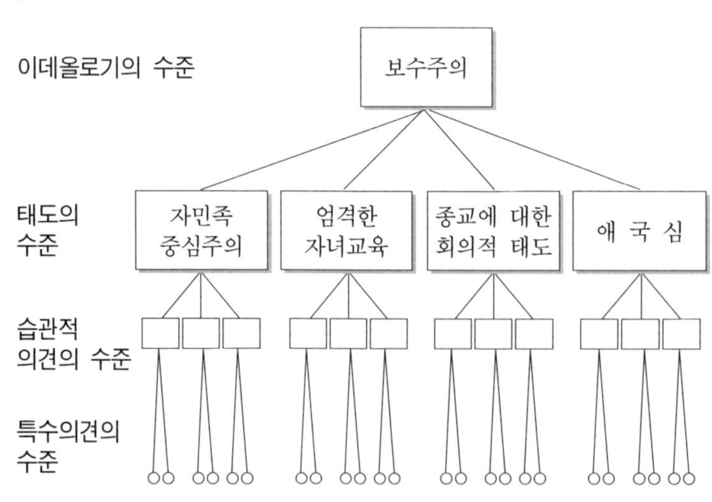

13) *Ibid.*, p.112.

14) 이 수준에 관한 설명은 *Ibid.*, pp.111-113 참고.

없고, 그들 자신을 초월하거나 자신의 퍼스낼리티 및 그에 따른 이데올로기에 아무 영향을 미치지 못한다.

② 습관적 의견의 수준 : 이는 다음 수준의 위치에 있는 것으로, 개인이 갖는 의견은 비교적 지속성 있는 부분을 이루고 재생산성도 있다. 즉 상황이 달라진다 해도 비슷하거나 똑같은 방식으로 표명되는 의견이며, 앞의 의견(특수적 의견)처럼 갑자기 제멋대로 변화하지 않는다. 통계적 개념의 표현을 빌린다면 이러한 의견들은 신뢰할 수 있고 안정적이라고 말할 수 있다.

③ 태도의 수준 : 셋째 수준에서는 이른바 태도라고 말할 수 있는 것이다. 여기서 개인은 특정의 이슈에 관하여 어느 정도의 안정성을 갖는 특정 의견을 가지고 있을 뿐만 아니라, 동시에 같은 이슈에 관하여 수많은 속성의 의견을 가지고 있으며, 이들이 결합해서 그 이슈에 대한 태도를 이룬다. 예를 들어, 반유태주의라는 태도는 다음과 같은 설문에 관한 많은 응답에서 일정한 경향성을 보이고 있다.

- 유태인은 모든 것을 독점하여 영국인들에게 해를 끼치고 있다.
- 유태인은 그들의 목적달성을 위해 염치불구하고 모든 사기수단을 다한다.
- 유태인이 간여한 일은 모두 부패한다.
- 유태인은 이 나라에서 너무 권력을 휘두르고 세력을 부린다.
- 유태인은 이 지상에서 가장 비열한 인간이다.
- 유태인은 그들이 살고 있는 어느 국가, 어느 지방에서나 위협적인 존재이다.

이 수준에서는 이른바 태도의 구조라는 것이 나타난다. 의견이란 이제 더 이상 고립해서 발생하는 것이 아니라, 같은 이슈에 관하여 다른 의견들과 밀접하게 관련되어 있고 이에 따라 태도가 형성되는 것이다.

④ 이데올로기의 수준 : 태도구조의 최상위 수준에 이데올로기가 위치하고 있다. 앞서 말한 여러 태도들은 제각기 독립되어 있지 않다. 예를 들어 반유태주의 태도의 사람들이 경건한 종교심, 엄격교육, 애국심, 자민족중심주의 태도 등을 같이 가질 때가 있다. 바꿔 말하면 태도 상호간에 서로 연관되어 있고, 이들이 이른바 초태도 및 이데올로기를 이루고 있는 것이다. 그리고 이러한 여러 가지 태도에 의하여 규정된 특정 이데올로기는 보수적 이데올로기라고 말할 수 있는데, 그것은 앞에 말한 태도들이 자유주의자나 사회주의자들보다는 보수주의자들에게 흔히 있는 것이기 때문이다.

[그림 4-4]에서 수직적으로 계서화된 모델은 먼저 상호연관성이 없는 다수의 특정 의견들이 소수의 습관적 의견으로, 그리고 비교적 소수의 구조화된 태도는 최고위 수준의 이데올로기, 즉 극히 소수의 개념으로 통합되어 나타난다. 급진주의 및 보수주의 이데올로기를 구성하는 태도에 관한 몇 가지 설문내용을 열거하면 다음과 같다.

○ 급진주의
- 안식일을 지키는 것은 구식이다. 그러므로 우리들의 행동을 제약해서는 안된다.
- 사유재산제는 폐지해야 한다. 그리고 완전한 사회주의가 도입되어야 한다.
- 낙태금지법은 폐지해야 된다.
- 이혼법은 이혼이 쉽게 이루어지도록 개정해야 된다.
- 현대세계에서 애국심은 평화에 역행하는 힘이다.

○ 보수주의
- 유색인종은 원래 백인보다 열등하다.
- 전쟁은 인간성에 내재해 있다.
- 대기업들을 국유화하는 것은 아마도 비능률적 관료주의 그리고 침체를 가져오기 쉽다.
- 학교의 종교교육은 마땅히 의무적이어야 한다.
- 산아제한은 의학적으로 부득이한 경우를 빼고는 불법화해야 한다.

(2) 리스먼의 사회적 성격유형

리스먼은 '사회적 성격'이란 개념을 원용하여 정치의식의 변화과정을 체계 있게 설명하고 있다. 그는 사회적 성격의 형태를 ① 전통지향형, ② 내부지향형, ③ 외부지향형의 셋으로 나누고, 인구동태·양친·교사·동료집단·매스미디어 등 정치사회화 매체와 경제생활의 변천 등 지표에 의하여 설명하고 있다. 특히, 정치적 태도와 관련해서는 정치적 관심, 적응성 및 자주성을 중요시하였다. 다음에서 이들 세 형태를 간단히 요약해 보자.

1) 전통지향형

전통적 사회란 보통 농업·목축업·어업을 주로 한 단순재생산 사회를 말한다. 이 때에는 출생인구와 사망자 수가 대개 일치하고 이 양자가 다 높은 비율인 상태에 있다. 이 시기에는 청년층이 인구의 높은 비율을 차지하고 평균연령은 짧으며 세대교체가 매우 급격하게 이루어진다. 이들 사회는 고도의 인구증가 잠재력을 가지고 있으며, 세계인구의 반 이상은 아직도 이 단계에 머물러 있다. 인도・이집트・중국・중앙아프리카 대부분의 문맹의 주민, 중앙 및 남아메리카 일부 등 산업화 영향을 받지 않고 그다지 오염되지 않은 채로 있는 세계의 많은 지역이 바로 이 형태에 속한다고 볼 수 있다.

이 유형의 사회질서는 비교적 변화하지 않고 있으므로 개인의 순응적 태도는 그들이 특정한 연령층, 씨족 혹은 카스트(caste)에 소속되어 있음을 반영하는 경향이 있다. 그들은 수세기 동안 지속되어 온 관행을 이해하고 존중할 것을 배우며, 수세대가 바뀌는 동안에도 거의 변화를 모르고 살아왔다.

이 유형의 사회에 있어서 개인은 근대사회 특정 분야에서의 개인과 같이 높이 평가되거나 존중되고 있는 것은 아니다. 왜냐하면 개인성원의 활동이 성격상으로 전통에의 절대적 복종에 의해 결정되기 때문이다. 전통지향의 개인은 집단의 타 성원과 명확한 기능적 관계를 갖기 때문에 어떤 미개사회에서는 개인이 현대사회의 어느 층에서보다 훨씬 높이 평가되며 존중되는 경우도 있다. 결국 개인은 사망하지 않는 한 집단에 소속되어 있음(belongings)으로 해서 그 존재의의를 발견한다. 전통지향 사회에서 개인은 현대사회의 실업자처럼 과잉(surplus)되거나 소비적(expendable)인 것도 아니고, 소속되어 있다는 것 때문에 자연적 선택으로 조건지워지는 인생의 목표는 그의 운명을 극히 한성된 범위로 국한시키게 된다.[15]

전통지향형 인간의 기본적 성격의 특징은 다음과 같이 요약될 수 있다.[16] ① 전통과 관습의 중시, ② 질서형성의 주체자로서의 의식의 결여, ③ 현세적 권위에 대한 존경과 순종, ④ 인륜의 중시, ⑤ 주어진 현실을 그대로 받아들이는 태도, ⑥ 고도의 귀속주의, ⑦ 고도의 수치감, ⑧ 형식만을 고집하고 비합리적인 편견이나 미신에 얽매이며, ⑨ 감정적 융합이라는 미명하에 가해지는 비판의 억압, ⑩ 자기 입장의 무반성적 절대화 등 편협된 배타적 감정 등으로 사회발전을 저해・정체시킨다. 생활의 중요한 관계는 조심스럽고 엄격한 에티켓에 의하여 통제되며, 이때의 중요한 사회화 매체는 부모와 노래, 이야기 등이 있다.

이 단계에서 양친은 사회체계에서 출세하여 성공하는 것보다는 오히려 자기들을 계승하도록 훈련시킨다. 이때에는 사회적 유동성도 매우 낮고 가족은 흔히

15) Riesman, *op. cit.*, pp.11-12.

16) 이극찬, 『정치학』, 법문사, 1985, 244-245쪽.

경제적 단위를 이루고 있다. 아이들은 보통 대가족의 환경 속에서 생활하며 비교적 소수의 성인들의 행동을 본뜬다. 이 단계에서 성격형성의 중요 매체는 대가족이나 씨족집단이며, 모방의 모델은 부모라기보다는 전체로서의 성인집단의 행동에 따라 보편화되는 경향이 있다. 그리고 이 단계에서 배우는 내용은 용기·계략 같은 것이고, 그들이 어른이 되면서 보다 현명해지고 따라서 전통의 해설자가 되는 것이다.[17)]

전통지향에 의존하는 사회는 그 가치의 상대적 통합성을 전달하는 메커니즘의 하나로 구전의 전통·신화 그리고 노래를 이용한다. 이들 이야기나 노래는 친구나 친척간에 얼굴을 맞대고 주고받으며, 대개는 삶에 대한 유의사항에 관한 이야기로 공동체나 초자연적 권위에 대한 불복이 어떤 결과를 가져오는가를 경고하는 내용이다.

전통지향형에 해당되는 정치적 태도는 낡은 형의 무관심형에 속한다고 보고 있으나, 이들은 엄격히 말해서 정치적 무감각과는 구별되는 것으로 설명되고 있다. 전통지향형의 무관심의 특징은, 정치는 자기 아닌 다른 사람의 할 일이라고 생각하는 태도이다. 정치분야에 대해서 개인적인 책임감을 갖지 않기 때문에 이들은 권력을 추구하는 일이 없으며, 따라서 정치에 대한 실망이나 죄악감도 갖지 않는다.[18)]

그러나 낮은 계급적 지위, 빈곤, 정치교육의 결여 등에 의한 이와 같은 정치적 무관심은 현대산업사회에서는 아주 드물며, 정치참여를 위한 기본적인 정치적 도구가 마련되어 있고, 어느 정도 조직적 능력과 정치적 행동으로부터 얻어낼 수 있는 유용성을 알고 있으면서도 무관심하는 새로운 유형이 늘어나는 추세에 있다.

2) 내부지향형

내부지향형 성격은 서양을 기준으로 봉건제도가 서서히 몰락하고 그 동안 인간을 묶어 두었던 기초적 굴레에서 해방되었을 때 발생한다. 이때 인구가 급격히 증가하게 되는데, 그것은 사망률의 감소와 농사법의 개량 등에 의하여 영향을 받는다.[19)] 내부지향형 성격은 서양 역사에서 르네상스·종교개혁과 함께 발생하였는데, 이 시기의 사회는 개인적 유동성의 증대, 자본의 급격한 축적, 재화의 생산

17) Riesman, *op. cit.*, pp.39-40.
18) 이극찬, 앞의 책, 165-167쪽.
19) Riesman, *op. cit.*, p.13.

과 인구의 팽창 그리고 탐험, 식민지화 및 제국주의의 광범한 팽창으로 특징지워진다. 이미 중세 후기에 들어서서 사람들은 새로운 의식의 조건하에 살아가지 않을 수 없게 되었으며, 자의식이나 개성이 발달함에 따라 새로운 방식으로 세상을 살아가야 했다. 그들은 1차집단의 통제가 완화됨에 따라 보다 개방된 사회에 타당한 심리적 메커니즘이 생겨났던 바, 이를 심리적 자이로스코프(psychological gyroscope, 심리적 나침반)라고 한다.[20]

내부지향형 인간의 특징을 요약하면 다음과 같다.[21] ① 행동의 기준을 밖에서가 아니라 안에서 구한다. 즉 자기의 사상과 행동의 방향을 전통 등 자기 밖에서가 아니라 자기 자신의 내면성에서 구한다. ② 질서형성의 주체로서의 의식이 강하다. ③ 인생을 끊임없는 고투와 극복에 의한 자기노력의 시험과정으로 보는, 이른바 결핍의 심리가 특징이다. ④ 수치의식이 아니라 죄의식이 사회에 있어서의 동조위반의 심리적인 제재원리로 되어 있다. 근대의 프로테스탄트 윤리는 바로 이와 같은 죄의식을 핵심으로 하는 내면적 윤리였다.

내부지향형의 사람은 부모에 의하여 시작된 심리적 자이로스코프와 일찍부터 결합되어, 나중에는 양친을 닮은 다른 권위자로부터 하나의 신호를 받게 된다.[22] 이때에 사람들은 또한 경쟁적인 생활방식을 알게 되며, 이러한 경향은 분업이 발달함에 따라 역할이 더 복잡하게 되면서 강화되었다. 따라서 아이들도 더 이상 양친의 역할을 보방할 수 없게 되며, 또한 양친은 아이들에게 단지 행동상의 순응에 만족하지 않고 보다 미묘한 적응, 즉 성격상의 적응과 자기훈련의 증거로서의 순응을 요구하고 있다.

이 시기에는 학교의 수가 늘어나고 학교에 들어가기 쉬워지며 민주화되면서 교사는 중류계급의 말과 태도를 아이들에게 가르친다. 교사는 이때 아이들의 감정

---

20) 자이로스코프는 항공이나 항해 등에 이용되는 방향타이다. 내부지향형 성격에 있어서 심리적 자이로스코프가 형성되는 이유는 자신의 삶이 자기인식을 위한 투쟁과정으로 보는 데서 비롯된다. 그러므로 '진로를 이탈한다'는 것은 극심한 죄책감을 수반하는데, 자이로스코프의 회전이 정지했다는 사실 자체가 심리적 죽음을 낳는다고 보기 때문이다. 내부지향형 사회에서 개인은 이 심리적 죽음을 극복하기 위해서 힘차게 앞으로 걸어나갈 수밖에 없는데, 실패의 공포 또는 가중된 실패가 그의 자이로스코프를 붕괴시킨다 해도 자신을 지키기 위한 노력을 계속 시도하는 것이다. 이 자이로스코프는 프로테스탄티즘의 종교적 윤리에 의해서 인도되거나 강화되기 때문에 내부지향성 인간들의 외형적 안정성은 두드러진다. 그러나 가중된 실패가 뒤르켐의 표현대로 심리적 불안을 가중시킬 것이란 점은 분명하다. *Ibid.*, p.16.

21) 이극찬, 앞의 책, 246-247쪽.

22) Riesman, *op. cit.*, p.24.

적인 면을 외면한 채 주입식 교육이나 입시 및 규율만을 강조하여 그 권위가 실추되는 경향이 있다. 아이들은 가정 밖의 같은 또래의 친구들과 넓게 사귀고, 또 그가 모방하고 존경할 인물을 연상의 친척이나 친구 속에서 발견하게 된다. 그러나 이 단계에서 동료집단의 도덕적인 힘은 그것이 비록 매혹적이거나 혹은 위협적이라 해도 양친과 교사의 그것보다는 훨씬 약하다.[23]

여하튼 이 시기에 있어서 내부지향형의 사람들은 심리적 자이로스코프를 따라 시도하고 또 시도한다. 즉 자기노력의 시험과정을 멈추는 것은 불안을 야기시킬 뿐만 아니라 죄에 해당하기 때문이다. 그런데 아무리 노력해도 성공하지 못하는 경우가 발생한다. 가중된 좌절은 죄의식을 압박하게 되고 자신의 실패와 부적절성에 대해 스스로를 경멸한다. 판단은 외적인 사건들에 의해서 이루어지는 것이겠으나, 자신의 행위기준과 자이로스코프가 자기판단의 정당성을 내면화하는 데 크게 작용한다. 이에 대하여 뒤르켐(Émile Durkheim)은 '선진 산업제국에서의 비교적 높은 자살률을 어떠한 문화적 전통에 의해서도 통제되지 않는 심리적 불안의 증후'로 파악하였다.[24]

내부지향형 인간의 정치의식의 특징은 주로 19세기 미국 정치에 나타난 도학자형(moralizer; 228쪽 '정치적 무관심' 항목 참조)의 예를 들 수 있다. 내부지향형 인간은 일에 몰두하고 그 능력에 충실하기 때문에 일단 정치에 관심을 돌리게 되면 그것을 하나의 일의 분야로 삼고 판단도 그에 따라 행한다. 정치적 메시지를 받으면 그것을 과업으로 생각하고 감정적 즉각성에 의해 반응한다. 이 유형의 다른 변형으로서는 자기개선을 위해 모든 제도와 인간의 개선을 바라거나, 또는 가능한 선(善)의 성취보다는 악의 영구적 재발을 방지하려는 욕구 등이 있다.[25]

이 유형의 인간들은 정치에 접근하는 경우 정치적 표출에 있어서 안이한 태도를 배격하고 그들의 주어진 이익을 보호하기 위하여 단호한 입장에 선다.[26] 그리고 자기가 속한 계급적 이익을 공적인 목표에 전위시켜 이를 하나의 정책으로 승화시키는 능력을 갖게 되고, 정의·인도·자유·평등 등의 윤리·도덕적 이념과 자기이익의 관계를 끊임없이 매개시키고자 한다.[27]

---

23) *Ibid.*, p.70.
24) *Ibid.*, p.125.
25) *Ibid.*, p.172.
26) *Ibid.*
27) 이극찬, 앞의 책, 248쪽.

3) 타인지향형

현대산업사회는 자본의 급속한 축적과 생산물의 증가 및 매스컴, 과학기술의 발달 등으로 인구가 감소되고 노동시간이 단축되며 사람들은 풍부한 물자와 여가를 누리게 된다. 또 사람들의 과학적 사고력이 증대함에 따라 인간의 생산력에 대한 종교적·주술적 관념은 합리적·개인주의적 태도에 자리를 양보한다.[28]

사람들은 중앙집권적·관료주의적 사회에 살며 산업화에 의해 촉진되는 모든 인종·국가·문화와의 접촉에 의해 크게 영향을 받는다. 이러한 새로운 조건하에 내부지향형의 강한 인내심과 투쟁심은 어느 정도 덜 필요하고 점차로 물질적 환경보다는 '타인들'이 중요시된다.[29] 이 유형의 특징은 대개 다음 몇 가지로 요약할 수 있다.

첫째, 내부지향형의 '결핍의 심리'가 아니라 잉여생산물의 사치적 낭비와 여가를 즐기는 '풍부의 심리'가 지배한다. 둘째, 타인지향형은 미국의 신중산계급(관료, 기업의 봉급생활자 등)의 전형적 성격으로 '타인'을 중요시한다. 셋째, 이 형은 현대의 고도로 산업화된 사회에서 발견되고 있는 성격유형으로서, 프롬(Erich Fromm)의 '시장지향형'과 밀스(C. W. Mills)의 '고정인'(fixer), 그린(Arnold Green)의 '중류계급 남자'와 비슷하다.[30] 이들은 또 외부로부터 끊임없이 전달되는 각종의 신호와 급격하게 변화하는 상황에 자신을 적응시켜 나가야 하기 때문에 언제나 불안하고 초조하다. 이러한 막연한 불안의식은 자이로스코프 같은 것 대신에 레이더(전파탐지기)형의 정보수집에 열을 올리게 한다.[31]

타인지향형의 아이들은 대개 도시의 좁은 지역이나 교외에서 자라게 되는데, 부모들은 직장 때문에 집을 비우는 경우가 많다. 부모들은 직업분야와 사회적 제관계에 있어서 구시대에 가졌던 확신을 상실하고 어린이의 교육방법에 대한 자신도 잃게 된다. 이제 그들은 더 이상 그들 자녀보다 우월하다고 생각지 않으며 아이들도 그 수가 격감하게 된다.[32] 부모들이 아이들을 양육하는데 의지하는 수단은 특히 중상류층의 경우 이성적 관리, 더 정확히 말하여 합리화에 의한 관리뿐이다.

---

28) Riesman, *op. cit.*, p.17.
29) *Ibid.*, p.18.
30) Erich Fromm and C. Wright Mills, "The Competitive Personality," *Parisan Review*, XIII, 1946, p.433; Arnold Green, "The Middle Class Male Child and Neurosis," *American Sociological Review*, XI, 1946, p.31.
31) Riesman, *op. cit.*, p.25.
32) *Ibid.*, p.49.

전통지향의 아이는 그들 양친의 비위를 맞추고 내부지향의 아이는 양친과 다투거나 이에 승복하는 것이라고 한다면, 타인지향의 아이는 양친을 조종하거나 혹은 양친에 의하여 조종당한다.[33] 교사들이 아이들에게 강조하고 있는 내용은 근면이나 학습 그 자체보다도 집단 내에서의 적응, 그들의 협동 이니셔티브, 리더십 등이며 그것은 동료집단과의 관계의 중요성에서도 나타난다. 이 단계에서 인간관계는 서로 다른 사람들 간의 예의범절이나 격식보다는 같은 또래 사이의 소비적 취미나 충족의 능력이 요구된다. 이제 인간 에너지의 거대한 유출은 소비라고 하는 부단히 확장되는 신개척지를 향해 열려 있으며, 그 동안 정태적인 개인주의의 가치추구 대신에 동료집단이 받아들이는 변화무쌍한 취미가 더 중요시된다.

이 형태의 정치의식의 특징은 압도적 다수의 정치적 무관심이 조직 내외에서 발생한다. 이것은 전통지향형 정치무관심과는 달리 정치의식이나 능력을 가지고 있는 중류계급자들의 새로운 무관심으로 조직내적 무관심형이 주종을 이룬다.

4) 적응형, 아노미형, 자치형

리스먼은 위에서 설명한 세 가지 사회적 성격에 의한 정치의식 외에 특히 정치적 불안정과 변화 등에 초점을 두고, 이와 관련된 성격으로 적응형, 아노미형, 자치형을 들어 정치의식을 설명하였다.

적응형은 전통지향형, 내부지향형 및 타인지향형 사회에서 각기 그 전형을 이루고 있는 성격으로 주어진 사회, 사회계급 및 그 문화적 요구에 가장 적절한 반응을 보이고 있는 형이다. 그리고 각 사회에서 이에 적합하지 않는 형은 아노미형이나 자치형에 속한다. 리스먼의 아노미는 뒤르켐의 무규제(ruleless, ungoverned)보다는 넓은 의미로 부적응(maladjusted)과 같은 개념이다. 자치형은 일반적으로 그들 사회의 행동규범에 적응할 능력이 있으며, 그 적응 여부를 자유로이 선택할 수 있다는 데 특징이 있다. 그리고 이들 세 가지 보편적인 유형(적응형, 아노미형, 자치형)은 앞에서의 세 유형(전통지향형, 내부지향형, 외부지향형)과 같이 베버(Max Weber)의 지배유형(전통형, 합리형, 카리스마형)과 비슷한 분석상 필요한 이념형이라 주장되고 있다.[34]

모든 사람은 어느 정도는 이들 세 유형 중의 하나에 속하겠지만, 그러나 그에

---

33) *Ibid.*, p.52.
34) *Ibid.*, p.243.

완전히 일치할 수는 없다. 극단적인 경우 정신병자라 할지라도 생활의 모든 분야에 있어서 아노미적인 것은 아니다. 다만, 이들 세 가지 적응양식이 한 사회 안에서 일어나는 상대적 빈도와 사회구조 안에서의 중요성 등을 연구하여 그 사회의 특징을 파악할 수 있는 것이다. 인간생활의 비극과 시련은 마치 세균처럼 도처에 번지고 있으며 아무리 행복한 사람이라 해도 나름대로 문제가 있고, 그것은 모두 다른 사람의 탓이라고 생각하여 갈등을 겪는다. 사실 사람들에게 어떤 유형의 태도가 있다는 것을 정확하게 이해하기란 어려운 일이다. 예를 들어, 우리 사회에서 자치형 사람이란 것도 우선 다른 사람들과 판이하게 다른 가족배경, 계급 혹은 지역적 환경에서 자란 것처럼 생각되지만 따지고 보면 모두가 같은 가족 내의 형제요, 같은 직장의 동료이며, 같은 주택단지의 이웃일 수 있다.[35] 그러므로 자치형에 관한 명확한 규정도 매우 어려운 문제인 것이다.

이 세 유형 중 적응형은 우선 그 사회의 정태화의 요인이 되고, 아노미형은 불안의 요인이며, 자치형은 진보의 요인인 동시에 사회의 동조성을 파괴한다는 점에서 동태화의 요인이 된다.[36] 가령 부적응이 계속 쌓이고 강한 아노미가 재생산되면서 동시에 새로운 정치체제를 선택할 수 있는 자치형이 앙양되면 정치의 동태적 불균형이 야기된다. 이때에 지배자는 자신과 지배의 능력을 상실하고 계속 낡은 강압적 수단에 의존하여 피지배층의 신망을 잃게 되며, 따라서 체제의 전면위기와 안정성의 붕괴를 가져올 것이다.[37] 여기에 우리는 파시즘이나 혁명이라는 양자택일의 위기를 맞았던 상황을 금세기 초의 역사에서 그 실례를 볼 수 있었다. 그리고 아노미가 약하고 적응형과 자치형이 균형을 이루고 있으면(동태적·발전적 균형) 전형적인 발전적 변동을 가져오게 된다. 그것은 현대 영국의 정당정치에서 그 전형적인 예를 볼 수 있다.[38]

(3) 프롬의 사회적 성격유형

프롬은 인간의 사회적 성격을 비생산 지향형과 생산지향형으로 나누고, 전자의 범위 안에 수용지향형, 착취지향형, 저축지향형, 시장지향형 등 넷을 포함시키

---

35) *Ibid.*, p.245.
36) 김운태, 앞의 책, 246쪽.
37) 위의 책.
38) 정태적·동태적 균형과 불균형의 위 세 유형과의 관계에 관한 도해에 관하여는 위의 책, 246쪽 참조.

고 있다.[39] 이들을 간단히 요약하면 다음과 같다.

1) 비생산 지향형 성격

① 수용지향형: 이 성격을 가진 사람들은 일체의 선의 원천은 자기 밖에 있다고 생각하고 그들이 원하는 것(물질이나 감정, 지식, 사랑 등)을 얻는 유일한 방법은 자기 밖에 있는 것을 받아들이는 것이라고 믿고 있다. 그들은 항상 "예"라고 대답하기를 좋아하고 수많은 사람들에게 충성심을 발휘하며 수많은 원조자들을 원하고 있다. 그들은 남의 도움 없이는 아무런 일도 할 수 없다고 생각하며, 누구에게나 의지하여 온갖 종류의 지원을 받고자 한다. 따라서 홀로 떨어져 있는 경우 쉽게 자기상실감에 빠지게 된다. 이들은 낙천적이며 우호적인 인생관을 가지고 있으며, 인정의 따사로움과 다른 사람을 돕고 싶어하는 소망도 가지고 있지만, 그의 보급원(source of supply)이 일단 위협을 받게 되면 불안과 미친 듯한 마음의 동요 속에 빠지게 된다.

② 착취지향형: 이들의 기본적인 전제는 수용지향형과 마찬가지로 일체의 선의 원천이 자기 밖에 있으며 그들이 획득하고 싶은 것은 무엇이나 밖에서 구하고자 한다. 그러나 이들은 밖에서 받아들이는 사물을 결코 선물로 기대하지 않고 힘과 책략으로 빼앗으려 한다. 사고와 지적 탐구의 경우도 독창적 관념이나 생산적 활동이 결여되어 있고, 다른 사람의 것을 표절하거나 되풀이하려는 경향이 있다. 그들은 적어도 이용할 수 있고 착취할 수가 있는 것이라면 무엇으로부터도, 또한 누구에게서도 빼앗아 가지려고 한다. 한마디로 "훔친 과일이 가장 맛이 있다"(Stolen fruits are sweetest)라는 표현과 같다.[40]

프롬의 착취지향형은 일체의 것이 착취의 대상으로 고려되며 모든 것은 그 효용에 의해서만 판단된다. 즉 다른 사람으로부터 빼앗는 것에 의해서만 만족을 느끼는 것이므로 다른 사람의 것을 지나치게 높이 평가하는 대신 자기의 것은 지

39) Fromm, 이극찬 역, 『인간변화와 인간회복』, 현대사상사, 1977, 83-164쪽에서 요약 발췌.

40) 착취형과 관련하여 이한빈 교수의 시간지향형 시관은 특히 우리나라 사람들의 태도를 시대별로 분류한 모형으로 흥미 있는 내용을 제시해 준다. 즉 변동에 대하여 소극적 태도를 취하는 개인이나 집단은 과거의 시상에서 시간을 대하므로 '도피형' 시간지향을 소지하게 되고, 변동에 대하여 양향적(ambivalent; 소극적인 것과 적극적인 것의 중간) 태도를 취하는 개인・집단은 현재의 시상에서 시간을 대하므로 '착취형' 시간지향을 소지하게 되며, 변동에 대하여 적극적 태도를 취하는 개인・집단은 미래의 시상에서 시간을 대하므로 '발전형' 시간지향을 가지게 된다. 이한빈, 『사회변동과 행정』, 박영사, 1968, 24-33쪽 참조.

나치게 낮게 평가하는 경향을 보인다.[41]

③ **저축지향형**[42]: 이 유형의 사람들은 기본적으로 저축과 절약 속에서 안정감을 가지게 되며 따라서 소비를 삶의 위험으로 느낀다. 이들은 자기의 둘레에 성벽을 쌓고 이 견고한 요새 속에 될수록 많은 것을 저장하고자 한다. 이들은 감정·사상·사물 등에 극히 인색하며, 질서정연하나 건설적인 것은 아니다. 수용지향형은 원만한 매력을 가지고 있고, 착취형은 날카롭고 공격적인데 대하여 저축형은 자기와 외계간에 경계선을 명백하게 하고자 한다.

이들은 무엇에 관해서도 알고 있지만 그 지식은 건설적이거나 생산적인 것이 아니며, 창조라는 행위는 알고는 있지만 믿지 않으려 한다. 그들의 모토는 '하늘 아래 새로운 것은 없다', '내 것은 어디까지나 내 것이요, 당신 것은 어디까지나 당신 것'이다.

④ **시장지향형**[43]: 시장지향형은 현대에 있어서 유력한 성격형으로, 이를 쉽게 이해하기 위해서는 시장의 경제적 기능을 생각하면 된다. 현대의 시장은 물물교환의 시대와 같이 생산자와 소비자간에 서로 잘 아는 면접의 장소가 아니라 일반적·추상적이며 비인간적인 수요의 특징을 가진 메커니즘이다. 이곳에서는 사용가치보다 교환가치가 강조되며 포장, 꼬리표(label), 상표의 이름이 중요시된다.

이러한 시장적 가치개념은 인간, 특히 자기 자신에 대해서도 똑같이 적용된다. 자기 자신을 하나의 상품으로서 그리고 자기의 가치를 교환가치로서 체험하며, 이러한 퍼스낼리티 시장에는 사무원·판매원·실업가·의사·법률가·예술가 등 온갖 사람들이 등장한다. 상품에 있어서와 마찬가지로 사람들에게 있어서도 포장, 꼬리표, 상표의 이름 등이 중요하며, 노동이라는 복음은 그 중요성을 상실하고 판매라는 복음이 최고의 위치에 선다. 퍼스낼리티 시장에서는 유행에 따라야 하고, 기능과 자질에 더하여 자신의 퍼스낼리티가 잘 팔려야만 하는 것이다.

2) 생산지향형 성격[44]

프롬은 20세기에 들어서서 인간과 사회에 대한 비판적 분석이 부족하고, 적극적인 이상상이 논의되지 않고 있다고 개탄한다. 그리하여 보다 더 선한 인간과 선

41) 이극찬 역, 앞의 책, 98쪽.
42) 위의 책, 98-100쪽.
43) 위의 책, 101-120쪽.
44) 위의 책, 120-152쪽.

한 사회를 그리는 이상상을 추구하여 인간의 자기 자신에 대한 신뢰감과 미래에 대한 신뢰감을 회복해야 한다고 역설한다.

생산성이란 자기의 힘으로 자기에게 갖추어진 가능성을 실현시키는 인간의 능력을 의미하며, 그것은 인간의 창조성과 관련되어 있다. 다시 말하여 인간은 계획을 세워 무엇인가를 창조해야 하며, 만일 이러한 잠재력이 결여되게 되면 이 세계에서 인간의 관계는 지배에의 욕망이라는 비뚤어진 형태만을 갖게 된다. 그런데 인간은 생산적 행위를 함으로써 또한 사물의 이치를 이해함에 의하여 비로소 이 세계와 생산적으로 관계를 맺을 수가 있으며, 사랑과 이성을 가지고 정신적・정서적으로 이 세계의 본질을 터득할 수가 있는 것이다.

생산적으로 사고하는 일은 다음과 같은 것을 그 특징으로 한다. 즉 그것은 객관성을 취하는 것, 사고를 하는 사람이 그 대상에 대해서 존경하는 마음을 품는 것, 그리고 그 대상을 있는 그대로 보며 결코 자기가 생각하는 대로는 보지 않는 능력을 가지는 것이다. 객관성과 주관성을 취한다는 이 둘 사이에 보여지는 양극성을 정확히 이해하는 것은 생산적 사고의 특징임과 동시에 또한 생산성을 높이기 위한 기반이 된다.

3. 한국인의 정치의식

1960년 이래 꾸준히 진행된 산업화와 1980년 후반의 민주화에 이은 각종 선거과정을 통하여 한국인의 정치참여 태도는 크게 달라졌다. 특히 1987년 이후 20년 동안은 한국의 현대사에 있어서, 민주화가 가장 안정적으로 정착한 시기였다고 평가하는 긍정적인 주장도 있다. 물론 그 과정에서 정치의 정상적인 궤도를 벗어난 일탈과 파행, 폭력 등 대립과 갈등을 겪은 일이 많았던 것도 사실이다.

아직도 한국인들은 기본적으로 유교적 가족주의 문화가 그 저변에 자리잡고 있음을 부정할 수 없다. 가족주의 의식은 효(孝)를 가장 아름다운 가치로 존숭한다. 효 사상은 가족 중심의 소집단 감정, 인정과 의리, 정의적(情誼的) 친화성을 중요시한다.[45] 또 가족의 명예를 존중히 여기며, 입신양명의 출세지향 의식은 관료주의, 집권적 보수주의와 연관되고, 이로부터 소외된 자들의 불신과 부정적 태도는 타협을 거부하는 양극적 대립을 가져오기 마련이다.

45) 김재영, 『현대정치학』, 삼우사, 1995, 241쪽.

가족주의 의식은 가족이라는 소집단을 우선시하고, 개인의 자율적인 판단이나 공동체의 합리적 규범을 소홀히 하기 쉽다. 가족적인 분위기에서 느낀 따뜻한 정(情)적 유대는 그대로 사회에 확대되어 조직의 규범으로 통용된다. 이 책에서는 이상의 이유로, 가족의 소집단의식, 입신양명의식, 상하서열의식, 체면의식 등을 중요한 항목으로 설정하였다.

한편 외국인들의 입장에서 관찰한 한국인에 대한 평가는 약간 역동적인 면이 있다. 『소용돌이의 한국정치』(*Korea, The Politics of the Vortex*)를 쓴 헨더슨(Gregory Henderson)의 글에 의하면, "한국인들의 강한 성취욕구는 마치 높이 솟은 원추형 소용돌이와 같다"고 하였다.[46] 한국인들의 야심을 성취하려는 욕구는 하늘 높이 솟아오르는 소용돌이와 같다는 뜻이다.

또 최근 해외여행을 다니면서, 우리는 한국인을 접한 외국인들의 첫 인사로, "코리아, 빨리 빨리"란 말을 흔히 들을 수 있다. 이러한 현상은 한국인들을 긍정적으로 평가하는 면과 그 반대의 양면성을 갖고 있어 앞으로 신중한 논의가 필요하다.[47] 하여튼 21세기에 들어와서 한국인들의 의식형태는 어떤 양태로 변화하고 있는지는 다음 변화의 항목에서 살펴본다.

(1) 가족주의 의식

가족주의 의식은 가족집단 내외를 분명히 하는 배타적 소집단의식을 발전시켜 1차집단의 분파적 대립의식을 조장하는 결과를 가져왔다. 사람은 당초 가족을 중심으로 하여 이루어진 가치관에 따라 광범한 사회생활에서의 자신의 위치를 확인하고 사회적으로 여러 가지 관련을 맺는다. 그리하여 가족이 자리잡고 있는 사회・경제적 관련의 테두리 안에서 정치를 바라보고 이를 판단하는 태도를 형성한다. 특히 우리나라는 그 동안 조상신을 숭배해 왔던 고래(古來)의 우리의 전통과, 효를 강조해 왔던 가치관의 보편화로 아직도 우리 사회에 가족주의 의식이 강하게 남아 있다고 본다. 가족주의의 두드러진 특징으로는 다음과 같은 것이 강조되고 있다.[48] 즉 가족주의는 ① 사회의 구성단위는 집[家]이며, ② 집은 어떠한 사회집단보다 중시되며, ③ 개인은 집에서 독립하지 못하고, ④ 집안의 인간관계도 자유롭

---

46) Gregory Henderson, *Korea, The Politics of the Vortex*, Harvard University Press, 1968.

47) 강준만, 『한국인 코드』, 인물과 사상, 2006, 38-56쪽.

48) 최재석, 『한국인의 사회적 성격』, 개문사, 1987. 특히 우리의 전통신앙과 정치문화에 관한 자세한 내용은 손병선, "무속신앙과 한국의 정치문화," 전북대학교 대학원 박사학위논문, 1990 참조.

고 평등한 것이 아니라 언제나 신분의 서열에 의하여 이루어지며, ⑤ 이와 같은 인간은 비단 가족 내에 있어서뿐만 아니라 가족 외의 외부사회에까지 확대되는 사회의 조직형태를 말한다.

최근에 산업화와 도시화로 아파트문화가 자리잡으면서 전통시대의 대가족제도는 사라지고 핵가족제도가 중심이 되어 각박한 도시생활에서 이웃들과 높은 담을 쌓고 살고 있다. 이제 동성동본의 친척도 8촌 이내가 아니면 결혼을 할 수 있으며, 4촌도 서로 잘 모르고 지내는 정도이다. 반면 이러한 변화의 추세와는 달리 소득이 향상되어 생활의 여유가 생기고, 교통·통신이 발달되고 대중의 활발한 참여의식과 조직적 모임들이 활성화되면서 새로운 가족주의적 집단의식이 발달하였다. 이른바 각종 향우회, 동창회, 종친회 등 1차집단의 모임들이 조직되어 이들의 유대는 더욱 지속성 있는 활동으로 강화되었다.

개인은 이러한 집단 속에 편입되어 그 성원이 됨으로써 자신의 위상을 확인할 수 있고, 출세 및 지위향상을 위해 이를 활용할 수 있다. 따라서 우리 사회의 인간관계란 이러한 모임이나 조직에 참여함으로써 상호의 친목과 결속을 강화하는 무수한 1차집단 관계라고 보아도 과언이 아닐 정도이다. 이것이 정치적으로 확대되어 오늘날 우리 사회를 지배하는 지역정당이 생겼다. 결국 이를 통한 지역적 인맥이 형성되고 이를 통해 지역감정이 부추겨진다. 특히 1987년에서 2002년 12월까지 네 차례의 대통령선거에서 보여 준 지역대립의 경향은 우리 사회에 있어서 가족적 지역주의 의식이 엄연한 현실로 자리잡고 있는 대표적인 예로 지적될 수 있다.

(2) 입신양명 의식

전통적 가정에서 가장 중요한 가치로 강조되었던 가족의 궁극적 목적은 부모에 효도하고 입신 출세하여 후세에 이름을 날리는 것[立身揚名]이었다. 입신양명의 원래의 뜻은 퇴계나 율곡처럼 학식과 덕망을 겸비한 위대한 스승이나 또는 충무공, 안중근 의사와 같이 자신을 희생하여 대의명분을 지켰던 분을 가리켜 온 말이겠지만, 오늘날에 와서는 그 의미가 변질되어 그보다 훨씬 광범위하게 쓰이고 있다.[49] 즉 입법·행정·사법부에 종사하는 요인뿐만 아니라 경제, 문화, 학술, 언론계 등에서 사람을 통제·관리할 기회가 비교적 많은 직위에 오른 사람으로

49) 최재석, 위의 책, 60쪽.

다양화되고 확대되었다. 이러한 양명의식은 그 동안의 우리 역사에서 어떻게든 높은 지위를 차지해야만 안심할 수 있다는 관료주의적 사고가 그 바탕을 이루고 있다.

우리가 얼마나 이러한 지위에 집착하고 있는가는 그 동안 조상신에 대한 신앙의 형식에서 신주에까지 관직명을 붙이고 비석을 세웠으며, 지금도 가보·명함·각종 모임 등에서 직함을 꼭 붙여 호칭을 사용하는 사례를 보면 알 수 있다. 특히, 교육과정에 있어서 입시경쟁에서도 두드러지게 나타나 있다. 우리는 이를 '입시지옥'이란 말로 극단화해서 표현하고 있는데, 그것은 단순한 지위열망이라기보다는 하나의 냉엄한 현실로서 직위를 얻고 이름을 내기 위한 치열한 경쟁의식이기도 한 것이다.

(3) 상하서열 의식

앞서 살펴본 지위상향 의식은 상·하적 서열의식과 필연적인 관련을 갖게 되며, 이는 사회의 수직적 질서를 더욱 경화시키고 행정권의 비대화를 가져오고 있다. 대가족제도에서 행하여졌던 행위유형으로 부모-자녀, 형제-자매간의 상·하적 인간관계는 사회로 확대되어 장유유서(長幼有序)의 윤리관으로 중요시하였다. 그러나 이러한 가족의 상·하적 인간관계는 그 동안의 민주화 과정에서 점차 완화되고, 또한 진술한 핵가속화의 현상으로 상당히 자유화되었음에도 불구하고 오히려 현대 대중사회의 관료화 경향으로 그 관계가 가족 내에서 보다 더 엄격하게 경화되어 가고 있다. 그것은 일제식 군대와 군대식 학교교육의 잔재가 민주화된 우리나라의 군대나 학교, 기타 직장에 그대로 남아 있어 군번이나 계급을 따지고 상·하급생을 구별하는 풍토에도 원인이 있다.

원래의 우리의 전통에서 대개 5년 이내의 연령 사이에는 평교(平交)가 행하여졌고,[50] 같은 신분끼리는 특히 양반들의 경우 될수록 경어를 사용하여 상호 존경하는 것이 통례였다. 그런데 오늘날의 발달된 조직사회에서 새로이 상·하적 서열을 강조하고, 초등학교 과정에서부터 윗사람·아랫사람을 엄격히 구분, 웃어른을 모시는 것이 우리의 미덕이라고 가르치고 있음은 논의의 여지가 있다.

---

50) 남만성 편, 『禮記, 曲禮』(上), 평범사, 1980, 50쪽, "年長以倍 則父事之, 十年以長 則兄事之, 五年以長 則肩隨之."

(4) 체면의식

상하관계를 챙기는 풍토에서 사람들은 엄격한 신분계층의 관념에 사로잡혀 스스로 자기나 자기가 속해 있는 집단을 높은 자리에 올려 놓으려고 시도하게 되며, 여기에 수반하는 외형적 행동으로 체면의 정체를 규명할 필요가 있다.[51] 체면을 중요시하는 경향은 한편으로 도덕질서를 유지하는 순기능적 측면도 있으나, 다른 한편으로 체면을 세우기 위하여 모든 독선과 과오를 범하는 역기능을 초래하는 경우가 있다. 그리고 이러한 체면 중시의 풍토는 흔히 명분을 내세워 엄연한 현실을 왜곡·은폐하는 경우가 있다. 가령, 내심으로는 권력이나 부를 강력하게 추구하면서도 외면상으로는 그 부정적 측면을 강조하며 이를 기피하고 천시하는 경우 등은 그러한 예이다.

체면의식은 앞서 설명한 리스먼의 타인지향형 성격과 프롬의 시장지향형 성격 등과 관련시켜 볼 때 좀더 충분한 논의가 필요하다. 우리나라 사람들은 전통적으로 체면을 숭상하여 이른바 선비가 지켜야 할 품격을 닦고, 이를 바탕으로 사회규범을 유지해 왔다. 그러나 오늘날 이러한 의식은 리스먼의 자이로스코프처럼 내부지향적 자기성찰의 과정을 덜 겪었고, 또 프롬의 시장지향형 성격이 담고 있는 서구적 의미의 시장적 가치개념을 갖고 있는 것도 아니다. 우리의 상황은 아직도 자기 자신을 하나의 상품으로 개방하고 객관화할 만큼 성숙된 시민문화를 갖지 못하고 있으면서 이론과 실제, 제도와 의식, 체면과 태도 등에 있어 혼돈과 갈등을 극복하지 못하고 있는 실정이다.

(5) 정치의식의 변화

21세기 글로벌 시대에 들어와서 한국 사회는 세계 선진국 대열에 진입하였고 이에 따라 국민들의 의식도 크게 달라진 것은 사실이다. 하지만 시대가 발달하면서 갈등과 대립 현상은 더욱 복잡해지고 따라서 이를 조정·타협하는 일도 오히려 보다 어려워지고 있다. 우선 앞에서 설명한 순서에 따라 정치의식의 문제점을 다음에서 알아보자.

첫째, 가족의식이 지역이기주의로 확대되어 참여의 제도화를 어렵게 하고 있다. 가족간의 뜨거운 사랑과 정은 정말 편안하고 자연스러운 감정으로 가정과 사

51) 최재석, 앞의 책, 110쪽.

회의 평화를 위하여 바람직하다. 우리가 어떤 지역의 인심을 논할 때에도 '인심 좋은 곳', '정든 고향' 등의 표현으로 그 지역의 생활 조건이 양호함을 말한다. 정이란 가장 포근하고 친근하며 온갖 허물을 덮어주는 인간의 아름다운 심리상태임은 분명하다. 하지만 인간의 정이란 사적인 관계에서도 삼가야 한다는 주장이 있다. 이는 토정 이지함(土亭 李之函)의 피지음설(避知音說; 지음, 즉 친구를 경계함)에서 나온다.[52] 공적인 영역에서 정을 매개로 한 정실주의는 부정부패와 밀접한 관련이 있다. "피는 물보다도 진하다"는 속담이 있듯이 '피'와 같은 가족적인 유대는 모든 공적인 관계를 초월할 수 있다.

실제로 가족주의 의식이 강한 나라일수록 부패가 심하다는 사례가 있다.[53] 개발도상국가의 자본주의 사회에서는 이른바 정실자본주의라는 용어가 따로 있다. 즉 정부관료들이 자신의 친지들을 관의 요직에 배치하여 이를 감싸 줌으로써 부패가 만연된다는 뜻이다. 한국인들은 아직도 가족과 지역, 동창 등 연고를 가장 중히 여기는 의식을 가지고 있어서 국가나 자치단체의 정책과 집행과정에서 지역이기주의의 테두리를 벗어나지 못하고 있다.

둘째, 양명・출세를 위한 경쟁은 최근 세계경제의 위축으로 인한 일자리 감소와 취업난으로 더욱 치열해지고 있다. 경쟁에서 이기려면 강한 집착과 열정으로 사력을 다해야 한다. 권력을 향한 한국인의 소용돌이 문화는 정치의 과잉, 공직의 출세 도구화, 패권쟁취를 위한 분열주의, 뜨거운 교육열, 배금주의, 여론의 휘발성, 과도한 스트레스 등으로 나타난다.[54] 출세를 향한 젊은이들의 높은 기대는 필시 사회 메커니즘의 과열 경쟁구도를 부채질할 뿐이다.

지금 우리 사회는 사교육의 전성시대를 맞이하고 있으며 상대적으로 공교육이 형식화되고 있다. 젊은이는 비싼 교육비가 무서워 자녀 낳기를 꺼리고, 노인인구의 급증으로 사회가 균형을 잃어가고 있다. 이런 상황에서 정치적 무관심층이 날로 늘어나고 실제 정치는 소수의 과열층에 의하여 움직이는 경향을 보이고 있다.

셋째, 상하의 서열과 체면을 중히 여기는 전통이 아직도 잔존하고 있다. 사람들은 자신의 정체성이나 실제 이익보다는 외부적 요인에 의한 위신의 차용으로 판

52) 김재영, 『한국사상의 맥』, 한국학술정보(주), 2009, 237쪽.
53) 강준만, 앞의 책, 119쪽.
54) 위의 책, 157쪽.

단하고 선택하는 경우가 흔히 있다. 항간에 '3체병'이라 하여 '없는 자가 있는 체, 모르는 자가 아는 체, 못난 자가 잘난 체'하는 자를 비웃는 말이 회자된 일이 있다. 넓은 아파트에 고급 승용차를 타고 다니며 명문대학이나 유명인사를 선호하는 풍토, 특히 거대담론, 즉 '역사의 도도한 흐름'이나 '시대정신' 혹은 '이 땅의 민주화' 등 거창한 개념에 매료되어 자기성찰과 책임을 도외시하는 풍토[55]는 건전한 시민의식을 저해하는 요인이 되고 있다. 체면을 중히 여기는 풍토는 이른바 부의(浮議; 뜬 논의)라 하여 그동안 우리 사회의 병통이 되었었다.[56] 사람들은 자신의 행동은 살피지 않고 상대방에게만 완벽한 것을 요구하면서, '너나 잘 하세요', '빨리 빨리'의 속어가 나오기도 하였다.

넷째, 이상 열거한 부정적인 요인에도 불구하고, 한국인들은 시대의 흐름에 맞추어 수준 높은 정치문화를 이룩해 가고 있다. 최근 수십년 동안에 이룩한 한국사회의 발전과 민주화에 힘입어 한국인들의 민족적 긍지와 자부심, 정치의식과 능력, 공존의식은 지구촌 그 어느 나라에도 뒤지지 않고 있다. 갈등과 대립, 분열을 극복하고 위기를 헤쳐나갈 능력이 생긴 것이다.

4. 정치적 무관심

(1) 정치적 무관심의 의미와 유형

인간의 정치적 태도는 다양하여 정치권력의 권위나 운용과정에 적극 참여하거나 저항하는 사람, 중립적인 태도를 가진 사람, 권위적 상징에 대해서조차도 충성이나 반항도 하지 않고 무관심한 사람이 있다. 학자들은 이와 같이 권력과정으로부터 은퇴하는 비정치적 태도(non-political attitude)를 일반적으로 정치적 무관심이라고 말하고 있다.[57] 현대 대중들의 정치적 무관심은 문화와 역사・국가・사회의 차이에 따라 여러 가지 차원에서 고찰할 수 있다. 우선 최근 가장 흔히 소개되고 있는 것으로 라스웰(Harold D. Lasswell)의 비정치적 태도와 달(Robert A. Dahl)의 정치적 성층에 관한 분류가 있다.[58]

---

55) 위의 책, 99-107쪽 참조.

56) 김재영, 『호남의 한』, 한국학술정보(주), 2009, 87쪽.

57) 김운태, 앞의 책, 263-264쪽; 이극찬, 앞의 책, 256쪽.

58) Harold D. Lasswell and Abraham Kaplan, *Power and Society*, New Haven: Yale University Press, 1950, p. 146.

1) 라스웰의 비정치적 태도

라스웰은 비정치적 태도로 세 종류의 형태를 지적하고 있다. 첫째는 탈정치적(depolitical) 태도로서, 이는 대개 권력의 배분이나 행사에 대한 요구・기대를 충족하지 못한 까닭으로 정치행동에서 은퇴하는 경우이다. 둘째는 무정치적(apolitical) 태도로서, 예술이나 과학 등 권력 이외의 분야에 더 높은 가치를 두고 있어서 정치에 무관심하는 경우이다. 셋째는 반정치적(antipolitical) 태도로서, 무정부주의자나 종교적 신비주의자 등의 태도에서 나타나는 바와 같이 그들이 집착하고 있는 가치가 정치와 충돌되고 있다는 기대에서 적극적으로 정치에 반대하는 경우이다.

다만, 다양한 성격을 가지고 또한 변화무쌍한 태도를 가지고 있는 인간들이 위의 세 유형 중 어느 한쪽에 엄격하게 해당된다고 말할 수는 없다. 가령, 정치에 대하여 안이한 문제해결이나 과대한 기대를 했다가 실망을 느끼게 된 사람이 정치 아닌 다른 분야에 그의 정열을 쏟음으로써 좌절을 극복하려 한다면, 그것은 탈정치적인 것이면서도 무정치적인 태도라고 볼 수 있다. 그리고 오늘날 민주주의 사회에서 정치적인 무관심은 오히려 강한 정치적 거부의 태도로 나타날 수도 있다. 또 정치에 관심을 가지고 있으면서도 정치가 잘못되어 가고 있다고 믿거나, 파당을 조장하여 불필요한 적을 만든다고 판단하여 의도적으로 이에 무관심한 경우, 혹은 성격상 확실한 자기주장을 내놓고 다른 사람과 대립하는 것을 원래 싫어하기 때문에 부득이 무관심하는 경우도 있다.

2) 달의 정치적 성층

정치적 무관심층에 관하여 달은 권세를 가진 자(the powerful), 권력추구자(the power seekers), 정치적 관심층(the political strata), 정치적 무관심층(the apolitical strata)의 네 가지로 나누고 있는데, 다음 [그림 4-5]와 같다.[59]

달은 대부분의 정치체제에서 정치적 문제에 지대한 관심을 가지고 정치에 대한 정보에 능통하며 공공업무에 적극적인 사람의 수는 아마 소수에 불과하다고 보고 있다. 정치관여의 기회가 광범위하게 이루어지고 있는 민주정부인 경우에도 정치적 관심층은 모든 시민을 포함하지 않으며, 특히 다두제(polyarchies)의 나라들에서 대부분은 정치에 무관심하다고 보고 있다.

---

59) Robert A. Dahl, *Modern Political Analysis,* Englewood Cliffs, New Jersey: Prentice-Hall, Inc., 1963, p.95.

[그림 4-5] 정치적 성층

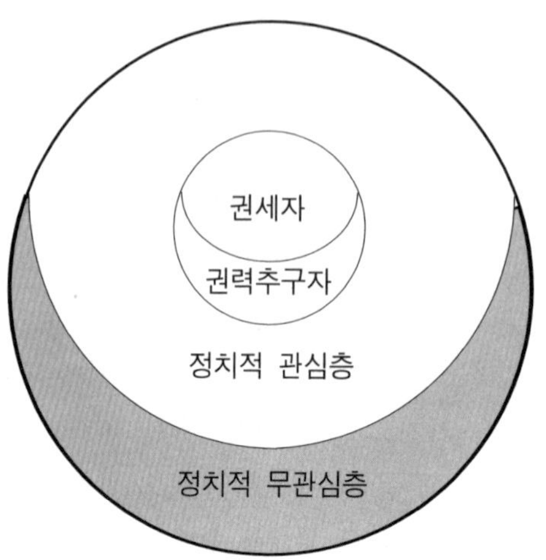

(2) 정치적 무관심과 리스먼의 참가유형

정치적 무관심과 관련해서 리스먼은 일반대중의 참가형태를 정열(affect)과 실력(competence)의 두 지표에 따라 도학자형 · 내막정보통형 · 분개형 · 무관심형으로 정치적 태도를 분류 · 설명하고 있다.[60)]

첫째, 도학자형(moralizer)은 자기이익의 관념에 밝으며 따라서 자기이익에 대한 침해에 대하여는 예민한 반응을 보인다. 정치적 활동에 대한 정열과 실력을 갖추고 있기 때문에 자기권리 주장에 대하여 단호한 투쟁을 전개할 준비를 갖추고 있다.

둘째, 내막정보통형(inside-dopester)은 정치에 적극적으로 참여하지 않으나 진정한 소식통이 되고자 원한다. 즉 정치에 대한 생산적인 의욕과 행동을 찾아볼 수는 없지만, 정치문제를 이해하고 해석하는 흥미를 갖고 있는 일종의 정치정보의 소식통이라 할 수 있다. 이들은 도학자가 가지고 있지 않은 일종의 현실주의를 정치에 적용한다. 이들은 쉽게 현실에 적응하며, 무엇이 한계인가를 잘 알고 높은 이상을 추구하지 않는다. 결국 이들은 지성의 과잉에서 오는 무관심파라고 할 수 있다.

60) Riesman, *op. cit.*, pp.163-187; 김운태, 앞의 책, 264쪽; 이극찬, 앞의 책, 255-256쪽.

[그림 4-6] 정치참가의 스타일

	정열(affect)	실력(competence)
도 학 자 형	⊕	⊕
내막정보통형	⊖	⊕
의 분 형(분개형)	⊕	⊖
무 관 심 형	⊖	⊖

셋째, 분개형(indignant)은 현대 대중사회에 있어서 현실정치에 대한 실망으로 좌절과 의분을 토로하는 것으로, 정치에 대한 정열은 있으나 실력을 구비하지 못한 경우이다.

넷째, 무관심형(indifferent)은 정치적 결단에 대한 정열・실력이 없는 경우로, 현대 정치상황에서 하나의 특징적 현상으로 나타나고 있다.

이들의 관계를 그림으로 표시하면 [그림 4-6]과 같다.

(3) 현대의 정치적 무관심의 원인

현대의 정치적 무관심은 인간이 정치적 객체에 불과했던 전통시대의 그것과는 근본적으로 다르다. 이미 보통선거제의 실시로 대중은 일정 연령에 이르면 선거권을 행사할 수 있게 되었고, 또한 의식수준에 있어서도 교육의 대량보급이나 매스컴의 발달로 상당한 정도로 향상되어 있다. 대중들은 자의든 타의든 매스컴을 외면하고 살 수 없게 되었으며, 그들의 경제생활을 비롯한 기타 생활관습이 정치와 관련되어 있음을 잘 알고 있다.

그리하여 오늘날의 대중들은 국내정치뿐 아니라 외국의 정치변동에도 충분한 관심을 기울이지 않으면 안되게 되었다. 그러므로 현대의 정치적 무관심은 정치에 관심을 가지고 있으면서도 그것을 구체적인 행동이나 선택에 관련시키지 않으려는 수동적인 자세라고 말할 수 있다. 기본적으로 정치에 대한 무관심은 자신이 정치에 참여하지 않는다 해도 별다른 변화 없이 잘되어 가리라고 믿는 낙관적인 입장, 그리고 방대한 정치과정에서 이루어지고 있는 일이 자신의 행동 하나로 별로 영향을 받을 수 없으리라는 무력감 등에서 발생되어 나온다. 일반적으로 국내학자들이 열거하고 있는 무관심의 요인은 다음 다섯 가지로 요약할 수 있다.[61]

1) 현대 정치기구의 거대화·복잡화 현상

현대 정치과정의 거대화·복잡화는 개인이 영위하는 사회적 역할을 감소시켰고, 나아가 이들로 하여금 무력감이나 냉소적인 감정을 갖게 하여 결과적으로 정치에 대한 무관심을 초래하였다. 정치가 개인생활에 미치는 영향이 크다는 것을 감지하고 있으면서도 '날씨보다도 더 변덕스럽고, 기계의 톱니바퀴처럼 거대한 힘을 가지고 있으며, 「검은 상자」 속에서 정치꾼들이 몰려하는 일'을 "어찌 나 같은 미미한 존재가 관여할 성질의 것이며, 무슨 힘을 발휘할 수 있을 것인가?"라는 의문을 갖고 있다. 그러므로 결국 "괜히 까마귀 싸우는 곳에 백로가 갈 필요가 없고 나의 개인생활이나 충실히 하면 될 것이다"라는 생각을 가지고 있는 것이다.

2) 현대사회의 관료화

현대사회는 자본주의의 발전, 기술문명의 발달 등으로 비인격적인 기구의 발달을 불가피하게 하고 있다. 각종의 사회기능을 수행하기 위한 조직체, 즉 관청·기업체·직능단체 등이 거대화되고 그 내부에 있어서는 분업에 의한 계층제가 형성됨으로써 관료화가 일반적으로 진행된다. 분업은 능률을 제고시키고 전문화를 촉진시켜 기술발달을 가져올 수 있으나, 거대한 비인격적 기구의 메커니즘 속에 매일매일 되풀이되는 일을 반복할 때 쉽게 피로하고 이른바 스트레스를 주어 사람들은 직장 밖에서 편안한 휴식처를 찾게 된다. 그것은 무엇보다도 복잡한 인간관계, 특히 지시·명령하고 업무에 관련된 책임을 따지는 일에서 해방되고자 하는 일이며, 이는 정치적 무관심의 원인이 된다.

3) 매스컴의 기능과 소비문화의 역할

매스컴으로 대표되는 소비문화가 정치적 무관심을 자아내는 데 크게 역할을 하고 있다. 즉 신문, 방송, 텔레비전 등 현대 저널리즘과 스포츠, 영화 등의 대중오락 등이 정치적 문제나 사건을 비정치화하여 대중에게 전달하거나 또는 대중의 흥미와 관심을 비정치적인 분야에 집중시킨다. 이를테면, 신문·잡지 등에서 정치적

61) 정인흥 외 편, 『정치학대사전』, 박영사, 1975, 1354-1356쪽; 김운태, 앞의 책, 266-268쪽; 이극찬, 앞의 책, 260-274쪽.

인 문제를 다룰 경우에도 사건의 본질을 우회하여 본질적인 것의 보도를 피하고 주변적인 문제, 즉 정치가들의 에피소드나 부수현상 및 사적 생활 등을 더 크게 다룸으로써 사람들의 관심을 비정치화시킨다. 오늘날 이른바 3S(Screen, Sports, Sex) 정책이란 것도 국민들의 관심을 비정치적 영역으로 전환시키는 데 큰 역할을 담당하고 있다.

특히, 최근들어 대량생산과 소비 그리고 범람하는 광고와 관광사업의 일상화는 대중들에게 소비와 오락에 대한 관심을 더욱 고조시키고 있다. 시시때때로 유행하는 복장과 장식품, 가구, 승용차 등의 대중생활용품은 '상류사회와 심리적 동일시'와 '위신의 차용'[62]을 가능케 해주고 있으며, 이는 결국 일반대중들의 에너지를 비정치적 영역으로 흡수하는 기능을 담당하게 된다.

4) 국가의 복지정책

국가에 의한 개별적인 복지정책은 국민의 생활수준을 높여 주었다. 이는 어떤 의미에서 사람들로 하여금 의식주의 해결이라는 부담을 덜어 주는 결과를 가져오고, 그것은 결국 정치적 무관심의 원인이 되었다. 예를 들어, 1920년대의 미국에서 나타난 최초의 정치적 무관심은 대공황이 일어나고 뉴딜(New Deal) 정책을 시행한 직후에 발생하였다.

이러한 정치적 무관심의 현상이 구체적으로 나타나고 있는 예는 각종 선거에 있어서 기권, 여론조사에서 DK집단(Don't Know group) 그리고 공식적인 회의 등에 불참하는 경우를 들 수 있다. 그런데 보다 위험한 정치적 무관심층은 정상적으로 투표에 참여하고, 회의에도 참석하고, 여론조사에도 응하지만 별로 신중하게 대응하지 않고 대개는 피상적으로 생각하고 행동하면서도 일단 자신의 이해가 관련되면 과민하게 반응하는 사람들이다.

5) 정치에 대한 불신

최근 정치인들의 부패와 부조리, 지도력 결여, 위기극복 및 문제해결을 위한 정책개발 능력의 부재, 집단이기주의의 팽배와 참여의 파행화 등 여러 요인으로 정치 전반에 대한 불신이 만연되고 있다. 특히 정치인들의 비리와 뇌물수수는 우리나라 정치의 고질적인 타성으로, 1991년 지방의회 의원들의 경우 광역의원은

62) 이극찬, 앞의 책, 264쪽.

866명 중 17.4%인 151명이, 기초의원은 4,304명 중 9.5%인 413명이 형사입건되었다는 놀라운 보도가 있었다.[63] 그뿐 아니라, 선거과정에서도 정당공천이나 경선과정에서부터 금품수수설이 난무하여 선거 때만 되면 그야말로 '선거판은 난장판'이 되고 사람들은 아예 기권을 하거나 혹은 아무렇게나 투표하는 경우가 흔히 있다.

(4) 정치적 무관심의 결과

정치적 무관심이 가져온 결과로는 다음 세 가지 현상을 중요시한다. 첫째는 정상배가 난무할 기회를 제공하고, 둘째는 정치적 부패를 조성하며, 셋째는 민주주의의 반동화를 가져오게 될 우려가 있다는 것이다.

권력은 추하고 지저분한 면을 가지고 있다. 따라서 정치에 나서서 이전투구할 일은 필시 정치에 대한 강한 집착이나 열정을 가진 사람들의 짓이기 때문에 이에 간여한다는 것은 바람직하지 않다는 생각에서 정치에 무관심하게 된다. 그러나 그 결과는 결국 정상배들이 판을 치는 현상을 초래하여, 정치의 장에 있어서 '악화가 양화를 구축'하는 풍토를 조성하게 된다. 그리고 소수 특권층이 그들이 장악하고 있는 공적인 권력을 자신들의 사적인 이익의 달성을 위하여 남용하는 경우 이에 무관심하면 또한 권력을 더욱 부패하게 할 위험이 있다. 그리고 무엇보다도 정치적 무관심이 가져온 가장 가혹한 형벌은 민주주의의 반동화라고 볼 수 있다. 미국 일반대중들의 무관심에 관하여 밀스(C. W. Mills)는 다음과 같이 기술하고 있다.[64]

> 그들은 정치에 대해서는 제3자적 입장을 취하고 있다. 그들은 추상적인 것도 자유주의적인 것도 아니며 또한 보수주의적인 것도 반동적인 것도 아니다. 그들은 말하자면 비행동적이다. 만일 바보, 천치(idiot)라는 그리스말이 어의상 '사적인 인간'(a privatized man)이란 뜻으로 받아들여진다면, 미국의 시민은 지금 그와 같은 바보로 구성되고 있다는 결론을 내려야 할 것이다.
>
> 다시 말하여 일반대중의 비행동성은 자칫 민주주의가 소수의 수중에 장악되어, 드디어는 파시즘 독재의 유력한 지반으로 이용될 위험성이 크다는 것이다.

---

63) 조선일보, 1995. 5. 4일자.

64) C. Wright Mills, *White Collar*, New York: Oxford University Press, 1956, p.328; 이극찬, 앞의 책, 275쪽.

(5) 정치적 무관심에 대한 찬반론[65]

1) 정치적 무관심에 관한 매클로스키(H. MaClosky)의 주장[66]

첫째, 정치적으로 무지한 사람들이나 무관심한 자들의 의견은 민주정치의 발전에 크게 도움이 되지 않는다. 사회의 최선의 이익에 관해서 대중은 잘못 알거나 지도자들의 선전에 영향을 받는 경우가 많은 것이므로 그들의 정치참여는 오히려 민주정치를 해칠 우려가 있다.

둘째, 투표자의 참여가 증가하는 것만으로 정치참여의 수준을 판단할 수 없으며, 경솔하게 정치에 대량 동원되는 것보다는 오히려 정치에 무관심하는 것이 낫다.

셋째, 정치에 관한 일은 복잡하여 유권자들이 대부분 이에 대한 정확한 지식이 없으므로 통치능력이 있다고 생각되는 적극적인 소수자에게 일임하는 것이 바람직하다.

넷째, 유권자의 지나친 참여나 기대의 폭발은 가장 적격의 위정자가 신중한 정책결정을 펴는 데 장애가 될 수 있다. 그것은 또한 과도한 논쟁, 분열, 정치적 불안으로 이끌어 갈 우려가 있다. 유권자 속에 많은 무관심자가 있어야 체제운영에 탄력성이 부여되어 변화가 주는 긴장을 극복할 수 있게 한다는 등 낙관적인 견해이다.

2) 정치적 무관심에 대한 워커(Jack L. Walker)의 주장[67]

첫째, 정치적 무관심이 증대하게 되면 정부는 마침내 무책임하고 거만하고 날뛰는 사람들에 의하여 지배당하게 된다. 따라서 이들의 전제와 권력의 남용을 막고 위정자에게 의무감과 국민을 위한 봉사심을 불러일으키게 하는 참여가 필요하다.

둘째, 참여는 민주주의에 있어서 하나의 힘이요 전제에 대한 방벽이다. 정치적 무관심이 만연되면 독재에 항거하는 반대파를 조직·유지해 나갈 힘이 없고, 결국 체제가 쇠약해지는 원인이 된다.

---

65) 이극찬, 앞의 책, 276-279쪽에서 인용.

66) Herbert McClosky, "Political Participation," David L. Shils, ed., *International Encyclopedia of the Social Sciences*, Vol. 12, New York: Macmillan Co. and The Free Press, 1968, pp.262-263.

67) Jack L. Walker, "A Critique of the Elitist Theory of Democracy," *American Political Science Review,* Vol. 60, 1966, pp.285-295.

셋째, 국민의 정치에 대한 관심을 불러일으키고 끊임없이 정치교육을 통한 참여의 질적 향상을 도모하여 자치능력을 배양함으로써 체제능력이나 충성심도 더욱 확고하게 다져나갈 수 있다.

3) 양자에 대한 비판

매클로스키의 이론은 정치체제 내에서 정치적 무관심자들의 역할을 과소평가하고 있다. 물론 정치적 관심의 극대화로 과도한 논쟁이나 참여의 폭발을 일으키는 것은 정치적 불안의 요인이 될 수 있지만, 그렇다고 정치적 무관심이 오히려 유익하다는 주장을 정당화해 줄 수는 없다. 많은 국민들이 정치에 대하여 잘 알고 관심을 가져서 적극 참여할 수 있도록 계몽·교육하고 참여의 통로를 보장하는 것은 정치의 파행화를 방지하고 정상적 운영을 제도화하는 가장 바람직한 방법 중의 하나라는 사실은 무엇보다 분명하다.

제2절 정치문화

1. 문화와 정치생활

우리는 흔히 정치의식이나 정치적 태도를 설명하면서 그 나라의 역사적 전통이나 문화적 배경과 관련시키는 경우가 많다. 만일 어떤 사람이 자신이 태어난 나라의 문화를 잘 이해하고 있으면 그가 일상의 정치상황에서 어떻게 행동하고, 또한 특정의 정치적 사태에 어떻게 대응해 나갈 것인가에 대하여 어느 정도 예측을 할 수 있다.

가령 자유주의적 전통에 자부심을 느끼면서 자란 미국의 어린이는 권위주의적 교육을 받은 후진국가의 어린이에 비하여 보다 참여적일 것이라고 가정할 수 있다. 즉 정치적 집회나 토의에 참여하고 공무원과 자주 접촉하며 어릴 때부터 정당소속감(party identification)을 갖고 있다. 그러나 후자의 문화에 속하는 국민들은 대개 정당소속감이 희박하고 정기적으로 실시되고 있는 투표행위 이외에 정치에 참여하는 것을 자연스럽지 않은 것으로 생각하고 있다. 이러한 예로 미루어 정치란 결코 그 단독으로 이루어지는 것이 아니며, 정치를 연구함에 있어서도 정치 그 자체만을 따로 떼어서 연구할 수 없음을 알게 한다. “시인이 시인만을 위한 시를 쓸 수 없으며, 그 시를 읽는 사람들을 위해 쓴다”고 워즈워스(William Wordsworth)가 말했듯이, 정치도 그 사회의 다수 인민들이 살아온 역사적 전통과 문화적 배경과의 연관 속에서만 그 연구의 의의가 있다.

인류학자인 베네딕트(Ruth F. Benedict, 1887-1948)는 세계의 서로 다른 문화유형에 관한 오랜 연구 결과, 다음과 같은 결론을 내린 바 있다.[68]

> 개인의 전 생애는 무엇보다도 그의 사회공동체에 있어서 전통적으로 이어 내려온 제 유형과 표준에 대한 적응인 것이다. 사람은 태어난 순간부터 그의 출생지의 관습에 따라 행동하고 경험을 이루어 나간다. 말을 배우면서 그는 그 사회·문화의 피조물이 된다. 사람이 성장하면서 그 문화의 활동에 참여할 능력이 생기면 그 문화의 관습이 자신의 습성으로, 문화의 신앙이 자신의 신앙으로 되며, 문화가 거부하고 있는 것은 자신도 그것을 삼가게 된다.

오늘날 우리가 겪고 있는 정치적 상황—권위주의적 정치풍조, 정치적 불신, 정치적 불안정 등—도 따지고 보면 한국이란 특유한 나라의 문화적 환경 속에서 조성된 하나의 현상이라 볼 수 있다. 사실 우리가 의식하고 있는 사실의 대부분은 그것이 어느 정도 누군가에 의하여 반복적으로 만들어지고 있는 것이다.

> 대부분의 경우 우리는 먼저 보고 난 뒤 정의를 내리는 것이 아니라 먼저 정의를 내리고 난 다음에 보게 된다. 세계 도처에서 일어나고 있는 복잡다단한 사태에 관하여 우리는 이미 우리 문화가 우리들에게 정의한 것에 비추어 보고 있는 것이며, 우리 문화상의 고정관념에 의하여 규정된 것을 골라서 지각하고 있는 것이다.[69]

따라서 우리는 고작해야 안방의 텔레비전이나 신문지상을 통하여 우리 문화의 규격에 따라 미리 취사선택된 내용을 보고 읽을 뿐이며, 대부분의 경우 우리가 전혀 경험하지 못한 것에 관하여도 일정한 태도를 갖게 된다. 즉 경험 이전에 형성된 태도 때문에 이러한 편견을 합리화해 주는 사태를 나중에 발견하는 경우가

68) Ruth F. Benedict, *Patterns of Culture*, New York: Mentor Books, 1934, p.2. 정치문화 및 정치사회화에 관한 자세한 내용은 김재영 외, 『정치문화와 정치사회화』, 형설출판사, 1990 참조.

69) Walter Lippman, *Public Opinion*, New York: Macmillan Company, 1922, p.81.

있다. 그리고 일단 우리가 어떤 문제에 관하여 강한 감정을 갖고 있으면(예를 들어 국가간 불신이라든가 지역감정 등), 이에 반대되는 어떤 사실들을 받아들이는 일은 어렵다는 것을 알게 된다.

이와 같이 문화는 우리의 의견 및 태도를 형성할 뿐 아니라 앞으로 우리가 제 사실을 관찰하고 이들을 해명하는 방식을 결정하는 데 영향을 미친다.[70] 그러므로 우리가 다양한 정치적 변화의 실제를 보다 정확히 파악하기 위해서는 먼저 기본적인 정치적 태도의 형성·유지·변화의 방식과 이들 다양한 감정·태도가 집단적 안정 및 불안정성에 어떠한 관련을 갖는가 등에 초점을 두고 이를 분석할 필요가 있다.[71]

2. 정치문화의 개념

정치문화의 개념은 사회 일반문화의 하위문화로서 정치적 부문에 관련된 문화라고 간단히 말할 수 있다. 정치문화의 개념에 대하여 유명한 『시민문화』의 저자인 알몬드(Gabriel A. Almond)는 다음과 같이 정의하고 있다. 즉 '정치문화는 정치체계와 그의 여러 부문에 대한 태도, 정치체계에 있어서 자아의 역할에 대한 태도로 구성'되어 있다.[72] 또 그의 『비교정치론』에서는, 정치문화란 간단히 말하여 '정치체계 구성원 개개인이 정치체계에 대하여 갖는 태도 및 정향성의 유형'이라고 하였다.[73]

국내의 정치학 서적에 나타난 정치문화의 개념 정의에 관한 것을 보면 대개 매크리디스(Roy Macridis), 비어(Samuel Beer), 달, 파이(Lucian W. Pye), 파이너(Samuel E. Finer), 알몬드의 것들이 소개되어 있다. 우선 『사회과학사전』에 소개된 정치문화의 정의를 소개하면 다음과 같다.

> 정치문화는 정치과정에 대하여 질서와 의미를 부여하고 정치체계에 있어서

---

70) Mariand D. Irish and James W. Prothro, *The Politics of American Democracy*, New Jersey: Prentice-Hall, Inc., 1962, p.20.

71) Lucian W. Pye, "Introduction: Political Culture and Political Development," Pye and Verba, eds., *Political Culture and Political Development*, New Jersey: Princeton University Press, 1965, p.6.

72) Gabriel A. Almond and Sidney Verba, *The Civic Culture*, Boston: Little Brown & Co., 1966.

73) Gabriel A. Almond and G. Bingham Powell, Jr., *The Comparative Politics: A Developmental Approach,* Boston: Little Brown & Co., 1966.

행동을 지배하는 기본적인 전제와 규칙을 제공하는 태도, 신념 및 감정의 집합이다. 정치문화는 정치체의 정치적 이상과 조작규범을 포함한다. 따라서 정치의 심리적・주관적 차원의 집합형태로 나타나 있다. 정치문화는 정치체계의 집단적 역사와 체계성원의 일생을 통해 이루어진 산물이다. 그러므로 공공사태와 개인적 경험에 똑같이 뿌리를 내리고 있다.[74)]

한국의 『정치학대사전』에 소개된 정치문화의 개념은 "정치문화란 말이 내포하는 뜻은 정치전통・정치관습・정치풍토・정치의식・정치적 신조・가치관・정치적 감정과 같은 것"이라 한다.[75)]

국내학자들의 정치문화에 관한 개념정의를 열거해 보면 다음과 같다.

① 정치문화는 민족사회의 역사적 전통과 명맥, 정치적 상징, 국민의 신념과 정열 또는 집단적 이성, 국민의 가치관, 지도자들의 지도양식과 행위규범 등을 특징지우고 있는 것이다.[76)]

② 정치문화는 그 사회구성원이 갖는 정치적 경향 및 성향의 총합이라고 할 수 있다. 따라서 정치문화에는 그 나라의 국민적 영웅에 대한 숭상, 공공기관의 정신, 시민의 정치적 열정, 정치적 이데올로기에 의해서 표명된 목적의식, 정치적 스타일, 정치적 분위기 등이 포함된다.[77)]

③ 정치문화는 '유형화된 정치적 가치체계'로서 정치적 관념, 지배규범 및 정치적 상징 등의 요소로 구성되며, 정치제도의 형성 또는 개개인의 정치적 행위에 영향을 주는 것이라 정의할 수 있다.[78)]

이상의 여러 학자들이 규정한 정치문화에 관한 개념정의를 종합해 볼 때, 정치문화란 기본적으로 '정치체계에 관련된 태도의 집합 혹은 유형화된 가치체계'로서 가치, 신념, 상징에 대한 태도 등을 중요시하고 있다. 따라서 모든 정치체계 내에는 그 정치적 공동체의 의미와 규율을 부여하며, 국민 개개인의 행동에 사회적 타당성을 부여하는 질서 있는 정치문화의 명맥이 존재하는 것이다.

74) Lucian W. Pye, "Political Culture," David L. Shils, ed., *op. cit.*, p.218.
75) 윤근식, "정치문화," 정인홍 외 편, 앞의 책, 1333쪽.
76) 김운태, 앞의 책, 251쪽.
77) 백완기, "정치사회화와 정치문화," 김계수 외 편, 『현대정치과정론』, 법문사, 1985, 92쪽.
78) 안병만, 『한국정치론』, 다산출판사, 1985, 58쪽.

3. 정치문화의 기본요소

정치문화의 개념에서 살펴본 바와 같이 정치문화는 기본적으로 정치체계에 관련된 태도의 집합 혹은 유형화된 가치체계로서, 그 가치대상인 정치체계에 대한 보다 명백한 이해가 필요하다.

먼저 정치문화와 관련하여 가장 기본적인 가치대상은 바로 국가라고 볼 수 있다.[79] 국가에 대한 태도는 흔히 국민적 일체감(national identity)이라 하여 이를 중요시한다. 국민적 일체감은 개인의 미래의 행동에 영향을 미칠 기본적 가치관을 제공하는 바탕을 이루고 있기 때문이다.[80] 국민적 일체감은 현존의 정권 담당자를 포함한 정치체계의 구조, 규범 및 정치체계 내의 타인과 자기 자신에 대한 태도 등도 포함한다. 그리고 민족사회의 전통과 명맥, 관습, 역사적 기억 및 과거 정치 지도자들의 지도이념, 지도양식, 행위 등 역사적인 전통도 무시할 수 없는 중요한 부문이다.

정치문화의 요소를 이해하는데 다음으로 파악해야 할 개념은 정치정향(political orientation)이다. 정치정향이라 함은 정치적 자극에 대해 정치상황 속에서 일정한 반응으로 나타나는 성향을 의미하는 것으로 이것은 전통, 역사적 경험, 동기, 규범, 감정, 상징 등의 요소에 의해 결정된다.[81] 이러한 정치문화의 요소로서 정치정향의 대상을 파악하기 위해서 이스턴은 정치체계를 정치적 공동체, 체제, 정부로 분류했다. 정치적 공동체는 대개 국가와 같은 뜻으로, 시민대중의 정치적 공동체에 대한 지지는 애국심·민족주의 등의 말로 표현하고 있다.[82] 체제란 대체로 경기수칙, 헌정질서 혹은 권위주의 등으로 고려되고 있으며, 학자들은 정치적 결정이 이루어지는 방식을 전제정체·귀족정체·민주정체 등 여러 형태의 체제로 분류하는 경향이 있다. 그리고 정부는 가령 영국의 노동당 정부, 보수당 정부 등과 같이 어느 정당이 체제의 정책결정기구를 통제하느냐 그리고 어떤 정권 담당자에 의하여 그 정책이 수행되느냐 등에 초점을 두고 있다.

한편, 알몬드와 버바는 정치적 정향의 대상을 분류하는데 일반적 정치체계로부터 출발한다. 여기서 말하는 전체로서의 정치체계는 애국심·소외감과 같은 감

79) Sidney Verba, "Comparative Political Culture," Pye and Verba, eds., *op. cit.*, p.518.
80) *Ibid.*, p.529.
81) Almond and Verba, *op. cit.*, p.15.
82) Dean Jaros, *Socialization to Politics*, New York: Praeger Pub., Inc., 1973, p.30.

정, 크다・작다・강하다・약하다 등의 국가에 대한 인식과 평가, 그리고 민주주의적・사회주의적 등의 정치체계에 대한 인식과 평가를 포함한다. 다음으로 정치구조, 역할 담당자, 정책 등에 관련되는 투입-배출의 정치행정 과정 그리고 다른 한쪽 끝에는 정치적 행동자로서 '자아'(the self)에 대한 정향으로 개인적인 정치의무 규범과 정치체계에 대한 개인적 능력의 내용, 특성 등을 중요시하고 있다.[83]

이에 대해 로젠바움(Walter A. Rosenbaum)은 정치문화의 핵심요소로서 ① 정치구조에 대한 정향(定向), ② 정치체제 내의 다른 사람들에 대한 정향, ③ 자신의 정치적 활동에 대한 정향의 세 가지로 대별하고 있다.[84] 그런데 정치문화의 요소로서 정치정향에 관한 그의 조작적 정의는 특이하게 구성되어 있다. 즉 ①의 정치구조에 대한 태도는 주로 체제정당성에 대한 믿음과 투입-배출의 정치적 과정에 대한 태도를 들고, ②의 정치체제 내의 타인들에 대한 태도 속에는 정치적 일체감, 경기수칙 등을 포함시키고 있다. 전자의 경우 시민생활에서 충성감을 느끼는 사회적 일체성의 단위를 집단, 국가 등 어디에다 두느냐에 관심을 두고, 후자의 경우 경기수칙은 주로 시민상호의 행동규범을 말하고 있다.

이상 몇 학자들의 정치문화의 요소에 관한 주장에서 보면, 이스턴의 정치정향 대상으로서의 정치체계 분류는 알몬드와 버바의 정치체계 일반에 관한 분류와 비슷하다. 또한 로젠바움의 정치정향에 대한 정치체계의 분류도 대동소이하다. 따라서 여기서는 로젠바움의 분류에 이를 약간 수정하여 ① 총체적 정치체계에 대한 정향, ② 체제 내의 타인 및 타집단에 대한 정향, ③ 체제내 개인의 자기 자신에 대한 정향으로 재구성, 보다 세분화하여 설명하면 다음과 같다.

(1) 총체적 정치체제에 대한 정향

1) 정치적 공동체 혹은 국가에 대한 정향

이는 국가적 충성감이나 애국심, 민족적 긍지 등을 말하는 것으로 개국조상이나 신화, 국가적 제 상징물, 역사적 전통과 관습 및 인물 등에 대한 것도 포함한다. 국가에 대한 정향에서 중요한 것은 국가적 통합에 관한 것이며, 영국의 북아일랜드 지역이나 캐나다 퀘벡의 분리주의자 등도 동일한 정치공동체적 정향을 갖느

83) *Ibid.*, p.14.
84) Walter A. Rosenbaum, *Political Culture,* New York: Praeger Pub. Co., 1973, pp.6-7.

냐하는 문제는 이 분야에서 자주 거론되는 대표적인 사례이다.

2) 체제 및 정치구조에 대한 정향

이는 체제 및 정치구조의 정당성에 대한 믿음이며, 그가 속한 사회의 기본적 정치규범, 상징, 정치구조, 정치담당 계층 등을 평가하고 이에 대응하는 방식을 말한다. 구체적으로 민주주의 체제기준에 대한 시민의 태도, 시민적 참여양식 등을 포함한다고 보겠다.

3) 정부에 대한 정향

이는 로젠바움의 투입-배출 정향과 같은 것으로, 정부의 정책에 대한 만족도를 말한다. 구체적으로 말하여 공공정책에 대한 개인의 다양한 요구(투입)가 정부가 행한 결정(배출)을 어떻게 받아들이고 이에 대응할 것인가 하는 것 등이다. 여기에는 이러한 과정이 수행되는 방식과 정부에 대한 제 요구의 인식, 정부의 투입-배출의 효율성에 관한 믿음을 포함한다.

(2) 정치체계에 있어서 다른 사람들에 대한 정향

이는 일반적으로 시민의식이라고 말하며, 다른 사람들과 시민생활을 영위함에 있어서 맺는 인간관계에 대한 믿음이다. 인간은 기본적으로 믿을 수 없으며 '피는 물보다 진하다', '팔은 안으로 굽는다' 등과 같이 연고가 없는 사람들을 불신하는 폐쇄적인 태도와, 이와 반대로 이웃을 믿고 존경하는 개방적이고 협동적이며 관용적인 태도를 느끼는 정도는 사람에 따라 다를 것이다. 특히 인간을 수평적인 평등한 관계로 보지 않고 상・하적 불평등의 관계로 본다든가, 합리성보다는 인정과 의리를 중요시 여기는 등의 태도는 문화에 따라 다른 유형을 가지고 있다고 할 것이다.

(3) 자신의 정치적 활동에 대한 정향

이에 관한 그 동안의 연구를 보면, 이를 대개 개인의 정치적 능력, 정치적 효능감, 정치적 의무감이라 하여 중요시하고 있다. 정치적 능력은 개인이 투표나 기타 여러 형태의 정치적 활동에 참여하는 태도유형을 말하며, 시민생활에서 개인이 자신에게 주어진 이용 가능한 정치적 자원을 사용하는 빈도나 정치적 여러 사건이 자신에게 미치는 영향력에 관한 정향 등을 포함한다.[85]

또한, 시민들은 정치과정에 있어서 무시당하지 않고 광범한 정책에 영향을 미칠 수 있으리라는 신념이 필요한데, 이스턴과 데니스(Jack Dennis)는 이를 정치적 효능감이라 하여 중요시하고 있다. 이는 자신이 시민적 역할을 수행할 수 있다고 생각하는 태도로서, 이를 바탕으로 정치적·사회적 변화가 가능하며 이러한 변화를 초래함에 있어서 개개의 시민이 자신의 역할에 의미를 부여할 때 생기는 것이다.[86)]

자신의 역할에 대한 태도는 정치체계에서의 참여뿐 아니라 체계구성원으로서의 의무도 중요하다. 즉 정치참여는 올바른 참여자로서의 의무감도 필요하고,[87)] 참여에 수반된 의무와 책임을 철저히 완수하겠다는 사명감이 앞서야 한다.[88)]

이상에서 본 정치문화의 세 가지 요소는 정치체제 또는 사회에 따라 다소 차이는 있으나, 한 사회의 정치문화는 정치적 대상으로서의 세 가지 요소에 인지적·감정적 및 평가적 정향 패턴으로 복합화·배분화되어 있으며 상호관련적이다. 그리하여 알몬드는 정치문화에 대한 대상과 그 구성요소를 아래 〈표〉와 같이 분류하여 정치문화의 차원을 설명하고 있다.

〈표〉 정치문화의 차원

대 상	① 일반적 대상으로서의 세계 (systems as general object)	② 투입 대상 (input object)	③ 산출 대상 (output object)	④ 대상으로서의 자아 (self as object)
인 지 (cognition)				
감 정 (affect)				
평 가 (evaluation)				

출처: Almond and Verba, *op. cit.*, p.16.

85) *Ibid.*

86) David Easton and Jack Dennis, "The Child's Acquisition of Regime Norms in Politics," *American Political Science Review,* Vol. 61, No. 1, 1967, pp.25-38.

87) Almond and Verba, *op. cit.*, p.120.

88) 이에 관하여는 William Gamson의 능력과 신뢰에 관한 유형분류가 있다. 김재영, 『정치사회화론』, 대왕사, 1982, 216쪽(표 IV-14) 참조.

4. 정치문화의 유형

인간의 정치생활은 다양한 정치체계와 문화 속에서 여러 모습으로 전개되고 또 다양하게 규정할 수 있다. 똑같은 정치적 행동도 어떤 사회에서는 아무런 무리 없이 당연한 것으로 받아들여질 수 있지만 다른 사회에서는 가장 생소한 행동으로 거부될 수 있다. 이처럼 서로 다른 문화 속에서 인간의 정치적 행동표준은 긍정의 극에서 부정의 극에 이르기까지 다양하다.

그러나 문화적 행동은 그 사회마다 다양성과 지역성, 인위성을 가지고 있으면서도 또한 통합적 성향을 가지고 있다. 따라서 어떤 사회에 대한 문화의 유형화는 그 자체로서 의미를 가지고 있다. 각 문화에는 그 나름대로 고유의 목적이 있으며 이에 따라 사람들은 그들의 경험을 쌓아가게 된다. 비록 행동의 이질적 요소가 다소 존재하는 경우에도 이를 통합하는 문화가 건재하면 그 속에 수용되어 그 문화의 특성을 이룰 수 있기 때문이다.[89]

알몬드와 버바는 민주주의 시민문화가 정치체계 내에서 가장 많이 나타나는 체계구성원의 정치심리적 정향을 유형화하여 5개 국가의 정치문화를 비교하였다. 이들은 우선 파슨스와 실즈(Talcott Parsons and Edward A. Shils)의 견해에 따라 정치적 정향을 정의・분류하고, '정향'(定向)이란 정치체계의 대상과 상호관계하는 내면화된 부분에 관련되며 그 구성요소로서는 인지적・감정적・평가적 정향의 셋이 있다고 지적하였다. 알몬드와 버바에 따르면, 인지적 정향은 정치체계와 그 역할 담당자, 투입-배출과정에 관한 지식과 믿음을, 감정적 정향은 이들에 관한 느낌 혹은 감정적 반응을, 그리고 평가적 정향은 정치적 대상에 대한 정보나 감정뿐 아니라 가치기준을 포함한 판단 및 의견을 말한다.[90]

가끔 우리는 정치적 평가를 정치적 인지나 감정이 합쳐진 경우로 오해할 수 있다. 즉 어떤 대상에 대한 지각과 그것에 대한 감정적인 반응의 결과로서 행동이 저절로 뒤따른다는 생각에서 오는 혼돈이다. 그러나 정치적 평가는 정치적 행동을 취함에 있어서 선택에 작용하는 요소임을 명백히 할 필요가 있다.[91]

알몬드는 이들 세 요소를 다루는 데 있어서 정치체계의 구성부분을 ① 일반

---

89) Benedict, *op. cit.*, 3장.
90) Almond and Verba, *op. cit.*, p.14.
91) 한배호, 『비교정치론』, 법문사, 1983, 118쪽.

적 정치체계, ② 투입, ③ 배출, ④ 자신에 대한 것으로 나누어 하나의 도식을 만들어 냈다. 이들 네 개의 대상에 대한 인지적·감정적·평가적 정향을 설명하면 다음과 같다.92)

첫째, 국가와 정치체계, 국사, 국가의 영토, 권력, 헌법적 특성 등에 관한 개인의 지식, 이에 대한 의견·판단은 무엇인가? 둘째, 제 구조와 역할, 정치엘리트 그리고 상향적 정책결정 과정에 관련된 정책제안 등에 관한 지식·감정·의견은 무엇인가? 셋째, 제 구조와 개인 및 이러한 하향적 정책집행 과정에 관련된 결정 등에 관한 지식·감정은 무엇인가? 넷째, 정치체계 구성원으로서 자기 자신에 대하여 어떻게 지각하고 있는가? 그의 권리·권력·의무·영향력에 접근하는 전략 등에 관한 지식과 능력에 대한 느낌은 어떤가? 그리고 정치적 의견에 도달하고 판단을 형성함에 있어서 받아들이고 사용할 행동수칙이나 참여규범은 무엇인가 등이 있다.

결국 정치문화란 정치체계 일반, 투입-배출의 측면과 정치적 행동자로서 자신에 대한 서로 다른 종류의 인지적·감정적·평가적 정향의 빈도로 표현할 수 있다.93) 한편 알몬드와 버바는 여기에서 향리형(parochial), 신민형(subject), 참여형(participant)의 세 가지 정치문화 유형을 도출하였다.

(1) 향리형 정치문화

향리형(鄕里型)의 정치문화는 주로 아프리카의 종족사회나 소집단의 자치적 지역공동체 등에서 발견할 수 있는 것으로, 체제구성원들이 정치체계와 그 운영에 관하여 낮은 지식을 가지고 있고, 정치체계에 대한 기대와 참여도가 거의 없는 것이 특징이다. 예를 들어, 나이지리아와 가나의 벽지에 있는 종족들은 그들 종족집단 이외에 어떤 중앙정부 체제가 존재하고 있으리라는 데 대하여는 어렴풋이 의식을 가지고 있을지 모르나 그에 관한 감정은 확실치 않거나 부정적이다. 그리고 체제와의 관계를 규정짓는 규범을 전혀 내면화하지 못하고 있다.94)

비교적 순수한 형태의 향리적 문화는 정치적 전문화의 정도가 아주 낮은 단순한 전통적 체계에서 발생하지만, 상당히 분화가 이루어졌거나 대규모의 정치체

92) Almond and Verba, *op. cit.*, p.16, figure 1 참조.
93) *Ibid.*, p.16.
94) *Ibid.*, p.17.

계에서도 이러한 유형이 나타날 수 있다. 그런데 어느 정도 분화가 이루어지고 있는 체계의 경우, 향리주의(parochialism)는 감정적이거나 규범적인 정향의 형태로 나타나기 시작한다.

(2) 신민형 정치문화

신민형(臣民型) 정치문화에서는 정치체계의 분화에 대한 정향은 높으나 그것은 정치체계의 산출부문에서 나타나는 정향이고, 투입기능이나 자신을 적극적 참여자로 생각하는 정향은 낮다. 다시 말하여 체계의 구성원들은 분화된 정치적 권위에 대한 인식·애착·판단력을 가지고 있으나, 이들의 관련성은 정치체계 일반이나 정책결정, 정책의 집행과정 및 그 하강적 흐름의 측면이며 개인의 역할도 피동적 수준에 머물러 있음에 불과하다. 순수한 형태의 신민적 정치문화는 투입구조가 제대로 분화되지 못하고 있는 사회에 존재하며, 그 동안 민주주의 제 제도를 발전시켜 온 정치체계에 있어서 구성원이 갖는 신민적 정향은 인지적이라고 하기보다는 오히려 감정적이거나 규범적인 정향이 있다.[95]

(3) 참여형 정치문화

참여형 정치문화는 사회성원이 전체로서 정치체계와 투입-산출 부문, 즉 정치적·행정적 구조와 과정에 대하여 다같이 뚜렷한 정향을 갖고 있으며, 체계에 있어서 자신의 역할에 대하여도 적극적이며 능동적인 경우를 말한다.[96] 다시 말하면 여기서는 국민 개개인의 정치적 정향의 대상, 즉 정치체계, 투입과 산출과정, 정치적 행위자로서의 자아에 대하여 높은 관심과 참여를 보이고 있다. 이러한 참여적 정치문화에서의 국민은 다양한 정치적 대상에 대해서 수용과 거부가 분명한 정향을 갖고 지방과 국가정치에 영향을 미치는 참여적 정향을 갖는다. 참여의 형태는 개인에 따라 다르지만 정치적 행위는 촉진된다.

(4) 현실적 정치문화의 유형

위에서 제시한 세 유형의 정치문화는 어디까지나 유형화해서 설명한 것에 불과하기 때문에 현실적으로 어느 국가도 이 중 어떤 한 유형의 정치문화를 가지고

95) *Ibid.*, pp.17-18.
96) *Ibid.*, p.18.

있다고 말할 수는 없다. 예를 들어, 참여적 정치체계의 시민이라 해도 정치과정에 있어서 적극적인 참여적 태도를 가지고 있을 뿐만 아니라 동시에 법과 권위에 충성하는 신민적 정향을 가지고 있으며, 또한 1차집단의 향리적 정향을 갖는 성원이 될 수도 있는 것이다.

이와 같이 모든 정치체계는 여러 유형의 정치문화가 융합된 형태를 취하고 있으며, 그 체계 구성원들 사이에서 특정 정치정향이 나타나는 빈도(frequency)에 차이가 있을 뿐이다.[97] 이를테면 향리-신민형, 신민-참여형, 향리-참여형이라는 모양의 혼합형으로 나타나는 것이 보통이고, 이들 내부에서의 빈도도 차이가 날 것이다. 향리-신민형 정치문화는 사회구조의 분화가 비교적 발달하지 못하고 향리적 할거성이 강한 사회적 기반 위에 왕국이 건설되는 경우에 형성되는 정치문화이다. 신민-참여형 정치문화에도 여러 가지 양상이 보여지고 있지만, 영국의 경우를 보면 그 곳에서는 봉건시대로부터 절대주의 시대에 걸쳐서 형성된 전통적・수동적인 정치문화 위에, 참여형의 정치문화가 발달하여 비교적 균형이 잡힌 혼합형의 정치문화(시민문화)가 형성되고 있다.

향리-참여형 정치문화는 오늘날의 많은 신흥 개발도상국가에서 보여지는 것으로, 전(前)산업적 사회구조와 향리형 정치문화 위에 참여형의 정치구조가 이식됨으로써 형성되는 정치문화이다. 비자생적인 이질적인 정치문화를 배경으로 하는 새로운 정치구조는 그 운영상에 많은 문제점과 어려움을 보이는 것이 보통이다.[98]

5. 정치문화와 정치발전

파이(Lucian W. Pye)는 알몬드와 버바의 정치문화의 유형과는 다른 각도에서 정치발전과정에서 야기되는 기본적 이슈에 관련된 가치의 형태를 넷으로 분류하고 그와 관련지어 정치문화의 내용을 설명하고 있다.[99]

그 첫째 유형으로는 신뢰와 그에 반대되는 불신을 들 수 있다. 이 유형의 정치문화는 대개 자기 동포들을 믿고 협력하려는 기본적 신념 위에 입각하고 있거

97) 안병만, 앞의 책, 44쪽.
98) 이극찬, 앞의 책, 1999, 296쪽.
99) Pye and Verba, eds., *op. cit.*, p.22.

나, 혹은 남을 불신하며 특히 낯선 사람들을 위험시하는 태도에 근거를 두고 있다. 정치문화는 이와 같이 신뢰와 불신의 유형, 적과 동지에 대한 개념, 공공기관이나 사적 개인의 신뢰에 대한 기대에 따라 각기 다를 수 있다. 불신풍조의 만연도 국가발전의 요체라 할 수 있는 공동체의식의 조성에 중대한 장애가 되지만, 통치권자나 모든 형태의 높은 권위에 대한 무비판적이고 단순한 신뢰도 또한 발전의 장애요소가 되기 쉽다.

둘째 유형으로 계층성과 평등에 관한 것을 들 수 있다. 모든 정치는 항상 상위자와 하위자, 주창자와 추종자와의 관계를 포함하고 있기 때문에 정치문화도 이러한 권력에 대한 태도를 다루지 않으면 안된다. 전통적 사회에서는 상·하의 계서적 관계를 강조하고 이에 대한 도덕적 당위성을 인정하고 있다. 그런데 사회가 발전함에 따라 효율적인 리더십을 요구하고 사회적 평등과 신분의 자의적 차별에 대한 철폐를 주장하게 된다. 오늘날 체제의 급격한 변화를 겪고 있는 많은 신생제국은 근대적 의미에 있어서 정치적 정당성의 확립과 효율성의 제고라는 상반된 과제를 동시에 성취해야 할 어려운 입장에 있다. 결국 전통의 계서적 지배양식과 새로운 평등성의 요구를 어떻게 조화·극복할 것이냐 하는 것이 민주발전을 추구하는 국가에 있어서 가장 중요한 과제이다.

셋째 유형으로는 자유와 강제에 관한 것을 들 수 있다. 대부분의 학자들은 민주적 정치문화를 거론함에 있어서 자유의 가치를 그 중심적인 것으로 강조하고 있다. 아마도 몇몇 선진 민주국가를 제외하고 대부분의 국가에서 자유의 힘으로 강력한 국가를 형성하리라는 신념은 극히 낮을 것이다. 그러나 효율적인 강제력으로 쉽게 국민의 힘을 조성하여 훌륭한 민주주의 국가를 건설한 예도 거의 없을 것이다.

넷째 유형으로 충성과 헌신의 수준에 관련된 것을 들 수 있다. 여기서는 가족이나 혈연 등 1차집단 등에 집착하는 특수주의를 강조하는 정치문화와 전체로서 국가에 충성하는 보편적 정치문화로 구분하고 있다. 대부분의 국가에서 정치가 발전함에 따라 시민들은 그들의 협소한 1차집단 감정을 차츰 벗어나게 되고 보다 크게 시야를 넓히며, 그에 따라 전체 정치체계에 대한 관심도 쏟게 된다. 그러나 1차집단의 유대에 대한 현실과 이를 지양해야 할 당위를 혼돈하여 정치를 더욱 어렵게 만드는 오류가 발생하기도 하는데, 이는 정치발전의 과도기에 있는 나라에서는 특히 경계해야 할 일이다.

파이는 이상 네 가지 정치문화의 특징들이 결합되는 방식에 따라 각 나라 정치발전과정의 특징이 명백해질 것이라고 하였다.[100)]

또한 알몬드는 정치문화의 개념을 사용하여 정치체계를 다음 네 가지로 유형화하고 있다.[101)]

첫째는 영·미형 정치체계이다. 이 정치체계의 특징은 정치문화가 동질적이고 세속적이라는 데 있다. 여기서 동질적이라는 것은 정치의 목적과 수단에 대해 기본적으로 의견이 일치해 있는 것을 말하며, 세속적이라 함은 가치가 다원적·합리적·거래적인 것을 의미한다.

둘째는 대륙형 정치체계이다. 이 유형의 정치문화는 단편적이라는 특징을 갖는다. 정치문화의 단편성은 불균형적 발전에서 기인하는 이질적 문화의 혼합·중첩에 의해 생긴 것이다.

셋째는 전(前)산업형 또는 부분산업형의 정치체계이다. 그 특징은 전통적 정치문화와 서구적 정치문화가 혼합되어 갈등관계에 있는 것이다. 이 유형은 권위주의적 정치문화와 민주적 정치문화가 혼재하면서 동질성이 해체되고 세속화가 급속도로 진행된다.

넷째는 전체주의형 정치체계이다. 이 유형은 정부관료제의 독점과 통제에 의해 정치문화는 외견상 등질적인 것처럼 보이나 그 등질성은 총괄적이라는 특징을 가진다.

이상에서 본 정치체계의 유형에 따른 정치문화를 통해 정치문화와 정치발전의 단계를 검토해 볼 수 있다. 즉, ① 정치문화가 동질적일수록 정치발전이 용이해지며, ② 정치문화와 정치조직이 상합적(相合的)일수록 정치발전이 용이해진다는 것을 추론해 볼 수 있을 것이다.

---

100) *op. cit.*, p.23.

101) Gabriel A. Almond, "Comparative Political System," *Journal of Politics*, Vol. 18, August 1956, pp.402-405; 김운태, 앞의 책, 256쪽.

제3절 정치사회화

1. 정치생활과 정치사회화

어느 나라의 정치생활에 있어서나 정치적 애착, 정치에 대한 감정 및 정치체계나 그 지도자에 대한 평가에 있어서 서로 다른 점도 많거니와 동시에 비슷한 점도 많을 것이다. 한 나라의 시민은 대개 그들을 다른 나라의 시민과 구별짓게 하는 공통의 국민적 공동체 의식이나 국가적 충성심을 공유하고 있다. 그러나 같은 정치체계 내에 있는 사람들이라 할지라도 그들 지도자의 정책에 대한 효능성 등에 대하여 서로 다른 감정과 태도를 가질 수 있으며, 그것은 오히려 당연한 현상이다.

정치사회화는 이와 같이 정치생활에 있어서 정치적 인식·감정·태도의 공통성과 다양성에 관한 해명을 위하여 그 근원적 과정을 규명하려는 데 의의가 있다.[102]

사람들은 대개 그들 조국에 대한 충성을 맹세하고 국민의 한 사람으로서 충성과 긍지를 발전시켜 나간다. 이러한 국가봉공의 기본적 정신은 사회공동의 잠재적 유대를 강화하는 바탕을 이룬다. 고대 이래로 동서양의 모든 문헌을 보면 사람들은 그들 종족이나 민족에 대한 불충을 가장 사악한 행동으로 묘사하여 왔다. 그리고 실제 정치에서도 반역에 대한 단죄는 가장 가혹하였음을 알 수 있다.[103] 이와 같은 예는 국가사회의 지배문화에 반항하는 행위에 대하여서도 비슷한 경향을 볼 수 있다.

그러나 이들 정치적 태도는 개인적 차원에서 보면 상당히 역동적이고 다양하게 나타난다. 사람들은 정치생활을 영위함에 있어 혹은 정치생활에 적극적으로 참여하는 자도 있고 때로는 거의 관여하지 않는 자도 있다. 정치생활에 참여하는 자들은 투표나 정치적 모임에 참석하거나, 관련 공무원과의 접촉을 꾀하는 등 다양한 방식으로 그들의 정치적 관련을 표시하게 된다. 그리고 이러한 참여의 다양성은 부분적으로는 정치체계의 차이를 반영해 주는 기준이 된다.

---

102) Richard E. Dawson, Kenneth Prewitt, and Karen S. Dawson, *Political Socialization*, New York: Little Brown & Co., 1977, 1장.

103) *Ibid.*, p.1.

어떤 정치체계에서는 광범한 국민의 참여를 확대해 가고 있는가 하면, 다른 체계에서는 이를 극소수인에게 한정시키고 있다. 이러한 참여상의 차이는 인간의 생활경험이나 사회적 요구에 따라, 또한 그 나라 사회체계의 관행 및 문화에 따라 다를 수도 있다. 다시 말하여 개인 상호간의 신뢰와 존경은 개인적 성격이나 심리의 차이에서도 나타나겠지만, 그 사회를 지배하는 풍토 혹은 사회적 성격에 따라 크게 다르게 나타날 수 있다.

따라서 개인의 정치적 태도의 형성은 개인적 차원에 머물지 않고 필연적으로 정치체계의 수준이나 사회문화의 맥락에서 검토하지 않을 수 없다. 요컨대, 정치사회화에 관한 연구는 개인의 정치적 태도의 습득에 초점을 두면서도 결국 체계수준에 관련된다. 즉 개인은 정치체계의 유지·변화 및 발전의 차원에서 혹은 사회성원이라는 공통적 연대의식이라는 테두리 안에서 그들의 정치적 태도를 습득한다.

그러므로 정치사회화에 관한 연구의 초점은 ① 체계의 유지·변화·발전이라는 목표를 달성하기 위하여, ② 사회화 주체로서의 개인이 그들의 정치적 태도를 습득함에 있어서, ③ 그들의 정치체계 환경과 어떻게 상호작용하느냐의 문제로 요약될 수 있다.

2. 정치사회화의 개념

정치사회화는 거시적 수준에서 보아 사회가 정치문화를 세세대대로 전수하는 방식에 관련된다. 이러한 과정은 전통의 정치적 규준이나 제도를 보존함에 이바지할 것이다. 그러나 다른 한편으로 학교 등의 2차적 사회화 매체가 과거의 정치적 가치와는 다른 가치관을 주입시키거나, 어린이들이 그들 조상들과는 다른 정치적·사회적 기대를 갖고 자랄 때 사회화 과정은 이러한 제 변화의 전수자가 될 수 있다. 그러므로 정치문화가 정치사회화에 영향을 미치고 또한 정치사회화의 결과로 정치문화가 형성 또는 변화하는, 이른바 정치사회화와 정치문화의 상호관련성을 알 수 있다.

이와 같이 정치사회화는 전체로서 국가의 정치생활에 관련되며 소위 정치문화에 유도되는 과정으로,[104] 그 최종결과는 결국 정치체계나 그것의 다양한 역할

104) Gabriel G. Almond and James S. Coleman, *Education and Political Development*, New Jersey: Princeton University Press, 1965, p.27.

및 역할 담당자에 대한 일련의 태도(인식, 가치수준, 감정)로서 나타난다.

정치사회화에 관한 연구나 분석은 때때로 미시적 수준의 개인적 조망에서 행하여진 경향이 있다. 개인적 차원에서 정치사회화란 개인이 그의 특정한 정치적 정향(정치적 세계에 관한 지식·감정 및 평가)을 획득하는 과정이라고 정의할 수 있다.[105] 즉 개인은 다양한 사회화 매체를 통하여 정치적으로 연관된 태도성향이나 행위유형을 배우게 된다. 그리고 정치사회화는 이와 같은 방식으로 태도에 매개되는 과정이며, 개인은 그들의 정치적 정향을 초기부터 점차적으로 배워 나간다.[106] 하이만(Hebert Hyman)은 개인학습의 동태성을 인정하면서도 정치체계의 안정성, 보수적 효과를 중요시하여, "인간은 그들의 정치적 행태를 초기에 그리고 철저히 배우며 이는 지속성이 있음이 확실하다"고 하였다.[107]

그러나 정치사회화란 반드시 그 나라 사회의 환경과 상호작용하에 이루어지는 것이며, 개인은 그들 사회의 성원으로서 체제규준, 즉 공통적 가치체계의 테두리에서 벗어날 수 없다. 그러므로 정치사회화란 정치체계의 유지 및 발전을 위하여 개인이 그 사회의 체제규준 및 정치적으로 관련된 태도를 습득하는 과정이라고 간단히 정의할 수 있다.

이를 좀더 자세히 살펴보면 첫째, 정치체계란 헌법, 법률, 기타 일반적으로 법적 문서에 의하여 수립된 형식적이고 공적인 제도뿐 아니라 습관, 관습, 관례, 관행 등 비제도 부문까지를 포함하고 있어, 사실상 정치과정의 모든 부문에 있어서의 기본원칙을 말하는 것이 보통이다.[108] 그러나 이를 좀더 광범위하게 해석하여 정치적 공동체, 즉 국가 혹은 국민적 일체감 등의 범위에까지 이를 확대 적용하여 해석할 수 있다.

둘째, 사회체계의 규준 및 정치적으로 관련된 태도라고 할 때, 태도의 범위를 반드시 정치적인 것에 한정하기는 곤란하다는 것이다. 서구 보수주의자들도 정치의 문화적 요인을 중요시하여 국민국가는 오늘날 세계에서 가장 중요한 문화적 단위요, 기본적·정치적 논쟁을 일으키는 요인이라 했다. 따라서 규준 및 태도의 습득이라 할 때, 그 나라 사회를 중심으로 한 역사적 상황이나 현실적 제 조건하에서 이루어지는 사회·문화적인 요인을 도외시할 수는 없는 것이다.

---

105) Dawson, Prewitt, and Dawson, *op. cit.*, p.33.
106) Hebert Hyman, *Political Socialization,* Glencoe, Ill.: The Free Press, 1959, p.4.
107) *Ibid.*, p.10.
108) Maurice Duverger, *The Idea of Politics*, London: Methuen & Co., Ltd., 1967, p.88.

다음으로 정치적 태도의 개념에 관하여 알아볼 필요가 있는데, 알몬드와 버바는 정치체계에 대한 인지적·감정적·평가적 정향을 가지고 이를 설명한 바 있다.[109]

시어링(Donald D. Searing) 등은 그들의 논문에서 정치적 정향을 정치적 태도의 기초적 개념으로 보고, 정향은 태도에 비하여 보다 중심적이거나 변화에 둔감한 부분을 말한다고 하였다.[110] 그리고 이러한 태도를 가치 및 신념과 구별하여 가치를 보다 광범하고 추상적인 것으로 보는 주장이 있다.[111] '가치는 어떤 특정의 대상이나 상황에 관련되지 않고 이상적인 행동방식이나 궁극적 목표에 관련되는 신념 등을 나타낸다. 그리고 개인의 가치는 신념이나 태도에 비하여 비교적 적은 것이며, 행태란 이러한 태도의 기능'이라는 뜻이다.[112]

그밖에 의견·태도·가치의 구분을 인간의 마음 속 깊이나 지속성의 정도에 따라 구분하거나,[113] 혹은 추상적 개념과 구체적 행위준칙 등의 기준에 따라 설명한 학자도 있다.[114]

이들에 대한 설명 중 보다 설득력 있게 구분하고 있는 학자는 프로만(Lewis A. Froman, Jr.)이며, 그는 가치·믿음·태도를 예로 들어 설명한다.[115] 가치는 궁극의 목표 등을 말하는 것으로 '인간은 정직해야 한다'는 등의 당위의 문제이고, 믿음은 개인이 그의 환경을 기술하는 수단으로 존재의 문제를, 그리고 태도는 좋아한다·싫어한다·찬성한다는 식으로 표출된 행동을 나타낸다고 설명한다.

이와 같은 개념상의 제 구별은 이론적 차원에서는 서로 분명해 보인다. 그러나 이들 모두가 우리들 마음 속에 간직하고 있는 정향 내지는 성향으로,[116] 실제로는 심리학자들도 서로 혼동하여 사용하고 있는 실정이다.[117] 더군다나 이러한 복

109) Almond and Verba, *op. cit.*, pp.13-14.
110) Donald D. Searing, J. J. Schwartz, and A. E. Lind, "The Structuring Principle: Political Socialization and Belief System," *American Political Science Review*, Vol. 67, No. 2, June 1967, pp.416-417.
111) Milton Rockeach Belief, *Attitude, and Values*, San Francisco: Jossey-Bass, 1968, p.124.
112) *Ibid.*
113) James J. Best, *Public Opinion*, Homewood, Ill.: The Dorsey Press, 1973, pp.5-11.
114) Charles F. Andrain, *Politics and Political Science*, Belmont, Calif.: Wadsworth Pub. Co., 1969, pp.99-102.
115) Lewis A. Froman, Jr., "Learning Political Attitudes," *Western Political Quarterly*, Vol. 15, 1962, pp.306-307.
116) 이영호, "정치사회화과정," 김운태 외, 『한국정치론』, 박영사, 1976, 185쪽.
117) William F. Stone, *The Psychology of Politics*, New York: The Free Press, 1974, p.72.

잡한 개념상의 차이를 설문 등으로 측정하기에는 많은 어려움이 있다.

셋째로 이러한 태도경향이나 행위유형을 습득한다고 할 때, 주입하다 · 전수하다 · 배우다 · 체득하다 · 학습하다 · 내면화하다 · 터득하다 등 많은 용어가 있어 혼돈을 초래하고 있다. 문화이식이나 주입 · 전수 등의 용어는 개인(사회화의 주체로서)의 입장에서 보아 너무 소극적이고 사회나 사회화 매체의 역할을 너무 강조하고 있다. 또 배우다, 적응하다, 모방하다 등의 표현은 사회화 주체의 활동에 너무 치중하여 일방적인 느낌이 있다. 그리고 배우다 · 학습하다는 너무 명시적이고 형식적인 편에, 체득하다 · 내면화하다는 잠재적이고 무의식적인 쪽에 치우치는 경향이 짙어 이들을 모두 포괄적인 표현이라고 보기는 어렵다. 여기서 정치사회화를 사회화되는 개인과 정치체, 사회화 매체간의 상호작용이라고 정의한다면, 다우슨(Richard E. Dawson) 등의 '습득하다'(acquire)의 개념이 가장 알맞은 용어라고 생각한다.

3. 정치사회화의 연구경향

정치사회화의 연구에 대한 오늘날 우리들의 관심사는 주로 2차대전후 시기의 정치분석의 몇 가지 경향에서 결과한다고 보며, 이 시기에 행하여진 연구경향은 크게 보아 거시적 수준의 체계적 접근법과 미시적 수준의 개인적 접근법이다.

정치사회화의 연구에 있어서 전자의 경우 그 개념은 주로 정치체계의 과정과 성격을 분석하는 데 사용된다. 그리고 후자의 경우 정치사회화의 연구는 다양한 유형의 개인의 정치적 정향에 대한 근거를 이해하고자 하는 노력에 치중하고 있다.

이러한 양대 차원의 입장에서 연구를 진행하여 오면서 양대 입장은 각기 이 분야의 연구에 많은 발전을 가져왔으나, 좀더 자세히 검토해 보면 이들은 상호 연관되어 있음을 알 수 있다.[118] 체계수준의 접근법은 제 정치체계의 안정, 변화 및 결합에 있어 정치사회화가 담당하는 역할이나 기능에 초점을 두고 있는 데 대하여, 개인적 수준의 접근법은 개인이 정치적 정향을 습득하는 과정을 강조하고 있음이 보다 분명하다. 그러나 이들 접근법이 서로 다른 강조점의 차이를 가지고 있음에도 불구하고 그 개념화에 있어서 상당히 공통된 점이 많이 있다.

118) Kenneth P. Langton, *Political Socialization*, New York: Oxford Univ. Press, 1969, p.8.

이들은 모두 개인간의 정치적 정향의 변화와 발달을 탐구하고 있다. 그리고 어린이의 학습과정을 중시하는 점도 서로 같다. 랭턴(K. P. Langton)의 말처럼 이들의 구별은 인위적인 것에 불과하며, 경험에 근거한 분석적 이론을 발전시키려면 오히려 양자의 결합된 연구결과에서 해법을 찾는 것이 더욱 필요할 것이다. 즉 체계수준에서 변화의 전이와 미시적 수준에서 개인적 학습의 두 차원을 상호보완적인 것으로 다루어야 할 것이며, 각각의 연구는 다른 수준의 연구결과에 근거하여 이루어지는 것이 타당하다. 따라서 정치사회화에 관한 연구에 있어 가장 중요한 것은 개인에 관한 분석을 정치체계에 관한 분석과 결합시키는 일이라고 본다.

사실, 정치체계의 운영은 시민의 정치적 정향에 따라 결정된다. 그리고 시민간에 정치적 정향이 보편화되는 것은 부분적으로는 정치체계의 제 요구와 구조 및 과정에 의해서이다. 정치사회화의 연구는 한 정치체계의 구성원간에 서로 공통적으로 공유하면서 개별적으로 서로 다른 유형의 정치적 정향을 가지고 있음을 전제로 이들을 연구하는 것이라 볼 수 있다. 그러므로 정치사회화에 관한 연구는 한편으로는 합치된 가치관 혹은 공통된 정향을 전수하고 발전시키는 일을 이해하는 일이고, 다른 한편으로는 동일국가의 성원간에 존재하는 정치적 조망의 차이를 이해하는 것이다.

공통된 민족문화를 가지고 있는 나라의 다양한 하위집단의 성원들은 그들 정치지도자들이 행하여야 할 당위적 과제에 대하여 흔히 서로 다른 기대를 가지고 있을 수 있다. 따라서 정치사회화는 체계 상호간의 차이와 체계 내의 유사성뿐 아니라 그 상위점을 이해하는 방식이라 할 수 있다. 이를 위해 하나의 연구방법으로서 사회적 성격을 중요 변수로 한 절충적 접근법을 유용한 것으로 받아들이는 것도 의미 있는 일이라 생각한다.[119]

4. 정치사회화의 매체

정치사회화는 다양한 매체에 의하여 이루어지며, 그 기능과 형태도 시대와 사회 및 환경의 변화에 따라 달라져 왔다. 사회화 매체는 정치적 단체나 정당, 정치선전국, 각급 학교의 시민교육 등 정치적 가치·의식 및 정치활동 제반에 대한 지지를 확보할 목적으로 의도적으로 설립한 경우도 있고, 이와는 달리 다른 분야의

119) 김재영, 『정치사회화론』, 대왕사, 1982, 52-53쪽.

활동을 하고 있으면서 강한 정치적 규준을 전수하는 비의도적 성격의 것이 있는데, 그것은 가족·동료집단·직업조직·종교단체 등이다.

정치사회화 과정에 있어서 어린이가 성장하는 인격형성기에 터득한 초기경험이나 조기학습은 성년이 된 후까지 많은 영향을 미치므로 중요하다. 이 과정에서 부모·교사·이웃·친척과 동료집단 및 교회의 목사 등은 정치학습의 가장 명백한 근원으로 강조되고 있다. 정치사회가 비교적 안정적이고 변화가 완만했던 시대에 있어서는 이러한 매체들의 영향이 주요 부분을 형성하였다. 다만 최근에 와서 매스컴이 발달하고 대중운동이 사회 전 분야에 확대되면서 사회화 매체는 보다 역동성을 띠게 되었다. 그리하여 현대사회의 특징을 이루고 있는 제 조직 및 집단의 경험을 무시할 수 없고, 또 매체의 역할로 단편화 혹은 비연속성을 나타내게 되었다.

이러한 점을 토대로 다음에서는 가정, 학교, 동료집단, 매스컴, 교회, 역사적 사태 등 정치사회화 매체의 원래의 기능과 우리나라에 있어서 현실적인 상황을 함께 고려한 정치사회화 매체의 기능을 구체적으로 살펴보기로 한다.

(1) 가 족

사람은 당초 광범한 사회생활을 영위하는데 있어 가족을 중심으로 자기의 위치를 확인하고 이에 따라 사회·경제적 관련을 맺는다. 그리고 이러한 사회·경제적 관련의 테두리 안에 자리잡고 있는 가족의 좌표에 따라 그의 구성원의 정치적 전망이나 정향이 정해진다. 가족의 사회·경제적 지위가 높고 낮은 것은 어떤 의미에서는 선택체계의 넓고 좁은 차이와 같은 것으로, 이는 제반 태도와 기술, 자원의 개발과 획득 그리고 그들 능력의 계발과 생활영역을 넓히는 데 있어 일관성 있는 차이를 보여 준다. 돈이 행복을 살 수 없다는 속담이 있긴 하지만, 상류가정에서 태어난 어린이와 항상 가난과 역경에 시달리고, 거듭된 좌절 속에서 자란 어린이에게는 자기 자신의 인간통제와 인생관 및 환경극복의 양상이 다르게 나타날 것이다.

가정환경의 가장 주된 사회화 매체는 부모이다. 그들 자녀에게 미치는 영향력에 관한 가장 명백한 가설로서 우리는 '부모가 그들이 가장 바람직하다고 생각하는 가치를 자녀에게 전수할 것'이라고 쉽게 생각할 수 있다. 진실로 어린이는 부모로부터 많은 것을 배우지 않을 수 없고, 그들 주위의 사람들에 의하여 영향을 받지 않고는 성장할 수가 없다. 다시 말하여 어린이가 정치세계에 소개되어 정치적 규준이나 가치를 터득하는 데는 그들 부모나 가족으로부터 직접·간접으로 받은 영향이 중요한 역할을 한다.

가정의 강력한 사회화 역할은 다음 몇 가지 측면에서 고찰할 수 있다. 즉 첫째로 고래로부터 '피는 물보다 진하다'고 하여 가계의 혈통을 중요시할 뿐 아니라, 조상신을 믿어 온 민속신앙에서조차 가족의 응집성은 가장 중요한 미덕으로 여겨왔다. 둘째로, 부모는 자녀의 정치적 자아가 형성·발전할 무렵 거의 독점적인 교육의 역할을 담당하고 있으며, 여기서 강조되고 있는 덕목은 강한 인간적 유대에 의하여 전수된다.[120] 그리고 셋째로, 특히 한국의 정치문화에서 가족은 오늘날 여러 가지 새로운 형태로 발전되어 결국 모든 인간관계를 가족주의적 시각에서 이해하고 판단하려는 타성이 강하게 잔존해 있다.

부모는 자녀에게 의식주를 제공하고 안전한 생활기반을 조성하며 사랑을 베풀어 줌으로써 신뢰감을 발전시킨다. 이러한 환경에서 자란 어린이는 그 초기부터 이 세상은 안정되고 살기 좋은 곳이며 사람들은 믿을 수 있으리라는 것을 배우게 된다. 그러나 어머니 없이 자란 어린이를 상대로 조사한 세계보건기구(WHO)의 연구에 의하면 "어머니로부터 충분한 정신적·물질적 영양을 공급받지 못하고 자란 어린이는 거의 항상 저능아(신체적·지적·사회적으로)가 되고 정신적·신체적 병세가 나타난다"고 하였다.[121]

하이만은 어린이가 그들의 정치적 태도를 습득함에 있어서 부모가 미치는 중요한 영향으로 주로 정당의식에 관한 것을 들고 있다. 이 연구에서 그는 어린이들이 그들 부모와 동일한 정당태도를 가지고 있다는 것을 실증해 주고 있다. 미국의 고등학생을 대상으로 한 14년간에 걸친 태도조사에서 레머즈(H. H. Remmers)는 자녀들의 선호정당이 부모의 정당선호와 깊은 상관성(+80, +90)이 있음을 발견해 냈다. 그는 또한 부부간의 정당선호에 있어서도 처음에는 서로 같지 않았다가 대개는 결국 동일한 정당을 갖게 되는 경향이 있다고 하였다.

그러므로 미국의 어린이들은 대부분이 부모 정당을 선택하기 마련이며, 이들이 성장한 후에도 어렸을 때 터득한 정치적 태도를 지속하는 경향이 있다. 랭턴은 고등학교 상급생에 관한 조사에서 그들 부모의 74%가 동일한 정당을 지지하고 있

120) 백완기, 앞의 글, 81쪽.

121) John Bowldy, *Maternal Care and Mental Health*, New York: Schocken Books, 1966 참조.

으며, 이들 부모의 자녀들은 77%가 부모와 같은 정당을 택하고 있음을 밝히고 있다. 물론 부모가 지지한 정당을 싫어하여 최초의 투표에서 부모가 지지한 정당과 반대의 당에 투표함으로써 희열을 느끼는 소수의 자녀도 있겠으나, 이러한 태도는 대개 비정치적인 경우가 많다.[122]

역사적으로 전통적 농업사회에서 가족은 생산과 소비의 주체로서 자급자족적 경제생활을 영위하면서 교육, 종교의식 및 의료의 기능까지도 담당해 왔다. 농업사회에 있어서 생산구조는 자연적 기후조건이나 생산시기에 따라 효과적으로 대응할 기술과 노동력이 필요하기 때문에 노동의 분화에 따른 일정한 협력과 강력한 가부장권에 의한 종합체제가 필요했다. 전통적 가정의 부모는 이와 같은 가부장의 역할에 의하여 그들 자녀에 대한 안정적 지배의 정당성을 유지할 수 있었다.

그런데 오늘날 산업사회에서 모든 힘의 원천, 정당성 및 막대한 자원은 정치체가 관장하고 있으며, 정치체의 지도자들은 그들 추종자들의 충성을 요구할 수 있는 더 많은 기회를 누리게 되었다. 핵가족은 이제 산업사회의 전문화, 기능의 분화로 전술한 바와 같이 포괄적인 가족기능을 담당할 수 없게 되었고 이를 정치체가 대신하게 되었다. 핵가족의 부모는 국가제도가 요구하는 교육과정에 순응하여 자녀를 학교에 진학시키는 일 이외에 그들의 장래에 대한 별다른 영향력을 행사할 수 없는 실정이다.

또한 자녀들은 그들 배우자나 직업 및 종교들을 자유로이 선택할 수 있으며, 부모는 이에 관한 유용한 정보를 충분히 제공할 수 없다. 그러므로 부모는 그들 자녀를 다스리기 위한 자원이나 정당성을 확고히 유지해 나가기가 어렵게 되었다. 다시 말하여 부모의 역할은 자녀의 행위의 정표(旌表)로서 동일화의 모델 기능을 제대로 발휘하지 못하게 된 것이다.

우리나라의 가족들도 이러한 추세에 따라 그 기능에 있어서 단지 정치체의 소비적 단위로 그것의 강력한 영향을 받고 있는 실정이다. 가부장은 국가의 한 성원으로서 정치체가 제공한 재화나 서비스로 가정을 꾸려 나가야 하기 때문에 가장의 주요 활동의 장은 가정 밖으로 그 자리를 옮겼다. 가부장의 가정 밖의 생활에 대한 태도유형은 이제 헤스와 토니(Robert D. Hess and Judith V. Toney)의 태도전이 모델과 같이 가정에서 사회로 영향을 미치던 것이 역으로 사회에서 가정에 영향을 미치고 있는 것이다.

---

122) Irish and Prothro, *op. cit.*, 1964, pp.264-265.

정치체와 가정의 이러한 불균형관계에 가장 두드러진 영향을 미친 것은 첫째, 학교·군대·기업·관료 기타(이익집단이나 친목집단 등)의 조직생활에서, 둘째, 매스미디어나 기타의 사회관계 등 다른 사회화 매체를 통한 산업화 및 서구문화의 영향에서 찾을 수 있다.

(2) 학 교

개인이 성장하면서 차츰 가정을 벗어나 외부와의 접촉범위를 넓혀 나가면 정치사회화의 또다른 매체인 다른 집단이나 제도에 직면하게 된다. 그 중 가장 많은 경험은 학교에서 이루어지고, 학교라는 2차적 매체는 흔히 가정환경에서 확립된 태도나 행위유형을 지지하거나 또는 새로운 정치적 정향을 형성하기도 한다. 즉 이곳에서 정치적 재사회화가 이루어진다.

학교는 의도적이고 계획된 수업을 통하여 공식적으로 정치적 신념을 가르칠 뿐 아니라, 학교의 분위기에서 터득된 무심결의 우연한 경험에 의하여도 태도가 사회화된다.[123] 분명히 학교교육은 자라나는 어린이의 사고형태나 판단의 기준을 형성함에 있어서 중요한 역할을 담당한다. 학교에서 배운 인식교육 외에도 관용하고 인내하며, 편견을 해소하고 부정적 감정을 제어하는 등 행동의 규준이나 정치생활을 위한 합리적 선택을 터득한다.

이와 같이 교육은 학교라는 형식과정을 거치는 동안 어린이의 정치적 인식이나 참여의 능률을 높이고 사회의 성원으로서 민주주의 시민을 육성한다. 알몬드와 버바의 연구에서도 미국·영국·멕시코 세 나라의 경우 교육정도와 정치적 능력은 적극적인 상관관계가 있음을 발견하고 있다.[124]

그러나 최근의 연구에 의하면 교육이 정치적 태도에 미친 영향은 복잡하고 불확정적이며 변동성이 많아 애당초 계획하고 의도한 효과를 기대할 수 없는 상황이다.[125] 정치에 대한 명시적인 가르침이 개인의 정치적 능력을 고양시킬 수도 있으나 이러한 일은 다분히 교육의 내용과 일반적 정치환경에 의존한다고 본다. 다시 말하여 교과 및 학교 외의 광범한 환경의 영향으로 학습내용이나 제 경험을 보완 혹은 부정하는 부문을 고려하지 않으면 안된다.

---

123) Langton, *op. cit.*, p.83.
124) Almond and Verba, *op. cit.*, p.29.
125) *Ibid.*, p.19.

학교와 정치사회화에 관련된 연구는 주로 ① 형식적 교과과정, 의식생활, 교사의 역할에 초점을 둔 교실활동, ② 공식적 교실활동 외에 다른 분야로서 학교의 사회적 환경, 정치적 청년조직, 특별활동 등을 들고 있다.[126]

이를 정치적 태도와 관련하여 학교・교사・환경에 초점을 두어 분류하면 [그림 4-7]과 같이 구성할 수 있다. 이 중에서 가장 중요한 요소로서는 교사의 권위와 교육방식, 정치사회화 과정에 있어서 그들의 태도라 하겠다.[127] 교사는 학생들에게 대하여는 사회를 대변하는 권위적 존재로, 이들이 학교에 입학하여 최초로 부딪치는 정치적 권위의 모델이 된다. 교사는 부모와의 혈연적 관계와는 달리 바로 정치적 권위와 상통하여 순경이나 시장, 대통령과 마찬가지로 제도적 유형이나 헌정질서의 일부를 이룬다.

교사는 교실 내의 권위적 존재일 뿐 아니라 지역사회에서 일반적으로 존경과 신뢰를 받는 존경의 대상이었다. 특히 농촌이나 기타 촌락에서 교사는 지식과

[그림 4-7]

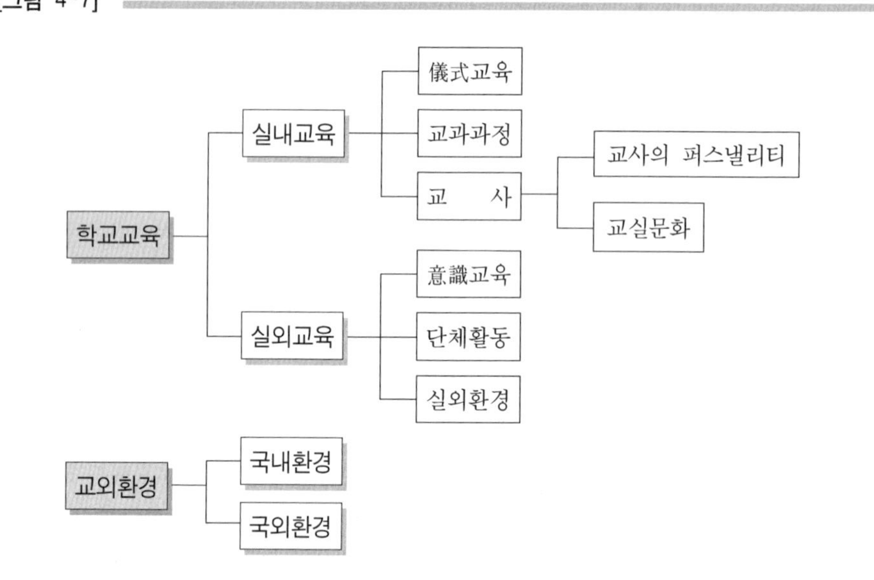

126) 정치사회화 매체에 관한 연구는 황오연, "한국에 있어서 정치사회화 과정에 관한 연구," 조선대학교 대학원 박사학위논문, 1989 참조.

127) 이에 관한 자세한 내용은 김재영, 앞의 책, 136-164쪽 참조.

문명의 소지자로서 혹은 정부의 주요 대변자로서 위엄을 유지해 왔다.[128] 고래로 우리나라에서는 군사부일체라는 전통이 있어 스승은 부모와 군주에 비견할 만한 권위를 유지해 왔거니와 "스승의 그림자도 밟지 말라"고 했다. 그러나 교육의 대량보급으로 인한 교원수의 급격한 증가와 초·중등·대학의 분화가 엄격해짐에 따라 상대적으로 교사의 지위는 그만큼 저하되어 갔다. 그럼에도 불구하고 교사에게는 제2세 국민교육이라는 막중한 과업을 수행해야 할 깊은 사명감이 요구되고 있으며 사회의 높은 기대에 부응해야 할 무거운 부담이 주어져 있다.

최근 발표된 조사자료에 의하면 학교교육에 대한 학부모들의 불만요인으로 입시 위주의 암기교육 등의 문제 외에 학교시설의 빈약, 교사의 자질 부족, 부도덕한 교육풍토, 비효과적 교육방식, 부적합한 교육내용, 몰인간적 교육 등이 열거되었는데,[129] 이에 대한 책임을 모두 교사의 탓으로 귀착시키기에는 현대사회가 너무 복잡하고 다양하다. 따라서 이제는 학부모와 시민사회가 보다 적극적으로 학교와 교사들의 교육한계를 극복하기 위한 공동노력을 기울여야 한다.

(3) 매스컴과 컴퓨터

오늘날 우리는 정보화시대에 살고 있다. 정보가 급속도로 발달하여 그 동안 높아만 갔던 국가간 장벽이 무너지고 이제 지구촌시대를 이루고 있다. 이에 맞춰 우리나라에서도 '세계화'의 열망이 강하게 일고 있다. 이러한 정보화와 세계화 열풍에 매스컴과 컴퓨터가 핵심적 역할을 하고 있다.

여러 가지 정치적 가치가 혼돈된 이 불확실한 사회에서 적어도 단기적으로는 매스컴이 개인의 태도형성에 있어 중요한 준거가 되고 있다. 우리나라의 전자산업은 이제 세계적 수준으로 향상되어 각 가정마다 TV나 전화기는 물론 개인용 컴퓨터도 가정의 필수품이 되어가고 있다. TV는 특히 위성중계 체제의 발달로 세계의 구석구석에서 일어나고 있는 일들을 생생하게 우리의 안방에 방영하고 있으며 각종 정보와 지식, 오락이나 이야기 거리 등을 끊임없이 개발하여 시청자의 관심을 모으고 있다. 그 외에 신문, 잡지, 비디오, 만화, 기타 정보물이 홍수처럼 쏟아져 나오고 있다.

매스컴은 이제 우리들의 정치적 환경에 없어서는 안될 필수적인 매체로 자리

128) Dawson, Prewitt, and Dawson, *op. cit.*, p.149.
129) 이홍구·안청시, "한국의 교육과 기회균등," 『한국정치학회보』, 제14집, 1980, 158쪽.

를 잡았다. 우리 주변의 모든 문제들을 이슈화하여 논의를 벌이기도 하며, 선거에 입후보한 사람들의 모든 것을 유권자들에게 알려 준다. 오늘날 매스컴이 정치태도의 형성에 기여하는 역할은 순기능적이든 역기능적이든 가장 심대하다.

이스턴과 데니스(D. Easton and J. Dennis)는 어린이가 정치적 권위에 대하여 배우고 느끼는 과정을 정치화 · 개인화 · 이상화 · 제도화의 네 단계로 구분하여 설명하였다.[130] 그들의 연구에 의하면 때로 어린이는 TV의 내용에서 그 이야기의 주인공을 이상화하여 모방하고 이를 지향하여 강한 성취동기를 갖는 것이 일반적이다. 그렇다면 요즘 어린이들은 언론보도나 TV 화면에 나타난 지도자들의 부정과 비리, 구속장면 등을 보고 이들에 대한 강한 부정적 의식을 체득할 것이다.

어린이가 성장하면서 외계에 대한 인식수준이 높아감에 따라 매스컴을 접하는 정도가 달라지게 되는데, 그 변화의 정도는 매체이용의 형태뿐 아니라 내용도 마찬가지이다. 즉 어린이가 성장해 감에 따라 시각적인 것에서 인쇄물 형태로 변화하고 또한 개인적인 것에서 제도적인 것으로, 단순한 것에서 복잡한 것으로 발달한다. 이와 같이 매스컴은 우리 인간생활과 극히 밀접한 관계를 갖고 있으며, 매스컴의 효과적인 이용은 정치사회화의 발전에 깊이 연관되어 있다.

한편, 매스컴이 정치사회화와 관련하여 가장 많이 논의되고 있는 것은 첫째, 매스컴의 수용과정이고, 둘째로 매스컴이 어린이들에게 가장 밀착될 수 있는 조건으로서 특히 가족과 TV를 들 수 있다. 그리고 셋째로 매스컴의 정치적 태도와의 관련성, 즉 매스컴의 영향이라고 볼 수 있다.

그러나 최근 몇 년 사이에는 매스컴의 정치사회화 기능 외에 컴퓨터의 정치사회화 기능을 무시할 수 없게 되었다. 가히 혁명적으로 보급된 컴퓨터를 통해 많은 사람들이 정보의 습득과 교환을 하고 있다. 우리의 정치 · 사회에서 가장 주목되는 변화의 부분은 그 동안 정치적 무관심층 혹은 소극적인 참여자로 소외되었던 젊은 세대들이 인터넷을 매개로 강력한 정치적 영향력을 행사하기 시작했다는 사실이다. 컴퓨터, 휴대폰 등 통신매체가 보편화되면서 이 새로운 문명의 이기에 익숙한 20 · 30대들은 인터넷이 그들 세대 고유의 수단임을 자부하고, 심지어 2030이 5060과 구별되는 유행용어로 등장하고 있는 현실이다.

130) David Easton and Jack Dennis, *Children in the Political System*, New York: McGraw-Hill, 1969, pp.391-392; 김재영, 앞의 책, 53-55쪽.

(4) 동료집단

정치사회화 매체로서 동료집단의 역할은 사회가 산업화되고 조직화됨에 따라 더욱 중요시되는 경향이 있다. 동료집단은 대개 비슷한 연령, 신분, 직업 등 밀착된 관계로 이루어진다. 우리 주변에서는 이웃친구, 학교의 각종 모임, 동아리, 동기동창, 선후배, 직장동료 등을 예로 들 수 있다.

동료집단은 특히 청소년기에 중요한 의미가 있다고 주장된다. 산업화와 더불어 각 분야에 급속한 변화가 진행되면서 신·구 세대간의 격차와 갈등이 증대되고 불신풍조가 만연하면 젊은이들은 더욱 불안해하고 방황하게 된다. 이때 동료집단은 서로의 고민을 털어놓고 소외와 고통을 같이 나눌 수 있는 정서적으로 가장 가까운 존재가 된다. 어떤 경우에는 부모나 교사보다 가장 강력한 정치사회화 매체로서 영향력을 발휘할 때가 많다.

정치변화의 해석 및 이에 대한 적응 그리고 정치적 역할에 대한 참여·준비는 청소년기 후반에 이러한 동료집단을 통해서 일어나는데, 이 무렵에 나타난 정치학습은 가정 등에서 터득한 기본적인 태도를 강화 혹은 변화시킬 수 있다.[131]

또한, 현대사회의 조직화 경향에 따라 직장을 비롯한 기타 각종 조직의 역할도 크게 생활화되고 있다. 직장의 동료는 누구보다도 가장 많은 시간을 같이하면서 같은 종류의 업무에 종사하고 있기 때문에 이해관계가 비슷하고 서로간의 정서적 유대가 깊다. 그리고 그들 집단생활의 경험을 통해 상호의견의 교환 및 조정이 가장 잘 이루어질 수 있다. 물론 이들간의 권위구조, 인간관계의 이해, 직장의 분위기 및 의사결정의 방식에 따라 그 영향은 크게 달라질 수 있으리라 예상되므로, 이는 앞으로 이 분야의 연구과제가 될 것이다.

동료집단이 정치사회화에 영향을 미치는 방법으로는 ① 구성원 상호간의 의견교환 및 평가, ② 1차집단의 성격을 띠고 있는 정적 유대에 입각한 상호결합, ③ 정치세계에 대한 자기위치와 자아에 대한 개념화의 계기, ④ 집단규범이나 행동 또는 타 성원의 태도에 상합하는 행동을 요구하는 참고인으로서의 역할들이 지적되고 있다.

우리나라에서 대학의 민주화운동과 관련해서 동아리 활동에 관한 관심이 고조된 적이 있다. 그것은 우리 사회가 정적 유대를 중요시했던 상황에서 그 기능과

131) 백완기, 앞의 글, 83쪽.

역할이 크게 주목되었던 것이다.

(5) 종 교

어린이들이 부모 곁을 떠나 유치원에 다니고 학교에 진학하는 것이 오늘날 하나의 필수적인 과정처럼 정해져 있는데, 그 외에 종교 특히 교회도 하나의 준학교적 과정으로 상당한 역할을 수행하고 있다. 어린이들은 대개 어릴 때부터 부모를 따라 교회나 교회가 운영하는 유치원을 다니며 종교의식이나 그 가르침을 배우기도 하고, 또는 부모를 통하여 직접 종교교육을 받는 등 여러 통로로 종교에 의한 영향을 받는다. 또 부모와는 독립적으로 교회의 주일학교에 출석하거나 교회활동에 참여하는 등 집단적 경험을 통하여 종교적 교의를 터득하게 된다.

전통사회에서 종교적 관념은 흔히 기존의 정치・경제・사회체제를 정당화하는 하나의 중요한 통합적 역할을 담당해 왔다.[132] 그뿐 아니라 종교는 부모의 엄격한 교육과 사회적 제 권위에 대한 복종을 강화하는 데도 상당한 역할을 담당하였다고 본다. 그것은 제정일체 시대에 있어서 종교의 역할이나 근대국가의 확립과정에 나타났던 국교의 존재 등에서 확인될 수 있는 것이다.

우리나라에서 종교는 특히 한말 이후의 근대화과정에서 두드러지게 나타났다. 가령 기독교가 처음 들어와 민중 사이에 전파된 것은 일제강압하에서인데 민족의 자주독립운동, 문명의 보급과 더불어 크게 활기를 띠게 되었다. 기독교는 교육, 문화, 언론, 출판 등의 활동을 통해 구체적인 형태를 갖추고 그의 복음을 전도하였는데, 정치적으로도 상당히 깊이 연관되어 있다. 그 동안 우리나라에서 종교단체들은 정치와 유착하여 정부의 친미・반공노선에 순응하기도 하고, 또한 최근에는 사회정의의 실현이라는 종교적 사명의 목적 활동에 따라 정부와 심한 갈등을 일으키는 경우도 있었다.[133]

하여튼 종교는 이제 우리의 정치생활의 중요한 분야를 이루고 신앙을 가진 사람들의 태도뿐 아니라 무신론자들의 태도형성에도 상당한 영향을 미치게 되었다. 그 중에서 흔히 연구되고 있는 변수로는 종교와 신자 가족의 의사결정 방식, 학생의 종교적 모임과 활동, 학생회에 대한 관심, 정치관심, 정치참여, 정당의식과

---

132) Jong Oh Ra, "Religion and Political Socialization of Korean Students," in Joint Conference of Korean-American Political Scientists(Seoul, 1977).

133) 홍순호, "현대 가톨릭 정치윤리의 제 문제,"『교회와 역사』, 한국교회사 연구소, 157호, 1988, 6, 8-44쪽.

의 관련성 등이라고 볼 수 있다.

(6) 역사적 사태, 정치운동, 계급 등

앞서 설명한 바와 같이 정치사회화 매체는 가정, 동료집단 등 1차집단적인 것과 학교, 교회, 매스컴 등 재사회화 기능을 담당하고 있는 것들을 들 수 있는데, 그 외에도 역사적 사건, 정치운동 등 비조직적·비공식적 매체가 있어 중요한 역할을 수행하고 있다. 이들은 특히 정치적 변화가 심한 시기에 있어서 청소년들에게 강력한 영향을 미치는 경우가 많다.

초기사회화 과정에서 어린이들은 어떤 극적인 사건의 충격이나 그 영향에 대한 의미파악의 능력이 부족하기 때문에 그것에 충분히 대비하지 못하고 깊은 감명을 받는 경향이 있다. 말하자면 바로 이러한 역사적 사건이 준 어떤 교훈적인 내용과 관련시켜 미래의 역사에 대한 전망을 하며 그것을 하나의 개인적인 것으로 받아들이는 경향이 있다.

그 동안 우리나라 교육현장에서도 과거의 위인들에 관한 업적을 찬양하거나 역사적 사건들의 의의를 크게 부각시켜 청소년들에게 애국심·민족의식·발전 및 근대화를 향한 사명감들을 고취시켜 왔으며, 이들은 중요한 정치사회화 매체로 작용해 왔다고 볼 수 있다. 또 오늘날 6.25를 겪은 세대가 갖고 있는 정치의식과 오늘날 풍요의 사회에서 자란 세대의 그것과의 차이에서 역사적 사태의 영향이 얼마나 강력했던가를 알 수 있게 된다.

이러한 역사적 사태들은 각종 인쇄물과 매스컴 등을 통하여 민중들의 마음속에 계속 재생산되어 하나의 변증법적 정치에너지 생산의 맥을 이루게 되며, 혹은 정치적 상징으로서 이미지 형성에도 크게 작용한다. 군사정부가 학생들이 주도했던 민중시위의 결과로 무너지고 6공화국이 시작되면서 민중들의 참여분출은 각 분야에 확산되었고, 여기서 학생들의 민주화 운동은 분명 가장 강력한 정치사회화 동인으로서 모든 사람들의 의식 속에 깊이 자리잡기 시작하였다.[134]

끝으로 그동안 우리 사회는 산업화와 도시화로 인한 급속한 생활환경의 변화라든지 민주화 열풍 그리고 새로운 매체의 확산 등으로 구성원들의 의식변화가 있어 왔다. 환경문제가 중요한 정치사회화의 내용으로 우리에게 각인되고 있는 것도 이 영향이다. 더욱이 X세대, 영상세대, 인터넷세대, 개인휴대통신(PCS) 세대로 일

---

134) Jaros, *op. cit.*, pp.57-65.

컬어지는 신세대 의식은 기성세대와 엄청난 차이를 보이고 있다.[135]

이제 정치사회화에 대한 연구도 다양해져야 한다. 정치사회화가 체제유지 및 존속을 위한 연구도 중요하지만, 나아가 미래사회를 위한 변화의 동인으로도 활용되어야 한다.

한편 정치사회화 과정에서 사회계급의 역할을 중요시한 주장이 많이 나타나고 있는데, 그것은 직업과 교육의 역할뿐 아니라 가정교육에도 중요한 영향을 미치고 있다. 즉 산업화와 도시화가 진전되고 소득격차, 직업과 직위의 격차 등에서 오는 정치문제에 대한 인식과 교육의 차이는 정치사회화 과정에서 새로운 매체 역할을 하고 있는 것이다.

135) 홍득표, 『정치과정론』, 학문사, 1999, 142쪽.

제 5 장

정당과 이익집단-NGO

제1절 정치과정으로 보는 정치

1. 정치과정론의 필요성

정치과정의 개념을 한마디로 규정하기는 매우 어렵지만 그것이 정치기능과 불가분의 관계를 갖고 있음은 분명하다.[1] 그 동안에는 정치기능이란 입법・행정・사법기능이나 국민에 의한 대표의 기능 등 국가활동에 관한 것들로, 이에 관한 연구에는 형식적 법제도의 분석과 같은 접근방법이 채택되었다.[2] 그러나 오늘날 거대화되고 복잡다단한 대중사회의 성립으로 정치권력의 대중적 기초 확대와 정부기능의 현저한 증대로 정치를 보다 동태적인 차원에서 파악하려는 논의가 대두되었다.

정치기능에 관한 연구를 기존의 국가형태, 정치이념이나 정치기구 등에 국한하지 않고, 정치권력의 획득・행사를 중심으로 한 집단행동을 중시함에 따라 정태적 방법에 의한 정치현상의 연구는 적절치 않게 되었다. 이에 따라 정치현상의 동태적 분석에 의한 실제상황의 분석이 필요하다는 논의가 제기된 것이다.

원래 '과정'(過程)이란 용어는 인간생활에 있어서 일련의 여러 행위, 운동 또는 변화가 일정한 결과로 인도되는 경우에 이러한 연속현상의 경과를 의미하는 것으로,[3] 안정적이고 현상유지적 상황보다는 보다 급격한 변혁의 동태적인 측면을 강조한다. 현대정치학에서 이러한 동태적인 상황을 구체적・현실적으로 이해하기 위해서는 기구나 법제도보다는 결국 '정치과정'(Political Process)의 차원에서 파악하는 것이 바람직하다.

정치과정이라는 개념이 정치학에 도입된 것은 비교적 최근의 일로, 구체적으로 벤틀리(Arthur F. Bentley)의 『정치과정론』(*The Process of Government*)이 나올 때부터라고 본다. 그는 인간의 사회활동에 있어서 기능적 상호관계의 단면을 중요시하여 여기서 '집단'(集團)이라는 개념을 도출하고 있다. 사회는 이러한 집단의 복합구조가 서로 얽혀 있어 끊임없는 갈등과 저항이 제기되고 있으며, 이러한 맥락에

1) 정윤무・민병천, 『현대정치학』, 일신사, 1966, 289쪽.
2) 정인홍 외 편, 『정치학대사전』, 박영사, 1975, 1332쪽.
3) 蠟山政道, 함종찬 역, 『政治學原理』, 정대문화사, 1956, 278쪽.

서 보아 정치기능은 좁은 의미와 넓은 의미 및 그 중간적 의미의 세 국면에서 파악할 수 있다.

정치기능은 첫째로 좁은 의미에서 전문화된 통치기구의 활동을 가리키는데 불과하고, 둘째로 넓은 의미에서는 기초집단 저변의 사회과정에까지 확대하고 있다. 셋째로, 중간적 의미에서는 통치기구와 사회과정을 매개하는 각종의 정치집단 내지 준정치집단[4]의 활동을 포함한다.

벤틀리는 바로 이 중간적 의미의 정치과정에 치중하여 좁은 의미의 한정성과 넓은 의미의 막연함을 극복코자 하였다. 그가 말하는 중간적 의미의 정치기능은 정당・압력단체 등 정치집단의 활동을 말하는 것으로, 가정・사회와 같은 기초집단과 정치권력을 매개하는 것을 뜻한다.[5]

그리고 지금까지의 정치학 연구에서 '국가 대 개인'의 전통적인 시각구조가 무너지고, 이제 다원적 사회에서는 '집단 대 국가', '집단 대 집단'간의 상호작용으로 전환됨을 시사하고 있다.

정치과정의 개념은 그후 1950년을 전후하여 트루먼(David B. Truman)에 의하여 본격적으로 계승・발전되었는데, 그는 정치과정에 있어서 특히 이익집단의 역할을 체계화하는 데 공헌한 바 크다. 그리고 이익집단의 발달은 무엇보다도 대의제의 위기와 관련된다. 즉 현대 대중사회 현상의 저변확대로 사회구성원의 다양한 의견들이 대의제나 과두화된 정당체제에 의해 정책결정에 반영되지 않고 있기 때문에 이익집단이 대두하여, 이른바 바커(Ernest Barker)가 말하는 '집단의 분출' 현상을 가져왔다.[6]

벤틀리와 트루먼과는 약간 그 입장이 다르나 이스턴(David Easton)은 집단의 역할에 중점을 두고 그 균형을 체계론의 입장에서 다루고 있다. 이에 반하여 마르크스주의자들은 정치과정에 있어서 현상유지와 균형보다는 이를 파괴하는 대립・모순을 중요시하여, 이를 현상파괴의 혁명적 역사과정으로 파악한다.

이들 균형론이나 현상파괴의 논리는 모두 그 일면만을 강조한 것으로, 이들의 종합적 규명이 보다 근본적인 중요성을 가지고 있다고 본다.

4) 당시에 있어서 미국에는 준정치집단으로 농민단체와 철도경영자, 산업계와 금융계, 노동조합 등 이익단체가 있어 연방정부에 압력을 행사, 그 이익의 조정이 필요했다.

5) 정윤무・민병천, 앞의 책, 290쪽.

6) 김계수, "정치과정," 정인흥 외 편, 앞의 책, 1328-1329쪽.

2. 정치과정의 개념

앞서 정치기능에 관한 범위와 관련하여 정치과정의 개념을 정의하자면 첫째, 넓은 의미에서 그것은 정치행동으로 이루어지는 정치운동의 총과정을 말하며, 둘째, 좁은 의미에서는 정책형성 과정을 뜻한다. 셋째, 중간적 의미에서 정치과정은 국가기구와 기초집단을 매개하는 집단을 기준으로 하여 그 집단의 상호작용을 중요시한다.

그로스(B. M. Gross)는 정치과정을 '개인적・집단적 목적을 달성하기 위하여 권력획득 및 그 행사를 놓고 투쟁을 벌이는 집단 내에 있어서 사람들의 활동'이라고 하였는데,[7] 여기서 '정치과정'과 '통치과정'의 개념 설명이 요구된다. 벤틀리와 트루먼은 정치과정에 대한 설명으로 통치과정이란 말을 사용하여 실질상 이들을 구별하지 않고 있으나, 구태여 이들을 구별하자면 통치과정은 정치과정의 행정적 측면이라 하겠다.

정치과정은 여론, 선거, 이익집단, 정당으로 이어지는 정치사회의 저변과 정점을 포함한 전 영역을 망라한 뜻으로 파악하는 것이 바람직하다. 이런 입장에서 이에 관한 정치학사전의 정의를 소개하면 다음과 같다. 즉, 정치과정이란 '인간과 집단 및 사회의 제 세력이 사회적 제 정책의 형성 및 집행을 둘러싸고 정치사회 구성체의 각 수준에 있어서 상호작용하는 과정'을 말한다.[8]

한편, 정치과정을 정치제도와 관련하여 볼 때 전자는 후자보다 폭넓고 동적인 개념이라고 말할 수 있다. 정치제도는 넓게 보면 정치적 관습・정치적 전통에서 정치조직이나 정치운동에 이르는 정치사회의 다양한 행동정형(行動定型) 전체를 포함한다고 볼 수 있지만, 좁게 보면 그것은 국회, 내각, 법원의 조직・권한 등 법률에 의하여 명확하게 규정된 통치메커니즘에 한정된다. 그리고 정치제도를 그 중간적 입장의 정의에서 '특정의 목표 가치를 획득함에 있어서 그 사회에서 정당하다고 승인된 행동정형'[9]이라고 본다면, 정당・압력단체・대중운동 및 시민운동 등도 이에 포함되어 이들이 정치제도의 일부분으로 간주되는 경우가 있다.

이와 관련하여 정당・이익집단-NGO 등의 모체를 중심으로 논의하고자 한다.

---

7) B. M. Gross, "Political Process," *International Encyclopedia of the Social Sciences*, New York: Macmillan Co. & The Free Press, 1968, pp.265-272.

8) 김계수, 앞의 글, 1328쪽.

9) 정윤무・민병천, 앞의 책, 17쪽.

제2절 정 당

1. 정당의 필요성

정당은 근대 민주주의 발달의 결과 발생한 조직으로, 국민의 의사를 정치에 반영한다는 주권재민 혹은 국민대표제의 원리에 바탕한 제도라고 말할 수 있다. 정치권력의 기초를 국민에 두고 국민의 여론을 중시하여 이에 따라 정치를 행하는 민주정치체제에 있어서는 여론정치의 방법으로 선거를 통한 다수지배의 원리를 채택하고 있다. 다시 말하여, 선거는 국민의 여론을 파악할 수 있는 최선의 제도로 선거를 통하여 다수의 지지를 획득한 자가 정권을 담당하는 것이다. 그리고 이러한 선거를 통한 대표, 의회정치의 민주적 메커니즘을 가장 원활하게 운영할 수 있는 조직을 정당(政黨)이라고 전제할 수 있다.

정당은 무엇보다도 복수정당의 존재를 전제로 하여 국민들의 정당선택의 기회가 개방됨으로써 평화적 정권교체를 실현할 수 있는 제도적 장치가 보장되어 있어야 한다. 오늘날 일당독재의 폐쇄체제를 고집해 왔던 동구제국에서도 이제 완전히 복수정당의 경쟁체제를 도입하게 된 것을 볼 때 정당제도는 역사의 흐름이라고 아니할 수 없다.

민주정치체제 속에서 정당이 수행해 온 기능을 다음 세 단계로 나누어 고찰한 주장은 특히 주목할 만하다.[10] 즉 민주정치는 첫째로, 계몽주의자들의 사상에 영향을 받아 사회를 이상적으로 개조해 보려는 운동으로 전개되었는데, 그것은 먼저 프랑스혁명에서 실현되었다. 둘째로, 군주정치의 반동적 복귀를 막기 위해 의회를 중심으로 정당정치가 발달되었고, 셋째로, 대중사회의 출현으로 정당은 새로운 기능을 수행하지 않을 수 없게 되었다.

오늘날 정당을 '현대정치의 생명선'[11]이라 하여 정치과정의 가장 중요한 관건으로 간주하고 있으나, 반면 현대대중사회에 있어서 정당조직의 거대화・고도집권화로 점차 다원적 제 결사체의 자발적 요구와 유리되어 가고 있는 현실도 또한 간과할 수 없다.

---

10) 배성동, "정당," 김계수 외, 『현대정치과정론』, 법문사, 1985, 272-273쪽.

11) Sigmund Neumann, ed., *Modern Political Parties*, Chicago: Chicago University Press, 1956, p.1.

2. 정당의 개념

현대정치의 동맥이라 불리는 정당에 관한 연구는 대의민주정치가 활발해진 20세기 이후에 본격화되었기 때문에 그 개념정의도 학자에 따라 다양하며 그 강조점도 서로 다르다.

우선 정당에 관한 고전적 정의로 버크(Edmund Burke)의 주장을 보면, 그는 "정당이란 사람들이 그들이 동의하는 어떤 특정의 원칙에 따라 공동의 노력으로 국민적 이익을 증진하기 위하여 결합된 단체이다"[12]라고 하여 국민적 이익증진을 강조하고 있다. 길크라이스트(R. N. Gilchrist)는 "정당이란 동일한 정치적 견해를 가졌음을 표명하고, 하나의 정치적 단위로서 행동함으로써 정부를 지배코자 하는 시민의 조직이다"라 하였고, 매카이버(Richard M. MacIver)는 "정당이란, 그것이 입헌적 수단으로써 정치의 결정적 요소로 만들게 하는 어떤 주의와 정책을 지지하여 조직된 결사"라고 하였다.[13] 이 외에도 정당에 대하여 '특수한 집단의 이익추구'로 보는 벤틀리의 견해, '국가권력을 추구하는 유일한 단체'로 보는 베버(Max Weber)의 견해, '공직자를 선출하기 위한 집단'으로 보는 엡스타인(L. D. Epstein)의 견해가 있다.[14]

이들 정당에 관한 여러 입장을 염두에 두고 우리나라 교재에 나타난 개념정의를 보면, 정당이란 '공공이익의 실현을 목표로 권력획득을 추구하는 사람들이 모인 집단,'[15] '국민사회의 정치통합의 실질적인 조직매개체로서 동일한 정견을 가진 사람들이 정치과정을 통제, 특히 정권의 획득 · 유지를 통해서 그 정견을 실현시키려는 자주적 · 계속적 조직단체,[16] '사회적 제 가치의 권위적 배분을 직접 통제하려는 목적, 즉 정권획득 · 유지 목적을 가지고 개인과 집단 사이에 조직된 비교적 안정된 연합체,'[17] '국민의 이익을 위하여 책임 있는 정강정책을 추진하며 선거에서 후보자를 내어 지지함으로써 국민의 정치적 의사형성에 참여할 뿐 아니라 정권의 획득 · 유지를 목적으로 하는 자발적 집합체'[18] 등 다양하다.

---

12) George H. Sabine and Thomas L. Thorson, *A History of Political Theory*, Ill.: Dryden Press, 1973, p.561.
13) 이극찬, 『정치학』, 법문사, 1986, 322쪽.
14) 김순규 외, 『정치학개론』, 박영사, 1989, 216쪽.
15) 구영록 외, 『정치학개론』, 191쪽.
16) 이극찬, 앞의 책, 322-323쪽.
17) 김하룡 외, 『정치학원론』, 박영사, 1987, 130쪽.

이들을 종합·절충해 보면 정당이란 '국민의 이익을 도모하는 정강정책을 내놓고 정권획득을 위한 경쟁을 벌이는 자주적·계속적 조직단체'로서 대개 다음 몇 가지 특징을 가지고 있다 하겠다.

첫째, 정당은 단지 어떤 특정 정책에 대한 태도성향을 가진 사람들의 집합체가 아니라, 자신들의 이익을 포함한 국민적 이익의 추구를 도모하는 공적 성격을 띤 정치집단이다. 그리하여 정당은 정권획득과 유지를 목적으로 정강정책을 내놓고 선거에 임하기 때문에 이 점에 있어서 압력단체와 다르다.

둘째, 정당은 자주적이고 계속적인 조직단체이다. 정당은 광범위한 대중적 지지에 그 기반을 둔 조직매개체로서 당원들이 자주적·의도적으로 결합하여 특정 정책에 관하여 논의하고, 그들 목표의 달성을 위해 계속적인 노력을 경주한다. 따라서 강요된 권력을 배경으로 조직된 타율적 집단이나 선거 때마다 편의상 일시적으로 나타났다가 소멸된 정당은 그 원래의 뜻에 반한다.

셋째, 정당은 평화적 방법에 의한 선의의 경쟁을 원칙으로 한다. 그러므로 정당은 어느 사회에서나 적어도 두 개 이상의 복수정당이 존재해야 하며, 이들의 정권획득을 위한 의회정치의 민주적 절차가 충분히 보장되어야 한다.

3. 정당의 기능

대의제 민주정치 체제하에서의 정당의 기능에 관하여 우리나라의 교재들은 주로 노이만(Sigmund Neumann)의 견해에 따라 ① 여론의 형성과 조직화, ② 정치사회화, ③ 정치적 충원, ④ 정부의 조직 등을 들어 설명하고 있다.[19]

그 외에 이념적 확산, 정책형성과 시행을 들고 있는 교재도 있고,[20] 『정치학대사전』에서는 이를 대상별로 분류하여 ① 선거민에 대한 기능, ② 국회에서의 기능, ③ 정부에 대한 기능으로 나누어 설명하고 있다.[21] ①의 경우 국민의 정치적 의사형성과 조직화, 정강정책의 결정 및 지도자의 선택, 공천후보의 결정, 그의 당선을 위한 선거운동과 정치계몽 및 교육 등을 들고, ②의 경우 정책의 실현, 당수

---

18) 이범준·신승권, 『정치학』, 박영사, 1986, 185-186쪽.
19) 이극찬, 앞의 책, 335-338쪽; 김순규 외, 앞의 책, 217-220쪽; 이범준·신승권, 앞의 책, 133- 140쪽.
20) 김하룡, 앞의 책, 133-140쪽.
21) 윤형섭, "정당," 정인흥 외 편, 앞의 책, 1302-1303쪽.

영도하의 행동통일, ③의 경우 정부의 지지・옹호・비판・감시를 말한다.

그리고 이를 내용별로 보면 ① 개별적인 국민의 의사를 통일시키는 매개적 기능(이익통합 및 전환), ② 입법부와 행정부의 관계를 연결시키는 운영적 기능, ③ 국민에 대한 정치교육 및 계몽기능, ④ 평화적 정권교체를 전제로 하는 견제적 기능으로 분류할 수 있다.

이들을 종합해 보면 정당의 기능은 다음의 넷으로 요약할 수 있다.

(1) 이익의 표출과 통합

정당은 서로 대립된 이익을 표출시키고 이를 취합함에 있어서 정치체의 중요한 문제들을 효과적으로 다루는 데 기여한다. 미국의 경우에 있어서 만일 복합적인 다원주의와 파벌적 분열 상태에서 무질서한 집단압력과 파쟁의 정치가 계속되었다면, 그들 간의 이익의 갈등은 아마도 혹심한 긴장과 사회적 분열로 미국 정치를 고착상태(immobilism)로 빠지게 했을 것이라고 주장하며,[22] 정당의 역할을 강조한다.

이와 같이 정당은 국민들 간에 혼돈되어 산재해 있는 다양하고 복잡한 이익과 의견들을 조직화・가치화・정책화하는 기능을 담당한다. 따라서 이는 정치체계의 활동이 어느 정도 복잡하여 정치적 엘리트가 대중의 존재를 의식하게 되었을 때 발생하며, 대중들의 표현의 자유나 정치활동의 자유가 상당히 보장된 민주사회에서 가능한 기능이다. 정당은 여론을 조직하고 국민의 제 요구를 정책의 대안으로 전환하여 이를 정치권력의 중심부에 전달하는 1차적 기능을 담당한다.[23]

그런데 주민의 여러 가지 이익을 집약시키는 일은 국가와 사회, 역사와 문화의 차이 그리고 정당의 성격에 따라 각각 달라질 수 있다.[24] 말하자면, 세속적이며 실용주의적 거래형의 영・미 정당들에 비하여 '절대적 가치를 지향하는 이데올로기적 혁명 및 반동정당'이나 '당파주의적 전통적 정당'의 이익집약기능은 그 능력에 있어서 한정되거나 매우 낮다는 것이다.[25]

---

22) William N. Chambers, "Parties and Nation-Building in America," Joseph Lapalombara and Myron Weiner, eds., *Political Parties and Political Development*, New Jersey: Princeton University Press, 1966, p.90.

23) 최명, 『비교정치학서설』, 법문사, 1985, 243쪽.

24) 이극찬, 앞의 책, 336쪽.

25) Gabriel A. Almond and James S. Coleman, eds., *The Politics of Developing Area*, New Jersey: Princeton University Press, 1960, pp.43-45.

(2) 정치사회화

정당은 그들의 이념이나 정책의 의의 등 자신들의 입장을 선거민들에게 홍보하여 선거에서 계속 유리한 지위를 차지하고자 하며, 그러한 과정에서 대중들의 정치에 대한 관심을 집중시키고 정치에 능동적으로 참여케 함으로써 대중을 계몽·교육시키는 기능을 담당한다.

정치사회화의 기능은 물론 가정, 학교, 동료집단, 매스컴 등에서도 담당하고 있다. 하지만 정당도 그들 나름대로 강연회, 좌담회, 당보의 발행 등의 방법으로 대중들의 정치에 대한 지식과 판단력을 향상시키는 데 기여한다. 특히 정당들은 단지 개인과 집단간의 매개기능의 수행으로 만족하지 않고, 새로운 규범적 질서를 창조하고 사회·경제적 목표를 설정, 정치문화의 변화에 대한 매체로서의 기능도 담당한다.[26] 또 정당은 특정의 정치적 이념을 진작시키고 확산하는 기능을 담당한다. 즉 정당은 공유된 정치적 가치체계를 발전시키고 향상시키는데, 같은 신념을 가진 다른 사람들과 제휴하는 기회를 시민들에게 제공하는 이념확산의 기능을 담당한다.[27]

(3) 정치적 충원

의회민주주의 체제하에서 공직자를 충원하는 과정은 공무원과 같이 공채시험제도에 의하여 채용·승진시키는 경우와 선거를 통한 절차에 의하여 선임하는 경우가 있다. 정당은 정치적 충원의 하나의 중요한 통로이며, 선임되는 공직의 종류 및 역할 등은 나라에 따라 일정치 않다. 정치적 충원은 정치사회화와 더불어 체제를 유지·적응하는 기능을 담당하는데, 또한 정치충원의 유형은 그 사회를 반영할 뿐만 아니라 역으로 사회에 영향을 미치기도 한다.[28] 즉 정치적 참여와 수립될 정책의 성격을 좌우하며, 변화를 지연·촉진시키고 신분과 위신의 배분, 제도의 안녕 등에 중요한 관련을 갖고 있다.[29] 정당들은 흔히 정당 내에 교육·훈련기구를 설치하여 지도자로서의 자질을 연마하고 혹은 경선과정을 거쳐 당내 요직에 유능

26) Dennis Kavanagh, *Political Culture*, New York: Macmillan Press, Ltd., 1972, Chap. 4.
27) 김하룡 외, 앞의 책, 135-136쪽.
28) 김계수 외, 『현대정치과정론』, 법문사, 1985, 213쪽.
29) Lester G. Seligman, "Elite Recruitment and Political Development," Jason L. Finkle and Richard W. Gable, eds., *Political Development and Social Change*, New York: John Wiley & Sons, 1966, p.329.

한 인재를 등용한다. 결국은 선거에서 자기당 후보를 당선시킴으로써 정치지도자를 충원하는 하나의 도관으로서 기능하게 된다.

(4) 정부조직과 통제기능

정당은 선거에 나타난 결과를 토대로 정부를 조직하고 또한 이를 비판・감독하는 기능을 담당한다. 선거에서 승리한 다수당 혹은 집권당인 여당은 정부를 구성, 정책을 결정하며 권력유지에 힘쓴다. 반면, 집권에 실패한 야당은 정부를 비판・감시・통제하는 기능을 수행하며, 정책대안을 제시하고 차기집권의 기회를 노린다.

4. 정당의 역기능

위에 든 정당의 기능들은 다른 한편으로 그 역기능적 측면을 가지고 있으며, 그것이 더욱 크게 부각될 경우 오히려 정당무용론을 내세우는 결과를 가져올 수도 있다. 역기능으로 지적되는 내용 중 가장 두드러진 현상으로 ① 당조직의 과두화・관료화・경직화, ② 선거과정의 독점화, ③ 정당의 자기특권화[30]를 들고 있다. 특히 우리나라의 정당에서는 인물중심・지역주의 경향에서 오는 폐단도 상당히 심각하게 나타나고 있다. 앞에서의 정당의 기능과 관련하여 그 역기능적 현상을 간단히 지적하면 다음과 같다.

첫째, 현대사회에 있어서 가치관 및 이해의 다원화 경향으로 정당은 여론표출 및 그 매개적 기능을 수행하기 힘들 뿐만 아니라, 오히려 집권세력이나 소수 독점자본가 등 부당한 힘에 의하여 조작되기 쉽다. 특히 대중정당의 저변확대로 그 조직의 양적 성장은 정당을 과두화・관료화하여 정당활동을 경직화시키게 된다. 우리나라의 정당들은 앞서 지적한 인물위주나 지역성 등 여러 문제점을 극복하지 못하고, 정치세력간의 역학작용이나 상황논리만을 지나치게 강조하여 그 기능을 제대로 발휘하지 못하고 있다는 비판을 받고 있다.

둘째, 위와 같이 정당의 활동은 여러 가지 문제점을 안고 있으며, 특히 선거를 중심으로 한 각종 비리・부정・타락 현상은 오히려 정당활동에 대한 근본적인 불신을 가져와, 급기야는 제도권 정당에 대한 불신으로 정치과정의 운동화・파행화

30) 이범준・신승권, 앞의 책, 189-190쪽.

의 관행이 두드러지게 나타나고 있다.

셋째, 이러한 상황하에서는 정당의 정치적 충원도 제대로 행하여지고 있다고 볼 수 없다. 마치 화폐에 있어서 그레샴(Gresham) 법칙이 정치에 그대로 적용되듯 비도덕적이고 파렴치한 이른바 권력지향의 정상배들만이 판을 치고, 선거부정이나 유권자를 매수하는 데 익숙하지 못한 사람들은 정치과정에서 소외되기 쉽다.

결국 이러한 정당의 역기능적 현상들은 정부조직이나 정부에 대한 비판・견제에 있어서도 국민의 이익과는 무관한 경우가 많을 것이다.

5. 정당의 종류

정당의 종류 혹은 형태에 관하여는 그 목적과 조직, 그것이 표방하고 있는 이데올로기의 특성에 따라 학자마다 분류방식이 다양하다. 우리나라의 교재들은 대개 정당의 종류(types)에 관하여 이데올로기, 권력, 조직 등을 고려하여 다음과 같은 역사적 구분을 하고 있다.

(1) 간부정당

원초적 정당(proto-parties)은 18세기 영국의 휘그(Whigs)와 토리(Tories)에 관한 논쟁을 고찰함으로써 이해할 수 있는데, 그것은 19세기 자유당(liberals)과 보수당(conservatives)에 의해 계승되고, 20세기에는 노동당・보수당으로 발전하였다. 일설에 의하면 휘그와 토리는 이미 당시에 조직의 기반과 이념의 상이성에 있어서 진정한 정당의 요건을 갖추었다고 한다.[31] 이러한 주장에 따른다면 간부정당은 정당의 진화에 있어서 이미 그 다음 단계에 속한다.[32]

간부정당은 보통선거권이 확대되기 이전인 19세기 중상류계급의 지지기반에 의해 운영되었던 것으로 ① 극도의 보수주의와 온건한 개혁주의의 입장을 견지하고, ② 조직력이 약하고 당 규율도 엄격하지 않으며, ③ 비교적 소수의 유한계급의 명사들로 구성되어 있다. 이러한 정당의 예는 프랑스 제3, 제4, 제5공화국 초기의 급진사회당을 들 수 있다.

31) 최명, 앞의 책, 254쪽.
32) 위의 책, 255쪽.

(2) 대중정당

20세기에 들어와서 보통선거권의 확립과 더불어 대중정당이 발달했다. 이는 뒤베르제(Maurice Duverger)가 주장하는 바,[33] 진정한 의미의 현대정당으로 여러 가지 측면에서 간부정당과 구별된다.

첫째, 조직기반에 있어서 대중정당은 노동자・농민 등 다수의 하층계급 대중에 기초를 두고, 당 재정은 당원이 납부하는 회비에 의하여 충당되고 있다. 둘째, 이데올로기는 정치적 동원을 위해 사용되며 대중정당의 중요 임무로서 사회개혁을 주장한다. 셋째, 중앙집권적 정당조직과 엄격한 당 규율을 가지고 있으며 원외조직을 중요시한다. 그러나 무엇보다도 대중정당은 대중의 의견・이익의 강력한 표출기관으로, 정당제도는 이 점에서 사회의 정치적 통로체제가 되었다.[34]

대중정당의 대표적인 예로 프랑스 사회당을 들 수 있으며, 1970년대 미테랑(François Mitterand) 대통령은 이를 통해 제4, 제5공화국 시대에 하락된 인기를 상당히 만회한 바 있다.[35]

(3) 독재정당

뒤베르제는 독재정당을 열성가 정당(devotee party)이라 부르고 있는데, 이는 주로 권위주의 국가나 전체주의 국가의 정당들에서 그 예를 찾아볼 수 있다.

독재정당은 대중정당보다 한층 더 경직된 이데올로기 지향성을 갖고 있으며 급진성을 강조한다. 이는 당 지도자가 하급당원에 대하여 강력한 통제력을 행사하는 중앙집권적 정당으로, 공산당의 세포와 파시스트의 전투대(militia)[36]를 단위로 피라미드식 당 조직을 갖고 당 규율도 대중정당보다 엄격하다.

(4) 범국민정당

키르크하이머(Otto Kirchheimer)는 2차대전후 서구 정당들의 변모과정을 중요시하여, 이른바 범국민정당(catch-all party)이라는 명칭을 사용하여 정당을 설명하고 있다. '모든 것을 잡는다', '잡동사니 주머니'란 의미의 범국민정당[37] 혹은 대중

---

33) Maurice Duverger, *Political Parties*, New York: John Wiley & Sons, 1967, pp.62-71.
34) G. Sartori, 어수영 역, 『현대정당론』, 동녘, 1986, 70쪽.
35) 최명, 앞의 책, 257쪽 참조.
36) 배성동, 앞의 글, 285-287쪽.

통합정당은, 이들이 완강한 계급노선과 보다 예리하게 돌출한 종파적 구조를 가진 시대의 산물이었다.[38]

범국민정당은 결국 대중정당과 간부정당을 수렴한 것으로, 전자에 해당되던 영국의 노동당과 독일의 사회민주당, 그리고 후자 측에 속한 영국의 보수당, 프랑스의 드골당, 독일의 기독교민주당 등이 선거에 있어 승리를 위해 그 이념적・조직적 변화가 불가피하였던 것이다.

이 정당유형은 무엇보다도 한정적인 이데올로기나 정치이념, 일시적인 집단이나 특수한 직업적 범주, 한정된 활동계획 등 과거의 정당들이 가지고 있는 한계성을 극복하고, 보다 다양하고 광범위한 대중의 지지를 확보하기 위한 선거전략을 모색하게 되었음에 그 특징이 있다.

6. 정당제도의 유형

이 지구상에 있는 많은 국가들은 대개 어떤 형태이든 정당체계를 갖추어 가고 있다. 그리고 정당배열의 다양성은 그 수에 못지않게 인상적이다. 오랫동안 정당제도는 그 수를 기준으로 분류해 왔으나, “주요 정당의 수에 따른 판단기준은 그 문제를 명확하게 하기보다는 오히려 애매하게 하고 있다”는 비판이 이미 오래 전에 제기되었다.[39] 말하자면, 수에 의한 분류방식은 오늘날 정당제도의 동태적인 현상을 파악하는 데 적절치 않고, 그것의 상대적 규모・이데올로기・운동방향 등을 감안, 정당제의 새로운 유형화가 필요하다고 주장되고 있다.[40]

다만, 우리나라의 정치학 교재들에서는 아직도 거의 대부분이 수에 의한 분류법을 채용하고 있으며, 그에 부수하여 경쟁의 유무와 기타의 변수를 들어 정당분류에 관한 설명을 열거하는 경우가 있다. 이 책에서는 정당의 수와 경쟁구조를 기준으로 그 유형을 설명한다.

37) Catch-all parties에 관한 우리말 표현은 학자에 따라 다르다. 가령 최명 교수는 인중정당이란 말을 사용하고 있다.

38) Otto Kirchheimer, “The Transformations of the Western European Party System,” Joseph La-palombara and Myron Weiner, eds., *op. cit.*, pp.184-200.

39) Giovanni Sartori, *Parties and Party Systems: A Framework for Analysis*, Vol. I, New York: Cambridge University Press, 1976, p.119.

40) 이극찬, 앞의 책, 339쪽.

(1) 정당의 수에 의한 분류

오늘날 상당수의 국가들은 아직도 정당부재의 체제에 속하고 있으며, 그것은 대개 왕조적 정권과 군사정권이 대부분이라 볼 수 있다.[41] 사르토리(G. Sartori)는 무정당의 개념을 두 가지로 나누어 무정당국가와 반정당국가로 규정하고 있다. 전자는 주로 정당 이전의 상태에 있는 국가로 사우디아라비아 · 예멘 등 왕조국가이고, 후자는 이전에 존재했던 정당을 억압하고 반정당주의를 표명하는 경우로 대개 저개발 혹은 개발도상의 사회와 결부되는 군사체제이다. 이들 대부분은 긴급사태를 이유로 강구된 잠정적 상태라고 주장한다.[42] 전통사회에서는 무정당국가가 오히려 자연스럽고, 사회가 근대화됨에 따라 점차 반정당국가로 되어 가는 경향이 있다. 다만, 한 사회가 근대화되고 개발될수록 반정당주의는 일당주의화한다는 사실을 주목할 필요가 있다.[43]

사르토리의 정당 수를 기준으로 한 분류는 ① 일당제, ② 패권정당제(헤게모니 정당제), ③ 일당우위정당제, ④ 양당제, ⑤ 제한적 다당제, ⑥ 극단적 다당제 그리고 ⑦ 원자화 다당제의 일곱 가지로,[44] 이들을 요약해 보면 결국 일당제 · 양당제 · 다당제로 3대별할 수 있다.

1) 일당제

일당제는 단지 하나의 정당만이 현실적으로 인정되고 다른 정당은 그 존재조차 허용되지 않는 정당제도이다. 하나의 정당밖에 존재하지 않는 것은 그 정당이 법률상이나 사실상으로도 정당다원주의를 일체 거부하고 있기 때문이다.[45]

사르토리는 전술한 바 전통적인 구분법을 재구성하여 패권정당이나 일당우위제를 분리시켰는데, 일당제의 경우도 정당이 사용하는 억압의 강도에 따라 ① 전체주의 일당제, ② 권위주의 일당제, ③ 실용주의 일당제로 분류된다. ①과 ②의 경우는 전체주의적 독재정치, 권위주의적 독재정치의 연구형태로 다루어진 것으로 정당연구에서는 별다른 성과가 없는 형편이다. 그리고 ③의 실용주의적 일당제는

41) 최명, 앞의 책, 241쪽, 265쪽. 1976년 현재 118개 국가 중 여기에 해당하는 나라는 43개 국가(37%)라고 한다.

42) 어수영 역, 앞의 책, 68쪽.

43) 위의 책, 69쪽.

44) 위의 책, 177쪽.

45) 위의 책, 290쪽.

라팔롬바라(Joseph LaPalombara)와 와이너(Myron Weiner)의 이른바 '다원적 일당제'와 같은 것으로, ①, ②가 각각 다른 이데올로기 강도를 반영하고 있는 데 반하여 ③은 그것이 가장 약한 위치에 있다.[46] 예를 들어, 파시스트나 나치당은 우파 이데올로기 지향의 전체주의 일당제인데 공산주의 국가의 정당제도는 좌파 이데올로기 일당제이다. 그리고 이데올로기성이 약한 정당으로 프랑코 총통의 스페인 정당제를 들고 있다.[47]

또, 일당제의 경우 '하나의 정당'을 중심으로 하고 그 주변에는 2차적인 위성적 소정당이 존재하는 경우로, 한 정당이 계속 집권함으로써 일당제와 유사한 형태를 갖고 있다. 이를 패권정당(hegemony party) 또는 일당우위정당이라고 하는데, 전자의 경우는 폴란드와 같은 인민민주주의 국가나 멕시코의 제도혁명당에 의한 지배가 대표적이고, 후자의 경우는 1952년 이후 최근까지의 인도 국민회의당, 1955년 이후의 일본 자민당 지배 그리고 1965-73년의 터키는 그 전형적인 예라 하겠다.

2) 양당제

양당제는 두 개의 지배적 정당이 서로 경합하여 교대로 정권교체를 하는 정당제도를 말한다. 이 체제하에서도 물론 제3, 제4의 정당이 존재하지 않는 것은 아니지만, 2대 정당 이외의 소수정당들은 당세가 매우 약하여 정권장악이나 기타 정치상 큰 영향을 미치지 못하는 경우를 말한다.

양당제가 성립될 수 있는 전제조건으로, 첫째는 사회적·경제적 동질성과 안정성으로 계급간의 극한적 대립이 없어야 하고, 둘째는 정치체제에 대한 근본적인 합의가 이루어져 사회적 갈등과 대립 및 다양한 요구가 제도권으로 수용될 수 있으리라는 믿음이 있어야 하며, 셋째는 양당간의 견해차이도 앞서 말한 체제긍정의 차원에서 단지 정책적 절차상의 문제에 한정되어야 한다고 지적되고 있다.[48] 양당제의 대표적 국가로서는 영국과 미국으로 영국의 보수당·노동당, 미국의 민주당·공화당의 정권교체는 그 전형적인 예이다.

양당제하에서 정부는 다수의석을 차지한 정당이 단일내각을 조직하여 일관된 정책을 능률적으로 수행할 수 있어 선택의 범위나 책임소재가 분명하고 정국의 안

46) 위의 책, 293쪽.
47) 김순규 외, 앞의 책, 224쪽.
48) 이범준·신승권, 앞의 책, 197쪽.

정을 기대할 수 있다. 그러나 양당체제는 정당의 수가 적기 때문에 여론이나 다양한 주민의 이익을 제대로 수렴하기 어렵고, 따라서 소수파의 선거권을 사실상 영원히 박탈하게 될 위험이 있다.

3) 다당제

다당제는 세 개 이상의 정당이 정권경쟁을 하거나 정치권력에 영향을 미치는 경우이다. 이 경우에는 어느 한 정당이 의회의 다수의석을 차지하기 어렵고, 두 개 이상의 정당이 연합하여 연립정부(coalition government)를 구성하는 것이 일반적이다. 사실 단순히 정당의 수는 많아도 그것이 유명무실한 경우에는 다당제라고 할 수 없고, 이들이 권력형성 및 정책결정에 있어서 중요한 영향력을 행사할 수 있어야 한다.

다당제하에서 정당은 선택의 범위가 넓고 비교적 다양한 의견을 의회에 반영할 수 있으나, 책임소재가 명확치 않기 때문에 자연히 정치적 불안정 및 혼란을 초래할 우려가 많다. 1920년대 독일의 바이마르공화국과 프랑스 제4공화국에서 정당 수는 12개 내지 15개로 다당제정치가 시작되었다고 볼 수 있는 바, 제4공화국 기간중 정부의 평균수명은 반년을 넘기지 못하였다.

사르토리는 극단적 다당제, 분극적 다당제와 구별된 제한적이고 온건한 다당제를 예를 들어 설명하고, 북구의 스칸디나비아 제국, 스위스, 독일 등 국가의 3당형, 4당형, 5당형을 예로 들고 있다.

(2) 정당의 경쟁구조에 의한 분류

정당유형은 수를 기준으로 한 분류 이외에 경쟁구조의 성격에 따라 ① 비경쟁적 정당제도, ② 준경쟁적 정당제도, ③ 경쟁적 정당제도가 있고,[49] 알몬드의 네 가지 유형 그리고 뒤베르제의 유권자와 의회의석수에 따른 분류가 있다.[50] 그리고 앞에서 언급한 사르토리의 7개의 유형은 대체로 수에 의한 분류와 비슷한 것으로, 단독정권형 정당제와 연합정권형 정당제로 2대별하여 설명할 수 있다.[51]

---

49) 김순규 외, 앞의 책, 225-227쪽.

50) 이범준・신승권, 앞의 책, 199-200쪽.

51) 이극찬, 앞의 책, 339-392쪽. 『정당제의 새로운 유형화』 ① 단독정권형 정당제(일당제, 헤게모니정당제, 일당우위정당제, 양당제), ② 연합정권형 정당제(한정적 다당제, 극단적 다당제, 원자화정당제). Sartori, *op. cit.*, p.125.

7. 정당의 정치자금

현대 정당정치에 있어서 가장 많은 논란이 되고 있는 문제는 정치자금의 조달, 사용, 규제 등 돈과 관련된 일이다. 한때 "돈만 주면 뱃속에 있는 갓난아기도 얼른 알아듣고 나온다"는 이야기가 돌았듯이, 돈은 우리 생활의 모든 분야에서 위대한 마력을 발휘하고 있다. 선거에 있어서도 몇 억을 쓰면 낙선되고 몇 십억을 쓰면 당선된다는 말이 유행할 정도였다. 물론 돈이 안드는 선거, 돈 없이도 할 수 있는 정치라면 가장 이상적인 현상이라고 볼 수 있겠으나, 돈이 있어야 힘이 생기고 또 자신과 여유도 생기며 인심을 사서 인기를 얻을 수 있다.

거액의 선거자금으로 대대적인 선거운동을 할 수 있고, 철저한 조직과 선전을 동원한 선거운동은 그렇지 못한 경우에 비해 유리한 입장에 있다. 돈이 있으면 경쟁자인 입후보자도 매수할 수 있고, 국회의원의 발언도 조종할 수 있으며 대중의 운동방향에까지도 영향을 미친다. 따라서 정당은 정치자금을 될수록 많이 확보해야만 그들이 정권이나 정당을 유지할 수 있고 선거를 치를 수 있다. 또한, 선거 때가 아니라 해도 당의 사무실 유지비, 인건비, 교육훈련비, 선전비, 연구비, 활동비 등 엄청난 비용이 필요하다.

정치자금의 조달방법은 시대와 국가 혹은 정당에 따라 다르지만 보통 일반당원들로부터 징수한 당비 · 기부금 · 사업수입에 의하는 경우가 많고, 특히 당 기관지나 인쇄물의 판매수입, 조찬회 · 출판기념회 등을 열어 후보자를 격려하는 형식으로 모금하는 경우도 있다. 대개는 사업수입이나 특히 대기업 경영자들로부터 거둬들이는 기부금에 의하는 경우가 많은데, 여기에는 반드시 부정과 비리가 개입할 여지가 있다. 가령 우리나라의 정당사에서 거액의 부정대부, 탈세사건과 각종 의혹사건, 기부금 갹출에 있어서 물의 등 정치비리에 관련된 문제가 그치지 않고 있는 실정이다.

이에 대하여 각 국가에서는 정치자금에 대한 규제를 목적으로 입법활동이 꾸준히 전개되었다. 1974년 미국의 선거자금법은 일방적인 기부나 후보자의 지출을 엄격하게 규제하고 대통령 후보자에게 공적 자금을 지급하는 등 부패방지에 노력하고 있다. 우리나라의 경우도 1965년 제정한 정치자금법을 1980년에 개정하여, 국가가 정당에 대하여 예산의 범위 안에서 보조금을 지급하고 또 정치자금을 목적으로 설립 · 운영되는 후원회를 둘 수 있게 하였다.

그후 1993년 8월 금융실명제가 실시되고 이에 따라 정치자금법이 여·야 합의로 개정된 바 있다. 그러나 정치자금법도 다른 경우와 마찬가지로 우리나라 민주정치의 발전이나 깨끗한 정치풍토 정착을 위해서라기보다는 당리당략의 차원에서 개정되었다.[52] "정치자금의 적정한 제공을 보장하고 그 수입과 지출내역을 공개하여 투명성을 확보하며 정치자금과 관련한 부정을 방지함으로써 민주정치의 건전한 발전에 기여함을 목적"으로 하고 있는 정치자금법(제1조)은 2000년 이후에도 11차례나 개정(2009년 7월)되어 현재에 이르고 있다.

8. 정당발전과 탈정치화 현상

민주주의와 정당정치를 논함에 있어서는 첫째로 민주정치는 의회정치요 의회정치는 정당정치라는 강한 믿음이 있어야 하고, 둘째로 둘 이상의 정당이 경쟁하고 자유선거가 보장되어야 한다는 정치적 원리에 충실하여야 한다. 그리고 셋째로, 특히 우리나라의 정당이 걸어온 역사가 너무나 험난하였음을 전제해야 된다는 주장이 있다.[53] 말하자면 정당정치는 비록 그것이 제 제도의 변화나 주변상황의 동태적인 경향에 따라 점차 퇴색해 가고 있다고 하겠으나, 아직 정당정치가 제자리를 찾지 못하고 있는 실정에서는 우선 그 제도화가 중요하다고 보는 입장이다.

헌팅턴(Samuel P. Huntington)은 정치발전의 정도를 이른바 그의 '제도화의 수준'에 따라 평가하고, 그것은 조직과 절차의 적응성·복합성·자율성·응집성의 네 가지 요인이 중요하다고 하였다.[54] 우선, 이에 따라 우리나라 정당의 발전정도를 모색해 보자.

첫째, 적응성과 경직성의 문제로 적응성의 기준인 ① 단순한 연대순, ② 세대적 연령, ③ 기능적 연륜에 의한다면 우리나라 정당은 정당지도자의 교체와 더불어 그 생명을 같이하였다. 말하자면 정상적인 정권교체에 의한 수명의 계승이 제대로 이루어지지 않고 있다. 문민정부가 들어서고 집권당이 지도자를 교체했다 해

52) 정치자금법은 1990년대에 들어와서만도 1991년, 1992년, 1994년, 1995년, 1997년에 개정될 정도로 이해관계가 많이 반영되고 있으며 그나마도 후원회와 관련해서는 중앙정치인에게만 유리하게 되어 있다.

53) 김계수, 『자유민주주의와 한국정치』, 전예원, 1985, 83-94쪽.

54) Samuel P. Huntington, *Political Order in Changing Societies*, New Jersey: Princeton University Press, 1968, pp.8-38.

도 그 명맥을 겨우 유지하고 있는 실정이고, 야당의 경우는 지도자 및 실권자인 특정 인물의 출신배경을 중심으로 지역정당의 성격을 오히려 이용하고 있는 형편이다.

둘째, 복합성과 단순성이란 하위단위의 분화를 말하는 것으로 이에 따라 우리나라 정당을 보면 어느 정도 그러한 외형은 나타나고 있다고 해도, 실제로는 구조·기능상 중앙집권화되어 모든 당 기능은 상의하달에 의하여 이루어지고 있음을 부정할 수 없다.

셋째, 자율성과 종속성의 차원에서 이를 서구적 시각에서 보면 ① 강력하고도 고정적인 자금원을 장악하고 있는 재벌집단으로부터의 독립, ② 광범위하고 조직적인 이익집단 내지 언론으로부터의 독립, ③ 구소련의 모스크바 공산당과 같은 국제적 권위로부터의 독립이 관심의 초점이 되었다.[55] 우리나라에 있어서 정당의 자율성은 무엇보다도 권력으로부터의 독립, 인물로부터의 독립이 우선적으로 요구되고 있다.[56] 그러나 우리나라 정당은 인물과 권력에 종속되는 취약성을 아직도 면치 못하고 있다.

넷째 기준은 응집성과 분열성을 든다. 이 경우에 있어서도 우리나라의 정당들은 정당에 대한 일체감의 결여, 분파주의, 소영웅주의로 인한 무수한 탈당·분당·해산의 악순환이 끊이지 않고 있다.[57]

그리고 정당정치 발전의 정도를 정치참여의 제도화를 통하여 측정하는 것으로, 이는 이익표출·이익통합·커뮤니케이션·정치사회화·정치적 충원 등에 관련된 개인 또는 집단활동의 규칙성·안정성·행위의 예측 가능성을 부여한다고 한다.[58] 결국 정당의 제도화란 정당활동의 정당성을 부여하고 국민이 정당에 접근함에 있어 심리적 안정을 주어 주민과 정당간의 일체감을 조성하는 일이며, 국민의 다양한 욕구를 어떻게 흡수·통합하느냐의 문제가 그 관건이라 할 수 있다.

그러나 산업화 및 도시화의 급속한 진행으로 의회민주주의의 기반이 확대·대중화됨에 따라 '정당이 민의를 반영한다'는 문제는 재검토되어야 한다는 논의가 제기되었다. 그것은 특히 최근 선진국가들에 있어서 무당파층의 증가 및 탈정당화 현상 혹은 정당의 압력단체화 현상에서 두드러지게 나타나고 있다. 이러한 탈정당

55) 윤형섭, 『한국정치론』, 박영사, 1985, 378쪽.
56) 위의 책.
57) 김계수 외, 앞의 책, 231-232쪽.
58) 김순규 외, 앞의 책, 230쪽.

화 현상의 주요 문제로서는 ① 정당조직의 관료화・경직화・정당운영의 과두화로 정치가 대중으로부터 유리되고 있으며, ② 대중의 다양한 가치나 상충된 이해를 정당이 수용하지 못하고 정치참여의 통로가 더욱 개발되고 있는 점, ③ 정치에 관한 무관심층의 증대, 특히 무정당층 인구의 증가 등이 지적되고 있다.

우리나라에서의 정당정치가 안고 있는 문제점으로서는 우선 무엇보다도 제도화의 수준이 낮다는 것과 함께 참여통로가 제도화되지 못하고 있다는 지적을 받고 있다. 제6공화국 초기부터 각 지역을 대표하는 인물을 중심으로 한 이른바 '1노3김'이라는 4당체제가 시작되어, 문민정부가 들어선 이후에도 이러한 경향은 식자들의 우려와 비판을 받으면서도 오히려 강화되고 있다. 또한 세대교체론, 내각책임제, 지역등권론, 뉴3김시대 등 구시대의 주장들이 또다시 제기되기도 하여 이에 대한 논의가 서로 엇갈리면서 국민을 혼돈케 하고 있다.

그리고 무엇보다도 우리나라의 정당정치에 있어서 심각한 문제는 정치적 제도화 및 인습적 참여방식에 대한 도전을 들 수 있다. 그것은 특히 민의를 제대로 반영하지 못하고 있는 무능한 정권의 존재와 공전하는 정치과정 및 의회제 민주주의에 대한 불신 등에서 나타나고 있으며, 결국 과격한 투쟁이나 초법적인 폭력이 문제해결의 첩경이라는 풍조가 문제이다.

이러한 현상은 앞서 말한 제도화의 낮은 수준이나 시민역량의 취약성 등이 문제라고 볼 수도 있으나, 근본적으로는 사회구조와 지도력 부재 및 비민주성, 체제운용의 비합리성 등에서 그 원인을 추구할 필요가 있다. 이러한 상황에서 그물처럼 복잡하게 얽혀져 있는 각종 이익집단들과 그로부터 분리된 관료화된 정당들이 고정된 법질서하에서 어떻게 수많은 대중들의 복합적인 요구를 취합할 수 있을 것인가 하는 의문이 제기된다. 이러한 의문을 해결하기 위해서는 특히 급격한 변화가 진행되고 있는 우리 사회에서 법과 도덕, 말과 행동, 제도와 현실, 제도화와 운동화의 모순을 극복하는 문제가 중요하다고 본다.

제3절 이익집단과 NGO

현대 민주주의는 각종 집단활동의 존재에 따른 다원주의적 특성을 지니고 있다. 이익집단은 압력단체 혹은 정치적 집단으로 불리는데, 대개의 정치학 교재들은 이들을 명확히 구별하지 않는 경향이 있다. 이러한 집단들을 정치적 결정작성과정에 영향을 미치고자 하는 수단의 측면에 중점을 둘 때 압력단체라 하지만, 그 조직의 목적에 중점을 두면 이익집단이라 할 수 있다. 그리고 별도로 이들을 구별하지 않고 정치과정에서 사회변혁운동과 같은 차원에서 정치사회적 영향력을 증대하려는 등 집단활동의 목적을 중요시할 때 정치적 집단이라는 용어를 사용하거나 NGO (비정부기구: Non Governmental Organization)라는 용어를 사용하기도 한다.

현대 대중민주주의 정치의 발달은 일반대중의 정치적 참여를 촉진시켰고 그것은 필연적으로 집단화를 초래하였다. 개인들은 그들의 이익을 관철하기 위하여 집단적 활동의 유효성을 인식하게 되고 그것은 결국 제 단체의 정치화를 불가피하게 하였다. 더구나 최근에는 정당의 역할이 많은 제약성을 보이고 있고, 심한 경우 정당이 이익집단화되고 있다는 비판이 제기되고 있는 상황에서 이익집단이나 비정부기구의 중요성은 더욱 크다고 본다.

1. 이익집단

(1) 이익집단의 개념

근래에 이르러 이익단체들의 정치적 영향력이 강화됨에 따라 이익집단은 국회에 있어서 상원과 하원 다음의 제3원이라는 말로 표현되기도 하였고, 오늘날에 와서는 권력의 제5부로 불리기도 하는 NGO에 대한 관심이 고조되고 있다. 여기서 중요한 특성은 '이익', '집합체-조직', '정치적 영향력의 행사'라고 볼 수 있다.

첫째, 이익이란 개념은 어떤 특정의 결과나 조건을 위한 의식적 소망을 나타낸다. 이러한 목적은 물질적인 대상이나 혹은 보다 추상적인 철학적 목표일 수도 있다. 다만 이러한 특정 이익을 조직의 성원들이 공유하고 있다는 점에서 이익은 가끔 집단과 동의어로 해석되었고 또 그것은 활동이란 말로도 표현되고 있다. 벤틀리는 이익이 없는 집단 개념은 없는 것이므로 이익이란 집단과 동일하며, 이는 또한 활동을 의미한다고 하였다.[59] 말하자면 공통된 이익은 집단을 결속시키는 응집성을 갖고 있는 것이다. 물론 이익의 종류나 범위는 다양하고 광범하며 그 한계가 없다. 다만, 흔히 사람들의 직업・종교・취미・철학적 신념이나 정치적 견해,

59) Arthur F. Bentley, *The Process of Government*, Cambridge, Mass.: Harvard University Press, 1967, p.211.

인권이나 민족의식·성·연령·국가목표 등에 관련되는 경우가 많다. 그리고 이익집단은 적어도 부분적으로는 이러한 구성원들의 공통된 이익이나 목적을 가지고 있다.60)

둘째, 이익집단은 개인들의 집합체로서 그들이 추구하는 이익달성을 위해서 조직된 목표지향성을 가진 단체이다. 각 구성원은 자유로운 의사에 따라 조직에 가입할 수 있으며, 그 조직은 그들 공통의 이익을 성취하기 위하여 다양한 방법의 집단영향력을 행사할 수 있다. 따라서 이들 집단은 단순한 자조집단과는 다른 조직의 특성과 목표지향성을 갖고 있다.

셋째, 이익집단은 정치적 조직이다. 집단을 온화하게 표현한 '이익'이란 말에 대하여 '압력'이란 말을 사용하고 있는데, 그것은 조직집단의 활동이 그들의 이익을 위하여 정부정책에 영향력을 행사코자 한 데 있다. 정부의 정책을 결정하는 기구로는 대개 정당, 국회, 행정부 등을 들 수 있다. 이들은 각 집단들의 요구를 충족시킬 수 있는 입장에 있기 때문에 이들을 상대로 압력을 행사하거나 담판을 벌이게 된다.

이와 같이 이익집단은 정당과 마찬가지로 공공정책의 결정과정에 관련된 정치적인 기능을 담당하고 있는 집단이지만 정당과는 몇 가지 두드러진 차이점이 있다.61)

첫째, 이익집단은 조직화된 특정 목표를 가지고 있는 점이 정당과 유사하다. 그러나 그것은 어디까지나 그 자체의 특수이익의 실현을 도모하려는 것이며, 정당이 국민적 이익을 실현하겠다고 국민에게 공약한 정견과는 다르다. 다시 말하여 이익집단은 대체로 특수이익을 위해 특수시기에 일시적 압력을 행사하므로, 정당과 같이 일반적인 공공이익 증진을 위한 영구적 조직기반이 부족하다.

둘째, 이익집단은 선거과정에서 자신들의 이익과 관련된 후보자나 정책을 지지함에 불과하나, 정당은 정권의 획득과 유지를 위해 정치적 지도자나 공직후보자를 공천하고 선거에 임한다.

셋째, 정당은 활동에 있어서 정부통제를 주요 목표로 결정하고 있으나, 이익단체도 이를 중요시하되 직접 개입하지 않는다.

---

60) Dennis S. Ippolito and Thomas G. Walker, *Political Parties, Groups and Public Policy*, New Jersey: Prentice-Hall, Inc., 1980, p.270.

61) 이에 관하여 이극찬, 앞의 책, 355-357쪽; 김계수 외, 앞의 책, 245-246쪽 참조.

넷째, 정당은 국민대중 위에다 그 발전의 기반을 구하고 있는데 대하여, 이익집단은 그들 특수이익의 실현에 발전기반을 구하고 있다.

다섯째, 정당은 국가사회의 중요 문제를 정치적 쟁점으로 국회에 상정하여 이를 현실정치에 반영코자 하며, 국민을 정치적으로 교육하는 정치사회화 기능을 담당한다.

이와 같이 정당과 이익단체는 그들이 추구하는 목표나 기능에 있어서 명백한 차이가 존재한다 하겠으나, 대중의 이익을 정부에 매개하는 입장에서 보면 많은 공통점을 발견할 수 있다.

(2) 이익집단의 발생원인

교양과 재산을 가진 근대 시민계층의 주도적 역할에 의하여 담당되었던 19세기 의회정치에 있어서는 그들 간의 기본적 동질성으로 인하여 비록 이익대립이 발생하는 경우에도 토론과 설득에 따른 합의가 가능한 것이었다.

그런데 산업화의 진전에 의하여 계급간・산업상호간・도농(都農)간 이해가 복잡하게 얽혀 결국 토론과 설득에 의한 이성적인 합의형성을 기대할 수가 없게 되었다. 그것을 정당의 차원에서 본다면 전술한 바 대중정당화 경향으로 다양한 개인들의 이익을 충분히 흡수할 수 없게 되었으므로 이익집단은 그 발생배경을 ① 정치적인 문제와 관련된 다양한 이익을 가진 개인 집단들의 필요와 동의에서 시작되었고, ② 이에 대응한 대중의 정당에 대한 불신과 정당의 약체화에 기인한 것이라고 본다. 이를 좀더 구체적으로 설명하면 다음과 같다.[62]

1) 이익의 다원화와 대표원리의 변질

사회가 복잡화되어 감에 따라 각종 이해나 계층의 대립이 심화되고 직업생활과 생활가치가 다양해졌다. 사람들은 그들 직업생활의 여러 이익을 보장받기 위하여 정당은 이제 너무나 거리가 멀어지고 있다고 생각하고 있다. 특히, 근대 대의민주주의가 일반적으로 지역대표의 성격을 띠고 있어서 유권자들은 지역구별로 선출된 대표들로서는 그들의 이익을 주장할 수 없다고 생각하게 되었다. 그리하여 그들이 소속한 협소한 선거구의 범위를 벗어난, 기능적 이익을 대표할 통로를 모색하게 된 것이다. 그것은 양대정당제나 소선거구제를 채택하고 있는 나라에서 일반

62) 김계수 외, 앞의 책, 252쪽.

적으로 나타날 수 있는 현상이지만, 우리나라처럼 각 정당들이 강한 지역성을 띠고 있는 경우 더욱 필요하리라고 본다.

2) 정당조직의 과두화

19세기말 이래로 보통선거제가 실시되고 정당의 조직에 있어서도 정당 간부를 중심으로 한 중앙본부와 많은 당원들을 기반으로 한 지방지부로 나누어져, 여기에 여러 가지 조직운영 및 통제상의 문제가 발생하기 시작했다. 민주주의원리상으로 보면 정당의 모든 활동기반은 조직하부를 구성하고 있는 당원들의 지지에 두어야 하나, 실제 당 운영에 있어서는 조직의 효율상 소수 간부에 의한 관료적 과두지배가 불가피하다.

이에 따라 당 간부는 당 운영에 있어서 그들 권력을 배경으로 특정의 이익집단과 쉽게 결탁하게 되고, 이익집단들은 이 기회를 틈타 정치자금을 제공하여 이익을 얻거나 그들에게 유리한 정책결정 및 입법활동에 영향을 미치고자 한다. 따라서 대중들은 그들의 다양한 이익을 주장할 방식을 새로이 추구하게 되고, 정당보다 더 접근하기 쉬운 이익단체가 그 존재의의를 갖게 된다.

3) 국가기능 및 정부통제의 확대

20세기에 들어서서 국가가 국민의 생활영역에 적극 개입하여 생산 및 소비의 많은 분야를 관리하게 되면서 사회집단에 대한 국가의 통제가 더욱 강화되었다. 종래에 있어서 자유방임적 야경국가에 있어서 정부의 개념과는 달리 여러 집단들은 국가의 보다 적극적인 활동을 요구하게 되고, 따라서 정부의 인·허가 등 결정작성과정에 깊은 연관을 맺지 않을 수 없게 되었다.

4) 사회변화와 이익집단 발생원인

대다수 학자들은 이익집단의 발생원인을 거시적으로 사회적인 힘과 사회과정의 활성화로 보고, 사회변화의 광범한 과정이 압력단체를 형성한다고 주장하고 있다. 이에 몇 학자들의 주장을 요약하면 다음과 같다.[63]

첫째, 트루먼은 압력단체의 발생요인으로 '파괴'를 들고 있다. 압력단체는 인간이 불만을 가질 때, 즉 사회변화의 어떠한 파괴과정에서 초래된 불만에서 기존

63) 위의 책, 253-256쪽.

의 균형을 회복하고 새로운 관계를 설립하여 다른 집단 및 정부에 직접 요구하기 위해 발생한 결사라고 한다.

둘째, 솔즈베리(Robert H. Salisbury)는 압력단체의 발생원인을 트루먼의 '파괴'와 '상호작용'을 조합한 것이라 하고, 기본적으로 ① 거시적 사회변화의 힘, ② 타 집단에 대하여 그들의 불리한 입장을 향상시키기 위한 조직적 힘의 추구, ③ 구성원간의 집단내적 관계의 안정, ④ 정부로 향한 인력요인의 넷을 지적하고 있다.

셋째, 올슨(Mancur Olson)은 압력단체 발생요인으로 ① 박애, ② 강제력, ③ 선택적 혜택을 들고, 선택적 혜택(강제도 부정적인 의미에서 선택적 혜택을 의미한다)은 오직 그에 가입되어 있는 조직구성원에게만 제공되고, 그에 속하지 않으면 아무리 동일한 태도를 가지고 있어도 그것을 제공받지 못한다고 지적하고 있다.

(3) 이익집단의 분류

이익집단은 어떠한 기준에 따라 분류하느냐에 따라 학자마다 방법이 다양하다. 이익집단은 구조나 스타일, 재정과 지지기반 등에 따라 큰 차이가 있고, 사회적 기반과 목표, 혹은 조직상의 특성 등 여러 기준에 의해 분류되고 있다.[64] 일반적으로 우리나라의 교재에서 열거되고 있는 대표적인 유형으로는 솔즈베리와 알몬드의 분류가 많은데, 다음에서 이를 간단히 설명한다.

1) 솔즈베리의 분류[65]

① 이익의 내용에 의한 분류: 미국 학자들에 의하여 가장 보편적으로 사용되고 있는 사회・경제적 분파에 따른 구별로, 그 전형적인 예로 농업・실업・전문직업・기타 분야를 든다. 이에 대하여 영국의 학자들은 더 일반적인 범주로 사회의 큰 이익을 반영하는 실업, 노동 등 사회분파적 집단과 어떤 특정의 정책이나 목표를 표방하고 나선 명분 혹은 촉진집단(cause or promotional group)으로 구분한다.

오늘날 미국에는 그들의 구성원이 특정의 명분에 의하여 결합된 수많은 이익집단들이 존재하고 있는데, 이들은 회원들의 경제적 이익이나 혜택보다는 어떤 특정의 정치철학적 목표지향성을 갖고 있다. 가령, 이들은 정치적으로 특정 국내외

64) 최명, 앞의 책, 209쪽.

65) Robert H. Salisbury, "Interest Group," Fred I. Greenstein and Nelson W. Polsby, eds., *Handbook of Political Science*, Vol. 4, Mass.: Addison-Wesley, 1975, pp.173-175; 김계수 외, 앞의 책, 249-250쪽과 김순규 외, 앞의 책, 243-244쪽을 참조하였음.

정책의 결정에 진보주의적 개혁을 주장하는 압력을 행사하기도 하고, 임산부들의 낙태수술에 대한 자유를 제한하여 태아의 생명을 보호하는 특정의 법률개정에 영향을 미치는 경우도 있다.

또 전술한 직업단체(농업・상업・전문직업) 등과 같이 그들이 종사하는 생업을 떠나서 비직업적 공통의 관심사에 기초한 수많은 임의집단이 있다. 예를 들어, 재향군인회 등은 직업보다는 과거의 공통된 생활경험에 따라 조직된 단체이다. 그 외에 인권과 민족집단, 종교집단 등은 보다 특이한 내용을 그들의 이익으로 주장하고 있다. 이와 같이 이익의 내용은 물질적・경험적 이익에서 가치표현, 연대감 등에 이르기까지 다양하다.

② **조직형태에 의한 분류**: 트루먼은 집단기능에 있어서 조직형태를 중요시하고, 이를 연합조직(federally organized)과 단일조직(unitary organized)집단으로 분류하고 있다. 전자는 주로 독일과 미국 등의 연방국에서 나타나며, 이는 지역적 조직의 연합적 성격에 기인한다. 또 트루먼은 단체 내의 권력작용에 따라 민주적 형태와 협동적 형태로 구분하기도 한다.

③ **회원형태에 의한 분류**: 이는 주로 우턴(Graham Wootton)의 분류방식에 의한 것으로, 회원형태의 단위에 따라 활동적 최저단위로 개인, 중간단위 집단, 그리고 정상집단(peak group) 등 셋으로 구분한다. 정상집단은 산하에 여러 구성단체를 두고 주로 집단간의 조정, 정보교환, 타 집단에 대한 대표성의 업무 등을 수행한다.

2) 알몬드의 분류

알몬드(Gabriel A. Almond)는 조직상의 특성에 따라 이익표출의 기능을 네 유형으로 나누고 있으며, 이를 간단히 설명하면 다음과 같다.[66]

① **아노미적 이익집단**(Anomic Interest Group): 아노미집단은 폭동, 시위, 암살 등 정치체계에 대한 불만이나 항의의 자연발생적 표현으로 일어나는 비조직적 집단으로, 발생・소멸 등이 무상하고 이를 집계하는 통계가 어렵다는 것이 특징이다. 말하자면, 조직적인 집단이 없거나 그 집단을 위한 계속적인 활동이 제한됨으로써 그들의 이익이 정당하게 대변되지 못할 때, 때마침 어떤 사건이 발생하거나

---

66) Gabriel A. Almond and G. Bingham Powell, Jr., *Comparative Politics: A World View*, Boston: Little, Brown & Co., 1980, pp.70-106; 최 명, 앞의 책, 209-215쪽을 참조하였음.

지도자가 나타나게 되면 이를 계기로 잠재적인 불만이 폭발될 수가 있다. 이런 경우 그것은 예상하지 못한 사태로 흔히는 걷잡을 수 없는 상황으로 폭동화될 수 있는 것이다. 그 예로 1832년 선거법이 개정되기 전 영국의 지방의 동요와 곡물더미에 대한 방화사건이나 미국의 킹(Martin Luther King, Jr.) 목사 암살 직후 흑인지역에서, 그리고 1976년 미국의 캄보디아 침공후 많은 대학캠퍼스 내의 아노미적 집단시위를 들고 있다.

② **비결사적 집단**(Nonassociational Interest Group): 이는 아노미집단과 마찬가지로 전문화된 조직을 가지고 있지는 않지만 인종・혈연・언어・종교・지역・직업과 같은 문화적・경제적 이익에 기반을 두고 있으며 그 계속성도 존재한다. 비결사적 집단은 대개 두 가지 종류가 있다.

첫째는 커피 애호가 등 소비자 이익집단과 같이 구성원들이 공통적 이익을 의식하고 있으나 그것이 명백히 나타나지는 않고 결사나 제도적 차원에서 공식적인 조직이 없는 경우이다. 이 조직에 있어서 문제는 방대한 인구의 구성원들이 비교적 사소한 문제를 공유하고 있음에 불과하기 때문에, 이들을 조직하는 데 필요한 시간과 노력을 경주할 지도자를 찾기가 힘들다는 점이다. 둘째로는 소규모의 혈연, 경제 내지 인종적 하위집단으로 그들 구성원이 서로 친숙하게 잘 알고 있는 경우이다. 이들은 역시 장기간에 걸친 계속성은 가지고 있으나 그들의 이익표출은 간헐적이며 전문화되어 있지 않다. 이들 소규모의 대면집단(face-to-face group)은 이점들이 많아 특정의 정치상황에서는 효율성이 강하다.

③ **제도적 이익집단**(Institutional Interest Group): 이 집단은 흔히 정당, 회사, 입법부, 군부, 관료, 교회 등의 조직에서 발견된다. 이들의 모(母)조직은 고도로 분화된 역할구조를 가지고 있으며, 이익표출 이외의 정치적・사회적 기능을 목적으로 한, 전문적으로 고용된 인물에 의하여 구성된 공식적 조직이다.

특히 주의할 것은 정당도 이익집단의 기초가 될 수 있으며, 정당의 이익집단적 특성은 자체구성원의 이익을 대표하고 결합하는 당의 기능과, 특수이익을 표출하여 자기들의 제도적 지위를 이용하는 당내 파벌의 형태로 구별된다. 또 입법부・관료・군대는 국가기구이기 때문에 그들 자신의 봉급인상을 요구하는 경우는 이익표출로 볼 수 있으나, 사회의 어떤 집단의 이익을 대표하려고 할 때 그것은 독자적인 제도적 집단으로 볼 수 없다.

다만, 제도적 이익집단은 그의 조직기반이 활용할 수 있는 자원과 정책결정기구에 대한 접근 가능성 등의 영향력으로 인하여 사회에서 막강한 힘을 구사할 수 있다. 특히 후술할 결사적 이익집단이 이를 원용하게 되고, 일당독재하의 전체주의 체제에서는 더욱 그렇다. 그러나 다원주의 사회에서 제도적 이익집단을 너무 강조하면 근본적으로 이익집단 개념상의 문제가 제기된다.

④ **결사적 이익집단**(Associational Interest Group): 결사적 이익집단은 노동조합, 기업인, 인권적 결사, 학교적 결사 혹은 외교정책의 변화와 같은 특정 목표의 성취를 위해 조직된 단체 등 이익표출을 위한 전문화된 구조이다. 이들의 특성은 특수집단이익의 명백한 표출, 전문화된 직업적 인원, 이익대표 및 요구표출을 위한 절차, 질서 등으로 요약할 수 있다. 이들 결사적 이익집단의 중요성이 강하게 강조되면서 보다 발전된 사회에서 많은 연구대상이 되고 있다. 이들의 전략과 목표는 사회에서 흔히 정당한 것으로 인정되고 있으며, 현대사회에 있어 가장 대표적인 이익집단의 유형으로 설명되고 있다.

3) 기타의 분류

프랑스의 메이노(Jean Meynaud)는 집단의 역할과 임무에 따라 이익집단을 구분하여 ① 권력의 획득을 지향하는 정치적 도당, ② 엘리트 및 대중의 수준에서 움직이는 의견집단, ③ 정치적 기구에 압력을 행사하여 공공정책에 영향을 미치는 압력집단으로 나누고 있다. 그리고 하고피언(Mark Hagopian)은 이를 수정, ① 회사나 대학들이 자신의 좁은 범위의 이익을 위해 정부에 압력을 행사하는 기업제도집단, ② 노동조합·농민단체·재향군인회 등 인구의 광범한 범주와 복지이익을 보호·증진시키기 위해 조직된 범주방위집단, ③ 소비자보호집단·사형반대주의집단 등 즉각적이고 유형적 이익보다 공유의 이익을 촉진시키기 위해 나선 애타주의자들의 촉진집단(promotional group)으로 분류하고 있다.

(4) 이익표출의 방법[67)]

이익집단들이 그들 이익표출의 실효를 거두기 위하여는 정책결정작성자들의 핵심에 접근할 수 있어야 한다. 비록 집단의 구성원들이 그들 이익을 직접·간접으로 표현할 수 있다고 해도 반드시 결정작성에 침투하여 영향을 미친다고 볼 수

---

67) Gabriel A. Almond and G. Bingham Powell, Jr., *Comparative Politics Today*, Boston: Little, Brown & Co., 1974, pp.75-80에서 요약한 것임.

는 없다. 이익집단에 따라서 각기 그 접근전략이 다양하고, 정치체제마다 그 세력을 조직하고 분배하는 방식도 다르기 마련이다. 예를 들어, 일당독재체제의 국가에 있어서와 같이 주요한 합법적 통로가 단지 하나밖에 없는 경우 모든 집단들이 이에 쉽게 접근하기란 곤란하다.

그들의 요구들은 때로는 왜곡되고 지도층에 이르는 정보가 차단되어 끝내는 불만집단간에 불안과 긴장을 고조시킬 수 있다. 이와 같이 사람들은 그들의 요구나 이익이 단지 지도자들에게 전달될 뿐 아니라, 그들의 호의적인 반응을 얻어내는 방식으로 노력을 다한다. 그리하여 사람들은 특정의 요구통로로 결정작성자들에게 자신들의 요구를 확실케 하는 전략·기법을 발전시키고 있다.

물론 인습적인 정당한 통로가 유효하다면 이를 이용해도 무방하겠지만, 그것이 별로 효과가 없다고 생각할 때 데모, 파업, 폭동, 폭력 등 비인습적·불법적인 방법도 불사하게 된다. 다음에서 이익집단들이 중요한 이익표출의 접근통로로 사용하고 있는 방법들을 간단히 소개한다.

1) 개인적 접촉

정치엘리트에 접근할 수 있는 주요한 수단은 가족이나 친인척, 학교동창, 동향출신, 기타 유대를 이용한 개인적 접촉을 통한 방법이다. 이 방법은 모든 정치체계에 있어서 가장 유효한 접근방법으로 그 접촉이 친족간의 온정이나 우정 등 따뜻한 분위기에서 이루어질 경우 호의적 반응의 가능성은 더욱 크다. 아무리 조직의 합리성이 강조되고 있는 현대사회라고 해도 친척, 친구, 가까운 이웃 등 깊은 정의(情誼)를 통한 요구는, 전혀 면식이 없는 낯선 사람들로부터 제기된 공식적인 접촉보다는 훨씬 호의적일 것이라는 점은 부정할 수 없다. 우리나라처럼 1차집단적 유대가 강한 사회에서 이러한 연고를 통한 접근은 가장 유효하며, 종종 그 부작용도 심하게 나타나고 있다.

2) 직·간접대표

이익집단은 의회나 행정부에 직접 대표를 보내 그들로 하여금 결정작성구조의 구성원으로 관여함으로써 그들 집단의 이익을 직접적이고 계속적인 교류에 의하여 표출코자 한다. 예를 들어, 영·미·불 등 국가의 이익집단들은 그들 대표가 국회의원에 선출되어 결정작성자와 교섭을 벌이는 경우가 많다. 간접대표의 방법은 이익집단이 의견표출의 다른 수단을 가지고 있지 않는 경우 사용되는 접근통로이다. 1830-1840년대 영국에서는 일부 귀족과 중류계급 하원의원들이 노동계급의 요구를 표출하는 역할을 맡고 있었다.

3) 매스미디어와 정당

텔레비전, 라디오, 신문, 잡지 등 매스미디어와 정당도 중요한 이익표출의 제도적 채널을 담당한다. 그러나 매스미디어는 그 방대한 메시지 양과 방향이 뚜렷하지 않기 때문에 많은 소집단들에게는 유효한 수단이 되지 못하고 있으며, 또 정치적 엘리트에 의하여 통제되거나 검열을 받는 경우도 마찬가지이다. 따라서 매스미디어는 혜택을 받는 집단만을 위해 이용되기 쉽다. 그러므로 매스미디어를 충분히 활용할 수 있도록 사회가 보다 자유롭고 개방될 필요가 있다.

정당이 의사표출의 채널로 이용되는 경우에도 많은 제약요인들이 있어 그 유용성에 영향을 주고 있다. 공산당과 같이 엄격한 계서조직을 가지고 고도의 이데올로기적 성격을 띠고 있는 경우, 정당은 이익의 표출보다는 오히려 이들을 통제하는 편에 속한다. 또 미국과 같이 분권적 조직으로 되어 있는 정당은 의원 개인이나 집단에 비해 채널로서의 기능이 약하다고 본다. 그러나 영국 정당은 특히 의회위원회와 같은 정당조직의 다양한 요인들을 가지고 있어 내각이나 집권당에 여러 가지 요구를 전달하는 중요한 통로가 된다.

4) 입법부 및 집행기관 접촉

여기에 나타난 전형적인 로비전략은 각급 의회 분과위원회에 참석하거나 각급 의원들에게 정보를 제공하는 경우와 정부나 자치단체 관료와의 접촉, 기타의 활동들이다. 관료의 경우는 그들이 결정작성의 권위를 가지고 있는 분야와 이익집단들이 직접 정책형성에 영향을 미치는 경우보다는 그 형성과정에 관심을 가지는 때가 많다. 특히 이익의 범위가 협소하여 집단 이외의 사람들과 직접적 관련이 극히 적은 경우에 각 분야, 각급 수준의 행정접촉도 중요하다.

영국의 버밍햄(Birmingham)에 있는 집단들이 선택한 접근채널의 예를 들면 계급, 인종, 소비자집단 등 광범한 이슈에 관련된 각 이익집단들이 정당을 이용하고 있으나, 중요성이 적은 경우 그에 해당하는 행정통로를 이용하는 경향이 있다.

5) 항의적 시위

이익표출의 수단으로 항의적 시위·파업 기타 형태의 영향력 행사는 그것이 비폭력적이면서도 때로는 극적이고, 직접적 압력을 정부에 가하고, 또 불법적일 때도 있다. 그러한 시위는 아마도 아노미집단의 자연발생적인 행동이거나 혹은 조직집단들이 인습적 방법을 이용하는 경우 효과가 없다고 느낄 때 흔히 사용된다.

민주주의 사회에서 항의적 시위는 이익집단의 주장에 대한 대중적 지지나 그리고 궁극적으로 선거에 있어서 지지를 동원하는 노력일 수도 있다. 1960년대 미국에서 시민법 및 월남전을 둘러싼 데모는 바로 앞의 예에 속한다고 볼 수 있다. 항의적 시위는 결정작성자들에 영향을 미칠 통로나 자원이 없어 그들의 반응이나 지지를 얻기 위하여 부득이 비인습적인 수단에 호소할 수밖에 없는 무력한 자들(the powerlessness)의 전략이라고 볼 수 있다. 따라서 이러한 행동은 주로 소수집단이나 비엘리트층의 젊은 층에 의해 이루어진다. 그러나 교육받고 부유한 다른 계층의 사람들도 그들의 충분한 정보, 전략, 자원 등을 이용하여 이 방법에 호소하는 경우도 있다.

6) 강압적 전략

이익표출의 수단은 합법적이고 인습적인 것과 불법적이고 강압적인 것으로 나누어 고찰함이 유용하다. 말하자면 정치적 거래나 협상에 있어서 사용되는 정치적 자원을 놓고 볼 때, 대개는 선거에 의한 대의민주정치하의 정부에서 국회에서의 투표가 중요한 수단이 되고 있다. 대부분의 당파들은 선거에서 승리하거나 홍정, 설득, 지지의 약속 등을 통해서 국회를 통제하려고 한다. 그러나 폭력이나 강압적 방법에 의하지 않고는 힘을 쓸 수 없다고 생각하고 있는 개인과 집단들에게는 이들 방법을 사용할 가능성이 존재한다.

항의나 집단폭력의 행동은 그것이 성행하는 환경이나 사회의 특성과 밀접히 관련되어 있는데, 사람들의 공격적 성격을 불러일으키는 좌절과 불만을 설명하기 위하여 거(Ted R. Gurr)는 '상대적 박탈감'이라는 개념을 내놓고 있다. 그는 상대적 박탈감이란 '사람들이 자신이 누릴 만하다고 여기고 있는 부나 생활조건에 관한 기대와 그 평가능력 사이의 간격'이라고 말하고 있다. 물론 이러한 상대적 박탈감이 저절로 폭력이나 파괴적 행동으로 폭발하는 것이 아니고 다만 좌절이나 불만의 근원이 될 뿐이다. 그러나 이러한 불만이 계속될수록 집단적 폭력의 가능성은 더욱 커지기 마련이다. 다음에서 그레이엄과 거(H. D. Graham and Ted R. Gurr)의 폭력에 관한 유명한 글을 간단히 인용해 보자.68)

> 사람들은 만일 폭력이 정당화되고 성공할 것이라고 믿는 경우에는 그들의 불만을 폭력에 호소하는 경향이 대단히 크다. 그들은 그들 정부가 정당성이 없거나 그들의 좌절에 대한 책임이 있다고 생각하는 정도에 따라 폭력적인 정치행동을 취하게 된다. 시민투쟁의 범위, 강도, 조직 등은 결국 사회체제의 특성에 따라 결정되고, 사회통제의 정도와 일관성 그리고 사회제도가 폭력적 항의에 대한 평화적 대안을 내놓을 수 있는 범위에 따라 결정된다.

폭력적인 정치행동의 형태도 다양하다. 폭동(riot)은 시민들이 집단적인 분노나 불만을 자연적으로 폭발하는 경우에 발생한다. 폭동은 사회의 하층민이 일으키는 비정상적이고 불법적인 행동으로 오랫동안 무시되어 왔지만, 요즘 연구결과에 의하면 폭동이 그 동기나 행태, 사회적 배경 등에 따라 다양하다는 것을 보여주고 있다. 폭동은 대개 1960년대 미국의 빈민폭동에서 그 예를 볼 수 있는 바와 같이, 인명의 살상보다는 재산의 파괴를 겨냥하고 있는데, 대부분의 사망자는 폭도에 의해서가 아니라 질서회복에 나선 훈련되지 않은 군대에 의해 발생하였다.

그러면 폭동에 가담하는 이유는 무엇일까? 학자들은 이에 관한 예로 상대적인 박탈감, 기대에 대한 좌절, 경찰통제력의 약화를 든다. 사람들이 분노와 좌절의 상징을 공유하고 그것이 하나의 공감대를 이룰 때, 혹은 제재에 대한 두려움이 사라지거나 이를 위한 공동행동의 연대의식의 강화 등으로 결국 이익표출의 통로가 제대로 소통되지 않을 때 불만이 쌓인 폭동이라는 탈출구를 찾게 되는 것이다.

끝으로 가장 극단적인 강압수단으로 테러리즘이 있다. 테러는 암살, 다른 집단이나 정부요인에 대한 무장공격, 유혈사태의 도발 등이 있는데, 요즘 세계의 많은 지역에서 끊임없이 발생하고 있다. 테러의 전술은 전형적으로 정치적 게임의 규칙을 변화시키기 위한 일부 집단들의 욕구를 반영한 것이다.

---

68) Hough Davis Graham and Ted Robert Gurr, "Conclusion: The Sources of Violence," Ted R. Gurr, ed., *Violence in America*, Newbury Park, Calif.: Sage Publications, 1989, p.631.

2. 한국의 이익집단

우리나라 학계에서의 이익집단에 관한 연구는 아직 성과가 매우 미흡하며 연구의 시각에 있어서도 대개 다원주의적인 차원에서 집단의 내적 동태나 국가에 의한 통제양상을 분석함에 불과하다고 지적한다.[69] 현재 우리나라에는 전국적인 조직규모를 가진 이익집단이 약 1,700여개가 있어 활동하고 있는데,[70] 이들 이익집단은 양적 확대뿐 아니라 직능별로도 상당히 세분화되어 있음에도 불구하고 선진국과는 다른 사회상황에 놓여 있다.

한국사회는 아직도 구조적 분화 및 전문화가 미흡하여 기능상의 자율성 정도나 정당의 제도화 수준도 낮은 단계에 있다. 그리하여 한국 이익집단의 분출현상은 이익구조의 불균형성, 집단의 분열, 조직리더십의 타율성 등 많은 문제점을 안고 있다.[71]

또, 1987년 중반 이후 설립된 대부분의 단체들은 특정한 이익추구보다는 민주화 과정에서 주로 기존의 단체들이 지닌 비민주성·어용성에 대한 비판을 통하여 형성된 단체로서, 상당 수준의 자율성을 가진 NGO 형태로 활동하게 되는 경우가 많아지는 추세를 보이고 있다.[72] 그러나 2000년대에 들어서서 상황은 크게 변화하여 상당한 자율성을 확보하고 있으며, 전국의 환경관련 단체만 해도 수백을 헤아리고 있다.

3. NGO

(1) NGO의 개념

한국사회의 시민운동은 2000년대에 들어와 절정에 달하고 있다. 2000년 1월 24일 총선시민연대의 공천부적격자 명단 발표가 전국에 생방송될 정도로 시민단체들의 낙천·낙선운동이 시민들의 지지를 얻었으며, 2002년 대통령선거에서는 20세기형 후진정치문화에 종지부를 찍고, 인적 청산을 통한 정치권의 세대교체를 가

69) 윤형섭·김영래, "한국이익집단의 정치참여에 관한 연구," 『한국정치학회보』, 제23집 1호, 한국정치학회, 1989, 41쪽.
70) 위의 글, 46쪽 〈표 1〉 참조.
71) 김운태, 『정치학원론』, 박영사, 1998, 605-606쪽.
72) 윤형섭·김영래, 앞의 글, 50-51쪽.

능하게 하는 수준에 이르렀다.

우리나라의 NGO(비정부기구: Non Governmental Organization) 지도자들은 개혁적이라는 특성 때문에 정치권으로부터 유혹을 받는 경우가 많았다. 최근들어 각종 정부위원회 참여와 사업수행 등으로 NGO가 혹여 관변단체가 되는 것이 아니냐는 의구심을 살 정도로 한국사회에서 NGO의 비중은 높아지고 있다.

NGO의 개념은 우선 비정부 또는 비국가 조직체로 자발성을 바탕으로 비영리(non-profit)적인 집단이나 조직 또는 결사체, 기구나 단체 그리고 운동세력을 포괄한다.[73] 이러한 비정부기구는 일정 규모를 가지고 있는 공식조직으로 조직을 구성하는 개별 구성원들이 특정 목적을 공유하면서 그들 간의 관계를 유지하고 발전시키기 위한 내부구조와 규칙을 지니고 있다. 따라서 비정부조직은 임시기구가 아니다. 이와 같이 비정부기구는 자발적 결사체이며 비영리성을 특성으로 하기 때문에, 주권국가들로 이뤄진 국제정부조직(Inter-Governmental Organization: IGO)의 영역이나 기업이 중심이 되어 이윤추구를 목적으로 하는 다국적기업조직(Multi-National Firm: MNF)의 영역에 소속되지 않는다.

비정부기구는 국가나 정부기구와 같이 어떤 지역이나 국가의 제반 사회문화적이며, 또한 정치경제적인 영역에 걸쳐 활동하고 있다는 점에서 국가나 정부기구와 유사하나. 그러나 정부나 국가기관과는 달리 그 활동영역이 더 제한적이거나 국지적인 조망과 특성을 지니고 있는 경우가 많다.

국가의 활동영역은 사회적 그리고 공간적 차원에서 전체를 대상으로 하는 반면에, 비정부조직의 활동은 보다 국지적이며 또한 제한된 사회적 공간을 대상으로 한다. 또한 국가가 전 지역을 대상으로 하여 일반적인 사회발전을 도모하는 반면에, 비정부기구는 시민사회의 특정 부문이나 국지화된 이해관계에 따라 제한적인 발전을 지향한다.

(2) NGO의 발전

한국에서도 NGO의 수는 1980년대부터 급격히 늘어나는 추세를 보이고 있다.[74] 국가의 역할은 지금껏 기술관료들에 의해서 규정되었던 것이 사실이다. 그

73) NGO올림픽 참가자들 중에는 NGO가 아닌 CSO(Civilian Society Organization: 시민사회단체)로 지칭하는 것이 바람직하다는 입장을 보이기도 한다. 이러한 입장은 NGO가 GO(정부기구)와 상대적 개념인 비정부기구라는 뜻으로 그 범위가 모호한데다 정부기구와 대립하는 의미를 내포하기 있기 때문에, 시민단체를 지칭하는 용어로 NGO를 사용하는 것은 곤란하기 때문이라는 것이다.

러나 사회가 점점 더 분화되고, 복잡해짐에 따라 국가가 담당할 수 없는 영역이 더욱 늘어가고 있다. 최근에는 더욱 빠른 속도의 변화와 큰 규모의 변동이 일어나고 있는데, 국가가 이를 항상 파악하고 그에 상응하는 대처를 하기가 어려워지고 있는 것이 현실이다. 또한, 시민들에 의한 자율적 연대의 증가에 따라 국가 행정력이 미치지 못하는 부분에 대한 문제해결을 시민들 스스로가 해결하고, 수습하려는 욕구가 증가하면서 사회구성원들은 정부제도 못지 않게 NGO의 역할과 기능을 신뢰하는 추세를 보이고 있다.

하지만 NGO는 정부조직의 경쟁자나 정부조직의 대항자로서 존재하는 것이 아니라, 상호의존적인 존재로서의 의의가 크다. 이 두 부문이 상호의존적이고 협력적일 때 정치·사회의 민주화가 더욱 진전될 수 있다. NGO는 정부조직이 필요로 하는 정보와 인적 자원 그리고 물적 자원을 갖고 있을 뿐 아니라, 아래로부터의 요구를 알려준다. 그럼으로써 NGO는 정부조직의 정당성을 높여주게 된다.

한편 정부조직은 NGO가 필요로 하는 자원과 강제력을 갖고 있으며 이들의 요구를 정책입안 과정에서 채택함으로써 이를 실현하게 된다. 다만 한국의 정치과정에서 정부가 정당성을 갖고 있지 못한 경우에 권위주의적 정부들이 아래로부터의 요구를 받아들이지 않았음을 우리는 잘 알고 있다. 그럴 경우 정부조직과 NGO는 그들 고유의 목적달성을 위해 상호의존적이거나 협조성을 발휘하지 못하게 된다. NGO는 자신들의 권익과 인권 그리고 시민권의 보호를 위해서, 혹은 방치된 불우계층을 위한다는 명분으로 집합적인 반정부활동도 불사하게 된다. 이 과정에서 정부조직은 NGO의 요구를 묵살하거나 탄압하게 된다.[75]

(3) 시민사회와 NGO의 정부관계

시민사회는 정치나 경제의 강제력에 포섭되지 않은 그들 자신들의 자율적 공간이 있음을 전제로 한다. 비국가적·비권력적 영역에서 자유로운 삶을 누리고,

74) 2000년에 발간된 자료에 의하면 한국의 NGO는 대체로 1987년 이후 설립되는 추세를 보이고 있으며, 지방자치·환경·시민사회 분야는 1990년대 들어 급격히 증가추세를 보이는 것으로 나타났다. 시민운동정보센터 편, 『한국민간단체총람 2000』, 시민의 신문, 1999.

75) 이 경우 정부조직과 NGO는 사다리 올라가기와 사다리 내려가기의 주체가 아니다. 정부조직은 NGO를 탄압의 대상으로, NGO는 정부조직을 방해의 대상으로 여기게 된다. 사다리 오르기의 과정은 풀뿌리 조직과 지역의 NGO가 그들의 지역적 수준을 넘어서 그들의 요구를 상급 행정기관 내지 상급의 의사결정기관에 반영시키기 위한 과정이라고 볼 수 있다. 사다리 내려가기의 주체는 국제조직이나 국가이고, 그 주체들에 의한 사다리 내려가기는 국제기구들, 또는 국가조직들 스스로가 풀뿌리 조직과 NGO과의 협력을 강화하려 하고, 상호교류를 증진시키려 하는 노력이다.

스스로 이를 지켜나갈 수 있는 사회의 존재가 시민사회론의 이론적 배경이다.

시민사회론의 논의는 대부분 사회적 삶의 형성, 즉 정치와 경제의 논리에만 휩쓸리지 않고, 사회구성원들의 의지와 능력으로 그들 바람을 실현할 수 있는 사회적 참여공간의 존재와 그 공간의 확보에 대하여 관심을 가진다. 그렇다고 시민사회에 대한 논의를 추상적인 수준에서만 봐줘서는 안된다. 시민사회는 민주적 가치의 실현이고 시민규범의 진전을 꾀하는 장을 제시하고 있다. 시민사회 부분이 공공재화의 분배와 운영과 관련된 정책적인 사안에 참여함으로써 그리고 사회봉사와 자연자원의 운영에 참여함으로써 행하고 있는 것이다.

NGO가 바로 그러한 시민사회의 조직이라고 볼 수 있다. 이때 시민사회의 조직은 참여적 시민운동을 지속적으로 펼쳐 나아가는 시민운동단체를 말한다. NGO는 환경과 인권과 발전을 위한 자발적이고 참여적인 시민들의 요구가 지속적으로 결집되어 형성된 공간이다.[76] 한마디로 시민사회는 독립적·자발적·비영리적·박애적인 집단으로서, 또한 때로는 한시적이지만 대개는 지속적인 조직의 형태로 NGO를 형성하며 그 장에서 기능을 발휘한다.

NGO의 출현은 국가를 대변하는 정부부문과 시민사회 사이의 중재자 역할을 수행한다. NGO의 등장으로 행정시스템에 대한 합리화의 요구가 줄어들고, 과부하 상태의 정부부문으로부터 벗어나 보다 높은 합의의 토대를 확대할 수 있게 된다. NGO의 위상은 정치영역뿐만 아니라 시민사회에도 많은 변화를 가져다 준다. 시민사회의 변화의 흐름이 언제나 NGO의 형태로 표출되기 마련이기 때문이다.

정부의 입장에서 늘어만 가는 시민사회의 요구를 모두 파악하는 것은 불가능에 가깝고, 잘못된 기금의 낭비는 국가 정당성의 문제를 야기시킬 수 있다. 그러나 지금까지 서구 복지국가의 경우를 보면 NGO는 저항세력이기보다는 정부나 정치권의 부담을 덜어 주는 협력단체 역할을 수행하고 있음을 알 수가 있다.

(4) 현단계 국내외에서의 NGO 발전추세

한국의 정치권도 NGO활동에 지대한 관심을 보이고 있다. 최근 국회의원들의 국정감사 활동에 대해 시민운동단체들이 감시활동을 벌인 바 있을 뿐 아니라, 이

76) 여기서 NGO(비정부조직)라는 용어 자체는 일련의 대안적인 개념으로 구성되어 있다. 이 대안적 개념들은 자원적 부분, 시민사회, 풀뿌리 조직, 사적 자원 조직, 초국가적 사회운동 조직, 풀뿌리 사회운동 조직과 비국가적 행위자들(non-state actors)을 모두 포함하는 개념이다. 이 조직들은 자발적인 개인들, 즉 자원봉사자들로 구성되는 것이 대부분이다.

제 새로운 대통령의 당선과 새 정부의 정책결정에까지 크게 간여하고 있다는 주장이 나오고 있을 정도이다.

국제정치 차원에서도 NGO가 인류의 인권, 안전과 행복을 위해 없어서는 안될 절대적인 존재이며, 유엔이나 국가권력에 못지않게 필수불가결한 존재로 인정되고 있다. 21세기는 민주정부와 시장 그리고 시민사회가 국가와 세계발전의 3대 축을 이루는 시대가 될 것이 분명하며, 우리는 시민사회의 자율성 확대와 그 활동의 제고에 유념하지 않을 수 없다.

이처럼 NGO가 한국정치권에 새로운 관심사를 불러일으키면서 NGO에 대한 지원과 협조도 상당한 수준에 이르고 있는 처지이다. NGO는 세계화 추세에 발맞추어 국제적인 교류와 연대를 촉진하는 주체로서만이 아니라, 지방자치시대에 걸맞는 지역정치 주체로서의 역할이 점차 강화되고 있다. 이는 한국정치가 더욱 다원화되고 있음을 의미한다. 지금까지의 정치적 연구는 중앙정부나 중앙정치권, 중앙에 의한 의사결정과 국제기구에서의 의사결정, 또한 정부와 국제기구 사이의 상호교류와 역학관계 그리고 그것이 의사결정과정에 미치는 영향 등에서 그 주종을 이루었다. 앞으로 NGO가 새로운 행위주체가 되면서 새롭게 이 영역에 대한 조명이 더욱 절실해지고 있다.

국제적으로 NGO는 다음과 같은 조건 속에서 발전되어 오고 있다.

첫째, 그동안 국제질서유지나 국제교류 등 국제관계에서 단지 국가 혹은 정부의 외교관 등이 이를 독점, 그 행위의 주체가 되어 왔다. 하지만 세계화・지구촌화 시대의 시장수요에 대응한 오늘날의 상황에서 이러한 관행은 그 적응력을 상실해가고 있다. 둘째, 사회적 요구의 다양화・복잡화 추세로 이를 수렴할 국가의 능력이 미치지 못하거나 아예 국가가 무관심할 경우가 있어 NGO는 이러한 결점을 보완할 수 있다. 셋째, NGO는 아래로부터의 요구를 토대로 시민들의 세력 형성을 도모하게 되고, 중앙정부 부문이나 자치단체 부문 그리고 기업, 언론 분야까지도 감시하고자 하는 목적을 가지고 성장해 간다는 점이다.

NGO는 시민의 요구에 맞춰 사회를 구성하고자 하는 강한 목적의식을 갖고 있다. 특히 소외된 계층의 입장에 서거나 시민의 자유를 증대시키기 위해서, 또는 시민이 보유한 권리를 보호하거나 확대코자 노력하고 있다. 이 점에서 NGO의 노력은 정부기관보다 더 높은 신뢰도를 확보해 나갈 수가 있다.

(5) NGO와 정치참여

그 동안 NGO의 집단적 참여요구에 정치권은 일반적으로 다음과 같은 방식을 거쳐 대응해 왔다.

그 첫째는, 정부의 의사결정과정에 시민단체의 대표나 전문가집단을 참여시키는 경우이다. 이 경우에는 일반시민들의 의견을 정책결정 과정에서 충분히 고려하고 반영시키는 경우도 적지 않았지만, 많은 경우에 있어 정부의 결정에 정당성과 면죄부를 부여하는 방식으로 활용되기도 하였다. 둘째로는, NGO의 참여요구를 보다 적극적으로 수용하기 위해 여론형성 기능을 지원하고 그 내용을 정책에 반영해 가고 있다. 민간부문의 활동을 활성화시키는 다양한 수준의 제도적 장치를 마련코자 노력하고 있다. 이 점에서 한국에서는 NGO에 대한 조세감면혜택 부여, 공익사업비 지원, 국공유시설 무상임대 등을 내용으로 하는 비영리민간단체지원법을 마련해 나가고 있다.[77]

NGO는 정치권력이나 법률적 권한 등을 가진 당국이 아니기 때문에 그 운동과정에서 무력감을 느끼는 경우가 적지 않다. 따라서 NGO 내에 정치참여의 소리도 높은 편이다. 국회의원이나 지방의회의원이 되든 각 정당에 가입하거나 정부관료가 되어 시민운동의 목적을 실현시켜야 한다는 목소리도 적지 않다. 반면에 NGO의 순수성을 지키기 위하여 비록 힘은 없으나 아무 데도 소속되지 않는 순수한 운동단체로 존속하여야 한다는 주장도 강하다. 현재까지 한국의 상황은 후자가 지배적이었지만 최근 들어 정치권에서 이들을 유혹하는 분위기를 많이 보여주고 있다.

이와 같이 싫든 좋든 NGO의 목표가 성공을 거두기 위해서는 정치와 관련을 맺지 않을 수가 없다. 정치참여와 관련하여 다음과 같은 방식을 취할 수가 있다.

첫째, NGO운동가들이 정치에 직접 참여하는 방안이다. NGO의 속성상 참여가 불가피하다든가 꼭 필요할 때 참여하는 것이 바람직하다. 이 경우 NGO의 대표로서 정치에 참여할 수가 있으며, 시민운동은 단순한 NGO가 아니라 정치단체로 변화될 수가 있다. 유럽의 녹색당과 같은 경우가 그것이다.

---

77) 한국에서 마련되고 있는 제도에서 지원을 받을 수 있는 비영리민간단체의 자격은 ① 사업의 직접 수혜자가 불특정 다수이고, ② 구성원 상호간 이익분배를 하지 않으며, ③ 특정 정당 또는 선출직 후보를 지지·지원할 것을 주된 목적으로 하거나 특정 종교의 교리전파를 주된 목적으로 설립·운영되지 않은 단체 중에서 ① 상시구성원 수가 특정 인원 이상으로, ② 공익활동 실적이 있는 단체로 제한하고 있다.

둘째, NGO운동가들이 개별적으로 정치에 참여하는 방안이다. 이 경우 시민운동가 출신이 정치에 참여하는 것이라고 해석하면 된다. 시민운동가 출신이 개별적으로 정치에 참여하는 것은 원칙적으로 문제가 되지 않는다. 그러나 시민운동의 현재 임원이 정치에 참여하는 경우 NGO를 정치단체로 변질시키거나 이용할 우려가 있다는 점에서 경계의 대상이 되고 있다.

셋째, NGO는 선거과정을 통하여 간접적으로 정치에 참여할 수 있다. 시민운동단체가 각 당의 선거공약을 평가하고 후보초청 토론회 등을 실시하여 시민운동이 지향하는 주장을 공약으로 내걸게 하는 방안과 그러한 후보를 지지하는 방안이 그것이다. 한국의 경우 아직까지는 시민운동 부문에서 특정 후보를 지지하거나 반대하기는 어렵게 되어 있다.

넷째, NGO가 내세우는 안을 입법청원하거나 정당 혹은 정치인들로 하여금 입법토록 하는 운동을 전개할 수가 있다. 평소의 토론회나 평가활동 등이 바로 이러한 차원에 속한다고 할 것이다.

다섯째, NGO는 정치권, 특히 의원들의 의정활동에 대한 감시와 평가를 통해 그들이 불만스럽게 생각하는 분야에 대한 정치활동을 촉구할 수가 있다. 최근 들어 한국정치권에서 전개되고 있는 국감연대의 활동이 바로 그러한 사례라고 할 것이다.

마지막으로, NGO는 국제적인 연대를 통하여 국가들이 수행하기 어려운 정치활동을 수행하는 경우가 허다하다. 환경이나 인권문제에 대한 NGO들의 국제적인 연대활동은 이미 잘 알려진 사실이며, 1999년 시애틀에서 열렸던 WTO각료회의에 결정적인 타격을 가한 국제 NGO연대시위는 NGO의 역할을 다시 한번 일깨워준 것으로 평가되고 있다.

제 6 장

정치제도와 의회 · 선거 · 지방정치

제1절 정치제도

정치제도는 사회 구성원의 기본권에 의하여 상징되는 가치를 실현시킴으로써 사회공동체의 동화적 통합을 달성하고자 마련된 통치기능의 조직적이고 기능적인 메커니즘이다. 자유민주국가에서는 정치구조가 민주적 정당성에 뿌리를 두고 있어야 하기 때문에 권력의 창설과 행사가 민주적 정당성에 뒷받침될 수 있도록 여러 가지 제도적 장치의 준비가 필수적이다.

자유민주적 권력구조는 통치권 행사의 절차적 정당성의 요청을 충족시킬 수 있는 제도적인 장치를 마련해야 한다. 아무리 민주적인 정당성의 요청을 충족시키는 통치권이라 하더라도 권력의 독재화나 폭력화를 막을 수 있는 제도적 장치가 필요하게 되어 있다. 따라서 자유민주적 권력구조가 필요로 하는 권력통제 메커니즘은 통치권 행사에 관해서 이와 같은 방법과 과정의 정당성, 즉 절차적 정당성을 보장하기 위한 불가결한 제도적인 방법이다.

권력구조상의 여러 가지 제도, 예컨대 대의제도, 권력분립제도, 선거제도, 헌법재판제도 등은 모두가 민주적인 방법과 과정의 정당성을 의식한 것으로 이해할 필요가 있다.

1. 국가권력 행사의 민주적 정당성

(1) 국가권력에 대한 참여

우리나라 헌법은 권력의 민주적 정당성을 확보하고자 국민이 국가권력에 참여할 수 있는 통로를 두고 있어 권력기관이 민주적인 정당성을 인정받을 수 있도록 하고 있다. 국가권력에 참여하는 통로로는 민주적 정당성의 신진대사를 가능하게 하는 국민투표 및 선거제도 등이 있다.

이를 위해 참정권을 비롯한 정치사회 영역에서의 기본권을 보장하고 국민투표제도, 선거제도, 지방자치제도, 복수정당제도를 둠으로써 상설적인 권력참여의 기회를 제공하고 있다. 특정인이나 특정 계층에 의해 권력이 독점되는 것을 방지하고자 한다면 평화적인 정권교체의 정치적 정의를 실현하는 메커니즘을 두는 것이 필수적이다.

(2) 국회를 통한 권력의 정당성 확보

우리나라 헌법은 행정부, 사법부, 헌법재판소, 감사원, 중앙선거관리위원회 등의 헌법기관의 구성에 국회가 관여토록 함으로써 이들 헌법기관들이 간접적이나마 민주적 정당성을 인정받을 수 있도록 하고 있다. 즉, 국회가 헌법재판소의 장, 대법원장, 국무총리, 감사원장, 대법관 등의 임명에 대한 동의권을 가질 뿐만 아니라, 헌법재판소 재판관 3인과 중앙선거관리위원회 위원 3인의 선거권을 가지고 이들 헌법기관의 구성에 관여할 수 있도록 하고 있는 것이다.

2. 국가권력 행사의 절차적 정당성

그 첫째로, 행정부와 입법부의 상호견제를 들 수 있다. 대통령의 국회임시회 소집요구권, 정부의 법률안제출권, 대통령의 법률안거부권, 대통령과 국무총리, 국무위원 또는 정부위원의 국회출석 · 발언권 등이 행정부에 부여된 중요한 입법부 견제수단이다.

반면에 대통령 · 국무총리 · 국무위원 · 행정각부의 장 등에 대한 국회의 탄핵소추의결권, 국무총리와 국무위원에 대한 해임건의권, 예산안 및 국가재정작용에 관한 심의확정권, 특정한 조약의 체결 · 비준에 대한 동의권, 선전포고 및 특정한 군사행동에 대한 동의권, 일반사면에 대한 동의권, 국회의장의 법률공포권, 계엄해제요구권 등은 입법부가 행정부에 대해 가지는 중요한 견제수단이다.

둘째, 행정부와 사법부의 상호견제를 들 수 있다. 대통령이 가지는 대법원장과 대법관 임명권과 대통령의 사면 · 감형 · 복권권이 행정부에 부여한 사법부 견제수단이라고 한다면, 명령 · 규칙 · 처분에 대한 법원의 최종적인 위헌 · 위법심사권은 사법부가 가지는 행정부에 대한 견제수단이다.

셋째, 입법부와 사법부의 상호견제를 들 수 있다. 국회가 행사하는 대법원장 및 대법관임명동의권, 사법부예산심의확정권, 법관에 대한 탄핵소추의결권 등은 입법부의 사법부 견제수단이고, 법원의 법률에 대한 위헌심사권과 위헌결정제청권은 그 반대로 사법부의 입법부 견제수단이다.

3. 정치적인 권력통제의 메커니즘

정치적인 통제는 먼저 여당과 야당간의 기능적인 권력통제를 들 수 있다. 이것은 다수에 대한 소수의 기능적 통제를 포함한다. 다수결원리를 의사결정의 방법으로 채택하면서도 소수에게도 일정한 헌법상의 견제기능을 부여함으로써, 소수의 보호를 통해서 다수의 독주를 견제할 수 있는 여당과 야당간의 권력통제를 제도화하는 것이 민주정치의 기본이다.

우리나라의 경우 국회의원의 법률안제출권을 비롯해서 국회재적의원 1/4에게 부여한 국회의 임시회소집요구권, 국회재적의원 1/3이 국무총리와 국무위원에 대한 해임건의발의권, 대통령을 제외한 고위직공무원에 대한 탄핵소추발의권 등은 여당에 대해서 야당 혹은 국회에서의 소수세력이 행사할 수 있는 기능적인 권력통제 수단이다.

그런가 하면 지방자치단체와 중앙정부간의 기능적인 권력통제도 중요하다. 지방자치를 보장하는 경우 중앙정부의 업무 비대화 현상을 견제할 수가 있다. 헌법이 보장하는 지방자치를 실현하는 것은 단순히 민주주의 실현을 위한 것만이 아니라 기능적 권력통제를 통한 국가권력의 절차적 정당성과도 유관한 것이다.

아울러 선거관리조직의 독립을 통한 기능적인 권력통제가 중요하다. 권력 견제를 위해서는 각종 선거관리와 정당에 관한 사무를 일반 행정사무와 기능적으로 분리시켜서 이를 독립한 선거관리위원회에 맡김으로써 일반행정 관서의 부당한 선거간섭을 기능적으로 배제하거나 견제할 수가 있다.

4. 국가권력기관의 구성원리

민주국가에서 권력행사를 위한 여러 국가기관은 국민주권의 이념을 실현시키고 그 현대적 의미가 존중될 수 있도록 조직되고 구성되어야 한다. 대의제도, 권력분립, 정부형태, 선거제도, 공직제도, 지방자치제도, 헌법재판소 등이 권력행사를 위한 기관의 구성에서 중요한 의미를 가진다.

(1) 대의제도

대의제도는 주권자인 국민이 직접 국가의 정책결정과정에 참여하는 대신 정책결정을 맡을 대의기관을 선거하고, 이 대의기관의 정책결정 내지 통치권행사를 여론 내지 주기적 선거를 통해 통제 내지 정당화시킴으로써, 대의기관의 선거를 통해 국민주권을 실현하는 통치기관의 구성원리를 전제로 한다. 이러한 원리에 따라 대의기관은 선거에서 책임과 신임을 물을 때까지는 당연히 국민의 동의가 있는 것으로 간주하여 책임정치의 실현에 크게 기여할 수가 있다.

대의제도는 국민의 정책결정 참여가 아닌 정책의 통제 내지 정당화에 의존하는 통치기관의 구성원리이기 때문에, 효율적인 권력통제 메커니즘과 선거를 통한 민주적인 정당화 절차를 필수적인 부속장치로 요구한다. 합리적인 선거제도와 이의 공정한 운영이 대의제도의 성패를 좌우하는 결정적인 관건이 된다. 대의제도가 선거제도의 연구를 촉진시키고 합리적인 선거제도의 정착과 발전에 기여하는 기능을 갖는다면, 선거제도는 대의제도의 기능적인 출발점으로서 그 운명을 좌우하는 구성원리가 되기도 한다.

정책결정과 정책수행에 대한 효율적 통제를 담당하는 대의기관의 성격상 대의제도는 권력분립이나 권력통제의 메커니즘과 불가분의 관계를 가진다. 대의제도는 권력분립제도의 조직원리로서의 기능을 실효성 있게 해주는 중요한 기능을 보유한다. 그런가 하면 대의제도는 대표로 선출되는 엘리트들에 의한 전문정치의 실현을 가능하게 하고, 이러한 엘리트들의 육성이나 진출을 가능하게 하는 정당정치의 활성화에 기여하기도 한다.

(2) 권력분립

국가권력을 행사하는 과정에서 그 권력행사가 독단적으로 흐르는 것을 방지하고자 하는 노력은 매우 오래 전부터였다. 권력의 집중이 권력의 횡포를 발생시키기 때문에 경험적으로 권력의 분립을 의도해 왔던 것이 바로 민주주의의 역사이기도 하다.

국가권력을 그 성격에 따라 여러 국가기관에 분산시켜 견제와 균형을 통해 자유와 권리를 보호하고자 하는 권력분립의 원칙은 자유민주주의 국가에서 결코 간과할 수 없는 구성원리로 간주된다. 전통적으로 국가권력은 입법권 · 행정권 · 사법권의 셋으로 분류하여 이를 각각 의회 · 행정부 · 법원에 나누어 맡김으로써 국가기관 상호간에 감시하고 통제토록 하는 권력분립의 원칙은 3권분립의 원칙으로 통용되기도 하였다.

고대에도 아리스토텔레스(Aristotle, 384-322 BC)는 통치권에 대해 심의권, 집행권, 사법권의 3분론을 펴기도 했다. 고대의 권력 3분론은 로크(John Locke, 1632-1704)나 몽테스키외(Charles Montesquieu, 1689-1755)의 고전적인 권력분립 사상과는 달리 집행권이나 사법권에 속할 사항까지도 심의권에 포함시키는 등 원시적인 색채가 짙었다. 그러기에 권력분립의 기원을 고대에까지 소급시키는 것은 적절치 못하다는 평가를 내릴 수가 있다.

오히려 고대의 사상보다는 17세기와 18세기 무렵의 유럽 정치상황에서 오늘날의 민주정치에 부합되는 권력분립 근거를 찾는 것이 타당하다. 로크는 국가권력을 입법권, 집행권, 외교권, 대권으로 나누고 이 네 가지 권한이 국왕과 의회에 의해 행사된다는 점을 강조함으로써, 그 당시 통치권의 핵심이 이 두 기관에 집중되고 있었던 영국의 정치상황을 그대로 정당화하였다. 몽테스키외는 모든 국가에 세 가지 형태의 권력이 존재한다는 전제하에 '입법권', 국제법에 속하는 사항의 '집행권', 시민권에 속하는 사항의 집행권이라는 '사법권'을 나누어야 한다고 보면서, 이 세 가지의 국가권력은 시민의 자유가 보장될 수 있도록 각각 다른 국가기관에 나누어 맡겨야 한다고 강력히 주장하였다. 권력의 집중이 권력의 남용을 낳고, 권력남용이 결국 독재와 인권침해를 초래한다는 기본적인 인식에서 출발하는 몽테스키외의 3권분립론은 권력의 분산을 통한 권력제한을 실현함으로써 시민이 자유를 보장코자 하는 것이 주된 관심이다.

고전적인 의미의 3권분립 사상은 오늘날 대부분의 민주국가 헌정에 영향을 미쳐 1787년의 미국연방헌법 제정, 1789년의 프랑스 인권선언, 1791년의 프랑스 혁명헌법에 그대로 반영되었다.

그런데 오늘날 사회구조의 변화로 인한 각종 이익집단의 출현과 정당국가적 경향의 강화로 인하여 정치적 양상이 변화되면서 국가의 급부기능이 강조되고 권력행사에 관련해서도 통합적인 측면이 강조되고 있다. 따라서 몽테스키외식의 3권분립론은 권력제한과 자유실현이라는 본래의 기능을 그대로 강조하기가 어려운 상황에 처해 있다고 봐야 할 것이다. 결과적으로 현대민주국가에서는 권력제한의 실효성을 강화한다거나 절차적 정당성을 보장해 주는 권력통제 메커니즘 모색이 불가피해짐으로써, 몽테스키외의 3권분립론은 고전적인 위치에 머무를 수밖에 없다는 평가를 할 수가 있게 된다.

그럼에도 불구하고 몽테스키외식의 고전적 3권분립론은 여전히 다음과 같은 측면에서 그 의미는 퇴색되지 않고 있다.

첫째, 권력남용 가능성을 방지키 위해 권력을 여러 국가기관에 분산시켜야 한다는 점이다. 둘째, 권력분산은 입법, 집행, 사법권의 셋으로 나누어 분산시킨다는 점이다. 셋째, 권력 상호간의 견제와 균형을 기한다는 점이다. 마지막으로, 권력분립은 그 자체가 목적이 아니라 국민의 자유와 권리를 보장하기 위한 수단에 불과하다는 점이다.

5. 정부형태

정부형태는 권력분립주의가 구현하는 조직과 구조의 일반적인 형태라고도 말할 수 있다. 한 나라의 정부형태는 통치구조의 실질적인 구현형태로 간주된다. 오늘날의 정치에 반영되고 있는 대통령제와 의원내각제는 정부형태 중에서도 가장 고전적인 유형에 속하는 것이다.

몽테스키외식의 권력분립 사상을 반영하여 마련된 연방헌법을 근간으로 탄생된 미국식 대통령제와 영국의 입헌주의 발전과정에서 정치적인 기여가 컸던 강력한 의회의 기반을 존중한 의원내각제가 바로 현대 정부형태의 원류가 되고 있다. 대통령제는 의회로부터 독립하고 의회에 대하여 정치적 책임을 지지 않는 대통령 중심으로 국정이 운영되는 정부형태인 데 반해서, 의원내각제는 의회에 의해서 선출되고 의회에 대해서 정치적 책임을 지는 내각 중심으로 국정이 운영되는 정부형태이다.

대통령제는 권력분립의 이념에 입각하여 조직 및 기능의 분리와 견제 및 균형의 원리를 실현시키는 데 비중을 둔 반면에, 의원내각제는 의회주의를 토대로 한 의회의 책임정치를 구현하는 데 비중을 둔다. 결국 대통령제와 의원내각제는 입법부와 집행부의 조직이나 활동, 기능상의 관계가 상호 의존적이냐 아니면 상호 독립적이냐에 따라 특징지워진다고 말할 수가 있다.

(1) 대통령제

대통령제는 의회로부터 독립하고 의회에 대해 책임을 지지 않는 대통령 중심으로 국정이 운영되고, 대통령에 대해서만 정치적 책임을 지는 국무위원에 의해 구체적인 집행업무가 행해지는 정부형태이다.

대통령이나 의회 모두가 주기적인 선거를 통해 주권자인 국민에 대해서만 그 정치적 책임을 지는 것이 대통령제의 본질이다. 집행부 구성원이 의회의 의원을 겸하지 않는다거나, 대통령이 의회해산권과 의회의 집행부 구성원에 대한 불신임권이 인정되지 않고 집행부에게 법률안제출권이 없는 것은 물론, 집행부 구성원은 의회의 요구가 없는 한 의회출석, 발언권을 갖지 못하는 것도 바로 대통령제의 독립성 원리와 관계가 있다.

다만, 대통령으로 하여금 법률안거부권을 가질 수 있도록 함으로써 집행부가 자의적으로 의회에 출석한다거나 법률안제안권이 없는 것과 관련하여 불가피한 것으로 인식되기도 한다.

(2) 의원내각제

의원내각제는 의회에서 선출되고 의회에 대해 정치적 책임을 지는 내각 중심으로 국정이 운영되는 정부형태로 되어 있다. 의회와 내각이 조직이나 활동, 기능에 있어서 상호 밀접하게 의존성을 지니고 있다는 점에서 독립성을 강조하는 대통령제와는 구분된다.

의회의 내각불신임권과 내각의 의회해산권, 의원직과 각료직의 겸직 허용, 내각의 법률안제출권과 각료의 자유로운 의회출석, 발언권 등이 의원내각제의 기본적인 본질이다. 내각은 의회의 다수당 혹은 다수세력의 정책집행기구로서의 성격을 보유하기 때문에 의회와 집행부의 관계는 협동적이면서 통합적인 관계로 되어 있다.

의회에 책임을 지는 내각의 경우 안정적인 다수의 확보가 중요한 전제로 되어 있다. 빈번한 내각불신임과 의회해산으로 말미암아 정치적으로 중립적인 입장에서 집행을 관장해 갈 수 있도록 하는 직업공무원제도가 정착될 필요가 있다.

(3) 대통령제와 의원내각제의 비교

대통령제가 미국의 초기 건국상황에서 몽테스키외의 3권분립에 영향을 받아 국가권력을 완전히 분리하여 견제와 균형을 실현시키고자 하는 권력구조로 마련된 것이라고 한다면, 의원내각제는 영국의 의회정치 전통 속에서 대의이념과 군주의 권한제한 취지를 살리고자 하는 책임정치의 권력구조로 마련된 것이었다. 그렇기 때문에 그 성격이나 과정이 어느 정도 차이가 있을 수밖에 없다.

대통령제와 의원내각제는 입법권과 집행권의 상호독립과 상호의존의 성격만 두고 보자면 일면 반대되는 것처럼 보일 수가 있다. 그러기에 대통령제의 장점이 의원내각제의 약점이 되거나 그 반대인 것처럼 여겨지는 것도 무리는 아니다. 그렇지만 두 가지 정부형태를 두고 무조건 고정관념을 가지고 대하는 것은 바람직하지 않다. 이를테면, 정국안정을 두고 대통령제는 안정적이라든가 의원내각제는 그렇지 못하다는 인식은 정치학의 입장에서 보자면 편견일 수가 있다.

대통령제와 의원내각제에 대한 선택 논쟁이라고 하는 것은 정치적인 편의의 소산일 수도 있다. 이 점에서 정부형태를 정파에 따른 하나의 자기목적적인 제도만으로 생각하는 제도중심의 사고방식과 이와 관련된 제도의 장・단점에 대한 도식적인 설명에만 매달리는 것은 정치학의 입장에서는 위험한 발상이다.

그 동안 우리나라에서도 수차례 실험을 거듭해 본 경험에서 아는 것처럼 대통령제와 의원내각제를 적절히 혼합시킨 절충형 정부형태는 특정 정부형태만을 선호하는 것이 무의미함을 보여준다. 우리나라가 현재까지 채택해온 정부형태는 1960년 제2공화국의 의원내각제를 제외하고는 거의 모두가 대통령제와 의원내각제의 요소를 집권자 내지는 실력자의 임의대로 혼합시킨 절충형태였다. 그나마 그러한 절충이라고 하는 것도 특정 정파의 정치적인 목적을 달성코자 하는 데에 비중을 두었기 때문에 정부형태 운용이 타당치 못한 경우가 허다하였다.

(4) 우리나라 정부형태의 특성

현행헌법상 우리나라 정부형태는 다음과 같은 특성을 지니고 있다.

국가의 원수이며 행정부의 수반인 대통령은 임기 5년으로 국민에 의해 직접 선출되는데, 그 임기중 국회의 탄핵소추를 받지 않는 한 아무런 정치적 책임을 지지 않는다. 대통령은 상대다수대표선거에 의한 방식으로 선출되지만 최고득표자가 2인 이상인 때에는 국회에서 재적의원 과반수가 출석한 공개회의에서 다수결로 당선자를 결정하게 되어 있다.

최고의 국정심의기관은 대통령과 국무총리 및 국무위원으로 구성되는 국무회의이지만 의결기관이 아니고 대통령의 단순한 보좌기관에 불과하다. 국무총리는 국회의 동의를 얻어 대통령이 임명하고 국무위원은 그의 제청으로 대통령에 의해 임명된다. 국회는 국무총리와 국무위원의 해임건의권을 갖고 있다. 아울러 국회의원은 국무위원직을 겸할 수 있도록 되어 있다.

이처럼 현행헌법은 의원내각제적 요소를 적지 않게 보유하고 있다. 그동안의 헌법이 의원내각제적 요소를 많이 내포하고 있었다가 다시 그러한 요소를 많이 삭제하였다고는 하지만 현재의 정부형태 역시 여전히 절충형으로 분류할 수밖에 없다. 그러기에 현행 우리나라 정부형태는 대통령제 중심의 절충형 혹은 변형된 대통령제라고 평가해도 무리가 아니다.

제2절 의 회

1. 의회정치의 본질

의회는 국민주권 원칙과 대의제도 원칙에 입각하여 국가의 규범체계와 주요 정책을 결정하거나 추인하면서 행정부를 견제하고 감독함으로써 민주정치 이념과 원리를 구현하는 데 그 존재 의의를 두고 있다.

기능론적인 관점에서 보자면 의회는 사회여론을 수렴하여 입법과 정책에 반영함으로써 사회갈등을 해소하고 통합을 촉진시키며 정치체제의 정당성을 강화하는 데 기여한다.

국민의 대표기관인 의회가 대의원칙과 다수결의 원리에 따라 고유기능을 수행함으로써 민주정치의 이상을 실현하는 정치형식이 바로 의회주의이다. 이러한 의회주의는 정당 및 행정부와의 관계에 따라 정당국가적 의회주의와 행정국가적 의회주의로 구분되기도 한다.

먼저 정당국가적 의회주의에서 의원은 정당에 종속되기에 의회의 토론과 결정 역시 정당대표간의 합의에 따라 좌우되는 경향을 보인다. 의회의 정부에 대한 통제는 야당의 집권당에 대한 통제와 비판으로 대체되는 경향을 보이며 의원내각제와도 밀접한 관계를 가진다.

그런가 하면 행정국가적 의회주의는 행정부에 대한 의회의 종속이 특징적이다. 이는 의회의 고유기능이 명목에 불과하고 실질적인 권능은 행정부가 행사하는 것으로 되어 있다. 입법기능이 의회의 고유기능이라고 하지만 행정부가 법안을 제출하고 가결을 추진함으로써 행정입법 현상이 두드러지게 나타나며, 의회가 행정부를 견제하는 것이 아니라 오히려 조종당하는 경우도 적지 않은데 주로 대통령중심제와 밀접한 관계를 가진다.

2. 우리나라 의회정치의 현실

(1) 의회정치의 경험

우리나라 국회는 해방후 1948년 5.10총선거를 실시, 임기 2년인 198인(정원 200명)의 국회의원을 선출하여 동년 5월 31일 개원함으로써 시작되었다. 제헌국회에서는 헌법, 국회법, 정부조직법을 제정하고 이에 따라 대통령과 국회의장을 선출함으로써 정부수립의 기반을 마련한 이래 민의의 전당, 민주주의의 상징으로서 그 역할을 하여 왔으며, 2008년에는 제18대 국회가 구성되어 활동하고 있다.

국회는 제헌국회 이래 단원제로 구성되어 왔으나 제2공화국(1960-62)의 제5대 국회는 민의원과 참의원의 양원제로 구성되었다. 의원선출 방법에 있어서는 제5대 국회까지는 직선제로, 그 이후에는 직선제를 근간으로 하여 비례대표제인 전국구 제도를 실시하고 있다.

국회의원의 수는 제헌국회 때 198명이었으나, 계속해서 증가되었고 2012년 공직선거법 개정으로 300명으로 늘어났다. 제19대 국회는 지역구 246석과 비례대표 54석으로 구성되어 있다.

제헌국회(임기: 1948. 5. 31 ~ 1950. 5. 30; 2년)
제2대 국회(임기: 1950. 5. 31 ~ 1954. 5. 30; 4년)
제3대 국회(임기: 1954. 5. 31 ~ 1958. 5. 30; 4년)
제4대 국회(임기: 1958. 5. 31 ~ 1960. 7. 28; 2년 1개월 28일)
제5대 국회(임기: 1960. 7. 29 ~ 1961. 5. 16; 9개월 18일)
제6대 국회(임기: 1963. 12. 17 ~ 1967. 6. 30; 3년 6개월 14일)
제7대 국회(임기: 1967. 7. 1 ~ 1971. 6. 30; 4년)
제8대 국회(임기: 1971. 7. 1 ~ 1972.10. 17; 1년 3개월 17일)
제9대 국회(민선의원 임기 6년: 1973. 3. 12 ~ 1979. 3. 11; 통일주체국민회의 선출 의원 임기 3년: 1973. 3. 12 ~ 1976. 3. 11, 1976. 3. 12 ~ 1979. 3. 11)
제10대 국회(임기: 1979. 3. 12 ~ 1980. 10. 27; 1년 7개월 16일)
제11대 국회(임기: 1981. 4. 11 ~ 1985. 4. 10; 4년)

제12대 국회(임기: 1985. 4. 11 ~ 1988. 5. 29; 3년 1개월 18일)
제13대 국회(임기: 1988. 5. 30 ~ 1992. 5. 29; 4년)
제14대 국회(임기: 1992. 5. 30 ~ 1996. 5. 29; 4년)
제15대 국회(임기: 1996. 5. 30 ~ 2000. 5. 29; 4년)
제16대 국회(임기: 2000. 5. 30 ~ 2004. 5. 29; 4년)
제17대 국회(임기: 2004. 5. 30 ~ 2008. 5. 29; 4년)
제18대 국회(임기: 2008. 5. 30 ~ 2012. 5. 29; 4년)
제19대 국회(임기: 2012. 5. 30 ~ 2016. 5. 29; 4년)

(2) 위원회와 교섭단체 운영

국회 상임위원회는 소관에 속하는 의안과 청원 등의 심사, 기타 법률에서 정하는 직무를 다루고자 하는 위원회이다. 국회운영위원회, 법제사법위원회, 정무위원회, 기획재정위원회, 미래창조과학방송통신위원회, 외교통일위원회, 국방위원회, 안전행정위원회, 교육문화체육관광위원회, 농림축산식품해양수산위원회, 산업통상자원위원회, 보건복지위원회, 환경노동위원회, 국토교통위원회, 정보위원회, 여성가족위원회 등을 두고 있다.

위원의 선임 및 개선은 교섭단체 소속 의원수 비율에 의하여 각 교섭단체의 요청으로 의장이 결정한다. 어느 교섭단체에도 속하지 아니하는 의원의 상임위원 선임은 의장이 이를 행하며, 겸직의원의 유관 상임위원회 선임은 제한된다.

소위원회는 특정한 안건심사를 위하여 두는 것으로 그 소관 사항을 분담・심사하기 위하여 3개를 초과하지 않는 범위에서 상설 소위원회를 둘 수 있다. 소위원회는 폐회중에도 활동할 수 있으며, 그 의결로 의안의 심사와 관련된 보고 또는 서류의 제출을 정부・행정기관 기타에 대하여 요구할 수 있고, 증인・감정인・참고인의 출석도 요구할 수 있다.

특별위원회는 수개의 상임위원회 소관과 관련되거나 특히 필요하다고 인정한 안건을 심사하는 직무를 가지고 있는 위원회이다. 국회법에 규정된 특별위원회는 예산결산특별위원회, 윤리특별위원회 등으로 되어 있다. 특별위원회는 심사한 안건이 본회의에서 의결될 때까지 또는 활동기한의 종료시까지 존속한다.

국회에 20인 이상의 소속의원을 가진 정당은 하나의 교섭단체가 될 수가 있다. 본회의 및 위원회에 있어서 발언시간 및 발언자 수, 상임위원회 및 특별위원회

위원 선임 등은 교섭단체 소속의원 수의 비율을 기준으로 시행하고 있다. 교섭단체 대표의원은 통상 정당의 원내대표가 맡는데, 이는 필요시 결정되며 정당의 상시적 대표자 내지 당대표와는 다르며, 각 교섭단체 대표의원은 국회운영위원회위원이 되도록 되어 있다.

3. 의회정치의 한계와 대응책

(1) 의회정치의 한계

정당국가적 의회주의에서 의원은 정당에 종속되기 때문에 의회의 토론과 결정 역시 정당대표간의 합의에 따라 좌우되는 경향을 보인다. 행정국가적 의회주의에서는 행정부에 대한 의회의 종속이 특징적이라고 설명된다. 이렇게 되는 경우 의회의 고유기능이 명목에 불과하고 실질적인 권능은 정당 지도부가 행사하거나 행정부가 행사하는 것처럼 보일 수가 있다.

그런가 하면 시민사회의 성장에 따른 비정부기구의 발전, 언론의 영향력 증대로 의회의 위상이 떨어지는 것처럼 보이기도 한다. 이와 함께 현대사회가 고도로 복잡화되고 분업화 · 전문화되면서 법안이나 예산안을 비롯하여 의회에서 다루어야 할 안건도 그 분야가 다양화 · 세분화될 뿐만 아니라 심의를 위해서 고도의 전문적 지식이 필요하게 되었다.

그러나 의회는 국민의 대의기관으로서의 본질 때문에 전문성보다는 국민 각계각층을 대표하는 대표성이 우선하며, 또한 정기적 선거를 통해 교체되는 유동성을 그 특징으로 하고 있기 때문에 구조적으로 전문성 확보와 축적에 취약한 조건에 처해 있다. 이는 전문적 지식이 요구되는 각종 안건을 심의하는 데에 큰 제약요인으로 작용하고 있다. 의회의 이러한 취약성은 특히 행정부와의 관계에서 문제가 된다. 분화되고 전문화된 광범한 관료조직을 갖춘 행정부에 비해 전문성에서 떨어지는 의회는 행정부에 대한 비판 · 통제능력을 상실하게 될 뿐 아니라, 입법이나 예산확정 등 그 고유한 기능에서마저 행정부에 주도권을 빼앗기게 되는 상황에 처하게 되는 것이다. 소위 '행정국가화 현상에 따른 의회정치의 위기'가 바로 그것이다.

현대사회에서 의회정치가 처하게 되는 또 다른 위기는 정당국가화에 따른 것이다. 즉, 정당이 대의제 민주주의 운영의 중심행위자로 자리잡게 되면서 의회정치는 정당정치에 예속되게 된다. 특히, 정당이 소수 지도부에 의해 장악되는 과두적·중앙집권적 구조를 띠게 될 때 의원들은 국민의 대표라기보다는 소수 정당지도부의 의사에 예속되게 됨으로써 대의제 민주주의의 심각한 왜곡이 나타나게 되는 것이다.

(2) 의회정치 활성화 전략의 모색

의회 자체의 쇠퇴나 의회제도의 위기에 대한 대응책도 다각도로 강구되고 있다. 그 대응책으로 국민투표 등을 통한 직접민주제의 도입, 직능대표제 실시, 의회제도의 내부개혁 등을 들 수가 있다. 국민투표제나 직능대표제의 도입은 이미 오래된 일이다. 다만, 의회 자체의 내부개혁과 관련해서는 상황에 따라 다르게 적용되는 추세를 보이고 있다. 그것은 의원직을 직업적으로 인식하는 의원들과 이들에 대한 공천권을 행사하는 당 지도부나 유권자와의 관계 때문에 의회 자체의 자율성이 약화되는 경향이 없지 않기 때문이다.

우리나라 국회의 제도화수준을 자율성, 복잡성, 보편성의 세 가지 차원에서 분석해 보면 다음과 같다.

첫째, 의원들 상호간의 관계에서 선진민주주의 의회에서와 같은 수평적 규율이 없고, 수직적 관계가 강하게 나타나고 있어 국회의 자율성은 매우 낮은 편이다.

둘째, 내적 복잡성이 낮은 편인데 이는 국회의 상임위원회 활동이 부진하고 전문성이 결여되어 있다는 것과 관계가 있다. 이와 관련하여 최근 시민운동단체들의 각종 의정평가 활동이 의회의 전문성을 높이는 데 기여하고 있는 것으로 알려지고 있다.

셋째, 보편성이 낮은 편이다. 우리나라 국회의원들은 지역구 유권자들과 후견인-수혜자 관계(patron-client relationship)와 같은 사인주의(私人主義)적 요인에 의한 연계로부터 자유롭지 못한 편이다. 그러기에 의원들이 적절한 정책의 구현보다는 개인민원, 지역사업 등 특정한 혜택을 베푸는 가부장적 자세를 보이는 상황에서 일반적이고 보편적인 활동을 기대하기가 어렵게 되어 있다.

권위주의적인 정치문화가 어느 정도 청산되어가는 마당에서도 국회에서의 여야 대결양상과 주요 법안들의 파행처리 등으로 볼 때 여전히 이러한 한계로부터 자유롭지 못하다는 것을 적나라하게 볼 수가 있다. 이와 관련하여 우리나라 국회의 문제점을 바로 잡고 국정심의 능력을 강화하기 위해서 개선되어야 할 것으로는 첫째, 국회활동을 상설화하여야 한다. 둘째, 의원의 자율성을 강화하여야 한다. 셋째, 위원회제도를 내실화하여야 한다. 넷째, 졸속입법의 방지책을 마련하여야 한다.

결론적으로, 우리나라 국회의 제도화수준을 높이기 위해서는 정당의 정책개발 능력을 향상시키고, 의원의 전문성을 제고하여 명실상부한 위원회 중심주의를 실천하며, 원내에서 타협의 관행을 정착시키고, 공천 및 정치자금제도를 개선하며 입법보좌의 전문성을 보다 강화해 가야 할 것이다.

이러한 내부상황과 관련해서는 의원의 독립성 회복이 절실하게 요청되고 있고, 양원제 국가의 경우에는 상·하 양원의 균형적인 발전과 조화가 요청되고 있다. 가장 실효성있게 요청되는 것 중의 하나가 의회 위원회제도의 적절한 활용이라고 말할 수 있다.

(3) 위원회 활성화

의회정치의 위기상황에서, 각국의 의회는 전문성을 강화함으로써 행정부 견제·감시기능과 함께 입법기관으로서의 위상을 회복하고, 또한 소수 당 지도부의 통제로부터 의회의 독자성과 자율성을 확보하기 위한 여러 가지 제도적 보완과 개선에 대한 노력을 행해 오고 있다. 그 중 핵심을 이루는 것이 상임위원회 제도의 발전과 개선이다.[1)]

본래 위원회제도는 분업을 통한 의회운영의 효율성과 전문성 확보를 그 1차적 목표로 한다. 위원회제도는 점차 증대하는 안건을 분담함으로써 안건의 효율적 처리를 가능케 하고, 심의를 위원회 단위로 소수화함으로써 의회운영의 탄력성을 확보할 수 있는 장치로 평가된다. 나아가 상임위원회 제도는 심의의 안정성과 지속성을 가능케 하며, 의원들로 하여금 특정의 정책분야를 분담하여 이에 전념할 수 있도록 함으로써 의원의 정책전문성을 확보하고, 이를 통해 의회의 정책전문성 확보를 가능케 하는 장치로 평가된다.

또한, 상임위원회가 법안을 비롯한 각종 안건의 심의와 그 성립 여부를 독자적으로 결정하게 되는 상임위 중심주의의 확립이다. 이는, 의회내 권력을 위원회

---

1) John D. Lees & Malcolm Shaw, eds., *Committees in Legislatures: A Comparative Analysis*, North Carolina: Duke University Press, 1974.

단위로 분산시킴으로써 의회의 분권화 및 민주적 의사결정 구조를 정립시키고, 나아가 상임위 운영의 독자성과 자율성을 확보함으로써 의회가 정당으로부터 자율성을 확보할 수 있게 하는 데 크게 기여할 수 있는 제도적 장치로 평가된다. 그러나 각국 의회운영의 경험은 상임위원회 제도 자체가 이러한 장점을 자동적으로 보장하는 것은 아닌 것으로 알려지고 있다. 특히 분업화에 의해 효율성이나 의사운영의 신속성은 보장될지 모르지만, 전문성과 분권성·자율성은 제도의 실제 운영과정에서 여전히 확보해야 할 중요한 과제라는 점이다.

우리나라도 역시 제헌국회부터 상임위원회 제도를 택해 왔었고, 제6대 국회(1963년)부터는 상임위원회 중심주의를 채택하여 오늘에 이르고 있다. 그러나 앞에서 살핀 위원회제도의 본래 취지인 전문성과 분권성·자율성을 달성하고 있다고 보기는 어렵다. 그 원인으로는 상임위원회 위원의 선임을 통한 구성 및 운영상의 문제, 상임위원회 보좌조직의 문제, 위원회를 둘러싼 의회체제, 나아가 의회정치를 규정하는 정당 및 정치체제 전반의 문제 등이 지적된다. 이 중 의회정치 내부의 문제점으로서 가장 결정적인 것은 위원회 구성의 문제인 것을 알려지고 있다.

그 첫째로는, 상임위 구성이 의원의 정책전문성 확보를 가능케 하는 방식으로 이루어지지 못하고 있다는 점이다. 흔히 상임위를 통한 의원의 전문성 제고방안으로는 ① 의원의 개인적·인적 전문성 활용 및 ② 의원활동을 통한 업무 전문성의 축적이라는 두 가지 방안이 제시된다.

전문성을 최대한 활용하자는 것은 상임위원 선임시 학력 및 전공분야, 사회적 경험과 경력 등에 기초하자는 것이다. 그러나 상임위원 선임시에는 지역구 상황이나 의원의 정책지향 등 고려해야 할 다른 변수들이 많기 때문에 학력·경력과 일치하는 선임이 반드시 보장될 수는 없다. 또한, 출신 모집단과의 유착이나 사적 이해 추구 등의 가능성도 배제할 수가 없기 때문에 경력과 일치하는 상임위 선임이 반드시 바람직한 것만은 아닐 수도 있다. 따라서 전문성 축적에 있어 보다 핵심적인 것으로 후자의 방안이 지적되기도 한다. 즉 의원이 의회에 진출한 뒤에 동일한 정책분야를 계속 관장함으로써 업무 전문성을 축적하도록 하자는 것이다.[2] 이렇게 하자면 의원이 임기중에 동일 위원회를 유지하고 나아가 재선을 통해 선수를 쌓으

2) 김광수, "한·미 양국 의회의 입법전문성 성장 비교,"『한국정치학회보』, 27집 1호, 한국정치학회, 1993.

면서 이전 임기와 동일한 위원회를 계속 유지함으로써 확보될 수 있다. 이 점에서 소속 상임위가 임기중에 또한 선수가 쌓일 때마다 변경되는 우리나라 국회의 상임위 운영실태는 전문성 축적에 결정적 장애요인으로 작용할 수도 있다. 그러나 한편으로는 특정 상임위에만 배정되는 경우 특혜시비에 휘말릴 소지도 배제하기 어렵다.

상임위원회 구성의 두 번째 문제로, 상임위 배정권이나 위원장 선출권을 소수의 당 지도부가 장악하고 있는 경우, 배정이나 위원장 선출이 부정적으로 나타날 가능성이 있다는 점이다. 이는 곧 상임위 운영이 정당의 소수지도부의 의사에 따라 좌우됨을 의미하여, 정당정치로부터 의회정치의 자율성 등이 확보될 수 없음을 의미한다. 이 점에서 의회의 위기를 극복하기 위한 내부개혁은 헌법에 의해 부여된 의회의 독립적인 권능을 현실적으로 실현할 수 있는 능력을 축적하는 기회를 제공하는 데에서부터 시작하여야 한다. 이는 곧 의회민주주의의 정립을 전제로 한다. 과거 우리나라 권위주의 정권들이 일종의 국민투표제적 민주주의를 이용해 오는 과정에서 의회의 권위와 전문성이 매몰되었던 것이 사실이지만, 이제는 국회 자체가 구체적인 정책대안을 둘러싸고 경쟁하거나 국민의 이해와 요구를 정책과 입법으로 변환시키면서 정부정책을 주도해 갈 수 있어야 한다는 것을 의미한다.

따라서 의회제도 개혁의 방향은, 의회 전문성 확보의 기반이 되는 상임위원회의 위상을 강화하고 상임위를 본래의 취지대로 운영하는 것이어야 한다. 그러나 우리의 상임위원회 제도가 여전히 이를 보장하지 못할 뿐 아니라, 오히려 전문성 축적을 제도적으로 제약하고 있다는 점에서 이에 대한 보완과 토론이 절대적이다. 상임위제도 개혁을 통해 상임위의 전문성과 자율성이 확보될 때 비로소 의회민주주의의 정착과 확립을 가능케 하는 의회 내부의 제도적 기반이 확보될 수 있을 것이다.[3]

---

3) 임기중 상임위 개선제도를 폐지하고 의원임기와 위원임기를 동일하게 하여 의원임기 동안에는 한 상임위를 유지하도록 하며, 재선될 경우 이전 임기와 같은 위원회를 유지하도록 하는 유인 요인으로서 선임우선 관행을 확립하자는 지적에 대해서는 박찬표, "상임위원회의 전문성 · 자율성 제고방안," 국회도서관입법조사분석실, 『현안분석』, 제125호, 1996 참조.

제3절 선 거

1. 선거의 의의

선거는 현대 민주사회에서 집단의 대표를 선정하는 방식과 절차를 말하는 것으로, 그것은 정치체제의 출발인 동시에 일반대중에 의해 이루어지는 정치투입의 가장 중요한 형태이다.[4] 대표를 결정하는 방식으로는 추천제나 임명제 등 다른 방법이 활용되는 경우도 있겠으나, 대중적 정치투입이란 관점에서 보면 선거가 가장 합리적인 통로로서 정당화되고 있다.

선거는 대중과 대통령, 의회, 자치단체장 등 권력의 핵심부를 연결시켜 줄 뿐 아니라, 기타 모든 사회단체의 권력관계에도 광범위하게 적용되고 있다. 선거가 제대로 실시되지 않을 경우 이익집단이나 정당 등 각종 단체활동이 원활하지 못하고 민주사회에 활력을 불어넣는 평화적 정권교체도 기대할 수 없게 된다.

이와 같은 입장에서 ① 과연 유권자들이 올바른 투표를 할 수 있을 것인가, ② 또 투표가 바르게 행하여졌다 해도 선출된 대표자들이 국민들을 위한 정책결정을 해줄 것인가 하는 선거회의론이 제기되고, ③ 만일 이러한 회의론이 선서분위기를 압도할 경우 그 대안적 정치는 무엇이겠는가 하는 논의가 끊임없이 계속될 수 있다.

우리나라의 선거사를 돌아볼 때 3.15부정선거로 정권이 무너졌던 사건과 국회의 무능, 의원들의 비리 등의 예를 들어 선거를 비판하는 부정적 입장을 이해할 수 있다. 그러나 국민들은 그 동안 선거의 올바른 실시를 주장하며 많은 피를 흘렸고, 선거는 그 동안 우리의 민주화에 많은 기여를 해왔음은 부정할 수 없다. 따라서 선거가 중요하고 우선 선거의 올바른 실시가 보장되어야 한다는 주장이 크게 설득력을 가지게 된다는 점을 간과해서는 안된다.[5]

민주주의사회에서 그 기구가 효과적으로 운영되기 위하여 혁명을 창도할 필요는 없다. 즉 민주주의시민에게는 암살자의 폭탄이 필요치 않다. 그들도 정책과 정치의 과정에 변화를 가져올 기회와 수단으로써 선거권을 가지고 있기 때문이

4) 길승흠 · 김광웅 · 안병만, 『한국선거론』, 다산출판사, 1987, 13쪽.
5) 위의 책, 14-15쪽.

다.[6] 우리는 '탄환 대신에 투표'라는 방식으로 정치적 문제를 해결하는 것이 가장 바람직하며, 이를 위해 노력하는 것이 민주화의 올바른 길임을 명심해야 한다.

이러한 선거는 다음 몇 가지 중요한 기능을 담당한다.

첫째, 선거는 국민의 다양한 의견이나 가치 · 이익을 정치에 투입시키는 이익표출기능을 담당한다. 유권자들은 여러 하위집단에 소속되어 그 집단의 이익을 대변할 대표자를 선출하고, 의회는 이들 집단의 부분적 이익을 상호 조절하는 장으로 충분한 토의가 이루어진다. 그 과정에서 국민의 다양한 의견이 정책에 반영되기를 바라면서 선거민들은 투표에 임한다.

둘째, 선거에 의하여 정치적 지도자를 선출한다. 대통령, 국회의원 등 고위정치직을 담당할 지도자뿐 아니라 시 · 도지사나 사회 각 단체의 장을 선출한다. 그리하여 정치체계의 모든 분야에 있어서 지도자를 충원하는 데 직 · 간접으로 일반대중이 간여하게 된다.

셋째, 선거는 선거에 의하여 당선된 정치지도자들에게 결정에 대한 권위의 정당성을 부여하는 유일한 조건을 이룬다. 아무리 강한 공권력을 갖춘 지도자라 해도 선거를 통한 경쟁과정을 겪지 않는 경우 강력한 리더십을 발휘할 수 없다.

넷째, 선거에 의하여 국민의 정확한 여론을 측정할 수 있다. 오늘날 정보사회의 발달로 선거시 이외에도 객관성 있는 표본을 추출하여 여론측정이 가능하겠지만, 전 유권자가 참여하는 총선거는 가장 확실한 방법으로 국민의 여론을 파악할 수 있는 기회가 된다. 선거제도에서 흔히 거론되고 있는 문제로서는 대표의 방법과 선거구, 선거풍토 및 투표행태 등에 관한 것들이 있다. 다음에서 이들 문제를 차례로 설명하여 보자.

2. 선거방법

현재 세계 각국에서 실시하고 있는 선거는 보통 · 평등 · 직접 · 비밀 · 자유선거를 원칙으로 한다. 첫째, 보통선거제는 제한선거제에 대한 것으로, 원래 선거에 있어서 재산 · 교양 · 문벌 · 성별 등 일정한 제한이 있었던 것을 20세기 이후 제한이 철폐되어 보통선거제가 실시되었다. 오늘날 선거권을 가질 수 있는 자격은 재산 · 교육 · 인종 · 종교 등의 이유로 제한할 수 없고, 단지 미성년자나 정신병자 ·

6) 정요섭, 『선거론』, 박영사, 1984, 13쪽.

범죄자 등의 조건을 달고 있음에 불과하다. 1980년대까지만 하더라도 각국의 선거 연령은 영국과 미국이 21세 수준이었고 한국(현재 만19세)과 스위스, 일본은 20세, 소련은 18세 수준으로 되어 있었다.[7)]

둘째, 평등선거제는 차등선거제에 대한 것으로, 누구나 한 표씩 투표하는 제도이다. 오늘날 제한선거나 차등선거는 없어졌지만 ① 각 선거구의 유권자 수와 그 선거구의 의원정수, ② 각 정당이 획득한 유효투표수와 그 정당이 점유할 의원수의 비례 등 선거방법상 문제가 있다.

셋째, 직접선거제는 국민이 직접 대표자를 선출하는 제도다. 간접선거제는 국민이 선거인단을 선출하고 난 후 다시 그 선거인단이 대표자를 선출하는 관계로 일반국민은 간접으로 선거에 참여함에 불과한 경우이다. 민주주의원리상 직접선거제가 바람직하고 중간자의 개입에 의한 부작용을 자초할 필요가 없다. 다만, 미국 등 몇 개 국가의 대통령선거에서 아직도 간접선거제를 실시하고 있는 경우가 있다. 그러나 미국의 대통령 선거제도는 그 절차상의 복잡성에도 불구하고 아직도 개정의 필요를 느끼지 않고 직접선거제나 마찬가지의 효과를 가지고 행하여지고 있다.

넷째, 비밀·자유선거제의 원칙은 공개·강제선거에 대한 것으로 투표자의 의견을 충분히 보장하는 당연한 민주제도이다. 그러나 아직도 거수·기립·박수·흑백투표 등이 행하여지는 사례가 많고, 특히 우리나라의 경우 여러 가지 교묘한 편법으로 투표의 자유를 침해하는 사례가 많았다. 기권을 방지하는 방법으로 강제투표제도 혹은 의무투표제를 채용한 나라들이 있지만 적어도 그것은 현재적인 선거추세는 아니다.

이상의 원칙에 따라 실시되는 선거에 있어서 각기 그 선거를 통해 국민을 대표하는 방법은 다수대표제·소수대표제·비례대표제의 세 유형이 있고,[8)] 유권자인 국민이 직접 투표권을 행사하는 국민투표제도가 있다.

(1) 다수대표제

다수대표제(majority representation system)는 대표자의 선출을 다수결의 원리에 따라 선거구 다수파의 의사에 의하여 결정하는, 즉 다수파로 하여금 당선자를 독

7) 위의 책, 35쪽.
8) 위의 책, 253-299쪽 참조.

점시키는 방법이다.

선거의 방법(의원선거)에 다수결 방법을 처음으로 채용한 것은 영국 헨리 6세의 1429년 법률이고, 이 때부터 영국은 줄곧 이 제도를 중요시하고 있다. 다수대표제는 일반적으로 소선구제도에서 채택되고 있는데, 당선의 조건이 되는 다수의 정도에 따라서, 즉 다수를 비교다수로 보느냐 절대다수로 보느냐에 따라 비교다수대표제와 절대다수대표제로 나눈다.

1) 비교다수대표제

이 제도는 투표구의 전 투표수에 대한 비율이 경쟁자와 비교하여 다수를 얻은 자를 당선자로 하는 방법인데, 다시 선거구의 크기에 따라 다음 두 가지 제도로 나누어진다.

① 단기다수대표제: 다수대표제의 전형적인 것으로 소선거구제하에서 단기투표를 행하는 방법이다. 즉, 1구 1명으로 하여 투표용지에 선거인이 의원후보자 1명만을 투표하는 제도이다. 이 방법에서는 두 개의 파가 경쟁하는 경우 근소한 차이로 당락이 결정됨으로써 다수의 사표(死票)가 대표될 길이 없으며, 3-4파로 분열 · 경쟁할 때에는 다수자가 아닌 자가 비교다수로 당선되는 불합리한 경우가 발생한다.

② 연기다수대표제: 이 제도는 하나의 대선거구에서 의원 수명을 선출하는 방법으로, 투표자는 그 선거구의 의원정수와 동일한 수의 후보자를 골라 투표한다. 이 제도는 소수당이 의회에 진출할 기회를 제한한다는 의미에서 큰 약점을 가지고 있다.

2) 소수대표제

소수대표제는 다수대표제가 소수파 의견을 무시했던 결함을 보충하고자 고안된 제도이다. 다수대표제는 다수라는 명분으로 소수의견을 묵살함으로써 민주적 자유 · 평등의 원칙을 위배하고 있기 때문에 소수파에게도 득표수에 비례한 의석을 배정하는 것이 바람직하다. 여기에는 제한연기(制限連記)투표제(유한투표제) · 체감연기투표제 · 누적투표제 · 누적제한투표제가 있다.

제한연기투표제는 한 선거구 내의 의원정수보다 적은 수의 후보자에 연기투표하여 소수파의 당선을 도모하는 기교적 방법이고, 누적투표제는 연기다수대표제와 비슷하면서 1인 또는 수인의 후보자에 자유로이 누적투표할 수 있는 제도이다. 이들 제도는 기교와 대표성의 문제에 논의의 여지가 많으며 오늘날 별로 사용되지 않고 있다.9)

(2) 절대다수대표제

과반수의 지지를 얻는 자를 당선자로 하는 제도이며, 다시 구체적인 방법상의 차이에 따라서 결선투표・선택투표・우선투표제가 있다. 결선투표(second ballot)는 1차투표에서 과반수 이상을 득표한 후보가 없을 경우, 일정 기간후 다수득표자 2인 중 1인을 선출하는 방법으로 일명 재투표라 부른다. 선택투표(alternative vote)는 단기이양식 비례대표제와 비슷한 것으로 일명 웨어(ware)식 투표제라고 한다. 이 제도는 각 후보자에게 당선을 원하는 순서를 정하고 최고 득표자가 과반수 득표를 못할 경우 최저 득표자의 표에서 제2순위 투표수를 계산하여 당선자로 하고, 만일 그 경우에도 당선자가 없을 경우, 다음의 저위에서 또 계산하는 절차로 당선자를 정한다. 우선투표제(preferential ballot)도 전자와 비슷하게 순위를 기입하여 투표를 하지만 그 계산법이 다르다. 그 외에 과반수를 충족시키기 위한 계산법의 차이에 따라 낸슨식(Nanson System), 헬레트식(Hallet System) 투표의 방법도 있다.

(3) 비례대표제

비례대표제는 선거에 있어 각 선거구에 다수정당이 분립하고 있는 경우, 그 정당의 득표수에 비례해서 공평하게 의석을 배분하도록 하는 방법으로, 다수대표제와 소수대표제가 가지고 있는 결점을 보완하기 위하여 고안된 제도이다.

비례대표제는 제1차 세계대전후 다채로운 각광을 받아 세계의 대세를 지배했던 제도로, 이를 헌법상의 원칙으로 채택하고 있는 나라도 있다. 이 제도는 나라에 따라 상당한 차이가 있어 약 300종을 넘는 다양한 종류가 있다. 비례대표제는 당선에 필요한 수를 초과한 잉여표와 낙선자의 사표를 활용한다는 의미에서 중요성이 인정되고 있다. 이 제도 속에는 ① 일정한 당선표준수(quota)를 정하여 각 당 사이에 의석을 분배하는 당선표준수의 합리화와 ② 각 후보자 또는 후보자 명부 사이에 투표를 이양하는 투표의 이양성이라는 두 원리가 있다. 이 원칙에 따라 현

9) 이와 관련하여 최근 한국정치권에서는 1인 2투표제도의 도입이나 석패율 제도의 도입을 통해 지역구에서는 낙선하였어도 비례대표제에 의해 구제하는 제도의 도입을 거론하기도 했었다.

재 많은 민주국가에서 실시되고 있는 비례대표제를 크게 분류하면 그 근본구조는 단기이양식 비례대표제와 명부식 비례대표제가 있다.

단기이양식 비례대표제는 1855년 덴마크 의회의 일부 선거에서 적용되기 시작한 것으로, 비례대표제 중 가장 오래된 방법이다. 이 방법에는 계산법에 따라 헤어식(Hare System)과 드룹식(Droop System)이 있으며, 후자의 방식이 1881년 이래 전자를 대체하였다. 드룹식은 유효투표 총수를 의원정수에 1을 가산한 수로 나누어 그 수를 최저 당선표준수로 결정하는 방식으로, 1구다수제인 대선거구를 전제로 한다. 여기서 후보자 명단이 기재된 투표용지에 순위를 기입하고, 투표결과 제1순위의 후보자가 얻은 당선표준수 이상의 남는 표를 차점의 후보자에게 이양한다.

명부식 비례대표제는 정당이 순위를 정하여 후보자 명부를 작성하고, 투표자는 그들이 지지하는 정당의 후보자 명부에 일괄하여 투표하는 정당중심의 선거방법이다. 여기에는 또 정당명부식(Straight List)과 혼합명부식 방법이 있다. 전자는 유권자가 후보자를 선택하지 않고 정당을 선택하는, 즉 정당명부에 투표하는 방식이고, 후자는 유권자가 당이 작성한 명부에 우선순위를 기입하는 방법이다. 비례대표제의 장 · 단점은 대개 다음 몇 가지로 요약할 수 있다.

첫째, 장점은 ① 소수당파나 다수당파가 모두 똑같이 그 득표수에 따라 공평하게 의석을 배분받을 수 있다. 따라서 사표를 최소한으로 줄일 수 있고, 사회의 다양한 소수파 집단의 의사도 의회에 반영할 수 있다. ② 사회의 변화에 대응한 새로운 정당의 출현이 용이하고, 선거구 조작이나 엄청난 선거비용으로 소수당의 진출을 막는 폐단을 막을 수 있다.

둘째, 단점으로는 ① 다수정당의 분립으로 강력한 안정정권을 유지할 수 없어 의회정치 운용을 어렵게 할 염려가 있다. ② 이 제도는 기술적 곤란과 절차의 번잡성 등 문제가 있고, 또한 선거인과 의원 사이에 정당이 개재하여 선거의 직접성의 원칙에 모순된다.

(4) 국민투표

국민투표는 일명 인민투표 · 직접투표 · 일반투표라고도 한다. 이는 일반국민이 국가의 중요한 문제를 결정함에 있어 직접 투표에 참가하는 제도이다. 이 제도의 기원은 고대 그리스의 도시국가에까지 소급할 수 있다. 근대에 와서는 미국의 각 주, 프랑스, 스위스 등에서 실시하기 시작하였고, 1차대전 이후 캐나다와 오스트레일리아, 덴마크 등 여타 국가들에서도 이를 시행했다.

이 제도는 선거에 의한 대표제의 원칙을 보완하여, 보다 구체적이고 효율적인 방식으로 국민들의 의사와 이익을 반영하는 목적에 그 의의를 찾을 수 있다. 특히 대표제를 통한 간접민주정치의 결점을 보완하기 위하여 오늘날 지방자치 수준에서도 이를 활용해야 할 필요성이 제고되고 있다.

국민투표제의 형태로는 ① 국민투표(referendum), ② 국민발안(popular initiative), ③ 국민소환(recall) 등이 있다. 국민투표는 예를 들어 헌법개정안이 국회를 통과한 뒤 그 가부를 최종적으로 국민투표에 의하여 결정하는 헌법적 국민투표와 법률에 사용되는 법률적 국민투표가 있다. 또 반드시 국민투표에 부쳐야 되는 강제적 국민투표와 정부기관의 발의에 따라 실시되는 임의적 국민투표가 있다. 국민발안은 국민의 발의가 있을 때 이를 직접 국민투표에 부쳐서 그 가부를 결정하는 직접발안과, 의회가 국민이 발의한 것에 동의하지 않을 경우 국민투표에 부쳐서 결정하는 간접발의가 있다. 국민소환제도는 일정수의 유권자의 요청에 의하여 의원 기타 선출직 공무원의 해임을 결정하는 것을 말한다. 이 외에 국민투표와 유사한 제도로 플레비사이트(plebiscite)란 것이 있다. 이는 나폴레옹 1세 때의 선례를 찾을 수 있으며, 종종 불법적 강압에 의하여 권력을 장악한 정치지도자들이 그들의 정통성을 확보하기 위하여 실시한 제도이다. 그후 공산국가인 동독정부가 1964년 실시하여 99.9%의 찬성투표를 기록한 적이 있으며, 이러한 선거방식을 플레비사이트 민주주의라고 비판한 학자가 있다.

3. 선거구 제도

선거구는 전 국민을 대표하는 의원을 선출하는 경우 표준이 되는 지역적 단위를 말하는 것으로, 선거구와 그 대표의 인원을 규정하는 방법의 차이에 따라 선거결과에 크게 영향을 미칠 수 있다. 원래 민주정치의 원리에서 보면 국회의원은 전체 국민을 대표하는 것으로, 어떤 특정 지역의 이익에 집착해서는 안되는 것이다. 그러므로 선거구는 넓을수록 민주주의적이라는 논법이 나올 수 있다. 그러나 그것은 또한 유권자와 의원과의 거리가 너무 소원하여 오히려 대표원리의 취지에 어긋난 결과를 초래할 우려가 있으므로, 대개는 한 선거구에서 한 사람의 대표자를

〈표 6-1〉 선거구제의 종류 및 장 · 단점

유 형	장 점	단 점
소선거구제 (1구1인)	• 다수당의 출현으로 정국안정 • 신진인사 진출 용이 • 선거인의 후보자 파악 용이 • 선거비용의 비교적 소액 지출 • 선거범죄 규제 용이 • 선거관리의 용이	• 지방적 세력가의 당선으로 의원의 질 저하 • 과다한 사표의 발생 • 선거운동의 과열화 • 선거간섭 · 정실 · 매수의 가능성 • 게리맨더링의 우려
중선거구제 (1구 2-4인)	• 비교적 광범위한 지역에 기반을 둔 인물 진출 가능 • 선거구역의 과대 · 과소에 따른 각종 결점 완화	• 동일정당 내의 후보자끼리 다투는 폐해 발생 우려 • 보궐선거 및 재선거실시에 어려움 • 신진인사 진출 곤란
대선거구제 (1구 5인 이상)	• 소수대표와 새로운 세력의 원내 진출 가능 • 전국적인 인물의 당선 • 정실 · 매수 등의 부정방지 용이 • 사표의 감소	• 소정당 난립의 우려 • 선거운동비용의 증대 • 후보자 난립의 우려 • 공영제의 실시가 용이하지 않음
혼합 선거구제	• 대 · 소선거구제 결점을 상호보완 • 득표율과 의석비간의 편차가 적고 선거구 불평등 문제 해소 • 정당정치의 발전과 선거과열 방지	• 경우에 따라서 각 선거구제의 단점만 나타날 우려 • 선거구획정 방식에 따라 집권정당에 유리

선출하는 소선거구제를 채택하여 실시하고 있음이 보통이다. 구체적으로 선거구 획정에 있어 그 선거구의 인구와 그 구의 의원정수간의 비율이 각 선거구를 통하여 공평해야 하며, 어느 특정의 정당에 부당한 이익이나 손해를 주는 일을 피해야 할 것이다. 이른바 게리맨더링(gerrymandering)과 같은 사례가 발생하지 않아야 함이 중요하다. 선거구에는 소선거구제 · 중선거구제 · 대선거구제가 있다.

(1) 소선거구제

소선거구제는 한 선거구에서 한 사람의 의원을 선거하는 것으로 현재 우리나라의 선거법도 이 제도를 채택하고 있다. 소선거구제라 해도 그 대표를 상대적 다수, 즉 1회투표 · 다수대표제에 의한 방법으로 선출하는 경우와 처음 투표에서 절대다수의 지지를 얻지 못할 때 결선투표를 실시하는 경우로 나눌 수 있다.

소선거구제의 장점으로는, ① 비록 득표수가 과반수에 이르지 못하는 경우에도 의석의 다수를 확보하여 강력한 안정정국을 이끌어 갈 수 있다. ② 선거구가 상대적으로 좁은 지역대표제의 성격을 갖고 있어 유권자들이 후보자와 서로 가깝고, 선거 후에도 의원과 긴밀한 관계를 유지할 수 있다. ③ 선거의 절차가 용이하고 그 결과를 쉽게 이해할 수 있다. 단점으로서는, ① 전국적 큰 인물보다 지방적 세력가에 유리하고, 지방적 이해에 집착하기 쉽다. ② 정견보다 혈연·학연 등 정실에 좌우되기 쉽고, 신인의 진출이 어려우며, 이미 잘 알려진 대정당에게 유리하다. ③ 사표가 많이 생기고 선거과열 및 관권개입이 용이하다.

〈표 6-2〉 우리나라 국회의원선거구제 및 의원정수

대 별	의 원 정 수			비 고
	계	지역구	전국구	
제1대(1948)	200	200		
제2대(1950)	210	210		
제3대(1954)	203	203		
제4대(1958)	233	233		
제5대(1960)	233	233		참의원 58인 별도
제6대(1963)	175	131	44	전국구의원은 정당 득표비율로 결정
제7대(1967)	175	131	44	〃
제8대(1971)	204	153	51	〃
제9대(1973)	219	146	73	간선제(유정회)
제10대(1978)	231	154	77	〃
제11대(1981)	276	184	92	전국구의원은 지역구 의석비율로 결정
제12대(1985)	276	184	92	〃
제13대(1988)	299	224	75	〃
제14대(1992)	299	237	62	〃
제15대(1996)	299	253	46	전국구의원은 정당 득표비율로 결정
제16대(2000)	273	227	46	〃
제17대(2004)	299	243	56	〃
제18대(2008)	299	245	54	〃
제19대(2012)	300	246	54	〃
제20대(2016)	300	253	47	〃

※ 제9대부터 제12대 지역구는 1구 2인의 중선거구제 채택.

(2) 대선거구제 · 중선거구제

대선거구제는 한 선거구에서 2인에서 10인 이상의 의원을 선거하는 것이다. 그 중 한 선거구에서 2인-5인의 의원을 선거하는 것을 보통 중선거구제라고 한다. 대선거구제는 앞서 설명한 소선거구제의 장단점과 역의 관계에 있다고 볼 수 있다. 현재 우리나라의 경우에 선거구 문제는 1997년 대통령선거 이후로 지역감정 격화와 관련하여 이를 완화하는 수순의 하나로 선거구제 개편이 주요 현안 중의 하나가 되어 왔다.

4. 투표행태론

투표행태에 관한 연구는 투표라는 객관적인 행동의 결과와 투표에 참가한 유권자 개개인의 선택이나 결정에 영향을 미치는 여러 요인들을 유형화하고, 이를 정치체계와 관련시켜 정치적 태도를 규명하려는 시도이다. 선거에 관한 일종의 행태과학적 기법이 주종을 이루고 있다.

투표행태는 정기적이고 경쟁적인 선거를 필요조건으로 하는 자유민주주의적 대의제도하에서 관심의 대상이 되고 있으며, 이에 관한 연구는 서구 특히 미국에서 활발히 진행되고 있다.[10] 자유민주주의적 대의제의 본질적 명제 중 하나는 인간의 합리성에 관한 것이다. 즉 인간은 누구나 자신의 권익과 상황조건을 판별할 능력이 있고, 따라서 자신의 투표권을 이성적 판단에 따라 합리적으로 행사할 수 있으리라는 고전적 입장과 이를 적절하게 대변하지 못하고 있다는 현대 대중사회의 입장이 있다.

현대사회에 있어 인간은 무의식적이고 비합리적인 요인에 의하여 행동하는 경향이 농후하다. 자신의 뚜렷한 정치적 주관이나 국가적 이익 혹은 후보자의 능력이나 정책대안 등에 비추어 일관성 있는 정치적 식견을 갖고 투표권을 행사하는 것이 아니라, 즉 그때그때의 사소한 이익관계에 집착하거나 1차집단의 연고에 얽매이기도 한다. 또 때로는 특정 인사의 우연한 말 한마디나 '바람' 등에 영향을 받아 투표행위를 결정하는 경우가 있다.

투표행태에 관한 연구는 최근 선거가 치러질 때마다 여러 가지 방법을 원용

10) 정인흥 외 편, 『정치학대사전』, 박영사, 1975, 1603-1604쪽.

해서 행해지고 있는데, 주로 설문조사 결과나 투・개표 결과분석, 구체적 사례연구(case study) 등을 대표적으로 들 수 있다.[11] 일반적으로 투표행태에 영향을 미치는 요인으로 학자들에 의하여 제시된 몇 가지 요인을 제시하면 다음과 같다.

(1) 연령과 사회・경제적 지위

연령과 투표참여와의 관계가 곡선형(curvilinear relationship)이라는 점은 다양한 문화적인 맥락에서 반복적으로 발견되어 왔다.[12] 나이가 들어감에 따라 사회적으로 책임 있는 구성원으로서 활동하게 됨으로써 공동체 의식이 높아지기 때문에 선거에 높은 관심을 갖게 되어 투표에 참여하는 경향을 보인다. 중년이 넘으면 책임 있는 직책에서 점차 후퇴하면서 투표참여율이 낮아지다가 노년층에 이르러 더욱 감소추세를 보이게 된다. 최근 우리나라 선거에서 두드러지게 나타난 특징으로는 씨족, 거주지역 및 출신학교를 특히 따지는 혈연, 지연, 학연 등 1차집단적 유대가 강조되고 있다는 비판이 있다.

교육수준, 소득수준, 직업 등에 의하여 측정되는 사회적 지위라는 개념은 개별 유권자의 투표성향을 결정해 주는 중요한 변수로 간주되어 왔다.[13] 또 유권자들은 그들이 속한 사회계층이나 사회집단들에 따라 투표권을 행사하는 경향이 있다고 한다.[14] 가령, 부유한 자본가계층들은 자유시장경제를 옹호하는 후보자를 선호하는 반면, 빈곤계층은 사회경제적 개혁이나 그에 따른 정부역할의 확대를 지지하는 후보자들에게 투표하는 경향이 있다. 그리고 유권자들은 그들이 소속한 종교적・인종적・지역적 기준에 따라 조직된 사회집단들과의 관계에서 특정 후보자를 지지하는 경우가 있다.[15]

(2) 정당일체감

정당일체감은 특정한 유형의 당파적 태도로서, 유권자가 어떤 정당을 대상으

11) 이남영 편, 『한국의 선거 1』, 나남, 1993; 현대사회연구소 편, 『국회의원 선거 사례연구: 14대 국회의원 선거, 1992』, 1992; 한국갤럽조사연구소의 1996년 국회의원선거, 1997년 대통령선거 등 역대 선거 관련 여론조사 자료 참조.
12) 일반적으로 유권자들이 중년에 이르기까지 높은 투표참여 경향을 보이다가 노년이 되면서부터 급격히 쇠퇴한다는 것이다. 이남영, "투표참여와 기권: 14대 국회의원 선거분석," 이남영 편, 앞의 책, 31쪽.
13) 위의 글, 33쪽.
14) 신정현, 『정치학』, 법문사, 1993, 482쪽.
15) 위의 책, 482쪽.

로 상당한 기간 동안 내면적으로 간직하는 애착심 또는 귀속의식을 말한다.[16] 정당일체감은 개인의 투표행태 결정요인으로 중요할 뿐만 아니라, 또 다른 종류의 정치적 태도를 강화하는 중심적 · 조직적 힘으로 간주되어 왔다. 더욱이 체계수준에 있어서 확고한 정당애착심의 광범한 표현은 정치적 안정에 기여하는 주요 요인으로 간주되고 있다.

영 · 미 국가에서 그들 정치체계의 발전에 있어서 단절이 없는 경우 이러한 정당충성심은 대개 인간생활의 초기에 배우며 일생을 통하여 보강된다. 그러나 아직도 정당이 제도화되지 않고 있는 우리나라의 상황에서 정당태도는 일관성이 없으며, 특히 지역감정과 결부되어 많은 부작용을 일으키고 있는 현실이다.

(3) 이데올로기와 쟁점

이데올로기적 성향과 정책쟁점들이 유권자의 투표행위 결정에 어느 정도 영향을 미칠 것인가 하는 문제는 나라와 사회, 시대와 상황에 따라 각기 다르게 나타난다. 가령, 냉전시대에 있어서 이데올로기적 대립이 극심했던 상황에서 자유민주주의나 사회주의 · 공산주의 등 이념성향은 중요한 투표행태의 요인이었으나, 오늘날 탈냉전시대에 와서 이러한 이념대립이 그 의미를 상실한 나라들이 있다. 다만, 우리나라와 같이 아직도 냉전의 기류가 계속되고 있는 경우 사회주의에 대한 반감은 가시지 않고 있으며 투표행태에 그대로 반영되고 있다.

선거에 있어서 합리적인 경기규칙에 의한 경쟁을 존중하는 나라들에서는 여러 가지 다양한 정책의 제시와 이들에 관한 논의를 필요로 하며, 이른바 '합리적인 정책대결'을 요구하고 있다. "이슈는 곧 표와 연결된다", "이슈는 정치의 연료이다"란 말이 있듯이 선거과정에서 이슈는 국민들에 의하여 평가되고, 그것이 투표행태를 결정하는 가장 중요한 요인으로 작용할 수 있다.[17] 후보자가 어떤 이슈를 어떻게 제시하고 특정 이슈에 대한 입장표명과 그에 대한 해결방식을 어떻게 제시하느냐에 따라 유권자들의 지지가 크게 달라질 수 있다. 원래 선거에서 행하여지는 기능이란 후보자가 국민들의 여론을 수렴, 그들의 요구를 표출하여 정책대안으로 제시하고, 이에 대한 논의나 토론을 벌이는 것이 바람직하며, 선거를 통하여 그 결과가 판정을 받게 된다. 그러나 개개의 유권자들이 항상 합리적인 선택의 판단기준

16) 박찬욱, "제14대 국회의원 총선거에 있어서의 정당지지분석," 이남영 편, 앞의 책, 70-71쪽.
17) 송근원, "선거이슈와 투표행태에 관한 이론들," 이남영 편, 위의 책, 223-224쪽.

에 따라 투표를 할 것이라는 보장은 없는 것이다. 수많은 비합리적인 요인들이 이에 개재하고 있어 이에 대한 연구가 중요하다고 본다.

(4) 후보자의 성향

투표란 결국 후보자를 선택하는 것이므로 사람들은 후보자의 정당이나 이슈보다 오히려 도덕성이나 능력 등 자질에 초점을 두어 투표하는 경우가 있다. 예를 들어, 국민들의 의사나 이익을 대변할 선량이란 우선 공인으로서 갖추어야 할 도덕적 인격이 있어야 하고, 지적 능력이나 전문지식 그리고 이를 강력히 추진할 수 있는 결단력 등 남다른 자질이 요구된다.

후보자의 성향은 행정가형과 정치가형, 민주적 성격과 권위주의적 성격, 진보주의적 성향과 보수적 성향 등 여러 가지 입장에서 분류되고 있다. 최근 우리나라에서 지방자치제 선거가 실시될 때마다 '정치꾼・살림꾼'론을 내놓고 있는데, 이러한 분류방식은 정치인에 대한 거부감을 자극하는, 이른바 '국민의 탈정치화' 수법이라는 비난을 면할 수가 없다. 물론 권력지향적 정상배는 배격되어야 하나, 지방자치 수준에서도 고도의 정치역량을 가진 능력이 요구되고 있으므로, 후보자 타입을 '정치꾼 대 살림꾼'의 이분법적 선악구도로 분류하는 것은 자칫 정치부정의 아노미를 가져올 우려가 있다.

제4절 지방정치

1. 지방자치와 지방정치

1991년 지방의회의 출범과 1995년 자치단체장의 직접선출은 한국정치에 새로운 전기를 마련해 주었다. 지방수준의 정치활성화와 중앙권력의 분산이라는 점에서 지역주민들의 역할도 더욱 중요해지고 있다.

지방정치는 지방자치를 기본전제로 한다. 지방자치란 일정한 지리적 공간에 거주하는 주민들이, 국가와 상호관계를 통해 자치권을 이양받아 지방자치단체를 구성하고, 스스로의 참여를 통해 지역문제를 해결해 가는 여러 활동들을 의미한다. 이러한 지방자치는 국가, 지방자치단체, 주민이라는 세 가지 요소를 통해 기능하게 되어 있다. 지방정치는 지방자치와 동일한 개념으로 쓰이기도 하지만 집행기관이나 지방의회, 지역사회단체 등과 연관하여 표출되는 지방수준의 권력과 의사결정, 지방정당, 지방선거, 이익집단, 주민참여 등을 포괄하는 과정과 내용, 결과 등으로 이해할 수가 있다.

지역사회의 정치권력 구조와 관련하여 지방정치 공간은 다음과 같은 논의를 전제로 하고 있다. 이를테면, 정치권 자체가 상대적 자율성을 가지느냐이다. 실제로 권위주의적 통제시대에는 지방수준에서 정치를 발견하기 어려웠었다. 과거 한국의 지방자치단체들은 중앙정부의 지침에 따라 전국 표준에 맞는 공공 서비스를 수행하는 단순한 하부기관처럼 되어 있었다. 이러한 제약에도 불구하고 지방의회가 구성되고 자치단체장이 주민에 의해 선출되면서는 그 양상이 달라지고 있다. 즉 자치단체가 나름대로의 일정한 역할을 수행하는 행위자로 변화되고 있는 것이다. 과거의 임명직 단체장에게서 주로 행정적인 역할수행만이 기대되었다고 한다면, 직접선출된 단체장에게서는 단순한 행정적 역할수행만이 아니라 정치적 역할수행까지 기대되는 점이 바로 그것이다.

1995년 단체장선거를 둘러싸고 중앙정치권, 특히 정부 · 여당의 우려가 높았던 것은 바로 이러한 정치적 역학관계와 밀접한 관계가 있었다. 정치적 위상과 기능이 강화되는 지방자치단체들 중에 특정 자치단체만 중앙정부의 정책에 도전해도 중앙정부로서는 곤혹스럽기 짝이 없을 것으로 여겨지고 있다. 하물며 "자치단체들이 공동으로 행동하고 요구를 한다"고 가정하면 중앙정부로서는 매우 관리하기 힘든 상황에 직면해야 할지도 모를 일이다.

지방자치는 일반시민에게 매우 중요한 정치적 참여의 산실이자 정치교육의 도장으로 간주되고 있다. 당연한 귀결로서 지방자치는 정치적 지도력의 훈련을 통하여 민주주의를 증진시킴으로써, 민의에 바탕을 둔 정치적 안정으로 연결된다. 또한, 행정적인 측면에 있어서도 지방자치는 지역주민의 요구사항을 중앙집권체제보다 더욱 효율적으로 수용할 수 있으며, 지역주민의 행정기관에 접근할 수 있는 길을 마련하여 줌으로 인하여 행정의 민주화에도 도움을 준다.

이러한 기본적 시각에도 불구하고 중앙 · 지방간의 관계에서 자치단체는 중앙부처의 감독하에 국가정책을 집행하는 기관 정도로 인식되어 지방적 자유재량권이 없거나 극히 제한된 것으로 보기도 한다. 반면에 자치단체와 중앙부처는 의회에만 책임을 지는 동등한 입장에 서 있는 관계로 자치단체는 지방정책을 수행하는 데 있어 상당한 자유재량권을 가진다는 견해가 서로 맞서기도 한다. 그 동안 지방자치를 추구해오는 과정에서도 주로 전자 쪽의 비중이 높아져 가는 듯한 인상을 주었던 것도 사실이다. 그것은 자치단체의 중앙정부에 대한 재정적 종속성 증가 및 중앙부처의 세부적 사항에 대한 통제력의 증가와도 무관치가 않다. 즉, 지방과 중앙간의 관계는 이분법적 도식하에서 정치적 민주성과 행정적 효율성을 어떻게 찾느냐와도 밀접한 관계가 있었다.

그렇지만 1970년대 들어 근대화론이 이론적으로나 실제적으로나 막다른 골목에 이르렀을 때 새로운 돌파구로써 제시된 지방자치발전 분야에서는 3세계의 지방분권에 많은 관심을 기울이게 되었다. 근대화의 입장을 새롭게 인식하는 연구자들은 1950년대와 1960년대의 근대화론에 입각한 중앙집권식 발전모델은 많은 모순점이 있다고 지적하면서 주로 정책집행의 분야에 있어 지방분권의 주장을 도입한 바 있다. 이러한 인식에 따르자면 균형된 성장을 이루기 위해서는 중앙집권보다는 지방분권이 더욱 유리하다. 그 이유로는 지방분권은 아래로부터의 지지를 동원할 수 있는 기제로 이해되어 3세계 국가에 있어 국가적 통합을 이루게 하는 주요 기반이 되는 것으로 인식되었다.

그러나 1990년대에 들어와 나타난 지방분권의 결과는 아직까지는 우리의 기대치 수준에 미치지 못하고 있다. 지방간의 균형된 발전과 대도시 인구집중의 분산 및 농촌의 발전은 여전히 추구되어야만 할 주요 목표로 남아 있는 실정이다. 현실적으로 지방의 중앙에 대한 정치·경제적 종속문제 그리고 지방적 수준에서의 권력구조에 대한 문제 등을 보다 넓은 의미에서 발전의 문제를 다루지 않는 경우 예상된 실패로 갈 수도 있다는 것을 알아야 한다.

1990년대 한국의 지방자치는 지지권력 획득의 기반을 지방정치의 수준에서 찾으려는 정파와 이것을 지체시키려는 정파와의 경쟁과도 무관하지만은 않다. 지방자치의 실시야말로 민주화 요구가 반영된 것이라고 한다. 하지만 한편으로 보자면 중앙정치권에서 분점되지 않는 권력기반을 지방수준에서 확보하게 된다는 점에서 지방자치 실시 초기의 야당 입장이 촉구한 지방분권이 어떠한 목표를 가지게 되는가는 충분히 이해할 수 있는 일이었다. 지방분권의 문제는 결코 기술적·행정적인 면에서만 국한시킬 수 없는 지극히 정치적인 문제이며, 지방분권과 발전의 상관관계에 대한 규명은 국가 내의 정치·경제적 구조와의 접합점에서 재규명되어야 한다.

서구국가들의 지방분권에 기초한 지방정치의 활성화 논의는 서구적 자본주의의 발전과정에서 배태된 유구한 시민사회의 전통을 밑받침으로 하고 있다. 우리의 경우 이와는 대조적으로 지역 시민사회의 역사가 짧을 뿐만 아니라, 뿌리깊은 중앙집권적 역사의 전통과 일제식민지로서의 경험, 1960년대 이래의 중앙집권적 발전모델하의 정치적 중앙집권 경험으로 중앙의 정치권력이 지역사회의 하부구조에까지 침투해 들어온 일방적인 지배구조의 배경을 가지고 있는 형편이었다. 그러기에 지방자치가 제대로 정착되지 못한 여건에서도 지방자치라는 제도적 외피에 둘러싸인 지방정치는 중앙정치의 연장선상에서 이해하는 것이 지방정치의 연장선상에서 중앙정치를 이해하는 것보다 실제적으로 의미가 있다. 1990년대에 들어와 실시된 지방선거에서 보여준 것처럼 초기에는 지방선거의 결과가 중앙의 정치구조에 영향을 미쳤다기보다는, 오히려 중앙의 정치구조와 갈등양상이 지방선거 과정과 결과에 영향을 미쳤던 것이 사실이다.

그러나 한편으로 1995년의 자치단체장 선거 등은 사실상 중앙정치권에서 특정 정당이 독점적 지위를 확보하는 데 어렵게 작용하는 변수로도 활용되었다는 것을 알아야 한다. 자치단체장 선거로 지역주의가 반영된 지역의 경우 야당이 광역단체장이나 기초단체장, 광역의회를 거의 석권하다시피 한 것이 바로 그러한 사례이다. 지방수준에서 야당의 영향력 확대는 지역주의가 부추긴 중앙정치 경쟁을 그대로 지방에 적용시킨 결과였다.

한편 2002년, 2006년, 2010년에 계속하여 지방선가가 실시되었고, 2014년에도 6월 4일 지방선거가 실시되었다. 2010년부터는 시 · 도교육감도 지방선거를 통해 선출된다. 지방선거는 광역자치단체장, 시 · 도교육감, 기초자치단체장, 광역의원, 기초의원을 선출한다. 지방선거에서 정당공천제 폐지문제가 논란을 빚기도 하였으나 그대로 유지되었다. 시 · 도교육감 선거는 정당공천과 무관하다.

2. 지방정치의 촉진과 제약

자치단체장 선거가 실시되어 적어도 제도적 수준에서의 지방자치가 완결되면서 나타나는 중앙-지방관계의 기본적 성격은 수평적 대립과 수직적 순응구조로 특징지워지고 있다. 여기서 수평적 대립은 단적으로 표현하자면 결국 지역적 시민사회에 기반을 둔 자치단체 사이의 정치적 갈등이고, 수직적 순응구조는 지역적 시민사회에 기반을 둔 지방정치체의 총합으로 표현되는 지방이 중앙에 대하여 공통적으로 가지는 정치권력의 위계질서를 말한다. 즉, 수평적 대립과 수직적 순응구조의 지방정치적 성격은 중앙이 틀지워 놓은 구조적 제약하에서의 지방정치 활성화를 지칭한다. 이러한 인식은 다원주의적 관점에서 지방자치의 제도적 완비를 통한 지방정치의 활성화를 예견하는 입장을 취하는 경우 매우 불만스러울 수도 있으나, 아직까지도 한국의 지방자치 여건에서 지방정치의 활성화를 가로막는 장애요인은 적지 않은 것이 사실이다.

지방자치시대에 들어와 지방정치 구조가 형성되었다고는 말하지만 그러한 지방정치는 여전히 내적·외적 조건에 의해 제약되고 있는 것이 현실이다. 지방정치권의 자율성 제약이라고 한다면 그것은 지방정치 공간 자체가 중앙정치에 종속되어 있다거나 지역사회가 너무 유착될 가능성이 있다는 인식과 맥락을 같이 한다. 지방정치 공간이 중앙정치에 종속되어 있다는 시각은 대체로 다음과 같은 이유에서이다.

첫째, 지방이 재정적으로 중앙에 의존할 수밖에 없는 현실과 지역간의 불균형 발전 등이 바로 그것이다. 재정자립도가 취약한 형편에서 지방의 자율성만을 강조하기는 어렵게 되어 있다.[18]

둘째, 지방정치가 아무리 활성화되어 있어도 지방수준의 역량이라고 하는 것은 의회의 경우 법률이 정한 범위 내에서 조례를 정할 수 있을 따름이다. 결과적으로 지방정치권은 중앙권력이 규정하고 있는 법규를 집행하는 기능에 머무는 경향을 보이게 된다.

셋째, 지역수준에서 시민사회의 미성숙이나 무관심이 지방정치 역량을 약화시키고 있는 형편이다. 다시 말해, 중앙정치권에 대해 강력하게 요구할 수 있는 힘의 결집이 이뤄지지 않고 있는 셈이다.

(1) 지방정치 발전의 촉진요인

첫째, 지역간 경쟁을 통한 수평적 관계유지 욕구를 들 수가 있다. 현재와 같은 재정 여건에서 실시되고 있는 지방자치는 필연적으로 중앙의 자원배분을 둘러싸고 지역간 경쟁을 수반하기 마련이다. 지방의 중앙에 대한 재정의존도가 높을수

18) 1997년 당시 전국의 245개 지방자치단체 중에서 147개(60%)가 지방세 수입으로 인건비조차 해결할 수 없고, 지방세를 포함한 자체 수입으로도 인건비를 해결할 수 없는 단체가 49개(20%)에 달했던 것이 바로 그러한 사례라고 할 수 있다. 내무부, 『지방자치백서』, 1997, 308-310쪽.

록 이러한 현상은 불가피하다. 실질적으로 지역개발에 유리한 정책을 중앙정부가 결정하는 구조에서는 이를 둘러싼 자치단체들 사이의 경쟁이 치열해지기 마련이다. 이러한 분배구조 속에서 중앙과 지방을 연결시키는 정치적 고리는 정당을 토대로 한 국회의원들의 역할이 매우 중요하게 되어 있다. 이처럼 지역사회 내의 다른 자치단체간 관계를 두고 볼 때 지역수준의 정치인들의 역할이 지대해질 것임을 보여준다고 할 것이다. 광역의원이나 기초의원들의 자기 지역구사업 챙기기나 환경-오염 등의 문제를 둘러싼 지역대결 양상은 지역이기주의를 부추기거나 중재하는 지방정치인들의 역할에 의해서도 많은 부분 좌우될 수가 있다.

둘째, 집합적 소비가 지방정치를 활성화시킨다. 한국의 경우 수도권을 비롯한 대도시지역의 공간적 갈등현상은 매우 심각한 지경에 이르고 있다. 주택, 교통, 토지, 환경, 물 등으로 대변되는 집합적 소비의 문제는 기술적 의미의 행정관료나 공학적 의미의 도시계획 전문가의 해결수준을 넘은 지 이미 오래다. 위천공단 조성을 둘러 싼 대구-부산지역의 공간적 경쟁에서 보는 것처럼 희소자원의 배분을 둘러싼 지역사회 차원의 경쟁이 정치적 갈등 국면으로 전환될 가능성도 배제하기 어렵다.

이처럼 지방자치의 실시는 희소자원의 소비에 따른 지역적 시민사회의 성립을 불가피하게 한다. 풀뿌리 민주주의 못지 않게 우리 지역에서는 결코 받아들일 수 없다는 일종의 풀뿌리 보주주의의 가능성도 배제할 수가 없다. 이 점에서 지역사회 구성원들의 집합적인 소비를 둘러 싼 갈등조정이야말로 지역사회의 지방정치가 활성화될 수밖에 없는 주요 요인이라는 것을 알아야 한다.

(2) 지방정치 발전의 제약요인

지방자치의 제도적 장치가 마련되어 가고 있음에도 불구하고 지방정치 활성화를 억제하는 요소는 낮게는 지역사회 수준에서부터 시작하여, 국내외 정치경제 수준에까지 여러 분야에 산재되어 있는 것이 현실이다.

그 첫째가 지역적 시민사회의 미성숙이다. 지방정치가 중앙정치에 매몰되어 지방정치의 중요성에 대한 인식이 낮은 이유도 있지만, 우리의 경우 지역적 수준의 정치문제에 대한 논의가 매우 적은 편이다. 서울에서 NGO올림픽을 치르면서 시민사회를 이끌어가는 조직에 대한 인식들이 강화되었다고는 하지만 지역적 시민사회의 성격은 아직도 제대로 규명되지 못하고 있는 현실이다. 우선 지역사회에서의 권력구조는 지역수준의 보수적 권력엘리트가 관변단체 및 정당의 지구당 조직, 지방언론 그리고 행정기관과 연합하여 지역주민을 동원해가거나 다른 한편으로 후원-수혜자 관계로 얽어놓아, 지역적 수준의 시민사회가 아직까지 미미하기 그지없는 것이 현실이다.

이처럼 분열되거나 지역수준의 권력이 독과점된 여건에서는 지역 시민사회의 자율성이 신장되지 못함으로써 지방정치 활성화의 이론적·실제적 초석이라고 할 수 있는 지방정치의 민주화를 저해한다.

기본적으로 지역수준에서 정당이 지역주의적인 속성을 지니고 있는 중앙정당의 하부구조로 전락하여 거의 동원되다시피 하고 있는 여건에서는 건전한 지역사회 권력을 기대하기가 어렵게 되어 있다. 지역적 시민사회의 미성숙이 지방정치의 활성화에 부정적 영향을 미치는 것은 지역적 권력구조에 국한되는 것은 아니다. 더욱 중요한 것은 독과점적·지역적 권력지배 구조가 지역적 시민사회의 담론형성에 끼치는 부정적 측면이다.

한 지역사회에 외적으로 주어진 구조적 일반성은 그 지역에 독특한 문화-이데올로기적 재생산구조라는 매개변수를 통하여 특정한 정치행태를 표출시키는 바, 중앙정치권력 경쟁에서의 지역주의 경쟁이 바로 지역적 시민사회의 미성숙을 초래하는 중요한 요인이 되고 있다. 미성숙된 지역적 시민사회에서 형성된 담론은 중앙정치권의 지역주의를 활용한 치우친 동원을 통하여 전국적 수준의 지역적 시민사회를 분열케 하고 있는 것이 현실이다.

둘째, 중앙의 독점적 지위이다. 지방자치를 통한 지방정치의 활성화를 기대하기에는 수십년간 구조화된 중앙의 독점적 지위가 여전히 강대하다. 이른바 개발지향적인 통치의 전통 속에서 모든 정치·경제·행정적 힘은 중앙으로만 쏠려 있다. 지방자치의 시금석이랄 수 있는 지방재정과 관련된 문제는 특히 심각한 편이다. 중앙정치권에서 독점적으로 행하고 있는 경제적 권한은 지방정치의 활성화에 부정적 요인으로 남는다.

지방재정이 여전히 중앙통제를 받는 여건에서 지방정치 활성화를 저해하는 또 다른 주요 요인은 지난 수십년간 구축되어 온 정치-정책망에도 있다. 이는 단순히 중앙과 지방간의 사무배분에 국한된 것은 아니다. 위임사무와 고유사무의 영역별 배분을 보다 근본적인 전국적 수준의 정책연계에 따른 문제가 선결되어야만 보다 유의미해질 수 있을 것이다. 그간 국가의 공공정책은 정치적 동원 과정에서 매우 중요한 독립변수적 기능을 가져 왔다. 중앙정치권에서 지역에 기초한 정책과제에 대처하는 양상과 중앙의 권력구조에 도전을 가하려는 지역적 움직임에 대한 대처는 지방자치가 꼼짝하지 못할 정도로 그물로 얽어놓은 것과 같은 여건이었다.

셋째, 발전론적 관점이다. 지방정치의 활성화를 억제할 수 있는 마지막 수준의 기제는 자치단체 상호간의 갈등을 격화시킬 가능성의 문제다. 과거 수십년간의 정부주도의 개발정책 속에서 지역의 불균등발전, 소득분배구조의 악화 및 정치적 비민주성 등을 증가시킨 것은 결코 부인할 수 없는 사실이다. 그렇다고 하여 지방자치의 실시가 과거의 폐단을 일시에 해소시키기를 기대하기는 어렵게 되어 있다. 오히려 지방자치의 실시로 기존의 갈등구조를 해결하려는 시도가 또 다른 형태의 갈등구조를 배태시킬 가능성이 있다는 것이다. 지방자치 및 지방정치의 활성화에는 많은 재정지원이 요구됨으로써 궁극적으로는 경쟁력 강화에 필요한 경제력 향상에는 부담이 되는 요소가 될 수도 있다.

넷째, 정당민주화의 부재와도 연관된다. 현행 지방자치법은 자치단체장 선거시 정당의 공천을 허용하고 있다. 우리 정치여건이 주로 정당의 배경에 따라 결정되고 있음에 비추어 볼 때 단체장을 직선하는 경우, 지역단위에서 정당경쟁은 불가피한 실정이다. 아울러 정당을 배경으로 하여 선출되는 자치단체장은 정당의 이해관계를 행정을 통해 반영하기 마련이다.

유럽의 경우 중앙에서 보수성향의 정당이 집권하면 지방에서는 진보 성향의 정당이 강세를 보이는 경우가 종종 있었다. 항상 그런 것은 아니지만 총체적인 국가 성장이나 발전에서는 보수노선이 효용성을 발휘할 수 있는 반면, 지방수준의 생활정치 영역에서는 복지와 환경 등을 우선시하는 진보노선이 선호될 수도 있다.

지방정치가 뿌리를 내리는 데 있어서 정당의 개입이 그 역기능이나 순기능에 관계 없이 불가피하다고 한다면, 정당이 지방에 뿌리를 내리는 과정이 필수적으로 수반되어야 한다. 그러나 현실적으로 지방수준에서의 정당의 자율성은 아직은 뿌리를 내리지 못하고 있다. 따라서 지방자치에 관여되는 자치단체장이나 지방의원들의 경우에도 일정 부분 중앙정당을 의식하지 않을 수가 없는 형편이다. 중앙정당을 의식하는 정치를 하기보다는 지역주민과 발전을 의식하는 지방자치를 수행해야 하는 것이 정상이건만 아직까지는 정당의 공천방식이나 지원이 실효성이 있는 여건인지라, 순수한 의미의 지방정치를 활성화시키는 데 있어서는 일정한 한계로 작용할 수밖에 없다.

3. 지방정치와 정당관계

(1) 지방정치와 정당의 역할

지방정치에 관여되는 정당은 경쟁적으로 지역사회 주민들을 동원해갈 수 있는 위치에서 선거동원, 정책결정에 대한 주민참여의 촉구 등을 통해 지방정치를 활성해 나갈 수 있는 위치에 서게 된다. 지방의회를 위한 다양한 서비스의 개발, 정책지원, 의회 의장단 구성에 대한 지원 및 관여, 지역차원의 정치교육 등 다양한 역할을 수행할 수가 있다.

지방자치와 정당관계를 두고 보면 정당에 소속된 자치단체장과 지방의원의 지구당위원장과의 관계는 어떻게 전개되는가? 혹자는 현직 지방정치 관계자들과 그들이 속한 정당의 지구당위원장은 '악어와 악어새' 사이라고까지 말한다. 이른바 서로 공생하는 한 식구로 비춰지기 때문이다. 하지만 단체장이나 지방의원으로 당선되거나 후보자가 되고자 하는 지방자치 지도자들의 생각은 좀 다르다. 그들의 입장에서 볼 때 의원이나 단체장이 되기를 바라는 지방자치 지도자와 정당과의 관계, 특히 지구당위원장과의 관계는 공천권이라는 칼자루를 쥔 지구당위원장이 마음대로 칼을 휘두르는 관계라는 것이다. 그들은 당의 대의원대회를 거치든 후보추천위원회를 거치든 지방자치 지도자가 되기를 바라는 의원 및 자치단체장 후보는 지구당위원장의 볼모나 다름없다고 말한다.

어느 쪽이 강자고 어느 쪽이 약자인가 하는 것은 중요한 문제가 아니다. 그보다는 이러한 인식이 우리의 지방정치를 심각하게 왜곡시키고 있다는 데 있다. 사실 일부 정당의 공천과정을 보면 지구당위원장의 오만이 처음부터 주민의 선택권을 상당히 제약한다는 것을 알게 된다. 최근의 지방선거 당시 일부 지역 현역 자치단체장들이 공천에서 탈락한 이유를 그들은 지구당위원장의 독단에서 찾고 있다. 지구당위원장이 이른바 "당성이 약하고 말을 잘 안듣는다"는 이유를 들어 추천위원들에게 현역 단체장을 배제하라는 지시를 내렸다는 것이 그들의 인식이다.

지방자치 지도자라면 당의 지시보다는 주민의 처지에서 지방자치를 운영해가는 것이 당연한 일이다. 특히, 자치단체장이 지방살림을 해가는 데 걸림돌이 없도록 법과 제도를 고쳐 주는 것이 정당이건만 보복이나 해대서야 어떻게 지방자치가 뿌리내릴 수 있겠느냐는 불만이 나오는 것은 이러한 인식과 밀접한 관계가 있다. 지방자치 지도자들은 정당의 협조를 최대의 원군으로 여기면서도 지방자치의 최대

걸림돌이 바로 중앙정치인들의 비뚤어진 보스주의라고 꼬집기도 한다. 특히, 현 단계의 선거문화에서 보는 것처럼 유권자가 정당만 보고 투표하는 정서가 사라지지 않는 한, 정당과 관련해 소신 있는 지방자치 지도자가 나오기는 당분간 어려울 것이라는 생각을 버릴 수가 없을 것이다.

(2) 지방선거와 정당관여 현실

선거에 대해서는 정당이 그 어떠한 주체보다도 많은 관심을 가진다. 우리의 경우에도 각 당의 후보공천으로 실질적인 선거경쟁이 시작되도록 되어 있다. 선거운동 과정이나 후보자공천 과정과 관련하여 정당들은 선거법의 범위 내에서 나름대로 유리한 기반을 보유하고 있다.

정당은 일반 사회단체와는 달리 국가나 자치단체의 공적인 의사결정 기구에 선거를 거친 대표자를 낼 수 있도록 되어 있다. 이 점에서 정당은 유권자로부터 지지를 끌어내고 동원해 가면서 나름대로의 선거문화를 창출할 수 있는 위치에 있다. 작금의 지방선거에서는 각 선거마다 다수의 후보가 출마해 후보자들에 대한 식별이 쉽지 않았다. 특히 의원선거에서 더욱 그러했었다. 그러기에 대부분의 유권자들은 정당을 선택기준으로 삼는 경향을 보였다. 이러한 현상은 앞으로 있을 선거에서도 그대로 적용될 전망이다. 따라서 현재와 같은 선거풍토에서는 정당과의 관계설정을 통해 후보자들이 지방자치 선거공천판에 몰리리라는 것은 자명한 일이다.[19]

1998년과 2002년, 2006년의 지방선거 결과 전국 16개 시・도 전부가 '1당지배체제'에 들어가 견제와 균형이라는 풀뿌리 민주주의의 근간이 흔들리고 있다는 지적도 있다. 특정 정당이 광역단체장과 기초단체장, 시・도의회의 과반수 이상을 독점, 16개 시・도가 대부분 1당지배로 떨어졌던 것이다.[20]

---

19) 1998년의 6.4지방선거의 결과를 보자. 당시에 당선된 광역단체장들은 모두가 정당공천 배경을 가지고 있다. 기초단체장 선거의 경우에도 전국 232개 기초단체 가운데 여당(국민회의와 자민련)이 113개 지역에서, 한나라당이 74개 지역, 국민신당이 1개 지역에서 승리를 거뒀다. 무소속은 44개 지역에서만 당선자를 냈을 뿐이다. 광역의회의 경우도 총616명(비례대표 제외)을 선출하는 과정에서 국민회의 271명, 자민련 82명, 한나라당 224명이 당선되었고 무소속은 39명이 당선되는 데 그쳤다. 지역에 따라서는 대구, 광주, 대전에서는 각각 1개 정당이 모두 당선되는 기염을 토하기도 하였다.

20) 1998년 국민회의는 서울, 경기, 광주, 전남, 전북, 제주 등 6개 지역에서 시・도지사를 차지한데 이어 기초자치단체장과 광역의회 의석의 과반수 이상을 휩쓸어 이 지역에서 행정권과 입법권을 사실상 완전 장악하였다. 자민련은 대전, 충남, 충북 등 3개 시・도에서 광역단체장과 의회, 기초자치

1995년 지방선거 때에는 15개 시・도 중 한 정당이 싹쓸이를 한 곳이 서울과 호남 3개 시・도(국민회의), 대전과 충남(자민련), 부산(한나라당) 등 7개 지역에 불과했었고, 나머지 8개 지역에서는 구청장, 시장, 군수 차원이나 시・도의회 차원에서 정당간 혹은 정당과 무소속간에 어느 정도 힘의 균형이 이뤄졌었다. 그렇지만 1998년과 2002년, 2006년의 지방선거에서는 각 지역이 1당지배체제로 들어감으로써 자치단체가 시행하는 사업이나 지방의원의 지역구사업 등에서 공공이익에 반하는 결정이 아무런 통제 없이 내려질 공산이 커졌다. 이를 통해서 보면 견제와 균형이라는 풀뿌리 민주주의의 기본정신이 정당의 과다한 개입이나 유착으로 훼손될 가능성이 높다.

이러한 현상과 함께 이들 집행기관과 지방의회가 그 지역을 지배하는 지역당에 종속돼 있어 1당지배의 전국화는 자칫 풀뿌리 독재로 이어질 가능성도 배제할 수가 없는 지적도 만만치 않다.

(3) 정당관여의 긍정적인 요인

그러나 이것이 정당참여를 허용하고 있는 지방자치의 엄연한 현실이라는 것을 직시할 필요가 있다. 오히려 지방의원이나 자치단체장 후보가 되기를 바라거나 이미 당선되어 지방자치 지도자의 길을 걷고 있는 관계자들로서는, 어떻게 하면 정당과의 관계를 원만하게 하면서 최대한의 협조를 얻을 수 있느냐가 관건인 셈이다. 광역이나 기초를 막론하고 자치단체장이나 의원선거에 정당공천이 허용되고 있어서 지방자치 지도자로 진출하고 성장하려면 정당과 인연을 맺어두는 것이 여러 가지 측면에서 유리한 일면이 많으리라는 것은 당연하다.

지방자치 지도자가 되기를 원하는 관계자에게 정당과의 관계를 맺는 경우의 유리한 점을 굳이 지적하자면 다음과 같이 설명할 수가 있다.

첫째, 유권자의 선택을 돕는다는 점이다. 지역주민에게 많이 알려지지 않은 후보자의 입장에서 볼 때 유권자들에게 누구를 선택할까 하는 가장 중요한 결정을 내리는데 좋은 기준을 제공해 줄 수 있다. 정당이라고 하는 것은 아무리 엉터리라 하더라도 그간의 기록이 있는 집단이기 때문에 주민들이 자기들의 대표를 선출할

단체장의 대다수를 휩쓸었으며, 인천에서는 시장은 자민련, 구청장과 의회는 국민회의라는 공동여당 1당 지배체제를 구축했다. 야당인 한나라당도 강원과 부산, 대구, 울산, 경북, 경남 등 6개 시・도에서 지방자치 행정권과 입법권을 독점하였다.

때 상당한 정도의 판단기준을 제공하는 편리한 수단이 된다. 그렇지만 정당과의 관계를 가지고 있지 않은 지방자치 지도자의 경우는 그의 경력이 상세히 알려져 있다 하더라도 당선된 후에 어떻게, 누구를 위해 자치단체의 지도자 역할을 할 것인지에 대한 불신을 받을 수도 있다는 것을 고려해야 한다.

둘째, 지도자의 평가를 용이하게 한다. 주민으로서는 일단 누구에게 표를 던져 당선된 후에 그가 임기를 마치고 재출마하여 다시 투표해야 할 경우 그가 그동안 어떻게 지도자 역할을 했는지 알 길이 막연하다. 사실 단체장이라면 그래도 그의 업적에 대한 평가도 쉬운 편이다. 그러나 의회 내에서의 지방의원의 행적과 투표행태를 일일이 추적하는 것은 일반 유권자의 입장에서는 불가능할 뿐만 아니라, 실효성이 없는 일로 앞으로 그 의원을 다시 당선시켜야 할지 또는 낙선시켜야 할지 판단할 방법이 없다. 이럴 경우 정당소속은 그간 그 정당이 지방의회에서 어떻게 활동해 왔는가를 주민의 심중에 심어 왔기 때문에 유권자의 입장에서 판단과 선택이 쉬워진다.

셋째, 정당조직의 장점을 살릴 수가 있다. 정당과 관계를 가지고 있는 지방자치 지도자는 같은 당에 속한 의원끼리 같은 정당의 정강정책 실현을 위해 단결하거나 노력하고 정보를 교환하기 때문에 개개인 의원들보다 훨씬 효율적인 의정활동을 수행할 수 있다. 정당은 중앙당 차원에서 국가운영에 참여하는 구심체 역할을 수행하면서 이에 따른 연계 고리를 많이 확보하고 있음을 분명히 인식해야 한다. 각종 공동선의 분배나 정보와 관련하여 정당을 같이 하는 당원끼리는 그만큼 정보가 빨라지고 협조를 얻을 수 있는 가능성이 높아지기 때문이다.

넷째, 협조관계 유지에 유리하다. 정당 소속을 같이하는 의회와 자치단체장이라고 한다면 대립과 견제를 완화하고 조화와 협조를 기해가는 데 더욱 유리한 일면이 있다. 반면에, 정당 소속을 달리하는 경우 때로는 대립과 갈등이 심화될 가능성을 배제할 수는 없을 것이다.

다섯째, 타 기관이나 단체와의 교섭이 유리하다. 정당을 활용할 수 있는 경우 중앙정부 또는 각급 자치단체와의 관계를 원만하게 이끌어갈 수가 있다. 우선 자기 당에 속한 의원을 동원할 수 있기 때문에 전혀 정당배경이 없는 지도자가 아무런 연고도 없이 중앙정부나 상급 지방자치단체에 가서 교섭이나 접촉을 시도하는 것보다 훨씬 유리할 것이다.

마지막으로, 정치지도자로 성장하는 기반이 될 수 있다는 점이다. 정당을 통해 자치단체장이나 지방의원으로 충원되는 지방자치 지도자는 추후 중앙정치에 필요한 정치적인 인재로 성장해갈 수도 있다. 세계 유수의 정치인들이 한 때 지방의원이나 자치단체장 등 지방자치 지도자의 길을 거쳤다는 것은 대부분 정당과도 밀접한 관계를 가지고 있었던 것으로 해석할 필요가 있다.

(4) 정당, 충원을 중시: 개인 차원의 정당활용

현대정치에서 추구되는 정당의 기능은 무엇일까? 여론형성과 이익집약, 정치교육을 통한 정치사회화, 정치지도자의 충원과 선출, 선거에서 표명된 민의를 토대로 한 정부조직 등을 들 수 있다.

여론형성을 통한 이익집약이나 정치사회화, 충원기능 등은 우선적으로 국민을 대상으로 이뤄지며, 정부조직이나 감독은 정부를 대상으로 이뤄진다고 볼 수 있다. 특히 선거와 관련해서 이뤄지는 정당의 기능은 지도자의 충원과 선출, 공직후보자의 선정, 정책개발, 선거운동 지원, 정치교육 실시 등에서 찾아볼 수 있다. 바로 이 점이 지방자치 지도자가 되기를 희망하는 관계자가 유의해야 할 일이다.

이상적으로 운영되는 정당이란 정당지도자들이 선거에 나설만한 인물들을 충원하고, 예비선거를 통해 후보자를 결정하며, 선거에 필요한 자금을 모금하고, 국민여론을 근거로 정책을 개발하는 것이다. 이러한 정당운영 과정에 참여하는 방법은 매우 다양하다. 정당에 입당하여 당원이 되고 시간이 흐름에 따라 당직을 맡아 당에 기여하고 추후 공직후보로 성장해가는 경우가 어쩌면 정상일 수도 있을 것이다. 우리의 경우 명사가 정당을 조직하고 스스로 지도자가 되는 방법, 유력하거나 영향력이 있는 인사를 영입시켜 공직에 추천하는 것 등이 중앙 차원에서 주로 사용되는 방법이었다.

또한 평상시 당원이 아니면서도 정당에 자문해오거나 후원을 해오는 인사가 당직자로 충원되는 경우도 많았다. 바로 이러한 경우가 지방자치 지도자들이 유의할 대목이다.

무소속으로서 자신의 능력을 발휘하는 경우도 없지야 않지만 정당과의 관계를 적절히 이용할 생각이라면 평상시 정당의 생리를 이해하고 이에 익숙해지는 것이 바람직하다. 현재로 봐서는 지방차원에서는 지구당 운영과정에 참여할 수 있는 기회를 확보하는 것이 바람직하다. 지구당이라고 해봐야 상근직원도 변변치 못하고, 재정이 취약하며, 정책개발 능력도 뒤지는 판에 앞으로 어떻게 변화될지도 모르는 일이다. 그러나 선거운동을 준비하는 입장에서는 지구당 운영실태, 지구당위원장과의 관계 설정, 지구당과 관계가 있는 지방의원, 자치단체장 등과의 관계를 모색해갈 수 있다는 점에서 매우 중요한 과정이라고 할 수 있다. 지구당 운영에 참여하기 위해서는 비당원으로서도 국회의원후원회 후원, 각종 연구소 등의 사조직 운영 및 자문을 통해 가능하게 되어 있으며, 당원 혹은 당직자로서 지구당 상무회의, 선거운동 지원, 평상시 유권자 관리 및 당원훈련, 당정협의 등을 통해 가능하다고 할 것이다.

(5) 지방선거와 정당관여의 한계

최근 수년간의 지방정치는 특정 정당들에 의한 세몰이 수준의 바람 정치를 뛰어넘지 못했었다. 이를 타파하기 위해서는 유권자가 후보자를 더욱 철저하게 알아 볼 수 있는 기회가 주어져야 한다.

후보자들의 문제의식과 인식체계를 비롯한 모든 자질을 공개토론을 통해 파악하고 걸러내는 일은 정당과 지역주민이 함께 해야 할 일이다. 일부 정당들의 경우 당내민주화를 위해 후보공모까지 해놓고도 당 지도부가 경선을 피하고자 회유와 압력을 전개하였다고 한다면 이는 정당 민주화를 위해 바람직하지 않은 일이다. 당 지도층의 소위 낙점이라고 하는 것이 주요 변수라고 한다면 정당의 민주화나 지방자치를 공고히 하는 것이 아니라, 정당의 직할통치를 강화하는 것이거나 혹은 지방자치의 기조를 흔드는 매우 위험한 발상이라는 것을 심각하게 우려하지 않을 수 없다.

선거는 그 규모가 크든 작든 국민이 주인이 되어 이루어지는 중요한 정치과정이다. 따라서 당에서 후보를 결정하는 과정부터 국민에게 떳떳해야 한다. 주권의 위임 절차인 선거에 있어서 결과에 못지 않게 과정을 중시하는 것이 민주주의이다. 국민은 정파를 달리하는 사람들이 지역현안이나 국가대사에 관한 정책 청사진을 내놓고 경쟁한 끝에 정당의 후보자로 지명되는 것을 보고 싶어한다는 것을 정당들이 심각하게 고려할 필요가 있다. 이 점에서 정당이 단일후보를 선뜻 내놓는다거나 특정 인사만 의도적으로 부각시키는 것이 능사는 아니다. 공직후보가 정책이나 공약을 개발하고, 이해관계나 조직, 지역갈등 조정에 강해지기 위해서는 사전에 충분한 정책대결 경쟁자와의 관계에서 강해질 필요가 있다.

몇 차례의 지방자치선거를 치르면서 지방정치마저도 지역현실이나 무조건적인 정당 현실에 의해 좌우되는 것이고, 선거는 승리에만 의미를 부여할 수밖에 없다는 속성을 맹목적으로 받아들이는 속성을 탈피해야 한다. 후보들마다 지방자치를 통해 지역주민 삶의 자율성을 강화시켜가겠다고 하면서도 당 내부에서는 여전히 중앙집중적인 정치행태를 보인다면 이는 유권자를 우롱하는 처사이다. 그러기에 중앙당의 공천이라는 과정을 인정한다 하더라도 그것이 하향식이 아니라, 아래로부터 올라오는 상향식이 되도록 당 운영 문화가 변화되어야 할 것이다.

정당이 선거를 앞두고 단순한 목표지상주의 논리에 빠지는 것을 경계해야 한다. 승리를 위해서는 명분과 원칙을 무시해도 좋다는 발상은 이제는 자제될 필요가 있다. 여야 정당 모두가 정치 선진화와 당내 민주화의 깃발처럼 내세웠던 후보경선제가 국민이 보기에 미흡한 것으로 보여져서는 안된다.

정치는 사회의 성장, 높아진 국민의식에 상응하는 성숙한 모습을 보여줄 필요가 있다. 정치개혁입법은 지도자의 선출과정과 정치경쟁을 포함한 모든 정치과정이 예측가능한 경로를 따라 처리될 것이라는 기대를 안겨 주었다. 아울러 그러한 입법과 관련하여 통합선거법은 정치개혁의 규범을 우리 사회 전반에 걸쳐 내면화할 수 있는 장치가 된다는 점에서 매우 중요한 의미를 부여하였던 것이 사실이다.

그럼에도 불구하고 정당이 주민자치 내지는 생활자치 및 일꾼론을 내세우면서도 정작 후보선정에서는 영입하면 해볼만하다는 식의 계산에만 치우치는 모습을 보여줘서는 안될 것이다. 정당에 따라서는 당 지도부의 의사 때문에 선거후보 지망자들은 당내경선을 포기할 수밖에 없게 되고, 이에 따른 반발과 함께 당초 경선원칙을 주장했던 인사들에 대한 원망도 거센 것이 사실이다. 당 지도부 교체압력 수단으로 당내경선이 도입된 정당의 경우, 당내경선에 대한 준비나 여건이 전혀 마련되어 있지 않은 상태에서 유권자들에게 공명선거를 외치기는 어렵다고 할 것이다. 아울러 전통적으로 당권의 향방이 경선으로 결정되는 정당의 경우에도 일부 단체장후보에 대한 완전 경선이 어려운 것이 우리의 정당 현실이다.

4. 지방정치의 역량강화를 위한 협의체 활용

(1) 관계망 형성을 통한 지방정치 결집

지방정치가 활성화되려면 기본적으로 중앙정치가 관여하기 어려운 지역사회만의 역량과 고유영역이 확보되도록 하는 것이 바람직하다. 이를 위해서는 정당

내부적으로 민주화되는 것 못지않게 중요하게 작용하는 것이 바로 지방세력의 결집이라고 할 것이다.

기본적으로 중앙정치에 버금가는 영향력을 행사할 수 있는 세력화가 필수적이라는 이야기이다. 현실적으로 그러한 세력화는 쉽지가 않다. 그러나 지방의원들 수준에서 혹은 자치단체장 수준에서의 세력화나 결집이 불가능한 것은 아니다. 이와 관련하여 논의될 수 있는 것이 바로 자치단체협의체이다. 자치단체협의체란 '기본적으로 2개 이상의 자치단체가 상호협력에 의하여 단체 운영의 능률성을 도모하는 것'을 의미한다. 그러한 협의체는 관련 사무를 공동으로 추구하고, 단체 외부로부터 가해져오는 압력에 대해 공동으로 대처하고자 '자치단체들이 일정한 형태로 관계망을 설정한 형태'다. 이러한 관계망은 중앙정부의 후원이나 지시에 따라 행정적인 협의를 목표로 하는 형태로 구성되는가 하면, 중앙정부의 지시나 후원과는 반대로 오히려 중앙정부에 요구하고 때로는 경쟁하는 성격을 지니는 형태로 발생할 수도 있다. 전자의 경우 행정협의회나 자치단체조합을 들 수 있고, 후자의 경우 연합 성격의 자치단체장협의회나 지방의회협의회 등을 들 수 있을 것이다.[21]

전국적인 협력을 전제로 할 때 많은 협의체들은 연합 형태로 존재하는 경우가 많다. 대체로 자치단체의 전국적 협의는 구성 자치단체의 이익과 권리가 중앙정부의 정책이나 입법에 의해 침해되는 것을 방지하기 위하여 협의를 하는 동시에 각각의 자치단체에 조언하는 기능을 주로 수행한다.

(2) 지방자치단체협의체의 정치적 속성

자치단체협의체가 연합의 성격을 가지는 경우 그 특징에 대해서는 대체로 정치권에 대한 접근, 주민의 지지 그리고 정당성이라는 측면에서 설명할 수가 있다.

첫째, 중앙정치권 접근과 관련하여 자치단체장협의회나 의장협의회 등은 중앙정치권의 적극적인 협조를 얻어내기 위해 국회 내지는 중앙정부 내부에서 그들의 이익을 대변할 수 있는 인사의 활용에 대해서도 심각하게 고려하게 된다.

둘째, 정당과의 관계에서의 문제다. 많은 단체장들과 지방의원들이 정당의 공천과 지원을 통해 당선된 이상 직선단체장이나 지방의원들은 일정 부분 각기 정당의 이해관계를 반영할 수밖에 없는 것이 우리의 현실이다. 지방자치가 발전될수록

21) 지방자치단체협의회에 대한 국내연구에 대해서는 신기현, 『지방자치』 연재물, 현대사회연구소, 1995년 5월-10월호 참고.

지방자치 과정에서 정당의 이해관계가 끼어들 소지가 거의 없다고 하지만, 우리의 경우 중앙정치의 경쟁을 그대로 반영한 자치구조를 보이고 있다. 이 점에서 전국적인 자치단체장협의회나 의장협의회들은 자칫 중앙 정당정치의 모습을 재현할 소지가 크다. 그러기에 정치적 속성을 지니게 되는 자치단체협의체가 어떻게 정당정치와 일정한 거리를 유지할 수 있을 것인가는 관심사가 아닐 수 없다.

한편으로, 자치단체장을 당선시켰거나 지방의회에서 다수를 확보한 정당에 따라서 자치단체연합 내부에서도 소속정당에 따른 집단화가 가능하다. 특히, 자치단체 전체 차원의 회합이 이뤄지기 전에 사전에 정치세력에 따른 협의가 가능할 수 있는 것이다. 즉 자치단체장협의회 구성과는 관계없이 정당별로 지방수준의 당정협의회 즉 지방자치협의회의 운영도 가능하게 되어 있는 것이다. 여야 정당 모두가 각기 당내에 지방자치 관련 기구를 강화하면서 자체 시・도지사협의회나 시장・군수・구청장협의회를 구성해가고 있는 것이 바로 그것이다.

지방자치가 정착되면 될수록 정당의 개입 소지가 줄어들겠지만 현재와 같은 한국의 지방자치 구조 여건에서는 정당의 개입을 막아낼 도리가 없다는 점에서 정당별 협의회의 구성은 자치단체협의체의 운영을 더욱 정치화활 가능성이 높다고 할 것이다.

5. 중앙과 지방의 정치를 살리는 지방정치 활성화

이상의 논의에서 보듯이 분권화를 통한 지방자치와 그 공간에서의 지방정치 운영은 그것이 기대한대로만 운영되기는 어려울 수밖에 없다는 것을 알 수가 있다. 정당으로부터 자유로운 것이 아니라 오히려 정당 속에 매몰되어 그 조직을 활용하는 것이 현실적으로 편리하게 되어 있는 지방정치인 여건에서는 정당의 내부 민주화가 시급하다는 것을 알게 될 것이다.

지방분권은 지방적 수준의 모든 문제를 해결해 줄 수 있는 만병통치약은 아니다. 특히 중앙에서 재원을 지원해 주는 현재와 같은 구조 속에서 후원-수혜자 관계에 기초한 중앙정부-자치단체 관계나 중앙정당 관계가 청산되지 않는 한 지방자치를 외치는 지방정치권의 목소리는 왜소해지지 않을 수가 없는 형편이다. 그러기에 지방자치가 진정한 의미의 지방정치 활성화로 이어지기 위해서는 무엇보다도 현재와 같은 지역주의 정당의 독점적 지배체제의 변화가 시급하다. 동시에 지역수준의 시민사회 활성화 역시 시급한 과제다.

지역에서의 정당 경쟁이나 시민사회 운영이 활성화되지 않는 경우, 강력한 중앙집권적 개발독재 기간에 보여진 중앙정치의 부패상이 전국적으로 분산되면 결국 지방정치권마저 부패될 가능성을 배제하기 어렵다. 결국에는 중앙집권적 정치체제로의 회귀를 정당화시킬 가능성도 있다는 것을 알아야 한다.

(1) 분권화의 모색과 지방정치 활성화

지역주의를 극복하기 위해서는 총체적인 분권화가 필수적이다. 현재와 같은 정치권력제도 속에서 지방이 중앙에 참여할 수 있는 정치구조 도입을 심각하게 고려할 필요가 있다. 선거를 통한 국회 구성이 지역기반에 따라 여야로 나뉘게 되는 경우 정권으로부터 소외된 지역의 국회의원들은 당정협의나 상임위 배정과 관련해서도 불이익을 당하는 경우가 허다하다. 여야를 막론하고 자기 당의 대표가 고른 지역기반을 가지고 있는 경우에는 문제가 없으나, 현재처럼 지역기반이 바로 정당 구성의 전제가 되는 여건에서는 정보공유나 의결과정에서 배제되기 쉽게 되어 있다. 이 점에서 지역의 문제를 지역 스스로가 결정하도록 하는 지방정치를 활성화시키면서 지역간의 고른 발전과 협의를 가능토록 하는 제도 마련도 심각하게 고려해 가야 한다.

2002년 대통령선거를 치르면서 본격화된 지방분권운동은 중앙과 지방을 대등하게 하면서 공생을 모색하는 계기가 되었다. 한국정치에서도 이제 분권은 중요한 화두가 되었으며, 분권을 통한 지방활성화 논의도 구체화되었다.

이러한 분권화 추진과정에서 주의해야 하는 사항은 과거 중앙집권적인 구조하에서 국가예산투자나 정책상의 혜택에 따른 발전과 저발전이 구별되는 지역을 어떻게 조화시킬 것인가이다. 재정자립도가 높아져 있고 인구도 대폭 늘어난 지역과 그렇지 못한 지역 사이에는 분권을 보는 시각에 차이가 있음을 분명히 할 필요가 있다.

(2) 시민사회 부분의 활성화

아울러 분권이나 탈지역적인 조건을 확보하는 것 못지 않게 지역간 갈등이 시민사회 내부에서 스스로 용해되는 공간을 제도적으로 마련해 주어야 한다. 시민운동 부분이 지역문제 해결의 주체가 되기는 어렵다 할지라도 전국적인 사회문제

해결을 위해 지역을 초월하여 상호협조해 가는 기회제공과 함께 그러한 과정이 정치적인 힘으로 연결되도록 하는 방안의 모색이 중요하다.

특히, 저항적인 지역주의나 패권적인 지역주의의 고착화를 방지하기 위해서라도 국가 각 부문의 문제해결이 지역화가 아닌 시민화를 통해 이루어지는 방향의 모색이 절실하다고 할 것이다.

제7장

정보화와 전자민주주의

제1절 정보화와 전자민주주의 발전

1. 정보화와 정치지평의 재편성

(1) 인터넷의 혁명적 영향

정보화사회의 발전과 함께 의사결정구조에 많은 영향력을 행사할 것으로 보이는 새로운 매체형태 중 하나로 인터넷이 지적되고 있다. 이것은 신문과 라디오, TV로 대표되던 지금까지의 의사전달 환경이 최근에 들어와 급격하게 변화하고 있는 것과 맥을 같이한다. 변화의 주 내용은 대중매체가 개인별로 이용 가능한 방식으로 바뀌고 있다는 점이다.

현 단계의 기술발전 추세로 볼 때 인터넷은 21세기 지구사회에서 빼놓을 수 없는 통신수단이 될 것으로 예측되고 있다. 인터넷은 키보드 조작 하나로 각국 주요 기관의 공개된 정보들에 접근할 수 있도록 하고 있다. 그런가 하면 지구 어느 곳에 있는 사람과도 전자우편, 음성, 동화상 등을 상호 교환할 수 있는 기회를 제공하고 있다. 이것은 전 세계 130여개국을 연결하는 컴퓨터통신망인 인터넷(Inter-net)을 통해 가능하게 되어 있다.[1)] 인터넷을 통해 청와대나 미국 백악관을 연결하면 우리나라 대통령이나 미국 대통령의 하루 일정을 확인할 수 있는 것은 물론이고, 세계 유명 도서관의 각종 자료에 대한 접근도 가능해진다. 폐쇄된 국가에 대한 접근도 인터넷을 통해 여러 국가를 경유하는 경우 불가능한 것만은 아니라는 것이 오늘날의 통신 현실이다.

중국의 인권운동이나 보스니아 내전에 관한 정보가 전 세계에 생생하게 전달되었는가 하면 멕시코 농민반란이 미국 전역의 관계자들에게 전달되는 데 있어서 국제적 컴퓨터통신망인 인터넷의 역할은 막강하였다. 중국이나 멕시코 정부가 현지 언론의 비판은 묵살할 수가 있어도 인터넷과 다른 국가들의 언론을 통해 전 세계로 전달되는 비판을 도외시하기는 힘들게 되어 있다. 특히, 멕시코 정부의 경우 정보차단을 위해 외국 언론인 출입을 통제함에도 불구하고 인터넷의 위력을 차단

1) 『정보화동향분석』, 6권 15호, 한국전산원, 1999에 따르면 아시아지역의 2003년 전자상거래 시장규모는 2,800억 달러로 추정되고 있으며, 아시아-태평양 인터넷 이용자 수는 2005년 3억 7천 4백만으로 예상되고 있다.

하는 데 일정한 한계를 보여, 결국 인권운동이나 농민운동에 대한 탄압의 강도를 낮출 수밖에 없었던 점은 인터넷 이용에 따른 사회적 영향 사례 중의 하나로 평가받고 있다.

정치인들이 각종 컴퓨터통신망인 인터넷을 통하여 국민들의 의견을 수렴하는 기회를 가지는 것은 이제 더 이상 새로운 것이 아니다.[2] 이제는 전세계적으로 컴퓨터통신망이 연결되면서 사이버공간(cyberspace)을 상정하는 수준에 도달하고 있다.[3] 현재 이 사이버공간에서는 전 세계 어느 국가 구성원이든 국경을 초월하여 동시에 접속하여 작업을 진행할 수 있도록 되어 있다. 세계적으로 초고속 정보통신망의 구축작업이 강화되고 있는 시점에서 사이버공간은 더욱 확대되고 있다. 여기서 말하는 사이버공간은 디지털 신호로 형성되는 공간일 뿐 실제로 존재하는 물리적인 공간이 아니다. 사이버공간에 가장 가까운 컴퓨터통신망은 인터넷이다. 전 세계적으로 인터넷에 직접 연결된 중앙집중형 컴퓨터(호스트)는 이미 수천만대에 달하고 있으며, 이를 이용하는 이용자는 기하급수적으로 늘어나고 있다.

이 통신망은 전 세계 주요 인터넷은 물론이고 사설 전자게시판(BBS), 포털들이 스스로 접속하면서 정부의 개입 없이 민간 자율로 형성된 거대한 사이버공간이다. 미국의 컴퓨서브나 일본의 니프티서브, 우리나라의 네이버, 다음 등 크고 작은 전 세계의 공중정보통신망들도 하나의 사이버공간인 것이다. 이들 사이버공간에는 이미 전 세계 컴퓨터통신 이용자들이 사이버상의 쇼핑센터, 은행, 도서관 등을 드나들며 마치 정보사회의 생활양식을 향유하고 있다. 이들은 전자우편, 전자게시판, 온라인 회의 등 수많은 통신망 서비스를 통해 시간과 공간을 뛰어넘어 또 하나의 우리라는 새로운 공동체 질서를 수립해 가고 있다.

세계 각국은 정보화의 본질이 국가사회 전반의 재설계에 있다는 점을 인식하고 정보기술을 활용하는 방안을 적극적으로 모색하고 있다. 이를 위해 정보화 선진국들은 자국에 적합한 정보화 촉진계획을 수립하여 실행에 옮기고 있다. 최근

---

2) Al Gore, "Forging a new Athenian Age of Democracy," *Inter Media*, Vol. 22, No. 2, April-May 1994, pp.4-7. 미국의 각 주는 물론이고, 전 세계에 걸쳐 지리적으로 상이한 곳에 위치하고 있는 수많은 사이버국가(cybernation)의 국민들이 사이버공간을 통해 실제시간에 동시에 참여하면서 미국 부통령과 대화를 나눈 것은 첨단 세계정치의 중요한 사례로 기억되고 있다.

3) 사이버(가상)의 사전적인 의미는 '인공적으로 만들어진'이란 뜻으로 포괄적으로 사용된다. 사이버공간이라 불리는 용어는 깁슨(William Gibson)의 소설『뉴로망서』에서 처음으로 사용되었으며, 일반적으로 세계적인 컴퓨터통신 네트워크를 지칭한다. William Gibson, *Neuromancer*, New York: Ace Books, 1984; Brian D. Loader, ed., *The Gorvernance of Cyberspace*, New York: Routledge, 1997.

인터넷의 이용이 확산되고 사회·경제 활동에서 차지하는 중요성이 급증하고 있는 점도 세계 정보화의 큰 흐름으로 지적할 수 있다. 최근 인터넷 관련 정보기술이 급속히 발전함에 따라 컴퓨터·방송·통신 융합현상이 가속화되고, 정치·경제·사회 전 분야에서 인터넷을 활용하는 비중이 커지고 있는 등 인터넷의 중요성이 급속히 증가하고 있다.

인터넷의 급속한 발전은 새로운 생활양식과 사회·경제활동의 가능성을 열어가고 있으며, 실제로도 인터넷상에서 새로운 사이버 공동체가 출현하고 있다. 또한 원격교육, 원격근무 등 정보기술을 활용한 새로운 서비스들이 계속 등장하고 있다. 특히 인터넷쇼핑, 인터넷출판 등 인터넷을 활용한 전자상거래의 등장으로 사회 각 분야에서 인터넷을 매개로 한 온라인 경제활동의 비중이 점차 증가하고 있는 추세이다.

(2) 정치지평의 재편성

인터넷의 발전과 파급효과는 경제·사회 분야에만 미치는 것이 아니다. 인터넷을 발전시키고 있는 국가들은 정보기술을 이용하여 국민에게 보다 나은 서비스를 쉽게 전달하는 전자정부를 실현하고자 전략과 정책을 수립하여 실천에 옮기고 있다. 정부와 국민간이 관계에 있어서는 전자정부의 전자민주주의 구현을 위한 다양한 노력들이 확산되고 있으며, 국가적 차원을 넘어 범세계적인 차원에서의 정보사회 실현을 위한 국가간 공동노력 역시 가시화되고 있다. 또한 각국은 정보기술을 활용하여 정부와 국민을 보다 직접적이고 민주적으로 변화시키고, 인터넷을 통한 정부정보의 공개와 제공을 확산시키는 등 이른바 전자민주주의의 실현을 위해 적극적으로 노력하고 있다. 미국의 전자정부를 향한 접근, 영국의 국민지향적인 정부, 캐나다의 고객지향적인 정부 모두가 정보기술을 활용한 행정개혁과 대국민 서비스의 질적 향상을 목표로 한 전자정부 실행전략과 엇물려 있다.

인터넷이 가지고 있는 초국가적인 성격으로 인해 각국은 자국의 정보사회 구축에서 한 걸음 더 나아가 범세계적인 차원의 정보사회 실현을 위한 대응책을 모색하고 최선책을 찾기 위한 공동노력을 기울이고 있다.

그 동안의 정치 여건을 보면 우리나라의 대통령, 정부관료, 자치단체장이나 각급 의회 의원들에게는 방송이나 신문 등을 통해 시청자나 구독자를 만나는 것이 가장 바람직한 방법 중의 하나였었다. 그러나 그러한 만남에는 일정한 한계가 있기 마련이다. 언론이라는 무기는 적절히 통제를 당하는 기제(mechanism)일 수밖에 없고 양방향, 3방향의 성격보다는 단순히 일방적인 정보전달에 그치는 경우가 많다. 설사 일반인이 참여하는 기회가 만들어진다 하더라도 그것은 주로 언론매체를 운영하는 당사자들의 재량에 의존할 수밖에 없도록 되어 있다.

우리가 흔히 지적하는 정보화사회의 도래는 오늘의 현실이며, 이러한 변화의 제3물결은 사회의 한정된 영역만을 대상으로 선택적인 영향력을 발휘하는 것이 아니라 전 영역에 걸쳐 광범위한 변화를 유발하고 있다. 이러한 영향력 행사의 광역성이 바로 정보화사회가 보유하는 주요한 특성이 되고 있다.

오늘날 컴퓨터 이용을 통한 변화의 물결은 정치·사회 및 시민사회 각 영역에까지 그 영향력을 날로 확대하고 있다. 우선 정치를 이끌어가는 집단이나 이러한 정치과정에 직접 관여하기가 힘들었던 사회 구성원들의 상호 인식에 대한 변화는 물론이고, 정치체계 자체의 변화까지도 불가피하게 하고 있다. 이 과정에서 전통적인 의미의 정당정치가 쇠퇴하고, 정치사회와 시민사회의 직접적인 의사소통 통로가 개척되면서 더 이상 간접민주주의 체제의 정당성이 무조건 수용되기는 어렵다는 인식이 강화되고 있다.

2. 전자민주주의 개념과 성격

(1) 전자민주주의 개념

전자민주주의는 '정보통신기반의 이용을 통하여 정치과정에 대한 시민의 참여가 이루어지는 정보사회의 민주주의'라고 정의할 수 있다. 이 용어는 새롭게 형성되는 정치영역 중의 하나로 텔레데모크라시(teledemocracy)를 비롯해 테크노폴리틱스(technopolitics), 일렉트로닉데모크라시(electronic democracy) 등으로 불리고 있다.[4] 어떻게 불리든 간에 컴퓨터통신과 인터넷 시대에 새롭게 형성된 정치 영역이 바로 전자민주주의의 영역이 되고 있음은 분명하다. 이러한 전자민주주의가 시민 없는 민주주의에 대한 하나의 대안으로 떠오르고 있다. 전화, 팩스, 컴퓨터통신, 인터넷 등 정보통신기술의 발달은 개인이 시간과 공간의 제약 없이 자유롭게 정치적 의제에 대한 의견을 표현할 수 있게 한다. 이를 통해 정책결정 과정에 시민이 참

4) 전자민주주의 등에 관련된 최신 용어의 개념에 대해서는 한국민주시민교육학회 편, 『민주시민생활 용어사전』, 유풍출판사, 1998을 참조.

여하는 통로를 마련하게 되는 것이다.

국민과 정책결정자간의 정책결정 관련 정보와 의견의 전달을 돕는 의사소통 기술의 운용을 의미하는 것이다.[5] 정보화시대 이전의 정보통신기반을 의사소통 구조로 사용하는 민주주의가 기존의 민주주의였다고 한다면, 정보통신이 발전하면서 형성되는 정보화시대의 정보통신기반을 의사소통 구조로 사용하는 민주주의를 전자민주주의로 인식할 수가 있다. 즉, 정보통신기반의 변화로 인해 기존의 민주주의가 정보화되면서 변화를 겪게 되는데, 기존 민주주의의 변화된 모습 혹은 부분을 전자민주주의로 표현하게 되는 것이다. 그렇다고 기존의 민주주의와 전자민주주의가 뚜렷이 구분되는 것은 아니며, 정보화가 계속 진행중인 것과 같이 전자민주주의도 계속 진행되고 있는 것으로 봐야만 무리가 생기지 않는다.

전자민주주의가 직접민주주의로 간주될 수가 있느냐에 대해서는 아직 그대로 받아들이기가 힘들다. 다만, 기존의 민주주의와 비교하여 전자민주주의의 직접민주성이 강화될 수 있다는 것으로 수용하는 것이 바람직하다.

(2) 전자민주주의 과정의 전제

첫째, 전자민주주의는 정보의 공개 편의성을 전제로 한다. 정보통신기반을 통한 정보공개가 그 주요 과정이다. 정부가 보유한 정보 중 공개 대상으로 분류되는 정보는 국민이 쉽고 신속하게 접근할 수 있도록 변화되고 있다. 이러한 공개와 접근의 효과를 극대화하는 영역이 바로 전자민주주의이다. 정보를 전자화하여 정보통신기반을 통해 접근이 가능하도록 하는 것이다.

둘째, 대안매체로서의 성장이다. 전통적으로는 기존의 언론이 사회의 제반 문제에 대해 조명을 하는 역할을 맡아 왔다. 앞으로 전자민주주의 시대에는 이러한 역할을 기존의 언론만 수행하는 것이 아니라, 다양한 집단들로 구성된 정보중개계층이 수행하게 될 것으로 보여진다.

셋째, 국민의견 수렴 및 토론의 장을 제공한다. 전자민주주의는 많은 사람들에게 신속하게 특정 문제를 알리고 그 문제에 대해 같은 입장을 취하는 사람들을 물리적 위치와 관계 없이 신속하게 모을 수 있는, 즉 조직화할 수 있는 특성을 갖고 있다. 전자민주주의 시대에는 정책사안에 따라 관계자들과 지지자들을 신속하

---

5) 크리스토퍼 아터톤(Christopher Arterton), 한백연구재단 편역, 『텔레데모크라시: 21세기 정보화시대의 정치혁명』, 거름, 1994, 22쪽.

게 동원하여 조직화할 수 있는 능력이 중요하게 될 것이다. 실제로 많은 국가의 정부에서는 국민의 의견을 수렴하기 위해 전자우편 및 전자게시판을 활용하여 창구를 마련하고 있다.

(3) 전자민주주의의 의사소통기반

첫째, 응용서비스의 확산이다. 실제 전자민주주의를 실현하려면 정보시스템을 구축하고, 정보통신망에 연결시키고, 전자민주주의 응용서비스를 구현해야 한다. 이때 응용서비스에서 제공되는 정보와 서비스의 구성은 매우 중요하다. 사용자가 필요한 정보와 서비스를 쉽게 찾아 편리하게 사용할 수 있어야 하며, 시간과 공간에 구애받지 않고 사용 가능하도록 구현되어야 한다.

토론의 대상이 되는 이슈에 대해 배경자료, 정부의 입장이 정리되어 있는 정책자료, 정부의 입장을 둘러싼 각계 각층의 대표적 의견, 관련 언론보도, 연구기관의 해설자료, 여론조사 및 일반국민의 개별 의견, 타 국가의 사례 등이 일목요연하게 정리 및 연계가 되어 있는 것이 바람직할 것이다.

둘째, 전자투표의 가능성이다. 전자투표는 투표 당일날 유권자의 물리적 위치에 구애 받지 않고 어디서나 투표할 수 있다는 장점을 가지고 있다. 이는 유권자의 기본권이 시간·공간적 요소로 인해 박탈당하는 것을 방지할 수 있다는 긍정적 효과를 가져오는 것을 의미한다. 그러나 전자투표제도를 시행하려면 프라이버시 침해 가능성, 컴퓨터 조작을 통한 부정 가능성, 전자투표 결과에 대한 불신 등의 장벽을 넘어야 할 것이다. 전자투표란 여전히 우리에게 친숙하지 못한 개념이고 전자투표제도가 가져올 부작용도 아직은 정확히 파악하기 어렵다. 그러나 전자투표제도의 효용성도 어느 정도 인정될 수 있을 것이며, 전자투표제도의 도입문제는 신중하고 다각적으로 검토되어야 할 것이다.

셋째, 정보제공에 따른 사생활 및 익명성 보호의 문제이다. 전자민주주의 과정에 국민의 적극적인 참여를 유도하기 위해서는 일반적으로 개인의 사생할이 보호되어야 할 것이다. 익명성은 국민의 참여를 유도하는데 유용한 수단이지만 익명성이 가져올 수 있는 부작용도 무시할 수 없다. 그러나 인터넷과 같은 매체가 등장하면서 익명으로 정보를 제공하는 것을 통제하기가 어려워지고 있다.

넷째, 정보의 정확성 문제이다. 전자민주주의가 진행되면서 정부는 많은 정보를 정보통신기반을 통해 제공하게 된다. 정부가 정보통신기반을 통해 제공하는 정보는 인쇄물 형태의 정보와 동일하고 정확해야 한다. 즉, 전자적으로 제공되는 정보도 공식적 자료이므로 정보의 정확성이 생명이다. 특히 전자공문서의 경우에는 더욱 그렇다.

물론, 전자적으로 제공되는 정보는 정부의 공식자료로 간주해선 안된다는 정부의 방침이 있을 수도 있으나, 전자민주주의가 정착되려면 정보통신기반을 통해 제공되는 모든 정보와 문서는 공식적으로 인정되어야 한다. 그러나 이에 따른 보안도 과소평가할 수는 없다. 특히, 보안이 취약한 인터넷을 통해 많은 정보를 공개하고 있는 여러 국가나 정부의 입장에서는 정보의 공식성을 인정할 수 있을 만큼 정보의 정확성을 보장하기가 어려운 실정이다. 결국 정부는 정보를 공개해야 하는 압력을 받으면서 정보공개를 효과적으로 수행하기 위해 전자적으로 정보를 공개하는 노력을 기울이는 한편, 공개되는 정보의 신뢰도를 보장해야 하는 어려운 상황에 직면하고 있다.

다섯째, 다양한 매체의 통합적 활용이 시도되고 있다. 전자민주주의가 발전하고 성숙된 단계에서는 컴퓨터통신이 가장 강력한 매체로 정착하게 될 가능성이 있다. 그러나 매체간의 경쟁은 끊임없이 진행될 것이고, 전자민주주의의 초기단계인 현 시점에서는 컴퓨터통신 매체가 신문, 방송과 같은 매체가 존재하는 환경에서 가장 영향력 있는 매체라고 생각하기는 어렵다. 그러므로 전자민주주의를 추진하고자 하는 기관은 다양한 매체를 세부목적에 맞게 적절히 활용해야 할 것이다.

여섯째, 인터넷의 확산이다. 인터넷의 대두는 정보화과정에서 큰 화제가 된 것과 더불어 전자민주주의 실현에 있어서 가장 각광받는 매체이다. 인터넷의 특성이 갖는 정치적 의미를 살펴보면 우선 인터넷의 분산적 처리 특성으로 인하여 정보의 통제가 어렵다. 인터넷은 또한 하이퍼텍스트 기능을 통해 다양한 정보를 자유자재로 연결시키고 재구성하는 것을 가능케 한다. 이것은 관련된 정보를 한 자리에 모으고 비교하는 데 용이하여 각종 정책문제에 대한 국민의 이해를 돕게 한다. 또한, 인터넷은 국경을 초월하는 매체로서 해외에서 활동하는 내국민에게도 민주주의에 참여하는 기회를 부여하는 효과를 가져올 수 있다. 인터넷은 그러나 보안의 취약성 문제도 있는 등 적극 활용시 발생 가능한 부작용도 많을 수 있으므로, 전자민주주의를 위한 인터넷의 활용은 신중하게 고려되어야 할 것이다.

일곱째, 양방향 대 일방향의 문제이다. 국내외적으로 많은 전자민주주의 사업이 정부주도로 추진되고 있다. 국내 정부기관(행정부 및 입법부)들도 인터넷에 전자게시판을 구축하고 관련정보를 제공하고 있다. 그러나 전자게시판 내용을 자세히 보면 상당수의 전자게시판들이 주로 해당 기관의 업적을 홍보하는 수준에 머물고 있고, 국민의 의견수렴에는 적극적이지 못하며 운영이 허술한 편이다. 이러한 현상은 인터넷 매체가 양방향적인 특성을 가지고 있는 점을 무시한 채 일방향적 매체, 즉 홍보성 매체로 인식하는 생각으로부터 그 원인을 찾을 수 있다. 정부기관이 운영하는 전자민주주의 사업에서 양방향의 의사소통을 장려할 필요가 있다.

제2절 전자민주주의의 이상

1. 대의민주주의 보완을 위한 전자민주주의

(1) 대의민주주의의 한계

지난 수백년간 산업사회에서 정치제도의 근간을 이루어 온 것은 대의민주주의였다. 민주주의를 실현하기 위한 하나의 방법으로 국민들이 대표자를 선출하고 이들을 통해 국민의 의사를 간접적으로나마 국정에 반영하려는 것이 대의제도의 본질이었다. 나라마다 그 형태를 조금씩 달리하고, 자본주의와 사회주의의 대결 속에서 매우 이질적인 정치제도들이 출현하기도 하였으나, 모든 나라들은 대의제도를 외형적으로나마 정치질서의 전면에 내세워 왔다.

이렇게 대의제가 산업사회의 전형적인 정치제도로 자리잡게 된 것은 산업사회의 일반적 경향인 대형화・집중화 추세와 매우 밀접한 연관성을 가졌다. 즉, 대규모 공장의 설립과 도시화의 진전으로 대중의 규모가 기하급수적으로 증가함에 따라 정치제도는 근본적인 변화를 맞이하지 않을 수 없었던 것이다.

그러한 변화의 핵심에는 첫째로, 정치권력의 원천을 수적 우위에 있는 대중으로부터 찾아야 한다는 것과, 둘째로 다수의 의사를 집약할 수 있는 현실적이고 경제적인 방법을 고안해 내야 한다는 압력이 내재되어 있었다. 그 결과 대중으로부터 권력을 얻기 위해 민주주의를 정치적 가치의 최정상에 올려 놓으면서, 국민이 직접 참여하는 것이 아니라 대표자들에 의해 대행되는 간접민주주의적 방식이 채택된 것이다.

그러나 대의제도가 민주주의의 이상을 실현하기에는 근본적인 한계를 안고 있었다. 무엇보다도 대표자들이 국민들의 의사를 국민들의 입장에서 있는 그대로 대변하지 못함에 따라 대표자에 의한 권리실현이라는 대의제의 기본가정이 흔들리게 된 것이다. 국민의 대표들은, 한편으로 자신을 뽑아 준 주권자의 이익보다 자기 자신의 이익을 더 중히 여기거나, 다른 한편으로 전문성 등 능력이 부족하여 국민들의 다양한 이익을 효과적으로 대변하고 실현하지 못하는 경우가 비일비재하였다. 따라서 이러한 한계가 보완되지 않는 한 대의제는 국민들의 이익실현에 실질적으로 기여할 수 없었다. 그리고 그러한 보완의 방향은 간접민주주의적 방식하에서 대표자들의 대표기능을 통제하고 강화하든지, 아니면 직접민주주의적 방식을 도입하는 것이 되어야 했다.

여기서 문제는 대의제가 민주주의의 이상을 실현하기에 크게 부족하지만, 현실적으로 그 동안 이를 대체할 만한 대안이나 보완책이 없었다는 점이다. 대중으로부터 권력을 부여 받지만, 사회가 점차 복잡다양해지고 대중의 규모가 커짐으로써, 현안문제에 대해 국민들의 의사를 일일이 확인하고 이를 근거로 정책을 추진하기에는 비용이 너무 많이 들었다. 예컨대, 국민투표는 매우 많은 비용이 들기 때문에 헌법개정과 같이 아주 예외적이고 중요한 사안이 아니면 활용되지 못하였다. 또한, 대표자들의 행동을 통제하기에 국민들은 정보가 부족하였고, 자기의 의사를 전달할 효과적인 수단도 확보하지 못하였다. 따라서 국민들은 대의제가 자신들의 권리를 제대로 반영해 주지 못한다는 점을 알면서도 이를 정치제도의 근간으로 받아들이지 않을 수 없었다.

(2) 전자민주주의의 직접민주주의적 성격

그러나 정보통신기술이 눈부시게 발전하기 시작하면서 사정은 크게 변화되었다. 일반적으로 정보통신기술은 정보의 생산·유통·활용에 소요되는 비용을 혁신적으로 낮춤으로써 사회 각 부문에서 정보와 지식의 활용을 촉진하고, 이를 통해 사회적 비용을 낮추고 사회조직과 제도의 효율성을 높이는 데 기여한다. 마찬가지로 정치영역에서도 정보통신기술은 기존 제도의 한계를 뛰어넘을 수 있는 충분한 수단을 제공해 주고 있다.

무엇보다도 정보통신기술은 정치활동을 수행하는데 필요한 비용을 획기적으로 절감시켜 준다. 지금까지 정치활동을 수행하기 위해서는 많은 시간과 비용이 필요하였기 때문에 일반인들은 본격적인 정치활동에서 손을 떼고, 이를 전문적인 정치가들에게 맡길 수밖에 없었다. 그리고 다른 사람의 입장을 대변하는데도 너무 많은 비용과 노력이 소요되었기 때문에 대부분의 사회단체들은 정치적 조정자의 역할을 수행하지 못하고, 정당이나 몇몇 사회단체들이 독점적으로 이러한 기능을 수행하여 왔다.6)

그 결과 앞에서 언급한 대의제라는 간접민주주의 방식이 정치제도의 근간을 이루게 된 것이다. 그러나 정보통신기술은 누구에게나 열려 있는 사이버공간을 통해 아주 저렴한 비용으로 필요한 정보를 획득하고, 자기의 의사를 표출하며, 동조자들을 규합할 수 있게 하는 등 정치활동의 비용을 크게 낮춰 주고 있다. 따라서 이론적으로나 기술적으로는 직접민주주의의 실현도 가능하게 되었다.

물론 정보통신기술의 도입에 따른 정치영역의 변화방향이 고정되어 있는 것은 아니다. 정보화에 따라 정치영역이 바람직한 방향으로 발전할 수도 있지만 그렇지 않을 가능성도 얼마든지 있다. 정보통신기술이 새로운 전체주의적 정치질서를 수반할 것이라는 조지 오웰(George Orwell)식의 극단적 비관론을 배제하더라도, 정보의 홍수 속에 정치가 마비상태에 이르거나 대중의 여론에 휘말려 장기적이고 합리적인 정책대안이 좌절되는 등 민주주의가 후퇴할 가능성도 있다. 따라서 이러한 비관적 가능성을 최대한 억제하고, 정보사회에서 민주주의의 발전을 촉진하기 위해서는 급속히 발전하는 정보통신기술을 정치참 여의 유용한 수단으로 활용하려는 정부와 민간의 적극적인 노력이 요구된다.

전자민주주의 운동은 바로 이러한 필요성에서 출발한다. 전자민주주의 운동의 주창자들은 현대사회의 유권자들이 정치적 비관론자들의 생각처럼 비합리적이거나 수동적이지 않으며, 오히려 새로운 사이버공간을 활용한 정치참여에 매우 적극적이라고 주장한다.7)

이들은 정보통신기반이 21세기의 새로운 민주적 정치질서를 창출하기 위한 가장 유효한 수단이 된다는 전제하에 다양한 시범사업을 전개하고 있다. 이들이 추구하는 전자민주주의는 과거와 같이 국민들이 수동적이고 일방적으로 정보를 제공받는 하향식(top-down)의 정보흐름이 역전되어, 국민들의 다양한 의사가 정치영

---

6) Mancur Olson, *The Logic of Collective Action: Public Goods and the Theory of Groups*, Cambridge: Harvard University Press, 1977.

7) Steven E. Miller, *Civilizing Cyberspace: Policy, Power, and the Information Superhighway*, New York: ACM Press, 1996, pp.215-217.

역에 효과적으로 전달되는 정치적 의사소통 방식을 실현하게 된다.

이를 통해 국민들은 자신들과 관련된 문제의 결정과정에 직접적인 참여자로 역할을 하게 된다. 물론 그 참여의 방법이 직접민주주의적인 방식이 될 수도 있고, 간접민주주의를 기초로 하면서 사안에 따라 직접적인 참여가 활성화되는 방식이 될 수도 있다. 하지만 어느 경우든지 전자민주주의는 정치적 결정과정에 대한 국민들의 참여를 대폭 확대시킬 것으로 기대된다.

2. 정치참여 확대와 제도개선

전자민주주의의 이상은 정보통신기술을 이용하여 국민들의 정치참여를 확대하는 것만으로는 달성될 수 없다. 국민들이 정치적 의사소통과 결정과정의 중심에 위치하기 위해서는 이와 관련된 정치제도가 함께 변화되어야 한다.

지금과 같은 형태의 대의제도와 중앙집권적 정부형태가 유지되는 상황에서는, 아무리 사이버공간을 통한 정치참여가 활성화된다고 하더라도 이것이 정치영역에 투입될 수 있는 통로가 극도로 제한되게 된다. 오히려 참여의 확대와 투입통로의 제약은 상승작용을 일으켜 정치적 불만과 불신을 높임으로써 미래학자들이 우려하는 바와 같은 비정상적 정치제도를 만들어 낼 위험성이 높다.

이러한 문제와 관련하여 토플러(Alvin Toffler)는 전자민주주의하에서 정치제도의 변화방향을 다음 세 가지로 요약한다.8)

첫째가 소수세력의 원칙이다. 그 동안 대의제도는 다수 대중의 다양한 의사를 취합하기 위한 편리한 방법으로 다수결의 원칙을 적용하여 왔다. 다수결의 원칙이 지속되는 한 사이버공간에서 분출하는 다양한 정치적 요구가 정치영역에 반영될 수 없다. 이를 위해서는 소수집단의 의견이 투입될 수 있는 통로가 확보되어야 한다.

둘째로 준직접민주주의(semi-direct democracy)의 원칙이다. 대의제 간접민주주의는 더 이상 국민의 의사를 대표하기가 어렵다. 정보통신기술이 국민들의 정치참여 비용을 획기적으로 줄인 만큼 이제는 결정의 기회와 권한이 국민들에게 주어져야 한다. 현실적인 대안으로 직접민주주의와 간접민주주의를 결합한 준직접민주주의가 제안될 수가 있다.

---

8) Alvin Toffler, 이규행 역, 『제3물결의 정치: 새로운 문명의 창조』, 한국경제신문사, 1995.

마지막으로, 결정권 분산(decision division)의 원칙이다. 지금까지 결정의 권한은 정부 내에서도 중앙에만 집중되어 왔다. 결정의 권한이 중앙에 집중되면 될수록 결정권자의 문제해결 능력이 크게 약화될 뿐만 아니라, 국민들의 요구가 투입될 수 있는 통로도 축소된다. 따라서 사이버공간을 통한 민주주의가 실현되기 위해서는 결정의 권한이 분산되어 국민들에게 다양한 접근점을 제공해 줄 수 있어야 한다.

이와 같은 토플러식 개혁방향을 요약해 보면 정치권력을 '정부에서 국민으로' 이전시키려는 것으로 집약할 수 있다. 정보통신기술이 이를 가능케 하는 핵심요인으로 작용하고 있음은 말할 것도 없다. 이러한 토플러의 견해는 전자민주주의의 이상을 주창하는 학자들에 의해 공유되는 의견이기도 하다.

전자민주주의의 진전에 따라 정부는 무엇보다도 정치적 요구의 폭증을 경험하게 된다. 현대사회가 다양하고 복잡해짐에 따라 정부에 대한 요구는 계속 증가해 왔다. 그러나 지금까지 정부에 대한 요구는 대의제도라는 메커니즘을 통해 일정한 시간을 두고 집약된 형태로 전달되었다.

정부정책에 대한 국민들의 평가도 이론적으로는 선거주기를 따라 이루어져 왔다. 시민사회에서 언론이나 각종 사회단체들의 활동이 있기는 하였으나, 이것도 대부분 제한된 범위의 요구밖에 전달하지 못하였다. 그러나 전자민주주의가 활성화되면, 각종 정보통신 메커니즘을 통해 의사표현의 기회가 무한하게 확대되는 만큼 다양한 현안 문제에 대해 수없이 많은 의견이 조직화되고, 이것이 수시로 정부에 대한 정치적 요구로 전환하게 된다. 따라서 전자민주주의 시대에 적응하기 위해서 정부는 과거와 다른 형태로 개혁되지 않으면 안된다. 현재의 정부제도로는 참여와 요구의 폭증에 따라 정부가 활동불능 상태에 빠질 가능성이 높기 때문이다. 과거에도 세계 여러 나라에서 정부에 대한 요구가 폭증하여 통치불가 상태에 이를 위험성이 높은 경우가 적지 않았다.

그러나 지금까지 이에 대한 대응방식은 증가된 사회적 요구를 수용하기보다는 요구 자체를 줄이는 방식이 주류를 이루어 왔다. 즉, 사회 영역별로 대표조직을 선정하고 이 조직들이 해당 영역에서 다양한 요구를 집약하여 정부와 협의케 함으로써 정부에 대한 요구의 폭증을 억제했던 것이다.

전자민주주의는 의사소통의 통로를 무한히 확대하고 소수의견을 조직화하는데 드는 비용을 획기적으로 절감시켜 준다. 때문에 과거의 조합주의식과 같이 영역별로 국민들의 의견을 취합하는 것이 무의미해질 수도 있다. 이에 따라 정부는 폭증하는 참여와 요구를 직접 수용할 수 있는 체제로 발전하지 않으면 안된다.

이러한 관점에서 정부의 대응능력과 효율성을 높이는 것이 가장 시급한 과제이다. 대응능력과 효율성은 민주주의 정치질서가 수립된 이래 언제나 정부의 활동원칙이 되어 왔으나, 전자민주주의가 실현되면 그 중요성이 더욱 높아진다. 증대되는 국민들의 요구, 특히 소수집단의 다양한 요구에 대해 정부가 신속하고 효과적으로 반응하지 못한다면 더 큰 불만과 사회적 갈등이 초래되어 정부에 대한 정치적 압력이 폭발적으로 증가하게 된다. 정부가 내부적으로 최대의 효율성을 발휘하지 못하면 이러한 요구의 증가를 수용할 수 있는 능력이 저하되기 때문이다. 만약, 이 두 요소 중 어느 하나가 결여된 상태에서 제도개선이 추진된다면 정치에 대한 국민의 만족도가 크게 저하될 뿐만 아니라, 정치질서 자체의 비정상적 일탈현상이 초래될 위험성도 없지 않다.

효율성이 보장되지 않는 상태에서 대응능력만 추구한다면, 일시적으로 정부에 대한 지지는 올라갈 수 있지만 장기적으로 사회적 비용이 극대화되고 정부는 문제해결에 실패할 수도 있다. 반대로 대응능력이 보장되지 않는 상태에서 효율성만 추구하면, 전자민주주의로 활성화된 국민의 참여와 요구는 무시되고 소수의 권력집단을 위한 정부로 전락할 위험성이 높다. 특히, 후자의 경우는 과거 산업화과정에서 우리가 직접 체험했던 것으로, 정보사회에서는 조지 오웰이 말하는 새로운 권위주의로 타락해 갈 가능성도 있다. 따라서 급속히 발전하는 정보통신기술을 활용하여 21세기에 새로운 정치질서를 발전시키기 위해서는 한편으로는 전자적 사이버공간을 통한 국민들의 참여를 촉진하는 동시에, 다른 한편으로는 정부의 대응능력과 효율성을 동시에 증진시킬 수 있는 제도개선이 추진되어야 한다.

3. 전자정부의 추진과 과제

전자민주주의가 민주주의의 정보화를 의미한다면, 정부의 정보화를 의미하는 것이 전자정부(electronic government)이다. 전자정부는 미국 클린턴 행정부가 들어선 이후 만들어진 정보사회형 정부개념이기도 하다. 이 개념은 금융부문에서 이루어지고 있는 전자은행(electronic banking)의 개념을 행정영역으로 확장시킨 것이기도 한데, 전자은행과 같이 기술적 차원에 국한되지 않고 보다 큰 정치적 의의를 담고 있다. 즉, 정보기술을 활용하여 정부의 조직과 기능을 혁신하려는 것으로서 정부개혁과 정보기술을 결합시키는 새로운 정치운동이라고 할 수 있다. 따라서 전자정부의 배경과 추진원리를 이해하기 위해서는 앞에서 제기한 바와 같은 제도개선과 이에 따른 정부개혁의 배경을 파악해야 한다.

정부개혁의 문제는 우리나라를 포함한 세계 각국에서 끊임없이 논의되어 왔듯이 현 시대의 중요한 쟁점이 되고 있다. 현재의 정부개혁은 몇 가지 점에서 그 이전의 개혁들과 성격을 달리하고 있다. 무엇보다도 그것은 정보사회의 도래를 눈앞에 두고 이에 효과적으로 적응하기 위한 노력을 시급히 전개해야 한다는 위기감에서 출발하고 있다.9)

미국의 클린턴 행정부는 실현 가능한 대안으로서 미국 기업의 성공적인 혁신사례를 거울삼아 정보기술을 광범위하게 도입하여 정부의 업무수행 방식을 혁신적으로 개선시키는 작업에 착수하였고, 여기서 바로 전자정부의 개념이 탄생하게 된 것이다. 이처럼 미국식 전자정부의 개념은 정보사회의 도래에 따라 정부기능을 시급히 제고하고 국민의 신뢰를 회복해야 할 필요성에서 도출되고 있다. 따라서 전자정부의 본질은 단순히 비용절감이나 작은 정부에 있는 것이 아니라 성과에 기초하고, 고객지향적인 정부의 실현을 목표로 하고 있다. 즉, 내부적으로 권한과 책임을 분산하고 높은 효율성을 유지하여 국민들의 요구에 보다 잘 반응하고, 국민의 만족도를 높이는 정부의 구현이 전자정부가 추구하는 궁극적인 목표라고 할 수 있다.10)

이러한 움직임은 정보기술의 발전에 따라 전개되는 사회변화 추세에 비추어 필연적인 것이었다. 과거에도 정부의 기능과 역할에 대한 불신과 불만이 없지 않았지만, 정보화가 진전되고 민간기업 및 조직의 기능이 대폭 발전하는 상황에서 그것은 더 이상 참을 수 없는 지경에까지 이르게 되었다. 여기에 전자민주주의의 발전은 정부에 대한 불만을 보다 신속히 조직화시킴으로써 정부개혁의 필요성을 한층 강화시키는 요인이 되었다. 이러한 점에서 미국식 전자정부는 정보사회와 전자민주주의의 구현에 대한 정부 대응의 산물이라고 할 수 있다.

반면에, 우리나라의 전자정부는 미국과는 다른 맥락에서 살펴볼 필요가 있다.

---

9) John M. Kamensky, "Role of the Reinventing Government Movement in Federal Management Reform," *Public Administration Review*, Vol. 56, No. 3, 1996, pp.247-255.

10) *Ibid.*, p.252.

미국이 정부개혁의 필요성에서 전자정부를 수단으로 창출하였다면, 우리나라는 1차적으로 정보화의 필요성에서 전자정부 개념을 발전시키고 있다. 즉, 정부개혁 수단으로서보다는 국가사회 전반의 정보화 촉진이나 민원처리 수단으로서 전자정부가 갖는 의미가 더 크다. 우리나라의 경우 전자정부는 주로 정부내 정보화로 국한되어 추진되고 있다. 정부 각 부처들이 추진하는 정보화는 생산성 향상과 민원서비스 개선을 위해 행정정보의 데이터베이스 구축, 전자적 문서교환, 정보 공동활용, 일회민원처리 서비스 확대를 축으로 하여 진행되고 있다.

정부의 대응능력을 높이기 위해 정부와 국민간 직접적인 대화통로를 구축하는 '열린 정부' 서비스가 제공되고 있기는 하지만, 아직 추진실적이 미흡한 실정이다. 정부와 국민간 의사소통 방식도 양방향성보다는 정부에서 국민에게 정보를 제공하는 일방적 형태를 지향하는 경우가 많았다. 더구나 정보화도 공급자 중심의 관점에서 추진됨으로써 국민들의 다양한 요구를 만족시킬 수 있는 전자정부의 실현과는 거리가 먼 것처럼 보이는 형태다. 이 점에서 전자정부를 통해 정보사회에 부합하는 새로운 정부의 모습을 구현하기 위해서는 정보화의 관점을 국민에게 돌리고, 정부와 국민간 효과적인 정보교환체제를 구축하는 것이 시급한 과제이다.

세계적으로 전자정부를 적극적으로 추진하고 있는 국가들은 미국, 영국, 일본, 말레이시아 등이다. 그 외의 국가들은 정보화를 경제적 측면에서의 경쟁력 향상에 초점을 두고 있는 것으로 알려지고 있다. 정보화를 추진하기 위한 정보화기반의 구축은 미국과 싱가포르를 제외하고는 대체로 초기단계 수준에 머물러 있다. 정보화기반 구축을 위한 계획과 구체적인 실현 방안은 캐나다, 싱가포르, 말레이시아 등의 국가들에게서 잘 제시되어 있다. 일본의 경우는 부처간의 경쟁과 갈등이 정보화를 추진하는데 큰 장애요인으로 등장하였는데, 현재는 행정개혁을 추진하여 이 문제를 해결해가고 있다.[11)]

종합적으로 볼 때, 정보화와 전자정부 구축의 추진이 비교적 순조롭게 진행되고 있는 국가들은 강력한 정치적 리더십이 뒷받침되어 정보화추진 체제가 확립되어 있다는 점이 다른 국가들과 비교된다. 정보화는 과거 산업사회에서의 발전이나 경제적 성장에 상관 없이 보다 적극적으로 정보화를 추진하려는 의지가 있는가의 여부가 중요한 성공요인으로 파악된다.

11) 한국전산원, 『주요국 전자정부 구축정책 비교 평가』, 정보화 정책이슈 98-01, 1998.

제3절 전자민주주의와 사이버 정치

1. 사이버공간과 인터넷의 기본성격

사이버공간(cyberspace)은 기계라기보다는 문자 그대로 보편적인 생체전자적 환경(universal bioelectronic environment)이다. 사이버공간은 전화선, 동축케이블, 광섬유선이나 전자기파가 있는 곳이면 어디에나 존재한다. 사이버공간은 전자적 형태로 존재하는 지식으로 채워져 있으며 컴퓨터만 있으면 누구든지 사이버공간에 접근하여 정보를 보고, 자료를 올리고, 의견을 교환하는 일이 가능해졌다. 이러한 의미에서 사이버공간은 지식의 땅이며 소통의 공간이기도 하다.

정치적 측면에서 사이버공간은 탁월한 잠재성을 가지고 있다. 잠재성의 사회적 실현은 기술과 인간의 상호작용이 전개되는 결과에 따르게 된다. 즉 사이버공간의 정치는 그것의 속성뿐 아니라 현실세계의 정치문화에 의해서도 영향을 받는다.

만약, 현실세계에 의한 사이버공간의 식민지화라고 부를 수 있을 정도로 현실사회의 정치질서가 사이버공간의 정치활동을 규정한다면 그것이 가지고 있는 잠재성은 질식되고 만다. 정치적 측면에서 사이버공간에 적정한 수준의 자유가 없다면 현실의 정치적 개혁이 무의미해진다. 혹자는 사이버공간을 현실 정치권력으로부터의 해방공간으로 간주하거나 혹은 해방공간으로 만들 수 있다고도 믿는다. 이러한 인식을 가지는 입장에서는 누구나 어디서건 그들이 믿고 있는 것을 무엇이든 두려움 없이 전체 인류에게 표현할 수 있다는 것이다.[12)]

오늘날과 같이 인터넷이 급속도로 확산되는 추세에서는 사이버공간이 어떤 한 정부에 의해 쉽게 지배될 수가 없다. 시민운동이나 정치인의 입장에서 사이버공간에 접근하는 이유는 정보통신기술들이 시민의 정치참여와 시민사회의 영향력을 증진시킬 수 있는 메커니즘, 즉 충분한 정보와 소통의 공간, 네트워크(network)를 확보하고 있다는 데에 있다.

시민의 정치참여는 그 형태가 간접적이든 직접적이든 간에 다수에 의한 주권

12) Brian D. Loader, ed., *op. cit.*

의 운영, 이익집단의 보장, 국민의 정부선택권과 통제권, 동의의 정치, 국민의 참정권 보장과 자유로운 참여, 결사와 집회 및 이익표명의 자유, 언론자유와 기본권 보장 등과 같이 민주주의를 보장하는 기본적인 장치인 것이다. 따라서 사이버 정치라는 형태로 정보통신 매체를 이용하여 정치과정에 대한 시민의 참여를 도모하는 것은 곧 민주주의를 심화·발전시키는 일과 직결되는 일이기도 하다. 그러나 정보통신기술의 정치적 활용은 반드시 정치과정의 민주화에 긍정적인 영향을 미치는 것만은 아니다. 정보통신기술을 이용하는 사람들의 동기나 사회·문화적인 상황조건에 따라 동일한 메커니즘이라 할 지라도 서로 다른 결과를 초래할 수 있다. 이 점에서 컴퓨터통신이나 인터넷의 일반적인 속성에 대한 이해가 필수적이다.

대중전달 매체로서의 인터넷은 신문이나 방송 등 기존 매체에 비해서 여러 가지 특징을 갖고 있다. 그래서 이런 성격을 주목하여 뉴미디어라 지칭하게 되는 것이다. 특히, 정치발전과 관련하여 새로운 문화를 창출할 수 있는 입장에 있는 기존의 컴퓨터통신을 포함한 인터넷의 일반적 속성은 다음과 같이 양방향성, 익명성, 속보성, 광범위성, 보관성, 능동성 등으로 정리할 수가 있다.

(1) 양방향성

양방향성이란 정보공급자 및 운영자와 사용자 사이의 관계와 사용자들 사이에서의 관계까지 포함하여 이루어지는 정보의 흐름을 의미한다. 이는 정보나 의견이 일방적으로 흘러가는 것이 아니라 상호적인 형태로 존재하는 속성으로 이해될 필요가 있다.

인터넷은 대중에게 일방적으로 정보를 제공하는 TV나 라디오와는 다르다. TV와 라디오의 경우에도 방청객을 참여시켜 공개녹화를 하든가, 청취자들이 엽서나 전화를 통해서 프로그램에 참여하는 방식을 많이 활용하고 있고, 신문의 경우에도 독자투고란을 통해서 독자의 참여를 허용하고 있기는 하지만 인터넷만큼 상호 의견을 주고받는 수준은 아니다. 대체로 기존의 언론매체가 강력한 양방향성을 주무기로 한 것이 아니었음은 분명하다. 기존의 언론매체가 가지는 일방적 정보공급의 성격, 그리고 사용자들을 분산·고립화하는 성격과 비교할 때, 다음과 같은 점에서 '참여민주주의적 사회공동체'를 형성하는 데 유용한 수단이 될 수 있다.

첫째, 인터넷을 통해 정보에 접근하는 사용자, 즉 수용자의 능동적 참여를 증대시킬 수 있다. 수용자가 자신이 원하는 정보만을 선택할 수 있는 권한을 보유하게 되고 제공되는 정보에 대한 자신의 의견을 정보제공자에게 곧장 환류(feedback) 시킬 수 있다. 그리고 단순히 정보에 노출되는 것이 아니라 적극적으로 정보에 접근하는 것이 요구되기 때문에 인터넷은 참여민주사회에서 요구되는 주민참여 능력을 고양시키는 기능수행에 매우 유리하다.[13)]

둘째, 정보공급자 및 운영자의 책임성이 증대될 수밖에 없다. 기존의 매체들은 일방적인 정보 제공으로 정보의 순환을 통제하는 경향이 있었다. 그렇지만 인터넷의 경우에는 제공되는 정보에 대해 자유로운 의견제시가 가능하고 그것이 공개적이고 정보전달이 즉각적으로 이루어질 수 있다. 여기서 정보공급자 및 운영자는 지속적으로 정보를 관리하고 사용자의 요구에 응답해야 하는 책임과 부담이 증대된다. 이 점에서 인터넷은 정보공급자에 대한 적절한 통제를 가할 수 있는 측면이 있다.

셋째, 수용자와 정보공급자의 구분이 모호해진다. 인터넷 이용자는 공개게시판에 자신의 의견이나 자료를 게시하여 자신이 보유하고 있는 정보를 타인에게 공개하고 이용할 수 있도록 함으로써 기존의 단순한 정보수용자와 정보공급자의 이분법적 구분을 무의미하게 하고 있다.

마지막으로, 사용자들 사이의 정보공급에 의한 공적인 정보축적을 가능하게 한다. 양방향성은 단순히 정보공급자와 일반 사용자 사이에서만 적용되는 것이 아니라, 다수의 사용자들 사이에서도 적용되어 3방향성 교류를 가능하게 함으로써 사용자들의 요구가 단순한 개별적인 요구에 그치지 않고 집단압력화될 수 있다는 점이다. 그런가 하면 사용자들이 작성한 사적인 게시물들이 불특정 다수에게 공개되어 누구나 사용할 수 있는 공적인 정보로 전환되고 장기간 축적됨으로써 자발적으로 구축된 대규모 데이터베이스를 가능하게 하는 것이다.

(2) 익명성

인터넷 이용자들은 오로지 ID와 이름, 그리고 자신을 소개하는 개인정보 한두 줄 정도로 다른 이용자들을 만나게 된다. 따라서 노출의 빈도가 별 의미가 없을 수도 있다. 이에 비해서 신문이나 방송에는 개인의 성명이 보도되는 경우 그 의미

13) 현재 선거에 관련된 컴퓨터통신망의 주요 서비스들은 통신이용자의 자율적인 참여에 따른 후보자 정보 취득과 후보자에 대한 즉각적인 대화가 이뤄질 수 있다는 점에서 차세대 유권자들의 통신을 통한 정치참여가 보다 극대화될 것으로 기대되고 있다.

는 결코 적지가 않다. 그러나 인터넷의 경우에는 자신의 의도에 따라 자신의 이름은 언제든지 쓰기 명령을 선택하면 화면에 나타나도록 되어 있다. 또한, 연령이나 그 어떠한 사회적 조건에 관계 없이 균일한 통신공간을 접할 수 있도록 되어 있다. 이러한 익명성은 다음과 같은 긍정적인 속성을 지니고 있다.

첫째, 이용자간의 평등성이다. 인터넷 이용자들 사이에는 각종 사회적인 여건의 차이가 커다란 의미를 가지지 못하고 있다. 다른 매체와는 달리 동일한 정보제공력과 선택 및 피선택권을 갖는다는 측면에서 다분히 민주적인 성격이 강하다고 할 것이다.

둘째, 참여를 증대시킨다. 익명성은 개별 사용자들이 보다 능동적으로 참여할 수 있는 환경을 조성해 준다. 일반적인 의사교환 과정에서는 사회적 영향력이 큰 사람에 대해서 접근하려면 여러 단계의 절차를 거쳐야 하는 것이 통상적이다. 그렇지만 인터넷에서는 단순한 절차를 통해서 직접 접근할 수 있다는 점과 자신의 익명성이 일정하게 보장된다는 점에서 보다 적극적으로 대 사회적인 발언을 할 수도 있다.

셋째, 기존 언론매체의 권위에 일정 부분 영향을 미칠 수가 있다. 일반적으로 언론매체는 그것이 보유하는 규모, 희소성, 전문성 때문에 일반인들로 하여금 정보수용을 무의식적으로 강요하고 있다고 밀힐 수 있다. 그러나 인터넷이 지니는 평등성과 익명성은 기존 언론매체가 보유한 권위에 영향을 미치면서 제공되는 정보에 대해서 비판적인 시각을 가질 수 있는 조건을 마련해 준다.[14)]

(3) 기타의 속성

위에서 언급한 양방향성 및 익명성 이외에도 인터넷은 기타 다음과 같은 속성을 지니고 있다.

첫째, 인터넷의 속보성을 들 수 있다. 인터넷은 그 성격상 제대로 갖추어진 정보제공자만 있다면 기존의 어느 매체보다도 빠르고 광범위하다. TV의 경우 인터뷰를 하기 위해서는 카메라가 출동하고, 다시 방송국에 전송하여 방송가치에 대

14) 대구 지하철 가스폭발 사고 때 보여 주었던 방송매체의 소극적인 보도태도와 대조되는 의사전달이 컴퓨터통신망에서는 엄청나게 많이 이루어졌다는 사실을 지적할 필요가 있다. 당시 인터넷은 사고를 적나라하게 전달하였으며, 사고 보도에 소극적이었던 언론매체들에 대한 강력한 비판여론을 전파시키는 주요 도구로써 작용한 바 있다. 인터넷은 기존 언론매체의 권위에 맞서 2002년 대통령선거 과정에서도 개혁적인 선거운동을 주도하면서 대안매체로서의 역할을 충분히 수행한 바 있다.

한 평가를 하는 동안, 인터넷은 개인들이 키보드를 사용하여 입력한 내용을 전국 혹은 전 세계의 이용자들이 동시에 읽도록 하는 효과를 거둘 수 있다. 최근 국내의 대형사건이 터질 때마다 방송매체가 침묵하는 동안 인터넷의 주요 게시판이나 열린 광장을 통한 토론과 논평은 시간의 장벽이 없이 자유롭게 진행되는 모습을 보여준 바 있다.

둘째, 광범위한 전파성이다. 화가든 작가든 혹은 가수든 관계 없이 자신의 작품을 전국에 있는 사람들에게 보여줄 수 있는 가장 빠른 방법은 텔레비전이나 라디오를 이용하는 데에 달려 있다. 그러나 그러한 영향력은 어디까지나 방송프로에 시간이 할당되었을 때에 국한된다.

셋째, 보관성을 들 수 있다. 이미 앞에서 지적한 바와 같이 신문이나 잡지의 경우 대부분 비슷한 주제와 이야기, 화제 그리고 생활의 지혜 등에 관한 기획들이 반복되고 있다. 인터넷은 이미 한번 만들어진 데이터는 인위적으로 지우지 않는 이상 그대로 남아 있도록 되어 있으며, 이를 통해 구축된 자료들은 방대한 정보의 창고를 형성하게 된다.

마지막으로 능동성이다. 신문과 TV, 라디오, 잡지 등은 단 한번의 조작으로 서비스를 제공받기 시작한다. 그러나 인터넷은 스스로 복잡한 접속과정을 거쳐야 하며, 해당 메뉴를 자신의 손가락으로 선택하지 않는 이상 아무 것도 보여주지 않을 수도 있다. 그만큼 인터넷 이용자는 능동적이지 않으면 아무 것도 얻을 수가 없다. 인터넷 이용자들의 경우 정보제공이나 획득에 있어 보다 참여적인 성격을 지닌다는 점에서 인터넷을 통한 참여민주주의의 실험이 가능하게 된다.

2. 전자민주주의의 정치적 순기능과 역기능

정치과정의 전자화의 순기능으로는 먼저 직접적인 정치참여 효과를 거둔다는 점이다. 재택선거, 전자청문회, 전자국회 등과 같은 제도의 도입은 정치과정이나 정책결정 과정에 대한 시민들의 직접적인 참여를 촉진시킬 수 있다. 현재의 간접민주주의에서는 시민들이 정책결정 과정에 영향을 미칠 수 있는 방법은 정례적으로 실시되는 선거를 통해서 대표자를 선출하고, 이 대표자를 통해서 의회의 입법과정에 간접적으로 영향을 미칠 수 있을 뿐이다. 그러나 정치과정의 전자화로 시민들은 의원이나 대표자의 중재 없이도 직접 관련 정책 담당자들에게 접근할 수 있을 뿐만 아니라, 신속한 정보의 교류와 시민네트워크의 형성을 통하여 시민들의 의견을 공론화하고 세력화할 수 있게 된다.

둘째, 정보통신기술의 활용은 정치적 정보에 대한 접근을 용이하게 할 뿐만 아니라, 정보를 수집·검색·분석하는 능력을 제고시킨다. 컴퓨터만 있으면 정치인은 물론 시민들도 시간이나 공간에 제약됨이 없이 정보의 교류와 수집이 가능해진다. 이는 상황판단 능력을 신장시키고 정치적 사안에 대한 대응력을 증진시킬 수 있게 한다. 이로 인해 정치과정에 참여하는 시민이나 정치인들은 정책과제에 대한 보다 심도 있는 논의를 가능케 함으로써, 정책대안의 내용과 질을 쇄신시킬 수 있게 된다.

셋째, 정치적 정당성의 확대와 통합능력의 제고를 들 수 있다. 직접적인 정치참여 효과로 의사소통 구조상의 왜곡이나 지체, 오해 등을 방지하고 정보나 정책에 대한 이해력을 신장시킬 수 있다. 이는 정치과정에 참여하는 사람들의 이견을 조정하여 통합적 대안을 개발케 함으로써 사회의 결속력을 다지는 일을 한층 더 용이하게 한다. 또한, 이러한 사회통합력의 확대와 참여 증대는 정치체제의 대표성을 확대하게 되고 나아가 체제 자체의 정당성을 높여 주게 된다.

반대로 정보통신기술을 정치과정에 도입함으로써 초래될 수 있는 역기능으로는 먼저, 정보의 독점과 조작에 의한 과두적 지배체제의 강화를 들 수 있다. 정보통신망이나 정책관련 정보들을 특정 기관이나 조직이 독점하고 있는 경우, 소수의 정책결정자들에 의한 정보장악이 불가피해지며, 이로 인한 권력의 일방적인 비대화를 초래할 수 있는 가능성을 안고 있다.

한편으로 정보네트워크에 의해 상호 융합된 사회에서는 오히려 정치적 무관심의 확대와 방관자 의식을 조장할 수도 있다. 정보공급의 과잉은 정보에 대한 이해력을 떨어뜨리고, 어떤 정보가 정확한 정보인지에 대한 판단을 어렵게 함으로써 사이버공간에 대한 참여 자체를 포기해 버리거나 잘못된 판단을 유도할 수 있다. 정보를 습득하여 정치적 식견이 확대되었다고 해도 이를 실천이나 의사결정 과정으로 옮길 수 있는 제도적 장치나 방법이 제한되어 있다면, 이 또한 시민의 방관자 의식을 증대시키는 요인이 될 것이다.

셋째, 정보통신기기의 활용으로 각종 정보가 광범위하게 수집·저장·배포되면서 사회 구성원 개개인에 대한 정보가 자신의 의도와는 무관하게 누출됨으로써, 개인의 사생활 보호는 무방비상태에 놓일 수 있으며 개인의 인권이 근본적으로 위협을 받게 될 가능성이 없지 않다. 정치과정에 참여하고 있는 개인에 대한 잘못 유통된 정보는 사생활 침해는 말할 것도 업고, 그 개인에 대한 그릇된 판단을 초래할 수도 있다.

마지막으로, 정보의 부익부 빈익빈 현상을 들 수 있다. 정보통신기술의 발달로 정보에 대한 균등한 접근기회가 보장된다 할지라도 현재와 같은 형태의 사회·경제적 불평등이 지속되는 한, 유리한 위치에 있는 관계자와 그렇지 못한 구성원 사이에 정보의 부익부 빈익빈 현상이 발생하여 기존의 사회·경제·정치적 불평등을 심화시킬 수 있다.

이상에서 살펴본 바와 같이 정보통신기술은 참여민주주의의 증진, 정보공개에 의한 상황판단력 확대와 정책의 고급화, 정치적 정당성의 확대와 사회통합력 제고 등과 같이 정치체제를 민주화할 수 있는 상당한 순기능적인 가능성들을 제시하고 있다. 그러나 이에 못지않게 정치과정의 전자화는 민주주의 발전에 역행하는 요소들도 동시에 안고 있어, 정보통신기술의 정치적 활용에 대한 많은 우려와 걱정들을 낳고 있다. 따라서 정보통신기술의 민주적 잠재력을 고사시킬 수 있는 역기능적 요소들을 최소화하고 순기능을 최대화하는 일이 바로 정보통신기술을 정치적으로 활용하려고 하는 모든 작업들이 해결해야 하는 과제이다.

제4절 인터넷의 정치적 영향

국내에서도 1980년대 중반부터 증가한 컴퓨터 보급에 힘입어 인터넷이 일상생활 속에 점차 뿌리를 내리고 있다. 주로 10대와 20대 등의 젊은층에서 많이 사용되던 인터넷은 이제는 다른 연령층들에게도 폭발적으로 확산되고 있다.

인터넷은 다른 매체에서는 접하기 힘든 희소성과 컴퓨터통신에 일반적으로 적용될 수 있는 사회규범의 미비에도 불구하고, 점차 다음과 같은 영역에서 영향을 미치면서 다른 연령층들의 관심을 고조시키고 있다. 첫째, 사회적 반응의 결핍과 예상되지 못한 메시지 형태들이 메시지를 조절하고 이해하는 것을 어렵게 한다. 둘째, 정보이용자, 즉 통신이용자들의 사회적 영향력은 정보가 사회 내에서의 서열적 지배와 권력을 부차적으로 할 가능성이 있기 때문에 더 동등해질 수 있는 소지를 내포하고 있다. 마지막으로, 메시지의 급속한 교환과 사회적 반응의 결핍 때문에 사회적 기준은 덜 중요하게 될 것이며, 통신을 통한 비인간화의 역기능에도 불구하고 의사결정에 관해 더 융통성을 부여할 수도 있는 것이다.[15]

현재로서는 사회적 상호작용을 지배하는 규범의 부재 때문에 인터넷에 대한 관심은 증대될 수밖에 없게 되어 있다. 즉, 인터넷이 지니고 있는 익명성이나 자신에 대한 책임감의 부재를 어떻게 취급하여야 할 것인가가 문제시되기 때문이다.

인터넷 이용자들은 일종의 분열된 주체이자 지역적이고 국지적인 성격을 보유하게 된다. 그런가 하면 개별적인 특성을 확인하기 어려운 여건 때문에 책임감이 결여되면서 기존의 규범이나 도덕성과 대립할 수가 있는 것이다.

정보화사회는 경제성장, 문화적 다양성 증대, 기술적인 측면에서의 자동화나 통신망 확산을 자극하면서 새로운 사회관계의 형성 및 변화를 촉진하기도 한다. 정보자본주의의 가속화와 통제의 심화가 불가피할 수도 있지만 정치적 민주주의의 확산 역시 결코 과소평가될 수는 없을 것이다.

현재 진행되고 있는 지방자치는 우리 사회의 권력구조에 심각한 균열을 초래하고 있으며, 이러한 권력구조의 균열은 어쩌면 정보화와 함께 보다 필연적일 수밖에 없다는 논의가 가능할 수도 있다.[16] 이는 바로 인터넷과 관련된 다음과 같은 권력관계의 변화나 활용에서 그러한 논거들을 도출해 낼 수가 있을 것이다.

1. 인터넷과 권력관계의 변화

(1) 새로운 생산구조와 권력변동

사회구조 변화의 원동력은 경제력에만 의존하는 것은 아니다. 지식성격의 변화가 핵심적인 사회구조 변화를 확산시키는 요인이 되기도 한다. 정보화사회에서는 중심축이 지식경제로 이동하기 때문에 권력이동도 영향을 받을 수밖에 없다. 이 과정에서 권력변동은 정보, 아이디어, 상징 및 상징체계의 즉각적인 전달과 보급에 의존하는 경향을 보인다.[17] 결과적으로 새로운 정치질서에 대한 정보요구는

15) 기타 정보통신기기가 정치과정에 도입되어 이용되는 경우에 고려해야 사항에 대해서는 J. N. Danziger et al., *Computers and Politics: High Technology in American Local Government*, New York: Columbia University Press, 1982, p.7 참조.

16) 최신융, "정보사회와 권력관계의 변화," 박재창 편저, 『정보사회와 정치과정』, 비봉출판사, 1993, 15-62쪽.

권력변동에 상당 부분 영향을 미치도록 되어 있다.

(2) 의사결정 책임의 분산

정보화사회에서는 한 체제가 부담하는 의사결정의 양과 질이 과거 이전 사회의 그것과는 비교가 안될 정도로 급속히 재분배되고 있다. 이 경우 사회구성원의 정치적 요구가 보다 다양해지고 복잡해지면서, 폐쇄적이고 경직된 의사결정 체계로서는 이러한 책임을 감당하기 어렵게 된다. 아울러 시민 부분의 보다 많은 참여를 불가피하게 하면서 권력분산을 초래한다는 것이다.

(3) 의사전달 체계의 변화

새로운 형태의 매체는 기존의 대중매체에만 의존하는 것이 아니라, 오히려 그러한 영향력 못지않게 다양성을 증대시키는 경향을 보이게 된다. 특히, 상호작용적인 의사전달 체계의 발달은 통제적인 매개체를 거치지 않고도 일반시민과 정치인의 직접적인 의사교환을 가능하게 하면서 다양한 정책정보가 정책결정자에게 전달될 수 있도록 하고 있다. 아울러 상호작용적인 의사전달은 궁극적으로 정치인들 스스로의 역량을 다양화하고 차별화시켜야 할 필요성을 더욱 절감시키는 요인이 될 수가 있다.

(4) 정보의 보편성

새로운 매체, 특히 인터넷 등을 통해 정보가 전 세계적으로 그리고 사회의 모든 경제적 계층에까지 체계적으로 보급되는 경우, 이러한 통신구조에 대한 배타적인 영향력 행사 내지는 보유에 대한 강력한 유혹이 뒤따를 수가 있다. 그럼에도 불구하고 새로운 매체의 등장은 기존 권력층으로부터 개인에게로 영향력을 이동시키면서 새로운 정치방법이나 유권자 접근방법에 대한 모색을 자극하게 된다. 이러한 경향은 바로 정보가 한쪽으로 치우치지 않고 구성원에게 전달될 수 있거나, 혹은 상호작용하게 되는 현상과 밀접한 관계가 있다.

---

17) John Naisbitt, *Megatrends: Ten New Directions Transforming Our Lives*, New York: Warner Books, 1982.

2. 인터넷의 정치적 활용

언론매체나 통신은 정치발전의 주요 변수이다. 이미 오늘날의 정치과정에서 새로운 매체에 대한 적응능력은 그 행위자의 정치적 성패를 좌우할 정도로 중요한 일면을 지니고 있다. 미국 루스벨트 대통령은 1940년대 당시의 뉴미디어인 라디오를 이용한 정책제시로 국민들에게 직접 호소하였으며, 1960년대 케네디와 닉슨은 TV에 등장하여 대통령 후보자간의 토론을 통해 새로운 정치문화 창출에 기여한 바 크다. 우리나라에서는 1995년의 지방자치선거와 1997년의 대통령선거에 이르러서야 TV토론이나 회견이 중요하다는 것을 정치인이나 유권자 모두가 재인식하게 된 것이 사실이다. 과거 대통령선거에서 후보자들이 개별적으로 TV에 출연하여 연설한다거나 회견하는 수준이었지만, 지방자치선거를 둘러싼 현 시점에서야 비로소 TV 정치문화가 정착되는 현상을 보였던 것이다.

우리의 경우 TV를 통한 정치토론 문화가 위력을 발휘하는 시기는 미국에 비해 매우 늦은 편이다. 그러나 인터넷을 통한 정치참여는 미국에서도 최근에 들어 보편화되고 있는 현상이다. 이 점에서 볼 때 한국에서도 거의 비슷한 시점에 인터넷과 정치발전을 논의할 수 있다는 사실은 나름대로 의미가 있다.

1994년 11월 8일에 치러진 미국의 중간선거에서야 비로소 미국의 정치인들도 인터넷을 비롯한 온라인 컴퓨터 매체를 유세도구로 적극 활용하기 시작했다는 점이 바로 그것이다. 그렇다고 미국에서의 인터넷이 이제야 보편화되기 시작하였다는 것은 아니다. 이미 오래 전부터 미국의 정치인들은 인터넷을 적극적으로 활용해 오고 있다. 미국의 주요 정치인들은 온라인을 통한 일종의 인터넷 선거운동을 전개해 왔으며, 독자적인 게시판이나 방을 마련하여 의정활동 보고 및 여론수렴 활동을 전개한 바 있다. 인터넷 사용자 수가 많은 캘리포니아주 유권자협회를 비롯한 비영리단체들과 통신회사 등이 공동으로 제공한 온라인 민주주의 서비스를 통해 유권자들은 후보의 경력 및 주요 연설문, 인적사항 등을 파악할 수 있었고, 온라인 토론에 참여할 수도 있었다.

미국의 1994년 선거에서는 인터넷 전자우편 주소를 가지지 못한 미국 유권자들이 소외감을 느낄 수밖에 없을 정도로 정치가들과 유권자들의 인터넷 대화가 전 지역에서 활발히 이루어졌다. 1996년 선거에서 이러한 추세가 더욱 보편화되었으며, 2000년에 이른 시점에서는 과거 4년 전의 선거를 무색케 할 정도로 '온라인 민

주주의' 시대가 급격하게 발전되고 있다.[18]

인터넷을 이용한 유세는 정보전달의 신속성, 유권자와 후보자의 즉각적인 의견교환을 가능하게 해주는 양방향 통신기능, TV 등 상업매체를 통해 광고캠페인을 전개할 만한 자금력이 없는 정치가들도 충분히 자신의 정견을 유권자들에게 알릴 수 있게 해주는 형평성 등으로 정치가들과 유권자들 모두의 호응을 받았다. 작금의 선거들은 정보고속도로가 어떻게 활용되는가를 단적으로 보여주고 있다. 이러한 인터넷에서의 정치활동 현상은 특히 대부분의 정치인들 사이에 급속히 퍼져 이제는 인터넷을 활용하지 못하는 정치인들은 그만큼 뒤질 수밖에 없는 상황에 도달하고 있다. 이에 따라 많은 정치인들은 선거의 많은 부분이 인터넷의 대결로 치러질 것으로 전망하고 있다.

대통령, 국회의원, 지방의원, 자치단체장이 되기를 희망하는 관계자들이 인터넷을 정치활동의 수단으로 활용하기 시작한 점은 유의할 만하다. 이미 정부 각 부처, 지방자치단체, 국회, 정당, 선거관리위원회 등도 각종 정책을 홍보하고 의견을 수렴하기 위해 인터넷에 각기 게시판을 개설하고 있다.[19]

통합선거법 개정 등에 따른 새로운 정치풍토에 적응하기 위해 정치인들이 개인 비용을 들여 개별적으로 인터넷 홈페이지나 상업통신망에 자신들의 고유 정치마당을 개설하고 있는 추세는 새로운 정치문화를 단적으로 보여주는 긍정적인 사례이다. 인터넷을 활용하는 경우 자신의 이미지관리나 홍보는 물론이고, 게시판을 통해 국민들의 의견과 충고를 직접 접할 수 있는 장점이 바로 인터넷의 이용을 자극하고 있는 것이다.

인터넷을 통한 민의수렴 서비스는 국가의 정책취지와 목표를 국민들에게 직접 전달할 수 있을 뿐만 아니라, 국민들도 주요 정책의 결정 및 입법과정에 비공식적으로나마 참여할 수 있어 직접민주주의를 실현하는 국민의 소리 기능을 강화하는 데 주요 역할을 수행해가고 있다.

18) Gary W. Selnow, *High-tech Campaigns: Computer Technology in Political Communication*, Westport, Conn.: Praeger, 1994.

19) 여기서 정치와 관련하여 인터넷이 활용되는 측면은 다음과 같다. 첫째, 수많은 이용자들에게 동보(同報)편지 발송이 가능하다. 둘째, 주요 정보자료의 전송이 가능하다. 셋째, 경제적인 여론조사기능을 활용할 수 있다. 넷째, 각종 토론실을 개설하여 특정 주제에 대해 자료를 축적해갈 수 있다. 기타 대화실을 통해 정보공급자 혹은 운영자가 일반이용자, 즉 유권자와 접촉할 수가 있다.

3. 지방자치 발전의 견인차 역할

기본적으로 지방자치의 취지는 지역주민의 삶의 질을 높이고, 주민 스스로 자신의 운명을 결정할 수 있도록 하자는 것이다. 다시 말해 참여의 기회를 그만큼 높이자는 것이다. 지방자치 과정에서 자치단체가 지역주민, 즉 비공식부분의 활동을 효과적으로 촉진시키기 위해서 필요한 것은 각종 정보지원 및 정보제공 노력을 가시화해야 하는 것은 물론이고, 사회구성원들의 여론을 적절히 반영할 수 있는 구조의 마련이라 할 것이다. 다시 말해서 자치단체의 존립근거가 지역주민의 삶의 질을 높이기 위한 것이라고 한다면 주민들이 필요로 하는 정보를 제공하고, 주민 요구에 대해 신속하고 정확하게 대응해야 할 책무가 자치단체장이나 의원 및 공무원들에게 부여되어 있다고 할 것이다.

현재 중앙정부가 모든 의사결정을 내리는 시기는 지나가고 있다. 지방자치의 강화는 단순히 정치적 민주주의 차원에서 뿐만이 아니라, 행정 효율성의 측면에서도 요구되고 있다. 그렇지만 이를 위한 환경의 조성에 대한 노력이 선결되지 않은 채 단순히 정보통제 위주의 전산화란 주민참여의 효율성을 제고시키는 것이 아니라, 중앙정부의 통제력 강화에만 기여하게 될 것이라는 우려도 뒤따르는 것이 사실이다. 이 점에서 지방자치가 제대로 발전되는 데 있어서 인터넷의 의미는 다음과 같이 부각되는 것이 중요하다.

(1) 선거를 통한 인터넷의 역할인식

국내에서도 최근 들어 인터넷 이용자가 하루가 다르게 증대되고 있어 정보전달 및 여론형성 매체로서의 기능이 점차 강화되고 있다. 이처럼 컴퓨터통신의 중요성이 높아지고 있는 단적인 사례는, 인터넷을 통한 지방자치선거 마당이 인기를 끌면서 각종 정치정보업체가 통신망에서 서비스를 제공하였던 모습에서 찾아볼 수 있다. 특히, 2002년 대통령선거 과정에서는 인터넷을 유효적절하게 활용하여 과거의 선거관행을 타파하였고, 젊은 세대의 정치적 관심과 선거참여 열기를 자극하여 선거 승리를 가능하게 한 사실에 주목할 필요가 있다.

인터넷이나 컴퓨터통신을 통한 선거관련 서비스의 유용성에 대한 이해의 증대는, 의정활동 수행과 관련하여 시간적으로나 경제적으로 여유가 없어 지역주민에 대한 접촉이 어려웠던 지방의원들에게도 지역주민의 의견을 수렴하고 주민들에게 자신의 의견을 전달하는 적절한 수단 중의 하나가 인터넷이라는 사실을 인식시키는 계기가 되고 있다.

(2) 지역관련 정보생산과 접근의 강화

지방자치 과정에서 인터넷의 역할이 주목을 받은 것은 기본적으로 정보생산과 접근을 강화시켜 준다는 점에서 찾을 수 있을 것이다. 이와 관련하여 인터넷이 제대로 기능을 발휘할 수 있기 위해서는 지방수준의 여건이 다음과 같이 조성될 필요가 있다.

첫째, 지역적인 특성을 지닌 정보생산이 지역단위로 이루어질 필요가 있다. 모든 정보는 서울에서라는 고정관념을 깨고 필요한 정보는 지방에서도 얼마든지 공급할 수 있는 환경을 인터넷이 제공해 준다는 사실을 인식할 필요가 있다. 지역의 의회, 행정정보나 관광・문화・교육정보 등이 통신망을 통해 다른 지역에 공급될 수 있으며, 특정 지역에 국한되지 않는 정보를 지방에서도 공급할 수가 있어야 한다.

둘째, 지역정보는 그것이 정치정보든 행정정보든 누구든지 열람할 수 있는 환경이 조성되어야 한다. 지방자치 과정에서 정보공개조례가 제정되고 있는 것은 이 점에서 환영할 만한 일이다. 행정전산화가 단순히 정보 수집 및 통제에 있는 것이 아니라, 지역주민들의 접근을 용이하게 하는 것이라고 할 때 인터넷은 그러한 정보접근을 가장 용이하게 하는 수단이 될 수 있음을 부각시켜야 한다.

셋째, 주민참여가 활성화되는 것이 필요하다. 주민참여 의식이 전제되지 않는 상황에서 행정전산화는 정보의 통제로 이어질 수가 있다. 이 점에서 인터넷은 정보에 대한 주민의 접근과 요구, 의사결정에 대한 참여라는 분위기가 전제되지 않고는 무의미하게 되는 것이다.

넷째, 인터넷을 위한 사용자교육이 강조될 필요가 있다. 아무리 좋은 취지라 할지라도 공무원과 지방의원, 일반주민들이 통신망을 자유롭게 드나들 수 없는 한 각종 정보나 기계는 무용지물이 될 수밖에 없다. 이 점에서 현 단계 행정전산화는 공무원들의 통신망 이용능력 증대와 함께 행정기관의 자발적인 통신 서비스 분위기를 확산시키는 방향으로 발전되어야 한다. 이와 함께 지방의원들의 의정활동에는 인터넷이 필수적이라는 사실을 주지시켜 의원들 스스로가 인터넷 이용에 앞장서도록 해야 할 것이다.[20]

마지막으로, 지역주민 중에서 노년층과 경제적으로 어려운 계층들의 인터넷 이용이 현재로서는 무리라는 점을 인식하여 적어도 마을 단위에서라도 인터넷을 통한 행정기관, 정당, 지방의원, 기타 사회단체에 대한 접근이 가능할 수 있는 체제구축이 이뤄져야 할 것이다.

제5절 전자민주주의의 한계와 과제

1. 인터넷의 한계

인터넷이 미래의 정보매체로서, 참여를 촉진하는 수단으로서 유용성을 지니고 있다는 사실에도 불구하고, 그 자체가 지니는 제한적인 속성 때문에 정치과정에서는 다음과 같은 한계에 유의하여 인터넷을 활용해가야 할 것이다.

첫째, 과거의 인터넷은 불특정 다수에게 제한적인 정보전송을 하기 때문에 정보공급자의 경우 사용자들을 적절히 통제할 수 있는 위치에 있다.[21] 한때 공공기관 노조관계자들의 상업통신망 폐쇄동호회 활용이 금지되었던 사실에서도 알 수 있듯이, 운영자가 선별적으로 정보교류를 제한할 때 일반이용자로서는 적극적인 참여나 의사개진을 할 수가 없다는 점에 유의해야 할 것이다.

둘째, 정보공급의 확대로 인한 사용자 자신의 정보선택 기회의 확대는 사용자로 하여금 지역공동체나 기타 사회문제로부터 무관심하게 하거나 탈정치화할 소지도 없지 않다. 이 점에서 인터넷을 통한 지방자치 발전을 기대하는 입장에서는 사용자에게 필수적인 정보를 공급하면서 그들의 참여를 유도하는 방안을 모색할 필요가 있다.

셋째, 인터넷의 익명성에 의한 허위정보의 유통 전자화은 자칫 정치적 악용을 초래하면서 바람직한 정치발전이나 지방자치에 대한 악영향을 미칠 수도 있다는 사실에 유의해야 한다. 특히, 선거운동이나 정책토론을 진행하는 과정에서 허위정

20) 네이버, 다음 등을 통해서 각 지역 자치단체 집행기관이나 의회에 관한 정보가 제공되기 시작한 이후 작금에 이르러서는 인터넷 홈페이지 활용으로 여론수렴과 홍보의 장으로서 초기적인 발전을 진행시켜 가고 있다.

21) G. Mantovani, "Is Computer-Mediated Communication Intrinsically Apt to Enhance Democracy in Organizations?" *Human Relations*, Vol. 47, No. 1, Jan. 1994, pp.45-62.

보 유출에 의한 통신문화 저해도 주의해야 한다.

넷째, 인터넷이 아무리 확대 보급된다 하더라도 직접민주주의를 기대하기는 어렵고, 오히려 정책결정에 혼선이 올 가능성이 있다는 비관론도 제기되는 것이 사실이다. 그러나 우리의 경우 그 동안 참여기회가 제한되어 있었다는 점에서 일면 참여를 확대시키는 측면이 어느 정도 지속될 소지는 있다.

마지막으로, 누가 인터넷을 운영하느냐이다. 인터넷은 양방향이라는 특성이 있기 때문에 정보공급자와 사용자가 상호작용하고 평등하다고 할 수도 있다. 그러나 정보공급자가 통신망 혹은 특정 게시판의 운영자라고 한다면 그들 사이에는 엄연히 불평등이 존재하기 마련이다. 게시판의 구성과 의제선정에 있어서 정보공급자는 일반사용자에 대해 배타적인 통제력을 행사할 수 있어서 적지 않은 이용자들의 불만을 초래할 소지가 있다.[22]

정치발전 과정에서 인터넷은 양방향적 정보교환, 익명성, 속보성, 광범위한 전파성 등으로 인해 그만큼 많은 활용이 기대되고 있다. 각종 선거에 나서는 후보자들이 제한된 시간에 유권자들에게 상대 후보와 차별화되는 이미지를 효과적으로 전달하는 방법을 모색할 때 인터넷은 가장 강력한 무기 중의 하나가 될 수 있다.

아직까지는 선거과정에서 활용되는 빈도가 낮았다 할지라도 인터넷의 속성상 많은 정치인들이 자신의 고유 게시판을 보유하고 있는 경향을 눈여겨 볼 필요가 있다. 특히, 지방정치인들이 언론으로부터 소외를 당하는 경우라 할지라도 인터넷을 통해 주민 및 유권자를 접촉하고, 자기 게시판 활용을 통해 선거문화뿐만 아니라 지방자치 발전의 새로운 전기를 마련할 수 있다고 한다면 이는 분명히 지방자치의 차원을 한 단계 높이는 계기로 작용하게 될 것이다.

정치인들이 인터넷을 통해 국민이나 지역주민과 접촉하게 되는 경우 그 존재방식과 역할지향은 여러 측면에서 새롭게 설정되도록 되어 있다. 이러한 접촉이 제대로 이뤄지기 위해서는 정부나 자치단체의 구조가 지식정보 집약과 축적, 그리고 원활한 공급을 위한 방향으로 변모될 필요가 있다. 그런가 하면 주민들의 의견

---

22) 한국전자통신연구소, 『전자감시사회』, 한국전자통신연구소, 1995. 예를 들어, 정부기관이나 정당, 자치단체, 정치인, 사회단체의 게시판에서 의제를 선정하는 것은 거의 전적으로 운영자에 의해 좌우되거나 아울러 운영자가 선호하지 않는 게시물은 게시판에서 일방적으로 삭제 당하고 있는 현실에서 참여민주주의의 정착과 관련하여 중요한 한계로 작용하고 있다. 한때 인기가 높았던 특정 정부기관이나 정당의 게시판에서 자유로운 토론이 금지당한 뒤로 그 게시판들을 찾는 이용자들이 대폭 감소하고 있는 것이 바로 그러한 사례이다.

을 적극적으로 수용하고 반응을 보이는 기제(mechanism) 마련이 요청된다고 할 것이다. 바로 위에서 지적한 인터넷의 양방향적 성격과 관련하여 국민에게 정보를 전달하고, 국민 사이의 의사교환을 가능하게 하며, 이러한 의사교환이 다시 정부나 자치단체의 정책결정 과정에 투영될 수 있도록 하는 경우 인터넷을 통한 민주주의의 구현은 그 의미가 더해진다고 할 것이다.

그러나 아무리 인터넷이 확대되고 보급된다 하더라도 당분간은 대다수의 국민들이 이러한 통신이용에 어려움을 겪을 가능성은 여전히 남아 있다. 이 점에서 개인영역이 아니라 지역사회 소단위에서라도 이러한 정보이용이나 접근이 가능할 수 있도록 하는 방안이 마련되어야 한다. 아울러 직접 국민이나 정부-자치단체가 머리를 맞대고 논의해야 할 문제를 단순히 컴퓨터를 통한 접촉에만 맡겨 두어야 하는 문제 등에 대해서는 보다 적극적으로 연구・검토할 문제로 남는다 할 것이다.

현 단계로서는 인터넷이 국민의 정치적 욕구를 충족시키면서 각급 정치인들의 업무를 보다 더 도울 수 있는 방향으로 작용할 것으로 본다. 그렇지만 동시에 인터넷이 초래할 수 있는 역기능에 대해서도 철저히 대비하는 전략이 모색되어야 한다.

2. 전자민주주의의 과제

이와 관련하여 전자민주주의의 실현을 위해서는 기본적으로 컴퓨터통신이나 인터넷 활용을 확산시키는 정보통신기반을 통해 사회공동체 구성원의 참여를 자유롭고 평등하게 하면서 참여가 효과적으로 이루어지도록 하는 의사소통 구조의 형성이 필수적이다.[23] 이를 위해 첫째, 적극적으로 정부정보의 공개를 추진할 필요가 있다. 정보공개법의 취지를 살려 정부가 인터넷과 같은 정보통신 매체를 통해 적극적으로 공개될 수 있도록 해야 할 것이다.

둘째, 정보통신기반을 활용하여 국민의견을 효과적으로 수렴하기 위해 정부기관의 의견수렴 체제를 정비할 필요가 있다. 현재까지 추진해온 '열린정부', '열린자치단체' 사업들의 취지를 살려 기관별 추진사업과 정부차원의 사업간의 연계와 통합을 도모해야 한다. 단기적으로는 행정부의 각 부처별 정보화사업간의 연계를 강화하고, 중장기적으로는 행정부를 중심으로 추진중인 전자정부사업을 입법부,

23) http://ncadl.nca.or.kr/data/trend/1997/4-19/non.html

사법부, 자치단체, 지방의회에서 추진중인 유사한 사업과 연계하여 국민참여를 용이하게 하도록 해야 한다.

셋째, 정책관련 '정보중계계층'의 형성 및 발전을 장려하고 정보중계계층의 활동과 정책과정간의 연계를 강화해야 한다. 정보중계계층은 정보의 양이 급증하는 전자민주주의 시대에 복잡한 정책문제를 조명하고 이해하기 쉽게 설명하여 정부와 일반국민을 연결시켜 주는 고리 역할을 수행하도록 해야 한다.[24)]

넷째, 광범위한 국민계층의 참여를 촉진시켜야 한다. 정보불평등을 해소시키고 국민의 정보화 의식을 제고시킬 수 있는 방안이 마련되어야 할 것이다. 이 점에서 최근 신정부 출범에 앞서 인터넷을 통해 국민들로 하여금 공직자 추천과 정책제안을 가능하도록 한 것도 눈여겨볼 필요가 있다.

다섯째, 정보화시대에 적합한 민주시민 교육을 강화해야 한다. 기존의 민주시민 교육을 정보화시대에 맞게 개발하고, 특히 정보의 선별적 활용능력 및 정보를 신뢰도에 따라 구분할 수 있는 판단력을 배양하는 데 초점을 두어야 할 것이다.

여섯째, 관련 법・제도를 정비하고 역기능에 대한 대비책을 세워야 한다. 정보기본권, 정보의 규제 및 통제, 정보공개 대상 정보・기관・시기 등에 대한 개념의 재정립 및 관련 기준・제도의 정비가 필요하고 정보의 독점과 조작, 정치의 효율성 저하, 여론정치 유발, 참여의 불균형 등 발생 가능한 역기능에 대한 대비책도 세워야 할 것이다.

24) 공공정보중계 서비스는 정보화사업간의 연계모델을 파악하여 부처간 협조체계를 가시화하고, 이를 통해 정보 공동활용 촉진을 도모하며, 부처별 또는 단위업무별로 추진되는 정보화 시스템간의 상호호환성 및 연동성을 확보할 수 있는 정부 및 공공기관간 정보 공동활용을 위한 시스템을 의미한다.

제 8 장

사회변동과 정치발전

제1절　혁명과 정치변동

인류역사는 사회의 현상타파와 구조적 변화를 둘러싸고 부단한 갈등, 분쟁 등 정치적 격변의 연속으로 특징지워진다. 정치체계 내에서 일어나는 변동에는 여러 가지가 있다. 근대화와 정치발전은 정치체계 내에서 발생하는 변동의 대표적인 예이다. 그러나 혁명은 정치사회의 가장 극단적인 정치변동이다.

20세기에 들어와서 1920년대와 1930년대의 혁명에 관한 연구는 역사학자와 사회학자들에 의해 주로 이루어졌다. 이들은 역사적으로 유명한 서구의 대혁명들을 중심으로 혁명의 과정에 수반되는 공통된 유형들을 밝혀 내는 데에 그 초점을 두었다. 그후 1960년대에 들어서면서 혁명론은 제3세계의 등장과 그 변화를 대상으로 하는 근대화이론과 연결되면서 보다 보편성과 설명력을 중시하는 이론화 과정을 거쳤다.[1)]

1. 혁명과 쿠데타

(1) 혁명의 정의

혁명은 사회변화의 한 형식으로, 다른 형태의 변화와는 다른 다음 몇 가지의 특징을 가지고 있다.[2)]

첫째로, 혁명은 대개 사회 및 정치의 구조적인 재편성을 유발시킨다. 그러므로 단순한 권력담당자의 교체나 정부형태의 변동은 일반적으로 혁명에 포함되지 않는 변동이다. 사회 및 정치구조의 재편성이란 국가와 계급체계, 신분 및 계층구조, 지배이념 및 권력체계에 근본적인 변화가 일어나는 현상을 말한다.

둘째로, 혁명은 급격하게 일어나며 급진적인 변화를 유발한다. 혁명은 전면적이건 부분적이건 대체로 아래로부터의 저항과 과격한 요구를 수반한다. 혁명은 사회구조의 재편성을 단기간에 일으키며 급진적으로 전개되기 때문에 변동과 발전의 연속성에 큰 단절현상을 가져온다.

1) 오명호, 『현대정치학이론』, 박영사, 1992, 461쪽.
2) 김영국 외, 『정치학개론』, 박영사, 1997, 337-338쪽.

셋째로, 혁명은 물리적 폭력과 대규모의 파괴를 수반한다. 이것은 혁명이 정상적인 변화의 수단보다는 비정상적·급진적 방법과 비정규적 전략에 의해서 이루어지는 변혁이기 때문이다. 물론 이렇게 진행되는 것은 비폭력적인 변화의 방법이 봉쇄되거나 불가능하기 때문이기도 하다. 그러나 흔히 혁명가는 비폭력적인 방법의 유무에 구애 받지 않고 폭력과 비정상적인 수단을 이상화하기도 한다.

트림버거(Ellen K. Trimberger)는 혁명이란 구체제의 지배적인 사회그룹의 정치적·경제적 권력을 붕괴시키고 중앙 국가기구를 불법적으로 장악하는 것이라 정의하고 있다.[3] 스카치폴(Theda Skocpol)은 '급격한 정치구조의 변혁을 통해서 그 사회의 기존제도나 계급구조까지 완전히 새로운 것으로 대체시키는 현상'[4]이라 설명하였다. 윌호이트(Fred Willhoite)도 이와 비슷한 견해를 보이는데, 그는 '갑작스럽고 거대한 변동이 비합법적으로 전개되어 기존의 지배체제를 몰락시켜, 새로운 사회를 이룩하는 변혁을 혁명'[5]이라 하고 있다.

이상의 논지나 정의를 종합해 보면 혁명이란 특정 사회의 정치조직, 권력관계, 신분 및 계층구조, 계급관계, 지배이념 등이 근본적이고 급격하게 변혁되어 새로운 지배세력과 장치가 등장하는 과정이라 할 수 있다.

(2) 쿠데타

쿠데타(coup d'etat)라는 말의 기원은 나폴레옹 3세가 1852년 제위에 오르기 위하여 폭력을 행사한 데서 연유한다. 이 말은 국가에 기습적으로 일격을 가한다는 뜻으로, 개인이나 집단이 제한된 폭력을 행사하여 정부당국의 지위를 기습적으로 탈취하는 행동을 가리킨다. 즉, 정치적 지배세력의 일부가 이미 장악하고 있는 전력을 보다 더 강화하기 위해서나, 같은 지배세력의 다른 부분이 새로이 권력을 장악하기 위해서 비합법적이고도 무력적 수단에 의존하여 거사하는 행위이다.

쿠데타도 정권변혁의 목적과 폭력수단을 사용하는 점에서 혁명과 유사하다. 그러나 쿠데타는 국가사회체제의 근원적인 변혁보다는 최고지도층의 교체 또는 개

3) Ellen Kay Trimberger, *Revolution from above: Military Bureaucrats and Development in Japan, Turkey, Egypt and Peru*, New BrunsWick, N. J.: Transachon Book, 1978; 김석근 역, 『위로부터의 혁명-일본·터키·이집트·페루의 군부관료와 발전』, 학문과 사상사, 1986, 14쪽.

4) Theda Skocpol, *State and Social Revolution: A Comparative Analysis of France, Russia and China*, New York: Cambridge University Press, 1979, p.43.

5) Fred Willhoite, *Power and Governmemt: An Introduction to Politics*, Pacific Grove: Brooks, 1988, p.381.

인의 권력장악이나 그에 따른 이익획득을 그 목적으로 하며, 혁명은 체제변혁과 사회구조 전체의 변혁을 목적으로 하고 있어 쿠데타와 혁명은 구별된다.[6] 혁명이 대중의 반항으로서 전 계층의 광범위한 지지를 필요로 하는 데 반해, 쿠데타는 단순한 권력의 자리바꿈으로서 기본적으로 기존 지배세력 사이의 불법적 권력쟁탈 행위이다. 그러므로 혁명은 민중의 광범위한 지지를 필요로 하는 데 비해, 쿠데타는 대부분의 경우 민중의 지지 없이도 성공할 수 있다.

2. 혁명의 종류와 발생원인

(1) 혁명의 종류

혁명은 주도세력이 누구인가, 추구하는 목표가 무엇인가, 어떻게 진행되었는가에 따라 다음 여러 가지 형태로 분류할 수 있다.

혁명을 주도하는 세력에 따른 분류는 일반적으로 위로부터의 혁명, 아래로부터의 혁명, 옆으로부터의 혁명으로 나눌 수 있다. 위로부터의 혁명은 기존 지배계급 내에서 일부 세력이 분리되어 기존의 정치구조를 변화시키고, 새로운 정책들을 추진하는 것을 특징으로 한다. 이 혁명은 내부적으로나 외부적으로 기존체제나 질서를 위협하는 새로운 도전들이 나타날 때, 스스로 지배계급 내에서 일부 개혁세력들이 등장해서 그러한 도전에 대응하려고 할 때 이루어진다. 그러므로 혁명이라기보다는 개혁이라고 말할 수 있으나, 상당한 변화가 추구되고 그 과정에 폭력적 수단이 사용되기도 하여 혁명의 범주에 넣는다. 역사적으로 보면 일본과 터키의 급속한 근대화 추진과정, 이집트와 페루의 군부관료들에 의한 구체제 전복은 위로부터의 혁명이라 할 수 있다.[7]

밑으로부터의 혁명은 그 주도세력이 피지배계층으로 구성된다. 이러한 혁명들에서는 기존 지배체제나 정치지배자들에 대해 불만을 가진 새로운 계층이나 계급들이 혁명적인 지식인들이나 정치인들에 의해 조직·지도되어 혁명활동을 전개한다. 그들은 사회체계와 정치구조 및 가치체계 등에 이르기까지 그들이 살고 있는 사회 전반에 걸친 근본적인 변화를 추구한다. 그들은 완전히 새로운 질서와 사회의 형성을 원한다. 따라서 그들이 전개하는 혁명과정은 고도로 폭력적이고 급진

6) 이범준·신승권, 『정치학』, 박영사, 1997, 84-85쪽.

7) Trimberger, *op. cit.*

적이다. 영국의 청교도혁명, 프랑스 대혁명, 러시아의 볼세비키 혁명, 중국의 공산당혁명이 여기에 속한다.[8]

옆으로부터의 혁명은 위로부터의 혁명과 아래로부터의 혁명을 단행할 만한 존재가 없을 때, 지식계층에 의하여 단행된 혁명이라 할 수 있다. 한국의 4.19혁명이 여기에 속한다.

다음으로는 혁명과정에서 사용되는 폭력의 정도나 변화과정의 강도 등에 따른 구별로 급진혁명, 온건혁명, 유산혁명을 들 수 있다. 프랑스 대혁명이나 러시아 혁명은 급진혁명의 대표적인 예이고, 영국의 명예혁명은 온건혁명의 예이다. 한편 1884년에 조선조에서 일어난 동학농민혁명은 유산혁명의 예이다.

또한, 혁명은 사회의 지배관계의 기초가 되고 있는 계급관계에 중점을 두어 시민혁명과 사회주의혁명으로 나눌 수 있다. 시민혁명의 전형은 프랑스 대혁명에서 찾을 수 있고, 사회주의 혁명은 러시아 혁명이다.

(2) 혁명의 발생원인

혁명이 왜 일어나느냐 하는 의문에 대한 해답은 사회적 갈등이나 변동의 연구에서 중요한 문제이다. 이는 분석의 수준을 어디에 두느냐에 따라 다르게 나타난다. 여기에서는 혁명의 발생원인을 정치적 요인과 사회·경제적 요인 그리고 외적인 요인으로 나누어 설명한다.

혁명발생의 정치적 요인으로는 기존 정치체제의 비효율성, 정통성의 상실, 권력으로부터 소외된 반항엘리트의 존재, 기존체제를 부정하고 새로운 체제의 정당성에 대한 믿음을 일으키는 이데올로기의 유무 등을 들 수 있다. 립셋(Seymour M. Lipset)은 정부가 정통성과 효율성을 모두 잃었을 때 혁명이 일어난다고 하였다.[9] 정통성의 상실은 시민들이 정치체제의 이데올로기, 제도운용, 권력담당자의 합법성 등에 대한 인식에 있어서 심한 불균형과 좌절의식을 느낄 때 나타난다. 효율성은 정치체제가 이룩한 업적과 성과가 시민들의 요구와 기대를 얼마나 충족시키는가에 따라서 결정된다. 정통성과 효율성을 상실한 정부가 물리적 힘과 강제를 통해 바람직한 변동을 억압하고 있다고 인식되면 혁명상황이 발생한다는 것이다.[10]

---

8) 신정현, 『정치학』, 법문사, 1994, 613-614쪽.

9) Seymour M. Lipset, *Political Man: The Social Bases of Politics*, New York: Garden City, 1960.

혁명의 원인 중 흔히 경제적 빈곤 내지는 위기를 가장 중요한 원인으로 들 수 있다. 경제적 빈곤은 각종 사회범죄를 초래하게 되고 그 결과 사회 전반에 불안과 혼란이 야기됨으로써 그 불만이 정부에 집중된다. 경제적 위기는 마침내 대량실업을 가져오고, 이는 정치권력의 안정을 그 근저로부터 위협하게 된다. 실업자들은 직장을 얻지 못하여 심한 불안과 초조감에 사로잡히게 되고 점차로 정치권력에 대한 격렬한 반항자로 되어간다. 특히 장기간 경제발전을 누리다가 급격한 불경기에 당면했을 때 혁명발생의 가능성이 높다. 또한 재정위기는 정부의 부패와 무능의 표시이고 그 해결방법으로 과세부담을 증대시키게 되면 혁명으로 이어질 수 있다.

혁명발생의 외부적 조건으로 들 수 있는 대표적인 것이 전쟁이다. 전쟁은 혁명을 처음 단계에서 유발시키는 요인이라기보다는 그것을 촉진시키는 촉매제 역할을 한다. 전쟁은 우선 국가의 능력을 인적으로나 물적으로 과도하게 소비하도록 만든다. 따라서 전쟁에 패배하는 경우 정통성까지 의심받게 된다. 더욱이 혁명적 분위기가 조성되어 있거나 혁명이 진행되는 상황에서 전쟁의 패배는 정부의 통제력이 상실하게 된다.

3. 혁명의 결과와 평가

혁명은 한 계급 또는 집단에 의한 폭력적 정권장악 과정인 만큼 그 결과가 어느 정도로 정치・경제・사회면에 변혁을 가져오느냐 하는 문제에 관해서도 견해 차이가 있다. 그러나 그 진행과정에 있어서는 정형화된 과정을 겪는다.

낡은 체제를 일소하는 혁명 전에는 구체제의 지배와 타협하는 개혁운동이 선행한다. 프랑스혁명 전에도 일련의 개혁운동이 있었고 러시아혁명 전에도 그러했다. 그러나 이러한 개혁이 불완전하고 미흡할 경우, 개혁으로 만족할 수 없는 정세는 마침내 폭력을 수단으로 하는 파괴의 시기로 접어든다.

혁명파가 폭력으로 정권을 잡으면 여러 가지 어려움에 직면하게 되는데, 첫째가 외국의 간섭이고, 둘째가 국내의 무질서와 파괴행위의 수습이며, 셋째가 혁명지도자 가운데 통치행위나 정책수행에 관해 경험이 있는 사람이 적다는 사실 등이다. 파괴와 공포의 시기가 지나면 일정한 새로운 사회체제가 도래한다. 이 단계에 있어서는 혁명의 주도적 역할을 한 세력이 신체제의 지도세력이 되며, 파괴활동은

10) 김영국 외, 앞의 책, 342쪽.

그치고 건설적인 태도를 취하게 된다. 이는 혁명의 진행이 건설기에 접어들었음을 의미한다.[11)]

혁명의 초기에는 지도자의 카리스마와 조직력이 그 과정과 성패를 좌우한다. 그러나 혁명이 정착하려면 구정권에 대치할 새로운 국가의 행정 및 권력조직이 성립되어야 한다. 정당, 관료 또는 군부집단 등 정치적 지도세력들은 이러한 과정에서 새로운 국가를 조직하고 그 기구를 정착시키는 데 큰 몫을 담당한다.

혁명이 제도화되고 새로운 국가와 정부가 정통성을 얻게 되면 혁명 이전에는 급진적인 것으로 터부시되었던 새로운 이데올로기가 공인된 사회체계로 채택되고, 혁명의 슬로건은 새 정부의 보존신화를 장식하는 애국적 문구로 장식된다. 혁명이 성공하면 또한 권위와 정통성의 기반, 지배자와 피지배자의 관계, 정부의 기능과 그 영역에 대하여 새로운 원칙과 절차가 확립된다. 그러나 그 과정에는 항상 폭력과 파괴가 따르고, 혁명의 이름 하에 이를 정당화함으로써 인간성 말살을 가져올 위험이 있다. 이러한 경우 혁명 뒤에는 구체제를 동경한 나머지 이를 회복시키려는 반동적 운동이 일어나게 된다.

제2절 정치발전 연구의 배경

정치발전에 관한 연구는 정치학의 중요한 연구주제의 하나였다. 바람직한 정치질서를 가져오게 하는 조건은 무엇이며, 또한 어떻게 해야 정치가 발전되는가 하는 문제 등은 정치학자들뿐만 아니라 인접 사회과학 분야의 학자들에게도 중요한 관심사였다.

제2차 세계대전이 종식되고 신생독립국들이 세계사에 등장한 직후 이들 국가에 한결같이 직면하는 공통된 문제는 경제발전・안보・국민적 통합・정치적 안정・대내외적 도전에 대처할 수 있는 지속력 있는 정치제도의 설립 등이었다. 즉, 식민통치에서 벗어난 신생국들은 정치적 불안정과 무질서를 극복하기 위하여 새로운 정치체제를 형성해야 했고, 만연된 가난과 기아를 벗어나기 위하여는 경제발전에 주력하지 않을 수 없었다.

---

11) 김우태, 『정치학원론』, 형설출판사, 1997, 633쪽.

정치면에서 볼 때 신생독립국은 대의정치를 지향하였으나 에머슨(R. Emerson)이 말한 대의정치의 풍식작용이 나타났으며, 그 정치질서는 식민체제 또는 대의체제도 아닌 정처 없는 방황을 하게 되었다.[12] 이와 같이 정치적으로 불안정이 만성화되자 경제발전도 크게 저해되었다. 이러한 상황에서 전후 자본주의 진영과 공산주의 진영의 이데올로기 대립에 따른 냉전논리가 신생국가에 유입되어 이데올로기 수용에 의한 급격한 변동이 야기되었다.

1950년대의 공산진영과 서방진영간의 동서문제에 이어, 1960년대에는 선진국과 개도국간의 남북문제가 부각되면서 빈부격차가 심화된 개발도상국에서는 경제발전에 관심을 쏟게 되었다. 신생국가들은 근대화와 정치발전을 추구하기 위하여 다양한 방법을 모색하면서 많은 갈등을 드러내게 되었다.[13]

미국 정치학자들이 신생국의 정치현상에 눈을 돌리게 된 것도 구미의 정치만을 대상으로 했었던 정치학의 지식과 분석방법만으로는 신생국의 정치현상을 이해할 수 없게 되었다는 것을 받아들이기 시작한 때부터였다. 이리하여 구미제국의 정치현상뿐만 아니라 더 폭넓은 대상을 다룰 수 있는 정치이론과 분석방법이 필요하게 되었다. 이 같은 계기에 방향을 제시한 것이 바로 1952년 여름 노스트웨스턴대학에서 개최된 사회과학협의회(SSRC)의 세미나 토론을 기초로 하여 저술한 것이 메크리디스(Roy C. Macridis)의 『*The Study of Compartive Government*』였다.[14] 메크리디스는 이 논문에서 유럽과 미국 등 강대국 위주의 편협한 연구가 한계점에 도달했음을 주장하면서, 비교정치 연구의 이론들이 너무나 낮은 수준에 놓여 있음을 지적한 바 있다.

정치발전 연구에 대한 가장 중요한 공헌들 중 몇 가지는 사회과학협의회의 비교정치위원회(CCP)로부터 나타났다.[15] 이 위원회는 소장학파들을 중심으로 신생국정치 연구에 박차를 가하기 시작하였으며, 이들의 당면과제는 신생제국의 근대화와 발전에 관한 새로운 개념 정립과 이론구성이었다. 그 결과로 『*The Politics of Developing Areas*』를 발간하기에 이르렀던 것이다. 특히, 1963년에서 1971년까지

---

12) Rupert Emerson, *From Empire to Nation*, Boston: Beacon Press, 1960, p.273.

13) 이범준·신승권, 앞의 책, 367쪽.

14) Fred W. Riggs, "The Theory of Political Development," in J. C. Charlesworth, ed., *Contemporany Political Analysis*, New York: The Free Press, 1967, p.318.

15) 비교정치위원회는 Gavriel A. Almond, Leonard Binder, Joseph Lapalombara, James S. Coleman, Lucian W. Pye, Sideny Verba, Robert E. Ward, Myron Weiner 등 미국의 정치학자들이 주동이 되었다.

미국 프린스턴 대학출판부에서 나온 정치발전 시리즈[16]는 그러한 연구동향을 반영한 것이다. 1971년에 나온 『*Crisis in Political Development*』는 정치발전이론을 총정리한 것이었다. 이 같은 연구는 정치발전을 설명해 주는 단일적이고 일반적인 이론을 제시한 것은 아니지만, 발전에 대한 광범한 개념작용을 발전시켜 왔다.

비교정치위원회 회원 이외에도 정치발전 또는 근대화분야 연구에서 관심을 끌었던 학자들로서는 엡터(David E. Apter), 오건스키(A. F. K. Organski), 헌팅턴(Samuel P. Huntington) 등을 꼽을 수 있다. 이들은 『정치근대화』, 『정치발전단계』, 『변혁사회의 정치발전』 등의 집필에서 정치발전 연구에 많은 정력을 쏟았다.

이들은 대체로 신생제국이 구미와 동일한 정치제도임에도 불구하고 상이한 정치행태를 보이는 것은 사회・문화적 환경과 역사의 차이에 그 원인이 있는 것이라 인식했다. 그리하여 신생국가에 적합한 정치발전이론을 정립하고자 노력하였지만, 학자들의 지역적 편견이 내재되어 있어 많은 비판이 있어 왔다.

제3절 근대화와 정치발전

1. 근대화론

1950년대에 들어와서 학자들을 중심으로 근대화론이 대두되면서 많은 개념정의가 시도되었다. 그러나 그 개념이 명료하지 못하여 이에 관한 일치된 견해가 없고, 그 내용에 관해서 전공분야나 학자들 간의 가치관에 따라 서로 다른 주장을 하고 있다.[17] 근대화에 관한 개념 규정으로는 실즈(Edward Shils)나 무어(Wilbert E. Moore), 라이샤워(Edwin O. Reischauer) 등의 주장을 들 수 있다. 이들 이론을 간단히 설명하면 다음과 같다.

실즈와 무어는 근대화를 서구화와 동일시하는 입장을 취하고 있다. 실즈는 근

16) 정치발전에 관한 저서들이 프린스턴 대학에서 출판되었는데 그 저서들은 『*Communications and Political Development*』, 『*Bureaucracy and Political Development*』, 『*Political Modernization in Japan and Turkey*』, 『*Education and Political Development*』, 『*Political Culture and Political Development*』, 『*Political Parties and Political Development*』 등이다.

17) 차기벽, 『근대화정치론』, 박영사, 1972, 61쪽; 신명순, 『제3세계정치론』, 법문사, 1987, 29쪽.

대화를 전통으로부터 궁극적으로는 서구 민주사회와 유사한 상태를 의미하는 현대성으로의 전이라고 보았다. 무어도 같은 입장에서 근대화란 전통사회가 경제적으로 번영하고 정치적으로 비교적 안정된 서구세계의 과학공업과 이와 관련된 사회조직으로 총체적 변화를 이루는 것을 말한다고 하였다.[18] 같은 입장에서 오코넬(James O'Connell)은 근대화란 "사회과학에서 사용하고 있는 이 용어는 전통적이고 전(前)기술적 사회가 테크놀로지와 합리적이고 세속적인 태도, 그리고 고도로 분화된 사회구조로 특징지어진 사회로 이행되는 전환과정을 지칭한다"[19]고 하였다.

이에 대하여 라이샤워는 근대화와 서구화가 어느 정도 중첩되어 진행되고 있는 것은 사실이나 양자를 일단 서로 다른 과정으로 생각해야 된다고 말하였고,[20] 와이너(Myron Weiner)는 이들 양자간의 구별을 보다 분명히 하고 있다. 즉 "근대화는 산업화와 이를 수반하는 행태 및 가치의 유형과 동의어이고, 서구화란 서구라는 지역과 관련되나 산업화 과정에 필수적인 부분은 아닌 제도와 가치, 이를테면 민주적 가치와 부녀자의 옷 등도 받아들이는 일"이라고 밝히고 있다.[21]

일반적으로 근대화는 봉건사회 내지는 전통사회에서 근대 및 현대사회로 이행되는 과정이라고 본다. 즉 근대화란 용어는 한 사회의 발전수준 및 다른 사회의 생활영역에서 성취된 보다 진보적이고 근대적인 형태간의 갭을 메우는 과정을 의미한다. 다시 말하여, 그것은 보다 최신식이고 합리적이고 유익하며 유효한 것으로 간주되는 행위형태・행동양식・사고방법에 있어서의 표준을 목표로 하는 과정이라고 정의된다.[22]

(1) 전통과 근대성

근대화론에서는 발전에 대한 접근방법들로 다양한 양분법적 도식이 제시되었다. 일반적으로 양분법의 속성은 촌락적-도시적, 향토적-도시적, 농경적-산업적, 원시적-문명적, 정적-동적, 신성적-세속적, 공동사회-이익사회, 전통적-합리적, 전통적-근대적이다.

---

18) 차기벽, 위의 책, 63쪽.
19) James O'Connell, "The Concept of Modernization," Cyril E. Black, ed., *Comparative Modernization*, New York: The Free Press, 1976, p.13.
20) Edwin O. Reischauer, "Toward a Definition of Modernization," *Japan-American Forum*, Vol. XI, No. 1, January 1965, pp.4-22.
21) 차기벽, 앞의 책, 64쪽.
22) 신명순, 앞의 책, 31쪽.

메인(Henry Maine)은 '신분과 계약'(status and contract)의 두 가지 사회형을 밝히고, 진보나 발전은 한 상태로부터 다른 상태로의 변천, 즉 전통적·귀속적이고 신분지향적인 관계로부터 세속적·합리적으로 결정되며, 계약적으로 교섭되고 특수한 동기에 기반을 두는 관계로의 전환이라 주장한다.[23] 메인의 구별을 세련시켜 퇴니스(Ferdinand Tönnies)는 공동사회는 조화, 풍습, 습속, 종교 등과 같은 사회의지에 의하여 특징지어진다고 하였다.[24] 공동사회의 기조는 집합체를 지향하는 자연적 의지이며, 이익사회에서는 개별적인 자기이익을 추구하는 합리적 의지가 그 기조를 이룬다고 한다.[25]

파슨스(Talcott Parsons)는 사회체계의 반복적이고 대조적인 규범들을 나타내는 유형변수라 불리는 양분법을 고안하였다. 양분법은 사회변동의 분석을 위해서 광범위하게 사용되어 왔다. 비교정치학 내에서도 유형변수들을 이념형으로서 전통사회와 근대사회를 대비시키기 위해서 채용되어 왔다.

이들은 다음 다섯 가지의 양극에서 상호 배타적 양극을 가지고 있다. 즉 전통사회의 축에는 귀속적 지위, 분산적 역할, 특수적 가치, 집단지향성, 감정성을 들고 있고, 근대사회의 축에는 성취적 지위, 전문적 역할, 보편적 가치, 자아지향성, 감정중립성을 들고 있다.[26]

① 귀속적 정향(定向)은 인종, 종교, 종족, 사회적 유대 등과 같은 고려의 대상에 기초하며, 성취적 정향은 과거·현재·미래의 적절한 성과에 근거를 둔다.

② 분산적 정향은 미분화된 상태에 있으며 역할의 전문화 및 자율화가 이루어지지 못한 경우를 말한다.

③ 모든 사람들은 법률·질서와 같은 공통적 일반기준에 의하여 평가되어야 하며, 특정한 상황이나 관계에 의해 결정될 수 없다는 것이 보편-특수적 가치의 기준이다.

④ 집단적 정향과 자아적 정향은 집단에 매몰된 개인의 독립성 문제에 관한

23) Lucian W. Pye, *Politics, Personality, and Nation-Building*, New Haven: Yale University Press, 1962, pp.33-34.

24) Ferdinand Tönnies, *Community and Society*, New York: Harper Torchbooks, 1963, p.231.

25) J. A. Bill and R. L. Hardgrave, Jr., 김기우 역, 『비교정치이론』, 박영사, 1983, 81쪽.

26) Talcott Parsons and Edward Shils, eds., *Toward A General Theory of Action*, Cambridge: Harvard University Press, 1951, pp.76-91.

것이다.

⑤ 감정성 혹은 정서성은 일시적인 기분이나 충동에 영향을 받는 것을 말하며, 감정중립성은 이들로부터 초연하여 자제하는 태도를 의미한다.

엡터(D. E. Apter)는 권위체계의 연속에 관하여 양극적 모델, 즉 신성한 집단주의와 세속적 자유주의를 대비시켜 설명한다.[27] 신성한 집단주의 모델은 공동체 및 도덕적 목적에 대한 완전한 가치에 역점이 주어진다. 경험적으로 그것은 결속력 있는 대중정당, 카리스마적 지도자 그리고 정치적 종교의 형태를 취하는 이데올로기를 수반하는 현대적 동원체제에 의해서 나타난다. 그것은 새로운 정체의 확립을 위해서나 혹은 전통적 사회로부터 근대사회로의 변천에 영향을 미치는 전환체계에서 가장 성공적이다. 세속적 자유주의 모델은 합리성과 자기이익이라는 수단적 가치에 의해서 특징지어진다. 경험적으로 그것은 중재와 조정의 제한된 정부기능을 갖는 현대적 조정체계를 통해서 그 일례를 찾아볼 수 있다. 자유민주주의의 특징인 조정체계는 현대산업사회에 가장 적합하다.

정치발전을 전통-근대의 양분법적으로 다루려는 정치학자들이 공통적으로 강조하고 있는 몇 가지 사실을 살펴보면 다음과 같다.

첫째로 성장이다. 그것도 여러 가지 형태를 취할 수 있으나, 우선 정부기능의 확장, 조직면에 있어서의 복합화, 정치제도의 자율성 증대 등을 뜻하는 것으로 볼 수 있다. 그러한 성장이 '좋은 것'이라는 명제에 대해 이의를 제기하는 발전이론가는 찾아보기 어렵다 할 것이다.

둘째로, 공업화과정에서 생기는 정치변화의 규모나 범위는 다른 어느 때보다도 대규모적이기 때문에 정치발전 역시 근대화의 함수로 보아야 할 것이며, 정치와 공업화와의 관계성을 결정적인 것으로 간주하고 있다.

세 번째는 진화론이다. 오늘의 과도기 사회들이 궁극적으로 이미 근대화된 사회들이 겪는 것과 같은 변화를 통해서 서서히 진화해 간다. 과도적 사회구조들이 일정한 양태의 변화를 거치면 서구 근대사회가 지닌 사회구조와 비슷한 것으로 발전한다.

이상에서 보면 정치발전은 근대화과정이며 일방향적인 것이다.

---

27) David E. Apter, *The Politics of Modernization*, Chicago: University of Chicago Press, 1965, pp.22-42 참조.

(2) 근대화의 지표와 단계

근대화의 지표를 이야기할 때 가장 먼저 고려하여 할 문제가 경제성장이다. 정치발전은 정치체계의 구성원들이 원하는 물질적 욕구를 충족시켜 주고, 경제적 갈망과 만족간의 합당한 조화를 허용해 줄 만한 경제발전 수준의 기능을 주로 말한다. 립셋(S. M. Lipset)은 보다 잘사는 나라일수록 민주주의를 유지하는 기회가 많아진다고 하면서, 높은 수준의 산업화・도시화・부・교육 등의 지표들이 민주주의의 정치적 상관요인 형성과 밀접하게 관련이 있다고 하였다.28)

커트라이트(Phillips Cutright)는 국가가 경제적・사회적으로 더욱 발전하면 할수록, 즉 더욱 높은 수준의 산업회・도시화・교육・키뮤니케이션 등을 달성할수록 또한 정치적으로 더욱 진보하려는 경향이 있다. 정치발전은 사회・경제적 변화의 부수현상이 되며, 민주주의는 모든 국가가 필연적으로 나아가는 궁극적인 귀착점으로 간주되는 것이라 하고 있다.29)

블랙(Cyril E. Black)의 근대화단계 설정이나 로스토우(Walt W. Rostow)의 근대화된 사회에 대한 설명은 근대화에 대한 이해를 돕는다.

블랙은 근대화의 단계를 넷으로 구분하여 모든 사회가 그 단계를 거친다고 했다. 즉, 정치사회는 내적 변화가 ① 근대성에 대한 초기 도전, ② 근대화된 지도층의 강화, ③ 농촌사회에서 도시산업사회로 사회・경제적 전환, ④ 사회구조의 근본적인 재정비를 통한 사회통합의 달성 등의 단계를 거치면서 근대화되어 간다고 설명하고 있다.30)

로스토우는 1960년 출간한 『경제성장단계론』(*The Stages of Economics Growth*)에서 다섯 단계, 즉 전통사회, 도약의 전제조건, 도약단계, 성숙단계, 고도의 대중소비단계로 구분하였다. 그 후에 풍요의 시대에 걸맞은 사생활의 풍요로움과 관련되는 질의 추구단계를 부가적으로 제시하였다. 이러한 경제성장단계론은 초기에는 경제발전에만 적용되었으나, 많은 정치학자들에 의하여 채용되었다. 오건스키는 『정치발전의 단계』에서 정치발전을 '국가적 목표를 위하여 그 국가의 인적・물적 자원을 사용하여 정부의 효율성을 증대시키는 것'으로 규정한다. 그는 우선적 기능에

---

28) Seymour M. Lipset, "Some Social Requistes of Democracy," *APSR* 53, March 1959, pp.69-105.
29) 김기우 역, 앞의 책, 89쪽.
30) Cyril E. Black, *Dynamic of Modernization: A Study of Comparative History*, New York: Harper & Row, Publishers, 1966, pp.67-89.

의하여 특징지어지는 네 가지 단계를 구체적으로 설명하고 있다.

① **원시적 통합의 단계**: 여기에서 정부의 1차적 기능은 국민적 통일성의 창조에 있다.

② **산업화 단계**: 정부의 주된 기능은 경제발전을 가능하게 하고 촉진시키는 일이다.

③ **국민복지의 단계**: 정부의 임무는 산업생활의 곤경으로부터 사람들을 보호하는 것, 즉 경제가 순조롭게 운영되도록 유지하고, 가능한 한 보다 높은 생활수준을 제공하며 불리한 조건에 있는 사람들을 돕는 것 등이다.

④ **풍요의 단계**: 정부의 우선적 기능은 자동조작을 가능케 하고, 자동화된 경제가 정치적으로 책임질 수 있도록 하기 위하여 사회적 개혁에 대한 조정을 완화시키는 것이다.

오건스키에 의하면 국민정부가 발전된 것으로 자격을 부여 받으려 한다면, 그러한 정부는 과거의 이득을 공고히 할 뿐만 아니라 각 단계마다 새로운 기능을 완수해야만 한다는 것이다.[31]

2. 정치발전이론

정치발전 연구는 초기에는 근대화 연구와 구별되지 않고 근대화 과정의 일부로 취급되다가 1960-70년대의 기간 동안에 이르러 주요 관심 및 주제가 되었다. 이 기간에 행하여진 정치발전 연구는 그들 나름대로 이 문제를 분석・이해함에 있어서 필요한 발전의 개념, 이론적 틀, 가설, 모델 등 이론적 작업이 이루어진 바 있다. 비록 그 내용이 보편성을 가진 것은 아니었지만, 전문화 및 개별화 추세로 이 분야에 있어 상당한 진보를 이룩했다고 본다.[32]

소위 구조기능주의 학자들은 사회과학의 과학성과 객관성을 내세우기 위해 가치성을 배제한 가치중립적 입장에서 연구하고자 하였다. 이들은 정치발전을 변화와 동일한 의미로 사용하고자 하였으며 비교의 척도는 기능으로 제시하였다.

알몬드의 능력모델은 구조기능주의 접근법을 대표하는 것이라 하겠다. 알몬드의 정치발전을 규명한다면, 정치발전이란 특정 정치체계의 가동력의 변화를 의

31) A. F. K. Organski, *The Stage of Political Development*, New York: Knopf, 1965, pp.2-17.
32) 김기우, 『정치발전이론』, 박영사, 1988, 2쪽.

미한다. 정치체계의 기능을 ① 체계의 역량, ② 전환의 기능, ③ 체계유지와 적응 기능 등으로 분류한 그는 정치체계의 비교가 이 세 가지 기본기능 사이의 상호관계에 대한 분석을 중심으로 가능하다고 하였다. 그러므로 정치발전도 이 세 가지 개념을 중심으로 논할 수 있다고 주장하였다.

정치발전은 투입요소들의 산출요인으로 전환하는 양식에 있어서 전환하는 양식의 변화, 국민의 정치적 역할 변화, 또 환경에 보다 잘 적응하는 체계유지에 있어서의 변화를 뜻하는 것이다. 말하자면, 가장 높은 수준의 가동력을 갖춘 체제야말로 가장 발전된 것이라는 논리가 성립되며, 또한 가장 높은 수준의 가동력이란 고수준의 비축자원, 즉 지지도를 갖추고 있는 체계에서 찾아볼 수 있는 것이다. 알몬드의 표현대로 정치발전은 염출가동력 기능으로부터 고도의 호응적 가동력으로의 이행을 뜻하게 된다.

그러나 정치발전을 역량의 변화로 파악할 경우 그 변화를 어떻게 구명할 것인가 하는 문제와, 역량이 기능의 구체적인 수행뿐 아니라 잠재적 요소까지 내포한 것이라면, 그것 또한 어떻게 측정할 것인가 하는 문제가 제기된다. 그후 알몬드는 발전에 직접적인 영향을 미친 변수로서 분화・자율성・세속화라는 개념을 사용하여, 자율성이 가장 높고 분화・세속화의 수준이 최고에 이르고 있는 정치체계로서 민주정치체계를, 저수준의 자율성과 고수준의 분화・세속화를 지닌 체계로서 전체주의체계를 드는 등 16가지 형의 정치체계로 분류하기도 하였다.[33]

이러한 접근법에 속하는 학자는 알몬드 외에 포우엘(G. Bingham Powell), 버바, 엡터 등을 들 수 있으며, 이 접근법의 개념은 구조・정통성・투입・산출・피드백・환경 그리고 균형상태이다.

3. 근대화론과 기능주의 정치발전론 평가

상술한 바와 같이 정치발전 연구와 더불어 역점이나 시각을 달리하는 수많은 학자들에 의해 다양한 분석차원과 모델들이 제시되었다. 그러나 이러한 접근들은 서구 특유의 입장에서 정치발전이 논의되었기 때문에 많은 문제점을 보여주었다.

---

33) Gabriel A. Almond & G. Bingham Powell, *Comparative Politics: A Development Approach*, Boston: Little, Brown, 1966, pp.299-332.

먼저 정치발전 개념에 내포된 구미 중심적 가정에 내재하는 이른바 전통-근대 이분법의 가정이다. 이것은 근대화=서구화 내지는 좀더 극단적으로 표현하자면 근대화=영·미화라는 등식이 묵시적·암시적으로 전제되었다는 점이다. 또한 이 모델은 각각의 양극성에서 두 가지 이상형 사이의 연속을 나타내며, 전환기적 과정의 본성과 특성을 모호한 채로 남겨 두고 있다. 모든 체제는 전환기에 처해 있으며, 이런 점에서 어느 사회도 전적으로 전통적이거나 근대적인 것은 아니다. 보다 근대적일수록 전통적인 것은 점점 줄어들고, 더욱 산업화될수록 농경적인 것은 축소되며, 더욱더 도시화될수록 촌락적인 요소는 감소된다. 이와 같은 도식은 상당한 설득력을 지니지만, 그것은 경험적 현실을 혼동시킴으로써 사회변동의 본질을 모호하게 하는 면이 있다.[34]

엡터는 구조적인 측면과 행태적인 측면에서 정치체계의 유형을 분류하는 시도를 보여주고 있는데, 여기에서 가장 발달된 것으로 간주되는 것이 피라미드형의 계층질서의 수단적·세속적 가치가 결합한 이른바 타협체제이다. 그런데 이를 서구 민주주의체제에 가장 가까운 것으로 봄으로써 역시 서구 편향적인 경향을 나타내고 있다.

결국 전통-근대 이분법에 의존하는 접근법들은 근대화=서구화라는 등식을 암묵리에 전제하고 있는데, 파이가 경고하듯 정치발전 문제를 단순히 정치적 근대화로 생각하면 다른 문제점이 야기된다. 즉, 무엇이 서구적이며 무엇이 근대화인가를 구별할 수 없는 곤란에 빠지게 되며, 따라서 양자를 구별하려는 다른 기준이 필요한 것이다.

정치발전 개념상의 또 하나의 문제점은 정치를 경제의 종속변수로 보는 경향이다. 이렇게 보면 정치발전은 사회적·경제적 근대화를 위한 수단으로 되어 버린다. 특히 신생제국의 정체적 경제를 동태적 성장경제로 전환시키는 데 역점을 두었던 경제학자들은, 정치적 조건이 국민소득의 증대를 방해하기도 하고 촉진시키기도 하는 결정적인 역할을 할 수 있다고 성급한 결론을 내린 나머지 경제성장을 촉진시킬 수 있는 정치체의 조건이 정치발전이라고 생각하였다. 이러한 시각은 경제성장을 뒷받침하는 필요조건의 하나로서 정치발전을 인식한 것이다. 이 개념에 따르면 정치발전은 단지 경제발전과의 관계에서만 고찰되고 그 밖의 모든 이론적 고려가 등한시되기 마련이다. 그러나 정치발전과 경제발전은 반드시 일치하지 않

34) 김기우 역, 앞의 책, 85-86쪽.

는 경우도 많은 것이다. 정치발전을 경제문제에만 관련시키는 것은 여러 개발도상국에서 일어나고 있는 중요한 상황을 도외시하는 결과를 가져온다.

다음으로, 정치발전의 문제점을 적용의 측면에서 보면 그 이론적 틀을 기능주의에서 원용하고 있다는 점이다. 구조기능모델은 체계이론과 마찬가지로 변동, 특히 정치발전과 관련된 급격한 변동을 적절히 설명하지 못하고 있다. 즉, 구조기능분석은 체제, 균형, 공통적 가치, 경제유지 등을 강조한 나머지 거의 변동문제를 무시하고 있다. 물론 구조기능론자들은 이러한 비판을 일리 있는 것으로 받아들이며 그들의 입장을 수정·정리하였다. 그들의 주장에 의하면 구조기능모델이 안정을 위한 조건을 강조하긴 하지만, 반드시 현상을 옹호하거나 변동문제를 무시하는 것은 아니라는 것이다. 그리고 변동의 동태적 요소를 모델에 도입할 수 있고 균형모델을 변동의 메커니즘에 의해 보완하거나, 균형이동과 같은 개념을 도입함으로써 변형시킬 수 있다는 것이다. 그러나 이 모델은 근본적으로 극히 한정된 범위의 변동밖에 다룰 수 없다는데 난점이 있다.

제4절 변증법적 정치발전이론: 발전과 쇠퇴

정치는 항상 변화를 수반하므로 정치의 쇠퇴 가능성도 논할 수 있고, 어떤 방향의 변동이 다른 방향의 변동과 쉽게 조정되지 않을 수도 있다. 상술한 논의들은 정치발전의 불가역성(不可逆性)을 강조한 나머지 갈등과 정치적 불안의 기능을 방관하는 경향이 있었다. 이는 급격한 사회변동에 처한 개발도상국가들의 발전을 논함에 한계성을 갖게 된다.

개발도상국가에서 일어나고 있는 쿠데타나 시위, 인종분규 등도 표면상으로는 모순적이거나 퇴보적으로 보인다 할지라도 발전과정의 일부가 될 수 있다. 갈등이 진보를 가져오느냐 아니면 퇴보를 가져오느냐 하는 논쟁문제는 차치하고라도 항의, 반대, 시위, 폭동, 혁명전쟁 등 갖가지 형태로 나타나는 갈등에 관한 충분한 연구 없이는 변동을 올바르게 규명할 수 없다. 발전은 동태적 성격을 내포하고 있으므로 단선적·일방향적·순율적인 것이 아니다. 그러나 대부분의 정치발전에 대한 접근법들은 안정·질서·균형에 주된 초점을 두는 나머지 정치발전 과정에서의 갈등과 정치적 불안의 기능에 충분한 주의를 기울이지 않았고, 오히려 대립·

갈등을 기피하는 듯한 인상을 보여 왔다.

변동을 갈등의 한 형태로 다루는 갈등모델을 채택하여 사회를 균형뿐만 아니라 계속적인 변동의 과정으로 강조한 것이 정치발전의 변증법적 접근법이다. 그러므로 변증법적 접근법은 정치발전을 종속변수로 보지 않고 독립변수로 개념화하는 것이다. 여기에서는 이 같은 관점에서 헌팅턴과 파이의 정치발전이론을 분석·고찰한다.

1. 헌팅턴의 정치발전이론

헌팅턴(S. P. Huntington)은 정치발전을 '정치조직체나 절차의 제도화'라고 정의하고 있다. 그의 개념은 정치발전을 근대화와 구별시킬 것을 강조하였다. 우선 근대화와 정치발전을 동일시할 경우 정치발전 개념은 시·공간의 제약을 받게 된다는 것이다. 즉, 정치발전 개념은 어느 특정형의 정치체제와 동일시하기보다는 어떤 정치체제라도 갖출 수 있는 질적 양상을 파악해야 한다는 것이다.

이러한 전제에서 헌팅턴은 발전에 있어서 일직선의 개념에 대한 의문을 제기하고, 제도란 발전할 수도 성숙될 수도 있는 반면에 쇠퇴하고 패망할 경우도 있을 수 있다. 즉, 제도는 발전이나 퇴화의 두 가지 가능성을 가지고 있다. 한 체제가 어느 방향으로 진행하느냐 하는 것은 그 정치체제가 지닌 정치구조의 안정도와 그 체제 내에서 일어나고 있는 근대화의 사회적 과정 사이의 상호작용에 의해서 결정된다는 것이다.

헌팅턴은 개발도상국가의 대부분이 겪고 있는 정치적 무질서를 정치제도와 동원으로 설명하고, 개도국의 정치적 불안을 사회변동으로 인한 집단의 정치적 동원은 너무 신속한데 비하여, 정치제도는 효과적으로 발전하지 못한 데서 오는 것임을 착안하여 정치발전의 기본 패턴을 추출하였다. 그리고 개발도상국가의 1차적 관심대상은 군의 정치참여, 학생데모, 혁명, 개혁, 정당의 역할, 농촌과 도시의 정치의식의 차이 등이라 하였다.

또한 그는 정치발전이 사회적 동원화와 정치적 제도화간의 균형된 관계에서 나오는 것으로 보았다. 여기서 제도화란 정치조직체나 절차가 가치와 안정성을 취득하는 과정이다. 따라서 한 정치체제의 제도화 수준은 그 체제의 적응성·복합성·자율성·응집성을 척도로 삼아 측정할 수 있다.[35] 적응성은 조직화의 특성을 습득하는 것이며, 복합성은 정치체계 내의 여러 하위단위의 증식 및 분화를 말한다. 자율성은 정치제도가 특수한 사회집단의 통제로부터 분리되는 것을 의미한다. 응집성은 정치조직에 참여하는 자들의 통일과 정치조직에서 발견되는 합의의 수준을 말한다.

헌팅턴은 개발도상국에 연구의 초점을 두고 경제변동이 정치발전뿐만 아니라 정치적 쇠퇴도 낳을 수 있다고 주장하였다. 근대화 기간중에 정치적 쇠퇴가 일어나는 정도는 그 전통적 정치제도의 힘에 달려 있다. 그는 분석을 더 고도로 발전된 여러 국가에 적용하지 않았지만 산업화된 사회에서도 정치적 쇠퇴가 일어날 수 있다는 것을 시사했다. 경제변동은 정치제도에 새로운 도전을 제기할 수 있다. 적응성 있는 제도는 시간이 지남에 따라 경직될 수도 있고, 새로운 요구에 적응이 불가능하게 될 수도 있으며, 또는 자율성 있는 정치제도가 다양한 집단의 포로가 될 수도 있다. 따라서 정치발전과 정치쇠퇴는 동태적이고 순환적인 과정이며, 이러한 시각은 개발도상국 정치체계뿐만 아니라 발전된 정치체계에도 적용이 가능하다.

정치발전을 제도화수준으로 간주했던 헌팅턴은 다른 변수인 정치참여를 중요시하였다. 이들 양자간의 상관관계를 변증법적으로 설명할 수가 있다. 참여가 확대될 때 안정이 유지되려면, 변화를 흡수할 수 있는 정치제도의 능력이 마찬가지로 증대되어야 한다. 이러한 관계는 다음과 같은 공식으로 나타낼 수 있다.[36]

① $\frac{\text{사회동원화}}{\text{경제발전}}$ = 사회적 좌절감

② $\frac{\text{사회적 좌절감}}{\text{유동성의 기회}}$ = 정치참여

③ $\frac{\text{참 여}}{\text{정치적제도화(능력)}}$ = 정치적 불안정

이를 보면 사회적 동원화는 속도나 비율, 정치제도화 및 조직화의 속도나 비율 사이의 관계에 의해서 정치적 안정도가 결정된다. 즉, 사회동원화율이 제도화의 속도를 능가할 경우 정치적 쇠퇴가 따르게 된다. 왜냐하면 과도한 사회동원화는 과도한 정치적 요구를 조성시킬 수 있기 때문이다.

---

35) Samuel P. Huntington, *Political Order in Changing Societies*, New Haven: Yale University Press, 1968, p.12.

36) *Ibid.*, p.55.

만약, 어떠한 정부라도 근대화의 도전에 효과적으로 대처하고 확대되는 참여의 요구에 대처하려면, 그 정부는 계속적인 변혁을 창출하고 흡수하며 유지하는 의지와 능력이 수반되어야 한다. 발전과정에서 매우 중요한 요인은 능력과 요구(참여)간의 비율이다. 이러한 관계를 그림으로 나타내면 [그림 8-1]과 같다.

그림에서 횡축은 요구를 나타낸다. 여기에서 요구란 정치과정에 어느 정도의 사람들이 참여할 수 있느냐를 나타낸다. 종축은 정치체제의 제도화, 즉 능력을 나타낸다. 능력이란 정치체제의 산출과정이나 정치체제가 사회나 경제에 영향을 미치는 정도 및 정부의 수행능력을 표시한다. A, B, C 부분은 능력과 참여의 조합을 표시한다.

예를 들면, A부분에서는 정치체제의 제도적인 능력이 참여를 훨씬 초월하여 과도한 제도화를 나타내는데, 이는 억압적인 질서의 확립에 기여한다. 그런데 억압적 지배는 질서라는 미명 아래 민주주의적 대응을 대신하게 된다. 확대되는 참여에 대응하는데 있어서 보다 높은 수준의 제도화 능력을 통해서라기보다는 오히려 억압을 통해서 얻어진 혼돈의 전조(前兆)가 된다. 결국 어떠한 정치체제라 할지라도 발전적인 참여로부터 그 자체를 결코 고립시킬 수 없기 때문이다.

[그림 8-1]

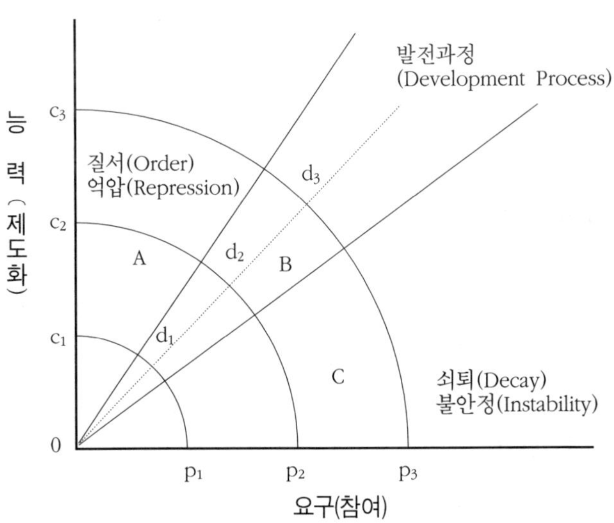

C부분은 제도적인 능력을 훨씬 초월한 참여가 있는 상태이다. 그 결과 정치상의 불안정과 무질서가 조장되며 정치적 쇠퇴를 초래한다. 다음으로 B부분은 참여를 효과적으로 대응・처리할 수 있는 능력을 갖는 정치체제가 존재하는 부분이다. 정치체제는 능력을 가지고 있어 요구를 수렴하여 정책반영 등으로 안정적인 발전을 가진다. 즉 0점으로부터 d_1, d_2, d_3로 조합하여 나갈수록 안정적인 발전이 있다. 이와 같이 정치발전은 정치제도화의 수준과 정치참여의 수준에 의존한다. 그러나 이 경우에 있어 구별은 모두 명백히 말해 정도의 차이뿐이다. 즉, 고도로 제도화된 정치체제와 분열된 정치체제를 분리시키는 명백한 구분선이란 있을 수 없으며, 정치참여의 수준을 가름하는 것도 역시 마찬가지다.

그러나 두 차원 사이의 변화를 분석하기 위해서는 그 체제가 속하는 각기 다른 범주를 시인해 줄 필요가 있으며, 동시에 어떠한 현실적 정치체제도 이론적으로 특수하게 설정된 분류 속에 실제로 꼭 맞는 것이 거의 없다는 것도 인정해 두어야 한다. 이와 같이 c_1, c_2, c_3나 p_1, p_2, p_3가 정도의 차이라는 것을 인정하면, 여기에서의 정치발전은 수평적이고 수직적 통합에 영향을 미칠 수 있는 영향에 달려 있다. 확산되는 참여에 대한 요구에 대응할 수 있는 체제능력은 대중과 지도층간의 효과적인 연계통로를 필요로 한다. 정부의 제도는 신뢰를 획득하고, 변화를 창출하고, 변화의 방향과 강도를 통제할 수 있는 능력을 수반해야 한다.[37] 만약에 정치체제가 계속적인 변화에 성공적으로 대응하려 한다면 커뮤니케이션 통로가 이용되어야 한다. 정치체제는 변화하는 세계에 있어서 단순히 종속변수가 아니라 그 환경에 적극적으로 개입하여 헤쳐 나가는 의지와 능력을 소유해야 한다.

2. 파이의 정치발전이론

파이(Lucian W. Pye)는 정치발전 개념을 10개 항목으로 나누어 소개하고 그 다양한 견해들 간의 공통되는 능력・평등・분화를 발전징후군이라 했다. 이 10개 항목은 ① 경제발전의 정치적 전제조건으로서의 정치발전, ② 산업사회의 전형적인 정치로서의 정치발전, ③ 정치적 근대화로서의 정치발전, ④ 국민국가의 기능으로서의 정치발전, ⑤ 행정적이고 법적인 발전으로서의 정치발전, ⑥ 대중동원과 참여로서의 정치발전, ⑦ 민주주의 건설로서의 정치발전, ⑧ 안정과 질서 있는 변화

37) 김기우 역, 앞의 책, 119쪽.

로서의 정치발전, ⑨ 동원과 권력으로서의 정치발전, ⑩ 사회변화의 다차원적인 과정의 한 측면으로서의 정치발전이다.

(1) 평 등

개발도상국가들이 발전의 격류 속에서 경험하는 가장 강력한 사회적 압력은 평등을 지향하는 대중적 의지의 분출이다. 평등 개념을 구성하는 주요한 요소는 ① 정치참여, ② 보편주의 법질서, ③ 실적주의적 규범이라는 세 가지 차원이다.

정치참여는 시민권을 기초로 하는데, 시민권은 인간의 기본적 평등이 한 나라의 정치공동체의 불가피한 성원 자격으로부터 나오며, 모든 시민이 평등한 공적 권리를 갖는다는 것을 의미한다. 이러한 시민권의 평등을 실천하는데 결정적인 역할을 하는 것은 바로 법 앞의 평등을 규정하는 보편주의적 규범이다. 이는 법의 적용과 판결에서뿐만 아니라 모든 원인의 권리를 보호하고 주장하는 평등한 권리를 의미한다. 끝으로 업적규범은 정치적 관료의 충원과 역할분배 및 성적평가의 기준으로서 전통사회의 귀속주의적 규범척도에 대체된다. 업적규범의 수용은 근대사회의 교육의 보편화 현상과 함께 기회균등을 보장하는 주요한 관건이며 계층구조의 유동성을 높이는데 결정적 계기를 제공하고 있다.

이러한 평등이념은 정치체계의 목표를 추구하는 데 필요한 무한한 잠재적 인간동력을 개발·활용하게 하며, 시민의식의 고양을 통하여 국민적 일체감을 발전시키며 정치체계의 사회발전을 촉진시킨다.

그러나 발전과정에서 지나친 평등주의의 추구는 대체로 개발도상국에서 과도한 요구를 만들어 냄으로써 지속적으로 발전을 추진시킬 수 있는 이들 국가의 능력을 약화시키거나 파괴시킬 수도 있다.

(2) 능 력

능력은 정치체계의 산출과 직접적으로 연관되며, 이는 정치체계가 사회, 경제 등 여타 제도적 영역에 미칠 수 있는 영향력의 정도로 표현하고 있다. 그러므로 능력은 자연히 정부활동의 업적 내지 성과와 이 성과에 영향을 미치는 제 조건과 긴밀히 연관된다.

콜먼(James S. Coleman)은 발전에 필요한 체계의 능력으로 통합적·대응적·적응적·쇄신적 능력을 열거하고 있다. 그는 능력은 분열을 극복하고 증대된 분화에서 오는 긴장을 관리할 뿐만 아니라, 평등의 요청에 의하여 발생하는 참여와 분배의 요구를 제어할 수 있는 것이라 한다. 이러한 정치체계의 창조적 능력의 개념은 주로 영역, 효율성과 능률성 그리고 합리성 등의 개념으로 구성된다.

능력은 우선 정치·행정적 결정이나 활동이 미치는 범위 내지 그 규모와 밀접히 관련된다. 보다 발전된 정치체계의 경우 정치활동의 영향력은 국민생활의 거의 모든 영역에 두루 미치며 그 비중 또한 심각하다. 따라서 정치나 행정의 침투력이 미치는 범위나 그 심도는 정치체계의 능력을 가늠하는 주요 관건이 된다. 또한 능력의 개념은 공공정책 수행에 있어 효율성과 능률성을 의미한다. 발전된 체계는 다른 체계보다 훨씬 많은 일을 할 뿐만 아니라 더 빨리 더 철저하게 일할 수 있다. 이에 따라 정부가 전문화되는 경향이 있다. 또한 능률성과 효율성의 관심은 일반적으로 인정된 업적수행의 기준으로 이끈다.

마지막으로, 능력은 행정에 있어 합리성과 정책의 세속적 정향(定向)에 관련된다. 정부의 행동은 목적과 수단을 체계적 방식으로 연관시키려 하는 신중성과 정당화에 의해 주로 이끌어졌으며 계획이 가능해졌다.

능력에 대한 관심은 개발도상국에서 흔히 민주주의 원칙과 긴장관계를 맺는다. 이는 능력은 능률성을 요구하는데 대하여 민주주의는 그 자체의 규범적 목표를 실현하는 과제를 제외하고는 비능률적인 면이 있기 때문이다. 또한 정치체계의 능력은 정치적 정통성의 문제와 밀접히 연관되나, 강한 잠재능력을 갖춘 정체가 비정통적 목표추구를 위하여 그 능력을 활용하거나 혹은 체계 정통성의 표상이 되는 주된 정책실현에 실패하는 경우 그 정통성은 위협을 받게 되는 것이다. 특히 참여폭발이 급격히 진행되는 정치사회의 경우 그 위험은 가중된다.

(3) 분 화

분화는 특히 제도 및 구조의 분석과 관련된다. 따라서 발전의 측면은 무엇보다 우선 구조의 분화와 전문화를 뜻한다. 직책 및 기관들은 분명하고 한정된 기능을 갖는 경향이 있으며, 정부부문에서 분업에 상당하는 것이 있다. 분화에 의하여 체계 내의 여러 가지 정치적 역할들의 기능적 특성이 증가됨은 물론이다. 또한 분화는 정치체계 내의 상이한 여러 부분의 분열이나 분리가 아니며 궁극적으로 통합성에 기초를 둔 전문화인 것이다.

많은 개발도상국에서 식민지 이후의 발전양태 중 특징적 단면의 하나는 정치

· 행정적 상부구조 내에서 일어나는 탈분화 현상이다. 이는 지배권 쟁취를 위한 분화된 엘리트간의 치열한 투쟁의 결과적 현상으로서 대체로 지배적 정당 리더십의 구축이나 군사적 엘리트의 집권 등의 형식으로 표현된다. 이러한 의식적 탈분화 현상은 흔히 동원체계, 중앙집권적인 일당국가 등으로 알려진 국가들에 의하여 추구된다.

다양한 제도적 영역간의 불균형의 문제 중 정치체계와 사회적 제 분야간의 불균형은 발전과정에 있는 국가들이 극복해야 하는 난관 중의 하나이다. 특히 동원정권의 경우 급속한 경제발전을 추진하기 위하여 장기간 전체주의적 동원정책을 구사해 온 타성 때문에 사회일반의 구조적 분화수준이 눈에 띄게 상승한 연후까지도 분화된 전문영역에 따른 최소한의 자율성조차 용인하려고 하지 않는다. 이는 정치와 사회의 심각한 긴장을 조성하고 끝내는 사회해체의 위기까지 몰고 간다. 이렇게 볼 때 성공적 분화는 성공적 체계의 통합능력을 그 기본적 전제로 하고 있음을 알 수 있다.

상술한 바와 같이 정치발전징후군 사이에는 상호 연관관계가 존재한다. 그러므로 징후군의 발전적 변동과정의 상관관계는 어떠한가를 고찰해 보아야 할 것이다. 발전징후군간의 모순성이야말로 발전의 가역성(可逆性)과 다면성(多面性)간의 관계를 밝히는데 도움이 될 뿐만 아니라, 발전적 변동의 다른 또 하나의 측면인 갈등과의 관계를 부각시킨다. 이러한 견해는 다음 [그림 8-2]로 설명한다.

이 그림에서 횡축은 평등의 정도를 나타내고, 종축은 능력을 나타낸다. 곡선 1, 2, 3, 4는 일정의 분화수준에서 가능한 평등과 능력의 조합을 표시한다.

예를 들면, 어떤 구성분화의 수준 d_3에 있어 어떤 정치체계 p가 p_3의 방향으로 나아가는 것은 정치체계의 능력을 증대시키지만, 동시에 평등을 감소시키게 될 뿐 구조분화의 정도를 변화시키는 것은 아니다. 그러나 같은 구조분화의 수준상에 있으면 p_2의 사회도 p_3사회도 정치발전 정도가 같다고 말하는 것으로서, p_1의 상황에 있는 사회가 어느 방향으로 나아가야 하느냐 하는 것을 제시해 주지는 않는다.

이 두 변수의 어떤 조합이 가능한가는 그 사회의 규모, 구성요소의 질, 경제적 상황, 가치규범, 사회적 유동성, 정치적 커뮤니케이션의 양과 질 등과 같은 다양한 요인들에 의해 영향을 받는 것이다. 그런데 이는 무언가 명확한 것을 제시하지 않는다. 이러한 이론을 더욱 발전시켜 더 구조분화되고 평등과 능력이 모순없이 증대되어 갈등지대가 좁혀지는 새로운 발전 모델을 제시한다.

[그림 8-2]

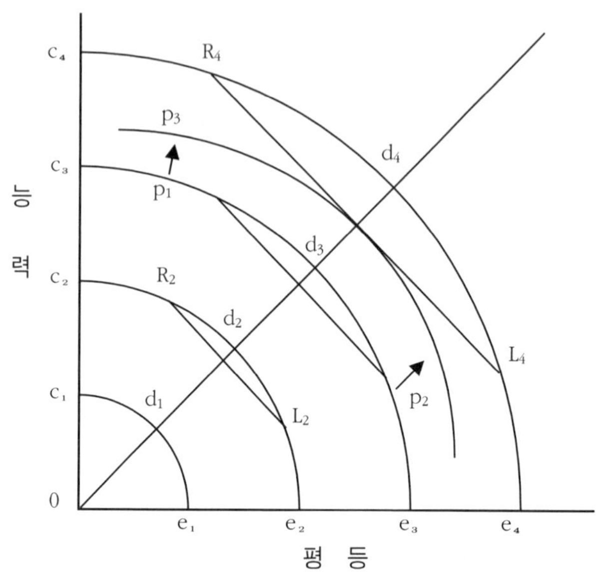

이 모델은 세 가지 발전목표를 상호 연관시키고 또한 분화도가 높아짐에 따라 갈등지대가 좁혀진다는 것을 가정한다. 이것은 좌·우익(L-R)의 갈등이 정치체제의 혁명적 재편에 관심을 덜 갖게 되고, 능력 및 평등의 점진적 증대를 달성하기 위한 한계혁명에 더 큰 관심을 기울임에 따라 합리성이 증대하고 이데올로기가 쇠퇴하는 것을 의미한다.

이러한 관점에서 보면 발전은 확실히 불가역적(不可逆的)인 것이 아니라, 이른바 개발도상국이 실제 발전할 것이라 단언할 수 없는 것이다. 이들 제국이 정체, 쇠퇴 또는 붕괴의 단계에 들어갈 가능성도 역시 존재한다. 더욱이 발전과정은 다면적이며 갈등으로 충만되어 있다. 평등과 능력이란 대립적 목표간의 모순은 사회의 발전정도와 역비례하는데, 이것은 일방에서 발전처럼 보이는 것이 타방의 쇠퇴를 수반해야 한다는 것을 의미한다.

3. 정치발전의 위기

근대인들은 변화가 제멋대로 일어나고 있다고 믿지는 않는다. 또한 현재의 모든 가능한 것이 가장 잘 구현될 것이라고 생각하고 있는 것도 아니다.[38] 정치발전 징후군은 앞서 말한 바와 같이 평등·분화·능력이 제대로 조화를 이루지 않고 상호 긴장과 갈등으로 계속되어 왔다. 그리하여 이들 여러 가지 징후군들이나 발전의 변인들이 상호 모순·대립되어 불균형이 지속될 경우 일체성(identity), 정당성(legitimacy), 참여(participation), 침투(penetration) 그리고 분배(distribution) 등과 같은 여러 위기나 문제가 발생하기 쉽다.[39]

(1) 일체성의 위기

일체성의 위기는 그 발생과 관련해 볼 때 네 가지의 기본적인 형태가 있다. 첫째는 영토와 지리적 공간의 민족주의적 감정에 대한 관계 등에 관련된다. 둘째는 사회적 구조, 특히 계급분열이 증대되어 효과적인 국민적 단합이 방해되는 경우에 발생한다. 셋째는 인종적이거나 다른 분열적 일체성과 보편적인 국민적 일체성에 대한 충성심과의 갈등을 포함한다. 넷째는 급속한 사회변화의 심리적 결과와 외부세계에 대한 양면적인 감정에서 일체성의 위기가 일어난다는 것이다

이러한 형태의 일체성의 위기는 일반적으로 근대세계와 그 고유의 역사적 전통에 대한 혼합된 감정의 형태를 취하고 있다. 앞에 열거한 네 가지 형태의 위기는 사람들이 장소, 계급, 인종 그리고 시간과 역사에 대하여 일체화되는 방법에 관하여 분열될 수 있기 때문에 발생하게 된다. 그리하여 이들 제 위기를 극복하여 국민적 일체감을 형성하는 기반을 조성하기 위하여 파이는 다양한 엘리트 문화의 유형에 기반을 둔 리더십을 강조하였다.

정치발전이란 결국 국민들이 스스로 단일의 정치공동체를 이루고 있음을 인식하고, 또 그들 개개인이 공동체에 강한 애착을 느끼는 수평적 통합과정을 필요로 하는 것이다.

---

38) Leonard Binder, James S. Coleman, Joseph LaPalombara, Lucian W. Pye, Sydney Verba, and Myron Weiner, *Crises and Sequences in Political Development*, Princeton: Princeton University Press, 1971, pp.52-53.

39) *Ibid.*, pp.52-58.

(2) 정당성의 위기

정당성의 위기의 기본원인은 발전징후군이 항상 보다 많은 사람들의 지각의 범위를 넓히고, 따라서 모든 생활국면에 있어서 일을 처리해 나가는 대안적 방법들에 관한 가능성을 점차 민감하게 느끼고 있다는 사실에 있다. 결국 발전과정이란 사람들이 점차 생활의 절대적 한계성이 줄어들고 있음을 계속적으로 깨우치게 되는 일종의 심리적 확대과정인 것이다.

대안에 대한 의식은 선택의 필요성을 제시하며, 선택은 효율성을 측정하기 위한 표준을 요구한다. 그리하여 대안에 대한 평가는 합리성의 출발점이 되며 세속적인 권위의 표준을 모색하는 시발점이 된다. 여기서 말하고자 한 것은 베버(Max Weber)의 전통적 권위와 합리적·합법적 권위 사이의 구분이 단지 그 스타일과 정신상의 차이 이상의 것이며, 그것은 궁극적인 분석에 있어서 사람들이 대안적 행동과정의 가능성에 대하여 지각하고 있는 정도에 의존하는 것이다.

정치발전에 있어서 정당성의 위기는 다음 네 가지 주요한 요인을 들어 설명할 수 있다. ① 사회에 있어서 권위를 요구하는 기반의 갈등이나 부적합성 때문에 발생하는 정부제도의 붕괴를 들 수 있고, ② 권력을 위한 과도한 제도 외적 경쟁으로 인한 정부구조의 분해이다. ③ 권위에 대한 이데올로기적·실용적 요구의 정당화가 역사에 대한 잘못된 해석이나 미래발전의 판단 결여로 국가적 지도자와 정부의 권위배분이 붕괴되는 것이요, ④ 아마 가장 근본적인 것으로서 사람들의 사회화가 제대로 이루어지지 않아서 권위에 대한 감정이 현재의 지도자들의 노력에 순기능을 하지 않기 때문에 일어나는 정당성의 위기이다. 따라서 이 위기를 극복하는 핵심은 동태적인 지도력이고, 그것은 제도와 지배자 개인의 정당성이 적절히 혼합될 것을 요구한다. 여기에는 또한 과거의 전통을 보존하거나 거부하는 문제, 사람들의 직접적인 열망에 대응하는 문제, 미래의 목표를 위해 희생을 감내하도록 사회화하는 문제 등이 포함된다.[40]

(3) 참여의 위기

일반적으로 근대화는 정치참여에 대한 압력을 행사한다. 근대에 있어서 가장 파괴적인 위기들 중의 하나는 권력을 갖지 못한 사람들이 권력에 접근하려고 하거

40) *Ibid.*, pp.147-156.

나, 혹은 지배엘리트들이 만들어 낸 정책에 영향을 미치려는 노력에 의해 야기되었다. 그리고 그것은 지배엘리트가 정치체계에 참여하려는 개인과 집단의 요구나 행태를 비정통적인 것으로 간주할 때 일어나는 갈등으로 규정될 수가 있다.

참여위기는 다양한 조건하에서 일어난다. 즉 ① 통치엘리트는 그들만이 지배할 권리를 가지고 있다고 믿으며, 따라서 다른 사회집단에 의한 정치참여의 요구를 정당성이 없는 것으로 거부하는 경우, ② 참여를 요구하는 집단들이 통치엘리트의 정당성이 없다고 보고, 이러한 정당성이 없는 제도로 조직화되었다고 믿는 경우, ③ 통치엘리트가 참여를 요구하는 방법을 정당치 않은 것으로 보고, 정치참여의 요구 자체도 정당성이 없다고 보는 경우, ④ 정치참여자들에 의한 요구의 형태가 비정통적인 것으로 간주될 경우, ⑤ 참여위기는 참여를 모색하는 집단이 기존 엘리트들과 권력을 공유할 것을 원치 않고 그 대신 지배엘리트를 대체시키려고 하며, 또한 그러한 엘리트의 권력장악의 권리를 부정하려고 할 때 나타날 수 있다.

(4) 침투의 위기

요구 혹은 필요로서의 침투에 관하여 이야기할 때 우리는 일반적으로 중앙정부가 통제력을 행사하고자 하는 영토 전역에 걸쳐 효과적인 역할을 할 수 있는 위치에 있음을 의미한다. 침투현상은 중요하면서도 서로 밀접하게 연관된 두 가지 차원에서 고찰할 수 있다. 첫째는 정부정책의 대상이 되는 국민들의 의견이나 소망, 태도 및 성향과 무관하게 침투할 수 있는 중앙정부의 능력이요, 둘째는 정책의 대상이 되는 국민이 정책에 관한 정보를 정확하게 받아들이고, 그러한 정책에 자발적으로 순응하고자 하는 그들의 능력이요 수정된 저력 등이다. 그러한 능력과 성향에는 여러 가지 정도의 차이가 있고 분명히 정당성과도 불가분의 관계에 있다. 침투의 문제를 해결하기 위한 모종의 수단의 선택은 특정 정치문화의 맥락에서는 성공적인 침투위기의 관리를 가져올 수 있겠으나, 그 방법은 또한 정당성의 문제를 다시 제기하거나 악화시킬 수 있다.

침투위기의 관리문제에 영향을 미치는 세 가지 중요한 요인을 지적하면, 첫째로 관료의 유동적인 자원과 그들이 정치체제 내의 정치・사회적 집단에 의존하는 것 사이의 균형이 필요하다. 즉 관료가 지배적인 사회나 정치계층의 도구에 불과할 때 침투위기는 해결하기 어렵고, 관료가 사회・정치적인 통제에 극단적으로 독립되어 있을 경우도 체제의 이익보다는 편의주의로 흐르기 쉽다. 둘째로 지리적・

사회적인 차원에서 발생하는 위기이고, 셋째로 법과 질서의 상이성에서 오는 위기이다.

결국 침투위기의 문제는 정부의 정책을 이해하고 승인을 확보하기 위하여 지배자와 피지배자를 연결시키는 공식적·제도적 하부조직을 창조하는 문제와 관련된다. 이는 국가건설 혹은 정부의 규제 및 추출능력의 증대와도 관련이 있다.

(5) 분배의 위기

넓은 의미에서 모든 통치의 문제는 분배문제로 귀착된다고 볼 수 있다. 이는 정치과정 특히 정치체계를 강제력을 수반하는 가치배분으로 규정한 이스턴(David Easton)의 개념정의에서 알 수 있다. 정치엘리트가 사회에 유익한 물질적 재화를 증대시키거나 그러한 재화를 특정 기간에 재분배하는 것을 포함하는 분배문제는 두 차원으로 나누어 고찰할 수 있다. 첫째는 물질적으로 가치 있는 것을 보다 많이 생산할 수단과 방법을 발견할 필요성을 의미하는 것이고, 둘째는 전혀 다른 차원으로 사회의 생산능력과는 상관없이 구성원간의 가치분배의 기준이 되는 기반을 변경할 필요성인데, 이는 역사적으로 엘리트의 능력에 과중한 부담을 주고 때로는 혁명이나 기존정권의 파멸을 가져오기도 했다.

라팔롬바라(Joseph LaPalombara)는 이념, 인적·물적 자원, 그리고 국제환경 등과 관련하여 분배문제를 만족스럽게 다룰 수 있는 정치엘리트의 능력에 주목하여 설명한다. 그런데 다른 위기에 비해 분배위기는 비록 상당한 수준으로 산업화가 이룩된 사회에서도 해결하기가 어렵다.

정치발전 과정에서 야기되는 위와 같은 제 위기를 살펴볼 때 진정한 발전위기의 극복 여부는 이들을 어떻게 적절히 해소하느냐에 달려 있다. 콜먼이 지적한 바에 의하면, ① 정치발전은 확대된 분화에 의하여 야기된 긴장과 갈등을 통제·조정하는 새로운 유형의 통합과 침투, ② 당위적 평등의 요구로부터 나타난 새로운 패턴의 참여와 자원문제, 그리고 ③ 이러한 요구와 갈등에 대해 정치체계가 의도적으로 추구하고 질적으로 새롭게 향상된 체제능력을 획득하는 과정이라고 간주하고 있다. 그러한 체제의 수행능력 획득은 일체감과 정당성 문제를 해결하는 결정적인 요인이 된다.[41]

41) James S. Coleman et al., *op. cit.*, pp.70-75.

4. 변증법적 정치발전이론의 적용과 평가

정치발전의 분석모델에서는 갈등, 긴장, 경쟁, 폭력 등과 같은 패턴들을 정치과정에 있어서 일탈이나 비정상으로 간주하여 왔다. 비정상인 것들은 그들이 체계의 안정·보존·유지에 기여할 때만이 용인되어 왔다. 그러나 비교정치학자들이 사회변동의 문제에 초점을 맞추어 정치발전을 연구함에 따라 변화의 연구에 관심을 돌렸다.

이러한 추세에서 다양한 발전과정을 유형화하고 동태적으로 분석하는데 포괄할 수 있는 변수는 평등과 능력이라는 두 가지 목표이다. 정치발전은 궁극적으로 이러한 두 목표의 적절한 혼합을 선택할 수 있는 체계의 능력에 달려 있다. 정치체계의 부담능력의 성격 및 정도는 제 집단간의 세력균형의 변화에 따라 변동한다. 이같이 변동이 일어나는 과정이 변증법적 과정인데, 이는 점증적으로가 아니라 오히려 불연속적으로 전개되고 거기에는 상충하는 제 목표간의 갈등이 상존한다. 이러한 발전의 도전에 대처함에 있어서 한 정치체계의 성공 여부는 수평적이고 수평적 통합에 영향을 미칠 수 있는 능력에 있다.

정치체계는 변화하는 세계에 단순히 종속변수가 아니라 그 환경에 적극적으로 개입할 수 있는 의지와 능력을 소유해야만 한다. 이익집단들과 정당을 통해서 뿐만 아니라 정부의 공식적인 제도를 통해서, 정치체계는 급속히 확대되는 참여하려는 사람들을 조정할 수 있는 하부구조나 조직을 제공해야만 한다. 이 조정 가능한 자원들의 영역 내에서 발전적 노력의 성공 여부는 정당성과 안정을 획득하고, 의미 있고 중요한 접근과 효과적인 대응을 제공하는 이들 구조들의 능력에 좌우될 것이다. 이와 같은 능력과 요구의 상호작용을 통하여 정치과정에서의 불균형, 불평등 그리고 불연속 등은 점차적으로 균형, 조화 그리고 연속성을 이루며 발전해 나갈 것이다.

이상의 정치발전의 변증법적 분석은 체계론적 접근이 안고 있던 결함과 오류를 완전하게 시정한 것이라 할 수는 없지만, 다른 정치발전 모델을 대부분 포괄할 수 있는 장점이 있다. 그러나 이러한 이론적 접근법은 정치발전의 변수를 너무 거시적 차원에서 단순화하였고, 또한 너무 단순화한 나머지 확실한 경험적 증거를 결여한 위험성이 따른다. 그러므로 이러한 모델을 일정한 정치체계에 단순하게 적용하여 분석하기보다는, 분석대상 정치체계의 정치적 참여자 또는 지도자의 현실관을 형성하는 문화적 제 상징과 상징적 행태를 분석해야만 비로소 현실적 발전의 실체를 파악할 수 있을 것이다.

제5절 정치발전의 새로운 문제: 제3세계적 시각

1. 발전이론의 쇠퇴

서구의 정치학자들이 신생국의 정치현상에 눈을 돌리게 된 것은 서구의 정치만을 대상으로 했던 지식과 분석방법만으로는 신생국의 정치현상을 이해할 수 없게 되었다는 것을 인식하면서부터였다. 이리하여 구미제국의 정치현상뿐만 아니라 더욱 폭넓은 대상을 다룰 수 있는 정치이론과 분석방법이 필요하게 되었다.

행태과학(behavioral science)의 등장과 더불어 교차 문화적 비교 연구(cross-cultural comparison)와 종합과학적 방법(interdisciplinary approach)의 적용은 신생국가에 관한 연구에 크게 힘이 되었다. 이러한 방법의 적용으로 서구 학계에는 제3세계 혹은 신생국가들에 대한 자료수집과 과학적인 분석의 연구결과로 소위 발전론이 나타났다. 그러나 이러한 이론들은 한결같이 서구적 발전과정을 기준으로 한 것으로 제3세계 국가들이 서구적 산업사회로 변모해 가야 한다고 전제하고 있다. 즉 발전론의 기본전제는 서구의 역사적 경험이 제3세계 국가들에게도 적용될 수 있다는 것이었다.

1960년대 말부터 낙관적이며 비교적 온건한 서구 학계의 발전론에 대한 비판이 일어나기 시작하면서, 이른바 종속이론으로서 대표되는 제3세계 이론이 광범위한 호소력을 가지면서 보급되기 시작하였다. 이 이론을 제기하는 학자들은 종래 서구 학자들이 제3세계 문제를 다루기 위해 사용한 발전론의 패러다임이 편협한 이데올로기성을 띠었을 뿐만 아니라, 현실적으로도 신생국가들이 직면한 문제들을 올바르게 파악하지 못하게 한다고 비판하였다.

정치발전이론이 이렇게 쇠퇴하게 된 이유를 찾기란 그리 힘들지 않다. 학자들이 정치발전이라는 말을 쓰지 않게 된 것은 이 연구에 대한 포드재단(Ford foundation)의 지원이 중단된 때부터였다고 해도 과언이 아니다.[42] 무엇보다도 중요한 원인은 정치발전 개념 그 자체에 있었다. 앞에서 설명한 바와 같이 파이(L. W.

Pye)가 정치발전에 관해 용례에 따라 10개로 분류하고 다시 분화・능력・평등이라는 3개의 주요 항목으로 요약했을 때, 이는 근대화와 관련된 모든 개념을 망라하는 '우산'(umbrella) 개념을 제시한 것이다. 분화・능력・평등은 일관성 있는 개념이라기보다는 상호 모순되거나 대위법적(contrapuntal) 또는 변증법적 발전이 함축된 내용이었다. 즉, 한 측면에서의 상향적 발전이 다른 측면에서의 동일한 발전을 야기시킬 수도 있지만, 역설적으로 쇠퇴와 지체도 가져올 수 있다.

또 한 가지 지적되어야 할 내용은 정치발전이론이 서구문화 중심적이고 19세기의 낙관주의를 바탕으로 함으로써 제3세계가 서구에 의해 경제적으로 종속된 상황을 간과했거나 제3세계의 토착적 정치・사회구조를 전혀 도외시하였다는 사실이다.

초기 종속이론에서 종속의 의미는 단순한 의미로 사용되었다. 프랑크(Andre G. Frank)의 저개발심화론[43]은 세계 자본주의체제 내의 중심부와 주변부의 관계를 독점적 유통구조하에서 교환관계로 이루어지는 것으로 보았다. 그러나 후기 종속이론에서는 종속의 개념이 보다 복합적인 의미로 사용된다. 카르도소(Fernando H. Cardoso)나 에반스(Peter Evance)의 종속적 발전론은 세계 자본주의체제 내의 중심부 국가들 간의 경쟁과 이에 따른 종속의 내부구조의 변화를 중시한다. 즉, 후기 종속이론은 초기 종속이론에 명백적으로 정해져 있던 종속-탈종속의 이분구조적 논리를 탈피하여 세계 자본주의체제 내에서 제3세계 국가들의 대외의존적인 개발정책이 내부적인 정치・경제적 제휴에 의해 종속적 발전이 이루어질 수 있다는 보다 융통성 있는 입장을 채택하고 있다.

2. 제3세계 발전연구에 있어서 종속이론

(1) 종속이론의 제기

발전 또는 성장이론은 구미의 자본주의체제가 그들의 역사적인 발전과정에서 얻은 경험을 토대로 한 진화론적 개념으로 설명하는 ECLA(Economic Commission

42) Fred W. Riggs, "The Rise and Fall of Political Development," S. C. Long, ed., *The Handbook of Political Behaviour*, Vol. 4, N. Y.: New York and London-Plenum Press, 1981, p.313.

43) Andre G. Frank, *Capitalism and Underdevelopment in Latin America: Historical Studies of Chile and Brazil*, New York: Monthly Review Press, 1977, pp.7-9.

for Latin America, UN 산하의 남미경제위원회)의 개발전략이나 확산이론(diffusion model)이다. 그 중요 가설은 모든 나라가 발전과정에서 일정한 단계를 거치며, 현재의 저발전국가들의 종속현상도 초기 자본주의가 겪었던 경험과 유사한 것으로서, 국내의 상층계급이 부유해지면 자동적으로 그 부가 하층계급으로 이전되고, 부국이 호황을 누리게 되면 그 혜택이 가난한 국가로 파급된다는 논리이다. 결국 발전이란 구미의 현대적 요소(가치, 제도, 자본, 기술 등)를 전통적이고 낙후된 지역으로 투입・확산함으로써 이루어진다는 것이다.

그러나 1960년대 말부터 낙관적이며 비교적 온건한 서방학계의 발전론에 대한 비판이 일어나기 시작했다. 제2차대전후 제3세계 국가들의 현실은 확산이론가들이 상정한 발전이론과는 날이 갈수록 상반되는 방향으로 전개된다. 따라서 미국학계가 주도한 확산이론 모델은 점차 적실성(relevance)을 상실하게 되고 새로운 도전이론으로 등장한 것이 주로 남미학자들이 제기한 종속이론이다.

종속이론이란 라틴아메리카를 포함한 제3세계 국가들이 정치, 경제, 사회 등 전 분야에 걸쳐 직면하고 있는 문제점들을 종속이라는 개념으로 이해하고 설명하려는 일련의 이론체계이다. 종속이론가들은 상이한 지적 배경을 바탕으로 관점을 달리하기 때문에 상반된 견해를 피력하기도 한다. 그럼에도 불구하고 이들을 종속이론가로 총칭하는 이유는 종속이론의 제3세계에 대한 분석적 시각이 근본적으로 전체성이라는 관점에서부터 시작하기 때문이다. 즉 이들은 제1세계(중심국)와 제3세계(주변국)의 관계를 비대칭적인 지배-종속관계로 규정하고, 종속개념을 분석의 기본개념으로 설정한다는 점에서 공통점을 가지고 있다.

종속이론은 종래의 발전론에 대한 비판적 견지에서 생성되었는데, 이것을 구체적으로 나누어 보면 다음과 같이 나눌 수 있다.

첫째, 종속이론은 자본주의체제에 대한 비판이론으로서의 성격을 띠고 있다는 점이다. 즉, 세계 자본주의체제 내의 중심부와 주변부의 관계는 불균등한 분업의 원칙에 입각하여 잉여 수취가 이루어지는 봉건적인 관계로 파악되고 있다. 이러한 면에서 종속이론의 논지는 대부분이 기존 자본주의 비판이론인 마르크스-레닌 이론과 연관성을 갖지 않을 수 없다.

둘째, 라틴아메리카의 발전을 위한 ECLA 전략의 실패가 종속이론 대두의 배경이 되었다. 19세기 초반 대다수 라틴아메리카 국가들에 있어 1차상품 특화에 입각한 비교우위에 근거를 두고, 대외지향적 개발정책을 수행함으로써 야기된 고전적 종속에 따른 문제점이 저개발 문제를 최초로 제기해 주었다. 요컨대 종속이론은 기본적으로 제3세계 민족주의와 마르크스-레닌주의에 그 모체를 두고 있으며, 보다 직접적인 지적 뿌리는 ECLA의 구조주의적 시각과 바란(Paul Baran)의 정치경제론에 근거하고 있는 것이다.

셋째, 종속이론의 대두가 제3세계의 민족주의운동과 불가분의 관계에 있다는 점이다. ECLA의 발전전략이었던 수입대체적 공업화정책의 추진과정에서 노정된 문제성과 그 실패에 대한 새로운 인식이라는 배경 외에 빠뜨릴 수 없는 대목이 쿠바혁명과 1960년대를 전후하여 고조된 라틴아메리카 민족주의운동이다. 쿠바혁명이 특히 종속이론과 갖게 되는 상호관련성은 "카스트로 없는 프랑크는 생각할 수 없다"[44]고 한 부스(David Booth)의 말에서도 이해할 수 있다. 1960년대의 종속이론의 생성과정과 전후 라틴아메리카의 반외세 민족운동의 역사적 실천과정과는 그야말로 불가분의 관계임을 알 수 있다.

(2) 종속이론의 함의

위에서는 종속이론의 형성과정에 대하여 설명하였다. 여기에서는 이러한 종속이론이 함축하고 있는 핵심개념에 대하여 논하기로 한다.

종속이란 말은 종속이론가들 사이에도 아직도 개념성의에 대해 합의가 이루어지지 않은 대단히 모호한 개념이다. 그러나 몇몇 학자들의 경우에 있어서는 이를 보다 명시적으로 정의하고 있다.

산토스(T. Dos Santos)는 종속의 개념을 다음과 같이 정의하였다. 종속이란 일단의 국가들의 경제가 그들을 종속시키고 있는 다른 경제의 팽창이나 발전에 의해 조건지워지는 상황을 의미한다. 지배국가들은 스스로 팽창하고 발전할 수 있는데 종속국가들은 이들 지배국가들의 팽창이나 발전의 반영으로서 긍정적이거나 부정적인 영향을 받게 된다. 어떠한 경우이든 간에 종속의 기본적 상황은 종속국가들을 지배국가 착취하에 남겨 놓게 되는 세계적 상황을 초래한다. 이러한 착취가 가능한 것은 지배국가들이 종속국가들보다 기술, 상업, 자본, 사회적·정치적 우월성을 가지기 때문이다.[45]

---

44) David Booth, *Beyond the Sociology of Development: Economy and Society in Latin America and Africa*, London: Routeledge and Kegan Paul, 1976, p.64.

45) T. Dos Santos, "The Structure of Dependence," *American Economic Review*, Vol. 60, No.2, May 1970, p.231.

이 문맥에서 파악되는 개념상의 특징적 의미는 ① 종속개념이 경제적 차원에서의 의미로 연결되고 있다는 것, ② 종속국가들은 언제나 지배국가들의 착취하에 놓이게 된다는 것, ③ 이러한 지배와 종속관계는 특정한 국가들 상호간의 관계가 아니라 세계적 상황이라고 하는 것이다. 또한 존슨(Dale Johnson)에 따르면 종속의 개념이란 과거의 식민지 역사가 저발전국가에 남겨 놓은 상태, 그리고 현재의 제국주의가 발전국에서 만들어내는 상황을 의미한다. 그는 종속을 저발전의 관점에서 본 제국주의라고 한다.[46]

이상의 논의를 종합해 본다면 자율성의 결여, 대내외적 왜곡으로 인한 저발전 상황으로 요약할 수 있다.

구미의 발전이론에 따르면 저발전국들이 발전에 성공하지 못한 것은 배제해야 할 전근대적 봉건제도나 관습과 같은 발전의 저해요소가 아직도 사회 내의 일부에 온존하고 있기 때문이라는 것이다. 그러나 종속이론가들은 저발전을 저발전국 자체의 내재적 요인에 따른 본래적 상태라기보다는 구미의 발전국가들과의 관계에서 이들 경제의 팽창과정의 결과로써 야기된 역사적 산물이라고 주장한다. 프랑크는 "어떤 나라의 현재의 저발전 상태는 그 자체의 경제적·정치적·사회적·문화적 특징이나 구조의 산물이라고 믿어지기 쉬우나, 역사적으로 고찰해 보면 현재의 저발전은 대부분 과거의 역사적 산물이고, 또한 새로 발전된 중심국가와 위성국가적 저발전국가간의 계속적인 경제적 및 다른 면에서의 관계로 인하여 빚어진 결과"[47]라고 설명하고 있다. 이러한 관점에서 종속이론가들은 저발전의 원인을 종속성에 돌리는 기본가설을 제시하고 있는 것이다.

종속이론에서 가장 기본적으로 전제되는 개념은 중심-주변관계에 관한 것이다. 종속이론가들은 모두가 사상적 배경이나 정책적 대안의 제시면에서 현격한 차이를 보이고 있음에도 불구하고 저발전 문제를 분석하는 데 있어서는 공통적으로 중심-주변의 개념을 전제로 하고 있다. 즉 프레비쉬(Raul Prebish)의 중심-주변(center-periphery), 프랑크의 도시-위성(metropolis-satellite), 아민(Samir Amin)의 중심부 자본주의(capitalism of center)-주변부 자본주의(capitalism of periphery), 갈퉁(Johan Galtung)의 중심국의 주변(periphery in the center nation)과 주변국의 중심

46) Dale Johnson, "Dependence and the International System," in Cockcroft et al., *Dependence and Underdevelopment: Latin America's Political Economy*, N. Y.: Doubleday, 1972, p.71.

47) Andre G. Frank, "the Development of Underdevelopment," *Latin America: Underdevelopment or Revolution*, Monthly Review Press, Vol. 18, No. 4, September 1966, Chapter 1.

(center in the periphery)-중심국의 주변(periphery in the center nation)과 주변국의 주변(periphery in the periphery nation)[48]이다.

이들은 국제질서를 중심에 속하는 국가들과 주변에 속하는 국가들로 양분한다. 중심국가들이란 소위 구미 선진자본주의국가들로 고도로 공업화되어 있고, 새로운 산업을 위한 자본과 기술을 가지고 있으며 다변무역을 행하는 국가들이다. 이에 반하여 주변은 제3세계 국가들로서 중심과는 상반되는 속성을 가진다. 종속이론가들은, 중심은 그들의 우월한 힘에 의존하지 않을 수 없는 허약한 주변과의 관계과정에서 주변에서 발생한 경제적 잉여를 중심에 유출케 함으로써 중심을 유복케 한다는 논리를 전개하고 있다. 주변이 빈곤한 것은 중심의 부를 지탱해준 대가로 야기된 결과일 뿐이라고 보고 있다.[49] 다시 말하면 중심-주변구조의 기능을 종속성에 의거한 중심의 발전화와 주변의 저발전화 과정으로 파악하는 것이다.

오늘날 주변국들의 저발전은 대체로 세 가지의 역사적 단계를 거쳐 진행되어 왔다는 것이 종속이론가들의 일반적인 견해이다. 그 세 단계를 푸르타도(Celso Furtado)는 비교우위의 단계, 수입대체의 단계, 다국적기업의 단계로 구분하고 있고,[50] 산토스는 식민지적 종속의 형태, 금융·산업적 종속의 형태, 새로운 유형의 종속 형태로 구분[51]하고 있다. 각 단계는 국민경제 전체에 파급되는 경제성장을 가져오는 데에 아주 불리한 소비와 투자의 구조를 낳게 한 소득불평등을 만들어 내거나 심화시킨 것으로 특징지운다.

여기에서 다국적기업이란 한 나라에 모회사의 본부를 두고 다른 여러 나라에 자회사를 가지고 있는 회사를 뜻한다. 이러한 다국적기업의 출현을 뮬러(Ronald Muller)는 혁명적 현상이라고 하였다.[52] 특히 선켈(Ovaldo Sunkel)은 오늘날 종속의 핵심은 발전된 국가들의 가장 강력한 경제적 대리인인 다국적기업에 의한 저발전 국가의 침투[53]라고 주장하였고, 산토스는 다국적기업에 의한 지배와 착취가 이루

48) Johan Galtung, "A Structural Theory of Imperialism," *Journal of Peace Research*, No. 2, 1971, p.83.
49) Ronald H. Chilcote and J. C. Edelstein, eds., *Latin America: The Struggle with Dependency and Beyond*, Cambridge, Mass.: Sckenkman Publishing Co., 1974, Chapt. II.
50) Celso Furtado, "The Concept of External Dependence in the Study of Underdevelopment," in Charles K. Wilber, ed., *The Political Economy of Development and Underdevelopment*, New York: Random House, 1979, pp.120-127.
51) Dos Santos, *op. cit.*, p.231.
52) 염홍철 편저, 『제3세계와 종속이론』, 한길사, 1980, 225-128쪽.
53) Ovaldo Sunkel, "National Development Policy and External Dependence in Latin America,"

어지고 있는 현대적 종속의 유형을 새로운 종속[54]이라고 하였다.

3. 종속의 새로운 유형: 종속적 발전론

1960년대 후반에 들어서면서 지금까지의 종속이론의 논리로서는 설명할 수 없는 상황이 남미의 몇몇 국가에서 나타났다. 이들 국가들에서 일정한 경제성장과 산업화 현상이 일어나게 된 것이다. 이렇게 새롭게 출현한 주변부의 산업화 현상이 발생하면서 종속이론의 수정이 불가피해졌고, 이에 신종속론 내지는 종속적 발전이론의 관계에 대한 새로운 인식이 필요하게 되었다. 신종속론 또는 종속적 발전론은 제3세계 일부의 경제성장을 현실로 받아들이면서도 고전적 종속이론의 비판적 시각을 견지하였다.

종속적 발전론은 종속이론의 비관론과 자율적 발전이론의 낙관론 중간에 위치한 것으로 볼 수 있다. 이것은 종속이론이 상정하는 바와 같이 제국주의의 착취적이고 부정적인 영향을 인정하면서, 새로운 산업성장의 문제를 해명하려는 시도[55]라고 보아야 할 것이다.

카르도소나 에반스의 논의[56]를 거쳐 구체화된 종속적 발전론은 세계 자본주의체제 내의 중심부 국가들 간의 경쟁과 이에 따른 종속의 내부구조의 변화를 중시한다. 카르도소는 새로운 산업현상이 구체화되고 있는 상황 속에서 이행과정의 계기 등을 중심적으로 규명하고 있다. 반면에 에반스는 변화된 현상을 전제로 그것의 작용원리와 내부적 모순관계의 변화를 탐구하고 있다. 이들은 모두 종속과 발전의 양립성을 인정하여, 종속하에서의 발전현상을 규명하려 하고 있다.

카르도소는 그의 저서에서 방법론적 차원에서 종속적 발전이 가능하다는 가능성을 열어 놓았고, 1973년 저작에서는 국제자본주의의 성질변화에 많은 강조점을 두었다. 즉, 국제자본주의의 구조변화는 새로운 국제분업을 낳고, 이 분업의 국

Journal of Development Studies, Vol. 6, No. 1, Oct. 1969.

54) Dos Santos, *op. cit.*, p.232.

55) 김진균 편저, 『제3세계와 사회이론』(역사와 사회 Ⅰ), 한울, 1985, 301쪽.

56) Fernando H. Cardoso, "Associated-Dependent Development: Theoretical and Practical Implications," Alfred Stepan, ed., *Authoritarian Brazil: Origins, Policies and Future*, New Haven: Yale University Press, 1973. 그리고 Peter Evans, "Industrialization and Imperialism: Growth and Stagnation on Periphery," *Berkely Journal of Sociology 20*, 1975-1979, *Dependent Development: Alliance of Multinational, State, and Local Capital in Brazil*, Princeton University Press, 1979.

제적인 현실체로서의 다국적기업의 작용을 통해 종속국의 산업발전에 기여하게 된다는 것이다.[57] 이와 같은 다국적기업의 성장은 경제적 제국주의에 대한 전통적인 견해의 재구성을 요구하는 것이다.

한편, 이렇게 제국주의가 변모함에 따라 농업부분의 지배력이 약화되고 산업부문이 사회 내적으로 지배적이 되어 새로운 국가의 지배계급은 더 이상 농업과 두 세력이 아니며 푸르타도와 자구아리브(H. Jaguaribe)의 이해[58]와는 반대로 산업성장이 나름대로 역동성을 가지고 진행된다고 보았다. 새롭게 형성된 연합된 종속적 발전(Associated-Dependent Development: ADD)은 국제자본주의의 역동성에 일국의 경제를 종속시키고 국제화된 부르주아지, 군부 기술관료제, 중간계급의 타협 위에서 그 역동성을 유지시켜가는 체제로 파악된다.[59] 그의 설명에 의하면 ADD는 경제의 새 영역인 사적 국가경제, 외국경제, 공공경제를 동시에 혹은 분화된 형태로 확대한다는 것이다. 정치적으로 볼 때 ADD는 이런 경제영역들을 통제하고 있는 사회집단들 간의 관계체제를 구성함을 필요로 하고 있다. 이러한 체제의 의미는 내부의 집단관계를 기본으로 하면서 국제분업 변화에의 대응에 의해 지속되어가는 종속적 발전현상인 것이다.

한편, 에반스는 국제분업의 변모 위에서 종속적 발전의 결합성에 대한 내적 해명에 초점을 두고 있다. 그에 의하면 종속적 발전은 주변부에서의 자본축적과 어느 정도의 산업화를 의미하며, 종속의 특수한 현상으로서 국제자본과 국내자본의 연합 내지는 동맹을 그 특징으로 하고 있다. 국가 또한 능동적 파트너로 그 동맹에 참가하는데 그 결과 형성된 삼자동맹(triple alliance)이 종속적 발전의 출현에 있어 기본적인 요소이다.[60] 이른바 삼자동맹의 중심에는 국가가 자리잡고 있다. 국가는 국영기업을 소유·경영하는 국가부르주아지, 다국적기업과 국내기업에 값싼 생산요소를 제공하고 안정된 투자여건을 보장하는 억압기구, 그리고 국내 산업부르주아지와 국제자본가를 연결시켜 주는 협상중재자 등 다면적이고 중요한 기능을 수행한다. 이 삼자동맹은 지배계급을 구성하는 각 분파간의 관계와 같이 내부

57) Cardoso, "Associated-Dependent Development: Theoretical and Practical Implications," Stepan, ed., *Ibid.*, p.149.

58) 이들은 브라질에서 1930년대 이후 군부쿠테다에 의한 군사적 국가에 있어서 봉건적 과두제의 이해가 관철될 것이라고 보고, 새로운 국가 담당층은 사회적 안정을 위해 정체를 낳는 정책을 지속할 것으로 봄.

59) Cardoso, *op. cit.*, p.163.

60) Evans, *op. cit.*, p.23.

적 경쟁 속에서 대외적 단결을 도모한다. 따라서 이 세 구성원들 간의 관계는 계서적 관계가 아닌 평등한 관계로서, 각 분파들은 개별적 이익을 위해 경쟁을 벌임과 동시에 동맹형성을 통해 공동의 이익을 추구한다. 그러나 에반스는 종속적 발전이 정치적 배제, 즉 권위주의에 의존하고, 사회·경제적 탈절, 즉 불균형성장을 가져올 수밖에 없다는 주장도 같이하고 있다.

종속적 발전은 모든 주변부 국가들이 도달할 수 있는 그런 단계는 아니다. 오직 소수의 몇 개국만이 도달 가능하다. 국가부르주아지와 국제자본이 동맹에 이를 수 있는 국가들이 국제체제 내에서 그들의 분명한 위치를 차지하고 있어, 이른바 반주변부(semi-periphery)를 형성하고 있다는 것이다.[61] 반주변부로 돌입하게 되는 이런 국가들은 여타의 제3세계 국가들과는 애매한 관계를 가지고 있다. 모든 국가들이 여전히 중심부에 대해서는 불리한 입장이나, 그 인접국에 대해서는 우월한 위치이다. 반주변부의 정치적·군사적 자원들이 반제국주의(subimperialism) 생성에 충분요건이 되지는 않으나, 만일 그들이 저개발국에 시장을 가지고 있거나 그들의 원료 및 식량 공급지에 직접적이고 저렴한 상태로 접근을 할 수만 있다면, 신종속의 길로 더욱 빠르게 나아갈 수 있다는 사실은 여전히 가능하다.

4. 제3세계 발전의 분석과 방향

제3세계, 특히 라틴아메리카의 발전을 위한 대안이론이자 서구의 기존 방법론에 대한 비판으로 제시된 종속이론에 대한 종속이론가들의 접근법은 몇 가지 측면에서 특징화될 수 있다. 먼저 제3세계의 현실적 저발전은 오늘날에 이르기까지의 역사적 배경과 조건을 도외시하고는 설명될 수 없다는 역사론적 입장이다. 그리고 확산이론에서 보는 발전논리는 비인간주의적이라는 것이다. 또한 행태주의를 신봉함으로써 부분을 통해 전체를 이해하려는 것도 원자론적 환원주의의 오류에 빠져 있는 것이라고 비판한다.

종속이론가들은 전체는 부분의 종합 이상이며 진리는 바로 전체라는 포괄적 구조 속에서 탐색되어야 한다는 전체론의 입장에서 발전론이 전개되어야 한다는 것이다. 즉, 종속이론의 기본적인 연구방법은 세계체제적 시각에서 외부적 관계에

61) Immanuel Wallerstein, "The Rise and Future Demise of the World Capitalist System: Concepts for Comparative Analysis," *Comparative Studies in Society and History*, September 1974 참조.

의한 내부구조의 분석이다. 이것은 기본적으로 일국자본주의적 시각이 아니라 세계자본주의적 시각에 선다는 것을 의미한다.

종속적 발전론 역시 세계체제적 발상이 관철되고 있다는 점에서 종속이론의 연구방법과 그 맥을 같이한다. 종속적 발전론은 내적 요인과 외적인 상호작용을 고려하면서 종속의 틀 안에서 발전의 결합성에 대한 내적 해명에 초점을 두고 있다. 그러나 이와 같이 제3세계를 조명하던 학문적 패러다임이 빛을 잃기 시작한 것은 1980년대 후반부터이다. 이때의 세계정치의 변화는 가히 혁명적이었다. 동구 사회주의 국가들이 급격한 변화를 겪으면서, 유럽에서는 동서냉전이 종식되었다. 또한 1980-1990년대는 민주혁명의 시대로 불러도 손색이 없을 만큼 라틴아메리카, 동유럽, 동아시아 많은 국가에서 군부권위주의와 일당독재가 무너지고 민주정부가 들어섰다. 그리하여 민주주의 정치체제와 신자유주의 경제정책은 세계화시대의 표준이 되었다. 당분간 제3세계에 대한 연구는 단일 패러다임의 지배하에 구체적인 연구과제를 수행하는 방향으로 나아갈 것이다. 다원민주주의와 시장경제라는 틀 속에서 이러한 체제로의 이행이나 공고화 및 경제발전의 수행능력 및 업적 등이 분석・평가될 것이다.[62] 그러나 이것도 제3세계 전반의 보편적인 현상이 될 수 있을지에 대하여는 회의적이기 때문에, 새로운 시대를 조망할 수 있는 이론이나 접근법 등의 개발이 요구된다.

62) 신윤환, "비교정치와 제3세계의 이해," 강정인 외, 『현대정치의 이해』, 도서출판 오름, 1997, 185쪽.

제 9 장

환경정치와 환경정책

제1절 인간에 의한 환경위기

인간은 환경의 일부분으로서 자연이 주는 혜택에 의존하면서 살아왔다. 그러나 무분별한 경제개발은 산업화, 도시화 등으로 자연환경의 파괴를 초래하였고, 그 결과 생태계의 자연스러운 순환이 단절되는 생태학적 위기가 닥쳐왔다. 이러한 상황은 "지구는 단 하나뿐이다", "지구는 사람이 필요하지 않을지 몰라도 사람은 지구를 떠나 하루도 살 수 없다"라는 말들을 무색케 하고 있다. 생태학적 위기는 바로 인간의 위기를 의미하기 때문에, 인간사회는 환경과의 관계에 있어서 위기의 한계에 직면해 있다. 그러므로 오늘날의 환경문제는 단순히 자연세계 내에서의 문제뿐만 아니라, 인간 생존의 문제로까지 이어지고 있는 것이다.

환경문제는 새삼스러운 것이 아니다. 환경문제의 뿌리는 인류가 지구 위에 존재하기 시작한 때로 거슬러 올라가야 한다. 인간은 살아남기 위해 자연을 이용하여 왔고, 그 결과는 자연의 파괴를 가져왔다. 농업혁명, 산업혁명, 도시혁명은 자연의 엄청난 개조를 수반했고, 이것은 생태학의 혁명이라 할 수 있다.

인구가 늘어나고 인간활동이 확대됨에 따라 자연파괴의 범위도 넓어져 갔다. 산업혁명이 절정에 이른 19세기 중엽 그 선두를 달린 영국의 공업시대에서는 이미 심각한 환경오염증상이 나타났다. 그러나 오늘날 우리가 당면하고 있는 환경문제는 근본적으로 과거의 그것과는 다른 특징을 지닌다. 과거의 환경문제는 문제가 발생한 지역에 국부적인 것으로 그 지역을 벗어나면 피할 수 있는 것이었으나, 오늘날은 지구 전역에서 오염이 진행되는 까닭에 더 이상 피할 곳이 없어진 상황이 되었다.

환경문제가 처음으로 세계의 공동의제로 인정된 것은 1972년 스톡홀름에서 개최된 「UN 인간환경회의」에서였다. '하나뿐인 지구'라는 구호 아래 각국 정부는 처음으로 지구촌 환경문제의 심각성과 그 대책을 논의하였다. 그 이후 1980년 국제환경단체들이 '지속가능한 개발'이라는 개념을 도입하면서 환경문제는 본격적으로 경제개발 및 남북격차문제와 연계되어 논의되기 시작했다. 1992년 역사상 최대 규모의 리우환경회의가 개최되어 「리우선언」과 「의제 21」을 채택하게 되었다. 리우선언 제1조는 "인간을 중심으로 지속가능한 개발이 논의되어야 한다. 인간은 자연과 조화를 이루며 건강하고 생산적인 삶을 향유하여야 한다"고 밝히고 있다.

2002년 8월 26일부터 9월 6일까지 남아프리카공화국 요하네스버그에서 '지속가능한 발전을 위한 세계정상회의(WSSD)'가 열렸다. 이 회의는 지구촌 환경문제 해결을 위한 국제적인 노력의 결정판인 1992년 리우 유엔환경개발회의 10주년을 기념해서 열렸다. 2012년 6월 「제2차 UN 지속가능한 발전 정상회의」가 브라질 리우데자네이루에서 개최되었는데, 이른바 'Rio+20' 회의의 주요 의제에는 지속가능한 발전 외에 녹색경제가 상정되었다.

환경학자들은 생태계를 악화시키는 가장 분명한 원인을 하나의 공식으로 설명하고 있는데, 이는 우리가 환경문제를 이해하는데 큰 도움을 준다.

즉, $I=P \times A \times T$라는 공식이다. I는 환경에 가해지는 영향(Environmental Impact)이고, P는 인구(Population)이며, A는 물질적 부(Affluence)와 관련된 자원의 처리량, 그리고 기술(Technology) T는 자원을 처리하기 위해 사용된 에너지 단위당 환경파괴 영향을 의미한다.[1)]

이 공식에 비추어 볼 때 환경문제의 주된 원인을 폭발적인 인구증가의 탓으로 돌릴 수 있으나, 20세기 후반에 환경문제가 떠오른 것은 경제발전을 자원의 처리와 이를 위한 과학의 뒷받침을 받은 기술의 거대한 힘이 복합적으로 작용한 것이다. 환경문제를 야기시키는 주요 요인은 인구증가, 산업화, 도시화의 3대 요인이다. 즉, 인구증가는 그 자체만으로도 직접적으로 자원을 소모하고 환경을 오염시키는 동시에 산업화와 도시화를 촉진시켜, 다시 2차적으로 자원을 소모하고 환경을 오염시키는 근원이 되고 있다.

1. 인구의 증가

지구상에 일어났던 일 중에서 가장 주목할 만한 변화는 인구의 폭발적 증가이다. 지구상의 인구는 1600년에 5억이었고, 10억에 다다른 것은 1825년경으로 추정된다. 그러나 다시 10억의 인구가 증가하여 20억에 도달하는 데에는 그후 약 100년 정도의 기간밖에 소요되지 않았고, 또 다른 10억의 인구증가는 1925년부터 1960년 사이의 35년 동안에 이루어졌다.

인구증가는 더욱 가속화되어 1974년에 40억, 그리고 1987년에 50억을 돌파하

---

1) Donella H. Meadows & Jorgen Randers, *Beyond the Limits*, London: Earthscan. 1992, pp.97-103.

였다. 그리고 1999년에 세계인구가 60억을 넘어섰다. 2012년에 70억을 돌파하였으며, 2014년에는 71억으로 조사되었다. 이렇게 볼 때 1600년 이후 오늘날까지 인구는 약 1,360%가 증가되었고, 인구가 30억에서 배로 증가하는데는 40년이 채 걸리지 않았다. 2020년이 되면 80억이 넘을 것으로 예상된다. 유엔의 장기예측에 따르면 인구 안정은 2095년에 100억의 인구를 돌파할 때 가능하다는 것이다. 그러나 남아시아, 아프리카, 남미 등의 주변부 국가에서 2065년까지 출산율의 저하가 이루어지지 않으면, 2100년에는 인구가 140억이 된다고 보고 있다.[2)]

인구증가와 환경간에 놓여 있는 최대의 문제는 식량부족과 생태계 파괴의 문제이다. 그 중에서도 식량문제는 보다 더 현실적인 절박한 문제가 아닐 수 없다. 우리 지구촌은 현재 전 인구의 10%에 해당하는 5억명의 인구가 매년 기아선상에 허덕이고 있으며, 그 중 매년 수십만명이 굶어 죽고 있다. 앞으로 이 같은 상황이 더 나아지리라는 보장이 없다.

1980년대초 전 세계 농경지의 1ha당 부양인구는 2.6명이었으나, 2000년에는 4명으로 그 부양비율이 높아졌다. 또 현재의 기아현상은 지역간 식량분배의 불균형에서 빚어지고 있으나, 앞으로 2000년대 이후의 문제는 식량의 절대량이 전 세계적으로 부족하다는데 문제의 심각성이 있다. 그러나 이러한 문제는 다른 나라의 문제만이 아니다. 「'96 UN 세계인구현황 보고서」에 따르면, 경지면적 1ha당 인구는 방글라데시가 823명으로 가장 많다. 한국도 418명으로 세계 7위에 올라 있어 식량자급에 문제가 발생할 수 있는 나라로 분류되고 있다.

지구상의 육지가 넓다고 생각해도 사람이 살 수 있고 농경을 할 수 있는 토지는 생각보다 훨씬 적다. 현재 전 세계 농경지 면적은 유지면적의 약 10%에 해당하는 총 13억 5,000ha로서, 앞으로 이를 최대한 경작하더라도 전 세계 농경지 면적은 15억ha에 불과하다.[3)] 1950년대 이후 1인당 경작 가능 토지는 급속히 줄어들고 있다. 토지에 대한 인구압력은 지구환경에 중대한 결과를 가져왔다. 먼저 개발도상국이나 선진공업국 모두 단일작물 재배와 기계화 영농, 즉 비료와 농약을 대량으로 사용하는 집약농업으로 전환했다는 사실이다. 화학비료의 소비량을 보아도 1970년 1,400만톤 정도에서 1989년에는 1억 4,600만톤으로 비약적으로 증가했다.

2) John Bellamy Foster, 조길영 역, 『환경혁명-새로운 문명의 패러다임을 찾아서-』, 동쪽나라, 1996, 38쪽.

3) 이두호 외, 『인간환경론』, 나남, 1993, 112쪽.

이러한 사실은 토양침식과 산성화의 원인이 되고 있다. 특히, 개발도상국에서 인구증가에 따라 숲을 개발하여 새로운 농경지를 만들고 초지 조성을 확대해 나가고 있다. 토지자원에 대한 이러한 추세는 개발도상국에서는 인구압력 때문에 더욱 강화될 것이고, 이는 숲의 황폐화와 사막화 현상을 가중시켜 나갈 것이다.

인구증가 문제는 식량공급 문제와 같은 간접적 문제뿐만 아니라, 화석연료를 비롯한 더 많은 천연자원을 소모하게 됨으로써 지구의 자연환경을 손상시키는 동시에 생활폐기물 및 생활하수 등의 직접적인 오염물질 배출로 환경오염의 직접적인 요인으로 작용한다. 뿐만 아니라, 인구의 급증은 여기에서 더 나아가 각 공산품과 서비스 수요를 날로 증대시키고, 증대된 수요만큼 생산활동이 늘어나면서 자원 고갈에서부터 에너지 소비의 증대, 그리고 각종 환경문제의 야기로 이어지게 된다.

인구가 증가하고 문명이 발달할수록 인구단위당 물자의 한계소비량은 증가하게 된다. 급속한 인구증가는 개발도상국의 경제성장을 저해하는 요인이 되며 또한 환경에 미치는 주요 요인이 되고 있다. 이제 인류는 보유자원과 그들이 희망하는 이념과 그리고 인구 수를 보다 높은 차원에서 다루어야 할 것이며, 한 국가 또는 세계 전체로서의 적정인구에 관한 신중한 판단을 내려야 할 엄숙한 순간에 직면하고 있다.[4)]

2. 산업화와 에너지 문제

산업혁명으로부터 비롯된 산업화는 지난 3세기 동안 같은 기간의 인구증가율을 능가하는 성장률을 지속해 오면서 세계 도처에 대량생산과 대량소비의 산업사회를 이룩해 놓았다. 산업화는 불특정 다수인을 상대로 하는 대량생산을 위해 재생 가능 자원뿐만 아니라, 재생 불가능한 천연자원까지도 대량으로 소모하게 되었다. 그러므로 공업화로 대표되는 산업화는 환경문제를 일으키는 주요한 요인으로 작용한 것이다.

인간은 보다 나은 삶을 영위하기 위하여 도구와 기계를 만들고 공장을 건설하여 노동력을 가능한 한 효율적으로 활용하여 왔다. 이 과정에서 삶의 원천적 터전인 자연환경, 곧 공기와 물과 땅을 오염시켜 생명 자체의 존속이 위협받게 되는

4) 신현국 · 김낙주, 『환경과학총론』, 동화기술, 1994, 34쪽.

현실에 직면하게 되었다.

산업화의 의도된 결과는 인간의 욕구충족을 보다 원활히 하는 것이다. 다시 말하면, 산업화는 생활을 편리하게 하려는 인간의 경제적 속성과 남보다 잘살아 보려는 인간의 욕망에 의하여 가속화된다. 이러한 욕망을 일상적인 용어로 표현한다면 행복의 증진이라 해도 좋을 것이다. 행복의 조건 가운데 가장 기본적이고 보편적인 조건이 건강이다. 건강은 삶의 주체인 유기체 안으로 흐르고 있는 생명의 흐름이 막힘 없이 지속되는 상태이다. 그런데 산업화는 인간에게 건강과 행복의 증진을 획기적으로 가져온 반면에 동시에 의도하지 않은 결과, 곧 건강을 해치는 산출물을 부수적으로 만들어 냈다.[5] 산업화의 핵심요소인 물적 자원은 환경으로 되돌아가고 있다. 자연환경으로 되돌아가는 산물 가운데는 생산과정에서 배출되는 오염물질과 효용재로서 사용된 후 버려지는 폐기물이 있다. 과학기술의 개발이 공업생산 부문에 치중되고 오염방지시설 부문이 경시되면 환경문제는 더욱 심화되는 것이다.

오늘날 산업화는 다양한 재품을 생산하기 위하여 높은 에너지를 필요로 하게 되었다. 과거에는 주로 선진공업국이 에너지를 소비했지만, 앞으로는 개발도상국들이 에너지 소비증가를 선도할 것이다. 세계 석탄 생산량은 1800년에 연간 약 1,500만톤에 불과했던 것이, 1900년에는 7억 100민톤으로 급증하였나. 19세기 말에는 석유와 천연가스가 채취되기 시작하였다. 세계의 석유 소비량은 자동차가 등장한 직후인 1890년에는 1,000만톤이었던 것이 1940년에는 2억 9,400만톤, 그리고 1970년대에는 연간 25억톤으로 증가하였다.[6] 한국 자동차의 증가추세를 보면 1965년에 4만대에 불과하던 자동차가 1995년도에는 840만대를 초과하여 210배 이상 증가하였고, 2008년 말에 약 1,680만대 그리고 머지 않아 2,000만대 시대가 올 것이다.

이에 따라 산업화는 재생 불가능한 화석연료의 소비와 관련되어 있다. 문제는 여기에서 배출되는 배기가스이다. 전 세계가 협력하여 에너지 소비를 줄이려는 노력을 하지 않는 이상, 세계 탄소 배출량은 2020년이 되면 연간 100억톤에서 120억톤에 이른다는[7] 것이다.

5) 배동인, "공업화와 환경문제," 시민환경연구소 편, 『환경의 이해』, 환경운동연합출판부, 1993, 147쪽.

6) Gareth Porter & Janet Welsh Brown, *Global Environmental Politics*, 2nd ed., Boulder, Colorado: Westview Press, 1996, p.6.

산업화로 인해 자연의 순환속도가 급속하게 빨라지고 있는데, 결국 자연이 수백만년에 걸쳐 화석연료에 축적시킨 탄소가 수십년 안에 대기 중으로 방출되어 버린다. 에너지 사용량이 증가함에 따라 화석연료의 연소에 따른 여러 가지 화학합성물이 대기에 방출된다. 기후학자들은 대기 중에 있는 이 가스들이 집적되면 서서히 지구의 평균기온을 상승시킨다고 보고 있다. 이것이 온실효과 또는 지구온난화 현상이다. 최근 유럽에서 발생한 대홍수로 라인강 유역이 범람하고, 강 유역에 인접한 국가들에서 수많은 이재민 발생, 중동의 때아닌 폭설과 미국에서의 폭설·폭우로 인한 기상재해 등은 지구의 온난화와 관련된 기상이변으로 보고 있다. 한국에 쏟아지고 있는 게릴라성 집중폭우도 여기에 해당된다. 실제로 오늘날 전세계적으로 사용되고 있는 화석연료에서 배출되고 있는 기체상 오염물질은 주로 산업이 발달한 북반구의 대기 중에 축적되어 있다고 한다.

또한, 산업화로 배출되는 오염물이 대기문제뿐만 아니라, 수질오염에 도 심각한 영향을 미친다. 수질오염의 가장 큰 요인은 산업폐수에 있다고 해도 과언이 아니다. 산업의 다양화·규모화 등으로 각종 중금속을 비롯하여 하수보다 영향이 큰 고농도 유기성 물질, 고도의 처리를 요하는 난분해성 물질 등이 배출되기 때문이다. 중금속 함유폐수는 생물농축이라는 순환 사이클에 의해 결국 인간의 몸으로 되돌아온다.[8]

지구상에서 발생하는 모든 오염물질은 직·간접으로 여러 경로를 통하여 결국 바다에 귀착되어 축적된다. 해상오염의 약 80%는 육상에서 기인한 오염물질에 의하여 발생한다. 또한, 직접적인 해상사고에 의하여 해상의 생태계가 심각하게 파괴되어 가고 있다. 석유는 공업과 수송을 위한 주요한 에너지원이지만 수송과정에서 직접 바다로 유출되어 오염원이 되기도 한다. 바다에 유출되는 석유의 양이 얼마나 되는지 공식적인 자료는 없다. 다만, 1980년대에 수송과정에서 유출된 석유는 150만톤에 이르는 것으로 추정된다.[9] 해양 기름유출 사고는 최근 해상물동량의 증대로 날로 증가하고 있으며 그 피해규모도 대형화 추세에 있다. 한국에서도 1991년에서 1997년까지 총 2,430건의 유조선 사고가 발생하여 35,500*kl*의 기름이 유출되었고, 약 3,300억원의 어업피해가 발생하였다.[10] 2007년 12월 태안반도 기

7) *Ibid.*
8) 이두호 외, 앞의 책, 263쪽.
9) Porter & Brown, *op. cit.*, p.10.
10) 환경부, 『환경백서』, 환경부, 1998, 393쪽.

름유출 사건은 국민들에게 엄청난 충격을 주었다.

1953년 미국의 아이젠하워(Eisenhower) 대통령이 유엔에서 '원자력의 평화적 이용'을 제창하면서 원자력 기술이 세계에 공개되었고, 1956년에는 영국에서 세계 최초로 원자력발전소가 가동되었다. 원자력발전의 장점은 1차적으로 자원에 크게 의존하지 않으면서 대량에너지를 생산할 수 있다는 점에 있다. 1g의 우라늄-238이 완전 핵분열했을 때 나오는 에너지는 석유 9드럼 혹은 석탄 3톤이 탈 때 나오는 에너지와 같다.[11] 따라서 수송이 유리하고 연료의 비축효과가 매우 커서 연료공급이 차단되는 상황이 발생하더라로 상당기간 버틸 수 있는 안보상의 장점을 가지고 있다. 원자력발전의 또 다른 장점으로는 지구환경 개선에도 기여할 수 있다는 것이다. 기존 화력발전을 원자력발전으로 교체할 경우, 지구 온난화의 주범인 이산화탄소를 상당부분 줄일 수 있는 것으로 기대된다.

그러나 최근에 와서 서유럽 국가들을 중심으로 대부분의 선진국에서는 원자력발전을 사양 공해산업으로 취급하여 단계적으로 폐쇄해 가는 추세에 있다. 그 이유는 방사선 유출에 대한 안전성 확보비용이 한없이 상승해 가고 있고, 또한 핵폐기물 처리방법과 처리장소를 지구촌 내에서는 끝내 찾을 수 없기 때문이다. 원자력발전소의 방사능오염 핵폐기물 배출은 그 오염정도에 따라 저・중・고준위 폐기물로 분류된다. 원자력산업으로부터 핵폐기물이 쌓이기 시작한 지 벌써 반세기가 지났지만, 원자력발전소를 가동하고 있는 25개가 넘는 국가들 가운데 어느 한 국가도 이를 영원히 안전하게 처리할 수 있는 방법을 찾아내지 못하고 있다.[12] 이렇게 하여 축적된 핵폐기 물량 또한 늘어나고 있고 생태계에 미치는 영향이 심각하다. 핵폭발에 의한 방사성의 하강물질과 산성비 등과 같이 오염물질은 대기로부터 해양에도 유입된다.

3. 도시의 집중화

도시화는 산업화와 더불어 새로운 형태로 나타난 것이다. 산업혁명이 시작되던 1800년 이전의 세계는 도시에 살고 있는 사람들이 전체인구의 2.5%도 안되는

11) 박병석, "현대지구촌 사회의 주요 쟁점," 『민주주의와 시민교육』, 한국자유총연맹 민주시민교육센터, 1999, 109쪽.

12) 위의 글, 111쪽.

압도적인 농업사회였다. 대부분의 사람들은 농촌에 거주하였고, 도시의 발달은 극히 저조하였다. 그러나 1980년에 도시에 거주하는 사람의 비율은 전체의 약 43%에 이르게 되었다. 현재 인구 500만명 이상의 거대도시만도 26개에 달한다. 인구가 3배 증가하는 동안에 대도시의 수는 약 25배의 증가를 보이고 있다.[13] 특히 최근 들어서 개발도상국에서 도시화가 급격히 팽창추세에 있다. 1950년까지만 하더라도 선진국의 도시인구가 개발도상국의 2배였으나, 20세기 후반으로 들어오면서 개도국의 도시화율이 선진국의 배로 늘어나 1980년에 이르러서는 개도국의 도시인구가 선진국을 능가하게 되었다.[14] 「'96 UN 세계인구현황 보고서」에 따르면 1995년 한국 도시인구비율은 81%로 인구 5명 중 4명이 도시에 살고 있는 것으로 나타났다. 도시인구 증가율의 경우 최근 한국은 2.1%를 보이고 있어 선진국 평균 0.7%를 훨씬 넘어 세계평균 2.5%에 근접하고 있다. 유엔 세계인구환경 보고서는 2008년 세계인구의 절반인 33억명이 도시지역에 살고 있다고 한다. 이 수치는 계속 늘어나 2030년이 되면 세계인구 60%인 50억명이 도시지역에 살게 될 것이라고 하고 있다.

도시화는 인구의 집중과 함께 물자와 기술 및 정보의 집중을 동반하므로 도시의 규모가 클수록 규모의 경제성은 커지므로 많은 물자와 기술정보를 흡입하게 된다. 거대도시화는 국부적·지역적·전지구적으로 환경에 영향을 미친다. 국부적으로는 한 지방의 지형의 성질이 변화되고 지상·공중·지하에 설치되는 벽돌, 콘크리트, 유리, 금속 등 인조환경으로 대체되어 인공열을 발생시킴으로써 인구 25만명 이상의 도시는 주위의 인접지역보다 더워지는 '열섬'을 형성한다. 전지구적으로는 이러한 도시지역들은 유황 및 엄청난 이산화탄소 등과 같은 물질을 배출함으로써 대기오염 문제에 직면하고 있으며, 이산화탄소는 지구온난화의 원인이 되고 있다. 도시와 농촌지역의 경제적 격차가 커지면 커질수록 인구와 산업의 도시집중이 심화되고, 이에 따라 여러 가지 오염물질이 집중됨으로써 환경이 더욱 더 악화되는 결과를 가져온다.[15]

도시화는 인구의 밀집에 따라 인공시설의 과밀을 가져온다. 오늘날 도시화는 대량생산과 대량이용을 동반하고 이로 인한 비효용적 부산물이 대량으로 배출된

---

13) 이창복, "환경의 위기," 시민환경연구소 편, 『환경의 이해』, 환경운동연합출판부, 1993, 42쪽.
14) 이두호 외, 앞의 책, 121쪽.
15) 조길영, 앞의 책, 43쪽.

다. 여기서 배출되는 오염물이나 폐기물은 자연환경을 오염시키고 파괴하는 한편 도시의 인공환경을 오염시키고 불결한 환경조성의 요인이 된다. 특히 도시로의 인구유입에 따라 거대도시 등 대도시가 형성되면서 거주자와 각종 활동밀도가 높아져 대기와 수질오염은 물론 쓰레기문제 등 많은 도시환경문제가 발생한다.

제2절 환경과 사회가치의 변화

1. 환경문제에 대한 가치관의 변화

오늘날 우리의 생존을 위협하고 있는 환경문제는 자연세계 내에서만 존재하는 단순한 문제로서만 접근할 수 없다. 오히려 환경문제의 근원에는 사회적 차원의 요인들이 자리하고 있다. 이는 단순히 자연생태계의 환경오염이 인간사회의 제반 활동의 결과에 의하여 초래되었다는 사실만을 지적하는 것은 아니다. 여기에서 중요한 의미를 갖는 것은 인간이 자연생태계를 파괴하고 오염시키도록 하게 하는 사회적 기제(mechanism)가 무엇이냐 하는 것이다.

인간사회는 수렵채취 사회로부터 농경사회로 역사적으로 변화과정을 거쳐 왔다. 이러한 변화는 인간이 자연에 적응해야 한다는 믿음에서, 인간이 필요에 따라 자연을 바꿀 수 있다는 믿음으로 바뀌면서 가능해졌다. 근대 산업혁명은 인간은 자연을 지배할 수 있으며, 인간의 목적에 맞추어 자연을 통제할 수 있다는 믿음과 더불어서이다.[16]

이러한 믿음은 자연에 대한 인간지배를 강조하고 있어, 경제성장이 공공정책의 기본적인 목표가 되었다. 과학과 기술은 자연을 지배하고 부를 축적하는 데 이용될 수 있으므로 존중되고 발전되어야 한다는 것이다. 경제정책과 환경정책은 밀접하게 결부되어 있기 때문에 경제가 급속히 성장하는 시기에는 환경관리를 지배하는 사회 패러다임은 본질적으로 경제에 대한 신념체계가 된다. 이것을 '배제 패러다임'이라고 부르는데 자연법칙에서 인간을 배제하기 때문이다.[17]

16) 이득연, "환경과 사회가치체계의 변화," 시민환경연구소 편, 『환경의 이해』, 환경운동연합출판부, 1993, 157쪽.
17) Porter & Brown, *op. cit.*, p.25.

그러나 사회의 기본원칙과 이를 뒷받침하고 있는 지배적인 세계관은 도전을 받기에 이르렀다. 사회가 과학의 발전을 통하여 과거의 물질적 가치에 우선순위를 부여할 수밖에 없었던 시절과는 달리 가치의 우선순위의 변화를 가져왔다. 가치변화란 서구의 많은 국가에서 물질적인 양의 풍요를 삶의 가치척도의 제일로 여기던 물질주의적 가치(materialist values)로부터, 삶의 질을 더욱 중요시하는 후기물질주의적 가치(post-materialist values)로의 전이를 의미한다.[18] 이는 사람들의 삶의 질에 대한 요구도 물리적・생리적 욕구충족을 위한 객관적 측면으로부터, 이제는 정신적・사회적인 욕구를 충족시키려는 주관적 삶의 질에 대한 추구로 전환되어 가는 것을 말해주는 것이다. 환경문제 역시 이러한 가치변화가 요구되었다. 사람들은 과거의 전통적인 자연관에서 비롯된 인간의 무제한적인 자연수탈이 궁극적으로 인간에 부정적인 결과를 초래한다는 점에서 과거의 전통적인 자연관을 수정하였다. 그리하여 그들은 자연의 효율성을 극대화시키거나 환경의 질을 높임으로써 인간의 삶을 질을 높인다는 입장으로 변하였다.

2. 환경주의에서 생태중심주의로

환경문제에 대한 인간의 대응문제는 인간이 자연과 환경을 어떠한 대상으로 인식해 왔으며, 이에 대한 원인분석・해결을 위해 어떠한 관점에서 논리를 전개하여 왔느냐에 있다. 환경관은 학자들에 따라 다양하게 분석되고 있는데, 기본적으로 인간중심주의인 환경주의와 생태주의로 크게 나누어진다.

환경주의(environmentalism)는 환경문제에 대한 관리적인 입장을 취하는 것을 기본으로 하고 있다. 이는 환경보전보다 인간의 경제적 요구를 더 중요한 것으로 여기며 경제적 풍요가 모든 장애를 극복할 수 있다는 믿음을 가지고 있다. 즉, 현재의 생산방식 및 소비지상주의의 가치관을 근본적으로 변화시키지 않고도, 오염물질을 처리하는 환경기술을 개발하면 환경문제를 해결할 수 있다고 주장한다. 산업사회가 인류의 삶의 질을 풍요롭고 안락하게 해주었으므로, 산업문명이 자연환경에 끼친 부분적인 폐해만 기술적으로 바로잡을 수 있다면 인류사회의 무한한 진보와 더 살기 좋은 미래사회의 건설이 가능하다고 본다.[19] 이를 기술중심주의

18) R. Inglehart, *The Silent Revolution: Changing Values and Political Styles among Western Publics*, New Jersey: Princeton University Press, 1977 참조.

(technocentrism)라고 부르는 학자들도 있다.

환경주의인 기술중심주의 입장은 인간의 능력과 기술에는 한계가 없으며, 환경보호론자를 과학기술에 무지하고 무책임한 자이며 경제 · 사회 발전의 저해요인이라고 반박한다. 그들은 자유주의 경제를 신봉하고 환경문제도 시장의 기능에 맡김으로써 자연히 해결된다고 주장하는 보수적인 입장이다.[20] 예컨대 에너지 상용으로 인한 환경오염은 에너지의 사용을 줄이는 것이 아니라, 핵과 같은 새로운 에너지를 개발함으로써 해결할 수 있다고 본다. 또한, 유전공학을 발전시켜 오염물질을 막는 미생물을 개발하면 오염문제를 해결할 수 있다고 본다.[21] 그러므로 이는 경제적 합리주의를 토대로 발생한 시각으로 과학기술과 전통적 경제법칙인 비용-편익분석에 대한 신뢰가 크다.

생태중심주의(ecocentrism)는 원래 자연에 대한 무한한 신뢰와 경외를 바탕으로, 자연은 그 자체로서 존재가치를 가지고 있기 때문에 보호할 가치가 있다고 본다. 환경파괴를 막기 위해서는 인간과 대자연의 조화를 향한 의식의 대전환이 있어야 한다고 주장한다. 왜냐하면 자연은 인간에 의하여 착취되고 정복되어야 할 대상이 아니라, 인간과 공존해야 할 대상이기 때문이다. 생태중심주의에서는 지구가 유한하다는 것을 인식의 출발점으로 삼기 때문에 무한한 경제성장과 급격한 인구증가, 무제한적인 천연자원의 사용은 불가능하다고 본다. 현재의 정치 · 경제 · 사회적 관행으로는 환경문제를 해결할 수 없으므로 단지 기술적인 변화뿐만 아니라 정치, 경제, 사회, 문화 등 인간 사회생활의 모든 부문에 걸쳐서 근본적인 변화가 일어나야 한다고 주장하는 입장이다. 그러므로 이는 기본적으로 물질중심의 가치관에서 정신적인 측면을 중시하는 이데올로기적 특성을 가지고 있다. 생태중심주의 내에도 보다 낭만주의적 입장도 있다. 즉, 기술과 성장 자체를 거부하고, 전원적인 생활로 돌아가자는 주장이다.[22]

한편, 개발도상에 있는 국가들은 기업이익을 최대화하면서 환경비용을 최소화하여 국제경쟁력을 이루어야 한다. 그러나 다른 측면에서는 보다 적극적이고 지속적인 환경감시를 강화하려는 시민들로부터 환경보호를 제도화해야 한다는 압력을

19) 진미경, "녹색정치와 녹색운동," 아주대학교 사회과학연구소 편, 『생태사회과학-인간, 사회 그리고 환경』, 아주대학교출판부, 1994, 47쪽.
20) 천전웅, 『지구환경레짐의 정치경제학』, 한울아카데미, 1995, 31쪽.
21) 이명우 외 역, 『현대환경론』, 나남, 1996, 61쪽.
22) 김승현 · 윤홍근 · 정이환, 『현대의 사회과학』, 박영사, 1994, 434쪽.

받고 있다. 오늘날 경제적 어려움 속에서 환경적 가치와 경제성장을 놓고 그 우선순위를 결정한다는 것은 상당히 어려운 일이 아닐 수 없다. 경제의 많은 분야에서 성장의 부작용으로 환경이 파괴되고 있는 것을 누구나 실감하고 있지만, 경제성장이 우리의 생존과 환경보호를 필수적으로 배제한다는 주장도 꼭 옳은 것은 아니다. 결국 개발도상국가들은 이러지도 저러지도 못하는 양자 주장에 딜레마에 처해 있다.

여기에서 제기되는 것이 환경과 경제의 통합이다. 환경과 경제의 의사결정이 통합된 사회·경제 시스템에서는 이 같은 대립관계가 생기지 않는 경제활동을 선택해 가는 것이므로, 환경이냐 경제냐 하는 양자 택일을 강요당하지 않게 된다.[23] 국제적인 공통의 과제로서 지속가능한 발전이라는 개념이 나온 것도 이 같은 맥락에서 이해해야 할 것이다. 1992년 6월의 브라질 리우 지구정상회의에서도 "환경은 발전과정과 일체화된 것이며 고립시켜 생각할 수 없다"는 점이 강조되었다. 이렇게 볼 때 환경주의와 생태중심주의의 통합이라는 측면에서 내놓을 수 있는 것이 바로 지속가능한 발전의 논리이다.

3. 가능한 대안의 논리

1980년대 초반에서 중반에 걸쳐 지속가능한 발전이 지금까지의 패러다임을 대처하는 상징으로 등장했다. 환경문제의 해결을 논의하는 데 있어서 분명한 것은 환경문제의 원인과 결과에 대한 선진국과 개도국간의 근본적인 입장 차이다. 개도국의 경우 환경문제는 대체로 발전의 결여, 즉 극심한 빈곤의 조건을 극복하려는 투쟁에서 유래한 것이었다. 이에 반하여 선진국에서는 경제환경이 환경악화의 주원인이라는 것이다. 환경의 영향에 관해서도 선진국의 경우 환경악화는 생활의 질을 악화시키나, 개도국의 경우에는 자연자원의 기반이 파괴됨으로써 생존 그 자체가 문제가 된다. 이와 같이 환경문제에 관하여는 선진국과 개도국은 판이한 입장 차이를 보여온 것이 사실이다.

그러므로 개도국의 입장에서 볼 때 환경보호를 위해서 공업화를 중단하든가 발전을 제한하는 등의 조치는 선진국과의 격차를 영속화시킬 뿐만 아니라, 그들의

23) 天野明弘(아마노 야끼히로), "환경과 경제의 통합을 위하여," 『환경과 생명』, 창간호, 환경과 생명을 위한 모임, 1994, 111쪽.

생존문제와 밀접히 관련되는 것이다. 더구나 지구오염과 자원고갈의 책임이 지금까지 공업화와 경제성장을 통하여 엄청난 천연자원을 사용하고 오염원을 배출한 선진국에 있다고 할 때, 개도국으로서는 그들의 발전을 저해하는 환경보호정책을 채택하는 것이 불공평한 것으로 간주될 수밖에 없었다. 그러므로 범세계적 환경문제 해결을 위한 국제적인 노력에서 선진국과 개도국은 첨예하게 대립될 수밖에 없었고, 이러한 상반된 입장을 조화롭게 해결할 수 있는 모델로 등장한 것이 지속가능한 발전이라는 개념이다.24)

지속가능한 발전의 패러다임은 선진국과 개도국 사이의 형평만이 아니라, 사회 내에서와 세대간에도 형평이 이루어져야 한다고 보고 있다. 지속가능한 발전은 미래세대도 지구자원을 이용할 권리를 가지고 있다고 본다. 개도국은 천연자원을 고갈시키지 않으면서 기본적인 필요를 충족시켜야 하고, 선진국은 에너지소비 촉진을 억제해 가는 것이다.

지속가능한 발전의 핵심은 인간에 의한 개발행위와 환경보전의 양립 가능성이다. 그러므로 "이 같은 양립이 언제, 어디까지 지속할 수 있는가"에 대한 해답을 명확히 할 수 없기 때문에 한계를 가지고 있다. 그럼에도 불구하고 더 나은 대안이 제시되기 전에는 환경문제는 이 방향으로 나아가고 있다. 한국 정부에서도 21세기는 환경의 세기가 될 것이라 하고, 삶의 질을 높이는데 환경공동체 건설이 핵심사항이라 하고 있다. 환경공동체란 '자연과 인간의 연대를 회복하여 쾌적하고 안전한 환경 속에서 높은 삶의 질을 누리는 공동체'를 의미한다. 이를 위하여 5대 원칙을 제시하였다.25) 또한 한국정부는 새로운 국가발전의 패러다임으로 '녹색성장'을 제시하고 있다.

녹색성장은 지속발전의 개념으로 경제성장의 패턴을 친환경으로 만드는 동시에 관련 산업과 기술을 새로운 성장동력으로 삼겠다는 것이다. 기후변화 대응기술, 에너지·자원기술, 환경기술을 포괄하는 녹색기술의 세계시장 규모는 2020년 3천조원을 돌파할 것으로 전망하고 있다. 결국 어느 나라를 막론하고 환경은 새로운 세기의 핵심적인 과제가 되고 있고, 그 방향을 지속가능한 발전으로 잡아가고 있다.

---

24) 양종회, "지속가능한 사회를 위한 환경과 발전," 이정전 편, 『지속가능한 사회와 환경』, 박영사, 1995, 76쪽.

25) 정부수범의 원칙, 환경과 경제의 통합 원칙, 공동책임의 원칙, 사전예방 및 오염자 부담의 원칙, 남북한 환경협력과 전 지구적 공동노력의 원칙.

제3절 환경정치

환경문제는 인간생활의 발전과 더불어 부수된 것으로 이제 인간의 생존 자체를 위협하는 문제로 다가오고 있다. 이를 해결하기 위한 노력은 여러 측면의 학제적 접근방법의 적극적인 지원을 받게 된다. 즉, 환경계획이나 해결에는 생태학, 환경공학, 의학, 물리학, 지리학 등 제 과학과 영역간의 학문적 도움 없이는 불가능하다. 그러나 오늘날 환경문제는 워낙 복잡하고 다양하게 얽혀져 있어 그 성격은 과학적·기술적 문제일 뿐만 아니라 동시에 정치·사회·경제·행정적인 문제이기도 하다. 이는 과학적·기술적으로만 정의될 수 있는 것이 아니며, 인간의 가치 및 이해관계와 관련된 개념으로 이해되어야 한다.

인간은 우연이든 필연이든 스스로 만든 사회에 구속되어 살아가고 있다. 오늘날은 그 어느 시대보다도 우리 인간 대부분의 삶이 더욱더 정치와 밀접한 역학관계 속에서 유지되어가고 있는 것이다.

지금까지의 정치가 인간과 인간 사이에서 맺어지는 문제만을 고민해 왔다면, 앞으로의 정치는 한 걸음 더 나아가 인간과 자연 사이의 문제까지를 해결하는 데 중지를 모으는 통찰력과 설득의 논리가 필요하게 된다. 사회과학적 지식을 필요로 하는 대표적인 접근이 환경정치의 측면이다. 환경정치의 영역에서는 환경문제와 경제문제 사이에 존재하는 가치갈등을 해결하고, 정책을 결정하고 집행하는 과정에서의 의견조정과 타협점을 찾는 정치적 과정에 관심을 갖게 된다.

정치학자들의 환경분야 연구로는 예를 들어 정치이데올로기와 환경윤리, 정치·경제적 구조와 제도, 정책결정기구의 효율성, 환경문제를 인식하고 행동하는 태도, 개인적·체계적 수준의 의사결정 방식 등 다양하다.[26] 레스터(James P. Lester)는 호퍼벨트(Richard Hofferbert)의 개념도식을 원용하여 환경정책 결정에 영향을 미치는 요인으로 엘리트 행태, 정부제도, 대중의 정치행태, 사회·경제적 구성과 역사·지리적 조건을 들고 있다. 여기서 중요시되는 행태와 제도란 엘리트, 이익집단, 관료, 법원, 의회, 정당, 여론 등에 초점을 둔 연구이다.[27] 오늘날의 환경문제

26) Michael E. Kraft, "Ecology and Political Theory: Broadening the Scope of Environmental Politics," *Policy Studies Journal*, Vol. 20, No. 4, 1992, p.713.

27) James P. Lester, ed., *Environmental Politics and Policy: Theories and Evidence*, Durham & London: Duke University Press, 1989, p.2.

는 정치적 접근의 주제로서 '국민들의 환경보전에 대한 적극적인 참여의지', '정치사회화 매체에 의한 시민의식 전환', '환경문제와 NGO', '중앙과 지방정부의 환경정책', '환경과 정당-녹색정치', '세계 환경정치와 국제레짐', '국제 환경정치의 행위자' 등을 들 수 있다. 결국 환경정치와 환경정책의 결과는 의식적이고 집단적인 인간의 선택영역이다.

환경문제에 관련하여 정치학자들이 논의한 내용들을 보면 물론 그들이 제기한 문제영역, 사용한 접근방법, 정치와 정책 및 결론의 방향은 다르겠지만, 환경을 정치문제로서 다루어야 하고 그 연구의 범위를 확대해야 한다는 점에서 서로 같은 입장이다.

1. 정치사회화 내용으로서의 환경문제

"지구의 위기는 자연의 위기가 아니라, 바로 인간사회의 위기이다"라는 말이 의미하는 것은 무엇일까? 이는 환경문제는 인류가 공동으로 대처해야 할 자연생태학적 문제이지만, 당위론적 구호나 자연과학적·기술공학적 접근만으로서는 문제를 해결할 수 없는 정치·사회적 성격을 안고 있다는 것을 의미하는 것이다. 오늘날 모두에게 가장 큰 관심사로 떠오른 환경문제의 근원적인 해결을 위해서는 철저한 정치적 조정력이 필요하다. 다시 말하면, 인간 스스로가 편리와 개발논리만 우선시하다가 빚어진 환경파괴도 이의 근본적인 치유와 극복을 위해서는 정치적 선택에 의존할 수밖에 없다는 것이다.

환경적인 이해를 정치사회화와 관련지우는 것은 다음과 같은 이유에서이다. 현대산업사회가 사회의 현재 제도를 지속하기에는 한계를 나타내고 있다. 즉, 현재 진행되고 있는 자원의 개발을 억제하고 소비를 줄인다는 것도 정말로 어려운 일이고, 인구성장에 따른 경제활동의 비율을 유지할 수도 없다. 그러기 위해서는 양자의 성장은 제한되어야 하고 함께 정지되어야 하는데, 이것이 가능한 일인가? 이렇게 볼 때 현대사회의 환경문제는 좋은 기술이나 유용한 법에 의하여 치유될 수 없다. 성장을 제한하고 자연과 더불어 자유롭게 살아야 한다는 지혜를 시민들이 학습하는 것만이 현대사회를 변형시킬 수 있는 방법인 것이다.[28)]

---

28) Lester W. Milbrath, "Environmental Understanding: A New Concern for Political Socialization," Orit Ichilov, *Political Socialization, Citizenship and Democracy*, New York: Columbia University,

이는 좀더 구체적 말하면 우리 모두가 환경과 사회 사이의 관련성에 더 많은 주의를 기울여야 한다는 것을 의미한다. 우리는 끊임없이 사회활동이 어떻게 환경에 영향을 미치고, 환경적 실체가 어떻게 형성되어야 하고, 사회가 할 수 있고 또 해야 할 일이 무엇인가를 자문해야 한다. 이것이 오늘날 사회가 직면하는 가장 긴급한 문제이다. 현재와 같은 환경문제가 대두되기까지 사회구성원들은 여기에 직접・간접으로 관련되어 있고, 각자는 환경문제를 인식하고 책임감도 가져야 한다. 그러므로 환경문제에 대한 교육은 정말로 긴급한 우선적 문제이나, 대부분의 사회에서는 불행하게도 이에 대한 인식도 없고 그것을 본격적으로 실행할 의지도 가지고 있지도 않다.[29] 이러한 상황은 정치적이고 정책적인 긴급한 관심사이다. 정치사회화의 중요한 임무가 부가되는 이유도 여기에 있다.

교육은 정치사회화의 구체적인 실천방법이다. '교육이야말로 가장 위대한 자원'이라는 생각은 환경에 대하여 인간중심주의를 지향하든 생태중심주의를 지향하든 양자가 가지는 기본적인 생각인 것이다. 인간중심주의에 따르면 생태적인 위험을 피하고 생산체계의 부작용에서 적절히 벗어나기 위해서는 보다 철저하게 탐구해야 한다. 생태중심주의는 교육이 보다 근본적인 문제에 대한 대답을 제공하고 있다고 보는데, 우리는 형이상학적 질병을 앓고 있으므로 치료 또한 형이상학적이어야 한다고 주장한다. "환경이 학대되고 착취된다는 사실이 교육을 통해 널리 알려진다면, 이러한 현상이 고쳐질 것"이라고 생각하건, 아니면 "좀더 생태적으로 건강한 노선에 따라 완전한 사회로의 재조직에 따른 가치관의 변화가 수반되어야 한다"고 생각하든 간에 어쨌든 교육은 중요하다는 것이다.[30]

그러므로 환경문제는 정치사회화의 새로운 영역인 것이다. 개인의 정치적 자아의 범위는 다음과 같은 것들이다. 즉, 민주주의, 애국심, 민족감정, 사회집단, 이데올로기적 입장 그리고 특정의 정치적 이슈(환경문제 등), 정치적 사태에 관한 태도와 평가를 포함한다. 더 나아가 정치구조나 과정에 대한 지식, 권리・책임의식, 현 정책과제에 대한 입장 등도 정치적 자아에 포함된다. 정치적 자아는 이루어지는 것이며 타고난 것은 아니다. 그리고 정치적 성숙이란 정치에 관한 인식이 없는

Teachers College Press, 1990, p.291.

29) Lester W. Milbrath, "The World is Relearning Its Story about How the World Works," Kamieniecki Sheldon, ed., *Environmental Politics in the International Arena-Movements, Parties, Organizations, and Policy*, New York: State University of New York Press, 1993, p.38.

30) 이명우 외 역, 앞의 책, 354쪽.

사람이 정치세계에 대한 개념을 습득하게 되고 따라서 복잡한 정치정향(政治定向)이 발달하게 되는 과정이다.[31]

근래에 들어서면서 정치적 자아의 주요한 이슈로 등장한 것이 환경문제이다. 정치의 궁극적인 목표는 보다 나은 삶을 위한 것이다. 이를 위하여 사람들은 경제적 가치에 우선권을 부여하여 왔다. 그러나 이것의 한계를 보여준 것이 환경문제이다. 결국 환경문제는 정치적 자아의 주요 부분으로 자리를 잡게 되었고, 이러한 자아를 발전시키는 정치사회화의 급박한 임무가 된 것이다. 그러므로 사회와 환경 사이의 연관성에 대한 학습은 민주주의에 대한 학습처럼 정치사회화의 적절한 임무이다. 환경주의는 민주주의의 산물이고 정치사상의 통합분야가 되었다.[32]

2. 환경정치에서 환경정책으로

한 국가의 환경문제는 그 나라 정치체제가 어떠한 구조적·과정적 특성을 지니느냐에 따라 문제의 양상과 그에 대한 대응양식 내지 강도가 다를 수 있으며, 결과적으로 환경문제가 개선될 수도 있고 악화될 수도 있다. 이처럼 환경정책은 정치체제의 동태적 반응에 크게 의존한다. 즉, 입법·행정·사법행태 그리고 이익집단의 행태를 포괄하는 정치과정의 역동성에 크게 영향을 받게 된다는 것이다. 예컨대, 정치체제가 민주적이고 다원적일수록 환경문제의 발생을 미연에 방지할 수 있고, 불가피하게 발생하는 경우에도 원만히 해결할 수 있다. 반면, 정치체제가 권위적이고 관료적일수록 다양한 사회집단의 견해를 무시하고 기득권자의 입장에서 일방적으로 처리함으로써 정책의 방향이 환경을 파괴하는 쪽으로 흐를 가능성이 크다고 가정할 수 있다.[33]

그렇다면 당연히 환경문제를 제기하고 해결하려고 가장 노력해야 할 사람들은 정치가이고 행정관료들이다. 실제로 정치지도자들이 창발성을 발휘하여, 좀더 새롭고 보호적인 환경정책을 고안해 내고 있는 것인가? 거의 모든 나라에서 모든 환경문제에 관한 공공의제를 생각해 내는 것은 일반 시민활동가들이다. 왜 정치지도자들이 환경보호의 필요성을 인식하는 데 그렇게 둔감한가?

31) 김재영, 『정치사회화론』, 대왕사, 1983, 84쪽.
32) Milbrath, *op. cit.*, 1990, p.293.
33) 김병완, 『한국의 환경정책과 녹색운동』, 나남, 1994, 25쪽.

대부분의 국가를 지배하고 있는 세계관은 인간은 더 나은 삶을 영위하기 위한 물질을 생산하기 위하여 통제하고 자연을 개발해야 한다는 생각이다. 전형적인 삶의 질은 생활수준을 크게 벗어나지 않는다. 정치지도자들은 이러한 세계관을 유지하는 사회의 지배적인 요소에 젖어 있다. 더군다나 선거에서 당선되기를 희망하는 후보자들은 중심적 정책으로서 급속한 경제성장을 해야 한다고 믿고 있다. 단지 환경보호에 대하여 일반대중의 강력한 요구가 있을 때, 후보들은 그것에 대하여 움직인다. 대체적으로 그들은 경제성장이 환경보호와 갈등을 일으키지 않는다는 주장을 함에 의하여 두 가치 사이의 갈등을 책략으로써 처리하려 한다.[34] 우리는 생태계의 완전한 보전에 가장 우선권을 주어야 한다는 것을 인정할 것이다. 그러나 대부분의 정치가와 환경행정 관료들은 이렇게 생각하지 않고, 대신에 성장과 부를 극대화하는 것을 택한다. 그들의 환경문제에 대한 전형적인 접근은 법과 힘 있는 기술을 통하여 그 상황을 관리하고 지배하는 것이다.

정치가들이나 행정관료들이 환경문제를 인식하기를 꺼리는 또 하나의 이유는 그것을 인정하는 것은 그들의 정책 부재와 실패를 인정하는 것이 된다. 이렇게 환경을 무시하는 이들의 강력한 힘 때문에, 환경주의자들의 합리적인 주장은 환경문제가 정치적인 의제로 되는데 거의 도움이 되지 않는다는 것을 알 수 있다. 환경문제를 효과적으로 부각시키는 유일한 방책은 일반대중 사이에 반향을 불러일으키는 것이다. 정치가들이 만약 적절한 조치를 취하지 않으면 선거에서 표를 잃어버린다고 생각할 때, 그들은 조치를 취할 것이다. 이러한 방법과 책략을 사용함으로써, 환경주의자들은 그들이 정책결정 세력의 흐름을 거슬릴지라도 공공정책의 승리자가 될 수 있다.[35]

그러므로 환경정책과 같은 규제정책을 둘러싼 문제의 핵심은 정책관계자들 사이의 이해갈등과 상호역학관계라 할 수 있다. 환경규제는 다른 정책에 비해서 정치체제가 경제발전과 환경보호 중 어느 것을 더 중시하느냐 하는 정치체제의 이념적인 영향을 받는 경향이 있다. 즉, 환경정책은 기술적인 방법을 반영할 뿐만 아니라 개인적인 가치와 사회적인 우선순위의 비중을 반영하고 있다. 환경문제는 오염유발자와 피해자간의 이해관계가 정면으로 충돌하고 그 이해관계가 복잡하게 얽혀 있기 때문에 환경정책을 수행하는 과정에서 갈등문제가 끊이지 않는다. 정부가

34) Milbrath. *op. cit.*, 1990, pp.288-289.
35) *Ibid.*

환경규제 정책을 수행하는 과정에서 발생하는 문제의 대부분은 그러한 정책문제에 내재된 다양한 이해대립을 충분히 이해하지 못하고, 이를 민주적인 방법으로 원만하게 조정하지 못하는 데서 비롯된다. 이러한 문제는 무엇보다도 규제에 따른 차별적인 효과, 이해집단 사이의 갈등, 정치가와 행정관료의 가치판단과 행동유인에 대한 이해의 부족에서 연유한다. 따라서 환경정책의 결정과 집행은 다분히 이해관계의 충돌을 어떻게 무리없이 조화시키면서 특정한 정책을 선택하고 수행할 수 있느냐 하는 정치적 기교와 직결된다고 볼 수 있다.[36]

3. 환경운동과 녹색정치

환경에 관한 선택을 하는 데 있어 일반적으로 받아들일 수 있는 합리적 판단기준이 부재한 상태이므로 환경문제는 정치적 과정을 통해 해소되어야 한다. 환경문제가 삶의 질의 문제와 직결되면서 각종 선거에서 이것이 중요한 이슈로 등장하고 있다. 녹색정치세력은 자신들의 가치를 삶의 질에 두고 있듯이 정치에의 참여 또한 질적으로 변화시켜 내길 원한다. 이러한 욕구는 선거기간에 국한된 참여가 아니라, 중대한 사회적 사안들이 발생하거나 예상될 때 이와 관련한 구체적인 결정과정에 직접 참여하고 영향을 미치는 정보를 구체화시킨다. 이러한 녹색정치의 욕구는 사실상 일면 구체적인 경험들로부터 도출된 것이다.[37]

특히, 녹색당의 출현과 이에 대한 시민들의 지지는 이를 반영해 주는 것이다. 환경문제에 대한 녹색당의 조직운동은 생태주의운동의 발달과정에서 대두된 것으로서, 정치적인 행동을 추구하면서 환경정책에 영향을 미치려는 적극적인 행동을 말한다. 이러한 녹색당은 주로 서구 유럽을 중심으로 전개되고 있는데 독일의 녹색당을 대표적으로 꼽을 수 있다. 독일의 녹색당 이외도 프랑스, 벨기에 등 유럽 각국에서는 활발하게 활약하고 있다. 뉴질랜드의 가치당은 최초의 녹색당이며, 미국의 녹색운동은 시민당 등에 의하여 주도되고 있다. 한국의 경우 정치권에서 환경문제에 관한 관심은 증대되고 있으나, 외국과 같이 녹색당이 국회에 의석을 가지고 활동할 정도로까지 되려면 요원한 문제이다.

---

36) 김병완, 앞의 책, 77쪽.

37) 문순홍, "서구 녹색정치의 역사와 환경정책의 제도화," 『환경과 생명』, 창간호, 환경과 생명을 위한 모임, 1994, 47-48쪽.

이와 같이 서구를 중심으로 한 녹색운동은 참여적 정치문화의 확대와 시민의식의 변화에 기인한다. 참여적 정치문화는 바람직한 민주적 시민문화를 형성하는 하나의 요인인데, 과거와는 달리 구성원 스스로의 이익표출과 이를 정책결정에 반영하고자 하는 경향이 증대되었다. 그리하여 환경단체와 같은 비정부단체(NGO)에 관심이 증대되었고, 많은 사람들이 여기에 참여한다.

환경문제는 일국 차원에서는 아무리 노력해도 문제를 해결할 수 없다는 사실이 분명해졌다. 이러한 이해를 기초로 환경악화를 방지하고, 악화된 환경을 복구하려는 국제협력이 근래에 확대되고 있는데, 지구환경운동단체라는 새로운 정치세력으로 등장하여 국가의 틀을 넘어서 행동하고 있다.[38] 이는 세계의 가장 영향력 있는 환경단체인 그린피스와 같은 국제적인 환경단체에서부터 국내 환경단체, 각 지방의 환경단체에 이르기까지 다양하게 존재한다.

이렇게 볼 때 환경에 대한 접근은 국제정치・경제적 접근이 필수불가결하다는 사실을 알 수 있다. 위와 같은 요인들에 의하여 환경문제의 정치화는 피할 수 없는 것이다. 거시적으로는 환경문제의 이데올로기화, 환경이 국제정치의 중요한 매개체인 국제환경정치, 미시적으로는 환경을 표방하는 정당의 등장과 각종 NGO의 활성화 그리고 시민의식 등에서 볼 때 환경정치는 신조어가 아니다.

4. 국제환경정치

환경위기의 범위가 국지적인 경계를 벗어나 지구화되면서 전 세계가 그 해결을 위하여 다같이 노력하는 것은 정당하고 시급한 과제로 공인되고 있다. 즉, 각 국가들은 지구 생태계 및 환경파괴 문제를 더 이상 방치할 수 없다는 것을 공감하고 1980년대 이후 UN 중심의 다자간, 지역적 수준의 협의와 협력을 활발히 진행시켜 왔다.

그런데 국제환경문제의 기본적 특성은 우선 무엇보다도 국제성과 불확실성에 있다. 환경문제는 발생원인과 형태 및 파급효과와 대응방식에 있어서 국제성을 띠고 있으며 원인규명, 효과예측, 대응방안 등 불확실성을 면할 수 없다.[39] 포터와 브라운(G. Porter & J. W. Brown)은 이러한 국제성과 불확실성을 바탕으로 국제환

38) Porter & Brown, *op. cit.*, p.2.

39) 백진현, "환경의 국제정치," 최병두, 『환경사회이론과 국제환경문제』, 한울, 1995, 441쪽.

경정치의 특성을 서술하고 있다.[40)]

또한 다른 면에서도 국제환경정치의 일면을 볼 수 있다. 환경위기라는 전지구적 이해관계는 여전히 상당부분 정치적 이해관계에 의하여 지배되고 있다. 선진국들은 기존의 환경파괴적인 개발 및 발전 방식이 현재 지구환경위기를 초래하였다고 추정하고, 지구환경보전을 위해 개발의 규제를 강화하려는 입장을 보이고 있다. 개도국들은 당면과제인 산업과 경제발전을 위한 개발은 환경에 다소 무리가 있더라도 지속되어야 한다는 입장이다. 개도국들은 지구환경문제를 순수한 환경문제로 보기보다는, 선진국 주도의 현 국제정치・경제 질서를 유지하면서, 제한된 지구의 환경용량과 자원을 계속 지배하려는 선진국의 전략이라 보고 있다. 이러한 논의는 환경을 매개로 새롭게 형성되고 있는 국제질서의 제국주의적 속성을 엿보게 한다. 환경은 국가안보나 경제문제 못지 않게 국제정치의 중요 쟁점영역이 되고 있다.

앞으로 국가간에 존재하는 그린라운드(Green Round)라는 환경체제도 중요한 이슈가 될 것이다. 그린라운드는 일부 선진국가들이 중심이 되어 다자간 협상을 통하여 환경과 무역에 관한 새로운 국제규범을 제정하여, 지구환경보호를 목적으로 무역규제조치를 취하려는 국제적인 움직임을 포괄적으로 지칭한다. 개발도상국들은 선진국들이 그린라운드를 통하여 지구환경보호라는 명분을 내세우는 그 이면에는, 개발도상국보다 비교우위에 있는 산업 및 환경기술 수준을 충분히 활용하여 자국상품의 경쟁력을 강화하려는 의도를 가지고 있다고 보고 있다.[41)] 이렇게 볼 때 국제환경정치라는 용어는 생소한 것이 아니고, 오늘날 대부분 사람들의 삶에 깊은 영향을 미치는 것이다.

국제정치경제학 분야에서는 지구환경이 정치경제로 영역화되면서, 국제정치학의 특정 현상이자 독립된 영역으로서 국제환경정치학이 발전되고 있다. 1990년대에 들어와 대표적인 연구로는 하스(P. M. Haas)의 『지중해의 보존: 국제환경협력

40) ① 국제환경정치는 국경을 초월한 환경위협의 감소에 대응한 합의를 도출하기 위하여 다국가간 협상을 벌이는 경우가 대부분이다. ② 국제환경문제는 이에 대응한 합의를 성취시키기 위하여 수개국간에 협력이 필요하며, 이로 인해 이들은 강력한 국제행동을 저지할 힘을 갖게 된다. ③ 국제환경정치의 특성으로 환경문제에 관한 정치적 동인이 특정 제품의 국제무역에 있어서 국가의 역할을 반영하는 경우가 흔히 있다. ④ 군사력은 별로 유용한 힘이 되지 못하지만 국가의 경제적 능력이 환경문제 협상에 영향을 미칠 수 있다. ⑤ 국제환경정치는 환경위협을 방지할 협력을 도출해 내는 다국가간 협상과정의 결과이다. Porter & Brown, *op. cit.*, pp.13-16.

41) 진미경, "녹색정치와 녹색운동," 아주대학교 사회과학연구소 편, 『생태사회과학-인간, 사회 그리고 환경』, 아주대학교출판부, 1994, 53쪽.

의 정치』, 포터와 브라운의 『세계환경정치』, 허렐과 킹스베리(A. Hurrel & B. Kingsbury)의 『국제환경정치론』, 바스카와 글린(V. Bhaskar & A. Glyn)의 『남북환경정치론』 등이 있다. 여기에서는 국제환경문제의 위기적 상황을 분석하고 이에 따른 국제적 대응태세와 성과 및 이를 둘러싼 정치·경제적 쟁점과 국제환경 추이를 고찰하고 있다. 또한, 환경레짐의 설립요인과 발전적 특성을 체계적으로 분석하여 향후의 바람직한 방향을 모색하고 있다.

제4절 환경정책

환경에 관한 사람들 사이의 가치갈등이나 권력경쟁은 정치적 과정이고, 이는 환경문제에 지배적 영향을 미침으로써 궁극적으로 행정의 문제로 귀속된다. 환경정책에 영향을 미치는 결정은 정치적 과정을 거쳐 이루어진다. 이 과정은 권력을 추구하는 개인, 집단, 조직 등의 가치를 내포한다. 환경정책은 정치에서의 복잡한 가치체계 가운데 삶의 질 등과 같은 독특한 가치차원을 내포하고 있다. 그러므로 환경문제를 해결하고자 하는 데 있어 중요한 쟁점 가운데 하나는 이러한 가치배분을 위하여 어떠한 제도들을 어느 수준에서 만드느냐에 관한 것이다. 다시 말하면, 이는 어떠한 환경정책을 펼쳐 나갈 것이냐 하는 것이다.

한국에서 환경문제를 전담하는 최초의 조직은 1973년 보건사회부 내에 설치된 공해과이다. 그후 국민경제의 발전과 생활수준의 향상으로 환경오염이 악화되어 환경행정의 수요가 늘어나자 환경행정조직이 확대·개편되어 1980년에 환경청이 발족되었다. 그후 환경처로, 그리고 1994년에는 환경부로 격상되었다.

1. 환경문제와 정부

우리의 일상생활, 특히 경제활동을 규율하는 장치로서 정부와 시장이 있다. 시장은 수요와 공급의 원리에 따라 다수 경제행위자의 활동을 자율조정하는 장치이다. 반면에 정부는 이러한 자율조정적 메커니즘이 올바로 작동하기 어렵거나 붕괴될 때 이를 보완하기 위해 정책적으로 개입하는 장치이다. 환경문제는 그것이

가지는 특수성 때문에 시장원리만으로는 해결하기 어려운 전형적인 정책분야에 속한다. 환경문제의 해결을 위해서는 정부의 시장개입이 불가피하다.[42]

개인이나 기업을 사익을 추구하는 합리적 존재이므로 자신의 비용을 최대한으로 줄이고 이익은 최대화하려 한다. 이러한 사익추구로 인하여 파생되는 문제 중의 하나가 오늘날 심각하게 대두되는 환경문제이다. 개인이나 기업은 자신들의 활동으로 인하여 야기되는 환경오염을 자기의 비용계산에 집어넣지 않는다. 그러나 사회 전체적으로 볼 때 환경오염으로 야기되는 비용은 분명히 존재하는 것이다. 이와 같이 개인이 생각하고 느끼는 비용과 사회적으로 발생하는 비용 사이에 괴리가 나타날 때 이것을 외부효과 또는 외부불경제라 부른다.[43] 외부효과의 문제는 시장에 의해서 해결되지 않는다. 환경문제는 외부효과의 대표적인 사례로 사람이나 기업의 행동이 비의도적으로 그것에 대한 대가의 교환 없이 다른 사람(기업)에게 막대한 손해를 끼치는, 이른바 개인적 비용과 사회적 비용간의 괴리로 나타나는 것을 그 본질로 하기 때문에 정부개입이 불가피하다.

환경오염은 그로 인한 비용이 눈에 드러나지 않는 잠재적 성격을 띠고 있으며, 그 효과 역시 장기간에 걸쳐 나타난다는 점에서 또 다른 특성을 보인다. 오염으로 인한 피해나 사회적 비용은 감각적으로 쉽게 탐지되지 않으며, 당장 나타나지 않는다. 그러므로 오염을 유발하는 주체는 사회적 비용에 별 관심을 보이지 않는다.

이러한 상황에서 환경에 대한 피해자는 우리 모두가 되는 것이다. 그러나 누구든지 자신만의 노력으로 이 문제를 해결하려고 하지 않는다. 왜냐하면 다른 누군가가 먼저 오염을 제거하기 위한 노력과 비용을 들이게 되면, 그 결과 얻어지게 될 깨끗한 환경은 어부지리격으로 자신도 향유할 수 있으므로, 굳이 먼저 나서서 시간과 비용과 노력을 들이려고 하지 않고 서로 미루는 것이다. 이것을 무임승차자의 문제라고 부른다.[44]

이와 같이 환경문제의 외부효과적 성격과 환경오염의 잠재성 및 장기성 그리고 무임승차자의 문제 등은 환경문제가 시장기구를 통해서 저절로 해결될 수 없고, 정부의 개입이 필요하다는 것을 보여 주는 것이다.

42) 최병선, "환경과 정책," 시민환경연구소 편, 『환경의 이해』, 환경운동연합출판부, 1993, 184쪽.
43) 위의 글, 185쪽.
44) 위의 글, 186쪽.

2. 환경정책의 유형

최근 행정기관에서 주로 관심을 가지고 수행하는 주요 정책내용을 크게 유형화하여 보면 환경영향평가제도, 명령적 규제, 시장을 통한 간접적 유인, 정부의 직접투자 등으로 나눌 수 있다.

환경영향평가제도는 환경문제를 유발할 수 있는 원인행위 자체를 감소시킴으로써 환경피해를 사전에 예방하기 위한 목적을 가지고 있다. 환경영향평가에 대한 일반적 의미는 "환경에 중대한 영향을 미리 검토·분석하고 평가하여 개발과 보전적 차원에서 그 부정적 영향을 제지·감소시킬 수 있는 방법을 모색하는 제도"로, 그 목적은 "계획 및 정책의 수행으로 인해 사회적·생태적 환경에 영향을 끼침을 전제로 하여, 사업계획의 수립시에 환경부문에 대한 더욱 신중한 고려를 하게 하고, 이로써 예방적 환경보전을 유도하는 것이다."[45] 다시 말하면, 각종 사업을 수행함에 있어 사업주로 하여금 사전에 그들의 사업이 환경에 미치는 영향을 평가하도록 의무화함으로써 환경문제를 최소화하려는 것이다. 환경영향평가제도는 사업의 완성 후에 환경파괴가 있을 경우 이를 회복하기가 대단히 어려운 경우에 특히 효과적이다. 왜냐하면 이러한 경우 다시 시설하거나 그 피해복구에는 엄청난 비용이 소요되기 때문이다.

명령적 규제는 환경오염을 규제함에 있어서 규제기관이 인정한 환경기준을 설정하고 이를 위반한 기업체를 처벌하거나 특정 공해방지시설의 설치를 의무화하는 경우 등이다. 그러나 이러한 규제 일변도의 방식은 단기적 시각에서 보면 그 효과가 가시적으로 나타날 수는 있겠지만 장기적으로 보아 기업활동 전반에 걸쳐 새로운 부담을 초래하게 되고, 또 제한된 능력을 가진 정부가 모든 기업과 개인행동을 조사·감시·확인하여 처벌하기란 무척 어려운 과업이다.[46]

따라서 이러한 규제·단속 일변도의 단점을 보완하고 기업들의 시장기능을 최대한 존중하면서 이를 활용하는 방법으로 시장유인적 규제제도가 고안된 것이다. 규제방식에서 인·허가제와 더불어 사용되는 주된 수단은 기준설정이다. 그 기준에는 기술수준과 성과기준, 농도규제, 총량규제, 배출허용기준 등이 있고, 사

45) 남영숙, "환경영향평가의 내실화를 위한 제언," 『환경포럼』, 제2권 10호, 한국환경기술개발원, 1995, 2쪽.
46) 최병선, 『정부규제론』, 법문사, 1993, 459-460쪽.

회적 규제의 사전.예방적 노력의 일환으로 '환경영향평가제도'가 활용되고 있다. 시장유인적 규제수단의 전형적 제도로는 배출부과금제도[47]와 공해권의 경매제도[48]를 들 수 있다. 전자는 우리나라 현행법상 엄밀히 말하여 순수한 경제유인적 규제방식이 아니라 명령규제 방식의 문제점(비실효성)을 시정하기 위하여 명령규제와 경제유인적 규제를 결합한 일종의 변형적 규제유형으로 보는 견해가 있다.

배출부과금제도와 공해권의 경매제도는 그것의 실행상의 문제점으로 인하여 실용화는 상당히 뒤져 있으나 예외적으로 비누방울 개념(bubble concept)[49] 같은 방법을 통해 부분적으로 도입하고 있다. 전자는 대단위 화학공장과 같은 경우 각각의 화학물질별로 환경기준을 정하는 것이 아니고, 공장 전체에서 배출할 수 있는 총공해량(즉 비누방울에 해당하는)의 상한을 기준으로 하여 공장주가 각 시설에서 배출되는 공해량을 경제상 가장 효율적이라고 생각되는 방법으로 조절할 수 있도록 하는 방법이다.[50] 그리고 후자는 공해가 심한 지역과 덜 심한 지역에 각각 공장을 가지고 있는 경우, 기업이 공해가 심한 지역에 추가적인 공장의 설치를 허용하되 그 조건으로 덜 심한 지역에서 배출되는 오염을 줄이도록 강제하는 방법이다.[51]

그 외에 정부가 정화시설을 설치・운영하거나 폐기물 처리시설 비용부담, 기타 환경 유관기구의 예산지원 등 직접 투자하는 경우가 있다. 이는 사회통념상 공해업체에 보조금을 지급하는 불합리성이 있으면서도 기업의 공해제거비용이 결국 소비자에게 전가된다는 것을 고려할 때 충분히 논의의 여지가 있다고 본다.[52]

---

47) 이 제도는 공해유발기업이 처리하고 남은 잔존공해량을 측정하고 이에 비례하여 배출부과금을 부과함으로써, 기업으로 하여금 부과금을 최소화하기 위한 최대한의 공해제거 노력을 기울이도록 유도하기 위한 것이다.

48) 이 제도는 정부가 일정량의 오염을 합법적으로 배출할 수 있도록 허용하는 증서를 발행하여, 이 증서를 소유한 업체는 증서 소유분에 해당하는 오염을 적법하게 배출할 수 있도록 허용하는 반면에, 이 증서 없이 오염을 배출하는 업체는 처벌하는 방법으로 규제가 이루어진다.

49) 이 개념은 미국 환경보호처(Environmental Projection Agency: EPA)가 1980년 내 놓은 것으로 공해배출 허용 최대기준을 설정하는 방법이다. Water A. Rosenbaum, *Environmental Politcs and Policy*, 2nd ed., Washington D. C.: Congressional Quarterly Inc., 1991, p.136.

50) 최병선, 앞의 책, 492쪽.

51) 위의 책, 493쪽.

52) 위의 책, 494-495쪽.

3. 환경규제의 비용-편익분석

환경에 대한 정부규제의 경제적 효율성에 관하여는 끊임없는 논의가 제기되어 있는데, 그 효율성을 평가하는 수단으로서 정부규제의 비용-편익분석(cost-benefit analysis) 방법이 있다. 환경규제에 관한 비용-편익분석은 환경오염을 규제하는 데서 발생하는 비용과 편익을 어떻게 형평성 있게 배분하느냐 하는 것이다. 이를 시장기구에만 의존하게 되면 이른바 무임승차자 문제가 제기되고, 따라서 시장실패 현상이 나타난다.[53] 환경규제에 대한 비용분석의 필요성을 제기한 자들은 적어도 정책결정자들이 규제의 목표를 달성하는 데 있어 경제적으로 가장 바람직한 비용-효과적 정책을 수행할 것을 지적하고 있는 것이다.

환경규제는 이에 수반되는 비용과 편익의 배분을 둘러싼 갈등을 야기시킨다. 환경규제는 외부효과의 제거와 같은 경제적 효율성을 증대시키는 것을 주된 목적으로 하지만, 의도하지 않은 소득분배효과를 유발시킴으로써 환경규제정책의 집행과정에서 심각한 문제를 야기시킬 수 있다.[54]

첫째, 환경규제의 편익과 배분이 소득계층별로 역진적으로 이루어질 수 있다. 환경규제를 통해서 기대되는 사회적 편익인 깨끗한 환경, 맑은 물 등에서 얻게 되는 가치를 저소득층보다는 고소득층이 누리는 경우가 많다. 반면에 강력한 환경규제로 경제활동이 정체되면 환경의 질은 개선되겠지만, 현존하는 부의 분배상태는 지속되고 곤란을 받는 것은 저소득층이다.

둘째, 환경규제의 주된 규제대상 집단이 기업인 경우 기업의 규모, 비용 규모, 지리적 위치 등 여러 가지 요인에 따라 기업별로 미치는 영향이 다르다. 규제대상 기업을 대기업과 중소기업으로 구분해 보면 중소기업이 더 큰 타격을 입는다.

셋째, 환경규제는 지역간의 비용과 편익의 분배문제를 야기시킨다. 우선 환경규제의 기준을 지역구분 없이 획일적으로 적용하는 경우에는, 환경오염도가 극히 낮아 지역개발활동을 증진시켜도 오염도의 증가가 크게 우려되지 않는 지역에 기업의 유치 등을 방해하여 지역발전을 저해하는 현상이 나타날 수 있다.

이러한 갈등이 존재하여 시장기능이 마비될 경우 비용-편익의 방법에 의하여

53) 정준금, "환경보호를 위한 의회의 역할," 『의정연구』, 제6집, 한국의회발전연구회, 1993, 7쪽.
54) 정준금, "환경문제로 인한 갈등-환경정책과 사회집단간의 갈등," 『성곡논총』, 제25집 하권, 성곡문화학술재단, 1994, 966쪽.

재산의 비의도적인 변동과 과다한 비용-편익의 사회적 특성을 감안, 이에 대한 보상을 고려할 필요가 있다. 이때에 정책결정자들은 시장이 효과적인 결과를 판단할 수 있도록 외부의 비용과 편익을 재구성해야 한다.

비용-편익분석은 가능하다면 정상적인 시장과정에서 외부효과를 최대한 고려하고, 정부의 간섭을 최소화하는 것이 그 목적이라고 할 수 있다. 그리하여 비시장부문의 간여를 한정시킴으로써 효율성만을 정책결정의 유일한 동기화 원리로 삼자는 것이다.[55] 또한, 정부규제의 비용과 편익을 파악하는 데 있어서 특히 고려해야 할 것은 특정 정부규제가 실시되고 있는 경우와 그렇지 않은 경우를 구별하는 것이다.

여기서 유념해야 할 일은 비용-편익분석에 있어서 환경문제도 모든 다른 문제와 마찬가지로 단지 인간의 욕구충족을 위한 도구적 가치에 불과하다고 보는 입장이 있다. 그리고 보통 금전적 가치로 계산되는 비용과 편익은 인간의 건강이나 자연생태의 파괴, 도덕적 선, 혹은 미적인 고려 등 화폐화할 수 없는 질적 요인보다는 쉽게 구체화될 수 있는 이점이 있다.

비용-편익분석은 이와 같이 시장 정당화에 근거하고 있지만 과연 그것이 정책의 목표와 수단을 판단하는 데 효과적인 수단의 원리가 될 수 있으며, 또한 윤리적 근거가 있는 것인지 의문을 제기할 필요가 있다.[56] 특히 우리나라와 같이 법이 제대로 시행되지 않고 준법정신이 부족할 뿐 아니라 인명을 경시하고 있는 상황에서 이러한 분석방법은 악용될 여지가 많다. 한국에서 비용-편익분석은 사회적 규제의 약화를 합리화시켜 주는 방향으로 오용될 가능성이 높고 그로 인한 피해가 더욱 커질 우려가 있다.

예를 들어, 정부가 각종 규제를 강화하려고 하자 대기업들이 전경련을 중심으로 이에 강력 반발했던 사례가 있고, 정부 역시 경제난을 구실로 환경오염의 자료공개를 기피하거나 산업재해 및 직업병 실태분석 등에 소극적으로 대응했던 경우를 보면 알 수 있다.[57]

55) John Martin Gillroy, ed., *Environmental Risk, Environmental Values, and Political Choices: Beyond Efficiency Trade-offs in Public Policy Analysis*, Bouler: Westview Press, 1993, p.9.

56) *Ibid.*, 29쪽.

57) 최병선, 앞의 책, 799쪽.

4. 환경문제의 분권화

환경문제에 관하여 "생각은 세계적으로, 실행은 지방적으로"(Think Globally, Set Locally)라는 구호처럼 지방자치단체가 그 실천적 주체라는 주장이 강력히 제기되고 있으며, 그것은 지방화의 추세에 부합되기도 한다. 그러나 환경문제가 단지 지방자치의 실현이라는 정치의 차원에서 해결될 성질의 것이 아니고, 고도의 전문기술과 막대한 재정적 투자가 요구되고 있다. 또한 그 관할지역에 있어서도 하늘과 땅, 산과 물, 기후와 생태계 등 광범위하게 분산되어 있어, 그 구체적 해결방식도 논자에 따라 입장이 서로 다르다.

지방자치시대에 있어서 중앙중심적 환경체계는 지방중심적 환경체계로 전환될 수밖에 없으며, 그에 따라 환경문제는 각 지방자치단위별로 해결해야 할 책임이 더욱 커지게 될 것이다. 환경문제는 본질적으로 지역주민의 삶의 질을 증진시키는 차원에서 주민요구에 부응해야 할 지방자치단체의 가장 중요한 대상 중의 하나이기 때문이다.[58]

환경문제는 국민생활의 질을 향상시키는 것으로 정부가 환경오염의 원인을 철저히 규명하여 이를 강력히 규제한다면 그 실효를 충분히 거둘 수 있을 것이라고 예상할 수 있다. 그러나 정책의 실제 집행과정에서 나타나는 결과는 일정치 않으며, 생산의 구조와 계층 혹은 거주지역에 따라 서로 이해가 엇갈려 있을 뿐만 아니라, 정책을 시행하는 정부쪽에서도 중앙과 지방, 중앙부처와 지방정부 상호간의 입장에 따라 그 권한과 책임이 분명치 않다.

이에 관한 대표적 논의로 환경문제의 지역성・광역성에 관한 것을 들 수 있다. 환경의 지방자치라는 시각에서 보면 환경은 그 문제의 발생이 지역적인 특성을 갖고 있고, 따라서 그 책임의 궁극적인 소재도 지방에 있다. 그러므로 이 분야의 분권화가 절실하며, 지역실정에 맞는 환경정책을 세워야 한다는 것이 전자의 주장이다. 이에 반하여 환경문제는 성격상 지역을 초월한 광역성을 특징으로 하며, 전문적 지식을 필요로 하는 국가적 문제이므로 국가가 관장하여 그 궁극적인 권한과 책임을 수행하는 것이 바람직하다는 것이다. 한국에서 이 논의는 구체적으로 지방자치단체의 후견자격인 행정안전부와 환경부간의 관계로 설명할 수 있다. 지방의 경우 시・군의 각 지방자치단체와 수계(水界)에 따라 설치된 각 지방의 환경

58) 김병완, 앞의 글, 35쪽.

관리청과의 관계를 그 예로 들 수 있다. 특히 광역협력을 요구하는 댐건설, 상수원 보호구역 설정, 하수처리, 하천오염관리, 혐오시설 설치 등은 광역성을 요구한다. 이러한 많은 문제를 해결하기 위해서는 제도적으로 상호협력과 분쟁해결의 절차, 중앙정부의 적극적 중재, 불이익을 당한 지역에 대한 보상의 방법, 필요재원의 조달방법 등을 보완하고 법제화해야 한다.

또 하나 제기되는 문제는 지방자치단체 상호간의 문제이다. 소위 지방자치시대에 나타나는 환경마찰의 문제이다. 대표적으로 들 수 있는 것이 님비(NIMBY) 현상이다. 이는 환경오염시설 내지 혐오시설이 '내 집 가까이 들어오면 안된다'(Not In My Back Yard)는 뜻으로 1970년대 후반부터 서구에서 사용되기 시작했는데, 우리나라에서는 지역간 환경마찰의 대명사로 받아들여지고 있다. 그러나 님비현상을 극복하기 위하여 보상원리가 강조되면서 님비는 새로운 국면에 접어들었다. 환경시설 내지 혐오시설의 직접 영향권 내에 들어가는 주민들은 보상과 개발을 목적으로 해당 시설들을 적극 유치하려는 행태를 보인다. 님비의 특성이 부정적인데 비하여, 혐오시설을 유치하려는 핌피(PIMFY)는 긍정적이다. 핌피는 '제발 내 집 마당에 들어오라'(Please In My Front Yard)고 간청하는 것이다.

님비와 핌피는 표리관계를 이룬다. 님비가 환경친화적이라면 핌피는 개발지향적이다. 님비는 직접적・경제적 이해관계가 작용하지 않는 집단에 나타나며 물질적 가치와 환경적 가치의 교환을 거부한다. 개발로 인한 경제적 이해관계가 현저한 집단에서는 님비보다 핌피가 나타나고 물질가치와 환경가치의 교환을 묵인한다. 핌피에서는 종래 부의 축적과 개발이익에서 소외되었던 집단의 한풀이가 중요한 변수로 작용한다.[59] 종래의 님비와 핌피는 정부주도형의 일방적인 계획과 공사에 의하여 비롯된 것이 많다. 지방화시대의 주민들은 자신들의 의사가 반영되지 않는 한 계획에 찬성하려고 하지 않는다. 그러므로 환경문제가 제기될 수 있는 시설의 경우 공개적인 주민합의를 도출해 낼 수 있는 의사결정의 민주화가 선행되어야 한다.

지방자치단체의 기능은 우선 교육・홍보 기능, 자연환경보전 기능, 생활오수처리 기능, 측정・분석기능을 중심으로 보강되어야 할 것이다. 이러한 기능을 활성화시키면서 정책개발과 분쟁조정 기능도 강화시켜 나가야 한다. 창의적인 정책을 개발함으로써 중앙정부의 정책개선에 오히려 기여할 수 있도록 해야 할 것이

59) 전재경, "님비는 지역이기주의인가?" 『그린스카우트』, 3월호, 그린패밀리연합, 1996, 43쪽.

며, 혐오시설과 관련된 분쟁조정 기능은 지방의회와 더불어 적극 나서야 할 것이다. 이렇게 볼 때 전국적 수준에서 환경정책의 기획・결정도 중요하지만 이를 집행하는 과정도 중요하며, 정책의 대부분은 지방에서 집행되고 그 결과가 나타난 곳도 지방이라는 것을 주목할 필요가 있다.[60]

환경문제는 밑으로부터의 주민참여에 의한 절차적 합리성에 따라 해결하는 것이 환경민주주의의 본질이다. 지방화시대에 있어서 지역주민들의 생존문제 내지 이해관계에 따라 복잡한 양상으로 나타나게 될 환경문제를 원만히 해결하기 위해서는 사회・경제・기술적인 여건들이 갖추어져야 하지만, 무엇보다도 정치적인 측면에서 민주주의 정신과 제도 및 절차의 확립이 전제되어야 할 것이다.

제5절 환경정치의 행위자

1. 국내 환경문제의 행위자

어느 사회에서든 그 사회의 모든 구성원들은 환경문제와 연관되어 있다. 환경문제는 정부 혼자만의 노력으로서는 결코 해결될 수 없는 문제이기 때문에 기업과 국민 모두의 환경보전에 대한 인식전환과 이에 따른 실천적인 행동력이 무엇보다도 필요한 것이다. 여기에서는 가정・기업・학교・매스미디어・환경단체에 대하여 설명한다. 정부당국은 이미 환경정책에서 설명했으므로 제외한다.

(1) 가 정

가정이 환경문제에 대하여 가지는 의미는 환경문제에 대한 기초적인 의식을 배태시키는 장이라는 것이다. 가정은 어린이 환경교육의 장으로서, 부모들은 교육자로서 중요한 역할을 한다. 자녀의 취학 이전부터 중심생활 공간에서 환경에 대한 바람직한 가치관과 정서가 자연스럽게 형성되는 곳이다. 취학 이전은 물론이고 공식교육을 받는 동안에도 실생활의 1차적인 경험은 교육의 중요한 원천이 된다. 일상생활에서 환경적으로 바람직한 태도와 행위유형을 실제로 경험함으로써 아이

60) 정회성, “지방자치시대 환경정책의 발전방향,” 『환경포럼』, 제1권 1호, 한국환경기술개발원, 1994, 2쪽.

들은 학교에서 배운 내용을 재확인하고 강화할 수 있다. 환경문제는 그것의 발견뿐만 아니라 해결능력을 길러 준다는 것이 중요하다는 것을 감안할 때, 가정은 바로 이 같은 실천을 할 수 있는 가장 주요한 도량인 것이다.

한편으로 가정은 환경오염의 가장 큰 실체로 작용하고 있다. 수질오염의 가장 큰 비중을 차지하고 있는 것이 공장에서 나오는 폐수라고 일반적으로 생각하고 있으나, 이에 못지 않게 수질을 오염시키는 요인은 생활하수이다. 또한 가정에서 배출되는 음식물 찌꺼기 등의 생활쓰레기 문제도 환경의 주된 오염원이다. 이것은 가정이 가지는 양면성을 말하는 것이다. 다른 행위자와는 달리 가정은 우리 생활에서 가장 중요한 환경교육의 장인 동시에 환경문제를 유발시키는 실체이기도 하다. 가정은 환경문제에 있어 양면성을 가지고 있기 때문에, 환경교육의 내용에 있어서 오히려 의식의 배태와 직접적인 실천을 포함하고 있다. 가정은 개인의 자아가 형성되는 시기에 주된 역할을 담당하고 있다. 그러므로 환경에 대한 기본적인 자아가 형성되도록 부모들이 도와 주는 것이 환경문제에 대한 중요한 역할이다. 세제사용을 줄이고, 재활용과 재사용 가능한 폐기물은 분리하여 배출하거나 재사용토록 한다든지 하는 방식으로 효과적인 폐기물 배출형태를 취함으로써 폐기물량을 줄일 수 있다. 모든 가족 구성원들이 이와 같은 일을 실천함에 의하여 가정은 환경문제 해결에 대한 실습의 장이 될 수 있다.

(2) 기 업

환경오염 문제에 대하여는 기업뿐만 아니라 소비자들의 책임이 커지고 있음에도 불구하고 환경문제의 해결에 있어서는 기업의 역할이 강조되고 있는 이유는 무엇일까? 이는 환경문제에서 기업이 차지하고 있는 비중이 그만큼 높다는 것을 말해 준다. 우리는 환경 하면 먼저 떠오르는 것이 공장의 굴뚝에서 뿜어 내는 매연과 시커먼 공장폐수를 먼저 생각하게 된다. 기업은 환경문제와 관련해 근본적으로 가해자의 운명에 서 있으면서, 또한 환경문제를 해결할 수 있는 주체가 될 수 있다. 기술의 개발로 기업이 미래의 환경오염 문제 해결의 선도자가 될 수 있다.

환경오염에 대한 기업의 행위는 다양하게 나타날 수 있는데, 이를 방어적 행위와 창조적 행위 둘로 나눌 수 있다. 방어적 행위는 환경오염을 발생시키지 않으며, 법이 정한 기준을 만족시켜 국민들로부터 환경오염의 주범이라는 비난을 받지 않는 것이다. 창조적 행위는 기존의 상업영역을 개척하는 수준을 말한다. 환경관련 서비스업, 무공해제품의 생산, 환경오염 방지 등과 같은 새로운 사업을 전개해 가는 행위이다. 실제로 오존층 파괴문제가 대두되기 시작할 무렵에 듀퐁사는 수바 등 프레온을 대체할 물질을 개발했으며, 또한 이산화탄소나 프레온 가스 수집장치를 개발한 것을 예로 들 수 있다.61) 최근 발생하고 있는 환경문제를 이유로 한 각종 무역장벽, 환경오염에 대한 규제의 강화와 더불어 소비자의 환경 마인드 확산은 기업에게 새로운 도전과 기회의 요인이 되고 있다.

유럽의 유수 자동차회사들은 자동차의 폐기물을 줄이기 위해 총량의 70-75%의 재사용을 시도하고 있으며, 이러한 부품 재사용을 새로운 사업영역까지로 확대하는 추세다. 한편, 일본 기업은 총투자비의 10%를 환경부문에 투입하고, 독일은 화학산업에서 총투자액의 19%를, 철강·기계분야는 7%를 환경부문에 투입하고 있다. 듀퐁사가 싱가포르에 세운 듀퐁 스판덱스 공장은 총투자비의 30%를 환경부문에 쓰기도 했다.62) 또한 기업환경 프로그램을 설정하여 성실히 이행해가고 있는 면도 볼 수 있다.

그러나 국내 대기업의 경우 기업 환경프로그램의 수립은 대부분 홍보차원에 그치고 있고, 환경투자도 총투자액의 2% 안팎에 지나지 않는 실정이다. 또 환경투자의 내용도 선진국은 대체물질 등 환경기술 개발, 재활용시스템 연구 등에 주력하고 있으나, 국내기업은 기존 환경설비의 유지·보수와 신규설비 도입에 매달리고 있는 실정이다.63) 우리는 기업활동에 관한 마인드의 새로운 변화가 필요한 시점에 있다. 기업활동이 현재 국내외적 요인으로 어렵다고 할지라도 미래의 새 전망을 보는 환경투자와 환경기술 개발이 요구된다. 이를 위해서는 환경분야에 적극적인 고급인력의 투입을 추진해야 하며, 이들을 전문가로 양성하고 이들에게서 나오는 정책과 연구결과를 신뢰해야 할 것이다. 또한 정부의 다양하고 총괄적인 연구정책과 기업정책의 조화가 필요하다.

(3) 학 교

학교 환경교육은 전인교육의 일환으로써 실시되어야 환경과 교육과정은 환경의 질 향상과 유지를 위한 행동에 참여할 수 있는 인식, 지식, 태도, 기능 등을 균

61) 럭키금성경제연구소 편, 『환경과 기업』, 1992, 94-95쪽.
62) 곽일천, "친환경적 경제의 올바른 내용과 방향," 『환경과 생명』, 제4호, 환경과 생명을 위한 모임, 1994, 32쪽.
63) 위의 글, 33쪽.

형 있게 갖춘 인간을 육성할 수 있는 것이어야 한다. 그러므로 환경교육은 지속성과 연관성을 가지고 이루어져야 한다.

한국에서는 1980년에 환경권이 헌법에 삽입되었고, 학교의 환경교육은 1981년 문교부장관 명으로 고시된 제4차 초·중·고등학교 교육과정에 환경교육이 구체적으로 포함되면서 환경교육이 각 교과별로 강조되기 시작하였다. 1987년부터 시행된 제5차 교육과정에서 환경교육은 어느 특정 교과에 국한되지 않고 여러 교과에서 분산해서 다루었다. 1992년부터 시작된 제6차 교육과정 기간중 1995년 신입생부터 환경교육을 적극적으로 도입하여 독립과목으로 채택하였다. 환경교육은 환경에 대한 올바른 태도와 가치관이 어릴 때부터 생활습관으로 자리잡아야 한다는 점과 교육의 성과가 지역사회에 확산된다는 점에서 매우 중요시된다.

학교교육의 환경문제 해결에 대한 영향력은 자라나는 세대의 자아를 형성하는데 위력적 역할을 한다. 우리나라 환경교육은 교육제도 측면에서, 교육의 내용과 방법 측면에서 소극성과 체계성을 갖추지 못하고 있고, 전문교사도 턱없이 부족하다. 또한 전국 중학교와 고등학교에서 독립된 환경과목을 선택하는 학교의 비율은 12.6%와 15%에 불과하다.[64] 그 후 10년이 지난 시점에서 전국 3,010개 중학교 중에서 환경선택은 403개교로 13.4%이고, 고등학교 2,140개 중 "생태와 환경" 과목은 637개교가 선택하여 29.8%로 비숭이 솜 높아지긴 하였으나 여전히 낮나.[65] 이는 철저한 입시위주 교육의 풍토 속에서 환경이라는 과목은 고입·대입시험 과목이 아니기 때문이다. 또한 교육방법에 있어서도 환경문제라는 분야의 특수성과 관계없이 거의 강의식 위주로 수업이 이루어지고 있는 것도 문제점이다. 이렇게 볼 때 학교에서의 환경교육이 효과적으로 수행되고 그 실효를 거두기 위해서는 입시위주의 우리나라 교육환경의 개선과 교육당국의 성의 있는 태도가 절실하다.

(4) 매스미디어

환경보도에 대한 언론의 관심은 각각 고립되어 생활하고 있는 현대사회에서 인간들을 연대시켜 환경보호를 위해 무엇을 해야겠다는 움직임을 일으킬 수 있는 원동력이 될 수 있다. 인간은 사회와 자연환경의 변화를 미리 감지함으로써 이에 적절히 대응하고 극복해 나갈 수 있게 된다. 그러나 이러한 지식과 정보는 오늘날

64) 환경부, 『환경백서』, 환경부, 1998, 146쪽.
65) 환경부, 『환경백서』, 2008, 117-118쪽.

과 같이 발달된 사회에서는 언론의 도움 없이 개인의 능력으로는 수집할 수 없는 것이 현실이다. 이 같은 관점에서 환경보호를 위한 방안으로 다시 한번 언론의 중요성이 강조된다. 환경부가 1995년 말에 조사한 바에 의하면, 환경보전이나 환경문제에 대하여 인지하는 경로로 TV 75.4%, 신문 18.4%를 들고 있어 그 위력이 어느 정도 크다는 것을 실감케 한다.[66] 그 후 조사는 없었으나 그 비중은 더 높아진 것으로 판단된다. 현대에서 가장 큰 대중교육기관인 언론을 통한 환경보호 캠페인의 중요성과 당위성은 이런 관점에서 성립될 수 있다.

언론의 환경정책에 대한 비판적인 보도는 정부로 하여금 정책을 수정 또는 개선시키는 압력을 가하는 역할을 한다. 이것은 언론의 정책평가로 볼 수 있는데, 언론은 주로 환경규제제도나 환경정책의 집행과정에서의 오류나 부조리 등을 지적함으로써 환경정책의 개선 또는 강화에 기여한다.

프리드먼(S. M. Frieman) 등은 매스미디어가 환경문제를 보도할 경우 우선적으로 제공해야 할 사항으로 다음 네 가지를 지적하고 있다. ① 매스컴은 특정의 환경문제와 관련하여 최대한의 배경보도를 제공하고 설명해야 한다. ② 매스컴은 환경오염의 정도에 대한 완벽한 정보를 제공해야 한다. ③ 매스컴은 특정의 환경오염이 국민의 건강과 환경에 미치는 영향에 대해 최대한의 정보를 제공해야 한다. ④ 매스컴은 환경오염과 관련하여 파생되는 위험부담을 객관적으로 보도해야 한다[67]이다.

환경문제를 다루는데 있어서 언론은 단순히 사실을 알리는 것만으로 그 역할을 다하는 것으로 생각해서는 안된다. 환경감시의 기능을 모든 국민의 차원으로 끌어올릴 필요가 있다. 환경문제를 언론이 필요로 하는 단순한 뉴스가치로서의 차원이 아닌 국민적인 관심사로 부각시켜야 한다는 것이다.[68] 즉, 언론은 환경문제에 관한 정보를 정확히 알림으로써 시민들로 하여금 환경문제의 중요성을 인식케 하여 환경문제를 여론화하는 기능을 수행해야 한다. 언론의 환경보도는 시민들의 환경의식을 높여 주며, 환경보호 여론을 조성한다. 언론은 국민들로 하여금 환경문제를 체계적으로 인식할 수 있도록 도움을 주어야 한다. 이것이 언론이 환경교육

---

66) 환경부, 『환경백서』, 환경부, 1995, 57쪽.

67) S. M. Friedman, C. M. Gorney and B. P. Egolf, "Reporting on Radiation: A Content Analysis of Chernobyl Coverage," *Journal of Communication*, Summer 1987, pp.58-79.

68) 김재범, "환경보호캠페인과 언론의 역할," 『언론학보』, 제15집, 한양대학교 언론문화연구소, 1995, 183쪽.

차원에서 직접적인 역할을 할 수 있는 가장 중요한 것이다.

(5) 환경단체

우리나라에서는 1980년대 중반 이후 환경운동의 스펙트럼이 확대되었을 뿐만 아니라, 환경문제에 관심을 갖는 운동단체도 대거 확산되었다.[69] 환경운동단체 활동은 1990년을 전후하여 반공해운동으로부터 새로운 환경운동으로 전환했다. 근본적으로 사회변혁의 유토피아는 사라지고 지속가능한 개발이라는 이름 아래 현실주의가 새로운 환경운동을 지배하게 되었다.[70] 기존의 공해추방운동연합을 주축으로 한 환경운동연합이 창립되었고, 이 단체에서는 '모두가 가해자이자 피해자'라는 논리를 수용하면서 '시민 개개인들의 무절제한 소비'가 환경위기의 중요한 원인 가운데 하나라고 주장하게 되었다. 공추련이 민주화를 통해서만 환경문제를 근본적으로 해결할 수 있다는 근본주의적 주장을 제기한 데 반해서, 환경운동연합은 '환경친화적인 산업구조, 기술개발, 생활양식'을 통해 환경위기를 해결하고자 하고 있다.[71] 한국의 환경관련단체는 허가법인 214개, 비영리등록단체 94개, 이들 중 중복단체는 49개로 총 259개가 있는 것으로 파악되고 있으나,[72] 그 외에 각 지역적으로 더 많은 환경관련 임의단체들이 존재하는 것으로 추정된다.

환경파괴와 오염이라는 산업사회의 부정적인 측면에 대한 인식의 확산이야말로 환경단체 생성의 동기가 된다. 환경문제에 대한 첨예하고 지속적인 문제의식이 환경의식이라면, 환경의식의 성장은 환경운동을 발생시키는 전제조건인 것이다.[73] 그러므로 환경단체는 직접적으로 환경문제에 관여하고 이를 해결하려는데 그 목적이 있는 것이다. 각 환경단체의 환경운동은 성격에 따라 환경주의운동과 생태주의운동으로 구분할 수 있다. 환경주의운동단체는 자연보호캠페인, 쓰레기줄이기운동, 자원재활용과 같이 생활환경운동을 주로 한다. 여기에 비하여 생태주의운동 단체

69) 1982년 5월에 한국 최초의 전문환경운동 조직인 한국공해문제연구소가 출범하였다. 이 연구소는 심화된 환경위기에 대응할 필요성이 높아짐에 따라 종교인과 지식인들이 중심이 되어 결성한 단체로서, 1985년 온산공단의 집단괴질을 조사하여 '온산병'이라는 이름을 붙여 사회문제화시키는 데 성공하였다. 정수복, "환경운동의 형성과 발전," 시민환경연구소 엮음, 『환경의 이해』, 환경운동연합출판부, 1993, 283-284쪽.

70) 정수복, "환경운동의 평가와 과제," 『환경과 생명』, 겨울호, 1995, 47쪽.

71) 구도완, "한국환경운동의 전망과 쟁점," 『환경과 생명』, 제3호, 환경과 생명을 위한 모임, 1994, 182쪽.

72) 환경부, 『환경백서』, 2008, 123쪽.

73) 정수복, 앞의 글, 1993, 274쪽.

는 단순한 자원의 재활용이 아니라 근본적으로 소비를 줄이고, 나아가 다른 소비양식을 창출하는 적극적인 차원에서 환경문제를 풀어 나가려 한다.[74] 또한, 국제적인 지구환경규범 체제를 새롭게 만들어 내기 위하여 활동하고 있는 국제적 환경단체들도 있다.

2. 국제 환경정치의 행위자

환경분야 중요 행위자로 국민, 국가, 국제기구, 비정부단체, 기업 등을 들 수 있다. 환경문제는 국제정치상 중요 쟁점인 안보나 경제 등 총체적 협력으로 해결될 수 있는 것이며, 어느 한 부문 행위자의 일방적 협력으로는 그 해결이 불가능하기 때문에 이들 모두가 중요한 논의의 대상이 되고 있다. 여기에서는 국가와 국제기구, 비정부기구만 설명한다.

(1) 국 가

환경문제 해결을 위하여 가장 중요한 특징은 주권국가의 협력이 매우 어렵다는 점에 있다. 세계 환경정치에서 주권국가들이 수행하는 중요한 역할로 우선 환경레짐 형성에 관여하는 일을 들 수 있다.[75] 국가는 국제법을 제정하는 협상당사자로서 이를 추진・지지하거나 유보・반대하기도 하고, 또한 국제기구의 회원국에 가입, 국제행동에 직접 참여하는 등 환경정치에 직・간접적 영향을 미치고 있다. 그러나 각 주권국가들은 당면한 국내문제와 관련해서 목전의 국가적 목표에 전념하지 않을 수 없고, 이러한 국가적 이해와 갈등이 복잡하게 얽혀 있어 국제사회에서 국가간 협력을 확보하는 일은 결코 쉬운 일이 아니다.

국가 행위자가 세계 환경문제에 관하여 그들의 이익을 규명하고 역할을 선택하는 일은 주로 국내외 정치적・경제적 이해와 이데올로기적 흐름에 따라 결정된다.[76] 국가가 환경문제에 관하여 이를 반대・지지하거나 혹은 추진하는 일은 먼

---

74) 위의 글, 307쪽.

75) 국제레짐은 일반적으로 국제관계상 특정의 쟁점영역에 관하여 정부들이 합의하여 명시한 제반 원칙, 규범, 규칙, 의사결정절차이며, 이에 따라 국가들이 취하는 집단행동의 형태, 제도화된 협력이다. 국제레짐은 정부에 의한 여러 가지 정도의 지지와 함께 국제조직, 다자간 조약, 제도, 회의, 협정들이 느슨한 연결망으로 조정되어 특정화된다. 예를 들면, 발틱해의 해양환경보호, 유럽의 광역대기오염규제 또는 생물다양성보존 같은 경우가 이에 해당한다.

76) Porter & Brown, *op. cit.*, p.33.

저, 국내 경제・관료세력과 환경 지지자들의 상대적 힘과 영향력에 의존하며 광범위한 국내정치적 현안문제에 관련된 이데올로기적 역할도 중요하다.[77]

한국은 오존층 보호에 관한 빈협약을 비롯한 대부분의 주요 국제환경협약에 가입하고 있다. 이에 따른 환경규제의 강화는 단기적으로 국내기업의 원가부담 가중으로 국제경쟁력이 저하될 위험성이 높다. 다만 장기적으로 보아 경제적 유인제도의 도입 등을 통한 규제 강화로 그 긍정적인 측면에서 이익을 추구하는 것이 바람직하다는 주장이 있다. 즉 소비자들의 소비패턴이 환경친화적으로 바뀌고 기업의 혁신이 촉진된다면, 국내 환경개선은 물론 잠재성이 큰 환경산업 및 환경친화적인 상품의 수출증대로 오히려 국제경쟁력을 증대시킬 수 있다는 것이다.[78]

(2) 국제기구

국제기구는 국제레짐보다 폭넓은 개념으로 이해할 수 있는데, 환경레짐의 핵심개념을 이루고 있는 원칙, 규범, 규칙 및 정책결정 절차를 형성・발전시키는 데 중요한 역할을 한다. 국제레짐의 기능도 때로 국제기구의 도움 없이 이루어지지만 경우에 따라서는 국제기구의 역할에 대하여 보완되기도 한다.[79] 국제기구 중심의 분석을 강조하고 있는 국제기구 이론 모델에 의하면, 국제기구는 국제레짐이 운영될 수 있는 여건을 제공해 주며, 레짐의 지속성과 변화를 설명하는 데 도움이 된다.

국제기구는 가맹국들이 유엔이나 기타 여러 가지 형태의 지역기구처럼 다양한 목적을 갖고 설립한 경우도 있고, 유엔의 전문기구와 같이 보다 구체적인 목적을 위해 조직한 경우도 있다. 국제기구는 1972년 이래로 세계 환경정치에 영향력을 증대시키고 있는데, 포터와 브라운은 영향력을 행사하는 방식을 다음 네 가지로 요약하여 설명하고 있다.[80] ① 국제기구는 세계적인 행동을 필요로 하는 의제를 확정하고 국제사회가 다루어야 할 이슈를 결정할 수 있다. ② 국제기구는 국제환경레짐에 관한 협력을 주관하고 영향을 미칠 수 있다. ③ 국제기구는 여러 가지 환경문제에 관하여 규범적 행동규범을 약한 법의 형식으로 발전시킬 수 있다. ④

77) *Ibid.*, pp.33-35.

78) 민병승, "환경문제의 국제화와 국내 정책대응,"『환경포럼』, 제2권(통권24호), 한국환경기술개발원, 1995, 6쪽.

79) 박재영,『유엔정치론』, 법문사, 1994, 25-26쪽.

80) Porter & Brown, *op. cit.*, 1996, pp.41-42.

국제기구는 국제적 협상이 이루어지지 않고 있는 문제에 관하여 국가의 정책에 영향을 미칠 수 있다.

국제 환경문제를 다루고 있는 대표적인 국제기구로는 유엔환경계획(United Nations Environment Programme: UNEP)이다. UNEP는 국제적으로 광범하게 확산된 심각한 환경문제를 유엔의 테두리 안에서 해결하려는 정책조정의 일종의 촉매적인 역할을 수행하는 기관이다. 또한 유엔 총회는 지구환경교섭을 주최하고, 스톡홀름 환경회의 20주년을 맞아 유엔환경개발회의(United Nations Conference on Environment and Development: UNCED)를 발족시켰다. 이 회의는 모든 국가에서 '환경적으로 건전하고 지속가능한 개발'을 촉진하기 위한 방안을 모색, 실천적인 국제협약을 체결하는 것을 목적으로 「개발과 환경에 관한 리우선언」, 「삼림보전원칙선언」, 「의제 21」(Agenda 21)을 채택하였다.

UNEP이나 UNCED 이외에 환경문제 및 환경개발에 관한 활동을 벌이고 있는 유엔기구로는 UNESCO, WHO, FAO, ILO, UNGAD, IBRD, IMF 등을 열거할 수 있다. 유엔 이외의 중요한 국제기구로 지역기구인 유럽연합(EU), 미주기구(OAS), 아프리카단결기구(OAU)와 경제협력개발기구(OECD)가 있어 환경에 관한 공동정책 프로그램을 설치·운영하고 있다. OECD에는 환경업무를 담당하는 환경위원회가 있어 전반적인 환경보전 및 개선정책에 대한 검토와 회원국간의 환경정책을 조정·제안하는 기능을 수행한다.

(3) 환경 NGO

NGO(Non Government Organizations)가 세계 환경정치의 새로운 중요한 세력으로 대두된 것은 지구환경 보호문제가 세계정치의 중요한 쟁점으로 부각된 것과 때를 같이 한다. NGO의 수가 어느 정도인가에 관한 정확한 통계는 없지만, 한 세계환경기구의 통계에 의하면 약 4,000개 이상으로 추산되고 있으며,[81] 이들 단체가 각 국가에서 각 분야 환경보호 활동을 벌이고 있다.

그 동안 세계환경보전 분야가 제대로 활성화되지 못하고 있는 것은 국제정치 차원의 기구나 조직의 대응보다도 각국 정부의 지도자나 정책결정자들의 소극적인 대응자세에도 문제가 많다. 이같이 환경문제 극복을 위한 의지와 능력이 부족한

81) 그러나 UN이 비영리, 자원단체로 인정한 NGO는 1982년 15,000개 이상이라는 주장이 있다. John McCormick, *The Global Environmental Movement*, London: Belhaven Press, 1989, pp.132-133.

상황하에서 비정부기구 지도자들은 연구와 교육 활동을 증진하고 상호 집단을 이루어 정부에 압력을 가하며, 특히 정보・통신의 급격한 발달과 그들 간의 전 세계적 연대로 그들의 환경보호 역할을 다하고 있다.

포터와 브라운은 NGO의 활동상황을 크게 보아 선진국과 개도국별로 나누고 특히 전자의 경우 셋으로 유형화하여 설명하고 있다.[82] 선진 공업국가에 있어서 세계 환경정치에 참여하고 있는 대부분의 NGO는 다음 세 범위에 해당한다. 즉 ① 국제 NGO에 가입한 조직으로 많은 국가들에 지회를 가지고 있는 단체,[83] ② 주로 국내 환경문제에 초점을 두고 있는 대규모 국내조직,[84] ③ 싱크탱크 연구기구로 주로 출판이나 행동을 위한 제의를 발하는 단체 등이다.[85]

개도국의 환경 NGO는 주로 빈곤 및 환경문제와 직결된 발전 문제에 관심을 쏟고 있다. 그들은 토지이용, 삼림관리, 어업권, 자원의 재분배 등에 중점을 두고 활동한다. 물론 칠레와 아르헨티나의 NGO처럼 오존층에 관심이 있는 NGO 등 예외는 있다. 개도국 NGO들도 흔히 국가 차원의 연합을 이루고 있다. 예를 들어, 브라질의 NGO포럼은 UNCED가 개최되었을 때 1,000여개의 단체가 이에 연합하였고, 인도네시아의 환경포럼(WACHI)은 전국에 걸쳐 450개 이상의 단체를 포괄하고 있다.

환경 NGO들이 국제환경레짐에 영향력을 행사하는 방법은 다양하나 대개 다음 5개의 유형으로 구분하여 설명할 수 있다.[86] ① 환경문제에 관한 새로운 이슈를 제기하거나 기존 문제를 재구성하여 세계 환경문제의 의제 형성에 영향을 미친다. ② 본국 정부 혹은 타국가의 정부를 상대로 새로운 제안을 내놓거나, 소비자

---

82) Porter & Brown, *op. cit.*, 1996, pp.51-52.

83) 대표적인 NGO는 지구의 벗 인터내셔널(Friends of the Earth International: FOEI), 그린피스(Greenpeace), 유럽환경사무국(European Environmental Bureau: EEB), 세계생물보호기금(World Wildlife Fund: WWF) 등이다. 그린피스는 급속하게 성장하여, 현재 500만의 회원이 가입해 있고, 30개 국가에 43개 지부가 설치되어 있다. 상근직원 1,330명, 연간 1억 5-7,000달러의 예산으로 운영되고 있으며, 환경문제를 다루기 위한 6개 분과가 있어 대기 및 에너지 핵과 폐기물 처리, 해양오염 방지, 삼림보호 등에 집중적인 관심을 갖고 있다.

84) 주로 미국의 대규모 환경단체로 시에라클럽, 오더본협회(National Audubbon Society), 야생생물협회(National Wildlife Federation: NWF) 등을 들 수 있다.

85) 보통 사적인 기부금이나 계약에 의하여 설립되며 전문기술과 연구프로그램에 의거하여 세계환경정책에 영향을 미친다. 그 적절한 예로, 워싱턴 D. C.에 있는 세계자원연구소(World Resources Institute: WRI), 런던과 부에노스 아이레스(Buenos Aires)에 있는 국제환경개발연구소(the International Institute for Environment and Development: IIED)가 있다.

86) Porter & Brown, *op. cit.*, 1996, p.54.

보이코트, 계몽교육 캠페인을 벌이고 소송을 제기하는 방식으로 환경정책 개선을 바라는 압력이나 로비활동을 한다. ③ 환경에 관한 회의에 앞서 그 초안을 작성하여 내놓는다. ④ 국제적 협상과정에서 로비활동을 벌인다. ⑤ 회의의 진행을 청취·감시하고 사무국이나 각 정파들에 보고한다.

1980년대말 이래 UNEP, World Bank 기타 국제기구들은 시민단체, 운동그룹 등 NGO와의 관계를 보다 긴밀히 하고 그 제도화를 위한 여러 조치를 강구하였다. 가령 1987년 UNEP는 NGO를 위한 인적 자원과 기금 제공, 아시아·아프리카 지역들의 NGO 네트워크 설치 등을 제시하였고, 세계은행도 「NGO와의 협조」라는 업무지침서를 발간, 개발도상국 NGO들의 참여 역량을 높이는 조치를 취하였다.[87] 특히 1992년 6월 리우회담의 준비과정에서 NGO들의 활동은 괄목할 만한 것이었다. 1991년 제네바에서 열린 UNCED 준비위원회에 약 200개의 NGO들이 공인을 받았으며, 뉴욕의 최종 준비위원회에는 500개 NGO들이 1,200명 회원을 동원한 바 있다.[88] 지구정상회담에는 150개 국가 이상의 대표자를 비롯 약 1,400개 NGO가 참석했고, 18,000명이 병행회의인 「지구포럼」에 참여하였다.[89]

그러나 NGO들의 활동은 그들이 로비를 벌이고 있는 제도 자체의 본질과 활동대상이 가지고 있는 한계를 가지고 있으며, 이들의 활동을 최대한 보장할 수 있는 체제의 여러 가지 속성(예를 들어, 정치체제나 법률 형태, 매스컴의 대응 등)에 따라 영향을 받고 있는 것도 또한 사실이다. 국제 NGO가 당면한 문제점으로 다음 다섯 가지 요인을 지적할 수 있다.[90]

첫째, 가장 근본적인 문제는 NGO가 로비활동을 벌인 대상으로 국제레짐 자체의 영향력에 관한 것이다. 국제 NGO가 UNEP나 FAO, UNESCO 등 국제기구에 강력한 영향을 미친 것은 사실이지만, 사실 유엔체제란 모든 회원국들에게 구속력을 가진 결정권이 없을 뿐 아니라, 재정·인력 등 제약요인들 때문에라도 단지 한정된 힘을 가지고 있음에 불과하다. 한마디로 로비의 대상인 유엔의 힘이 취약하다는 것이다.

둘째, 국제법 자체가 가지고 있는 고유의 약점이다. 국제법이나 국제협약은

87) 박홍순, "환경, 국제기구 및 국내정치: 새로운 패러다임을 위하여," 『지속적 성장과 환경보호정책』, 한국정치학회, 1995, 117쪽.

88) Porter & Brown, *op. cit.*, 1996, p.58.

89) 박홍순, 앞의 글.

90) McCormick, *op. cit.*, pp.131-134.

야생보호, 대기오염 방지, 수질악화 방지, 유해폐기물 이동, 포경문제 등에 관한 많은 규약 혹은 법률체계를 갖고 있으나, 그러한 법의 적용은 일정치 않다. 국내 NGO와는 달리 국제 NGO는 국제법 시행의 지지를 확보할 만한 반사이익을 갖고 있지 않다.

셋째, 국제 NGO는 그들에게 강력한 정치적 힘을 제공할 지지군을 결여하고 있다. 그린피스나 세계생물보호기금 등 상당한 회원을 확보하고 있는 NGO들의 활동도 국내 수준에서 행사했던 그들의 막강한 영향력을 국제 수준의 힘으로 전환하지는 못하고 있다.

넷째, 국제 NGO는 국내 NGO처럼 회원으로부터 지출한 회비나 거래, 여론에의 호소 등의 수단을 갖고 있지 않기 때문에 기금확보에 어려움이 많다.

끝으로, 문화적 차이에서 생기는 문제로 원래 로비활동이나 압력단체란 것은 서구적인 개념으로 비서구국가들에서 이들의 요구를 받아들여 정책을 형성하고 추진해 나간다는 것은 생소한 것이다. 따라서 북미나 유럽에서 지지를 얻고 영향력을 행사하고 있는 국제환경 NGO들이 아시아나 아프리카, 남미 등에서 정부에 직접적인 영향을 미치리라는 것은 어느 정도 상당한 핸디캡이 뒤따르기 마련이다.

이상에서 국제환경의 행위자로 국가, 국제기구, 환경 NGO를 들어서 설명하였는데, 국제환경회의는 이들을 아우르는 것으로 볼 수 있다. 1992년 '세1차 지속 가능한 발전을 위한 세계정상회의(WSSD)' 이후 정부간 협상위원회는 그들이 내놓을 공약과 개발도상국에 대한 재정・기술적 지원, 절차・제도적 문제점 등을 논의하여 기구온난화 원인인 온실가스 배출을 줄이기 위한 방법을 찾아왔다. 1995년 3월에 유엔기후변화협약(UNFCCC)의 제1차 당사국총회가 157개국에서 정부대표단과 환경 NGO들이 참석한 가운데 베를린에서 개최되었다. 1997년 일본 교토에서 열린 제3차 당사국총회에서는 선진국의 온실가스 감축방안을 담은 '교토의정서'가 채택되었다. 여기에 2008년부터 일차적으로 온실가스 감축의무를 지는 부속서 국가들에 대한 법적 구속력 있는 배출량 목표를 포함하고 있다.[91]

교토의정서는 제11차 몬트리올 당사국총회에서 발효되었으며, 2013년 이후 기후변화체제 논의를 위한 협의체 구성에 합의하였다. 그러나 선진국들의 불참 등을 많은 문제점이 노정되고 있는 가운데, 2012년 11월 카타르 도하에서 열린 제18차 당사국총회를 계기로 일단의 위기를 넘겼다. 2012년 이후 만료되는 교토의정서를

91) 김창희, 『비교정치론(제2판)』, 삼우사, 2013, 411-412쪽.

8년간 연장하여 2020년에 새로운 기후변화체제를 출범시킨다는 것이다. 국제환경문제를 해결하기 위한 협의과정에서 두드러진 점은 선진국과 개발도상국 사이의 대립으로 서로에게 책임을 떠넘기려 하는 것이다. '지구는 하나 뿐이다'라는 말을 되새기게 하는 대목으로, 국제환경정치의 중요한 연구과제이기도 하다.

제10장

국제정치론

제1절 국내정치와 국제정치

제2절 국제정치에 관한 제 이론

제3절 국제정치에서 국력과 권력이론

제4절 국제기구

제5절 국제정치의 흐름과 21세기 국제정치

제1절 국내정치와 국제정치

지금까지 우리가 공부한 내용은 정치체제 내의 문제들에 관한 것으로 사람들의 의식이나 행태, 이념 그리고 가치의 배분을 중심으로 한 참여의 형태 및 집단활동 등 국내정치에 관련된 것이었다. 정치는 크게 보아 국내정치와 국제정치의 두 분야로 나눌 수 있는데, 국제정치는 국가를 비롯해서 국제적 기구나 단체간의 작용으로 나타나는 정치적 대립과 협력관계로서 국내정치와 밀접·불가분의 관계에 있다. 그러나 국제정치는 그 연구의 대상이나 정치적 영향력에 있어서 국내정치와는 사뭇 다르다.

서로 다른 정치단위 사이에 국경을 초월한 교류에 교섭이 현저하게 이루어진 것은 유럽의 근대민족국가가 성립된 17세기 이후이며, 이 근대 주권국가간의 정치현상을 국제정치(international politics)라고 부른다.[1] 대부분의 경우 국제정치는 국제관계(international relations)와 동의어로 사용되고 있는데, 엄격한 의미에서 양자는 구분되어야 한다. 즉 국제관계는 공적이건 사적이건, 혹은 민간단체이건 정부단체이건 모든 개인과 집단 사이에 있어서 국가간의 경계를 가로지르는 모든 부문의 관계를 지칭하는 것으로, 정치적·경제적·법적·사회적·문화적 제 관계를 망라한 개념이다. 반면에 국제정치는 국제관계 중에서도 공적인 상호관계, 즉 각국의 사적 기관이나 개인간의 교류 및 관계가 아닌 국가간의 상호작용을 말하는 것으로 국제관계의 가장 중요한 영역이다.[2]

원래 국내정치와 국제정치는 모두가 정치현상을 대상으로 하고 있는 것이므로 그 추구하는 가치에 있어서 전혀 이질적이라고 말할 수는 없다. 국내정치는 본래 정치가 미치는 영향이 한 나라 안에 한정되고 하나의 권력기관이 존재하여 권력을 집중시킨다. 하지만 국제사회에 있어서는 다수의 주권국가가 존재하고 있고 각 국가는 스스로 무력행사까지를 포함하는 행동의 자유를 갖고 있다. 이와 같은 국제정치의 구조적 성격이 궁극적으로는 폭력의 합법적인 행사까지도 인정하는 제 국가간의 여러 가지 형태의 홍정, 협력, 분쟁 등으로 나타나고 있는 것이 현실이

1) 이경희, 『현대국제정치학』, 형설출판사, 1988, 13쪽.
2) 구영록 외, 『정치학개론』, 박영사, 1996, 394쪽.

다.[3] 말하자면 주권평등의 수평적 관계에 따라 일원적인 권력이나 중심적인 통제력 있는 권위가 존재하지 않는 국제정치의 장은, 항상 불확실하고 위험요인을 안고 있어 언제 전쟁이 발생할지 모를 불안한 상태에서 적자생존 및 약육강식의 힘(권력)의 정치가 그대로 지배하고 있다.

최근 국제화시대에 들어와서 국제정치는 단지 국가간의 관계에 한정된 문제가 아니며, 개개인의 일상생활에까지 밀접한 관련을 갖고 크고 작은 문제들에 영향을 미치고 있다. 이른바 다국적기업이라는 초국가적 국제주체가 거의 모든 국가에 침투하고 있으며, 기타 많은 민간단체들이 국제사회에 있어 공인된 압력단체로서 정치적 영향력을 행사하고 있다. 이와 같이 국제정치와 국내정치는 그 뚜렷한 영역을 구별할 수 없게 되었으며, '국내정치의 국제정치화' 및 '국제정치의 국내정치화'의 연계현상이 현저히 나타나고 있다.

오늘날 국제정치와 국내정치와의 관계에서 보여지는 이러한 연계현상의 대두 배경에는 적어도 다음과 같은 세 가지 구조적 요인이 작용하였다는 사실에 주목할 필요가 있다. 첫째는 전략, 자원, 기술, 무역 등을 둘러싸고 여러 국가들 사이에 상호의존 관계가 깊어짐으로써, 국제관계가 긴밀한 이해관계의 중첩상황을 보이게 되었다는 것이다. 실제로 오늘날에 와서는 한 나라 또한 한 지역에서의 변화는 전세계적인 규모로 서로 영향을 미치게 되었다. 둘째는 국가 이외의 주체가 외교관계에 등장하게 되었다는 것이다. 즉, 비정부조직(Non-Governmental Organizations: NGO)에 의한 초국가적인 국제관계의 탄생이다. 이 근년에 이르러 다국적기업은 물론 자매도시의 제휴 등 국경을 초월한 초국가적인 운동이 활발해지고 있다.[4] 셋째는 냉전체제가 붕괴되고 미국을 정점으로 한 세계체제가 구축됨으로써 한편으로는 군사력에 의한 위협의 룰(rule)이 기능마비를 보이고, 한편으로는 이 세계체제에서 이탈하는 국가는 새로운 지배체제에 의해 제재를 받는 군사력의 구조변화가 생긴 것이다. 이것은 국제정치가 타협의 룰을 보다 더 필요로 하는가 하면, 경우에 따라서는 타협의 룰이 무시되는 이중성을 갖게 되었음을 의미한다.

이상에서 논의된 국내정치와 국제정치의 상이점과 유사성을 간단히 열거하면 다음과 같다.[5]

---

3) 이극찬, 『정치학』, 법문사, 1999, 691쪽.
4) 위의 책, 693쪽.
5) 김순규 외, 『정치학개론』, 박영사, 1989, 435-439쪽.

1. 국내정치와 국제정치의 상이점

(1) 정치적 목적

국내정치는 정당, 계급, 민족 등의 직접적인 투쟁목표가 기존의 국가권력의 경쟁에 있으나, 국제정치는 자국의 주권을 확대・강화하는 것이며, 가능하다면 국가간의 새로운 통합적 권력을 수립하는 것이 그 이상이다.

(2) 정치적 수단

국내정치에서는 정치적 목적을 위해 무기소유나 폭력행사 등 부조리한 행동을 원칙적으로 금지하고 평화적 수단만을 인정하고 있으나, 국제정치에서는 무력사용을 현실적으로 용인하고 있다.

(3) 정치의 주체

국내정치에서는 정치활동 주체로서 개인의 존재가 뚜렷하지만, 국제정치에서는 대체로 국가를 통해서 간접적으로 개인의 존재를 인식할 수 있다.

(4) 권력관계의 성질

현실주의적 측면에서 보아 국내정치상 집단관계는 상하관계, 불평등한 주체간의 관계인 데 반하여 국제정치에 있어서의 국가 상호관계는 원칙상 대등하게 전개된다.

(5) 체제상의 특징

국제사회에는 국내정치가 가지고 있는 공통의 도덕적 판단을 반영하는 법률이나 강제력이 없고, 국내정치가 체제통합적이라면 국제정치는 체제경쟁적이라 말할 수 있다. 국내정치에서는 이질적인 통치권이 병존할 수 없는 데 반하여, 국제정치에서는 상호대등한 관계에 있는 각 국가의 통치권이 경쟁적으로 병존한다.

2. 국내정치와 국제정치의 유사성

이상 국내정치와 국제정치는 그 투쟁의 목표・수단 및 주체 등에 있어서 차이가 있음을 검토하였는데, 그것은 근본적인 차이라 볼 수 없고 다음 여러 중요한 점에서 유사한 점이 많다.[6]

첫째, 국내정치와 국제정치는 모두 개인이나 집단으로 활동하는 인간의 갈등을 내용으로 하고 있다. 개인이나 단체의 가치관과 이해는 서로 다르며 심지어는 상반되기도 한다.

둘째, 국내정치와 마찬가지로 국제정치에 있어서도 개인이나 단체간의 가치획득을 위한 투쟁은 잘못된 것이 아니고, 정상으로부터 벗어났지만 정치와 인간생활 자체에 있어서 중요한 기본요소이다. 국내정치 못지않게 국제정치도 '누가 무엇을 언제 어떻게 획득하느냐'에 대한 영원한 투생이 전개되고 있는 것이다.

셋째, 국내정치나 국제정치에서 정치문제에 대한 한 쟁점이 다른 쟁점으로 대체될 때 항상 대립하는 개인과 집단의 개편이 이루어진다는 것이다. 국내정치와 마찬가지로 국제정치에 있어서 어제의 동맹국이 오늘의 적이 될 수 있고, 그 반대 현상도 일어난다.

넷째, 국내정치이든 국제정치이든 대결하는 집단들은 간혹 자신들의 목표를 달성하기 위해 무력을 사용한다는 것이다. 역사상 국제전에서의 인명피해보다 국내전에서의 인명피해가 더 많았음을 우리는 상기할 필요가 있다. 그러나 국내적 폭력은 국제전과는 달리 대규모 핵전쟁과 인류의 파멸로 발전될 가능성은 비교적 적다.

이러한 유사현상은 최근 국제정치와 국내정치가 상호 깊이 연관되면서 그 차별성이 더 약화되고 있다. 즉, '국제정치의 국내정치화'와 '국내정치의 국제정치화'가 확산됨과 동시에 인적 교류와 물적 교류의 확대, 빠르고 통일된 정보망의 구축 등은 국가간의 간격을 더욱 좁히고 있는 것이다. 특히 정부 이외의 주체가 외교관계에 등장하고 냉전체제가 해체되어 데탕트(détente)로의 전환과정을 계기로 지구촌적 권력재편 현상이 나타나게 되었는데, 이는 탈국가적인 국제계획과 공동체를 이루는 문제와 연관되어 있다. 국가의 기능은 이와 같이 계속 후퇴하여 그 역할이 축소되고 있는 것 같지만, 다른 한편으로 국가는 내셔널리즘을 내세우고 새로운 기능을 떠맡기 위해 더욱 노력하고 있다.[7]

---

6) 위의 책, 437쪽; Austin Ranney, 권만학 외 역, 『현대정치학』, 을유문화사, 1998, 583-585쪽.
7) 이경희, 앞의 책, 280쪽 참조.

제2절 국제정치에 관한 제 이론

국제정치학은 국제사회의 정치적 현상을 연구대상으로 한다. 말하자면 국제정치현상을 기술·설명하고 이의 예측을 위한 이론을 설립하는 것이 그 중요한 과제이다.

여기에서는 우선 국제사회의 분석단위와 그 행위자의 문제분석을 위한 주요 요소, 그리고 그 동안 학자들이 내놓은 제 이론을 간단히 소개한다.

1. 국제정치의 단위

국제정치현상을 연구함에 있어서 가장 기본적인 분석단위는 민족국가 혹은 국민국가라 볼 수 있다. 이러한 민족국가 내지 민족을 국제정치의 단위로 정당화시켜 고려하게 된 것은 내셔널리즘이다. 근대국가가 성립되면서 일정한 지역을 가진 민족을 기반으로 그 영토 내에 외부세력의 침투를 막아 왔으며, 이들 국가가 확고한 존재로서 국제사회를 구성하게 된 것이다. 그러나 국가들의 무한정한 자기주장은 결국 제국주의를 대두시켰고 대국주의·패권주의가 나타났다. 이들은 20세기초에 이르기까지도 방대한 해외식민지를 지배하여 그들의 산업발전에 필요한 자원과 시장을 확보하였으며, 이를 지키기 위하여 군사적인 세력권을 형성하였다. 한편 아시아·아프리카 지역에서 세계대전후 새로이 등장한 신생독립국가들은 그들 민족의 자존과 번영을 중시하고 제국주의 세력들에 대항하기 시작하였다.

오늘날 국제사회에 있어서 새로운 변화의 물결은 국가 이외에 행위의 주체로서 국제조직이나 사적인 이익집단들을 국제무대에 등장시켰으며, 분석의 초점은 결국 국제정치의 궁극적 주체로서의 인간으로 옮겨지게 되었다. 그것은 오늘날 국제사회에 있어서 환경, 인구, 자원 등 지구촌적 문제를 해결해 나감에 있어서 민족국가적 단위의 수준으로는 도저히 이루어질 수 없는 부분들이 많다는 사실에서도 분명하다.

이와 같이 국제정치의 분석단위를 국가에서 개인으로 대체시키려는 접근방법상의 변화는 세계대전후 사회과학연구에 있어 대체적인 경향이라고 볼 수도 있으며, 그것은 구체적으로 "전쟁은 인간의 심성에서 시작되기 때문에 이에 대한 방어

는 인간의 마음 속에서 구축되어야 한다"는 유네스코(UNESCO)의 창설취지에서도 엿볼 수 있다.8)

이러한 관점들에서 볼 때 국제정치현상의 연구에서 기본적 단위를 '국가'에 두는 거시적 방법이나 '개인'에 치중한 미시적인 방법은 어느 한쪽도 완전하지 못하며, 이들은 상호보완적 관계에 있음을 알 수 있다.9)

2. 국제정치 연구의 주요 요소

앞에서 언급한 대로 국가뿐 아니라 개인, 집단, 계급, 국제기구 등도 국제정치의 분석단위가 될 수 있다. 그 밖에 학자들이 강조하고 있는 중요성에 따라 지리적 위치나 이데올로기, 물질적 자원 등 수많은 요인들을 열거할 수 있으며, 또 국제정치학을 연구하는 목적에 따라 전쟁의 방지와 예방, 국제평화 증진, 국력신장 등 다양한 차원에서 이를 논의할 수 있다.

이에 관하여 우리나라의 정치학 교재들이 다루고 있는 주요 항목들을 종합해 보면, 국제정치의 내용은 ① 개념과 접근방법, ② 국력의 성격과 구성요소, ③ 전쟁과 평화, ④ 세력균형과 집단안보, ⑤ 대외정책과 외교, ⑥ 국제기구 등으로 요약할 수 있다. 그런데 대개 학자들이 국제정치의 연구대상으로 삼고 있는 내용들을 보면, ① 국제정치의 본질, ② 국력과 국익, ③ 국제기구・국가제도의 본질과 활동관계, ④ 국제정치사, ⑤ 각국의 대외정책들로 나타나 있다.10)

이들 국제현상을 종래에는 국제적・국가적・국내적인 세 수준으로 나누어 설명하는 학자들이 많았으나, 2차대전후 국제이론은 제도론적인 것과 행동주의적인 것으로 나누어 논의하는 추세를 보이고 있다. 전자의 입장에서는 국력, 국가이익, 세력균형, 법적・도덕적 규범 등 주로 국가간의 관계에 관한 것을 중요시하고, 후자의 입장에서는 그 구성단위로 행동의 상황적・구체적인 상호작용을 중시, 정책결정자의 행동심리학적 분석, 시스템 전체의 구조・기능과 구성단위의 행동과의 관계 등을 포함하여 연구하고 있다.11)

8) 구영록 외, 앞의 책, 415쪽.
9) 위의 책, 416-417쪽.
10) 최종기, 『국제관계론』, 박영사, 1970, 25-26쪽.
11) 이경희, 앞의 책, 46쪽.

3. 국제정치학의 이론과 주요 접근방법

국제정치학은 제1차 세계대전까지만 해도 유치한 단계에 있었으며, 주로 국제관계에 직업적으로 종사하고 있는 관리들에게 일임되어 있었다.[12] 대개 제2차 세계대전 전까지의 미국에 있어서 국제관계의 연구는 단순한 역사로 파악되거나 법적 측면에 있어서 국가와 국가간의 관계, 이상주의 체제의 건설 등에 관한 관심의 수준에 머물러 있었고, 그것도 많은 자료의 제약이 있었다. 그후 제2차 세계대전의 종결로 국제정치학자들 간에 세계정치의 기본적이고도 불변적인 힘과 그 힘을 구체화시키고 있는 국제기구에 대하여 눈을 돌리게 되었고, 그것은 국가의 외교정책을 결정하는 기본적인 추진력을 좀더 깊이 이해하고자 하는 노력의 산물이었다.[13]

그러나 이러한 관심의 증대로만 국제정치학이 국제정치현상을 보다 포괄적으로 설명할 수 있는 이론체계를 갖추었다고 말할 수는 없었다. 그것은 국제적 정치현상이 항상 유동적이며, 미래의 전망에 대한 어떤 예측도 어렵다는 점을 그 이유로 들 수 있지만, 또한 국제정치학이 다른 학문에 비하여 역사가 짧고 접근태도가 다양한 데에도 원인이 있다.

이에 관한 이론과 연구방법을 크게 3분하여 ① 전통적 패러다임, ② 현대적 패러디임, ③ 행태적 접근방법으로 나누어 설명할 수 있다.

(1) 전통적 패러다임

이 방법은 주관적 가치판단에 입각한 규범적 접근방법으로, 주로 역사적 자료나 법, 제도 등에 따라 추상적인 원리를 내놓은 것이 특징이며, 흔히 이상주의・현실주의・절충주의를 그 대표적인 방법으로 들고 있다.

1) 이상주의(Utopianism, Idealism)

카(Edward H. Carr)는, 이상주의자들은 대부분 18세기의 계몽적 낙관주의, 19세기의 자유주의, 20세기의 윌슨식 이상주의의 지적 후예들이라고 하였다.[14]

이상주의자들은 국제관계에 있어서 인간이 실제로 어떻게 행동하느냐 하는 것보다 어떻게 행동하여야 하느냐에 중점을 두고 있으며, 세력균형, 국제정치에 있

12) Edward Hallett Carr, *The Twenty Year's Crisis 1919-1939*, London: Macmillan & Co., 1946, p. 1.
13) Hans J. Morgenthau, *Politics Among Nations*, New York: Alfred A. Knopf, Inc., 1960, p.17.
14) Carr, *op. cit.*

어서 무력사용, 전후에 수반되는 연합국간의 비밀조약과 전리품 분배 등의 문제를 간과하였다. 그 대신 국제적인 법적 권리와 의무, 국제평화유지를 위한 조정자로서 국가이익의 자연적 조화 등에 높은 기대를 걸고 있었다.

그들은 이성의 소리에 의해서만 사람들은 자신의 부도덕한 영혼을 구출할 수 있으며, 정치적 계몽과 진보의 길에 따라 행동할 수 있다고 믿었다. 그들은 또 19세기의 자유주의적 낙천주의를 수용하였는데, 그것은 ① 선(善)의 추구는 정당한 이성의 작용에 관한 문제이며, ② 지식의 보급으로 모두가 이 과제에 대하여 정당하게 이성을 작용시킬 수 있고, ③ 이들은 반드시 정당하게 행동할 것이라는 3중적인 확신에 기반을 두고 있었다.

이와 같은 원리가 국제정치에 적용되면 대체로 이러한 방향으로(이성적인 인간의 정당하고 선한 행동처럼 올바른 방향으로) 나아가게 될 것이며, 그것은 생 피엘(Saint Pierre)의 국제연맹에 대한 구상에 나타난 바와 같다. 즉 "… 이 구상의 합리성을 확신하고 있으므로 만일 이와 같은 안이 공정하게 계획되기만 한다면 주요국가들은 이를 채택하지 않을 수 없으리라는 확신을 가지고 있다."

루소와 칸트는 "전쟁은 군주가 그들 자신의 이익을 위하여 감행하는 것이고 인민을 위한 것이 아니기 때문에 공화정체하에서는 전쟁이 발발하지 않을 것"이라고 주장하였고, 여론이 만일 힘을 발휘할 수 있게 되면 그것으로 충분히 전쟁을 방지할 수 있으리라고 믿었다.

국제연맹 규약은 우리들 인간의 진보에 의하여 달성된 최대성과 중의 하나인 자유주의 사고방식을 세계적인 문제 속에 도입한 것에 불과하다고 표현한 장군도 있었다. 그러나 이미 국제연맹의 창설자 중에서 정치적 경험과 지혜를 가지고 있었던 자들은 사실상 그것의 추상적인 완전성에 수반하는 위험이 무엇인가를 알고 있었다.

여론에 대한 자유주의적 신뢰를 국제분야에 이식하려는 시도는 결국 아무런 효과를 거두지 못하였고, 국제정치의 영역에 있어 유토피아니즘에 대한 반동의 시대가 갑자기 나타났다. 물론 국제연맹은 그후 국제연합 결성의 모체가 되었다고 말할 수 있겠으나, 이상주의는 결국 비정한 국제정치의 현실을 등한시했던 약점을 드러내게 되었다.

1931년 9월 10일 국제연맹의 영국대표인 세실 경(Lord Robert Cecil)은 국제연맹 총회석상에서 "현재보다 더 전쟁발발의 가능성이 없었던 시대는 역사상 가장 드문 일이다"고 말한 바 있었는데, 바로 며칠후 일본이 만주사변을 일으켰고, 10월에는 자유무역을 고수하고 있던 최후의 주요 국가들이 일반적 관세를 부과하는 방향으로 선회함으로써 이에 대한 도전의 제일보를 내딛게 되었다. 그리고 연이어 파쇼정권을 수립한 무솔리니(Benito Mussolini)와 히틀러(Adolf Hitler)의 무력침략행위는 이상주의에 대한 정면도전이 아닐 수 없었다. 그리하여 이 시기를 계기로 국제정치학자들은 현실로부터의 유리가 점차 노골화되고 있는 제 전제를 재검토하게 되었다.

2) 현실주의(Realism)

현실주의는 이상주의보다는 훨씬 뒤늦게 그에 대한 반동의 형식으로 나타났으며, 1930년대에 싹트기 시작하여 1950년경에 이르러 체계화되어 오늘에 이르고 있다. 대표적인 학자로 모겐소(Hans J. Morgenthau)를 비롯하여 슈만(Frederick L. Schuman), 케난(Geroge F. Kennan) 등을 들 수 있다.

현실주의는 역사적으로 마키아벨리(Niccolo Machiavelli)에까지 거슬러 올라가 논의할 수 있는 바, 그의 이론 속에 포함되어 있는 세 가지의 본질적인 신조가 바로 현실주의의 기반이 되고 있다.[15] 첫째로, 역사란 원인과 결과의 연속이며, 그 과정은 지적인 노력에 의하여 분석·이해할 수 있으나 유토피안이 믿고 있듯이 상상에 의하여 인도되는 것은 아니다. 둘째로, 이론은 유토피안이 생각하고 있듯이 실제를 창조하는 것이 아니고 실제가 이론을 형성한다. 셋째로, 정치는 유토피안이 주장하듯이 윤리의 기능이 아니고 윤리가 정치의 기능인 것이다. 마키아벨리는 도의의 중요성을 인식하고 있었으나 사실상의 권위가 존재하지 않는 곳에는 사실상의 도의가 존재할 리가 없고 도의도 권력의 소산이라고 하였다.

유토피안은 세계를 위하여 최선이 되는 것은 자국을 위해서도 최선이 된다는 보편성을 내세우고 있는 데 반하여, 현실주의자들은 자국에 있어서 최선은 세계의 최선과 상통한다는 논리로 무엇보다도 국가이익을 우선시하는 입장에 있다.

모겐소는 국가정치를 본질적으로 권위정치라고 보고 있으며, 국가권력을 핵심적 구성요소로 하여 국가권력을 수단으로 국가권력을 유지·강화 또는 확대하려는 것이 국제정치의 생리라고 하였다.[16] 현실주의의 중심개념은 어디까지나 국

15) Edward H. Carr, 이원우 역, 『국제정치학개론』, 덕수출판사, 1955, 116쪽.
16) 김순규 외, 앞의 책, 430쪽.

제사회의 기본적 구성단위로서 국가의 힘이고, 대외정책도 결국은 '권력으로 정의되는 국가이익'(national interest defined in terms of power)을 기준으로 생각하는 데 있다.

이러한 현실주의는 실제정책에 있어서 1950년대에는 힘의 외교와 세력균형의 동의어로서 또는 핵전쟁 방지를 위한 잠정협정에 의한 평화적 공존의 설명원리로 기능했고, 1960년대에서도 행태주의와 복합형을 취하면서 억제론, 안전보장론, 군비통제 등의 외교전략 연구로 계승되었다.[17)]

현실주의는 국제정치에 있어서 힘의 현실과 그 중요성을 직시하여 국제현실에 대한 개념과 접근법을 제시함으로써, 국제정치학이 경험적 사실을 다루는 과학적 학문으로 출발하는 데 기여한 바 크다. 현실주의는 국제정치의 기조를 이루는 역학관계에 주의를 환기시키고 이상주의의 약점을 지적하며 국제정치의 분석과 외교정책 평가의 기준을 마련하는 데 기여하였다.[18)] 그러나 현실주의는 그들의 주장을 펼치기 위하여 힘의 요소를 지나치게 강조하고, 국제정치에 있어서 윤리・도덕과 이상, 이념의 역할을 과소평가하여 현실에 너무 집착하는 과오를 범했다는 비판을 받고 있다. 현실주의자들이 내놓은 힘의 모델은 오늘날 새로이 대두된 행동과학분야의 이론에 의한 분석의 기법에 그 자리를 내놓게 된 것이다.

3) 절충주의(Eclecticism)

절충주의는 1950년대 이후 1960년대 사이에 나타난 주장으로 앞의 두 입장을 절충한 것이다. 카(E. H. Carr)는 "우리들의 건전한 정치사상은 유토피아와 리얼리티의 양자를 요소로 그 위에 확립되어야 한다는 결론에 돌아오게 되었다"고 주장하고, "현행의 유토피아를 리얼리즘의 무기로 타도한다 해도 우리는 우리 자신의 새로운 유토피아를 만들지 않으면 안된다. 그리고 그 유토피아도 머지않아 동일한 리얼리즘의 무기 앞에 굴복하게 된다"고 하였다.[19)] 모든 정치적 상황은 결국 유토피아와 리얼리티, 도의와 권력이라는 서로 상충된 요소를 모두 가지고 있다고 보았던 것이다.

만일 힘의 요소를 무시하는 것이 유토피아적이라고 한다면 세계질서에 있어서 도의의 요소를 무시한 것은 현실주의의 비현실적 태도이다. 국내정치에서 모든

17) 위의 책, 430쪽.
18) 김상준, 『국제정치이론II』, 삼영사, 1980, 31쪽.
19) 이원우 역, 앞의 책, 159쪽.

정부는 그의 권위의 기반으로 힘을 필요로 하나 동시에 피치자의 동의라는 도의적 기반이 필요하듯이 국제질서도 실력에만 그 기반을 둘 수는 없다. 인류는 결국 노골적인 실력의 행사에는 필연적으로 반항하게 된다는 아주 간명한 이유를 잘 알고 있기 때문이다.

(2) 현대적 패러다임

1) 자유주의(Liberalism)

현 국제사회는 과학기술의 발전과 교통·통신수단의 발달 등으로 인하여 국가간의 상호작용에 있어 이전에 볼 수 없었던 중요한 질적·양적 변화를 경험하고 있다. 특히 주권국가의 수가 증가함에 따라 국가(정부)간의 교류가 더욱 활발해졌을 뿐만 아니라, 관심이 되는 쟁점영역(issue-area)이 확충되어 비국가(비정부)행위자간의 상호의존관계 또한 복잡한 형태로 심화되고 있다. 따라서 이러한 국제사회의 변화에 기인하여, 종래 이성적 존재로서의 국가만을 국제관계의 유일한 주요 행위자로 파악하던 현실주의 패러다임의 인식(전제)에 대한 비판적 대응으로서 자유주의적 시각이 등장하게 되었다.

자유주의가 갖는 주요한 이론적 시각은 현실주의에 대한 상호의존론(interdependence theory)의 이론적 비판에 근거하고 있다. 현실주의는 국가가 일관된 단위로서 국제정치의 지배적 행위자이며, 국가가 지닌 힘(force)이야말로 대외정책에 있어 가장 유용하고 효율적인 정책수단이므로, 국제정치와 관련된 쟁점들 간에는 위계서열이 있어 정치·군사·안보문제가 절대적으로 중요한 문제라고 주장한다.

이에 반하여 상호의존론은 현 국제관계가 정치, 안보, 경제, 사회, 생태 문제 등 전반적인 영역에서 국가 상호간의 이해관계가 밀접하게 연결되어 있어, 특정 국가의 태도와 정책이 변화함에 따라 여타 국가가 민감하게 반응하거나 때로는 취약성을 나타낸다고 하는 입장에서 출발한다. 따라서 국가간 관계의 정도를 파악함에 있어 민감성(sensitivity)은 상황변경을 위해 정책을 변화시키기 전에 외부로부터 쉽게 영향을 받는 경우로, 특정 국가의 변화가 어느 정도로 신속하게 타 국가의 희생비용을 초래하는가에 따라 측정될 수 있다. 그리고 취약성(vulnerability)은 특정 국가의 정책변화가 일어난 후에도 외부로부터 받게 되는 영향력의 비용부담으로 인해 어려움을 겪게 되는 경우이다. 따라서 국가간의 상호 민감성과 취약성의 정도에 따라 상호의존관계의 정도가 결정될 수 있다는 것이다.

특히, 자유주의의 입장은 현 국제관계가 지니는 상호의존의 특성을 강조하기 위해 '복합적 상호의존'(complex interdependence)이라는 개념을 사용하면서, 다양한 통로에 의한 각 사회의 연결, 쟁점간의 위계서열의 부재, 그리고 군사력이 갖는 역할의 상대적 저하가 그 주요 특징이라고 설명하고 있다.[20] 따라서 국제관계의 복합적 상호의존성을 주요 내용으로 규정하는 자유주의의 이론적 전제는 다음과 같이 요약될 수 있다.[21]

첫째, 자유주의는 비국가행위자가 국제관계의 주요 실체임을 인식한다. 국가 및 정부 이외에도 국제기구는 독립적 행위자로서 자체의 결정작성자와 관료 및 유관단체가 고유의 역할을 수행할 뿐만 아니라, 정치적으로 중요한 문제에 대해서도 강력한 영향력을 행사할 수 있으며, 다국적기업 또한 상호의존적인 세계경제에 있어 종래의 주변적 중요성에서 탈피하여 주된 행위자로 등장하게 되었다. 따라서 국가만이 국제관계의 유일한 행위자라는 현실주의의 전제는 국가 내에서 이루어지는 정치의 중요한 본질을 은폐하거나 그 의미를 축소하는 추상화된 논리로서, 국경을 초월하여 이루어지는 비국가행위자들 간의 횡국가적(transnational) 차원을 경시하고 있는 것이다.

둘째, 자유주의의 입장은 국가가 이성적 존재라는 현실주의의 가정이 갖는 유용성에 도전한다. 즉 국가는 추상적 존재로서 그 자체의 행위능력을 가질 수 없기 때문에 외교정책 결정과정도 다양하게 분화된 실제 행위자들 간의 충돌이나 흥정 및 타협의 산물로서 인식되어야 한다.

셋째, 자유주의는 국제관계에 관련된 문제의 쟁점영역이 광범위하고 다양하여 정치・군사・안보문제가 지배적이라는 현실주의의 견해를 거부한다. 상호의존적 추세에 따라 대외문제에 있어 다양한 쟁점영역이 확대됨으로써 그간 고위정치(high politics)로서의 정치・군사・안보문제가 향유하던 지배적 지위가 퇴색하고, 하위정치(low politics)에 속해 있던 경제, 사회, 문화, 환경 등 여러 영역들의 중요성이 상대적으로 증대되어 국제적 논의의 중심과제가 되고 있다.

이러한 이론적 특징을 근거로 하여 자유주의가 현 국제관계를 보다 실제적으

20) R. O. Keohane and J. S. Nye, *Power and Interdependence: World Politics in Transition*, Boston: Little, Brown & Co., 1977, pp.23-29.

21) Paul R. Viotti and Mark V. Kauppi, *International Relations Theory*, New York: Macmillan, 1987, pp.7-9.

로 분석하는 데 필요한 내용과 방법의 영역을 확대했음에도 불구하고, ① 국제관계의 무정부적 특성과 안보 딜레마의 역할 경시, ② 포괄적 기술에 의한 이론의 정밀성 약화, ③ 국제체제의 조화로운 발전에 대한 지나친 낙관, 그리고 ④ 국제문제 분석에 있어 미국중심적 분석틀의 원용이라는 비판을 면치 못하고 있다.

2) 구조주의(Structuralism)

구조주의는 본래 국제관계이론의 학문적 산물이라기보다는 초기 기독교적・인간적 관심에서부터 유물사관에 이르는 전통이론의 유산으로서, 사회학 및 경제학 등과 관련을 맺으며 발전해 온 패러다임이다. 구조주의는 유럽의 지적 전통의 뿌리에 근거하고 있을 뿐만 아니라 그 이론의 지나친 규범성과 오류, 그리고 정치적인 파괴성을 내포하고 있는 것으로 인식되어, 적어도 20세기 중반까지 미국의 국제관계 연구에서는 학문적 주류를 형성하기보다는 가장자리에서만 번창하였다. 그러나 이후 특정 국가 내의 자본주의의 성격과 세계적 규모의 자본주의 발전의 연구와 더불어 국제관계 연구에 있어 이에 대한 관심이 점증하고 있는 추세이다.[22]

첫째, 구조주의는 국제관계에 있어 국가 및 타 행위자들 간에 상호작용하는 세계적 맥락을 분석의 출발점으로 삼는다. 즉 개인적・관료적・사회적 측면과 국가 및 사회간의 모든 분석수준에서 일어나는 행위를 설명하기 위해서는 행위가 발생하는 세계적 환경의 본질을 파악하는 것이 중요하다. 여기서 체제구조는 행위자의 행동양식을 조건짓는 소인이 되므로 세계체제의 전반적 구조를 강조하게 된다.

둘째, 구조주의는 국제관계의 분석을 위해서는 장기적인 역사적 관점에서 고찰하는 것이 유용하고 절대적으로 필요하다는 입장을 보이고 있다. 세계정치가 발생하는 현재의 환경을 이해하기 위해서는 오로지 이의 역사적 전개 및 발전과정에 대한 검토를 통해서만 가능하며, 자본주의야말로 전체로서의 현 국제체제의 특징을 규정하고 있는 중요한 역사적 동인이다.

셋째, 구조주의는 국가, 국제기구, 초국가적 행위자 등의 중요성을 인식하면서도 특정 국가나 계급 또는 엘리트가 타 국가나 계급 및 엘리트의 희생을 대가로 이익획득을 도모한다는 현 자본주의 체제의 지배 메커니즘에 분석의 초점을 맞춘

22) Michael Banks, "The Inter-Paradigm Debate," Margot Light and A. J. R. Groom, *International Relations: A Handbook of Current Theory*, London: Frances Pinter, 1985, pp.17-18.

다. 자본주의 메커니즘의 작동방식에 따라 제3세계 국가의 불균등한 발전이 초래되고 있기 때문에 선-후진국가간의 종속적인 남북문제가 주요 쟁점이 된다. 여기에서 후진지역의 저발전이 자본주의 경제체제를 부족하게 수용했거나 이를 발전시키지 못한 데에 기인하는 것이 아니라, 지나친 자본주의 체제로의 편입에 의한 결과라고 보는 것이 구조주의의 입장이다.

넷째, 구조주의는 국제체제의 동태적 측면을 설명하는 데 있어 경제적 요인이 결정적인 중요성을 지닌다고 강조한다. 이러한 관점에서 국제관계 행위자들 간의 상호작용은, 자유주의의 입장과는 달리, 세계 자본주의 체제의 유지를 통해 특정 집단이나 계급의 이익에 봉사하는 종속적이고 착취적인 관계에서 발생한다고 주장한다.[23]

〈표〉 주요 패러다임간의 이론적 특성 비교

	현실주의	자유주의	구조주의
주요 행위자 (주요분석단위)	국 가	국가 및 비국가 행위자	계 급
국가체제에 대한 인식	유일한 행위자로서의 국가들로 구성된 무정부 상태	국가 및 다양한 비국가 행위자들의 초국가적 행위자로 이루어진 복합적 상호의존의 범세계적 상태	역사적 관점에서 본 세계 자본주의 체제의 발전과정
동 인	국가이익, 안보, 힘(국력)의 최대 추구	인간의 필요와 요구를 둘러싼 복합적 사회운동	계급이익을 중심으로 한 경제적 요인
연구 대상	국가 중심의 행위 분석(국가안보, 전쟁원인, 평화의 조건 등)	국가·비국가행위자의 다양한 행동 분석(광범한 사회·경제·환경문제 등)	전체적인 세계 체제(생산양식, 불평등, 착취, 불균등 발전 등)
체제변형가능성	낮 음	높 음	높 음
국제관계 명칭	국제정치 (international politics)	국제관계 (international relations)	세계체제 (world system)

출처 : Ole R. Holsti, "Models of International Relations and Foreign Policy," *Diplomatic History*, Vol. 13, No. 1, Winter 1989, pp.24-25; Viotti and Kauppi, *op. cit.*, p.11; Michael Banks, "The Inter-Paradigm Debate," Light and Groom, *op. cit.*, pp.12-13의 내용을 종합하여 요약한 것임.

23) Viotti and Kauppi, *op. cit.*, pp.9-10.

이와 같이 의식적·무의식적으로 마르크스주의의 지적 통찰력에 의존하고 있는 다수의 사회과학자들로 구성된 구조주의학파는 정치학과 경제학의 연계를 시도하고, 기술발전과 이에 따른 통치제도·법률·이데올로기와의 관계에 따라 역사변화가 진보적으로 전개된다고 강조함으로써, 국제관계 연구의 실질적인 향상을 위한 새로운 조망을 제시하고 있다는 점에서 그 공헌이 인정되고 있다. 그럼에도 불구하고 종속관계와 경제·사회적 후진성간의 인과성 문제, 국제체제의 운용과정에 있어서의 환원주의, 주변부 국가의 저발전에 있어 국제적 요인의 지나친 강조, 포괄적이고 일반적인 분석틀에 의한 개별 사례의 설명으로 인한 이론적 경직성 등의 문제점을 안고 있다. 지금까지 살펴본 국제관계 분석의 주요 패러다임간의 특징을 비교하면 앞의 〈표〉와 같다.

(3) 행태적 접근방법

1) **국제체제이론**(International system theory)

국제사회 안의 행위주체들은 가치의 분배를 둘러싸고 상호 영향을 미치게 된다. 이 같은 행위주체들 간의 상호관계로 구성되는 체제는 그 구성요소로서의 부분이 있고, 이 부분이 기능적으로 상호 연결되는 관계를 전제로 한다. 카플란(Morton A. Kaplan)은 일반체제이론에 근거한 체제분석 방법으로 국제관계의 제 현상을 분석하여 일정한 법칙을 개발하고, 이를 체계화한 국제체제이론을 제시한 대표적인 학자이다.

카플란은 국제정치체제의 행위주체로서 국가, 국제조직 등을 들고, 국제정치체제는 행위주체의 행위능력, 기본행위원칙 등의 변화에 따라 여러 평형상태를 유지하게 된다고 한다. 그리고 그는 국제체제의 통합 정도에 따라 국제정치체제를 다음 여섯 가지로 나누고 있다.[24)]

① **세력균형체제**(the balance of power international system): 국제사회체제에는 정치적 하위체제가 존재하지 않으므로 행위주체인 국가는 자국의 자위를 스스로 지켜야 하고, 다른 국가는 잠재적 적대국이 될 수도 동맹국이 될 수도 있으며, 균형을 깨뜨릴 초강대국의 출현은 다른 국가의 이익을 위협하고, 세력균형체제의 지속적인 보장을 위해 주요 행위주체의 수가 너무 적으면 안된다는 것이다. 이 같은

24) Morton A. Kaplan, *System and Process in International Politics*, New York: John Wiley & Sons, 1967; 이상우, 『국제관계이론』, 박영사, 1979, 55-62쪽 참조.

기본행위원칙을 갖는 세력균형체제는 동태적 균형체제로서, 세력의 균형을 위해서는 동맹국이 수시로 바뀔 수 있어야만 한다. 그래서 한쪽 진영 내에 어느 주요 행위자의 힘이 약해지면 다른 국가가 그 자리를 메워야만 하는 것이다.

② **이완된 양극체제**(the loose bipolar international system): 이 체제하에서는 많은 국가들이 초강대국을 중심으로 두 개의 진영으로 분리되고, 두 진영 내의 각 국가는 초강대국의 통제하에 들어감으로써 한 진영 내의 국가는 타 진영 내의 국가와 동맹관계를 맺을 수 없게 된다. 이와 같이 두 진영의 국가군으로 형성되는 양극체제에 중재역할을 하는 제3자적인 비진영 국가행위자와 초국가적 보편행위자(UN, NATO 등)가 존재하고 있다는 점에서 이를 이완된 양극체제로 본다.

③ **경직된 양극체제**(the tight bipolar international system): 이 체제는 중재역할을 하는 비진영국가와 보편행위자가 없는 양극체제로서, 두 진영간의 대립이 경직되어 나타난 체제를 말한다.

④ **보편적 체제**(the universal international system): 세계가 하나의 초국가적 행위자의 통제를 받는 체제이다. 모든 국가가 초국가적 행위자의 규제를 받으며, 국가간의 분쟁도 결국 초국가적 행위자의 권위를 통하여 해결하게 된다.

⑤ **위계적 체제**(the hierarchical international system): 이 체제는 민족국가가 사라진 후의 세계정부 상태이다. 이 체제는 독립된 정치체제로 국가행위자가 소멸되고 전 세계가 한 체제로 통합된 형태이다.

⑥ **단위거부체제**(the unit veto international system): 모든 국가행위자들이 같은 수준의 능력을 갖기 때문에 어느 하나의 국가도 다른 국가를 강제할 수 없는 상태를 의미한다. 그리고 각 국가행위자는 제각기 서로 상충하는 이익을 추구하지만, 이것을 중재·통제할 정치체제는 존재하지 않는 경우를 말한다.

2) 외교정책 결정이론(Foreign policy decision-making theory)

외교정책을 분석함에 있어서 전통적 이론에서는 국가라는 추상적 주체가 외교정책을 결정한다고 규정하고 있는데, 외교정책 결정이론은 외교정책을 결정하는 주체가 인간이므로 정책결정자에 영향을 미치는 요인을 분석해야 한다고 본다. 외교정책의 분석 모델로는 결정작성 모델, 엘리트 모델, 합리성 모델, 정책과정 모델, 게임이론 모델, 위기시 결정작성 모델 등이 있으며, 대표적인 학자로서는 스나이더(Richard C. Snyder), 페이지(Glenn D. Paige)를 들 수 있다.[25]

스나이더·부룩크·샤핀이 제시한 결정작성 모델에 따르면 외교정책의 정책결정자는 체제의 유지·발전을 위해 많은 대안 가운데 자국의 이익을 극대화하는 데 적절하다고 생각되는 하나를 선택한다는 것이다. 합리성 모델은 정책결정과정의 여러 대안 중 선택 자체에 초점을 둔다. 여기에서 엘리슨(T. Allison)은 최소의 비용으로 가장 바람직한 결과를 성취할 수 있는 대안을 선택하는 것이 중요하다고 본다.[26]

3) 연계이론(Linkage theory)

이 이론의 창시자는 로스노(James N. Rosenau)로서, 국제정치의 상호연계성을 연구대상으로 삼는다.[27] 이 이론은 외교정책 결정이론의 하나로서 외교정책 결정 방법보다는 외교정책 결정요인 중에서 대내적 요인과 대외적 요인의 상호관계에 더욱 주목한다.

국가내부의 정치문제가 외교정책을 결정하는 데 영향을 미칠 뿐만 아니라 반대로 국가외부의 국제환경에 의해서도 강한 영향을 받는다. 로스노는 외교정책 결정요인을 개성적 요인, 역할요인, 정부적 요인, 사회적 요인, 국제정치체계적 요인으로 분류하고, 외교정책의 결정에 어느 요인이 더욱 크게 영향을 미치는가는 그 국가의 정치적·경제적·지리적 성격에 따라 다르다고 본다.

그런데 연계이론은 이 이론에서 제시하는 명제들이 구체적 현실 속에 튼튼한 기반을 갖지 못하고 있으며, 사례연구의 범위가 한정되어 있다는 점에서 완전한 형식을 갖춘 이론이 아니라는 비판을 받고 있다.

4) 통합이론(Integration theory)

통합은 국가라는 정치단위가 국가간의 갈등해결과 경제번영을 위해 주권의 일부 혹은 전부를 국제조직체에 이전시킨다는 것을 전제로 한다. 통합연구의 유형은 연방주의(federalism), 기능주의(functionalism), 신기능주의(neo-functionalism), 커뮤니케이션이론(communication theory)으로 나누어진다.

---

25) Richard C. Snyder, H. W. Brucke, and B. Sapin, eds., *Foreign Policy Decision-Making*, New York: The Free Press, 1962; Glenn D. Paige, *Korean Decision: June 24-30, 1950*, New York: The Free Press, 1968.

26) T. Allison, "Conceptual Models and the Cuban Missile Crisis," *APSR*, September 1969.

27) James N. Rosenau, ed., *Linkage Politics: Essays on the Convergence of National and International Systems*, New York: The Free Press, 1969.

먼저 연방주의는 정치적 방식에 의한 통합을 강조하는 것이며, 통합이론의 주류를 이루는 것은 기능주의이론이라고 할 수 있다.

기능주의이론의 기본적인 틀은 미트라니(David Mitrany)에 의해 제시되었다. 그는 경제적·사회적·기술적·인도적 영역에서의 유대를 통하여 이룩되는 공동체의 건설이 평화를 가져올 수 있다고 본다.[28] 여기에서 공동체는 지역적 공동체가 확대된 세계적 공동체, 즉 세계정부를 의미하는 것으로서, 폭력을 수단으로 하는 주권국가를 제재함으로써 안전이 보장되는 상태이다. 기능주의자들은 현존의 국제체제는 국가단위로 분할되어 각자의 이해를 주장하기 때문에 분열과 갈등은 필연적인 것이라고 보고, 기능에 토대를 둔 국제계획기구의 창설을 역설한다. 이들은 국가간의 갈등을 유발시킬 수 있는 정치적 문제보다는 저차원의 비정치적 영역에서의 유대를 통해 정치적 통합에까지 이를 수 있다고 본다. 그러나 기능주의자들은 기능을 지나치게 강조함으로써 법·제도·권위체를 간과하는 약점을 갖는다.

신기능주의는 기능적 수단을 통하여 연방적 목적을 추구한다. 즉 정치적 관련성이 희박한 영역에서가 아니라 정치적 성격이 강한 영역에서 기능적 수단을 취한다. 신기능주의이론의 대표적인 학자인 하스(Ernest Haas)는 점진적 결정작성을 중시하고 부분적인 통합을 확장시켜 전반적인 통합에 이를 것을 주장한다. 하스는 ECSC(유럽석탄 및 철강기구)가 유럽통합운동에 크게 기여하였다고 보고 있다.

커뮤니케이션이론의 대표적 학자인 도이치(K. W. Deutsch)는 통합과정의 결정적 요인으로 통합에 참여하는 단위의 커뮤니케이션 능력을 중요시하고 있다.[29] 집단 및 국가가 단순히 하나의 단위체가 되는 것이 아니라, 안전공동체(security community)가 되어야 통합이 이루어진 것이라고 본다. 여기에서 그는 융합안전공동체(the amalgamated security community)와 다원안전공동체(the pluralistic security community)로 나누고, 전자는 둘 이상의 사회단위가 정치적으로 하나의 정부를 가진 단위체로 통합된 것을 의미하며 그 예로 미합중국을 든다. 다원안전공동체는 각 단위체들이 법적으로 독립된 정부를 유지하면서 통합을 유지하고 있는 형태로서 미국과 캐나다의 관계를 그 예로 든다.

28) David Mitrany, *A Working Peace System*, Chicago: Quadrangle Books, 1966, pp.92-93.
29) Karl W. Deutsch, *Nationalism and Social Communism*, Cambridge: MIT Press, 1953, pp.86-106; 구영록, 『인간과 전쟁』, 법문사, 1979, 344쪽 재인용.

이와 같은 통합이론은 유럽의 다원적 사회를 배경으로 출현한 것이기 때문에 여타 사회에의 적용 가능성은 상당히 제한적이다. 그러나 다원적 민족으로 구성된 몇 개의 나라들에 이 이론의 적용 가능성을 탐색할 정도의 움직임이 일고 있다. 구 유고연방이나 인도네시아가 그 좋은 예이다. 보다 분명한 유럽연합(Europe Union : EU)은 다원안전공동체를 추구하고 있으며, 구 소련이 해체된 이후 러시아는 독립공화국 사이에 융합안전공동체를 추구하나 독립공화국들은 다원안전공동체를 희망하고 있다고 볼 수 있다.

5) **게임이론**(Game theory)

게임이론은 외교정책 결정이론의 하나로, 대표적인 학자로는 라포포트(Anatol Rapoport), 모겐스턴(Oskar Morgenstern), 셸링(Thomas C. Schelling) 등을 들 수 있다. 이 이론은 어떤 주어진 경쟁상태에서 개인 및 국가가 합리적 게임을 통하여 하나의 행위로부터 발생하는 여러 가지 상이한 결과 중에서 선택된 가치를 극대화하기 위한, 즉 추구하는 목적을 가장 효과적으로 달성할 수 있는 합리적 선택행위와 선택의 전략을 취급한다. 이처럼 게임이론은 행위자의 합리적 행위(가장 효율적인 선택행위)를 전제로 한다.

게임이론은 제로섬게임(zero-sum game)과 비제로섬게임(non zero-sum game)으로 나눌 수 있다. 전자는 각자가 최고의 것을 획득하려 하기 때문에 한 행위자의 이익은 다른 행위자의 손실이 되는 게임을 말하며, 후자는 두 당사자 모두에게 최선이 되는 게임, 즉 승자·패자의 득실의 합이 0이 아닌 게임을 말한다. 이와 같은 게임이론은 국제정치상 국가간의 외교협상, 군비축소협상, 군사전략을 설명하는 데 크게 도움이 되는 것은 사실이지만, 선택전략의 결과에 대하여 아직은 정확한 해석을 내리기 어려우며, 이 이론의 적용범위가 극히 제한되어 있다는 점이 약점이다.

4. 현대 국제정치학의 주요 이론

(1) 신현실주의

상술한 바와 같이 현실주의는 국제정치의 지배적인 속성은 당연히 '권력으로 정의되는 국가이익'을 추구하는 권력정치라는 것에서 출발하였다. 현실주의는 국제체제의 조직과 기능에 있어서 국가, 안보, 군사력 우월성 등을 가장 중요시하는 한편, 권력과 부의 추구를 상호보완적인 관계로 간주하면서도 부의 권력(국가건설의 목표와 국가이익)에 대한 종속을 강조하고 있다.[30)]

1970년대 말에 이르자 현실주의가 국가안보 문제의 여러 가지 차원을 설명하는데 있어서 아직도 적실성이 있다고 인정하면서도, 국제체제의 구조를 강조하는 현실주의의 중요한 변형으로 신현실주의가 등장했다. 신현실주의는 왈츠(Kenneth N. Waltz)에 의하여 체계화되었다. 왈츠는 『국제정치이론』(*Theory of International Politics*, 1979)에서 국제정치체제에 대한 과학적 설명을 하려고 노력했다. 신현실주의는 무정부상태 등 세계의 권력구조가 그 속의 국가들에 미치는 영향을 강조하기 때문에 때로는 구조적 현실주의라고 부른다. 왈츠는 국제정치체제가 자기이익을 추구하는 단위들의 상호작용에서 형성되며, 한 구조가 일단 형성되면 그 구조는 그 자체로 힘이 되어 홀로 행동하거나, 소수로 행동하는 구성단위들이 통제할 수 없는 힘이 된다. 단위들은 체제에 선행하고, 상호작용을 통해서 구조를 발생시키지만, 구조가 일단 형성되면 구조는 국가의 행동을 강제하고 처분한다.[31)]

신현실주의는 국가의 행위는 그 가치관, 정부형태, 혹은 국내적 상황과 같은 요인이 아니라 국가간의 상대적 힘의 차이에 의하여 결정된다고 주장한다. 그들의 핵심 주장은 인간성이나 국가의 속성으로 환원되지 않는 국제체제의 특성이 중요하다는 것이다. 간단히 말해서 국가의 행동에 영향을 미치는 가장 중요한 요인은 국제체제의 구조라는 것이다.

왈츠는 양극체제가 더 큰 국제안정을 제공하고 결과적으로 보다 큰 평화와 안보에 도움이 되기 때문에 양극체제가 다극체제보다 더 우월하다고 주장한다. 신현실주의는 양극체제에서 미국과 소련이 아닌 다른 국가가 초강국이 되어도 냉전이 발생했을 것으로 본다. 심지어 비슷한 이념을 갖는 두 강대국, 즉 미국과 영국 혹은 중국과 소련이 양 진영에 있어서의 주도적인 국가였다고 해도 냉전의 발발이라는 국제관계의 기본적인 특징은 마찬가지였을 것으로 본다.[32)]

국제체제의 구조가 양극체제인가, 다극체제인가 혹은 단극체제인가에 따라 그 안에 속하는 국가들의 행동양식이 결정된다. 냉전시기에는 양극이 국제체제를

30) 유석진, "현실주의 국제정치경제이론," 우철구・박건영 편, 『현대국제관계이론과 한국』, 사회평론, 2006, 222쪽.

31) 조순구, 『국제관계론』, 법문사, 2009, 42쪽.

32) 박재영, 『국제정치 패러다임(제3판)』, 법문사, 2009, 299쪽.

지배하였고, 냉전이 끝난 오늘날의 세계정치 구조는 다극체제로 이행하고 있다고 한다.[33]

(2) 신자유주의

신자유주의 등장은 1980년대 이후 국제정세의 급격한 변화와 무관하지 않다. 국가간 상호의존의 심화와 미-소간의 군축문제에 있어서의 협력 등 국제정치에서의 새로운 경향은 신현실주의의 적실성에 의문을 던지기 시작하였다. 현실주의와 신현실주의에 대한 좀 더 정밀한 이상주의적인 대안을 찾을 때가 되었다고 주장하였고, 이상주의는 그 후 경제적 자유주의와 접목되어 자유주의로 발전하였다. 이는 국가간 협력과 국제제도의 중요성을 강조하는 신자유주의적 제도주의로 발전하였다.[34]

코헨(Robert Keohane)과 엑슬로드(Robert Axelrod) 등으로 대표되는 신자유주의는 신현실주의와 달리 국가들은 절대적인 이익을 추구하는 합리적 행위자이고, 무정부성에서 오는 안보위협이 국가간 협력을 저해할 정도로 크지 않다고 본다. 신자유주의는 각 국가는 절대적 이익을 추구하기 때문에 상호 협력할 수 있고, 상호 협력의 결과물인 국제제도 등은 각 국가에 영향을 미친다고 한다. 국제제도는 국가간 협력을 저해하는 상대적 이익의 문제와 배반의 문제를 해결할 수 있다는 것이다. 신자유주의자들은 상호이익이라는 전제를 단순히 무역문제나 발전문제에 국한하는 것이 아니라, 냉전종식 이후 모든 국가는 테러의 위협, 대량살상무기 확산, 그리고 지역안보나 세계안보를 위협하는 국내갈등 심화현상 등과 같은 새로운 안보 의제에도 관심을 갖고 있다.

신자유주의자들은 무역과 해외직접투자 등이 빈곤과 종속관계를 초래하는 수단이 아니며, 오히려 조화와 균형 속에서 참여국에 경제적 이익을 가져다 준다고 주장한다.[35] 신자유주의자들은 국가의 경제정책의 초점을 경제성장 및 효율성의 극대화에 두고 있다. 따라서 경제정책을 선택하는 기본가치는 자유주의 경제원칙의 규범에 입각한 세계경제의 테두리 안에서 국가의 경제성장을 위한 자원의 최적배분을 요구한다.[36] 이들은 경제관계를 개방적인 경제활동을 통한 자기이익의 추

33) 조순구, 앞의 책, 42쪽.
34) 위의 책, 43쪽.
35) 박준영 외, 『정치학』, 박영사, 2001, 290쪽.
36) 위의 책.

구는 국내·국제적으로 최대의 경제이익을 가져오며, 국가간 갈등이 최소화될 수 있다고 믿는다.

(3) 신현실주의와 신자유주의 논쟁

신현실주의와 신자유주의에 대한 논의에 대해서는 베일리스(John Baylis)와 스미스(Steve Smith)가 편저한 『세계정치론』(*The Globalization of World Poltics*, 3rd ed., 2005)의 내용을 요약·정리해 본다.[37]

첫째, 두 이론은 국제체제가 무정부상태라는 점에 동의한다. 신현실주의에 주장에 의하면 무정부상태가 개별 국가의 외교정책을 제약하며 신자유주의는 국가생존문제를 개별 국가의 목표로 최소화시킨다. 신자유주의의 주장에 의하면, 신현실주의는 국제적 상호의존, 지구화현상, 그러한 상화작용을 관리하도록 창출된 레짐의 중요성을 과소평가한다.

둘째, 신현실주의자들은 국제협력이란 것은 국가들이 의도하지 않으면 일어나지 않는다고 믿고 있다. 그러므로 국제협력은 달성하기 어렵고 유지하기도 힘들 뿐 아니라, 그 달성과 유지 여부는 전적으로 국가권력에 달려 있다는 것이다. 신자유주의자들은 국제협력은 국가들이 상호이익을 취하는 영역에서 달성하기 쉽다고 믿고 있다.

셋째, 신현실주의자의 주장에 의하면 무정부상태는 국가로 하여금 상대적 권력, 안전보장, 경쟁적 국제체제에서의 생존에 몰두하게 만든다. 이에 비해서 신자유주의자들은 경제적 복지나 국제정치경제 의제, 국제환경문제와 같이 비군사적 의제에 더 많은 관심을 갖는다.

(4) 구성주의

1) 구성주의 부상

냉전의 종언은 학자들에게 기존 국제정치이론에 도전할 수 있는 새로운 공간을 제공했다. 사회학적 이론에 기반을 두는 구성주의자들은 국제관계 학자들에게 어떻게 사회과학이 세계정치에서 정체성과 규범의 중요성을 이해하는데 도움을 줄 수 있는지를 보여 주었다. 구성주의자들은 어떻게 규범과 국가 정체성에 대한 관

---

37) 하영선 외 역, 『세계정치론(3판)』, 을유문화사, 280쪽.

심이 신현실주의와 신자유주의에서 간과되어진 중요한 문제들을 발견하는데 도움이 되는가를 보여 주었다.[38]

2) 구성주의이론

국제체제가 변화하고 이것을 분석하고 접근할 수 있는 새로운 시각이 필요했다. 여기에서 구성주의가 관심을 끌게 되었고, 이는 국제정치 연구의 지평을 확장시켰다. 신현실주위와 신자유주의가 존재론적 결함으로 인하여 국제체제의 변화와 국제레짐이나 국제기구 등의 역할을 제대로 파악하지 못한다고 본다. 특히 규범이나 정체성이 개별 행위자에게 미치는 영향을 부수적으로 파악하거나 또는 구성적 측면을 간과했다고 본다.[39]

신욱희 교수는 구성주의 국제정치이론의 주요 내용을 다음과 같이 설명하고 있다.[40] 첫째, 국제정치적 현실의 사회적 구성 측면이다. 즉, 이론화의 대상인 국제정치의 현실이 이미 일방적으로 주어진 것, 영속적인 것이 아니라 "역사적 그리고 간주관적으로 구성되었고 재구성될" 것이라는 점이다. 둘째, 관념변수와 주체의 역할에 대한 부분이다. 물질적인 요인과 체제의 구조적 영향을 강조해 온 다른 이론들과는 달리 구성주의는 문화와 정체성 같은 관념적인 요소와 개별 행위자가 행사하는 주체성에 상대적인 비중을 두고 있다.

이와 같이 구성주의는 합리주의와 다르게 물질적 요소에 더하여 이념, 규범, 정체성 등과 같은 관념적 요소를 강조하며, 국제제도의 형성 및 변화와 관련하여서도 사회적 맥락과 관념적 요소가 중요한 역할을 한다고 한다. 제도란 합리적 입장이 상정하듯 단순한 규칙이나 인센티브의 총체라기보다는 규범이나 가치를 반영하는 인지적이고 규범적인 실체이다. 국제체제까지도 포함하는 국제제도는 무정부상태라는 냉엄한 현실에서 거래와 계약을 통해서 만들어지는 것이 아니라, 대화와 담론이 가능한 국제사회의 상호작용을 통하여 만들어진다고 본다. 이 때문에 구성주의는 사회에 있어서 지배적인 담론에 주의를 기울인다. 왜냐하면 담론이 믿음과 이익을 반영하고 규정지으며 행위의 수용된 규범을 수립하기 때문이다.[41]

---

38) 위의 책, 269쪽.
39) 박준영 외, 앞의 책, 293쪽.
40) 신욱희, "구성주의 이론," 우철구・박건영 편, 『현대국제관계이론과 한국』, 사회평론, 2006, 460-462쪽.
41) 박재영, 앞의 책, 594-595쪽.

3) 구성주의 평가

구성주의는 세계정치에서 지속되는 규칙성이나 경향성에 대한 예측을 하지 않는다. 대신 구성주의는 그것을 어떻게 탐구하는가를 제시한다. 그 결과 구성주의는 광범위한 문제에 대한 대안적 사고방법을 제시하고 있다. 구성주의자들은 현실주의자들에게 중요한 기본개념과 이론들－권력의 본성, 동맹형성, 전쟁종식 및 군사개입을 포함하는－에 대한 대안을 제공해 왔다. 구성주의자들은 자유주의적 평화에 대한 시사점을 제공한다. 구성주의는 국제제도와 기구의 원인과 결과에 대한 대안적 탐구를 통해 신자유주의적 제도주의에 중요한 수정을 가했다.[42]

구성주의는 제도가 국제정치에서 존재한다는 사실을 자체의 이론적 틀 속에서 잘 수용할 수 있는 장점을 가지며, 관념과 제도의 중요성을 강조함으로써 합리주의적 입장과 같이 물질적 요소만을 강조하는 약점을 잘 보완하고 있다.[43] 그러나 학문적인 논의나 구체적인 실천에서 그러한 목표가 완성된 것이 아니기 때문에, 구성주의 자체가 아직도 '만들어지고 있는 이론'이라 할 수 있다.[44]

구성주의가 행위자들이 규칙을 좇아 행동한다고 하나 이것은 행동에 대한 강력한 설명이 되지 않을 수 있다는 비판이 제기된다. 왜냐하면 의도하지 않은 결과의 역할 때문이며 인간의 행동이라고 하는 것은 다양한 상황적인 제약과도 연관되어있기 때문이다.[45]

제3절 국제정치에서 국력과 권력이론

국제정치에서 힘, 국력은 다른 나라의 행동을 변화시킬 수 있는 능력 또는 주권국가가 자신의 국가이익을 성취하기 위하여 타국의 정책이나 행동에 영향을 미칠 수 있는 능력을 의미한다. 국력을 바탕으로 하는 세력균형이론의 핵심 가설은 국제체제 속에서 국가가 가장 중요한 행위자이고, 국가는 단일체적 행위자이고 합리적으로 행동하며 기본적으로 국력의 증대를 추구하는 것이다. 그러나 세력균형

42) 하영선 외 역, 앞의 책, 280쪽.
43) 최영종, "국제제도론," 우철구・박건영 편, 『현대국제관계이론과 한국』, 사회평론, 2006, 339-340쪽.
44) 신욱희, 앞의 글, 466쪽.
45) 박재영, 앞의 책, 597.

이론만으로는 국가들 간의 국력의 변화와 그에 따른 국제체제의 변화로 인하여, 국가들 간의 분쟁 가능성을 설명해 주지 못하는 점이 있다. 특히, 강대국들 간의 전쟁원인을 설명하는 데는 세력균형과는 다른 이론인 세력전이이론(power transition theory)이 필요하다는 주장도 이런 이유에서이다. 세력전이이론은 국력의 증대가 산업화에 의해서 주로 이루어진다고 가정한다. 국력과 관련하여 또 하나 논의되어야 할 것이 패권이론이다.

여기에서는 먼저 국력의 개념과 요소를 설명하고, 이를 평가해 본다. 그리고 세력균형이론과 세력전이이론을 설명하는데, 세력전이이론은 주로 세력균형이론의 문제점을 중심으로 논의한다. 마지막으로 패권이론을 패권안정론과 패권주기론으로 나누어 설명한다.

1. 국 력

(1) 국력의 개념

정치는 어떤 의미에서 보면 항상 권력현상을 수반한다. 그리고 국가권력에 관련되는 문제는 대개 그 문제가 발생하자마자 바로 '정치적'인 성격을 띠게 된다. 물론 국가간에 취급되는 모든 사무가 정치적인 것은 아니지만 그것이 특히 힘, 즉 국력(national power)이라는 문제에 봉착할 때 사태는 복잡해진다.

일반적으로 힘 혹은 권력이라고 하면 한 사람이 다른 사람의 행동을 지배하는 것을 말하며, 이에 따라 그들이 원하지 않을지도 모를 일을 행하도록 영향을 미치는 것이다. 국제관계에 있어서 힘이라고 하면 주권국가가 그의 국가이익을 성취하기 위해 다른 나라의 정책이나 행동에 미치는 능력 혹은 역량(capacity)을 말하며, 그것은 일정한 권력행사의 수단을 소유하거나 사용함으로써 강화될 수 있다.

선진국가에서는 국가로부터의 개인의 자유를 강조하였고 공산국가에서는 계급과 경제적 평등을 중요시하였는데, 신생국가의 경우는 국가의 자유 혹은 국력배양을 우선시하여 강조하고 있다. 힘의 우위를 확보하는 일이야말로 국제사회에서 생존과 안정을 누릴 수 있는 가장 확실한 보장이 될 수 있으며, 그것은 바로 민족발전의 토대가 된다. 어떤 부문의 국력변동이 구체적으로 어떤 분야의 국민들에게 직접적인 영향을 미칠 것인가 하는 문제는 일반화하여 말할 수 없다. 그러나 오늘날 국제화시대에 있어서 국가의 대외정책과 이에 따르는 외교관계는 국민생활과 밀접한 관련을 갖고 시민들의 민감한 반응을 일으키고 있는 것이 현실이다.

모겐소는, 한 국가의 구성원 대부분이 국력부침에 의하여 개인으로서 자기가 가진 힘에는 별 영향을 받지도 않으면서 자기 나라의 권력과 외교정책에 일체감을 느끼고, 그 권력과 외교정책을 자기 자신의 것인 양 받아들이며, 때로는 그것을 개인으로서 자기가 가지는 감정적 권력에 우선하는 것으로 여기는 것은 무슨 이유인가 하는 의문을 제시하면서 다음과 같이 자문자답하고 있다.[46] 즉 이 의문이 바로 근대 민족주의의 문제로, 예전에 그것은 봉건제후나 국왕에 대한 공통의 충성심에 의해 형성되었으나, 오늘날 민주주의국가에서는 국가권력과 정책을 자기의 그것과 동일시하는 것이 일반적이라 하였다.

국력의 내용에 관하여 카(E. H. Carr)는 이를 크게 보아 '힘은 하나의 나누어지지 않는 전부'라고 지적하면서 그 중에서도 특히 군사력・경제력・여론의 힘을 중요시하였는데, 그 구체적인 요소를 다음 항목에서 살펴보자.

(2) 국력의 요소

국력의 요소는 실질적으로 그것을 수량화하여 분석할 수 있는 유형의 것인가 혹은 측정하기 어려운 질적이며 무형의 것이냐에 따라 크게 둘로 분류할 수 있다. 이들 중 가장 중요한 요소들을 열거하여 설명하면 다음과 같다.

1) 지리적 요소

지리적 요소는 가장 불변적인 국력의 구성요소로서, 특히 위치, 지형, 국경 등이 중요하며 또한 크기나 기후도 역시 중요하다. 예를 들어, 프러시아 혹은 독일은 주변에 강대국가들과 인접해 있으면서 유럽의 중심부에 위치하고 있었기 때문에 자신의 안전을 보장하기 위하여 방대한 상비군을 유지하지 않을 수 없었다. 그리고 미국은 유럽대륙으로부터 수천 마일 떨어진 곳에 위치하고 있었기 때문에 결국 유럽 강대국들은 미국에 대한 지속적인 전쟁을 수행할 수 없었던 것이다.

지형도 국력에 중요한 역할을 수행한다. 예를 들어, 수많은 정글지대를 갖고 있던 베트남에서 미국은 게릴라전에 효과적으로 대응하지 못하였고, 험준한 산악지대를 가지고 있는 구 유고에 대해 스탈린은 군대의 파견을 망설였던 탓으로 유

46) Hans J. Morgenthau, 이호재 역, 『현대국제정치론』, 법문사, 1989, 138쪽.

고의 티토(Marshal Tito)는 소련에 완강히 맞설 수 있었던 것이다.

국경이 국력에 미치는 영향력은 다양하다. 피레네 산맥은 수세기 동안 스페인을 다른 나라들과 분리시켜 놓았으며, 알프스 산맥도 스위스 정치에 비슷한 영향을 미쳤다. 이와 반대로, 위와 같은 자연적 국경을 지니지 못한 이스라엘은 사방에 노출되어 인접국가와의 이해관계나 종교적 문제, 그리고 자신의 중요한 정치적 결정작성이 있을 때마다 국민들을 불안케 하고 있다.

기후가 적당한 지역에는 국제사회에서 가장 큰 도시들이 발달하고 있으며, 세계역사상 주요 국가들은 적도의 북부인 온대지방(temperate zone)에 위치하고 있다.

끝으로 국가의 크기도 중요하다. 구 소련의 영토는 지구면적의 7분의 1로서 미국 영토의 2배 반에 해당되는데, 이와 같이 광대한 영토의 크기는 강력한 힘을 행사할 수 있는 요소가 되었다. 그리하여 과거 소련을 군사적으로 정복하고자 했던 모든 노력은 좌절당할 수밖에 없었다. 영토의 크기는 또한 오늘날 핵전쟁의 가능성에 의하여 그 중요성이 더해지고 있다. 핵전쟁에 의한 위협에서 국민을 믿게 하려면 핵기지와 더불어 산업시설과 인구를 충분히 분산시킬 수 있는 매우 넓은 영토가 필요하기 때문이다.[47]

2) 인구와 국민성

한 나라의 인구가 많다고 해서 반드시 그 나라의 국력이 강하다고 말할 수는 없다. 인도는 방대한 인구를 보유하고 있는 데 비하여 그렇게 강한 나라라고 말할 수는 없다. 다만, 인구가 적은 나라이면서 계속 세계에서 최강국을 유지한다는 것은 매우 어렵다. 구 소련과 미국은 중국과 인도 다음으로 많은 수의 인구를 가진 국가이다.

대규모 인구의 뒷받침이 없이는 현대전을 성공적으로 수행하기 위해 필요한 산업시설을 건설·유지할 수도 없으며, 대규모 전투부대의 인원이나 간부요원을 충당할 수도 없다. 오늘날 2억 5천만의 인구를 보유하고 있는 미국은 1924년에 이민법을 제정하여 이민수를 연간 15만으로 제한하였는데, 만일 그 법이 100년 전에 제정되어 발효되었더라면 그들의 국력은 오늘날보다 훨씬 열등한 지위에 머물렀을 것이라고 말할 수 있다. 그것은 캐나다나 오스트레일리아 영토의 중간에 해당하는

47) 위의 책, 152쪽.

미국이 인구에 있어서 오스트레일리아의 18배, 캐나다의 10배 이상을 기록하고 있다는 사실에서 명백히 알 수 있는 것이다.

국제무대에서 서로 경쟁하고 있는 나라들 사이에 있어서 인구의 상대적 크기와 인구증가율의 크기는 세심한 주의를 요한다. 즉 1870년에서 1940년 사이 프랑스 인구는 400만이 증가하였는데 독일은 2,700만이 증가하였다. 1800년을 기준으로 유럽 인구에서 7인 중 1명이 프랑스인이었으나, 1930년에는 13명 중 1명으로 줄었고, 1940년 독일은 징집대상인구를 1,500만 정도 확보하고 있었는 데 비하여 프랑스는 겨우 500만에 불과하였다.

한편, 인구과잉이 국력에 치명적인 악영향을 미치고 있다는 사실이 최근 들어 명백히 나타나고 있다. 인도와 이집트와 같은 나라에서 사망률의 급격한 감소로 식량생산이 인구증가를 충족시킬 수 없어 결국 국력을 크게 위축시키고 있는 점이 그것을 말해 준다.

인구와 관련하여 또한 중요한 것은 질의 문제이다. 국력의 형성에 영향을 미치는 질적 요소로서 국민성과 사기 및 정부의 질을 중요시한다. 국민이 갖고 있는 심리적 태도로서 국민성은 국제정치상 중요한 비중을 차지하고 있으면서도 이를 파악·측정하기 어려운 난점을 갖고 있다. 콜리지(Samuel T. Coleridge)가 지적한 대로 "각국에는 눈에 보이지 않는 독특한 어떤 정기가 있어 국민 모두가 똑같진 않아도 거의 모든 국민이 이를 호흡하고 또한 나누어 갖고 있다. 그 정기는 그들의 미덕이나 악행에 독특한 색깔과 성격을 부여함으로써 똑같은 행동이라 해도 프랑스인과 스페인인이 느끼는 감정은 서로 달라진다"는 것이다.[48] 칸트와 헤겔은 독일의 철학적 전통의 전형적 예이며, 데카르트와 볼테르는 프랑스인들의 마음을 전형적으로 나타내고, 로크와 버크는 영국의 정치사상을 잘 나타내는 한편, 제임스와 듀이는 지적인 문제에의 미국식 접근방식을 보여 주는 훌륭한 예이다.[49]

전시나 평시에 있어서 조국의 정책을 수립·집행·지지하고, 여론을 조성하며, 선거에 참여·당선되고, 생산활동에 참여하거나 소비에 응하는 모든 사람들은 자기 나라 국민성의 특징이 되는 이지적·도덕적 특성을—정도의 차이는 있으나—모두가 다 갖고 있다. 러시아인들의 원시적인 힘과 끈기, 미국인들의 개인주의적

---

48) Samuel Taylor Coleridge, *Essays on His Own Times*, Vol. II, London: William Pickering, 1850, pp.668-669.

49) 이호재 역, 앞의 책, 173쪽.

성향과 창의력, 영국인들의 규율과 철저성 등은 그들의 개인적・집단적인 모든 생활에서 좋든 싫든 간에 두드러지게 나타나고 있는 몇 가지 특징들이라 하겠다.[50] 이러한 국민성의 차이 때문에, 예를 들어 독일정부와 러시아정부는 미국정부와 영국정부가 추구할 수 없던 외교정책을 수행할 수 있었으며 또 그 반대의 경우도 마찬가지이다.

국력형성에 있어서 다른 요소에 못지않게 중요한 의미를 가지고 있으면서도 또한 파악하기 어렵고 불안정한 것이 국민의 사기이다. 국민의 사기는 전시나 평화시에 있어서 그 나라 정부의 외교정책을 지지하는 국민들의 결의의 정도이다. 그것은 그 국가의 모든 활동, 즉 농업 및 공업적 생산활동, 군대의 유지와 외교활동에 이르기까지 모든 분야에 걸쳐 원동력이 되고 있다. 국민의 사기는 여론의 형태로 표출되기도 한다. 그 정부가 민주주의나 독재주의의 어떤 형태의 것이든 여론에 바탕하지 않고, 국민적 사기가 충만되어 있지 않다면, 정책을 충분히 효과적으로 수행하기 어려운 것이다. 국민의 사기에 관한 수준의 평가는 국가가 위기에 직면하여 존망의 기로에 처해 있을 때에, 혹은 국가적 중대사의 결정단계에서 가장 정확하게 파악할 수 있는 문제이다.[51] 이 대목은 다음 '5) 사회와 정부의 질' 항목에서 거듭 설명한다.

3) 천연자원과 공업능력

천연자원 중에서 가장 기본적인 요소는 식량이다. 식량을 자급할 수 없는 국가는 그것을 외국으로부터 수입해야 하며, 만일 그렇지 못할 경우에 국민들은 기아에 허덕이게 되고 그것은 바로 국력의 쇠퇴를 의미한다. 인도는 이른바 녹색혁명에 의하여 식량공급을 급속하게 호전시키기 이전, 식량부족 때문에 국제정치상 언제나 약세에 처해 있었다. 인도가 고민하고 있었던 식량부족은 식량공급을 웃돌았던 인구의 증가와 식량수입에 지불해야 할 외화를 충당할 만한 수출이 부진한데에 있었다. 이 두 가지 불균형은 언제나 대규모 기아를 유발하여 정부의 주요관심사가 되었던 바, 이것은 인도의 외교정책 수행에 있어서 견딜 수 없는 핸디캡이 되었다.

농업생산량의 변화가 국력에 미치는 영향을 보여주는 또 다른 좋은 예로서는

50) 위의 책, 178쪽.
51) 위의 책, 182쪽.

근동지방과 북아프리카 지방이 세계정치의 중심부 위치에서 벗어난 것과 스페인의 국력이 세계 열강의 위치에서 3류국가로 전락해 버린 경우를 들 수 있다. 스페인이 정치적으로 크게 몰락한 것은 1588년의 무적함대가 격파당한 무렵으로 보고 있지만, 실은 17-18세기 대규모 삼림개척으로 경작지의 상당부분이 황폐된 실정이 있은 직후이며, 스페인 북부와 중부의 넓은 지역이 사막으로 변했던 탓이라고 본다.52)

식량과 마찬가지로 천연자원도 국력형성에 매우 중요한 요소임은 말할 필요도 없다. 산업혁명 이래 전쟁수단이 점차 빠른 속도로 기계화되어 가자 한 나라의 국력은 그 나라가 전시와 평시에 천연자원을 얼마나 잘 다룰 수 있는가 하는 능력 여하에 더 의존하게 되었다. 오늘날 이 지구상에서 가장 강력한 두 나라인 미국과 러시아가 현대적 공업생산에 필요한 천연자원 면에서 다른 어떤 나라보다 더 자급자족하고 있으며, 자국에서 생산되지 않는 천연자원의 경우 최소한 그 수입원을 확보하고 있다는 사실은 우연이 아니다.53)

천연자원이 국력에 미치는 영향력은 특히 우라늄의 경우를 살펴보면 가장 확연히 알 수 있다. 캐나다, 체코, 미국, 러시아, 남아프리카공화국 등 우라늄 광산을 보유하고 있는 국가는 국제정치적인 강대국으로 등장하고 있다. 그러나 콩고는 순도 높은 우라늄을 많이 매장하고 있으면서도 대외적 지위에 있어서 별다른 영향을 미치지 못하고 있는 예외적인 국가이다. 인도는 미국과 러시아 다음으로 석탄과 철이 많이 매장된 나라이지만, 풍부한 천연자원에 버금가는 산업시설, 즉 공업능력을 갖고 있지 않아서 미국과 러시아에 미치지 못하고 있다. 일본은 실질적으로 천연자원을 갖고 있지 않으면서도 세계강국의 대열에 올랐다. 그것은 자원을 다른 나라에서 확보하여 이를 생산·기술적으로 발전시킬 수 있는 공업능력을 지니고 있기 때문이다.54) 공장의 질과 생산능력, 노동자의 숙련도, 기술자의 능력, 창의력이 풍부한 천재적인 과학자, 관리체계 등 모든 자원과 능력은 한 나라의 공업능력과 더 나아가서는 그 나라의 국력이 달려 있는 요인들이다.55)

---

52) 위의 책, 155쪽.

53) 위의 책, 156쪽.

54) H. M. Levine, *Political Issues Debated*, Englewood Cliffs, N. J.: Prentice-Hall, Inc., 1982. p.284.

55) 이호재 역, 앞의 책, 159쪽.

4) 군사력

과거에 이룩했던 위대한 문명은 모두가 그 당시에 있어서 우월한 군사력이 뒷받침을 이루고 있었다. 현대에 와서도 앞에 열거한 지리적·인적·물적 요인들이 중요한 국력의 요소로 인정받을 수 있는 것은 모두가 군사력의 뒷받침이 있기 때문이다. 강대국들이라 할지라도 가령 군사력의 불비나 취약성의 징후가 드러나면 그것은 즉시 그 나라의 정치적 지위에 반영되게 마련이다.

군사력은 여러 가지 요인들로 파악될 수 있겠지만 그 중에서도 무기의 수준, 지도력, 군대의 양과 질을 가장 중요시한다. 핵무기와 그것을 발사할 수 있는 미사일체제를 갖춘 나라들은 경쟁국들에 대해 어마어마한 기술적 우위를 점한다. 그러나 고성능 핵무기만을 보유했다고 해서 그것이 바로 국력의 척도일 수는 없다. 아무리 핵으로 상대방을 위협한다 해도 그 이외에 상대방의 의사를 강제할 수단을 갖고 있지 않는 경우 이를 실제 사용하기는 어려우며, 결국 재래식 병기의 수준으로 핵무기의 파괴력을 감소시켜야 한다는 역설이 또한 성립한다.[56] 우리나라의 경우 1970년대 미·소 군비경쟁과 관련하여 핵무기 문제에 관한 논의가 제기된 바 있으며,[57] 북한은 현재 핵카드로 그들의 어려운 경제난을 극복하려는 전략을 구사하고 있다.

무기의 수준과 더불어 중요한 것은 군사적 지도력이다. 18세기에 있어서 프러시아의 국력은 주로 프리드리히 대왕의 군사적 천재성과 그에 의해 도입된 전략적·전술적 혁신을 반영한 것이었다. 제2차 세계대전은 미국의 우월한 기술과 구소련의 우세한 인력이 히틀러를 파멸로 이끌게 할 수 있었다. 즉, 그 나라의 국력을 총동원하여 전쟁목표 수행에 효율적으로 활용할 수 있는 지도력은 군사력의 중요한 부분을 차지한다.

국력은 또한 유능한 대규모의 병력, 현대화된 무기와 장비, 그리고 유사시 임전태세를 갖춘 잘 훈련된 병력의 동원배치 등과 관련된다. 그런데 이러한 병력의 양과 질의 관계에 대해서는 상당한 의문이 제기된다. 즉 대규모의 군대와 잘 훈련되고 중무장한 소수의 특수부대, 기동성을 갖춘 현역군과 훈련받은 예비부대, 대규모 병기의 제작과 소량의 최신예 병기의 보유 등 어느 쪽을 더 선호할 것이며, 방

---

56) 위의 책, 163-164쪽.
57) 미·소의 군비경쟁과 한국의 안보에 관하여는 유철종, "미·소의 동북아 방위전략과 한반도 안보에 관한 연구," 『사회과학연구』, 전북대학교 사회과학연구소, 제12집, 1985 참조.

대한 해군과 항공모함은 과연 유용할 것인가 등의 질문들이 끊임없이 제기된다.

5) 사회와 정부의 질

국민의 사기는 군사력을 확보하는 데 있어서나 외교정책을 수행하는 정부의 결단력을 행사함에 있어서 매우 중요한 영향을 미친다. 정책의 수립과정에 있어 국민의 의사를 반영하지 않는 독재정부는 외교정책에 대한 국민의 지지를 기대할 수 없다. 특히 국민들 사이에 깊고도 넓은 계층화가 이루어져 있는 나라에서는 국민의 사기는 매우 낮기 마련이다.

전체주의 국가에서는 국민의 사기를 무력, 기만, 국가의 신격화 등을 통하여 얻으려 하지만 그것이 민주사회에서는 통하지 않는다. 민주사회에서는 국민들의 다양한 세력이 자유스럽게 상호작용하면서 사기가 앙양되어야 하며, 만일 정부가 사회의 여러 계급적·종족적·종교적 분쟁을 막고 그들이 심각한 파벌적 대립으로 분열되는 것을 예방하지 못한다면 효과적인 외교정책을 수행할 수 없게 된다.

이러한 국민의 사기를 감안할 때 그 나라의 국력은 그 나라 정부의 질에 달려 있다고 볼 수 있다. 민의를 충분히 대변하고 있는 정부는 의회의 과반수를 차지하고 있을 뿐 아니라 국민의 불명료한 확신과 열망을 국제무대에서 외교정책으로 전환할 수 있으며, 또 이 정부는 국가적 에너지를 집약시켜 자국의 정책 및 그 정책목표에 대한 지지를 동원할 수 있는 커다란 가능성을 갖게 된다.[58]

국력의 독자적인 요구조건의 하나로서 훌륭한 정부란 국력의 형성에 보탬이 되는 세 가지 역할, 즉 ① 물질적·인적 자원들과 추구하는 외교정책간의 균형, ② 이러한 자원들 상호간의 균형, ③ 추구하는 외교정책에 대한 국민대중의 지지동원을 잘하는 것을 가리킨다.[59]

국력형성의 요소 중에서 불안정하나마 가장 중요한 것은 외교의 질이다. 국력을 결정하는 모든 다른 요인들을 전체로서 결합, 여기에 방향과 무게를 부여하고 현실적인 힘을 제공함으로써 잠재적인 국력을 향상시키는 것이 외교의 질이다. 평시에는 외교관이 처리하는 국가의 대외문제가 그리고 전시에는 군사지도자의 전략·전술의 문제가 특히 중요하다. 결국 유능한 외교는 국력의 모든 요소들을 결합한다는 의미에서 우리가 기대하는 이상의 효과를 거둘 수 있는 것이다.

---

58) 이호재 역, 앞의 책, 189쪽.

59) 위의 책, 196-201쪽 참조.

(3) 국력의 평가

위에서 국력의 여러 요소들을 간단히 살펴보았는데, 이러한 요소들이 과연 국력을 측정하기 위한 충분조건이 될 수 있는 것이며, 또한 다양한 변수를 가진 국력을 정확하게 평가할 수 있느냐 하는 의문이 제기된다.

그것은 첫째로 국력의 상대적 중요성의 문제이다. 제1차 세계대전이 끝날 무렵 프랑스는 군사적 측면에서 보아 이 지구상에서 가장 강력한 국가였다. 프랑스는 아마도 1919년에 강했던 만큼이나 1939년에도 강했으리라 예상되었다. 이러한 생각은 1940년 독일에 패배당하기 전까지 계속되었는데, 독일에 의한 패배는 프랑스 군대가 약화된 것이 아니라 독일 군대가 급속하게 발전한 탓이다.

둘째로 국력의 변화를 들 수 있다. 힘은 계속하여 변하고 있으며, 절대적인 힘은 여러 가지 요인에 의하여 변화하기 마련이다. 국가에 따라 군사력을 증대 또는 감소할 수 있으며, 장비도 새것으로 대치하거나 노후되어 폐물이 될 수도 있다. 그 밖에 지도자의 교체, 기술의 진보, 국내정세의 변화, 천재지변 등으로 국력은 항상 유동적일 수밖에 없다.

끝으로, 한 가지의 국력요소를 지나치게 강조한 나머지 다른 나머지 국력요소를 경시하거나 이들을 상호 연관시키지 못하는 경우가 있다. 가장 흔한 예가 지정학・민족주의・군국주의인데, 이들은 한 가지 국력의 요소에 치중하여 국민을 평가하거나 정부를 평가하는 원인을 제공한다. 말하자면 그들의 이념적 지향은 국력의 개념을 지리적 위치나 국민성 혹은 군비 등 어느 한쪽만을 전적으로 강조하여 파악하려는 오류를 범하고 있는 것이다. 결국 국력의 평가란 극히 어려운 문제이며, 힘이란 항상 상대적이고 변하는 것이며 부분적이라는 사실을 명심할 필요가 있다.

2. 국세정치의 권력이론

(1) 세력균형이론

세력균형이란 국제정치에서 복수의 주권국가 및 국가군이 균등한 세력을 유지함으로써 안전을 유지할 수 있는 상태를 말한다. 세력균형이라는 개념은 근대 유럽에 주권국가가 등장하면서 나타난 것으로, 국제정치는 근본적으로 세력균형의 원리에 의해 지배된다고 주장되어 왔다. 모겐소에 의하면 세력균형은 보편적인 사회원리로서, 각 국가는 자국의 안전과 번영을 위해 권력을 추구하며 이를 위해 현재의 질서를 뒤엎으려 하든가 아니면 계속 유지시키려 하게 되면 결국 세력균형이라고 불리는 질서가 형성될 수밖에 없다는 것이다.60)

1) 세력균형의 성립요건

세력균형이 성립되기 위해서는 국제정치상 헤게모니(hegemony)를 장악하는 국가 및 국제조직이 존재하지 않는 것을 전제로 하며, 거의 대등한 세력을 가진 복수의 국가 및 국가군이 존재하여야 한다. 또한 현상유지 파괴세력은 혁명적 이데올로기에 얽매이지 않고 현실적인 게임규칙에 따라야만 한다.

세력균형정책의 역사적 사례로는 나폴레옹 전쟁 후의 비엔나체제를 들 수 있다. 당시 영국은 유럽대륙의 국가들이 서로 대립하는 가운데 균형을 유지하도록 노력하여 대륙으로부터의 위협을 제거하고 번영을 누리는 균형유지자(balancer)의 역할을 담당하였다. 영국은 대륙에서 헤게모니 국가가 등장하면 곧 그들의 안전을 위협하는 것으로 인식하였으며, 혁명후 나폴레옹이 대륙에서 헤게모니를 장악하려 하자 대륙의 제국과 동맹을 맺고 프랑스에 대항하였다. 그러나 그 당시에 있어서 영국이 균형유지자가 될 수 있었던 것은 무엇보다 영국의 힘이 강했기 때문이었다.

2) 세력균형의 유형

(가) 하르트만의 분류

하르트만(Frederick H. Hartmann)은 세력균형의 유형으로 다음의 네 가지를 들고 있다.61)

가) 균형자형(The Balancer Form)

이 형은 대립하는 두 세력 중에서 어느 한 세력이 균형을 파괴하려는 경우 제3세력의 균형자가 가세함으로써 균형을 유지시키는 형이다. 19세기 유럽 세력균형체제에서 영국이 균형자 역할을 담당하였던 것을 그 예로 들 수 있다. 다만 이 형이 이루어지려면 균형자는 어느 하나의 세력과 영구적인 동맹관계를 가져서는 안

---

60) Hans J. Morgenthau, *Politics Among Nations*, New York: Alfred A. Knopf, Inc., 1967, p.161.
61) Frederick H. Hartmann, *The Relations of Nations*, New York: Macmillan, 1973, p.361.

된다. 왜냐하면 세력균형체제 내의 힘의 분포상태가 바뀌면 균형자는 균형을 유지하기 위해 언제든지 동맹의 파트너를 손쉽게 바꿀 수 있어야만 하기 때문이다.

나) 비스마르크형(The Bismarckian Form)

이 형의 전형적인 예로는 비스마르크가 프랑스를 고립시키기 위해 형성한 동맹체제를 들 수 있다. 즉 예상되는 침략국을 둘러싼 여러 국가들을 몇 개의 복합적 동맹으로 묶어 예상침략국을 고립, 견제시키는 방법이다. 이 형은 고도의 외교역량이 전제되어야 가능하다.

다) 뮌헨시대형(The Munich Era Form)

예상되는 세력균형체제의 파괴자보다 월등한 힘을 갖는 국가들이 이해가 상충되어 힘의 결집을 이룩하지 못하고 힘이 약한 침략국과 균형을 이룩하게 되는 형으로서, 히틀러의 압력에 무릎을 꿇은 뮌헨협정을 상징하여 붙인 이름이다.

라) 빌헬름형(The Wilhelmian Form)

이 형은 양대세력간에 균형이 이루어지는 단순형으로서, 제3세력으로서의 균형자가 존재하지 않는 세력균형의 형태를 말한다. 이것의 예로서 1907년부터 1914년까지의 유럽의 상태, 제2차대전 이후 미·소간 냉전체제를 들 수 있다.

(나) 무겐수의 분류

모겐소의 세력균형 유형으로 다음 두 가지 형태를 지적할 수 있다.[62]

가) 직접적 대립형(The Pattern of Direct Opposition)

이것은 2개의 국가 또는 국가군이 직접적인 대립 속에 균형을 유지하는 형이다. 예로는 3국동맹 대 3국협상의 대립, 제2차 세계대전시 추축국 대 연합국의 대립, 제2차 세계대전 이후 미·소간의 대립을 들 수 있다. 양대세력이 약소국을 둘러싸고 대립하는 경우 직접적인 대립은 간접적인 대립으로 변모한다. 이 같은 간접적 대립 속에서 약소국은 생존을 유지할 수 있는데, 제2차 세계대전 후 오스트리아의 영세중립화나 구한말 청·일간, 러·일간의 대립 속에서의 우리나라의 경우가 그것이다.

나) 상호경쟁형(The Pattern of Competition)

거의 동등한 세력을 갖는 3개의 국가 및 국가군이 서로 대립하는 가운데 균형을 유지하는 형을 말한다. 이 형의 특색은 균형유지자(balancer)가 존재한다는 점이

62) Morgenthau, *op. cit.*, pp.166-171.

다. 이것의 사례로는 나폴레옹의 러시아 공격시 영국이 균형자로서 러시아측에 가담한 것, 제1차 세계대전중 3국협상과 3국동맹간의 전쟁에 미국이 초기에는 중립을 지켰으나 3국동맹이 현상질서를 파괴하게 되자 전쟁에 개입하게 된 것을 들 수 있다. 이 경우 균형자는 질서를 다시 회복시킬 수 있을 정도의 힘을 보유하여야만 한다.

3) 세력균형의 방법

하르트만은 세력균형을 유지하는 방법으로 동맹국을 얻는 방법, 영토의 확장, 적의 동맹국을 이탈케 함으로써 적대국의 힘을 약화시키는 방법, 적을 제3의 적과 대립시킴으로써 적대국의 힘을 분산시키는 방법을 제시하고 있다.[63] 여기에서는 모겐소가 제시하는 몇 가지 방법을 요약 소개하기로 한다.

(가) 분할・통치

분할과 통치(Divide and Rule)의 방법은 현재적・잠재적 적대국을 분열상태에 둠으로써 이들이 강해지지 못하게 하는 것이다. 구체적인 사례로서 비스마르크(Bismarck)의 통일 이전까지 독일연방을 분열상태로 두려고 한 프랑스의 정책을 들 수 있다. 현대 국제정치상에서는 미국과 소련이 상대진영내 국가의 혁명・반혁명을 지원하는 것, 제2차 세계대전후 연합국이 독일을 분할하고 통일을 반대해 온 것 등을 예로 들 수 있다. 우리나라의 경우는 강대국간의 국경선에 의한 직접 대립을 완화시켜 주기 위해 일본군의 무장해제를 명목으로 한 미・소간의 분할・통치의 한 방편으로 국토가 분단되었다고 볼 수 있다.

(나) 보 상

보상(Compensation)은 대립하고 있는 국가 중의 한 국가가 새로 영토나 권익을 획득했을 때, 관계국이 거의 같은 면적의 영토나 권익을 획득함으로써 세력의 균형을 유지하는 방법을 말한다. 20세기초 영국, 프랑스, 러시아 등이 새로운 권익을 획득할 때마다 기타 열강이 청국에 대하여 거의 대등한 권익을 강요했던 것, 제국주의 국가들의 아프리카 분할을 예로 들 수 있다. 이 같은 보상정책은 상호간의 타협에 의해 이루어지는 경우와 권익을 제공한 국가에 대한 압력을 통해 이루어지는 경우가 있다.

63) Hartmann, *op. cit.*, pp.317-327.

(다) 군비경쟁 및 군비축소

한 국가의 세력은 군사력에 달려 있다고 해도 과언이 아니다. 대립하는 국가간에는 적대국과 동등한 세력을 유지하거나 적대국을 능가하기 위하여 필연적으로 군비(Armaments) 경쟁에 나서게 된다. 이와 같은 군비증강은 세력균형을 불안정하게 함에 따라 관계국간의 긴장은 더욱 증대되고 이것은 결국 군비증강을 가속화시키는 악순환을 낳게 된다. 이것의 사례로서 제1차 세계대전 이전의 영・불・독간의 군비경쟁을 들 수 있다.

그런데 국가의 재정상 과다한 군비경쟁은 반대로 군비축소(Disarmament)의 필요성을 낳게 된다. 이런 과정에서 관계국들은 군비축소에 합의를 보게 되는데, 그 사례로서 1922년 영・불・일・이탈리아간의 워싱턴 해군협정, 1968년 핵확산금지조약(Nuclear Non-Proliferation Treaty: NPT), 1972년과 1979년 미・소간에 체결된 제1・2단계 전략무기제한협정(Strategic Arms Limitation Talks Ⅰ・Ⅱ: SALT Ⅰ・Ⅱ), 그리고 1991년 미국과 구 소련간에 체결된 제1단계 전략무기감축협정(Strategic Arms Reduction Talks Ⅰ: START Ⅰ), 중거리핵전력협정(Intermediate-Range Nuclear Forces Treaty: INF 협정) 등을 들 수 있다. 이 같은 군비축소는 세력균형 유지의 효과적인 수단 중의 하나가 된다.

(라) 간십과 불간섭

이 방법은 세력균형이 잡힌 위치에 있는 국가에 의하여 사용된 것으로 역사적으로 영국과 미국의 대외정책에 적용되어 왔다. 간섭(Intervention)은 중립으로부터 미미한 탈선의 여러 가지 방편이며, 전통적인 의미에서는 주요 전쟁에로의 전면적인 참여를 의미하고 있다. 하나의 국가가 대내적으로 급격한 변화를 이룩하여 인접국가를 위협할 경우, 위협 받는 국가들은 스스로의 질서, 즉 세력균형을 회복하기 위해 간섭하게 된다.

반면에 불간섭(Non-Intervention)은 정치적 용어로서 간섭하지 않는 것을 의미하는 데 일반적으로 소국에 의해 추종되는 정책이다. 특히 현재의 정치질서에 만족하는 강대국이 현상을 유지하기 위해 평화적 방법을 따르는 것을 의미한다.[64]

(마) 동 맹

동맹(Alliance)은 세력균형유지의 가장 대표적인 방법으로, 유럽에서 세력균형

64) 김우태 외, 『정치학의 이해』, 형설출판사, 1998, 544-545쪽.

의 유지는 주로 동맹체결을 의미하였다. 동맹은 공통된 이해관계, 특히 공통의 적에 의해 안전을 위협 받는 국가간에 이루어지고, 대개 조약상 조약 당사국간에 군사원조의 의무를 규정한다. 예로는 나폴레옹 체제의 타도를 위해 체결되었던 1813년의 4국동맹, 1940년 독・일・이탈리아간의 3국동맹, 1949년에 체결된 북대서양조약기구(NATO), 바르샤바조약기구(Warsaw Treaty Organization: WTO)를 들 수 있다. 그런데 특정한 국가간에 동맹이 체결되면 이것에 위협을 느끼는 국가들은 대항동맹을 체결하게 된다.

(바) 완충국가

완충국(Buffer State)은 양대 적대세력이 직접 맞부딪치는 것을 피하기 위하여 설정된다. 구체적인 예로는 19세기말 영국과 소련의 직접적 접촉을 막기 위한 아프가니스탄의 완충국화, 영국과 프랑스 사이에 있는 벨기에의 경우를 들 수 있다. 또 스위스와 오스트리아의 중립국화, 그리고 우리나라의 분할 등도 이에 해당된다고 볼 수 있다.

4) 세력균형의 기능

(가) 평화유지 기능

특정 국가가 현상을 근본적으로 변혁하여 압도적으로 우월한 세력을 형성하려 하거나 세계제패를 시도하려 하면 반드시 그것에 반대하는 국가들이 단합을 하게 되며, 결국 균형을 되찾고 현상을 유지하게 된다. 이러한 점에서 볼 때 세력균형은 현상유지의 기능 또는 평화유지의 기능을 갖는다고 할 수 있다. 이에 대해 오건스키(A. F. K. Organski)는 오히려 세력균형이 전쟁을 촉발시킨다고 비판한다. 그는 베르사이유체제의 평화상태는 힘의 균형에서 비롯된 것이 아니라 영국과 프랑스의 힘의 우위의 결과였다는 것, 제2차 세계대전은 추축국들의 힘이 유럽 연합국과 힘이 비등해졌기 때문에 발생했다는 것이다.[65]

한편, 슈만(F. L. Schuman)은 세력균형에 의해 형성되는 평화는 일시적이며 불안정한 평화라고 했다. 그 이유는 ① 국제사회에는 아직 초국가적인 국제권력조직이 없기 때문에 각국은 자신의 세력을 신장시키려 하게 되며, 이것은 상대국에게도 역시 세력의 신장을 도모케 함으로써 균형은 파괴되기 쉽고 따라서 평화는 일시적・불안정한 것일 수밖에 없는 점, ② 국력의 정확한 측정이 거의 불가능하고

65) A. F. K. Organski, *World Politics*, New York: Alfred Knopf, 1968.

국력은 고정적인 것이 아니라 가변적인 것이기 때문에 세력의 균형 여부를 확인할 수 없고 결국 해석상의 불안은 군비증강으로 치닫게 된다는 점, 그리고 ③ 모든 국가가 갖는 자국중심주의로 인하여 자국에 유리한 세력균형을 생각하게 되기 때문에 자국력의 우월을 전제로 한 세력균형이라는 모순을 갖는다는 점이다.[66)]

(나) 독립보장 기능

강대국들은 상호간의 타협을 통하여 약소국을 분할・통치할 수도 있지만, 스위스・오스트리아처럼 강대국간의 세력균형의 유지를 위해 중립국으로서 독립시킬 경우도 있다. 1815년의 비엔나회의(Congress of Vienna)를 통하여 당시 강대국인 영국・프랑스・러시아・오스트리아가 스위스를 영세중립국으로 만든 것을 예로 들 수 있다. 그러나 이러한 경우에는 다음 조건들이 충족되어야만 한다.

첫째, 특정한 국가 또는 국가군이 그 대상을 독점적으로 지배하는 데 대하여 여타 관계국이 반대할 뿐만 아니라, 그 지배에 대하여 합의에 도달하지 못한다는 조건이 필요하다. 둘째, 어떤 국가도 그 대상을 지배하는 것을 절대적으로 요청하지 않아야 한다. 이 두 가지 조건이 구비되어야만 대상국의 중립화가 가능하다. 그렇지 않을 경우 약소국은 분할・통치를 당하게 된다. 그 예로 18세기 폴란드는 러시아・프러시아・오스트리아에 의해 3차에 걸쳐 분할・통치를 당하게 되었다. 결국 관계국이 특정한 대상에 대하여 적극적이고 중대한 이익을 갖지 않는다는 점이 세력균형에서 약소국 독립을 유지하는 기능을 영위하는 데 필수조건이 된다.[67)]

우리나라의 남북통일문제를 연구하는 학자 사이에서도 남북통일을 전제로 한 중립국화 방안이 제시된 바 있다. 그러나 위에서 제시한 첫째 조건은 충족되지만, 둘째 조건에서 남북한 사이의 입장차이는 물론 미국과 일본, 중국과 러시아의 입장차이가 첨예하게 대립되어 있으므로 현실성이 없는 주장이라고 볼 수 있다.

(2) 세력전이이론

세력전이이론(power transition theory)은 국제체제내 국가들 간의 국력 성장속도 차이로 발생하는 국제관계의 역동적인 변화를 설명하는 대표적인 국제정치이론이다. 국제정치이론으로 가장 오랫동안 그리고 가장 널리 알려진 이론은 상술한

66) Frederick L. Schuman, *International Politics*, New York: McGraw-Hill Book Company, Inc., 1958, p.276.

67) Morgenthau, 앞의 책, 177쪽; 조재관, 『국제정치학』, 법문사, 1979, 141쪽 인용.

세력균형이론이다. 그러나 세력균형이론은 국가들 간의 국력변화와 그에 따른 국제체제의 변화, 국가들 간의 분쟁 가능성을 설명해 주지 못하고 있다.

1) 세력균형의 변형

(가) 세력균형의 경직성[68]

가) 강대국의 감소

생명력 있는 국제정치원리로 작용해 온 세력균형의 기능을 손상시키는 구조적 변화 가운데 첫째로 행위자 수의 급격한 감소를 들 수 있다. 적극적인 행위자의 수가 많을수록 그들 사이에 체결 가능한 동맹의 수도 많아지고 서로 적대관계에 있게 될 동맹에 대한 불확실성과 개별 국가들이 그 속에서 수행할 역할에 대한 불확실성도 커진다. 결국 동맹국을 전적으로 불신하는 데서 기인하는 세력균형이 행위자들 사이에 극단적인 융통성으로 작용하여 많은 동맹관계를 맺게 되고, 모든 행위자들은 가능한 한 위험이 작은 쪽을 택해야만 하는 부담감을 갖게 된다. 그러나 행위자 수가 감소하면 세력균형관계가 좀더 분명해지고 행위자의 선택범위도 그만큼 줄어들게 된다.

나) 세력의 양극성

국제정치상 결정력을 갖는 행위자 수의 감소는 세력균형을 경직시키는 요인이 된다. 제2차 세계대전시 미국・영국・소련・일본・독일과 같은 강대국 세력과 나머지 세력 사이의 불균형은 이미 심화되어 있었기 때문에 그들만이 결정적인 중요성을 갖게 되었다. 이 같은 상황은 미・소의 양극체제에서 더욱 뚜렷하게 나타났고, 그것은 구 소련의 해체와 더불어 새로운 체제로의 전환을 예고하고 있다.

다) 양 진영 체제로의 경향

초강대국과 여타 국가간의 엄청난 세력 차이로 약소국들은 과거에는 세력균형에 결정적인 역할을 했던 이합집산의 자유를 상실하고 초강대국의 위성국으로 전락하게 되었다. 제2차 세계대전 이전까지 강대국들이 직면했던 주요 문제 중의 하나는 동맹국 유지의 문제였으나, 오늘날에는 동맹국들을 자발적・적극적 지지자로 만드는 것이 중요하다. 이것은 결국 초강대국이 약소국의 정책이나 생존에 결정적인 영향력을 갖고 있으면서도 그들이 원하는 바에 맞추어 유연하고 적절한 정

68) 이호재 역, 앞의 책, 455-476쪽 참조.

책을 채택해야만 한다는 것을 의미한다.

(나) 균형유지국의 소멸

과거에 영국이 담당해 왔던 균형유지국이 오늘날에는 그 임무가 많이 변경되었지만 거의 미국이 담당하고 있다. 제2차 세계대전까지만 해도 영국이 연합국측과 동맹을 맺지 않고 중립을 지키거나, 독일·일본과 동맹을 맺었더라면 추축국은 승리하였을 것이다. 그러나 대전후 냉전체제가 지속되는 동안에는 어느 나라도 미국과 구 소련 사이의 세력분포에 결정적인 영향을 미칠 수 있는 나라는 없었다.

대전후 영국은 인도, 미얀마(구 버마), 이집트, 파키스탄 등지에서 자진해서 물러났고, 네덜란드는 인도네시아에서 무력에 의해 추방되고, 프랑스는 인도차이나에서 쫓겨났다. 이와 같이 유럽의 쇠퇴로 인해 야기된 식민지의 소멸은 유럽이 더 이상 균형유지국으로서의 역할을 하는데 제약요인이 되었다. 물론 식민지 소멸이 유럽세력 쇠퇴의 결과라고 단정할 수는 없다. 다만, 아시아·아프리카 지역을 중심으로 한 식민지 소멸은 유럽을 축으로 전개되던 기존의 세계질서 및 가치에 대한 도전으로부터 발생하였다는 점에서 기존의 세력균형유지국이 소멸되었다고 볼 수 있다.

최근에 구 소련이 붕괴되고 동유럽 국가들이 서방세계에 편입됨으로써 부분적으로나마 균형유지국으로 미국을 들 수 있겠으나, 그것은 미국을 정점으로 한 자본주의적 세계체제의 우월적 지배를 의미할 뿐 양대세력 사이의 균형유지국은 아니라고 볼 수 있다.

(다) 신식민지 시대의 탄생

세력균형이 과거에 중재적 영향력과 억제력을 발휘할 수 있었던 것은, 세력균형이 기능하고 있던 당시의 도덕적 풍토와 다른 국가들과의 정치적·군사적 싸움에 모든 국력을 투입할 필요가 없었던 주변환경에도 크게 기인한다. 과거에는 영토확장이 국력신장의 중요 방법이었고, 그러한 목적은 아프리카·아메리카·아시아에서 별 위험 없이 달성될 수 있었다. 또한 강대국간의 분쟁이 직접적 대결이 아니라 식민지를 통하여 간접적인 형태로 이루어졌는데, 이제는 세력균형의 주변부로서의 식민지 자체가 없어지고 경제력 확대와 교류를 위한 신식민지가 새롭게 등장한 것이다.[69]

---

69) 박상식, 『국제정치학』, 집문당, 1992, 228-229쪽.

식민지 시대이든 신식민지 시대이든 강대국들이 경제적 착취를 목적으로 진출한 점은 동일하다고 할 수 있으나, 식민지 시대가 세력균형에 또 하나의 목표점을 두었다는 점에서는 다르다. 즉 식민지 시대에는 직접통치를 통한 경쟁국과의 세력균형을 도모하였으나, 신식민지 시대에는 세력균형보다도 경제적 의존관계를 수립하여 정치적 의존관계를 확대하려 한다는 점에서 그 차이를 찾을 수 있는 것이다.

(라) 세력균형의 재편성

미국과 구 소련에 의해 유지되던 양극체제가 다극체제로 전환되는 상황 속에서 아시아 및 아프리카 지역국가들의 제3세력의 결성, 특히 중국의 세계무대에의 등장은 그 잠재적 힘으로 인해서 새로운 국제질서로의 전환을 요구하였다. 양극체제의 붕괴는 1985년 고르바쵸프(Mikhail Gorbachev)의 신사고에 의한 페레스트로이카(Perestroika, 개혁)와 그라스노스트(Grasnost, 개방) 정책의 추진에서 비롯된 것이지만, 2차대전후 새로운 강국으로 부상한 독일·일본·중국은 물론 양극체제에서 강제로 동맹국이 된 국가들이 자유민주사상의 확산과 새로운 경제질서의 재편으로, 가능한 한 미·소 양 진영에로의 연계를 피하려 하는 분위기와도 많은 관련이 있다. 이러한 분위기는 사회주의권의 급격한 붕괴와 소련의 해체 등이 세력균형의 변형을 초래하였으며, 이들 국가로부터 탈피하여 시장을 개방하고 핵무기로 무장한 독립적인 세력권이 형성될 수 있는 새로운 가능성을 열어 놓게 된 것이다. 그러나 현재의 상황에서 러시아가 완전히 강대국의 지위를 내놓고 있다고 단정할 수는 없다.

이러한 세력균형의 재편성 문제에 대해 모겐소는 세력균형을 자동적으로 형성되는 사회법칙적 시스템으로 보고, 논리상 다수국가가 함께 경쟁하고 사는 동안은 불가피하게 시스템 상태(state of system)에 이른다고 보았다.[70] 한마디로 그의 주장은 경제이론에서 논하는 자유시장 메커니즘과 같은 것으로 해석한 것이다.

이에 반해 국가들 사이에 세력균형을 달성하기 위해서는 인위적인 노력이 필요하다는 견해도 제기되었다. 즉 라이트(Q. Wright)는 세력균형을 전쟁방지를 위해 인위적·정책적으로 고안해 낸 시스템이라 보았으며,[71] 하르트만도 세력균형을 의식적인 정책의 소산이라고 보고 '안정된 세력균형관계를 유지하며 이를 뒤엎는 침

70) Morgenthau, *op. cit.*, p.161.

71) Quincy Wright, *A Study of War*, 2nd ed., Chicago: University of Chicago Press, 1965, p.254.

략을 제지하려는 공통의 목적을 가진 나라들이 안정을 깨려는 압력을 중화시킬 반대세력을 생성해 내는 시스템'이라고 보았다.[72]

결국 그들은 각국의 속성이 상대방보다 우월한 균형을 확보하려고 하는 이상 의식적으로 자제하는 정책적 배려를 하지 않는 한, 세력균형이라는 상태에 머물러 있지 못하고 끊임없는 경쟁을 펴 나가리라고 본 것이다. 그 한 예로 오늘날 핵시대에 있어서의 세력균형을 들 수 있다. 핵무기의 등장은 상호 억제적인 공포의 균형(balance of terror)을 낳게 하였는데, 핵무기의 가공할 만한 위력을 감지한 세력균형국들이 핵무기를 보유한 강대국간에 서로 위험스런 공격행위를 삼가함은 물론, 개발과 보유범위에 대한 협약을 체결하여 세력균형 상태를 유지해 가고 있는 것이다.

2) 세력전이이론과 발전[73]

(가) 오건스키 이론

세력균형이론을 제일 먼저 비판하고 이 이론의 기본적 틀을 정립한 학자는 오건스키(A. F. K. Organski)이다. 그는 1958년 출간한 『국제정치』(*World Politics*)에서 세력균형의 이론들 중 동맹형성을 통한 국력증대라는 가정이 지나치게 비현실적이라고 지적했다. 오건스키는 국제체제를 어느 정도 질서가 내재한 위계질서로 이해한다. 국제체제를 피라미드 체제로 보고 피라미드의 제일 위에 지배국가가 있고, 바로 그 밑에는 몇 개의 강대국들이 있다고 파악한다. 그 다음에는 약소국들이 있고, 제일 바닥에는 식민지들이 있다는 것이다.

세력전이이론에 의하면 국제체제내 최강자인 패권국가는 정치, 경제질서, 국경선과 영토소유권 등 국제질서 정립에 필요한 기본적인 공공재를 제공한다. 이러한 국제질서는 물론 패권국에 가장 유리한 형태로, 몇몇 민족국가군에 속하는 강대국들에게 그 다음으로 유리하게 유지된다. 이와 같이 패권국에 의해 정립된 국제질서는 체제 내의 국력분포가 패권국가 중심의 편중된 상태로 있는 한 유지될 수 있다.

(나) 세력전이이론의 발전

오건스키에 의하여 정립된 세력전이이론은 1990년대에 와서 이론적 발전을

72) Hartmann, *op. cit.*, p.307; 김운태, 앞의 책, 813쪽 재인용.

73) 세력전이이론에 관해서는 전적으로 김우상, “세력전이론,” 우철구・박건영 편, 『현대국제관계이론과 한국』, 사회평론, 2006, 123-132쪽을 참조하고 요약했음을 밝혀 둔다.

하였다. 그것이 바로 동맹전이 모델과 다중위계체제 모델이다. 동맹전이 모델에서는 국력증가가 산업화를 통하여 내적으로만 이루어진다는 가정이 지나치게 제한적이라 비판하여, 이를 수정・보완한 것이다. 국가는 산업화 같은 내적 수단뿐만 아니라 동맹 같은 외적 수단에 의하여 국력을 도모한다는 것이다. 이 모델에서는 세력전이라는 현상을 체제 내의 패권국가와 특정 도전국가간의 세력다툼으로만 보지 않고, 패권국과 그 동맹관계를 포함한 패권세력과 도전국가와 그 동맹들로 구성된 도전세력간의 경쟁으로 파악한다.

세력전이이론은 국제체제뿐만 아니라 지역체제에도 적용될 여지가 있다. 지역국가들 간에 지역체제에서 막강한 영향력을 행사하기 위해서 또는 지역패권을 쥐기 위해서 경쟁하는 것을 볼 수 있다. 렘키(Douglas Lemke)는 지역체제내 분쟁을 설명하는데 다중위계체제 모델을 적용시켰다. 다중위계체제 모델에 의하면, 국제체제라는 위계질서 속에 여러 개의 지역적 위계질서 또는 다각적 위계질서가 존재하며, 각각의 지역적 위계질서는 지리적으로 근접한 국가들 간에 형성된다.

(3) 패권이론

1) 패권의 정의

길핀(Robert Gilpin)은 세력전이이론과 유사한 패권안정이론을 주장하였다. 길핀은 패권을 국제체제에서 특정 국가가 열세국가들을 통제하거나 지배하는 상황으로 정의하였다. 패권에 대한 정의는 일반적으로 패권에 관한 견해는 크게 패권자원과 패권행사에 따라 두 가지로 나누어 볼 수 있다.

군사력과 경제력 같은 패권자원에 의존하여 패권을 정의하는 학자들은 패권을 패권국이 다른 국가에 일방적인 방향으로 행사할 수 있는 힘의 집중 혹은 패권자원의 총체로 간주한다. 골드스타인(Jashua Goldstein)은 패권을 군사적으로 세계를 지배할 수 있는 능력이라 하여 정치・군사적 측면을 강조하고 있지만,[74] 대부분의 학자들은 경제력에 초점을 맞추고 있다. 대표적으로 월러스타인(Immanuel M. Wallerstein)은 패권을 농업, 공업, 상업 그리고 금융부문에서 우월한 경제적 기반을 가지고 패권국의 국익에 따라 움직이는 것이라 하고 있다.[75] 정치・군사력과 경제

74) Jashua Goldstein, *Long Cycles: Prosperity and War in the Modern Age*, New Haven: Yale University Press, 1988, p.281.

75) Immanuel M. Wallerstein, *The Politics of the World Economy: The States, the Movements and the Civilizations-Essays*, New York: Cambridge University Press, 1984, pp.38-41.

력 이외에 문화적 면에 초점을 맞춘 나이(Joseph Nye)는 패권을 특정 국가가 다른 국가의 태도를 변화시킬 수 있는 힘으로 본다. 나이는 패권을 고려할 때 경제・군사력과 같은 경성권력(hard power)뿐만 아니라, 문화・이념・제도와 같은 연성권력(soft power) 역시 반영되어야 한다고 주장한다.[76]

2) 패권안정론과 패권주기론

이론적으로 패권안정론은 현실주의 국제정치이론에서 출발하여 패권을 장악한 특정 국가가 정치・군사적 측면에서 그리고 경제교역의 측면에서 안정과 번영을 가져다 준다는 인식을 요체로 한다. 패권안정론은 1970년대의 국제정치 현실 속에서 미국적 문제의식에 의하여 대두되고 미국적 사회과학방법론에 의해 전개된 이론이다. 이는 패권국이 국제체제를 안정적・개방적으로 이끌고 나아가 자유민주주의와 자유무역을 확산시킬 수 있다고 보고 있다. 그렇기 때문에 국제체제에서 패권이 존재하지 않거나 쇠퇴할 경우 세계질서는 불안정하고 폐쇄적이며 비민주적 정치체제가 만연되고 경제적으로 극단적 보호무역주의를 취하게 된다는 것이다.[77]

그러나 패권국은 단순히 좀 더 개방적인 질서를 추구하는 것이 아니라, 자신에게 유리한 개방적 질서를 추구한다. 자신에게 유리한 개방적 질서는 다양한 요인에 의해 결정되는데, 우선 세계경제의 생산과 금융・통화 그리고 각 하위부문에서 패권국이 차지하는 위치에 따라 개방의 성격이 결정된다는 주장도 있다.[78]

패권의 존재로 인해 세계가 안정적으로 될 수 있다는 것이 패권안정론의 요지라면, 패권주기론은 패권이란 일정하게 주기를 그리면서 반복한다는 논리에 의존한다. 패권안정론에 따라 안정적인 세계질서를 위해 필요하다는 패권국은 영원히 존재하는 것이 아니라 일정한 주기를 그리면서 반복한다는 것이다. 패권주기론에 따르면 국제체제에서 패권의 형성・쇠퇴 그리고 새로운 패권의 출현 등이 일정하게 반복되고, 새로운 패권국이 등장하는 과정에서 패권국이 되기 위한 전쟁이 개입된다고 한다.[79]

---

76) Joseph Nye, *Bound to Lead: The Changing Nature of America Power*, New York: Basic Books, 1990, p.267.

77) 정항석, 『미국패권의 이해』, 평민사, 2002, 80쪽.

78) 백창재, "패권안정론," 우철구・박건영 편, 『현대국제관계이론과 한국』, 사회평론, 2006, 211-212쪽.

79) 정항석, 앞의 책, 83쪽.

3) 미국의 패권 논쟁

미국은 만일 패권국가의 간섭이 없다면 여타 국가들의 경쟁적인 이기적 충동 때문에 지구촌의 안전과 질서가 파괴될 것이라는 패권안정론을 전제로 국제무대에서 활동하는 경향이 있다. 따라서 냉전시기에는 소련의 패권적 지배가 미국의 그것보다 훨씬 더 못할 것이라면서 소련이나 공산주의 위협을 저지하기 위한 거대한 군사력 유지를 정당화해 왔다. 그러나 냉전이 종식되고 소련이 해체되었음에도 불구하고 미국은 여전히 패권을 추구하고 있다.[80]

미국은 군사적 패권을 확립하면서 미국의 독주가 시작되었다. 이러한 경향은 부시(George Walker Bush)가 대통령이 되자 더욱 강화되었나. 미국은 자국의 이익에 부합되지 않으면 기존의 국제협약이나 국제적 약속을 무시하기까지 하였다. 세계 군사비의 절반 가까운 4,000억달러를 쓰는 미국의 군사력은 압도적이며, 그 군사력으로 팍스아메리카나(Pax Americana)의 지위를 유지하고 있다. 그러나 아무리 강력한 미국의 군사력에도 한계가 있으며 모든 문제를 군사적으로 해결하려는 태도에는 문제가 많다. 9.11테러와 아프가니스탄 침공에서 드러난 것처럼 인종적·지역적 분쟁에서는 별로 효과가 없다. 복잡한 현대분쟁에서 군사력의 유효성이 얼마나 한계가 있는지는 이라크 상황이 여실히 증명하고 있다. 이것은 과거의 위기관리 방식으로는 새롭게 부각되고 있는 국가들 사이의 분쟁, 갈등과 마찰 등에 대처하기 어렵다는 것을 말해 준다.

미국 패권에 관한 이론적 견해는 두 가지로 대별된다. 미국의 패권이 쇠퇴하면 필연적으로 갈등과 마찰이 더해져 전쟁으로 이어질 수 있기 때문에 패권안정론에 동조적 시각을 취하고 있는 입장이다. 한편, 미국의 패권이 쇠퇴하더라도 새로운 레짐이 등장하여 전쟁과 같은 마찰이 없을 것이며, 새로운 국제협조체제가 출현할 것이라는 주장도 설득력이 있다.

탈냉전기의 국제정치에 대한 중요한 관심은 과연 미국의 패권이 확립·유지될 것인가 하는 것이다. 현재 군사적으로 또는 경제적으로 미국이 패권적 위치를 점하고 있다는 점에 대해서 이의를 제기하기는 어려운 사실이다. 미국에서 오래전에 발행된 국방백서에서는 2015년까지 미국의 유일패권이 유지될 것이고, 2015년경에 오면 미국의 패권에 도전할 국가가 등장할 것이라고 예측한다.[81]

80) 조순구, 『국제문제의 이해: 지구촌의 쟁점들』, 법문사, 2006, 12-13쪽.
81) 유현석, 『국제정세의 이해(제3개정판)』, 한울아카데미, 2009, 53쪽.

제4절 국제기구

1. 국제기구의 의의

국제평화의 달성이라는 규범적 문제의식을 전제로 할 때 우선 제1차적으로 연상되는 국제기구는 국제연맹과 국제연합 등 안보에 관련된 기구를 들 수 있다. 그러나 현실적으로 국제기구라는 일반적 명칭을 가진 국제적 조직들을 검토할 때 안보에 관련된 기구 이외에도 경제, 사회, 문화 등에 관련된 수많은 기구들을 들 수 있다.[82]

그 중 유엔을 중심으로 한 국제기구의 연구는 이제 새로운 지평을 열고 있다. 특히 우리나라의 경우 그 정통성 자체의 근거를 1949년 유엔 총회의 결의에 두었다는 역사성에 힘입어 학문영역으로서의 국제기구론은 모든 대학의 정치학 교과목으로 채택되어 연구·교수되고 있으나, 오늘날 국제정치 상황의 변화 속에서 국제기구의 학문적 위상은 재정립되어야 한다는 주장이 대두되고 있다.[83]

종래의 연구가 국제기구를 국가간의 관계 속에서 개별 회원국들의 군사적이고 전략적인 안보기능을 우선시하는 현실주의적 시각에 의하여 정의했는 데 반하여, 현재의 추세는 보다 기능적이고 정치·경제적인 영역에 관심을 경주하고 있다. 그리하여 국제기구의 연구는 초국가 및 비정부간의 상호작용까지도 포함하는 복합적인 관계의 분석을 요구하는 세계주의적 패러다임에 따르는 경향이 있다.[84]

국제평화의 달성이라는 이상에서 보아 단순히 전쟁의 방지라는 소극적 방식만으로 세계평화 또는 국제관계의 전반적인 이해를 규명하기는 어렵고, 경제·사회·문화 등에 관련된 수많은 기관들을 포괄하여 연구해야 할 필요성이 제고되고 있다. 이에 따라 연구의 역점을 단순히 유형화된 국가간의 관계뿐 아니라, 초국가적인 국제 공공정책의 현실화를 위한 수단성의 연구에까지 확대해야 된다는 주장이 대두되고 있는 실정이다.[85]

82) 박상섭, "국제기구연구의 새로운 추세," 『외교』, 제3호, 한국외교협회, 1987. 9, 9쪽.
83) 오기평, "국제기구, 연구시각의 변천에 관한 고찰," 『국제정치논총』, 제28집 제2호, 1988, 219쪽.
84) 위의 글.
85) 위의 글, 236쪽.

오늘날 우리나라 학계에서도 국제연맹과 국제연합은 물론 많은 비정부기구(NGO)에 대해 그 중요성이 확대되고 연구도 활성화되어 있지만, 여기서는 앞의 두 국제기구와 관련 기구들을 중심으로 설명하기로 한다.

2. 국제연맹

(1) 국제연맹의 성립과 구성

국제연맹은 제1차 세계대전의 산물로서, 전쟁기간중 연합국간의 동맹을 통한 협력의 유형은 전후 세계평화를 위한 결속의 심리적인 기초가 되었다. 대전중 중립적 지위를 고수하던 미국은 1917년 4월 대독선전포고를 함으로써 연합국측에 정식 가담, 전후의 국제질서 형성에 강력한 참여자로 등장하여 서구 연합국 세력의 중추가 되었다. 연맹에 대한 구상은 영국의 세실 경(Lord Robert Cecil), 남아연방의 스무츠(Jan Christian Smuts) 장군과 미국의 윌슨(Woodrow Wilson) 대통령의「평화를 위한 14개 항목」등에 나타난 이념들을 기초로 하였다.[86]

국제연맹의 총 가맹국 수는 63개국이었는데, 미국은 처음부터 가입이 실현되지 않았던 유일한 강대국이었고, 1930년대에 들어서서 독일·이탈리아·일본이 잇따라 탈퇴하였다. 1934년에 가입한 소련은 핀란드와의 분쟁 때문에 제명됨으로써 연맹 말기인 1938년에는 회원국 수가 52개국에 불과하였다.

국제연맹은 규약에서 제시한 두 개의 기본목적, 즉 국제평화 및 안전의 확보와 국제협력의 증진을 위하여 정치적 기관으로서 총회, 이사회, 상설 연맹사무국 등을 두었다. 그 외에 상설 국제사법재판소와 국제노동기구가 있었다. 이 두 기구는 그후 연맹규약에 포함된 기구는 아니지만 그와 연계성을 갖거나 그 일부의 역할을 담당하였다.

국제연맹은 국제질서의 유지에 효율적으로 대응하지 못하고 제2차 세계대전의 전운 속에 결국 그 기능이 마비되고 말았는데, 그 주된 이유는 다음에서 설명하는 바와 같다.

86) 오기평,『현대국제기구정치론』, 법문사, 1986, 35-36쪽.

(2) 국제연맹의 취약점

1) 법률적 취약점

국제연맹 규약은 전쟁 그 자체를 불법화시킨 것은 아니었다. 다시 말하여 연맹규약 자체가 필요에 따라서는 전쟁의 합법성을 부여하고 있다는 점이다. 전쟁의 금지에 관한 규정은 국제연맹 규약 전문 '전쟁에 호소하지 않을 의무를 수락하도록 규정한 것'과 제12조 제1-2항, 제13조 제4항, 제15조 제6항을 들 수 있다. 그런데 연맹국들이 규약대로 행동했다해도 연맹의 기본법률에서 전쟁을 방지할 수 있는 몇몇 수단과 함께 전쟁을 적법화할 수 있는 그 밖의 다른 도구를 발견했을 것이라고 지적되고 있다.[87]

2) 구조적 취약점

연맹은 법률적 취약점뿐만 아니라 구조적 결함을 가지고 있었다. 그 결함은 연맹 내의 세력분포와 세계의 전반적인 권력분포간의 차이에서 발생하였다. 연맹의 지배권을 교대로 행사했던 프랑스와 영국은 유럽국가였는데 비유럽 강대국가로서 일본이 있었으며, 세계에서 가장 강력한 국가로 잠재력을 가졌던 미국은 연맹에 가입하지 않았고, 소련은 연맹 쇠퇴시기인 1934-1939년 사이의 회원국에 불과했다. 독일의 나치즘과 이탈리아 파시즘의 무력에 직면하여 미국의 불참과 각국의 이익에 따른 견해차이도 제도 자체를 가일층 무기력한 것으로 만든 큰 이유로 지적되고 있다.

3) 정치적 취약점

정치적 취약점으로는 1930년대 전세계를 휩쓸었던 경제공황을 계기로 진전된 경제적 민족주의의 강경화와 소비에트 혁명을 계기로 일기 시작한 이념적인 갈등을 들 수 있다.[88] 전쟁을 방지할 수 있는 국제연맹의 능력은 연맹국들의 단결, 특히 강대국들의 단결에 달려 있었다. 그러나 만장일치의 원칙에 따라 분쟁당사국을 제외한 모든 연맹국은 연맹의 어떠한 조치에도 반대할 수 있는 거부권을 행사할 수 있어서 연맹의 행동을 무력화할 수 있는 여지가 있었다.

세계질서와 평화를 유지하지 못한 국제연맹의 무능력은 결국 주권국가들의

---

87) 이호재 역, 앞의 책, 600쪽.
88) 오기평, 앞의 책, 49쪽.

윤리와 정책이 국제연맹이라는 세계정부의 도덕적·정치적 목적의 상위에 군림하는 상황에서 불가피하게 초래된 결과였다고 할 수 있다.[89]

3. 국제연합

(1) 국제연합의 목적과 원칙

국제연합은 1945년 10월 24일 오후 4시 50분, 5대 강국을 포함한 29개국의 인준서 기탁을 끝냄으로써 세계사에 출생신고를 마쳤다. 원 가맹국 51개국(현재 회원국은 192개국)은 그 해 12월 27일 인준절차를 완료, 1946년 1월 10일 제1차 유엔 총회가 개최됨으로써 기능상 첫발을 내딛게 되었다. 남·북한은 제46차 유엔 총회 개막일인 1991년 9월 17일에 비로소 가입하였고, 남한은 유엔가입 4년만인 1995년 11월 8일 유엔 총회에서 투표에 참가한 177개국 중 156개국의 압도적인 찬성투표를 얻어 유엔 안전보장이사회의 비상임이사국이 되었다.

유엔의 목적은 ① 국제평화와 안전의 유지, ② 국제적인 경제 및 사회적 협력의 증진, ③ 인간의 존엄과 기본적 인권의 존중에 두고, 그 원칙으로는 ① 회원국 상호간의 주권평등, ② 유엔의 목적에 어긋나는 방법으로 무력사용이나 그 위협을 삼갈 것, ③ 회원국 내의 분쟁의 평화적 해결, ④ 회원국들의 개별적 또는 집단적 자위권, ⑤ 정의, 조약, 기타 국제법의 존중, ⑥ 민족자결주의 등에 두고 있다.

그러나 유엔이라는 세계정부는 사실상 안전보장이사회의 5대 상임이사국이 주축이 되어 운영되어 왔다고 해도 과언이 아니다. 헌장체계 내에 이들 5개 상임이사국은 한마디로 세계연방의 핵심, 즉 신성동맹 내의 신성동맹이다. 만장일치의 원칙을 그들에게만 적용토록 제한하여 헌장은 그들을 국제연합 내의 세계정부국가로 만들어 놓았다. 상임이사국 중에서 단 하나의 반대만 있어도 국제연합이란 세계정부는 기능할 수 없게 되어 있다.

(2) 국제연합의 구성

유엔은 주요 정책기구로서 총회, 안전보장이사회, 경제사회이사회, 신탁통치이사회, 국제사법재판소, 사무국의 6개가 있다. 특히 유엔의 부설 전문기구들은 국제연맹시대보다 더욱 많은 숫자로 늘어났다. 국제분쟁을 법적으로 해결하기 위한

89) 이호재 역, 앞의 책, 605쪽.

국제사법재판소를 비롯해서 많은 기구들이 다양하게 창설되었다.

1) 전문기관

총회는 회원국 전체로 구성되는 형식적으로는 유엔의 최고기관으로서 부속기관들에 대한 감독 및 조정기능을 수행한다. 각 회원국은 전통적인 국제법상의 평등권에 입각하여 총회에 대표를 파견한다.

안전보장이사회는 유엔의 가장 중핵적 기관으로 국제평화와 안전의 유지라는 창립목적에 관한 1차적 책임을 진다. 국가간의 분쟁이 전쟁으로 확대되는 경우에 대비하여 헌장은 집단안보의 기능을 안보리에 맡겼다. 안보리는 15개국으로 구성되며, 미국·러시아·영국·프랑스·중국의 5대 상임이사국과 임기 2년의 10개 비상임이사국으로 구성된다.

경제사회이사회는 경제, 사회, 문화, 교육, 보건 및 인도에 관한 국제적 협력을 촉진하기 위한 주요 기관으로서 국제문제를 연구·권고하고 국제적 기관들의 활동을 조정하는 기관이다. 유엔의 주요 경제·사회적 프로그램은 경제사회이사회를 통해 조정된다. 경제사회이사회는 경제·사회문제의 전문적 기능의 수행 문제에 대하여 책임과 권한을 가지며, 유엔의 여러 계획과 기구들의 중복적인 활동을 관리한다.

전 식민지 지역의 독립을 성취시킬 목적으로 설립된 식탁통치이사회는 제2차 대전 이후 11개 모든 지역이 사실상 독립함으로써 이 이사회의 존립목적은 이미 달성되었다. 또한 국제사법재판소는 소위 세계법원으로 유엔의 가장 중요한 사법기관이다.

사무국은 사무총장에 의하여 통솔되는 유엔의 집행부서이다. 유엔 사무국 산하에는 평화유지활동국, 정무국을 비롯하여 각종 위원회, 사무실, 실·국 등 23개 기관이 있다. 유엔헌장에 따르면 사무총장은 '유엔 사무국의 수석행정관'으로서 어떤 정부나 기구로부터 영향을 받지 않는다. 사무총장은 어느 한 나라의 외교관이 아니라 세계의 외교관으로서 세계 대통령에 가까운 직책이다. 사무총장은 안보리의 추천을 거쳐 총회가 임명하고 임기 5년에 1차중임이 가능하다. 2007년부터 대한민국의 반기문이 유엔 사무총장으로 임명되었다.

정부간 협정에 의하여 설립된 독립적인 특수적 국제조직 중에서 유엔과 일정한 제휴를 갖는 국제조직을 전문기구라 한다. 이에 대하여는 별도로 설명한다.

2) 전문기구

유엔의 주요 정책기구 중에서 경제사회이사회가 가장 많은 전문기구를 관리하고 가장 활발하게 활동하고 있다. 16개 유엔전문기구를 국제협력 분야별로 구분하여 보자. 경제협력 분야에는 국제부흥개발은행(IBRD), 국제금융공사(IFC), 국제개발협회(IDA), 국제통화기금(IMF), 유엔식량농업기구(FAO), 국제농업개발기금(IFAD), 유엔공업개발기구(UNIDO)가 있다. 사회협력 분야에는 국제노동기구(ILO), 세계보건기구(WHO)가 있고, 문화・교육・과학협력 분야에는 유엔교육과학문화기구(UNESCO), 세계기상기구(WMO), 세계지적소유권기구(WIPO) 그리고 교통・통신관계 협력분야에는 세계민간항공기구(ICAO), 세계해사기구(IMO), 만국우편연합(UPU), 세계전기통신연합(ITU)가 있다.

국제원자력기구(IAEA)는 전문기구에 유사한 것이나, 그 기능이 경제・사회뿐만 아니라 평화와 안전의 분야에도 걸친 것이며, 유엔과의 관계도 전면적인 것이어서 전문기구에 속하지 않는다. 관세무역일반협정(GATT)은 1986년부터 1994년까지 우루과이라운드(UR)의 협상 끝에 세계무역기구(WTO)를 출범시켰는데, 이것 또한 유엔독립기구이다.

3) 유엔 산하기구

유엔 산하에는 24개의 기구가 있다. 즉, 세계식량계획(WFP), 유엔환경계획(UNEP), 유엔인간정주위원회(HABITAT), 유엔마약통제계획(UNDCP), 유엔마약통제및범죄예방사무소(ODCCP), 구유고국제형사재판소(ICTY), 르완다국제형사재판소(ICTR), 유엔인구기금(UNFPA), 유엔대학(UNU), 국제공무원위원회(ICSC), 국제해양법재판소(ITLOS), 유엔사막화방지협약사무국(UNCCD), 유엔무역개발회의(UNCTAD), 유엔합동감사단(JIU), 유엔아동기금(UNICEF), 유엔개발계획(UNDP), 유엔팔레스타인난민구호사업기구(UNRWA), 기후변화에관한유엔기본협약(UNFCCC), 국제무역센터(ITC), UN System Staff College(UNSSC), 유엔직원합동연금기금(UNJSPF), 유엔자원봉사단(UNV), 유엔사업지원사무소(UNOPS), 국제형사재판소(ICC)가 있다.

(3) 유엔의 발전과 변화

유엔헌장의 설계는 세 가지 가정에 기초하고 있다. 즉 ① 강대국들이 평화와 안전에 대한 모든 위협을 일치된 행동으로 처리할 것, ② 강대국의 지혜와 힘을 모으면 전쟁에 호소하지 않고 충분히 대처할 수 있고, ③ 그러한 위협이 강대국들 중 한 국가에서는 생기지 않는다는 점이다.

그런데 이러한 제 가정은 경험적 사실로 뒷받침되지 못하였으며, 헌장의 의도와 정치현실간의 차이는 유엔의 처음 의도와 다르게 변모하였다. 이러한 과정은 3단계로 구분하여 고찰할 수 있다. 처음 10년간은 안전보장이사회의 쇠퇴와 총회의 득세시기, 다음 10년간은 안보리와 총회의 권한을 위임받아 행동한 사무총장의 득세시기, 그리고 사무총장의 활동의 한계로 다시 안전보장이사회가 주어진 권위를 회복하기 시작한 시기이다.[90]

미국과 소련간의 갈등과 중국의 부재는 유엔헌장이 의도한 대로 강대국들의 세계정부가 되지 못하도록 하였고, 그것은 바로 안전보장이사회를 마비시켜 총회를 가장 효율성 있는 기관으로 만들었다. 그것은 유명한 「평화를 위한 단결결의」(the Uniting for Peace Resolution, 1950년 11월 3일 채택)인데, 이 결의안은 한국전쟁을 계기로 안전보장이사회가 강대국들 간의 의견불일치로 그 기능을 수행할 수 없을 때 총회가 국제평화와 안전을 위해 그의 기능을 확장시킨 예이다.

사실 총회가 유엔에서 탁월한 기능을 발휘한 것은 적어도 회원국의 3분의 2 이상이 이를 찬성함으로써 가능하였는데, 회원국 숫자가 급증하면서 총회의 결의가 어렵게 되었다. 그리하여 사무총장이 일시적인 유엔의 최고 집행관으로 격상되는 결과를 가져왔다. 1953년부터 1961년까지 사무총장직을 맡았던 함마숄드(Dag Hammarskjöld)는 그의 능력과 창의력을 충분히 발휘하였고 1959년 라오스에 유엔군(UN presence)을 주둔케 한 바 있다.

그러나 사무총장의 일시적인 탁월한 지도력이나 총회에 요청된 행동의 수행이란 것도 당시 곤경에 빠진 총회를 대신하여 그리고 전쟁의 위기에서 강대국들이 임시로 취했던 잠정적인 것에 불과하였고, 유엔의 약점을 근본적으로 해결하는 치료책은 아니었다.[91] 결국 안전보장이사회는 처음부터 안고 있던 근본적인 취약성을 가지고 다시 제자리를 찾게 되었다.

유엔은 동·서 양진영 사이의 갈등에서 빚어진 냉전의 산물이다. 신성동맹 내에서 영국과 러시아의 갈등, 국제연맹에서 영·불의 갈등이 보여준 것처럼 유엔 내의 미·소의 갈등은 정반대의 판단과 행동기준으로 귀착되었으며, 그것은 사실

90) 이호재 역, 앞의 책, 612쪽.
91) 위의 책, 624쪽.

상 모든 정치문제에 있어서 이 국제기구의 행동을 무력하게 만들고 말았다.[92] 결국 탈냉전시대의 국제연합은 평화유지를 위한 유엔상비군의 설치문제, 안전보장이사회의 대표성 개선문제, 재정확보문제 등 다양한 사항에 직면해 있다. 국제연합의 집단안전보장체제는 탈냉전시대를 맞이하여 새로운 가능성을 발견하였으나, 국제연합 군대의 지휘문제, 전쟁목표의 설정문제, 예산지원문제 등 개별 국가의 이해관계에 따라 국제연합의 평화회복 활동이 좌우될 수밖에 없다는 사실로 인해 새삼 어려움에 직면하고 있다.[93]

특히 유엔 상비군 설치문제는 대부분의 회원국들이 유엔이 독립된 혹은 강력한 군사력을 가진 국제기구가 되는 것을 원치 않기 때문에 부정적인 입장에 있다. 최근 유엔 평화유지활동(PKO)의 예방외교는 국제질서의 변화와 함께 점차 중요한 평화유지기능으로 자리잡아 가고 있다. 분쟁에 직면한 국가들도 이데올로기상의 우방이 아니라 유엔을 통해 국제적·민족적 분쟁의 해결을 원하고 있다. 평화유지군의 활동은 군사부문을 넘어 인도주의 구호활동, 경재개발, 정치·사법영역까지 확대되었다. 캄보디아, 모잠비크, 시에라리온, 라이베리아, 엘살바도르, 동티모르 등은 유엔이 평화를 유지하는데 성공을 거둔 나라들이다. 아직도 레바논, 카슈미르 등 세계분쟁 지역에는 파란 헬멧을 쓴 군대와 경찰 그리고 전문가들이 유엔의 깃발 아래 평화유지활동에 참여하고 있다.

세계경제질서는 자유무역과 공정무역을 기치로 내세운 세계무역기구(WTO)[94]가 출현하여 개방압력을 더하고 있다. 이제 WTO는 명실상부하게 전 세계를 포괄하는 국제기구이다. 2009년 153개국이 회원국으로 있으며, 이것은 세계무역의 90% 이상을 포괄하는 규모이다. 또 회원국의 80%가 개도국이며 최근 가입한 국가들도 개도국 혹은 체제전환국임을 감안하면 WTO는 진정한 의미에서 전 세계를 대표하는 무역기구라 할 수 있다.[95]

글로벌화라는 거대한 변화는 다양한 정치·사회적 결과를 낳게 되었다. 이러한 결과가 낳은 문제점들은 한 국가 차원의 노력으로는 해결하기 어렵고, 전 지구

---

92) 위의 책, 631쪽.

93) 박준영, 앞의 책, 308-312쪽.

94) WTO는 1999년 12월 미국 시애틀에서 각료회의를 열고 이 기구 발족후 첫 다자간 무역협상인 '뉴라운드'를 출범시킬 예정이었으나, 세계 NGO들의 시위와 반대로 연기되었다. 그러나 WTO는 이 회의를 다시 소집하여 뉴라운드를 출범시키고 농산물·서비스시장의 추가개방 등 기존 의제와 함께 전자상거래, 노동, 환경 등 새로운 의제를 다룰 계획이다. 또 1999년 중국이 새로 가입하였다.

95) 유현석, 앞의 책, 323쪽.

적 차원에서 이루어져야 효과가 있을 것이다. 환경, 빈곤, 테러, 인권문제 등의 지구적 문제를 지구적 차원에서 관리하기 위한 노력들이 활발해지면서 글로벌 거버넌스(global governance)라는 개념이 도입되었다. '국제적으로 활동하고 있는 비정부기구'(INGO)들은 이제 국가, 국제기구들과 함께 지구적 문제를 찾아내고 그 해결책을 제시하는 글로벌 거버넌스의 중요한 행위자로 등장했다.

INGO들의 역할과 함께 글로벌 거버넌스의 핵심적 기제(mechanism)로서 유엔의 역할이 강조되고 있다. 유엔은 단일한 국제기구로서 가장 크고, 광범위한 주제를 다룰 수 있는 이점을 바탕으로 중심축으로 등장했다. 유엔이 글로벌 거버넌스의 중심축이 될 수 있는 이유는, 지구시민사회와 국가 사이의 중재자 역할을 할 수 있는 능력을 가지고 있기 때문이다.96)

제5절 국제정치의 흐름과 21세기 국제정치

1. 냉전에서 탈냉전으로

(1) 양극체제: 냉전시대

제2차 세계대전이 끝난 후로부터 1960년대 중엽에 이르기까지의 시기를 국제정치에 있어서의 '양극화의 시대'라고 한다. 대전중에 미・소 양국은 독일과 일본이라는 공동의 적을 타도하기 위하여 서로 협력하여 싸웠다. 그러나 전쟁이 승리로 끝나자 체제가 서로 다른 두 나라는 불행하게도 군사적 및 이데올로기적으로 대립하는 냉전상태를 조성하였던 것이다. 이러한 냉전시대의 중심적인 특질은 다음 세 가지로 요약할 수 있다.97)

첫째, 양극체제를 구축하고 있었다는 것이다. 즉, 미・소 초강대국을 맹주로 하는 동・서 두 진영으로 불리는 피라미드형의 구조를 가진 동맹체제 사이의 세력다툼이었다는 것이다.

둘째, 이데올로기적으로 적과 동지의 구조를 조성했다는 것이다. 미국은 자유

---

96) 위의 책, 247쪽.
97) 이극찬, 앞의 책, 709쪽.

주의 이데올로기를, 소련은 사회주의 이데올로기를 각각 표방했다. 이와 같은 이데올로기적 대립이라는 가치관의 시비를 둘러싼 대립하에서는 자기 편을 선으로, 그리고 적을 악으로 보는 선악 이원론적 인식이 생겨나기 마련이다. 선을 관철시키기 위해서는 악과의 타협은 있을 수 없으며, 따라서 악은 전멸시키지 않으면 안된다는 인식에 사로잡혀 있었다고 볼 수 있다.

셋째, 상호 핵억지와 상호협박에 주력함으로써 이른바 공포의 균형상태를 조성하고 있었다는 것이다. 원자폭탄과 수소폭탄을 모두 제조하는 데 성공한 미·소 양국은 거대한 핵무기의 병기고를 보유하고 그것을 배경으로 하여 서로 상대방을 협박했다. 그러나 가공할 만한 위력을 가진 핵무기를 함부로 사용할 수 없게 됨으로써 상호 핵억지를 할 수밖에 없게 되었다.

이러한 양극체제는 전통적 세력균형체제와 비교할 때 다음 몇 가지의 차이점이 있다. 그것은, ① 행위자의 수가 2개의 초강대국으로 줄었다는 점, ② 국제분쟁의 해결방식에서 전통적 외교가 아닌 의회외교 방식을 채택하는 경향, ③ 현대무기 개발로 상대방의 국력 측정이 더욱 어려워졌다는 점, ④ 세력균형체제는 균형이 파괴되면 곧 재조절이 용이하였으나 냉전시대에는 핵무기 사용으로 적국에 대한 전멸능력의 소유, ⑤ 세력균형 조절자 혹은 결정자가 없다는 점 등을 지적할 수 있다.[98)]

2) **다극체제: 공존시대**

미·소 양국에 의한 세계평화체제 구축이라는 양극체제적 발상은 1950년대 중반경부터 와해되기 시작했다. 그 양상은 동·서 양진영에서 공히 대두되기 시작하는데, 먼저 사회주의 진영에서는 흐루시초프(Nikita S. Khurshchev)의 주도 아래 전개된 소련의 탈스탈린화 정책과 맞물려 전개된 동구 사회주의 국가들의 사회주의 안에서의 다양한 노선 추구, 그리고 사회주의 주도권 경쟁에서 비롯된 중·소간 이념분쟁과 이후의 국경분쟁은 소련 주도의 사회주의 진영의 원심화로 귀결되었다.

이와 아울러 서방 자본주의 진영에서도 유럽경제공동체의 비약적 발전에 따른 구 유럽 열강들의 세력회복으로 미국의 주도권에 도전하기 시작했다. 1958년 드골(Charles de Gaulle) 장군의 집권 이후 꾸준히 전개된 탈미독자노선, 서독 브란

98) 이범준·신승권, 『정치학』, 박영사, 1996, 443쪽.

트(Willy Brandt)의 동방정책에 의한 동구 제국과의 접촉, 영국의 대중국 접근정책, 일본의 대중국・소련 화해정책 등이 자본주의 진영의 원심화를 초래했다.[99]

한편, 양극체제의 와해를 초래한 또 하나의 배경으로 국제정치의 새로운 행위자로서 비동맹국가군이 등장한 사실을 들 수 있다. 동・서 냉전에 휘말리지 않으면서 미・소의 권력정치에 중립을 추구하고 세계평화에 기여하는 것을 목적으로 한 비동맹세력은 기존의 국제연합의 세력분포의 변화를 초래하면서 국제적 세력구조에 큰 변화를 가져왔다. 특히 1973년의 아랍 산유국의 석유금수에 의해서 유발된 경제위기는 비단 서쪽 진영의 여러 나라들뿐만 아니라, 동쪽 진영의 여러 나라들에게도 커다란 영향을 미치게 됨으로써 단순히 동서관계라는 분석의 틀에 의해서는 좀처럼 해결할 수 없는 문제가 있다는 것을 뚜렷이 보여 주었다. 이들의 활동은 동서문제로부터 남북문제로의 이행이라는 문제를 부각시켰고, 이것이 결국 강대국들의 이해관계와 맞물러 다극화되는 국제사회의 촉매제로서의 역할을 하게 된 것이다.

양극체제에서는 미・소 양진영에 의한 절대적 결속과 자기세력권의 침범을 결코 용납하지 않는 분할된 세력균형체제였으나, 다극체제에서는 세계적으로 분산된 소수의 몇몇 강대국의 등장으로 마치 새로운 형태의 세력균형체제가 형성된 것 같이 착각할 수 있다. 미국의 닉슨(Richard M. Nixon) 대통령은 "세력균형이 유지되는 한 평화가 유지되었다"고 믿고, 미국・유럽・소련・중공・일본간의 오각 세력균형체제를 주장한 적이 있다.[100] 그러나 21세기에 들어선 오늘날 세력균형 원리는 19세기나 양극체제에 의한 세력균형 원리를 그대로 적용할 수 없다. 적어도 5개국간의 균등한 국력과 기술의 보편성이 성취되지 않는 한 세계평화유지 기능을 충분히 수행할 수 있는 다극체제는 수립되기 어려울 것이기 때문이다.

이러한 다극체제의 불완전성에도 불구하고 다극체제하에서는 어떠한 국가목적을 달성하기 위해서라도 핵전쟁 또는 전면전쟁은 불가능한 것이며, 핵무기는 정치적 목적을 달성하기 위한 위협적 수단으로만 남게 될 가능성이 높다. 또 이 체제에서는 이데올로기의 약화로 인해 이념지향적인 정치질서보다 경제지향적인 정치질서를 선호하는 경향을 보이게 된다. 그리고 양극체제에서 이데올로기적 구속성으로 동면하고 있던 민족, 종교, 문화 등에 따른 정치질서의 재편현상도 빠르게

99) 김우태 외, 앞의 책, 554쪽.
100) *Time*, January 3, 1975, 이범준・신승권, 앞의 책, 444쪽 재인용.

진행되는 양상을 보이게 되었다.

3) 신국제질서: 탈냉전시대

1989년 12월 동베를린 장벽의 붕괴에 이은 1990년 10월의 독일 통일과 1991년 12월 소련연방의 해체에 따른 사회주의 세계체제의 붕괴, 그리고 1990년 걸프전과 1999년 코소보 해방전을 계기로 하여 미국의 유일 강대국화로 새로운 국제질서가 전개될 징후를 보이고 있다.

신국제질서의 특징은 동·서냉전의 종식, 정보기술혁명과 세계적 문제(자원 및 환경, 기아와 빈곤, 국제테러리즘, 질병, 식량, 핵무기의 확산, 종교적 원리주의 등)의 심화에 따른 국가간의 상호의존성의 심화, 세계경제의 블록화 과정에서 대두되고 있는 지역주의와 보호무역주의에 따른 블록·지역간 대립상의 심화, 자민족 중심의 극단적 민족주의와 인종주의의 대두에 따른 분규심화, 국제연합의 역할 증대와 집단안전보장체제로서의 강제조치의 활성화, 국제분쟁의 평화적 해결을 위한 국제법의 역할 강조, 냉전구도 종식에 따른 힘의 공백과 지역패권 추구로 인한 주변부 지역의 갈등과 저개발의 심화 등을 들 수 있다.[101]

이런 점에서 볼 때 사회주의권의 붕괴가 초래한 냉전종식이 곧 국가간 분쟁의 종식을 의미하는 것이 아님을 알 수 있다. 아직까지는 기존질서를 확실히 대체할 수 있는 신국제질서가 형성되지 않고 있으며 냉전과 탈냉전, 순기능과 역기능, 구질서와 신질서가 혼재하는 유동적이며 전환기적 불확실성과 불안정성이 계속되고 있다 할 것이다.

탈냉전에 의한 불확실성과 불안정성의 세계체제가 확실히 자리잡기까지는 러시아와 중국의 정치·경제적 발전에 따른 세계체제에서의 역할이 중요시되었다. 그러나 사회주의 세계체제의 붕괴 이후 러시아가 경제난으로부터 헤어나지 못하고 있으며, 중국 역시 경제적 잠재력을 가지고 있으나 다방면에서 아직 미국을 제칠 수는 없는 것으로 보인다. 자본주의 세계체제를 선도해 온 미국의 정치·군사적, 경제·문화적 주도권의 행사가 상당기간 지속될 가능성이 높다. 비록 상술한 미국의 헤게모니 유지 및 쇠퇴를 놓고 논란이 지속되고는 있지만 현 국제질서에서 미국만이 세계의 패권국가로서의 지위를 유지할 수 있는 힘의 원천, 즉 지휘적 능력과 유인적 능력을 보유하고 있다고 볼 수 있다.

---

101) 김우태 외, 앞의 책, 556쪽.

한편, 세계적인 탈냉전화의 상황 속에서 마지막 빙하지대로 일컬어져 온 한반도 주변국가들 간에도 급속한 해빙과 탈냉전의 변화가 가시화되었다. 이를테면 오랫동안 적대관계를 지속해 오던 중국과 1992년 8월 주권 및 영토보전, 호혜평등, 평화공존의 원칙 등을 담보할 한・중 수교가 이루어졌으며, 1992년 11월에는 이 내용과 유사한 한・러시아 기본조약이 체결되었다. 국내적으로도 이러한 탈냉전적 상황에 부응하기 위해 김대중 정부에서는 대북한 포용정책(햇볕정책)을 표방하고서 경제적 지원과 교류, 금강산관광사업 등을 통한 민간교류의 활성화를 도모하였다. 2000년과 2007년 두 차례에 걸쳐서 남북정상회담이 진행되었다.

북한 핵문제는 2005년 제4차 6자회담의 9.19공동성명으로 해결의 실마리가 마련되었으나, 그 후 북미간의 갈등은 북한의 핵실험 등으로까지 이어졌다. 2007년 2.13조치와 10.3조치로 북한의 핵불능화 상태가 진행되었다. 북한은 미국의 오바마 행정부에 기대를 걸고 북・미 직접 대화를 시도하고 있지만, 미국의 입장은 6자회담의 틀 안에서 비핵화 문제를 해결한다는 것이다.

이와 같이 탈냉전적 신국제정치 질서하에서는 기존 정치질서의 기준으로 볼 때는 이해하기 어려운 변혁적 관계가 설정되고 이에 따른 불안정성 또한 계속 남아 있다. 하지만 탈냉전시대의 이데올로기적 유연성을 토대로 보다 안정된 세계공동체를 형성, 유지・발전시켜야 한다는 국제사회의 여론 또한 그 해결을 기다리고 있다. 따라서 탈냉전의 시대에는 무엇보다도 다자간의 공동적인 협력과 상호이해를 증진시키기 위한 제도적・구도적 장치 마련이 중요하고, 이를 효율적으로 운영하는 일에 더 많은 관심과 노력이 요구되는 시대라 할 것이다.

2. 21세기의 국제정치

이상에서 설명한 탈냉전시대는 지속되고 있고, 거기에 맞추어 21세기 국제정치의 흐름도 이어가고 있다. 여기서는 향후 국제정치에서 주목해야 할 문제를 몇 가지로 나누어 살펴보고자 한다. 먼저 제기하기 하는 것은 국제정치이론의 새로운 시각으로서 네트워크 세계정치이론이다. 그리고 국제정치 현상으로 나타고 있는 지역통합문제, 지구환경문제, 국가안보와 테러문제를 조명해 보고, 중요하다고 생각하는 문제를 종합적으로 검토해 보려 한다.

1) 네트워크 세계정치

국제정치이론에서 새로운 시각이 대두되고 있는데, 그것은 '네트워크 세계정치'의 현상들이 출현하고 있다는 점이다. 국가는 쇠퇴하는 것이 아니라 그 위상과 역할의 재조정을 통해서 새로운 형태로 변환되고 있다. 예를 들어, 다국적기업이나 지구 시민사회단체, 그리고 각종 국제기구 등과 같이 태생적으로 네트워크의 형태를 띠는 비(非)국가 행위자들이 국민국가의 경계를 넘나들며 21세기 정치의 전면에 나서고 있다. 이러한 과정에서 새로운 네트워크형 행위자들이 벌이는 권력정치의 메커니즘은 군사력이나 경제력과 같은 물질적 권력자원의 의미를 넘어서 문화, 이념, 외교 등과 같이 네트워크의 맥락에서 작동하는 비물질적 차원으로 확대되고 있다. 네트워크 세계정치이론을 모색하는 학자는 "네트워크를 구성하고 있는 행위자들이 복합적 권력을 추구하고 있어, 새로운 세계질서의 출현마저도 예견해 볼 수 있다"라 하고 있다.[102)]

2) 지역주의와 지역통합

현재 국제사회는 상호 모순되는 것처럼 보이는 두 가지 커다란 흐름이 공존하고 있다. 세계무역기구(WTO)의 출범이 상징하는 범국가적 단일시장의 건설을 위한 노력이 전개되는 세계화와 지역적 차원에서 국가들의 조직화를 추구하려는 지역주의가 바로 그것이다. 세계화의 현상이 대표적으로 나타나는 분야가 무역 분야로 전 세계를 하나의 자유로운 시장으로 만들려는 목표를 가지고 있고, 북미자유무역협정(NAFTA)과 아시아태평양경제협력체(APEC)과 같은 지역 블록들이 계속 등장하고 있는 것은 흥미로운 일이다.

지역주의는 관심영역에 따라 경제적 지역주의로부터 정치·군사적 의제까지를 두루 포괄하는 지역주의까지 다양하며, 유럽연합(EU)은 경제적 공동체에서 출발하여 정치·군사적 통합체로까지 발전한 초국가적 연합체이다. EU의 미니 헌법인 리스본조약이 2009년 12월 1일 공식적으로 발효됨으로써 유럽의 정치통합이 가속화되고 있다. EU의 대통령격인 정상회의 상임의장이 선출되고, 외무장관격인 외교안보정책 고위대표도 지명되었다. 27개 회원국이 자국의 이기주의를 뛰어넘는다면 G-3라는 새로운 용어도 생겨날 수 있을 것이다.

---

102) 김상배, "네트워크 세계정치이론의 모색: 현실주의 국제정치이론의 세 가지 가정을 넘어서," 『국제정치논총』 제48집 제4호, 한국국제정치학회, 2008, 55쪽.

3) 지구환경 문제

현대 국제사회에서 가장 긴급한 사회 경제적 과제는 인구・환경오염・빈곤의 문제이고, 이는 분리하여 생각할 수 없다. 우리가 일반적으로 환경문제라고 하면 그 발생원인을 인구증가, 산업화에 따른 에너지 사용, 자원문제를 들고 있다. 지구차원의 환경문제는 국제사회의 공동노력 없이는 어려운 상황이다. 환경문제는 인류생존과 직결되는 문제로 특정 지역에 국한되지 않고 '지구촌의 문제'이다. 지구환경을 보호하기 위하여 현재 환경관련 국제협약은 200여개가 체결・발효되고 있다. 그러나 제9장에서 상술한 바와 같이 환경보호를 추구하는 과정에서 선진국과 개도국간, 선진국내 그리고 개도국 내에서의 입장 차이로 인해 많은 갈등이 야기되고 있다.

환경문제 중에서도 가장 심각한 것이 기후변화 문제이다. 전 세계적으로 나타나는 폭우, 폭설, 가뭄 등의 재해는 바로 지구온난화에 의한 온실효과 영향이다. 1997년 일본 교토에서 열린 기후변화협약회의에서 채택된 '교토의정서'의 핵심은 선진국들의 온실가스 배출량을 줄이기로 한 약속이다. 2009년 제15차 유엔기후변화협약 193개 당사국 총회에서 코펜하겐 협정이 발표되었다. 법적 구속력을 갖는 온실가스 감축 목표의 합의에는 이르지 못했다. 그러나 2010년 1월 말까지 선진국은 2020년까지의 감축목표를 제시해야 하고, 개도국은 감축계획을 제출해야 한다는 정치적 합의는 했다. 향후 선진국과 개도국간의 갈등이 계속될 것이 예상되지만, 환경국제정치는 모든 나라가 피할 수 없는 중요한 이슈이다.

4) 국가안보와 테러

21세기에 접어들면서 국제정치의 가장 중요한 부분인 안보문제의 성격이 달라짐에 따라 국제정치 연구는 큰 변화를 겪고 있다. 국제분쟁의 원인과 양상이 달라지면서 기존의 질서가 새로운 각도에서 위협을 받기 시작했다. 냉전시대에는 이념투쟁이 갈등과 전쟁의 주 원인이었다면, 이제는 종교, 인권, 정치체제 등이 새로운 전쟁의 원인으로 등장하고 있다. 그리고 전쟁의 양상도 국가 대 국가간의 정규전 중심에서 비국가 주체가 폭력의 주체가 되고, 테러 등 비정규전이 주된 전투양식으로 바뀌고 있다. 2001년 9월 11일 일어난 알카에다에 의한 미국 뉴욕의 쌍둥이 빌딩에 대한 테러에서 시작된 아프가니스탄 전쟁, 그리고 2003년 3월에 시작된 제2차 이라크전쟁 등은 기존의 전쟁과는 원인과 양상 그리고 주체 등에서 전혀 다른 전쟁이다.[103] 특히 '테러와의 전쟁'은 '얼굴 없는 전쟁', '회색전쟁'이라고 하는 새로운 형태의 전쟁이다. 대 테러전은 새로운 목표와 전략, 그리고 수단을 통해서 수행되어, 테러공격에 대한 방어는 대부분의 군사장비가 원래 만들어진 목적이나 수단을 벗어나는 전술을 필요로 한다.[104] 미국의 오바마 대통령은 2009년 노벨평화상 수상 자리에서 대 테러전은 정의로운 전쟁이며, 대 테러전에 적극적으로 임하겠다는 의지를 표명하였다.

5) 세계화 속의 또 다른 쟁점

세계화는 우리 시대를 특징짓는 중요한 현상이다. 세계화라는 말은 너무나 많은 측면을 포함하고 있어, 이를 사용하는 사람마다 다르게 해석할 수 있다. 가장 일반적으로 세계에서 현재 나타나고 있는 현상들을 지칭하기도 하여, 그 특징과 문제점 그리고 비전 모두를 포함하여 쓰고 있다. 여기에서는 위에서 제시한 문제 외에 중요하다고 생각하는 것을 몇 가지 더 언급해 보려 한다.

2008년 세계적 금융위기 이후 세계금융질서에 대한 개혁의 필요성이 대두되었다. 2008년 11월 15일 세계 주요 정상들이 참여한 G20정상회의가 열렸다. 기존에 세계정상회의 국가하면 일반적으로 G7이었고, 여기에 러시아가 포함되어 G8이었다. 그러나 이제 여기에 중국, 한국, EU 의장국을 포함한 12개국이 포함되어 G20정상회의가 되었다.[105] 제2차 G20정상회의는 영국에서 열렸고, 제3차 정상회의는 한국에서 열린다. 한국이 중요한 역할은 하는 G20정상회의는 세계금융체제의 문제점을 해결하는 새로운 가능성을 가진 협력체로서 주목받고 있다.

한반도 주변문제를 살펴보자. 주목해야 할 것은 바로 우리의 주변국인 중국의 급부상이다. 중국의 빠른 경제성장은 미국에 필적할 만한 새로운 강대국으로 등장하고 있다. 일부 경제전문가들은 2020년이면 중국이 경제적으로 미국을 따라잡을 수 있다는 예측을 내놓고 있는 실정이다. 또한 국제정치에서 핵무기 문제인데, 우리로서는 북한의 비핵화문제가 중요한 과제가 아닐 수 없다.

---

103) 조순구, 앞의 책, 2009, 52쪽.

104) 조순구, 『국제문제의 이해: 지구촌의 쟁점들』, 법문사, 2006, 302쪽.

105) 여기에 포함된 국가는 다음과 같다. 즉 미국, 영국, 독일, 프랑스, 일본, 이탈리아, 캐나다, 러시아, 중국, 한국, 인도, 브라질, 멕시코, 남아프리카공화국, 호주, 인도네시아, 사우디아라비아, 터키, 아르헨티나, EU 의장국이다.

찾아보기(인명)

[ㅁ]

[ㅂ]

찾아보기(사항)

[ㄴ]

[ㅇ]

[ㅈ]

[ㅊ]

저자 약력

■ 김 재 영 (金在泳)

서울대학교 문리과대학 정치학과
전북대학교 대학원 정치학과(정치학석사)
한국외국어대학교 대학원(정치학박사)
한국정치학회·정치외교사학회 부회장
한국정치정보학회 회장
사법·행정·외무고시 위원
전북대학교 사회과학대학 정치외교학과 교수, 사회과학대학장, 행정대학원장 역임
(현) 전북대학교 명예교수
〈저 서〉 정치사회화론(대왕사, 1982)
현대정치학(삼우사, 1995)
조선의 인물 뒤집어 읽기(삼인, 1998)
한국사상의 오디세이(인물과 사상사, 2004)
호남의 한(한국학술정보, 2009)
한국사상의 맥(이담Books, 2009)

■ 김 창 희 (金昶熙)

전북대학교 법정대학 정치외교학과
전북대학교 대학원 정치학과(정치학석사, 박사)
미국 Missouri 대학교 객원교수
한국정치정보학회 회장
한국정치학회·한국국제정치학회·한국동북아학회·북한연구학회 부회장
호남정치학회장, 호남국제정치학회장
전북대학교 사회과학대학장·행정대학원장 역임
(현) 전북대학교 사회과학대학 정치외교학과 교수
〈저 서〉 정치문화와 정치사회화(형설출판사, 1990. 공저)
북한의 정치와 사회(서울프레스, 1994. 공저)
환경정치와 환경정책(삼우사, 1996. 공저)
김정일의 딜레마(인물과 사상사, 2004)
비교정치론(삼우사, 2005)
북한정치사회의 이해(제4판)(법문사, 2006)
김정은 정치의 프레임(법문사, 2016)
남북관계와 한반도 평화(삼우사, 2019)

■ **손 병 선(孫炳善)**
전북대학교 법정대학 정치외교학과
전북대학교 대학원 정치학과(정치학석사, 박사)
미국 Missouri 대학교 객원교수
한국정치학회 이사, 한국정치정보학회 연구이사
순천대학교 기획실장·교무부처장·사범대학 학장·평생교육원장, 사회교육학과 교수 역임
(현) 순천대학교 명예교수
〈저 서〉 정치문화와 정치사회화(형설출판사, 1990. 공저)
환경정치와 환경정책(삼우사, 1996. 공저)

■ **신 기 현(辛起鉉)**
전북대학교 법정대학 정치외교학과
전북대학교 대학원 정치학과(정치학석사, 박사)
미국 Berkeley 대학교 객원연구원
미국 SSRC-MacArthur재단 특별연구원
한국정치학회 부회장, 국제정치학회 이사, 호남정치학회장, 한국지방정치학회 회장
(현) 전북대학교 사회과학대학 정치외교학과 교수
〈저 서〉 국제정치학의 새로운 영역과 쟁점(나남, 1995. 공저)
한국정치의 쟁점과 방향(전북대학교, 1998)
지방선거전략(한국학술정보, 2001)

저자협의
인지생략

새로운 **정치학의 이해** (제3판)

2000년 2월 25일 초판 발행
2003년 2월 20일 제2판 발행
2010년 2월 10일 제3판 발행
2013년 1월 5일 제3판 2쇄 발행
2014년 7월 30일 제3판 3쇄 발행
2016년 8월 30일 제3판 4쇄 발행
2020년 2월 15일 제3판 5쇄 발행

저 자 **김재영·김창희·손병선·신기현**
발행인 **조 병 철**
발행처 **삼 우 사**
경기도 고양시 일산동구 장백로 20
동문굿모닝힐 1차 102동 426호
전화 : 718-8553(대) Fax : 718-8554
등록 1994. 9. 23. 제396-2001-00025호

정가 28,000원 ISBN 978-89-91083-67-7 (93340)